**RETRATOS LATINO-AMERICANOS**

**Sesc**

**SERVIÇO SOCIAL DO COMÉRCIO**
Administração Regional no Estado de São Paulo

**Presidente do Conselho Regional**
Abram Szajman
**Diretor Regional**
Danilo Santos de Miranda

**Conselho Editorial**
Ivan Giannini
Joel Naimayer Padula
Luiz Deoclécio Massaro Galina
Sérgio José Battistelli

**Edições Sesc São Paulo**
*Gerente* Iã Paulo Ribeiro
*Gerente adjunta* Isabel M. M. Alexandre
*Coordenação editorial* Clivia Ramiro, Cristianne Lameirinha, Francis Manzoni
*Produção editorial* Maria Elaine Andreoti
*Coordenação gráfica* Katia Verissimo
*Produção gráfica* Fabio Pinotti
*Coordenação de comunicação* Bruna Zarnoviec Daniel

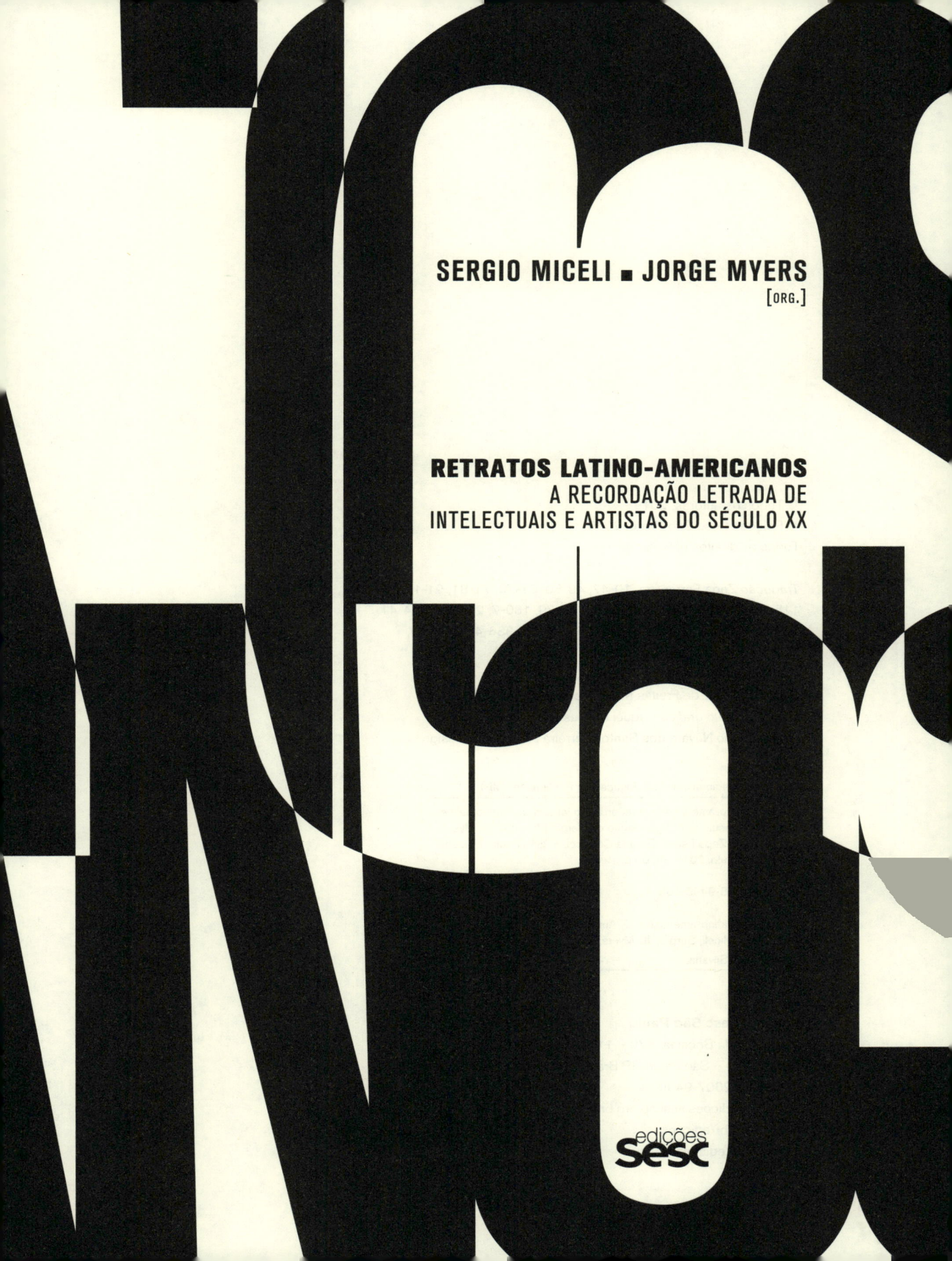

**SERGIO MICELI • JORGE MYERS**
[ORG.]

**RETRATOS LATINO-AMERICANOS**
A RECORDAÇÃO LETRADA DE
INTELECTUAIS E ARTISTAS DO SÉCULO XX

edições sesc

© Todos os autores, 2019
© Edições Sesc São Paulo, 2019
Todos os direitos reservados

*Tradução* Zepa Ferrer (pp. 10-47, 49-60, 61-70, 71-81, 91-103, 115-25, 126-39, 155-8, 159-68, 169-79, 180-7, 222-33, 234-41, 242-56, 269-81, 295-300, 313-25, 326-35, 336-47, 364-79, 399-414, 415-22 e Silvana Cobucci (pp. 209-21)
*Preparação* Silvana Vieira
*Revisão* Beatriz de Freitas Moreira e Valéria Ignácio
*Capa e projeto gráfico* Raquel Matsushita
*Diagramação* Nayara dos Santos Ferreira | Entrelinha Design

Dados Internacionais de Catalogação na Publicação (CIP)

Retratos latino-americanos: a recordação letrada de intelectuais e artistas do século XX / Organização de Sergio Miceli; Jorge Myers; Tradução de Zepa Ferrer; Silvana Cobucci. – São Paulo: Edições Sesc São Paulo, 2019. – 500 p.

ISBN: 978-85-9493-193-1

1. Literatura latino-americana. 2. Autobiografia. 3. Memórias.
I. Título. II. Miceli, Sergio. III. Myers, Jorge. IV. Ferrer, Zepa.
V. Cobucci, Silvana.

CDD 898

**Edições Sesc São Paulo**
Rua Serra da Bocaina, 570 – 11º andar
03174-000 – São Paulo SP Brasil
Tel. 55 11 2607-9400
edicoes@edicoes.sescsp.org.br
sescsp.org.br/edicoes
/edicoessescsp

**8 APRESENTAÇÃO**
*Danilo Santos de Miranda*

**10 PRÓLOGO: "LE DUR DÉSIR DE DURER"**
*Sergio Miceli e Jorge Myers*

## I. RECORDAÇÕES DOS INTELECTUAIS A SERVIÇO DA REVOLUÇÃO

**49** Mariano Azuela, sua memória crítica
*Víctor Díaz Arciniega*

**61** Da tormenta ao desastre: José Vasconcelos, memorialista
*Regina Aída Crespo*

**71** A escrita da memória em Luis Cardoza y Aragón
*Francisco Rodríguez Cascante*

**82** Certificações e incertezas: Jorge Amado e suas memórias
*Maria Alice Rezende de Carvalho*

**91** O *Testimonio personal* de Luis Alberto Sánchez: memórias inevitáveis de um americano no século XX
*Martín Bergel*

**104** Otávio de Faria e o moralismo católico
*Elide Rugai Bastos*

**115** A vinheta e o retrato: história e biografia na narrativa de Guillermo Cabrera Infante
*Rafael Rojas*

**126** Os *Recuerdos de un militante socialista,* de Enrique Dickmann
*Ricardo Martínez Mazzola*

**140** Fernando Gabeira e sua trilogia do retorno
*Leopoldo Waizbort*

## II. O EMPENHO LITERÁRIO: RECORDAÇÕES DA VIDA ARTÍSTICA E INTELECTUAL

**155** Alfonso Reyes: o ciclo autobiográfico
*Adolfo Castañón*

**159** Lezama: os livros e a formação
*Sergio Ugalde Quintana*

**169** Baldomero Sanín Cano: a cultura como *art de vivre*
*Ricardo Arias Trujillo*

**180** Germán Arciniegas: literatura memorialista e campo cultural colombiano no século XX
*Aimer Granados*

**188** Aranha e suas teias
*Angela Alonso*

**199** Evasão do mundo na memorialística de Manuel Bandeira
*Fernando Pinheiro*

### III. INTIMIDADE NA CIDADE

**209** Salvador Novo de memória
*Mauricio Tenorio Trillo*

**222** Henríquez Ureña diante da multidão
*Fernando Degiovanni*

**234** O fracasso da intimidade do público: sobre o *Diario* (1974-83) de Ángel Rama
*Gonzalo Aguilar*

**242** Victoria Ocampo: a autobiografia como aventura espiritual
*Judith Podlubne*

**257** As memórias de Pedro Nava e a modelagem do modernismo mineiro
*André Botelho*

**269** Juan José Sebreli: uma memória de Buenos Aires
*Adrián Gorelik*

**282** Memória e utopia na cena teatral brasileira
*Heloisa Pontes e Sergio Miceli*

### IV. CRIAÇÕES DIALOGADAS: MEMORIALÍSTICA DA INTERLOCUÇÃO

**295** Adolfo Bioy Casares: memorialista, diarista e retratista americano
*Nora Catelli*

**301** Um grão de sal: autenticidade, felicidade e relações de amizade na correspondência de Mário de Andrade com Carlos Drummond de Andrade
*Ricardo Benzaquen de Araújo*

### V. RASTROS DE UMA VIDA PROFISSIONAL

**313** Terra firme para um intelectual: Daniel Cosío Villegas como miniatura mexicana
*Gustavo Sorá*

**326** Luis Buñuel, cineasta mexicano?
*Claudia Arroyo Quiroz*

**336** *Visto y vivido* na cultura argentina entre o Novecentos e os anos 1960
*Alejandra Laera*

**348** Escrita da história como escrita de si: José de Alcântara Machado d'Oliveira e Gilberto Freyre
*Laura de Mello e Souza*

**364** O romance de formação de um historiador
*Carlos Altamirano*

**380** "Ares do mundo" e meditações sobre centros de decisões nacionais: o valor heurístico da obra autobiográfica de Celso Furtado
*Afrânio Garcia Jr.*

### VI. PARAÍSOS PERDIDOS: INFÂNCIA, VIAGEM E AMOR

**399** Mariano Picón Salas: memórias de um venezuelano da regeneração
*Jorge Myers*

**415** Memórias da barbárie desde o disciplinamento: *Chico Carlo* de Juana de Ibarbourou
*Inés de Torres*

**423** Viagem, meditação e memória
*Fernanda Arêas Peixoto*

### VII. TRAUMAS DO VIVER

**435** Lima Barreto, crônica de uma loucura anunciada: *Diário do hospício* e *O cemitério dos vivos*
*Lilia Moritz Schwarcz*

**446** *Memórias do cárcere*: Graciliano Ramos no meio do caminho
*Marcelo Ridenti*

**458** Lúcio Cardoso: *Crônica da casa assassinada* e os limites da memorialística
*Maria Arminda do Nascimento Arruda*

### VIII. A AUTOBIOGRAFIA COMO OBJETO DO DISCURSO INTELECTUAL

**473** Radiografia do memorialismo na Argentina
*Alejandro Blanco e Luiz Carlos Jackson*

**485 ÍNDICE ONOMÁSTICO**

**497 SOBRE OS AUTORES**

# APRESENTAÇÃO
**DANILO SANTOS DE MIRANDA**
Diretor Regional do Sesc São Paulo

## ENTRE INDIVIDUALIDADES E COLETIVIDADES

O tópico da memória tem se colocado nos últimos anos como um assunto de interesse partilhado por diversos campos do conhecimento. Talvez o fato se justifique por conta da problematização da dialética entre recordação e olvido que os novos meios sugerem, pois, se por um lado a revolução digital proporciona o armazenamento de um volume de informações nunca antes alcançado, por outro, a lida com essa amplitude pode ameaçar justamente a relação do sujeito com o conhecimento, dependente de um certo equilíbrio entre lembrar e esquecer.

Ao longo da história do pensamento ocidental, as considerações acerca da memória se apoiaram em comparações com meios de guarda de dados, desde o tablete de cera dos tempos da Grécia Antiga até a chapa fotográfica do século XIX. Essas referências sugerem que pensar sobre as lembranças só se viabiliza metaforicamente, com a alusão aos meios que, assim, estabelecem a fisionomia da rememoração em determinado período histórico, num entrelaçamento essencial.

Na esteira dessa questão, a escrita consiste no artifício por excelência da sedimentação do passado na civilização ocidental a tal ponto que, por vezes, se torna nebulosa a distinção entre meio e fenômeno: certos modos de reminiscência parecem se viabilizar apenas através da escrita.

Dentre os diversos gêneros literários temos, na memorialística, uma classe de escritura capaz de fazer esse elo avançar para lugares ainda mais recônditos. A partir da articulação do relatado com o lembrado, a narração do eu engendra aprofundamentos, desdobramentos e contaminações entre as experiências pretéritas que determinado autor expõe. Do ponto de vista temporal, esse gênero discursivo produz uma subjetivação da duração, uma vez que o presente se encarrega de reconfigurar o passado segundo os devires do escritor, capazes de dar plasticidade a recordações mais ou menos remotas, sujeitas a realces ou atenuações.

O presente volume reúne pesquisas dedicadas à diversidade temática própria à escritura do eu na América Latina. As investigações contemplam desde abordagens panorâmicas, como o estudo de Alejandro Blanco e Luiz Carlos Jackson, voltado à historiografia do memorialismo argentino, até análises detidas em autores ou contextos específicos, capazes, contudo, de exprimir aspectos centrais de um dado momento histórico, como ocorre no estudo dedicado à dramaturgia de Jorge Andrade e Gianfrancesco Guarnieri, de autoria de Heloisa Pontes e Sergio Miceli, esse último um dos organizadores do livro.

A estrutura do volume estabelece eixos temáticos que, sem pretensões totalizantes, evidenciam conexões e similaridades entre os diversos países que compõem o território literário latino-americano. Esses eixos contemplam tanto experiências sociopolíticas, relatadas ao longo da vasta produção do diplomata e escritor guatemalteco Luis Cardoza y Aragón, analisado por Francisco Rodríguez Cascante, quanto experiências psicológicas conturbadas, narradas pelo romancista e jornalista Lima Barreto em seus diários, investigados, por sua vez, pela estudiosa Lilia Moritz Schwarcz.

Com a edição deste livro, o Sesc reafirma seu compromisso com a divulgação do pensamento e da pesquisa em artes e humanidades, valorizando a obra de autores nem sempre familiares aos leitores brasileiros e oferecendo reflexões capazes de emanar nova luz sobre os trabalhos de escritores e artistas celebrados no território nacional. Os autores das pesquisas aqui reunidas logram construir, por meio de uma harmonia polifônica, um retrato intelectual latino-americano complexo, fragmentário, tal como se configura esse território em termos sociais e históricos.

# PRÓLOGO: "LE DUR DÉSIR DE DURER"[1]
## SERGIO MICELI E JORGE MYERS

> *Segundo a física quântica pode-se abolir o passado ou, ainda pior, mudá-lo. Não me interessa eliminar ou muito menos mudar meu passado. O que necessito é de uma máquina do tempo para vivê-lo de novo. Essa máquina é a memória. Graças a ela posso voltar a viver esse tempo infeliz, feliz às vezes. Mas, para sorte ou desgraça, só posso vivê-lo em uma única dimensão, a da recordação. [...] Os fótons podem negar o passado, mas sempre se projetam sobre uma tela – neste caso, este livro. A única virtude que tem minha história é que de fato ocorreu.*
> Guillermo Cabrera Infante, La ninfa inconstante

**A memorialística como prática social global: "Puis-je défendre ma mémoire contre l'oubli?"[2]**

A memória é uma faculdade humana essencial. *Ego sum, qui memini, ego animus*[3]. A possibilidade de traçar a história de qualquer indivíduo ou de qualquer grupo humano depende em última instância da informação gravada na porção do cérebro que costumamos denominar "a faculdade da memória" – informação acerca dos acontecimentos que tiveram lugar numa época prévia ao presente vivencial e que pode ser expressa sob a forma de enunciados acerca dos mesmos e/ou acerca das reações (emotivas, racionais, físicas) que esses fatos suscitaram. É, pode-se dizer, o fato supremo da subjetividade de todo indivíduo: razão pela qual "perder a memória" implica perder a própria identidade. Referida exclusivamente ao indivíduo e enunciada exclusivamente sob uma forma oral, a memória pertence ao âmbito da ciência psicológica – da psiquiatria ou da psicanálise. Sob essa forma, é um fato universal, elemento essencial da condição humana.

Quando, pelo contrário, registra-se utilizando algum meio, algum suporte material; quando se inscreve, a memória passa de seu estado puramente subjetivo a um elemento objetivo da realidade social específica de um grupo humano, e se vincula por fim a um lugar e a um tempo também específicos. O próprio fato da inscrição, que permite simultaneamente a divulgação coletiva da informação contida na memória de um indivíduo e sua perduração no tempo – inclusive para

---
1 Referência ao título da coletânea de poemas de Paul Éluard. Em tradução livre: "O duro desejo de durar".
2 Robert Desnos, "Le cimetière", *Contrée* (1944), *in*: *Oeuvres*, Paris: Quarto/Gallimard, 1999, p. 1162.
3 Santo Agostinho, *Confessiones*, 2016, v. 2, p. 118.

além, talvez, da vida do próprio sujeito portador dessa memória –, torna-o um fato eminentemente social e histórico.

É certo que as formas específicas desse registro têm sido sumamente variadas ao longo da existência da humanidade, ao ponto de algumas delas nos resultarem hoje inteiramente ininteligíveis, já que se perdeu a chave para interpretar os signos utilizados em sua inscrição. Não seria, pois, demasiado exagerado dizer que o registro eminente da memória individual tem sido a escritura, mas são muitas as mostras de formas não literárias de inscrição pública de uma memória específica – contida em pinturas, desenhos, esculturas, monumentos, desde as primeiras pinturas rupestres até cenotáfios como o de Lutyens para evocar os mortos na Primeira Guerra Mundial, ou as formas arquitetônicas de um edifício como o Museu Judaico de Berlin, em cuja forma aparece cifrada uma parte do significado da memória que se busca evocar e transmitir. A forma icônica existe por si só, transmite um sentido que lhe é específico, mas parte importante de sua capacidade para veicular um significado deriva da escritura que a rodeia. Em caso de ausência total da escrita, é quase impossível decifrar o sentido da comemoração contida em pinturas, desenhos, esculturas e monumentos. Às vezes nem sequer se pode saber se a intenção de quem produziu um monumento ou uma representação pictórica foi, de fato, a de memoriar aquilo que aparecia ali representado.

Ante a maestria das representações de uma fauna hoje desaparecida dos bosques e pradarias da Europa, que produziu o autor (ou os autores) das maravilhosas pinturas da caverna de Chauvet, é muito fácil confundir a experiência estética intensa que essa obra desperta em nós com um conhecimento, "por empatia", da origem e das intenções desses retratos de leões e rinocerontes tão precisos e tão vívidos. Mas sem outro dado que aquele do lugar e a data aproximada de sua pintura, todo intento por apreender a "mensagem" das mesmas não pode ser senão uma especulação – muito controlada pela erudição científica no caso de um arqueólogo profissional, livre e fantasiosa no caso dos promotores turísticos ou escritores populares. Buscavam preservar para as gerações vindouras da tribo fatos assombrosos vividos numa expedição de caça, operando com elementos mnemotécnicos para seus vates, que ao ver essas pinturas recitavam as estrofes de uma epopeia primitiva? Ou estavam carregadas de uma significação sobrenatural, mágica ou divina, que só podia ser interpretada e tornada eficaz pela taumaturgia de um xamã? Ou eram apenas os estalos impetuosos de um gênio, de um Michelangelo do paleolítico, que buscava nas toscas paredes de uma cova sua Capela Sistina? Não o poderemos saber nunca ao certo, na ausência de uma inscrição portadora de um sentido decifrável, quer dizer, de uma escritura[4].

Ainda que seja certo que uma parte substancial da antropologia clássica se apoiou, para o estudo das chamadas sociedades "primitivas" ou "selvagens", nas fontes conti-

---

[4] Isto não quer dizer que não se utilizaram as imagens como ferramentas mnemônicas: simplesmente que, como no caso dos quipos dos incas, perdemos a chave para decifrá-las. Entretanto, na Idade Média europeia, em uma zona tão bárbara e remota como a Gália, um cronista pôde constatar o seguinte a respeito dos gregos antigos: "*Inclitorum gesta virorum quondam Graï veteres primo per imagines deinde per scripta tenacius et expressius memoriae commendabant; quatinus exacti temporis virtutum extantium aemula posteritas posset imitatione laudabili ad similia provocari.*" (Giraldus Cambrensis, "Prologus", "Giraldi Cambrensis de Rebus a se Gestis", 1861, p. 19 – tradução livre: "No passado, os antigos gregos registravam os feitos dos homens célebres primeiro em imagens, e depois na escrita, para conservá-los com maior tenacidade e precisão na sua memória; até mesmo [com a intenção de] provocar que a posteridade, por meio de uma louvável imitação, praticasse virtudes semelhantes às existentes nos tempos passados"). (Os aparentes erros de ortografia refletem a prática de escritura medieval, em contraste com o latim clássico).

das na tradição oral – de relatos históricos e míticos conservados por profissionais da recordação em tais populações –, a forma por excelência do registro da memória tem sido, nas principais sociedades históricas, a escritura; nelas, essa prática de consignar por escrito os fatos da memória deu origem a uma escritura especializada, que buscou se diferenciar de outros tipos que se ocupam do passado, ao apresentar-se como aquela que está constituída por textos que pretendem assinalar e divulgar a memória – quer dizer, o conjunto de recordações de seus autores. Com o tempo, a proliferação desse tipo de texto deu nascimento àquilo que poderíamos denominar uma tradição literária, no sentido mais lasso, ou um gênero literário, num sentido mais formalizado. Em qualquer dos dois sentidos, implicou a existência de um costume – aquele de evocar em páginas escritas os fatos pessoais e inclusive íntimos da vida de um indivíduo, ou suas sensações e reações pessoais ante os acontecimentos que desfilaram sob seu olhar no curso de sua vida – e de um conjunto de arquétipos – quer dizer, de obras que foram convertidas pelos escritores e comentaristas posteriores em modelos específicos para esse tipo de prática – que, integrados a uma série, puderam às vezes (e sempre de modo artificial) constituir um cânone.

No último meio século consolidou-se, dentro do espaço disciplinar da crítica literária, uma subdisciplina dedicada a analisar os traços estilísticos, as origens e os objetivos da autobiografia como gênero literário. Existe já um campo (ou subcampo) disciplinar organizado em torno do estudo da literatura de memórias – e este já conta com um conjunto de estudos tornados clássicos, como os de María Zambrano, André Maurois, Georges Gusdorf, Philippe Lejeune, James Olney, Nora Catelli, ou Jean Starobinski. Nos anos 1980 e 1990 se produziu, por outro lado, uma interface intensa entre preocupações originadas na reflexão disciplinar filosófica e esse subcampo da crítica literária, uma das vertentes que se tornou o apogeu da influência de Paul de Man e de seus escritos teórico-críticos. Tal empenho deu impulso a estudos sumamente valiosos, tanto por sua contribuição ao estabelecimento de definições mais precisas acerca dos distintos gêneros de escritura do eu quanto por sua elaboração de uma cartografia precisa e minuciosa acerca de um possível cânone que as contivesse e organizasse. Sem dúvida, para além de seu indubitável aporte a uma melhor compreensão da produção autobiográfica moderna e de sua crescente visibilidade na sociedade contemporânea – organizada como está cada vez mais em torno de uma muito banalizada publicidade da intimidade, própria de uma sociedade do espetáculo e na qual o colapso parcial das tramas sociais que costumavam subjazer à contraposição mais clássica entre público e privado teria liberado o eu identitário, ao menos na aparência, de suas amarras objetivas –, o enfoque tem se limitado, no caso dos críticos literários, a analisar a autobiografia desde uma perspectiva quase exclusivamente *ex post facto*, quer dizer, a partir de um texto preexistente que se apresenta ao crítico como um objeto já disponível para sua incorporação a um catálogo de tipos genéricos.

A perspectiva que guia este livro, e que guiou grande parte dos estudos incluídos nele, é distinta. O ponto de partida é que a escritura memorialística é uma prática social – com suas regras, com seus materiais e com suas condições de possibilidade particulares – que se inscreve dentro do campo geral de práticas sociais que articulam e definem a vida cultural e intelectual contemporânea. A inscrição da memória num texto é, sem dúvida, um ato individual – ato que, no caso de contextos políticos ou socioculturais repressivos, pode ser uma forma, talvez a única, de rebeldia individual, de protesto secreto contra as convenções coercitivamente impostas a partir de fora do indivíduo –, mas é também sempre um ato social, já que a específica modalidade adotada por essa inscrição – as convenções de gênero ou de linguagem, a incorporação, inconsciente ou não, na própria escritura das fronteiras entre o dizível e o indizível, a construção da própria intencionalidade do texto – deriva diretamente do contexto social em cujo interior se produz.

Uma variedade específica de escritura do eu, a memorialística (*periautografia* na formulação sintética e precisa de Giambattista Vico) se tem expressado através de várias modalidades claramente diferenciadas entre si, sendo o diário pessoal e a autobiografia as mais imediatamente reconhecíveis e, por fim, as mais estudadas. O diário se define *a priori* por recolher um registro imediato ou quase imediato da memória dos acontecimentos vividos por sua autora ou autor, por estar ordenado segundo uma cronologia de datas do calendário e por não estar destinado, necessariamente, a outro leitor além do próprio autor ou da própria autora. Está quase sempre caracterizado pela espontaneidade que as anotações ao sabor do acontecer imprimem à escritura; menos preocupado em proteger o próprio Narciso das feridas que o poderia expor um excesso de sinceridade. Uma intimidade mais autêntica parece habitar suas páginas. Inclusive quando se sabe que o registro original foi reescrito extensamente pelo autor – e às vezes muito tempo depois dos acontecimentos narrados – com a intenção de confeccionar um texto literariamente digno, a forma do diário transluz o caráter informe e espontâneo da vida em seu cotidiano viver. A ilusão da transparência absoluta irradia de suas páginas.

A autobiografia, ao contrário, é por definição o relato de uma vida interpretada: concebida como obra dotada de uma estrutura geral, a intenção que a rege é analítica tanto quanto testemunhal. Não segue necessariamente uma ordem cronológica, já que aquilo que organiza os materiais do relato é a busca de um sentido para a própria vida – é lícito empregar, por exemplo, e sem medida, a técnica do *flashback*, construir seu relato sobre a base de uma montagem de episódios de natureza muito discordante ou elaborar uma colagem de fotos, desenhos e texto (como o fez em sua recente autobiografia o escritor escocês Alasdair Gray) no esforço de produzir uma interpretação coerente desta. O texto autobiográfico é algo que, implicitamente ao menos, esteve sempre destinado à publicação. A vida é analisada para outros e não só para si mesmo (como pode ocorrer, por exemplo, no caso da escritura de um diário pessoal). Essas duas formas de registro da própria vida constituem polos extremos que demarcam o território possível da escritura memorialística.

Entre um e outro se encontram outras maneiras de relatar a própria vida, como a confissão pública, a alegação – de tipo judicial – em defesa própria, o memorial público dos atos realizados (ou perpetrados) em cumprimento de uma magistratura ou de um cargo público, a oração pública (gênero tão intimamente associado à tradição sofística ou retórica da Antiguidade, sendo um exemplo paradigmático a *Antídose* de Isócrates), a autoanálise em chave psicanalítica e outras mais. Diferentemente do diário, todas essas formas de escritura memorialística implicam necessariamente um interlocutor distinto do próprio autor, mas, diferentemente da autobiografia, estão cerceadas quanto a sua liberdade interpretativa pelo propósito específico que perseguem.

**PRÓLOGO: "LE DUR DÉSIR DE DURER"** SERGIO MICELI E JORGE MYERS

A alegação judicial, o memorial público, o currículo em prosa, a oração de tradição retórica são todas formas de uma escritura registradora de recordações que também pressupõem um interlocutor distinto do autor e, como a confissão, estão também regidas por um objetivo a cuja consecução estão subordinados de forma inelutável os materiais que integram o relato e as retóricas que lhe dão forma. Pode ser que nelas se alegue a sinceridade, mas é pouco provável que nessas formas de escritura ela seja perseguida com demasiada assiduidade: na medida em que se busque persuadir um ouvinte, cujo provável ceticismo foi tomado por certo, acerca da legitimidade ou bondade ou legalidade das próprias ações, a meia verdade, a elipse e a mentira lisa e plana tenderão a infeccionar necessariamente o discurso. Não é assim na autoanálise, já que, à semelhança da confissão, aquilo que se persegue é um melhor conhecimento do eu profundo, daquele eu que se afunda nas brumas do inconsciente: uma voluntária insinceridade desarticularia o próprio projeto. Na análise desse tipo de escritura do eu em sua recordação, é importante não perder de vista que a busca de sinceridade não é o mesmo que a sinceridade propriamente dita, e que a promessa de um relato verídico dos fatos não é o mesmo que os fatos tal como se deram, *wie sie eigentlich waren*: "a síndrome de Rousseau", poder-se-ia dizer, já que foi em seu projeto periautobiográfico que a promessa da sinceridade absoluta conviveu do modo mais iludível com uma evidência contundente oferecida pelo próprio relato acerca da impossibilidade de alcançá-la. É essa distância que separa o relato da verdade do objeto relatado que deu origem à intensa discussão no campo da crítica literária acerca da demarcação entre ficção e realidade na escritura autobiográfica, tema ao qual também voltaremos logo.

A confissão – de tradição claramente religiosa – está sempre dirigida a outro que a escuta, e que para os crentes se supõe um interlocutor desdobrado: o confessor mais a divindade cuja representação se supõe atribuição do primeiro. É solilóquio, mas o é em presença de um auditório em cujo poder jaz a possibilidade do diálogo. Agostinho de Hipona fala diretamente a Deus, indiretamente a seus leitores; Jean-Jacques se confessa ante seus semelhantes, busca um diálogo que suspeita impossível com eles, e por fim se refugia no diálogo consigo mesmo, entre Rousseau e J.-J., em busca de um conhecimento objetivo de sua própria subjetividade; Bukharin confessa seus pecados à encarnação viva da revolução socialista, enquanto aguarda ansioso o momento de sua expiação. Ela, por outro lado, está regida – dada sua natureza – por uma busca ostensiva da máxima sinceridade no relato das próprias ações e de seus motivos. A confissão é, ou deveria ser, sempre um inventário de pecados. E, sem dúvida, é certo que a especificidade própria da confissão como forma de escritura de memória tendeu a se ver apagada pelo fato de que aquilo que se entende hoje por autobiografia tomou seus dois principais pontos de partida modelares de seus exemplos mais bem-sucedidos: de Santo Agostinho e do cidadão de Genebra. No uso coloquial, a expressão "confissões" tendeu a converter-se, mediante elipse, em sinônimo de "autobiografia": um solapamento léxico que oferece uma pista indiciária de alcance profundo acerca da modernidade e dos paradoxos da subjetividade que a habitaram (problemática à qual se voltará neste texto, mais adiante).

Mas, de todas essas formas que ocupam um espaço intermediário entre o diário e a autobiografia, aquela das memórias ou recordações é a que maior desenvolvimento teve na história cultural moderna. Eximidas de qualquer objetivo apriorístico externo ao próprio relato da recordação inscrita sobre a página em branco, as memórias ou recordações se distinguem do diário porque se dirigem – ao menos implicitamente, a partir de sua própria forma – a um leitor que não é o próprio autor, e por não serem obrigadas a seguir uma ordem de calendário. Da mesma forma que na autobiografia, um livro de memórias ou de recordações pode mesclar o baralho dos episódios rememorados, inverter sem necessidade de explicação a ordem cronológica dos fatos, deixar-se levar por uma espécie de associação livre que, como no caso da já tão fatigada *madeleine* de Proust/Swann, permite evocar uma carícia a partir do pelo de um gato sobre um colchão, ou uma melodia a partir do estímulo da fragrância de uma flor da estação. As memórias ou recordações, diferentemente do diário – ao menos no que faz a sua formalização como texto –, podem adotar quase qualquer formato literário. Se é certo que na fala coloquial os termos *autobiografia* e *memórias/recordações* costumam se confundir até se tornarem virtualmente sinônimos (e isso é assim em todos os idiomas antes mencionados), existe sem dúvida uma diferença importante entre o livro de memórias, de recordações, de "lembranças", por um lado, e a autobiografia, por outro: enquanto o primeiro não está regido por nenhum objetivo que não seja a mera evocação de episódios pretéritos que recolhe a memória ativa do escritor enquanto corre sua pena, a segunda leva implícita a ideia de algum tipo de explicação dos fatos que configuraram a trajetória de vida narrada. A associação livre pode ser o único princípio organizativo dos materiais incorporados ao texto no caso dos escritos de memórias; no caso da autobiografia, ainda que ela possa por momentos operar – como estratégia discursiva ou retórica – com uma parte desses materiais, não pode ser este o princípio diretor da obra em seu conjunto. A autobiografia leva inscrita em seu próprio nome a ideia de uma história arrazoada, e a ideia paralela de uma vida que é possível apreender como se constituísse uma totalidade orgânica.

Há outros tipos de escritura cuja relação com os gêneros periautográficos é suficientemente estreita para que possam ser lidos em chave de texto de memórias, em que essa relação autorreferencial primária se vê apagada da intenção ostensiva de comunicar aspectos de si mesmo a um interlocutor outro. É na correspondência pessoal que melhor se pode perceber essa semelhança de família com a literatura de memórias, mas também sua taxativa distância dela. Nesse tipo de literatura, a narração é (quase) sempre em primeira pessoa quando se refere ao autor (enquanto a ubíqua presença da segunda pessoa se reserva para designar o interlocutor, verdadeiro ou imaginário), e sem dúvida o pressuposto básico da mesma é que o sentido do dito se inscreve dentro de uma relação entre duas pessoas com existências independentes. Diante do discurso identitariamente autorreferencial da literatura periautográfica – como se pode apreciar nos diários e nas autobiografias –, a correspondência, ainda quando narra na primeira pessoa os episódios da jornada, da semana ou do tempo transcorrido entre uma e outra carta, leva por definição em sua própria materialidade textual a inscrição inelutável da existência de um outro ontologicamente distinto do narrado. Presença/ausência, o correspondente ao qual está dirigido o texto implica sempre a existência de um intercâmbio, de uma conversação, de um diálogo a duas vozes (ainda que não seja, finalmente, correspondida). De todos os gêneros de escritura próximos à memorialística, cabe recordar, sem dúvida, que a correspondência é a que talvez melhor se preste a uma leitura em chave periautográfica. Mais ainda, quando é apresentada ao leitor, ordenada numa série cronológica no interior de um epistolário, a correspondência pode exercer um efeito de encantamento tão poderoso que termina por ser percebida como forma alternativa do diário. Essa semelhança é, com efeito, tão forte que muitos escritores de diários incorporaram, como parte importante do material para sua escritura, pedaços de cartas e cartas inteiras; de um modo inverso, muitos correspondentes "canibalizaram" as entradas de seu diário pessoal para a redação de suas missivas. Em outras palavras, ainda que distintos, diário e correspondência são formas de escritura do eu que se solapam e se mesclam, ainda que nunca cheguem a se confundir inteiramente numa só.

Menção à parte merece um tipo muito particular de escritura memorialística que, apesar de ser menos frequente que a modalidade centrada exclusivamente na exploração do próprio eu, é significativa: aquela destinada a evocar e interpretar as recordações que o autor conserva de outra pessoa. O paradigma desse tipo de escritura é, sem dúvida, a vida de Samuel Johnson redigida pelo escritor escocês James Boswell, publicada em 1791. Considerada por uma tradição crítica hoje canônica na cultura inglesa como paradigma da biografia e, por fim, modelo e medida para todo ensaio posterior de escritura biográfica, é também um texto de memórias, quase autobiográfico, mas que apresenta a particularidade de estar composto pelas memórias não de um mesmo, mas de outro. Segunda variante da biografia moderna, a escritura de memórias centradas em evocar a vida de outro tem sido suficientemente cultivada a partir da época de Boswell para justificar que fosse considerada um subgênero dentro da literatura periautográfica: uma escritura peripoliautobiográfica ou peridiautobiográfica. A característica decisiva da peridiautobiografia é que o registro da memória do eu do narrador se centra mais em suas recordações de outro que naquelas de si mesmo: a evocação pública da própria subjetividade pretérita se legitima em função do vínculo que se estabelece com uma personalidade mais conhecida e cuja celebridade aparece, então, de algum modo "vampirizada" pelo autor. Os exemplos, apesar de não serem tão abundantes como outras escrituras do eu mais convencionais, estão longe de ser escassos[5].

Como prática social, a memorialística é portadora de uma história específica que pode ser reconstruída e analisada à luz das ciências sociais, seguindo distintas linhas de abordagem. Se um dos paradoxos da escritura memorialística consiste no desdobramento do eu (característica compartilhada, por outro lado, com toda escritura do eu), outro consiste no necessário estabelecimento de uma ponte entre o presente a partir do qual se evoca a recordação e o passado ao qual essa recordação pode corresponder. Como observou Maurice Halbwachs, a memória que aparece ante a consciência como um fragmento de um eu do distante passado e que, além de conter uma informação acerca do mesmo – verdadeira ou falsa, não importa –, condensa também em seu interior um estado do ser – estado de ânimo e estado de condição de possibilidade

---

5 No espaço cultural europeu (e reduzindo o universo de referência a textos de intelectuais e artistas), por exemplo: *La vie et les ouvrages de Jean-Jacques Rousseau* (1ª ed. completa 1907), de Jacques Henri Bernardin de Saint-Pierre; as *Conversaciones con Goethe* (1836-48), de Johann Peter Eckermann; o *Diário de 1816* de John William Polidori, referido a Lord Byron, Percy Bysshe Shelley e seu círculo; *Recollections of Shelley, Byron and the Author* (1858-78), de Edward John Trelawny (sobre o mesmo tema); ou, em épocas mais recentes, as peridiautografias dedicadas pelo marido e alguns de seus amantes à novelista e filósofa anglo-irlandesa Iris Murdoch, que evocam a memória de momentos partilhados com ela. Na América Latina, essa variante da produção memorialística também se fez presente: por exemplo o livro (póstumo) de Adolfo Bioy Casares, *Borges* (2006), ou *Adiós, Poeta... Pablo Neruda y su Tiempo* (1990), de Jorge Edwards. No Brasil, o livro clásico de Joaquim Nabuco pertence ao mesmo gênero.

etária que já não é, nem pode sê-lo, o de uma pessoa que evoca agora essa recordação –, determina a impossibilidade de um perfeito, completo reconhecimento do "eu" do presente nesse "eu" do passado. Em outras palavras, o "eu" pretérito não pode ser recuperado por parte do "eu" atual: sempre pertencerá a um mundo outro, alheio, que por pertencer ao passado deverá por definição conter sempre uma porção de realidade indecifrável perante o espelho do momento atual. Há um *plus* de sentido que sempre escapará ao esforço de ressurreição praticado pelo periautógrafo. Isto deriva, segundo Halbwachs, do fato de que o ser humano é sempre parte de um coletivo mais amplo, de uma sociedade, e nunca é um indivíduo absoluto que se possa relacionar "monadicamente" com seu próprio passado. Se no fato mesmo de recordar – e, mais ainda, no de registrar essa recordação pela escrita – o ausente se faz presente, e se opera uma espécie de elipse entre o tempo do passado e o tempo do presente (a síndrome da *madeleine* em chave bergson-proustiana), e se esse colapso de um tempo em outro é *experimentado* como um fato eminentemente individual, é também e de um modo inelutável, nos recorda Halbwachs, *um fato social*. Esse eu pretérito – o menino leitor postulado por Halbwachs – não só era distinto do eu atual por seu menor desenvolvimento fisiológico e mental, mas também pelo fato de que o mundo social no qual estava imerso era inelutavelmente distinto deste em que o eu memorioso se encontra agora contido. A impossibilidade de fazer coincidir de um modo perfeitamente congruente o universo social e cultural do presente com aquele do passado, pela diferença em seus valores, seus modos de ver, suas expectativas, por sua distinta posição em um espaço temporal, implica que sempre a evocação do passado será mais uma reconstrução deliberada do passado do que uma recuperação lisa e plana: *le passé retrouvé* só poderá ser, sempre, *un passé réelaboré*. A dissimetria radical entre o mundo do presente que o narrador/intérprete de sua própria vida habita e aquele que alguma vez habitou é uma marca iludível em todo texto periautográfico e exige ser tomada em consideração por qualquer análise histórica da produção cultural de textos memorialísticos[6].

Se a recordação é distante, essa diferença entre os mundos sociais se amplia; se é recente, ela se apequena ao ponto de deixar de ser relevante à hora de realizar a análise do texto que a registrou. Em qualquer caso, a análise do escrito memorialístico está obrigada a levar em conta esse duplo contexto no momento de buscar fixar uma interpretação deste, não para estabelecer uma diferença (ou não necessariamente para fazê-lo) entre apreciações verdadeiras e apreciações falsas em relação ao passado recordado, mas para indagar acerca das formas que essa relação complexa entre passado e presente pode ter assumido na própria escritura. Em outras palavras, ao tomar o livro ou escrito de memórias como um objeto em si (e, mais ainda, como um objeto que condensa em sua própria confecção um sistema complexo de forças culturais e sociais atuantes sobre o escritor ao realizar essa tarefa de escritura), resulta pertinente e produtivo indagar: 1) as razões pelas quais se selecionou privilegiar na arquitetura do relato certas memórias do passado distante e não outras; 2) as razões pelas quais certos fatos foram totalmente obliterados pelo esquecimento (ou relegados a um lugar de extrema marginalidade) dentro da narração; 3) as formas nas quais atitudes e valores do presente puderam ter operado sobre a interpretação que desde o presente se assinalava àqueles fatos de um passado outro.

---

[6] Maurice Halbwachs, *Les cadres sociaux de la mémoire*, 1994 [1925], pp. 83-92.

A exploração dessa última questão – quer dizer, da relação formal entabulada dentro do próprio texto entre o presente do eu narrador e o eu do passado e seu contexto que aparecem evocados – implica necessariamente outra que se reveste de igual importância à luz da história intelectual e da história social da cultura: aquela dos motivos pontuais que pudessem ter estado na origem da decisão de registrar o próprio passado, e/ou de dá-lo a conhecer por via da publicação. A pergunta fundamental com que se defronta todo investigador no momento de levar a cabo a análise histórico-intelectual de um texto periautográfico é a seguinte: "O que pretendia fazer o autor desse texto ao produzi-lo? Qual ou quais era(m) sua(s) intenção(ões)?".

Se a escritura de diários e cartas parece corresponder em primeira instância a motivações relativamente simples e transparentes, a decisão de lhes dar publicidade corresponde a uma gama de intenções discursivas ampla e de grande complexidade. Por isso, diante da decisão tomada por um autor periautógrafo de publicar em vida todo seu diário ou uma parte dele, toda a correspondência ou parte dela, deve o investigador assumir a exigência de examinar, em detalhe e profundidade, a relação desse autor com seus pares, com seu público, com um contexto cultural e intelectual específico, formado por disputas de campo, polêmicas, competições entre rivais, alianças e animosidades pessoais, horizontes de expectativa e formas possíveis de imaginação coletiva. Mais que isso, os escritos periautobiográficos concebidos e redigidos para publicação sofreram em seu proceso de redação pressões e interpelações externas ao eu narrador, mais intensas que no caso do escrito amadurecido na solidão do gabinete sob a ilusão de sua total privacidade. A interpretação histórica e sociológica da intervenção explícita no universo discursivo da sociedade a que o autor pertencia, mediante a publicação de escritos *a priori* privados, exige por parte do investigador o emprego de todos os recursos metodológicos e teóricos de que a história intelectual e cultural dispõe.

Nesta compilação sistematizada de ensaios acadêmicos, a perspectiva de interpretação que se escolheu privilegiar foi aquela da história intelectual – uma modalidade especificamente demarcada dentro da história social da cultura –, ainda que junto a ela tenham se incorporado, em nome de uma pluralidade de perspectivas, trabalhos elaborados utilizando o instrumental teórico e metodológico de outros campos afins. O objetivo central deste livro foi o de tornar mais clara a especificidade da experiência memorialística latino-americana, tal e como esta se manifestou na obra de artistas, cineastas ou intelectuais durante o século XX. Uma exploração histórica da escritura memorialística – cujo imperativo metodológico seja relacionar de modo preciso o conteúdo do texto com as condições de possibilidade expressivas oferecidas pelo contexto discursivo (e mais amplamente sociocultural) do momento em que fora elaborado – oferece a possibilidade de uma melhor apreciação da escritura periautográfica como ação histórico-cultural, como intervenção concreta em um universo específico, temporal e geográfico, de significação social que por sua própria natureza só pode constituir-se num fato significante. Oferece também, por isso mesmo, uma possibilidade de melhor apreender o caráter "enraizado" dessa escritura, ancorado, arraigado, como o está numa comunidade de significação específica – cujas marcas leva indelevelmente impressas.

Uma hipótese forte desta coleção de estudos é que o desenvolvimento de uma literatura memorialística produzida na América Latina teve uma especificidade própria que não pode ser reduzida – sem fazer violência à textura mesma de seu processo e de seu produto –, sob risco de projeção secundária das formas previamente desenvolvidas na Europa ou nos Estados Unidos. Um século e meio mais tarde que na Itália – cujos letrados reviviam e renovavam formas muito antigas da literatura periautográfica – se produziu no resto do orbe europeu, incluindo as novas terras que estavam então em via de ser conquistadas pelos armados letrados de Espanha e Portugal, uma consolidação da escritura do eu e da literatura da memória. Desde o início, a escritura de tipo autobiográfico na América Latina assestou o impacto da nova geografia e da inédita situação social que a interação – por meio da dominação dos autóctones pelos recém-chegados – entre habitantes do Velho Mundo e de um mundo de culturas inteiramente novas, e com costumes inimagináveis a partir da perspectiva europeia, engendrou. Dotada de foros de legitimidade próprios, essa escritura memorialística se inscreve com independência sobre o mapa mais amplo das literaturas periautográficas ao longo da história humana: partindo de uma posição até certo ponto autárquica, os escritores latino-americanos puderam olhar para as tradições de escritura memorialística da remota antiguidade ou dos países asiáticos com a mesma sensação de distância e/ou proximidade como o fizeram aquelas da Europa e da América do Norte. Puderam cultivar sua própria tradição periautográfica, suas próprias inflexões à escritura do eu, sob o signo de um furioso ecletismo. Puderam escolher inspirações, motivos e modelos de todo o planeta e de toda a história, ecleticamente, para em seguida imprimir-lhes uma marca própria. Qual foi esse acervo de possíveis motivos e modelos? O esboço incompleto que segue busca oferecer uma resposta comparativa a essa pergunta, ao mesmo tempo em que permite uma colocação mais precisa da produção periautográfica latino-americana no mapa cultural mundial.

## A LITERATURA AUTOBIOGRÁFICA: CARTOGRAFIA GERAL

Quando se examina a literatura memorialística em perspectiva global, aparecem certos consensos básicos acerca de seu desenvolvimento no tempo e de seu alcance geográfico. Uma porção majoritária dos estudos que têm feito da autobiografia o objeto de uma análise histórica ou crítico-literária coincidiu em assinalar sua condição eminentemente moderna, ainda que possamos reconhecer antecedentes que remontam à história mais antiga; e uma parcela igualmente extensa dessa literatura coincidiu em lhe reconhecer o caráter de fenômeno primordialmente europeu, apesar da existência inegável de importantes exceções a essa regra, sobretudo no Extremo Oriente. Tais exceções ostentam uma irrecusável importância. A proposição acerca da modernidade inerente da literatura autobiográfica, inclusive se é referida somente ao caso do espaço cultural europeu, deve colidir não só com o fato de que um de seus arquétipos originais, sem dúvida dos mais importantes, foi produto da antiguidade tardia – as *Confissões* de Santo Agostinho –, mas com aquele de que muitos dos elementos próprios da modalidade autobiográfica moderna – a escritura na primeira pessoa; a expressão literária dos pensamentos íntimos, da experiência interior; o relato cronológico dos fatos públicos da própria vida – também apareceram pela primeira vez nos albores da história grega e romana. Arnaldo Momigliano, por exemplo, assinalou que, se aceitamos que qualquer notícia em verso ou em prosa em que um indivíduo nos conta algo acerca de si mesmo é um elemento antecessor da autobiografia, o conjunto inteiro da poesia lírica e épica grega que sobreviveu poderia ser considerado precursor da autobiografia. E, ainda se fosse olhada com certo ceticismo uma delimitação tão ampla do universo de textos antecessores – posição cética à qual o próprio Momigliano adere –, nem por isso deixaria de existir, na qualidade de "antecedentes mais verdadeiros da biografia ou da autobiografia", um acervo importante de "anedotas, coleções de ditos, cartas individuais ou coletivas e discursos apologéticos".

É certo que na antiguidade clássica (quer dizer, greco-romana) do Mediterrâneo não aparecem demasiados exemplos de textos que pretenderam relatar as recordações de um indivíduo redigidos por ele mesmo. Os *Comentários* de Júlio César às guerras gálicas e às guerras civis foram precisamente o que seu título indica: apesar do uso da primeira pessoa, não eram – em sentido estrito – memórias; antes, breves anotações feitas logo após o fragor da batalha e mais tarde reelaboradas por meio de uma sofisticada retórica para que servissem de apologia cívica de suas ações ante um público de cidadãos cujo voto ou cujo apoio militar se solicitava. Nisto parecem ter consistido as páginas dos comentários cesarianos, sendo esta a razão pela qual pôde parecer legítima a intervenção – em sua redação final – de outros autores. Do mesmo modo, o texto autobiográfico de seu filho adotivo Otaviano – a inscrição epigráfica que comunicava aos cidadãos/súditos do *Imperium* as *Res Gestae Divi Augusti* –, ainda que narrasse os principais fatos da vida adulta do imperador na primeira pessoa, é basicamente um memorial político, uma prestação de contas ante a opinião pública acerca do desempenho do máximo magistrado da República/Principado. Fundando suas raízes tanto na tradição das epígrafes funerárias dos cidadãos ilustres de Roma quanto na das estelas memoriais dos reis helenísticos, a narração de vida que ali aparecia – inventário de benefícios prodigalizados a seu povo pelo benfeitor máximo – se apresentava quase por completo despojada de considerações pessoais ou íntimas referidas à vida de seu autor.

Não é que os habitantes das antigas *poleis* gregas ou do Império Romano tenham carecido da concepção de um relato de vida baseado na memória de um indivíduo e com capacidade de comunicar, além dos fatos vividos, os sentimentos que tais fatos souberam evocar: estão ali as antigas epopeias para desmentir tal presunção. Esse assombroso segundo livro da *Eneida*, no qual Eneias, respondendo ao pedido da rainha Dido, narra, ante o silêncio dos cartagineses e troianos que assistem ao banquete dado em sua honra, a morte de uma civilização – com tal precisão para evocar cada detalhe que os sons da carnificina, o cheiro da morte e até os múltiplos tons da noite negra (*atra nox*), regida por essa tão inimiga *amica silentia lunae*, parecem adquirir vida ante os olhos do leitor –, é prova suficiente da existência de condições de possibilidade para a criação de obras autobiográficas no mundo antigo. É certo, claro, que o relato de Eneias estava justificado por sua condição de filho de uma deusa e de pai de uma pátria: esse caráter excepcional do sujeito de memória na epopeia antiga pode oferecer talvez uma pista para explicar melhor a ausência quase completa de autobiografias no mundo antigo europeu. O ato de recordar os próprios feitos – *res gestae* – não era um dom comum, democrático, mas um privilégio dos varões ilustres, dos cidadãos excelsos, dos heróis e dos deuses, e a memória por fim tornava-se um ato cívico ou um ato sagrado (dimensões que guardavam uma relação estreita na antiguidade clássica) que tendia a borrar seu vínculo com a interioridade de um indivíduo. Outra explicação – mais canônica – tem a ver com a construção relativamente débil da noção de "indivíduo" na antiguidade clássica, em que aquilo que se privilegiava ao conceber a biografia das pessoas era sua relação com os outros – com os cidadãos, com os deuses, com os escravos: o ser humano era concebido antes como um nodo dentro de um sistema relacional complexo que como uma mônada dotada de autonomia e, por fim, de interioridade. Entre a crematística e a política econômica de uma sociedade capitalista medeia um abismo. Essa explicação das características peculiares da literatura antiga goza de certo consenso, assim como assinala certas exceções altamente significativas no período pré-cristão, como a construção da interioridade individual no pensamento estoico.

Apesar de antecedentes importantes, como as *Meditações* do imperador Marco Aurélio – texto estoico – é o texto periautobiográfico contido nas *Confissões* de Santo Agostinho que assinala, para a maioria dos estudiosos, o nascimento da autobiografia no mundo ocidental. Aparecem narrados ali não apenas fatos externos – os estudos do futuro bispo, sua experiência como docente de retórica, o estado lamentável da disciplina escolar na África de seu tempo, a corrupção dos funcionários imperiais, anedotas sobre a astrologia e as confusõs da identidade –, mas a progressão, o desenvolvimento, de uma consciência interior. Relato de conversão, o livro das *Confissões* é também o relato de uma personalidade com vida interior e desenvolvimento, complexo e incerto, através do tempo de uma vida. Quando quis refundar, em fins do século XVIII e de um modo radical a escritura autobiográfica, Rousseau, desde o título de sua obra, teve de aludir a essa obra do primeiro grande filósofo do cristianismo latino. Seu estatuto, sem dúvida, permaneceu sempre um pouco ambíguo: conversação memorialística dirigida em princípio a Deus, e não a seus leitores; sermão organizado em torno a uma intenção polêmica e proselitista; obra na qual desponta o indivíduo dotado de uma vida interior autônoma tão somente para abismar-se imediatamente na consciência da eternidade, as *Confissões* agostinianas são e não são – em sentido estrito – uma autobiografia. Talvez dali sua enorme capacidade de interpelação e sua indubitável produtividade para a tradição memorialística.

Por outro lado, um traço distintivo das *Confissões* de Santo Agostinho é que beberam não só na tradição greco-latina, mas também na hebreia, por via das escrituras bíblicas do Antigo Testamento. Naquela outra tradição cultural da antiguidade europeia e mediterrânea, os recursos expressivos para dar conta da vida interior do eu haviam recebido um desenvolvimento alternativo ao da tradição helênica e romana. Como observou Erich Auerbach em *Mimesis*, ao contrastar as estratégias narrativas da épica homérica com aquelas empregadas pelos anônimos escritores do Pentateuco, na escritura sagrada dos hebreus, a interioridade do indivíduo, o drama psicológico interior que a oposição entre o sentimento visceral e a rígida obediência exigida por um Deus ciumento e inflexível provocava, recebeu um desenvolvimento mais evidente que na produção literária grega e latina. Com efeito, se o episódio do sacrifício de Isaac por Abraão é o selecionado por Auerbach, por sua dramaticidade intensa, para ilustrar seu argumento, o *corpus* inteiro de livros bíblicos está atravessado por narrações que oferecem antecedentes verossímeis da literatura do eu e da memorialística moderna. O "Cântico dos cânticos", as diatribes na primeira pessoa de Jó no livro que leva seu nome, vários dos livros dos profetas – como o de Neemias –, entre outros, apresentam ao leitor a figura de um narrador que fala na primeira pessoa, que faz referência a aspectos de sua vida privada ou de sua história de vida, e que, em algumas ocasiões, comunica de um modo direto, ou pela via indireta da retórica empregada, informação acerca de seu próprio estado anímico. Será que a crença em um único deus invisível, escondido, tenha sido o primeiro passo necessário rumo à construção de uma noção de "eu" interior, mais significativo em sua individualidade particular que em sua representatividade do todo social ou sua imersão em si mesmo? Que não apenas "*je est un autre*", mas que sem esse "*autre*", ainda que imaginário, não pode existir esse "*je*"? Se a obra confessional do bispo de Hipona emergiu desse universo cultural, também o fez a outra autobiografia – num sentido estrito – que nos chegou da antiguidade clássica: a vida de Flávio Josefo (37-100 d.C.) escrita por ele mesmo. Ali nos inteiramos da posição social do autor, de sua condição aristocrática; encontramos informação acerca de sua primeira educação e de suas diversas derivas religiosas antes de converter-se em sacerdote fariseu e em general; cruzamos com Aliturius, o ator de teatro judeu que deleitava Nero e sua esposa Popeia na corte do Domus Aurea; e, mais importante ainda, na perspectiva das definições mais correntes acerca do que constitui a autobiografia moderna, descobrimos os cambiantes estados de ânimo do comandante de Galileia ante as intrigas e conspirações urdidas contra ele por seus inimigos dentro do próprio campo dos rebeldes judeus a que pertencia. Escrito breve, redigido – origem tão comum dos textos autobiográficos – para defender-se das acusações de seus inimigos romanos e judeus, o livro de Josefo é talvez a outra principal exceção à regra quanto à origem moderna da escritura memorialística[7].

Como argumentou recentemente Marziano Guglielminetti, é só com os grandes escritores das vésperas e inícios do Renascimento na Itália – Dante, Petrarca, Boccaccio – que começam a aparecer outra vez na literatura europeia aqueles recursos literários que nos tempos do Império Romano haviam estado disponíveis para autores como Josefo, Marco Aurélio, Libânio ou Santo Agostinho (mas que desde Boécio e do Maximiano das *Senectae*, quer dizer, desde o século VI, haviam desaparecido da cultura da Europa latina). Com efeito, além da profunda distância que separa a *Vita Nova* e o *Convivio* de uma autêntica escritura autobiográfica – pela indefinição das alusões a tempos e lugares; pela referência a arquétipos em chave platonizante mais que a figuras concretas (a Beatriz de Dante dista muito, sem dúvida, do efeito de realidade que geram as mulheres relatadas por Brantôme ou por Rousseau, sendo, por outro lado, precisamente esse caráter arquetípico a fonte de seu poder literário); pela ausência de um fio condutor narrativo e/ou cronológico –, essas obras em língua vulgar apresentam já certos recursos (como a apologia de si mesmo, a explicação das vivências alegorizadas em certas poesias ou a construção de certos *alter egos* – Boécio, Catão – que reafirmam a autonomia e a liberdade da consciência humana) que serviriam para desbravar o caminho para a construção de uma literatura memorialística mais plenamente desenvolvida.

É a partir do século XIV (e de um modo mais contundente ainda, a partir do *Quattrocento*) que começam outra vez a proliferar os relatos autobiográficos, os textos de memórias pessoais, os diários pessoais. Na Itália, para mencionar só uma

---

7  Ainda que muito menos importante numa perspectiva de seu impacto sobre a cultura literária ocidental, existiu na antiguidade tardia outra autobiografia mais ou menos concebida organicamente, aquela do filósofo grego Libânio (314-394 d.C.). Amigo e colaborador do imperador "apóstata" Juliano (que governou de 361 a 363 d.C.), foi um dos intelectuais mais importantes na reação "pagã" contra a ascensão ao poder do cristianismo. Junto com as de Flávio Josefo e Santo Agostinho, esta teria sido a outra autobiografia – *sensu stricto* – completa que nos chegou da antiguidade. Se não é tão conhecida como as outras, talvez seja porque a religião que triunfou não foi a defendida com tanto afinco por Libânio.

região, desde o Medievo outonal até a idade Barroca, publicou-se uma longa série de textos autobiográficos ou quase autobiográficos: um ciclo densamente povoado que vai de Petrarca até a *Vita* de Benvenuto Cellini, passando por obras importantes como as de León Battista Alberti, Girolamo Cardano ou Enea Silvio Piccolomini (Pio II) – a única autobiografia de um papa. Desde então, e passando por rupturas e momentos decisivos – como a *Vida de Samuel Johnson* de James Boswell (e os *Journals* deste), a *Histoire de ma vie* de Casanova, ou, algumas décadas antes, as *Mémoires* do duque de Saint-Simon –, a produção de textos memorialísticos se incrementou sem pausa, e se diversificou até desembocar nesse novo texto fundador, as *Confissões* de Jean-Jacques Rousseau.

Fora da Europa, a escritura autobiográfica esteve quase completamente ausente, salvo nas literaturas da Ásia Oriental, até o momento em que a própria expansão europeia difundiu pelo globo os gêneros cultivados ali. Em toda a história islâmica, antes de iniciado o intenso contato com os europeus em fins do século XVI, só se havia escrito uma autobiografia: aquela do rei timúrida que conquistou um império no Afeganistão e na Índia em princípios do século XVI, Babur. Seu livro, o *Babur-Nameh*, ocupa um lugar anômalo na tradição literária das três línguas clássicas do Islã (o persa, o árabe e o turco), já que não houve outro esforço de tão grande alento para registrar nas páginas de um livro as peripécias da própria vida sem a garantia de um contato contínuo – e cada vez mais desigual, cada vez mais em posição de subordinação – com os portadores da cultura europeia. No subcontinente da Índia, as culturas locais, ainda que donas de complexas e ricas literaturas, nunca desenvolveram nem uma tradição historiográfica nem uma tradição autobiográfica local. Ainda que arqueólogos e historiadores pós-coloniais tenham se esmerado na busca de antecedentes pré-islâmicos e pré-europeus dessas práticas de escritura, a colheita, até o momento, tem sido muito magra. Assim como no caso da Pérsia pré-islâmica (inscrições sassânidas entalhadas nas ladeiras de certas montanhas no Irã), os monumentos epigráficos têm mostrado de quando em quando exemplos locais de *rerum gestarum* semelhantes ao documento do deus César Augusto – colunas, estelas, rochas entalhadas com narrações dos feitos mais destacados de dinastas chalukyas ou cholas da Índia medieval; enquanto na rica literatura poética hindu, redigida em sânscrito, como também na igualmente rica tradição budista transmitida em língua páli, aparecem esporádicos esboços de biografia, ocasionais referências a indivíduos que poderiam ser, talvez (e sempre e quando o uso do condicional predominasse em sua análise), de caráter autobiográfico: mas antes do contato com os europeus, tais documentos se manifestam extremamente escassos. Na África Subsaariana, na Oceania, na Australásia, a situação é mais estéril ainda. Ali a ausência de tradições literárias consolidadas não orais, consequência da ausência de formas autóctones de escritura, implicou por definição a inexistência de uma tradição de memorialística local, situação que se repete pelos mesmos motivos na América pré-colombiana.

É na Ásia Oriental – o "Distante" ou "Extremo Oriente" – onde unicamente é possível encontrar o caso de uma *tradição* memorialística autóctone: é certo que menos desenvolvida que a ocidental e muito mais esporádica no tempo, mas não por isso menos concreta. Na China, há exemplos de textos de índole autobiográfica desde, ao menos, a dinastia Tang (618-907 d.C.), ainda que tenha sido tão somente a partir do grande renascer cultural vivido sob os imperadores

Ming (1368-1644/61 d.C.) que textos memorialísticos começaram a se tornar mais comuns (e isso teve lugar, cabe sublinhar, antes da abertura ao contato intenso com a cultura europeia que se deu no curso do século XIX). A ênfase no caráter pessoal, individual, da vida ética que habitou sempre o pensamento confuciano derivou em uma representação mais ou menos cristalina do indivíduo (portador de mais obrigações que de direitos, claro está) desde os escritos do próprio Confúcio (c. 551-479 a.C.) ou de seguidores seus como Mêncio (391-308 a.C.) ou Yang Xiong (53 a.C.-18 d.C.) em diante, representação que despontou também nos textos biográficos incluídos por Sima Qian (Ssu-ma Ch'ien) (139-86 a.C.) em sua célebre história, *Shiji* ou *Anais*, das dinastias Qin e Han, e ainda em seu próprio esboço autobiográfico dentro dessa obra. Obscurecida em parte pela ascensão de correntes taoistas (com sua aparente carga panteísta e irracionalista) nos primeiros séculos da era cristã e pelo profundo impacto cultural do budismo (filosofia e crença religiosa baseada na aniquilação do desejo individual e, ainda, na busca niilista de cancelamento do indivíduo com existência contingente e empiricamente definível) nessa mesma época, foi a partir da dinastia Tang que certos textos de claro sabor autobiográfico começaram, muito esporadicamente, a ser redigidos – quase sempre dentro do âmbito cultural confucionista. Foi sobretudo com a codificação e a crescente hegemonia do chamado neoconfucionismo, a partir da obra de Zhu Xi (1130-1200), sob a dinastia Song (ou Sung) (960-1279), que uma tradição de escritura do eu, que às vezes manifestava certa dimensão claramente autobiográfica, começou a ser cultivada. Da dinastia Ming em diante, ao mesmo tempo em que se afiançava uma densa tradição de ficção em prosa – que derivou em romances extensos, como *Os bandidos do pântano* (também traduzido sob o título de *Margem de água*, c. 1390) de Shi Naian, ou *O lótus dourado* (*Jin Ping Mei*, também traduzido como *A ameixa na taça de ouro*, de forte carga erótica, 1610) de Lanling Xiaoxiao Sheng, e em narrações breves de variadíssima temática, como nas extensas coleções de Feng Menglong (1574-1645) e de Ling Menchu (1580-1644) –, iniciou-se uma produção persistente de literatura memorialística.

Entre os exemplos mais antigos está o *Diário* de Wu Yubi (1391-1469), texto breve que narra de um modo algo esfumado os esforços de autocultivo em chave neoconfuciana do autor: por momentos a escritura se assemelha à dos *Pensées* de Pascal, ainda que com a ressalva importante de estar organizada segundo os anos de anotação. A partir de então, não só se expandiu sem pausa a quantidade de textos autobiográficos publicados, mas sua referência sociodemográfica se diversificou. Se em um primeiro momento os autores de diários, autobiografias, relatos de viagens e livros de recordações de diversas índoles tenderam a pertencer quase sempre ao mundo dos sábios confucianos ligados aos centros de poder político e simbólico do Império do Céu, às vésperas da penetração mais intensa da cultura europeia (que se deu somente no século XIX, já que, ainda que a missão jesuítica tenha tido uma presença quase constante desde o século XVI em diante, seu raio de influência foi sempre muito limitado), um autor como Shen Fu (1763-pós-1809) pôde redigir um texto autobiográfico complexo – *Seis capítulos de uma vida flutuante para baixo* –, cujo universo de referência excedia notavelmente a esse mais restrito dos letrados com sua cultura centrada nos exames imperiais e na consequente necessidade de memorização dos textos canônicos: as alegrias e os dissabores da vida matrimonial, o romantismo dos buques-bordéis sob uma clara luz da lua em um lago próximo a Cantão, as penúrias e preocupações do trabalho mal remunerado; tudo isso e mais aparece relatado com simples elegância nesse texto redigido em 1809. Estruturado segundo temas derivados de uma concepção confucionista/budista pré-moderna, e não segundo etapas cronológicas, mostrava sem dúvida certo rigor cronológico no interior de seus distintos capítulos, e – por certo – uma atenção minuciosa ao detalhe empírico. Apogeu da memorialística autóctone, o modo de conceber a própria vida que representava ver-se-ia deslocado progressivamente pelo avanço da presença europeia no contexto de crise e dissolução do Império da última dinastia da China (os Qing, 1644-1911) e da sociedade tradicional que havia subtendido a essa ordem imperial: os textos autobiográficos de fins do século XIX e princípios do XX já se acomodam a um molde claramente europeu, quer se tratasse das memórias políticas de um Sun Yat-Sen (1866-1925), educado como cristão protestante e autor de *Memórias de um revolucionário chinês* (1918), quer de um Mao Tse-tung (1893-1976) – cuja "autobiografia" é na realidade um texto do jornalista norte-americano Edgar Snow (1905-1972), redigido com base em entrevista que Mao lhe concedera e publicado como parte de *Estrela vermelha sobre a China* (1937) –, ou dos escritos em chave memorialística de literatos como Lu Xun (1881-1936), Qian Zhongshu (1910-1998), autor da novela parcialmente autobiográfica *Fortaleza assediada* (1937), um dos clássicos da literatura satírica mundial do século XX, ou Yang Jiang (1911, ainda viva), esposa de Zhongshu e autora de uma autobiografia acerca de sua perseguição durante a Revolução Cultural, atravessada pela mordacidade e pela sátira que já se demonstram desde o título: *Seis capítulos de uma vida flutuante para baixo* (1982).

No Japão, país com uma densa e complexa tradição literária demarcada dentro de uma cultura que tem surpreendido antropólogos, sociólogos e historiadores europeus desde o século XIX pelos muitos paralelismos que apresenta em relação ao desenvolvimento ocidental (como o feudalismo militar de seus séculos medievais ou, na primeira modernidade, o desenvolvimento autóctone de uma espécie de sociedade comercial protegida, com elementos quase burgueses incipientes, sob a férula dos xoguns da dinastia Tokugawa), houve, em uma época tão remota como os séculos IX a XII da Era Cristã, o desenvolvimento não só de uma literatura memorialística autóctone, mas também, *mirabile casu!*, de uma literatura memorialística feminina. O *Livro da almofada*, de Sei Shonagon (redigido em torno do ano 1000 da Era Cristã), as *Reminiscências*, de Murasaki Shikibu (também *c.* 1000), o *Diário* da Dama Isé (*c.* 960), o *Diário* da Dama Sarashina (publicado por volta de 1059) ou as *Confissões* (*Towazugatari*, ou *Relato que ninguém solicitou*) da Dama de Nijô (1258-1307), entre outros, constituem um conjunto de escritos memorialísticos femininos que se manifesta único pelas datas tão remotas, assim como pela qualidade literária de seus expoentes. Ao lado desse *corpus* de escritura memorialística feminina existiu também, sem dúvida, um importante acervo de literatura autobiográfica masculina, que se estende – com largos hiatos no tempo – até a abertura definitiva do Japão ao contato com o mundo exterior em 1852-4: textos autobiográficos de funcionários, mercadores, monges, samurais e, ainda, atores de teatro do gênero kabuki. A partir da irrupção violenta do comodoro norte-americano *Perry* nesse país, a forma da escritura autobiográfica no Japão, como no resto do mundo não europeu a partir do século XIX, tendeu a confluir com os modelos dominantes encontrados na tradição europeia. Autobiografias célebres, como aquelas do Sarmiento japonês Yukichi Fukuzawa (1835-1901), do anarquista e organizador sindical Osugi Sakae (1885-1923) ou da pioneira do feminismo no Japão (e em uma época companheira de Osugi) Hiratsuka Raicho (1886-1971), já foram concebidas seguindo os padrões mais evidentes da literatura autobiográfica ocidental.

Dentro da tradição memorialística ocidental é a obra de Jean-Jacques Rousseau a que perpassa o processo de transmissão dos modelos prévios até se constituir em um ponto de referência radicalmente novo, de indisputável importância. Suas *Confissões* deram início à modalidade autobiográfica moderna – logo potencializada pelo romantismo do século XIX e mais adiante pelas mudanças na autopercepção da subjetividade derivadas da psicanálise freudiana e da crise da cultura tradicional europeia centrada na noção de uma dimensão transcendente da vida –, na qual a sinceridade da expressão e a autenticidade retoricamente assinalada da experiência interior relatada se tornaram os elementos centrais. Se o relato da própria vida havia consistido, durante toda a primeira modernidade europeia, basicamente na narração das peripécias externas ocorridas no curso do périplo de vida do narrador, a autobiografia a partir de Rousseau adquiriria uma profundidade psicológica nova, na qual o relato da abjeção e do conflito interno passaria a ocupar um lugar tão importante como aquele das etapas de formação da fortaleza de ânimo, das virtudes intelectuais e cívicas ou dos êxitos mundanos. A longa maturação da concepção moderna do indivíduo como mônada autossuficiente e também desgarrada parecia culminar na empresa memorialística do célebre cidadão de Genebra desde suas primeiras páginas, em que a frase *"Moi seul"* irrompia como um brasão de impertinente ruptura com as retóricas do eu herdadas do passado, começando pela obra contra a qual se erigia esta: as piedosas confissões do bispo de Hipona. Nesse tríptico estranho e comovedor formado pelas *Confessions*, pelos *Dialogues* e suas *Rêveries d'un promeneur solitaire*, Rousseau se propôs a mostrar um homem *"dans toute la vérité de la nature"*, e essa intenção implicava não só conceder primazia ao mundo do sentimento –*"mon coeur"*– por sobre os mundos da razão ou da ação, mas em levar o afã de expressão transparente da interioridade de uma alma única e *sui generis* – como acreditava que era a sua – até um paroxismo de desdobramentos paradoxais e contraditórios de seu "eu" histórico-literário. Como gesto filosófico-estético, a autobiografia de Rousseau marcava com efeito o começo de uma nova modalidade na escritura do eu: na história literária e na crítica existiu um consenso em torno a essa centralidade irruptiva da obra rousseauniana durante ao menos quase um século, e alguns – é o caso do influente estudioso da literatura autobiográfica Philippe Lejeune – têm querido ver nele, ademais, o ponto de origem de um gênero literário novo e de contornos precisos: a autobiografia literária moderna. Sem entrar a examinar essa tão árdua questão da existência (ou inexistência) do (já referido) gênero, pareceria estar fora de dúvida o fato de que a autobiografia de intenção estética – quer dizer, a autobiografia que se apresenta ao público reclamando uma legitimidade própria baseada na qualidade da escritura em vez de fazê-lo com base na importância dos fatos narrados ou da importância histórica da testemunha que os narra – soube se reconhecer no espelho do clássico de Rousseau durante os últimos dois séculos e meio. Mais ainda, não só a literatura autobiográfica bebeu na fonte rousseauniana: também o fez uma parte importante da literatura de ficção, sobretudo aquela mais voltada para a narração em primeira pessoa das volutas e dos arabescos flutuantes da incerta identidade psíquica do sujeito moderno.

A partir de então, as escrituras do eu e da memória não pararam de se multiplicar, até encher hoje em dia prateleiras inteiras das principais bibliotecas do mundo. O processo de aprofundamento da consciência da própria subjetividade que no mundo de cultura europeia se desencadeou a partir das correntes românticas – e que se viu potencializado por correntes como a psicanalítica em princípios do século XX ou por certas correntes dentro do heterogêneo conjunto das vanguardas literárias que eclodiram alguns anos mais tarde – continuou impactando a cultura letrada, já não somente europeia, mas mundial.

## MEMORIALÍSTICA LATINO-AMERICANA: UMA TRADIÇÃO PRÓPRIA

A América Latina não esteve – como não podia estar – alheia a essa progressiva consolidação de uma tradição de escritura memorialística na Europa. Mais ainda, no século XX – sobretudo a partir das primeiras vanguardas, ainda que não só –, esteve cada vez mais consciente da existência das tradições não europeias de escritura autobiográfica, em especial da japonesa. Quando da chegada às Américas dos primeiros espanhóis e portugueses, já existiam dentro da própria cultura literária dos conquistadores as condições para elaborar uma escritura centrada no relato em primeira pessoa de fatos apresentados como historicamente verídicos. E, com efeito, uma parte importante da chamada "literatura da Conquista" esteve constituída por textos dessa natureza. Houve, ao longo dos anos da dominação colonial, uma produção constante de textos de caráter memorialístico, ainda que não tão densamente prolífica como a das literaturas do continente europeu na mesma época.

É no momento da Independência que a tradição de escritura memorialística adquire seu estatuto preciso e se afiança na América hispânica. A derrubada do Império e a revolução na ordem social foram fatos de tal magnitude que evocaram um verdadeiro aluvião de textos autobiográficos. A maioria destes seguiu regida por certa intencionalidade utilitária; isto é, sua escritura não respondeu tanto ao mero prazer de exibição do eu (ainda que certa dose de narcisismo raras vezes estivesse ausente de todo) quanto à necessidade de justificar condutas retrospectivamente. O caleidoscópio ideológico em que se havia fragmentado o universo mental da Ilustração católica de fins do século XVIII, somado à necessidade – para a própria sobrevivência em um mundo em guerra e em revolução – de mudar de lado com certa assiduidade, foram fatos que determinaram que quase nenhum dos atores nos processos políticos, culturais e militares da Independência pudesse oferecer um histórico de "ortodoxia" revolucionária. O "desviacionismo" esteve na ordem do dia, mesmo no caso dos próceres mais prestigiosos das revoluções de independência.

As revoluções de independência deram origem a um corpo extremamente frondoso de escritos memorialísticos, e assim a uma das modalidades mais frequentes na autobiografia hispano-americana: aquela da autobiografia como escrito político, isto é, como intervenção pública nas polêmicas partidárias do dia. Desde então e até o presente, uma das vertentes mais frequentes da autobiografia hispano-americana tem sido seu uso como panfleto político-ideológico, em cujo interior os feitos rememorados aparecem sempre submetidos à vontade de apresentá-los como expressão de uma linha deliberada de conduta e de adesão inflexível a uma causa ideológica. Clássicos do gênero foram as *Memórias* de frei Servando Teresa de Mier, as *Memórias* do gene-

PRÓLOGO: "LE DUR DÉSIR DE DURER" SERGIO MICELI E JORGE MYERS

ral José María Paz, as *Memórias* do general Tomás de Iriarte ou a prolífica produção memorialística de líderes do movimento revolucionário na Grã-Colômbia, como José Antonio Páez, Daniel O'Leary e Francisco de Paula Santander.

Os anos da luta para estabelecer novas soberanias sobre as ruínas do Império espanhol permitiram ver as novas condições para a elaboração de relatos autobiográficos hispano-americanos. Mas foi o torvelinho intelectual do romantismo que permitiu que esse gênero se consolidasse na América Espanhola. No continente, há um autor que se destaca dos demais como escritor romântico de obras autobiográficas – Domingo Faustino Sarmiento –, ainda que em paralelo com seu decisivamente influente *Recuerdos de provincia* (1850) tenha sido publicado um conjunto de autobiografias que também adquiriram rapidamente o estatuto de "clássicos" da literatura e do pensamento hispano-americano: as *Memorias de mis tiempos* (publicação póstuma, 1906), do importante escritor romântico mexicano Guillermo Prieto; los *Recuerdos literarios* (1868), do escritor e jurista chileno José Victorino Lastarria; a *Autobiografía* da poeta e romancista espanhola-cubana Gertrudis Gómez de Avellaneda; os *Recuerdos del pasado (1814-1860)*, do chileno Vicente Pérez Rosales (1882); a *Historia de una alma: memorias íntimas y de historia contemporánea* (1881), do colombiano José María Samper. São nos anos de hegemonia romântica que se publicam as primeiras autobiografias hispano-americanas redigidas por mulheres (se deixarmos de lado os textos memorialísticos da época colonial, como aquele de Sor Juana Inés de la Cruz) e de autores pertencentes a grupos étnicos subalternos (como a célebre *Autobiografia de um escravo,* 1839-49, do cubano Juan Francisco Manzano).

Sarmiento aplicou sua pena duas vezes, em escritos menores, à redação explícita de sua própria vida (a mais importante dessas versões nasceu, como no caso das autobiografias de políticos e militares da Independência, como réplica aos ataques de que era objeto no Chile, seu exílio) antes de produzir o livro que se converteu em um dos mais importantes dentro de sua própria bibliografia e um dos mais influentes na escritura hispano-americana: os *Recuerdos de provincia*. Cabe assinalar que em muitos outros livros seus – alguns diriam que em grande parte deles – aparece também a marca do impulso autobiográfico. Como Mariano Picón Salas ou José Vasconcelos no século XX, Sarmiento era um enamorado de sua própria vida e, alma generosa que era, desejava compartilhá-la com os demais: as *Viajes*, seu périplo "tocquevilliano" invertido, sua *Campaña en el ejército grande*, são textos claramente autobiográficos. Até sua obra-prima, o *Facundo*, está atravessada por referências à própria biografia do autor.

*Recuerdos de provincia* é um livro que se projetou para além da intenção original que havia impelido o autor a redigi-lo. Além de ser um texto no qual o "eu" autoral permeia cada frase, imprimindo um sentido metatextual a todo o livro, é o primeiro livro hispano-americano a outorgar um lugar central aos foros da infância e da adolescência: teríamos que esperar até o século XX para encontrar outras obras tão preocupadas por reconstruir a lembrança infantil. Em segundo lugar, efetuou a operação complexa de vincular seu sujeito a um lugar e a um tempo nitidamente específicos – San Juan na primeira metade do século XIX –, cuja textura geográfico-temporal aparece esboçada com maestria. Esse San Juan era o lugar da decadência da ordem colonial, embora Sarmiento, através de sua própria *persona*, pressagiasse seu renascer, um renascer republicano: o conjuro da escritura sarmientina operava um casamento entre contrários, colocando o "eu" de seu autor no lugar do nexo decisivo entre ambos.

Obra tornada rapidamente icônica para os leitores argentinos (e um pouco mais tarde para leitores em toda a América Hispânica, e ainda no Brasil), *Recuerdos de provincia* projetou uma grande sombra sobre a escritura autobiográfica hispano-americana do século XIX. Indicou uma das vias possíveis para emancipar o relato da própria vida das amarras da polêmica pública. Para ganhar em autonomia, era necessário à autobiografia aprofundar sua capacidade de representar a subjetividade de seu autor, e, para que isso se tornasse possível, era preciso antes desenquistá-la da esfera pública republicana que se vinha consolidando nos principais países da região. Era necessário achar as condições linguísticas e ideológicas suficientes para que o relato do "eu" pudesse apresentar-se como um fim em si mesmo. Sarmiento deu o primeiro passo nessa direção; seriam os escritores vinculados ao "modernismo" hispano-americano – entendido em um sentido amplo, quer dizer, desde os precursores até os epígonos mais degradados – os que terminariam por construir um arsenal retórico, uma língua cultural, se se quiser, capaz de assegurar esse propósito maior.

A produção memorialística hispano-americana ampliou seus horizontes durante os anos nos quais o naturalismo no romance, o positivismo na filosofia e nas ciências sociais e o modernismo na poesia (e em menor medida também na prosa de ficção) exerceram suas respectivas hegemonias. A quantidade de autobiografias que se publicaram durante esse período – que corresponde aos anos transcorridos entre 1880 e 1920 aproximadamente – cresceu notavelmente: os textos autobiográficos se multiplicaram ao compasso das mudanças profundas que então tiveram lugar nas distintas sociedades latino-americanas. Uma primeira intuição de "vida moderna" começou a se afiançar nas principais cidades do continente, e isso se viu refletido na aparição de um novo gênero – ou talvez não tão novo, já que se podem encontrar alguns precursores dele nas épocas anteriores: aquele da autobiografia vinculada à cidade, que buscava dar conta não só da história da vida de seu autor, mas ademais, e às vezes de um modo mais significativo, narrar as mudanças na cidade. Sem dúvida, as autobiografias de políticos e militares – e agora cada vez mais também de diplomatas e clérigos – seguiram enchendo as prateleiras das livrarias. A intensa vida republicana que se havia arraigado em grande parte dos países da região parecia ter criado uma curiosidade inesgotável no público leitor por apreender algo dos segredos do poder. No México do porfiriato (1876-1910), proliferaram as autobiografias de próceres das guerras civis ou da guerra contra o invasor francês no tempo de Juárez e Maximiliano, de protagonistas de incontáveis manifestações e pronunciamentos que encheram as páginas da história desse país durante a Reforma, o Império e a República Restaurada. Algumas manifestaram uma qualidade literária ou historiográfica excepcional, e todas surgiram no interior do processo de uma disputa política na qual impor o próprio relato da história recente como o único verdadeiro constituía um feito fundamental para a vitória nas lutas partidárias do presente. Na Argentina, no Chile, no Uruguai, no Peru e nas repúblicas da antiga Grã-Colômbia, repetiu-se esse mesmo fenômeno, com poucas variantes.

Ao lado dessa produção industrial de textos memorialísticos, um fenômeno novo foi o do diário pessoal redigido com certo esmero literário e concebido com vista a sua publicação. Dentro da corrente literária "modernista" que se consolidou na última década do século XIX, ocuparam um lugar importante aqueles, tão eloquentes, de José Martí (1858-1895) e de Julio Herrera y Reissig (1875-1910), enquanto o próprio fundador desse movimento estético-literário, Rubén Darío (1867-1916), além de textos memorialísticos dispersos, chegou a redigir uma breve autobiografia. Dois dos diários de escritores redigidos naqueles anos que rodearam a mudança de século tiveram uma importância particular – ambos relacionados com as correntes mais recentes dentro do mundo literário, o naturalismo em um caso, o modernismo tardio no outro: o *Diario* do mexicano Federico Gamboa (publicado postumamente em 1939) e os distintos livros que formaram o *Diario* do venezuelano Rufino Blanco Fombona. Gamboa (1864-1939) foi o autor de um dos romances naturalistas mais exitosos na história literária de seu país, modelo para incontáveis epígonos e, em épocas mais recentes, de igualmente inumeráveis paródias: *Santa* (1903). Seu diário em seis tomos oferece um panorama amplo e detalhado da vida política e literária do México nos anos crepusculares do positivismo: por suas páginas desfilam figuras-chave do modernismo poético, da prosa naturalista, do movimento associado com "os Científicos", mas também aparecem ali referências a sua vida cotidiana (e ainda doméstica) no México e no exterior.

Blanco Fombona (1874-1944) se destacou como romancista e contista – sua obra esteve permeada por referências exóticas do tipo daquelas tão caras ao modernismo, enquanto sua temática mostrava claramente sua importante dívida com o decadentismo francês – e como historiador, polemista infatigável, com um estilo desafiante que mostra certas semelhanças de família com o dos primeiros "revisionistas" históricos argentinos, foi um dos fundadores, no século XX, do culto a Bolívar. Sua vida pôde parecer a seus contemporâneos mais novelesca que seus próprios romances, e foi ela que constituiu o material de seu importante *Diario*. Começada em Paris em 1904, finalizada na Espanha na década de 1930, e publicada – de forma incompleta, já que Blanco Fombona acusava o regime de Juan Vicente Gómez de lhe ter roubado um número importante de seus cadernos – em três tomos entre 1929 e 1942 (*Diario de mi vida. La novela de dos años*, 1929; *Camino de imperfección*, 1932; e *Dos años y medio de inquietud*, 1942), essa obra da memória ostenta uma singularidade que, segundo Ángel Rama, faz dela um marco na história da memorialística latino-americana: sua total falta de pudicícia. Com efeito, Blanco Fombona consignou nas páginas de seu diário narrações de suas diversas aventuras amorosas, desenvolvidas com uma linguagem precisa e desprovida de eufemismos. Diversamente de certos diários referidos à vida erótica de seu autor – o caso de Casanova seria talvez o mais pertinente neste sentido –, Blanco Fombona não ocultava seus – numerosos – fracassos como sedutor, tampouco se omitia de mencionar seus sentimentos a respeito. Entre os diversos episódios de sedução e coquetismo ali relatados, o da "monjinha" napolitana Clementina (Sóror Dorotea), que teve lugar em 1908 durante uma travessia da Europa à América, monopoliza a atenção do leitor apesar do batido do assunto na literatura erótica da época. Jovem, com "as mais brancas mãos e os mais negros e lindos olhos da Itália", esta, que viajava na companhia de uma monja mais velha, provocou imediatamente o desejo de Blanco Fombona: "De noite nos acomodamos à beira do buque, enquanto o barco avança [...]. Tratei de convencê-la, como pude, de que Deus – que a tudo dispõe – nos aproximou, um ao outro, pôs em meu coração o amor que ela me inspira, e nela a bondade para ouvir-me e a capacidade, talvez, para deixar-se amar". A estratégia lhe rende frutos, já que em poucos dias passa de um beijo na mão a outros mais apaixonados. Em 12 de julho, diz Blanco Fombona, "colhi minha linda monjinha nos braços e lhe dei cem beijos. Ela, surpreendida a princípio, terminou por deixar-se beijar, como quem não quer a coisa, batalhando". Em 13 de julho, "já é uma mestra em beijar e dar a linguinha Sóror Dorotea. Como passamos todo o dia juntos, os progressos são rápidos"[8]. Para surpresa e desgosto de Blanco Fombona, seu êxito resultou ser demasiado completo: antes que terminasse a viagem, Clementina já lhe implorava que a levasse consigo, para onde fosse, ameaçando que, se a abandonasse, ela morreria.

Uma passagem que expressa de um modo paradigmático o modo de narrar sua intimidade sexual aparece na entrada de seu diário do dia 26 de setembro de 1907, quando residia na Holanda:

> Em que vai pensar um homem jovem senão no amor? Se essa atividade não ocupa a vida na mocidade, quando vai ocupá-la? Tive namoricos ao mesmo tempo com duas mulheres, muito diferentes entre si, física e socialmente. Uma, loira, travessa, aloucada, é filha do quitandeiro que vive em frente de nossa casa. Teve namoricos com cem pessoas e tem sido tudo, até figurante no Circo Schumann, de Scheveningue; a outra, morena, quase escura, rica, séria, muito elegante, vai acompanhada sempre de um traste de tia: é de cara triste, inocente, e sua educação muito esmerada. Ambas caíram em meus braços e contra a ideia que a princípio formei de cada uma, a morena, a rica de cara inocente, de educação esmerada, não era virgem; enquanto a outra, a travessa, a louca, a enamorada, a figurante, estava intacta de corpo. Com essa garota me passou a coisa mais curiosa. Não fala senão holandês; quer dizer, mal posso me entender com ela. Namoriscava-a em sua quitanda e da minha janela lhe enviava sorrisos, olhares e beijos. [...] Uma das últimas noites me chamou. Entrei, comi-a de beijos; e, tirando do corpete um lindo seio, gordo e branco, acariciei-o e o beijei. Era a primeira vez que me permitia essa carícia. Não quis consentir mais. Na noite seguinte marquei encontro na praia. Fui, mas não quis passar dos beijos. [...] Na sexta noite... sentamo-nos na areia. Fazia frio, soprava um vento quase glacial. Mas o amor desafia os elementos. Beijei-a, estreitei-a e, depois de uma doce luta, cedeu. Mau labor; mas já perdeu o medo e foi aonde quis levá-la. Fresca holandesinha, que doce és; e como vais viver em minhas recordações, na noite inicial, na noite de setembro, sobre a praia fria, enquanto soprava o vento do norte e se aqueciam nossas bocas aos beijos![9]

Essa forma direta, explícita, de referir-se a sua vida sexual foi o principal traço assinalado por Rama e pela crítica posterior para atribuir ao diário de Blanco Fombona um papel ruptor dentro da tradição memorialística hispano-americana. Com efeito, foi um traço claro de modernidade não só a ausência de qualquer moderação na narração de sua vida íntima, mas a decisão de publicar, de dar à luz pública o diário em que ela aparecia sem censura. Em sintonia com essa falta de falso pudor, o diário de Blanco Fombona ostentava outro traço chamativo, também sublinhado por

---
8 Ángel Rama, *Rufino Blanco Fombona íntimo*, 1975, pp. 150-2.
9 *Ibidem*, p. 139.

Rama: sua predileção por uma linguagem grosseira, obscena, que se condensava na diatribe um tanto vulgar. Por exemplo, ao se referir à política venezuelana em 1907, exclamava acerca de um grupo de oficiais conspiradores (apoiados por ele) que não haviam conseguido derrotar a tirania de Cipriano Castro: "Generaizinhos pançudos e feminis, tristes eunucos destesticulados, janízaros, hermafroditas". Ainda que seja certo que Rama reconhecesse que esse não era um traço estilístico *a priori* elogiável, sua importância radica em que ele parecia indicar uma maior transparência entre o público e o privado, ou ao menos a busca de uma maior coincidência entre a linguagem do privado e aquela do público. Quer dizer, de modo sutil e complexo, a escritura memorialística de Blanco Fombona parecia estar captando uma modificação profunda na sensibilidade própria do universo literário hispano-americano.

## A memorialística hispano-americana do século XX: modalidades, tradições e rupturas, paradoxos

No curso do século XX, a memorialística hispano-americana não cessaria de aprofundar a tendência para uma colocação em cena da totalidade dos aspectos da vida do autor/protagonista, sobretudo no caso da escritura memorialística de artistas, poetas, escritores de ficção. Os principais tipos de escritura autobiográfica praticados no século XIX – condensados já em algo que quase se poderia chamar de "tradições genéricas" – continuaram sendo cultivados no século XX. O relato autobiográfico de militares, políticos e diplomatas – quer dizer, a autobiografia cívica – não cessou em sua expansão quantitativa, chegando a encher muitíssimas prateleiras das bibliotecas públicas no curso do século. As revoluções, como a mexicana e a cubana, os golpes militares, as lutas pela democratização dos sistemas políticos ou pela expansão dos direitos dos cidadãos, a militância em novas forças políticas que convocavam ou aspiravam a convocar as massas para sua causa, geraram uma prolífica máquina de escritura memorialística, cuja finalidade foi quase sempre a de defender a causa pela qual seu protagonista havia brigado e/ou explicar e justificar as ações que havia desenvolvido em busca desse fim. Salvo notáveis exceções, a qualidade literária dessa frondosa literatura tendeu a distar dos níveis estéticos alcançados no século XIX: um fato que, é muito provável, se deva à crescente diferenciação entre o campo da produção literária e aquele da política prática ou militante. Diferentemente do século anterior, no século XX os políticos e militares raras vezes foram praticantes assíduos do ofício da escritura. Mais importante ainda, o propósito de grande parte das autobiografias cívicas esteve subordinado a metas concretas que excediam o espaço do texto: isto é, a autobiografia cívica, como regra geral, apontou para finalidades puramente instrumentais; concebia-se a si mesma como uma arma a mais em um combate por definir os limites e os conteúdos do político. São, por fim, raras as autobiografias do século XX de líderes políticos, de oficiais militares, de sindicalistas, que não estejam crivadas de reticências, de silêncios ominosos, de repetições didáticas. O próprio propósito que presidia a tradição genérica implicava certo tradicionalismo: descrever as relações eróticas vividas, confessar gostos não convencionais em matéria sexual, expor com sinceridade – no sentido rousseauniano do termo, os pensamentos mais íntimos, tecido de vacilações, dúvidas, inseguranças, complexos não resolvidos –, falar dos medos e dos fracassos. Nada disso serviria ao propósito mais instrumental que atribuía a si mesma a escritura de uma autobiografia cívica. O eu cívico é por natureza um eu da superfície exterior, o eu de uma interação pública na qual os foros da subjetividade se veem necessariamente diluídos no plano da ação. O dilema de Hamlet aplica-se clarissimamente a essa tradição genérica: para maior introspecção, menor eficácia.

Estreitamente aparentados com essa tradição genérica, experimentaram um grande desenvolvimento no curso do século XX outros tipos de escritura memorialística: a autobiografia profissional ou de experiência de classe e a literatura testemunhal (que como regra geral buscou intervir no processo de avaliação retrospectiva sobre as muitas ditaduras e guerras civis que marcaram a história da região). No caso da primeira, o motivo e o propósito dos textos autobiográficos consistiram em difundir entre um público leitor amplo certa informação acerca das condições de desenvolvimento da vida profissional à qual o autobiógrafo esteve vinculado. Memórias de engenheiros, de livreiros, de motoristas, de vendedores ambulantes, de comissários de polícia, de donos de estâncias e fazendas, de comerciantes, de desenhistas de histórias em quadrinhos – a lista é longuíssima e poderia seguir – buscaram, todas elas, levar ao grande público informação fidedigna acerca de um tipo de atividade profissional que os autores, como regra geral, supunham mal conhecida e/ou pouco admirada pelo cidadão leigo. Nesse sentido, ainda que sem a mesma carga política, essa narrativa memorialística teve sua origem no impulso por dar testemunho: o autor buscava constituir-se em porta-voz de sua profissão ou de sua classe social, com a intenção de persuadir seus leitores acerca da dignidade dela ou – o que é quase o mesmo – de seu valor social. Desde pelo menos as *Memorias de un pobre diablo* (redigidas no começo do século XX, ainda que recém-publicadas em 1983), de Electo Urquizo – *self-made man* argentino da era roquista, que passou em poucas décadas de tropeiro nas caravanas de longa distância a fundador de uma cidade –, as memórias referidas principalmente à atividade profissional, laboral, de seu autor, representaram um capítulo crescente dentro da frondosa literatura do eu: até chegaram a publicar as memórias de delinquentes de colarinho branco e, em épocas mais recentes, de *capi* das máfias voltadas ao tráfico de entorpecentes. Como no caso das autobiografias cívicas, o centro desse tipo de relato está quase sempre colocado sobre a atuação pública – dirigida à esfera privada e não cívica, nesse caso – de seu objeto/sujeito: a ação socialmente constatável toma precedência na narração sobre as experiências íntimas do autor. Nem sua vida erótico-afetiva nem suas experiências psíquicas mais internas costumam figurar nesse tipo de narração.

A literatura testemunhal, ou de denúncia testemunhal, que participa do universo da autobiografia por sua necessária colocação da primeira pessoa do autor no centro do relato, está também orientada – como a autobiografia cívica ou a memorialística de profissão ou de classe – à consecução de um propósito claramente delimitado não pela experiência total do "eu" autobiográfico, mas pela experiência traumática, de sofrimento, que seu autor sentiu a necessidade de narrar. Em quase todos os casos, essa literatura foi motivada não só pela necessidade terapêutica de lidar, através de sua apresentação em relato, com o sofrimento físico e psíquico que sentiu e que segue sentindo o autor, mas pelo desejo de estabelecer um testemunho, de deixar assentada ante o público uma verdade que por sua própria natureza visceral estaria fora das regras que normalmente operam na recepção e avaliação de um texto: o relato do próprio martírio deveria evocar na sociedade um sentimento de horror e um desejo de justiça, em face do regime, dos verdugos que o infligiram. No caso desse tipo de literatura, também houve um crescimento constante no volume de sua produção – constatação lúgubre do componente trágico da história das lutas políticas e sociais na América Latina durante o século XX: fatos como as ditaduras dos anos 1930 até os anos 1990, as guerras civis centro-americanas ou colombiana, massacres como o de Tlatelolco no México ou a triste nomeação dos desaparecidos pelas ditaduras de Argentina, Chile e Uruguai durante os anos 1970 e 1980, deixaram em sua esteira uma abundante literatura de denúncia testemunhal, cuja importância cívica não pode ser subestimada. Sem ela, é pouco provável que a reação contra os regimes ditatoriais nos países do chamado "Cone Sul" mostrasse a força e a profundidade que teve. Sem dúvida, numa perspectiva da literatura do eu – da literatura memorialística *tout court* – esse subgênero, assim como a autobiografia cívica, a memorialística profissional ou de classe, ou até mesmo a autobiografia com propósito evangélico, está previamente limitado quanto a seu conteúdo pelo propósito que lhe deu origem. Considerações externas à lógica do relato memorialista do eu definem *a priori* sua organização dos materiais autobiográficos contidos, e por fim desvanecem a presença do "eu" em estado puro – salvo em certos casos excepcionais – no desenvolvimento da narração.

Sem dúvida, o "eu" em estado puro nunca existe em nenhuma autobiografia, nem sequer na modelar de Rousseau: todo relato autobiográfico está constrangido por uma série de fatores que cerceiam seu alcance, de limitações – psicológicas, linguísticas, de convenção literária – que implicam que a busca do eu, do autêntico, do sincero, nunca alcançará sua meta final. Do que se trata, com certeza, é de uma questão de graus, de matizes que (segundo William James, são as diferenças que separam os seres humanos entre si) se mostram quase microscópicos sem por isso deixarem de ser absolutamente decisivos. A literatura memorialística desenvolvida durante o século XX dentro das tradições genéricas mencionadas é, por fim, menos pertinente aos propósitos deste estudo que aquela mais estreitamente presa ao objetivo de dar conta do desenvolvimento no tempo rememorado de um "eu". Foi a memorialística produzida por escritores, artistas plásticos, músicos, cineastas, ensaístas, historiadores, antropólogos, sociólogos – enfim, por intelectuais e artistas – aquela que no século XX mais estreitamente se manteve cingida a esse objetivo. É esse território dentro do amplíssimo continente da literatura do eu na América Latina do século XX o que concentra, por fim, o foco deste livro.

Na América Hispânica, nesse lapso, a literatura memorialística produzida por intelectuais e artistas se desenvolveu seguindo caminhos muito variados que só em parte estiveram determinados pela idiossincrasia pessoal dos distintos autores. Embora a forma final adotada pelo relato autobiográfico, pelo livro de memórias ou pelo diário dependa diretamente, em termos de seu estilo e de seu conteúdo, de uma decisão autoral – individual –, as formas literárias disponíveis, as convenções acerca do que era lícito ou ilícito dizer, as expectativas de um público letrado (mesmo quando o autor do diário ou das memórias supunha que seu texto era antes de tudo privado), pressionam os contornos precisos do narrado. A feitura individual da composição esteve sempre, em parte, condicionada pelos valores e normas gerais da sociedade em cujo interior se produzia, e, desse modo, as mudanças na sociedade hispano-americana do século XX implicaram um leque novo de possibilidades para a literatura memorialística, ao mesmo tempo em que geravam um conjunto novo de ênfases temáticas e de interdições linguísticas e estéticas. Essa literatura do eu rememorado pode se agrupar em duas grandes categorias. Por um lado, a narração autobiográfica buscou relatar de modo primordial a história externa de uma formação intelectual ou artística, quer dizer, os marcos que haviam plasmado uma carreira. Nesse tipo de narração, a história de vida tendia a confundir-se insensivelmente com uma história das ideias ou da arte, e a deixar em um segundo plano as vivências pessoais do protagonista/autor. A recordação do que se havia vivido se esgotava, em tais tipos de texto, em uma enumeração das obras lidas e das obras escritas, na recordação dos anos de aprendizagem – na universidade ou no escritório –, na evocação das figuras que exerceram uma influência decisiva na vocação seguida, no relato dos conflitos gerados pelas posições ideológicas ou estéticas assumidas no curso da elaboração da própria obra, na celebração de triunfos e na explicação de derrotas. Outras vezes, ao contrário, o intelectual ou o artista, posto a narrar seu próprio passado, buscou recuperar, seguindo-a em seu tortuoso e evanescente curso, a formação de sua própria alma, a gênese de sua psicologia individual, o fluir interior de sua experiência do eu: nesses casos, os marcos externos da vida – a obra elaborada, a relação com um mundo social formado por correntes e movimentos artísticos ou intelectuais, por aliados e rivais –, ainda que não desaparecessem totalmente, acabavam relegados a um discreto segundo plano do texto.

O primeiro desses dois tipos de texto autobiográfico caracterizou-se por estar quase sempre relacionado – tanto em sua origem quanto em seu conteúdo – com as grandes convulsões culturais da época, como o surgimento e a expansão combativa de novas correntes literárias, ideológicas, estéticas ou disciplinares, de um lado, ou como os processos de crise e transformação política e social, as revoluções e os movimentos de massas, que interpelaram ou buscaram interpelar os artistas e intelectuais, de outro. Era o fato de ter estado vinculado a tais experiências, de ter contribuído com elas ou de ter padecido (ou gozado) suas consequências o que justificava a publicidade dada à própria vida. Às vezes o escrito memorialístico surgia da participação em correntes literárias, artísticas ou intelectuais: no muralismo, no estridentismo, no ateneísmo, no surrealismo, ou no contemporaneismo mexicanos, nas origens e nos avanços de Cuba, nas correntes modernistas na América Central, em países como Argentina, Uruguai ou Venezuela, ou nas múltiplas e diversas vanguardas literárias desses mesmos países. Uma lista extremamente incompleta de escritores de memórias surgidas de sua relação com tais movimentos não pode deixar de incluir os nomes dos mexicanos Alfonso Reyes (1886-1959), Diego Rivera (1886-1957), David Alfaro Siqueiros (1896-1974), José Clemente Orozco (1883-1949), Manuel Maples Arce (1898-1981), José Juan Tablada (1871-1945), Antonieta Rivas Mercado (1900-1931), Rosario Castellanos (1925-1974); dos cubanos Cintio Vitier (1921-2009), José Lezama Lima (1910-1976), Alejo Carpentier (1904-1980); do guatemalteco Luis Cardoza y Aragón (1901-1992); da chilena Gabriela Mistral (1889-1957); dos nicaraguenses Rubén Darío (1867-1910), José Coronel Urtecho (1906-1994); dos colombianos Baldomero Sanín Cano (1861-1957), Germán Arciniegas (1900-1999); dos peruanos Abraham Valdelomar (1888-1919), José Santos Chocano (1875-1934); dos uruguaios Julio Herrera y Reissig (1875-1910), Juana de Ibarbourou (1892-1979), Blanca Luz Brum (1905-1985), Idea Vilariño

(1920-2009); ou dos argentinos Emilio Petorutti (1892-1971), Adolfo Bioy Casares (1914-1999), Alejandra Pizarnik (1936-1972), Victoria Ocampo (1890-1979), José Juan Sebreli (1930- ), Carlos Correas (1931-2000) ou Tulio Halperín Donghi (1926-2014), dentre tantíssimos outros. Igualmente ampla seria uma lista – também incompleta – dos memorialistas cujos textos foram motivados pelo desejo de explicar a outros (e também muitas vezes a si mesmos) a interseção entre sua vida e um movimento revolucionário (ou de profunda crise política ou social): relacionam-se com a Revolução Mexicana e suas sequelas os nomes de intelectuais e artistas como Mariano Azuela (1873-1952), José Vasconcelos (1882-1959), Martín Luis Guzmán (1887-1976), Daniel Cosío Villegas (1898-1976), Jaime Torres Bodet (1902-1974), Alberto Pani (1878-1955), os muralistas antes mencionados, Alfonso Reyes (em outros escritos de memórias), ou Andrés Iduarte (1907-1984); com a Cubana, Reynaldo Arenas (1943-1990), Guillermo Cabrera Infante (1929-2005) ou alguns dos autores cubanos mencionados na lista anterior; com a Nicaraguense, Gioconda Belli (1948), Ernesto Cardenal (1925); com a Apra e seu projeto indo-americano a partir do Peru, Luis Alberto Sánchez (1900-1994); com as esquerdas da franja socialista ou social-democrata os argentinos Roberto Giusti (1887-1978), Carlos Sánchez Viamonte (1892-1972), o guatemalteco Juan José Arévalo (1904-1990), os uruguaios Emilio Frugoni (1880-1969), ou (de um modo mais complexo e distante) Ángel Rama (1926-1983), o chileno Clodomiro Almeyda (1923-1997); e, com as esquerdas que seguiram a esteira soviética, os chilenos Pablo Neruda (1904-1973), Volodia Teitelboim (1916-2008), a argentina María Rosa Oliver (1898-1977), o guatemalteco (durante um tempo e com certas reticências) Miguel Ángel Asturias (1899-1974); ou com a democracia cristã como movimento intelectual além de político, o chileno Eduardo Frei Montalva (1911-1982).

O outro tipo de texto autobiográfico de artistas e intelectuais que conheceu um desenvolvimento importante ao longo do século XX foi aquele de caráter mais intimista, voltado para uma introspecção psicológica, ou concentrado em relatar a experiência emotiva mais visceral de seu protagonista. Embora não se possa traçar, entre a autobiografia dedicada a narrar os fatos "exteriores" de uma vida e aquela mais interessada na experiência interior de seu personagem, uma linha divisória absoluta – a maioria dos textos autobiográficos deste estudo participou de ambas as modalidades –, houve algumas nas quais os fatos históricos, os marcos públicos, se quisermos, ficaram relegados a um discreto segundo plano. Por sua própria natureza, os diários, mais que as autobiografias ou livros de memórias escritos desde o início com a intenção de que fossem publicados, expressaram de forma mais explícita essa tendência a uma reclusão sobre si mesmo por parte do narrador/biógrafo de si mesmo. Os diários ofereciam maior liberdade de expressão, já que estavam amparados pela ficção de seu caráter secreto ou privado. O *Diario íntimo* do chileno Luis Oyarzún (1920-1972), por exemplo, anunciava já desde o título o centro de sua preocupação. Produto de uma escritura constante entre 1939 e 1972, seu autor, poeta, filósofo católico e professor de estética, exprimiu em suas páginas, além de referências às viagens, aos estudos, aos amigos (famosos ou desconhecidos), uma constante reflexão psicológica sobre si mesmo, reflexão atravessada por questões filosóficas e estéticas. Por exemplo, em uma entrada de 17 de setembro de 1951, começava anotando: "Não creio que no sexo se busque tanto o prazer como certo tipo de atividade dionisíaca. Vale mais a excitação que o ato mesmo. No ato sexual se vem a sentir com máximo esplendor, como em um raivoso *allegro*, a ruína do pecado. Até onde a consciência cristã intensificou esse sentimento, não poderia dizê-lo, mas em todo caso não foi por ela criado. O desejo de inocência me parece primário na alma humana".

Em seguida, ao prosseguir com a reflexão de um modo um pouco reiterativo, passa a relatar, no parágrafo seguinte:

> Acabo de banhar-me no mar. Estou só, sentado em uma pedra, ao sol. Outra vida, a que mais amo, uma vida solar, diurna. A saúde me vem pela luz, pelo ato físico de ver. Acabo de ficar pasmo da debilidade do ser humano desnudo na natureza. Que é meu corpo ao lado do mar? Vejo cordilheiras a distância. Para além das serras da costa. Sou tão microscópico como uma bactéria, como um espermatozoide. Sou talvez o espermatozoide de outro eu. Mas sou, sob este sol. Sou um corpo presente[10].

O tom das demais entradas é de parecido teor: uma cena com amigos em Paris, um encontro fortuito com uma gravadora chilena em Sabará ou uma visita a Ouro Preto evocavam reflexões triviais ou muito agudas sobre seu estado espiritual, sobre seu ser-no-mundo. Os diários de Alfonso Reyes, com sua constante reflexão angustiada acerca de seu incerto destino, com suas ocasionais referências a aventuras amorosas; os de Idea Vilariño, em que numa linguagem muito poética relatava sua primeira relação sexual, numa praia de Montevidéu, em uma noite estrelada, para logo prosseguir em íntimo detalhe a narração de sua sexualidade intensamente vivida, sexualidade que alternava com uma vida artística e intelectual de tanta ou maior intensidade, cujos começos e posterior desenvolvimento aparecem narrados com uma minuciosidade inusitadamente precisa; de Pedro Henríquez Ureña, em que apareciam narrados seus padecimentos quando ficou sem dinheiro e sem amigos em Nova York, sendo muito jovem e demasiado moreno para uma sociedade demasiado racista. E os relatos de tantos outros romancistas, poetas ou intelectuais do período, por sua própria estrutura e origem, transmitem essa sensação de intimidade, de introspecção e autoexame. Ainda que seja pouco provável que um intelectual ou um produtor artístico tenha acreditado com certeza que seu diário pessoal jamais seria lido por outra pessoa, a mera possibilidade de que não chegasse a ver a luz pública implicava para seu redator uma maior liberdade no momento de contar episódios de sua própria intimidade ou da intimidade de outros.

Uma mudança importante nas condições de possibilidade da escritura memorialística na América Latina durante o século XX foi uma progressiva transformação nas convenções que regiam o pudor quanto à vida privada: as chamadas questões de alcova, das quais no século XIX estava vedado inclusive tão somente falar – quando um autor o fazia, sabia que cometia uma transgressão muito séria para sua própria reputação de "pessoa de bem" –, tornaram-se, como observava Ángel Rama em referência a Blanco Fombona, objeto passível de ser dado à publicidade. A vida amorosa do autor/personagem dos textos autobiográficos se achou, então, cada vez mais habilitada para sair das sombras, pelo menos no caso de uma orientação sexual considerada "legítima". É certo que a possibilidade de ofender

---
10  Luis Oyarzún, *Diario íntimo*, 1995, pp. 106-7.

ou ferir as outras pessoas envolvidas em uma relação erótica seguiu exigindo certos elementos de discrição, sobretudo quando essas pessoas estavam ainda vivas. Um exemplo é o da relação, por certo tempestuosa, do artista plástico e narrador mexicano Gerardo Murillo (o Dr. Atl, 1875-1964) com Nahui Olin (Carmen Mondragón, filha do general mexicano desse sobrenome). Instalado com essa já célebre modelo do fotógrafo Edward Weston no ex-convento de La Merced, no centro da Cidade do México, o Dr. Atl anotava em seu diário privado até finais de 1925:

> A vida se tornou impossível. Os ciúmes nos torturam. Eu, mais dono de mim mesmo, me contenho, mas ela é um vendaval. Esta manhã duas pobres garotas [...] provocaram uma fúria terrível em Nahui, que lá estava. Apenas as viu, caiu-lhes em cima. Tratou de empurrá-las para a borda da cornija, com a intenção de jogá-las ao pátio. Eu me interpus. Houve cenas violentas, injúrias de Carmen, choradeiras das garotas, que desceram as escadas assustadas.

E alguns dias mais tarde anotava:

> Ela voltou a viver em minha casa. Pelas noites no silêncio da vasta estância dormíamos em nosso antigo leito, testemunha e vítima de nossos amores. Uma dessas noites, depois de uma breve discussão, eu dormi profundamente, mas em meio de meu sono comecei a me sentir inquieto como se fosse vítima de um pesadelo e abri os olhos. Estava sobre mim, desnuda, com sua cabeleira revolta sobre meu corpo, empunhando um revólver cujo cano apoiava em meu peito. Tive medo de me mover, o revólver estava engatilhado e o mais leve movimento meu teria provocado uma comoção nervosa nela, e o gatilho teria funcionado. Pouco a pouco fui retirando o revólver: e quando meu corpo esteve fora de seu alcance, rapidamente lhe agarrei a mão e lhe dobrei o braço para fora da cama. Cinco tiros que perfuraram o piso puseram fim à cena[11].

Mas, quando essas mesmas passagens foram incluídas em seu livro, *Gentes profanas en el convento* (1950) – que mesclava elementos autobiográficos com outros aparentemente de ficção –, o nome da mulher aparecia como "Eugenia", enquanto o verdadeiro de seu amante se trocava pelo de "Pierre", e todo o episódio aparecia como parte de um conjunto de cartas de amor e outros documentos referidos a uma relação amorosa que tivera lugar no convento... em outro século. A necessidade de confessar a própria vivência mais íntima impelia à publicação – dentro do corpo de um livro claramente autobiográfico –, mas o peso das convenções acerca da intimidade das pessoas e seus pudores obrigaram a um elaborado disfarce ficcional. A eficácia da pressão social para manter vigente uma clara separação entre a honestidade do texto de memórias inédito e aquele que se dava à publicidade variou muito segundo os distintos países da América Latina e segundo a cambiante situação político-cultural destes ao longo do século: ainda que a tendência geral tenha sido um crescente desnudamento da intimidade rememorada, a presença – reiterada – de ditaduras conservadoras no social e no cultural ou de reações na opinião pública (sem

---

11 Gerardo Murillo (Dr. Atl), *Diario, apud* Adriana Malvido, *Nahui Olin*, 2003, pp. 100-1.

necessidade de ditadura alguma) contra os ventos de renovação que sopravam cada vez mais fortes, com sua consabida, consequente reinstauração de certa hipocrisia ambiente, pautou seu ritmo.

As referências abertas, sem reticências nem disfarces, à homossexualidade – feminina ou masculina – ou, no caso específico das mulheres memorialistas, a seu próprio desejo sexual e/ou a sua "promiscuidade" – ambos traços que na escritura autobiográfica de homens não só eram aceitos, mas que, pelo comum, celebrados (sempre e quando se tratasse de relações heterossexuais) – tardaram mais tempo a ser reconhecidas como elemento lícito de se pôr em circulação na esfera pública: às vezes foram os regimes legais que organizaram o sistema literário nos distintos países da região, outras vezes foi a pressão social informal, extralegal, do próprio meio ao que pertencia o autobiógrafo o que impediu a inclusão de tais referências em memórias publicadas, ou inclusive sua aparição em textos inéditos. O caso da autobiografia de Salvador Novo (1904-1974), *La estatua de sal*, oferece indícios acerca do ritmo dessas mudanças nos regimes da publicidade legítima para o caso do México: redigida ao menos em parte entre 1953 e 1955, e então levada a um potencial editor, não se pôde publicar até 1998, depois da morte, em 1995, do sobrinho e herdeiro de Novo. Para além do fator pessoal que se pode supor para a oposição do herdeiro à sua publicação – um elemento muito comum na história toda das escrituras do eu, quer se tratasse de memórias, de diários ou de epistolários –, a data tardia em que apareceu é um indício, por mais genérico e impressionista que seja, da maior lentidão que seguiu o processo de legitimação da objetivação da subjetividade quando se tratava de comportamentos tabus ou transgressores. Na Argentina, para dar outro exemplo, ainda que a referência aberta à homossexualidade viesse abrindo caminho – de um modo tortuoso e difícil – desde ao menos os anos 1930, todavia podiam ser convertidos em objeto de processos judiciais, por ofensa à moral pública, textos de ficção sobre o tema em uma época tão recente como os começos da década de 1960. Apesar disso, a publicação de textos autobiográficos que faziam da condição homossexual de seu autor um dos temas tratados começou a ser possível no curso dessa década: autobiografias como as diversas escritas por Juan José Sebreli (1930) ou a operação de vindita autobiográfica de Carlos Correas (1931-2000) – *La Operación Masotta* (1991) –, entre muitas outras, passaram a integrar o elenco da literatura de memórias da Argentina a partir dos anos 1990 sem o cheiro de "escândalo" que algumas décadas antes as teria acompanhado. A intimidade – corporal, espiritual, sexual, onírica – habitou e deu forma, então, no transcurso do século XX, sobretudo em sua segunda metade, a uma porção cada vez mais extensa da escritura autobiográfica produzida por pintores, poetas, ensaístas, historiadores ou novelistas hispano-americanos. Além das já mencionadas, são representativas desta zona da escritura autobiográfica certas obras de Mariano Picón Salas, de Alfonso Reyes, da poeta uruguaia Idea Vilariño (1920-2009), do poeta vanguardista peruano Alberto Hidalgo (1887-1967), de Victoria Ocampo, de Alejandra Pizarnik, a *Autobiografía Precoz* do mexicano Salvador Elizondo (1932-2006), aquela *nouvelle* até certo ponto autobiográfica (ao menos no que contava acerca do espírito de uma época) – *Las batallas en el desierto* –, escrita pelo poeta também mexicano José Emilio Pacheco (1939), ou *Una Autobiografía soterrada*, do compatriota Sergio Pitol (1933): uma vez mais a lista poderia estender-se muito antes de esgotar a enumeração de obras e autores maiores.

Cabe assinalar que na América Latina, como no resto do mundo (salvo quiçá o caso tão precoce do Japão), o simples fato de as mulheres publicarem periautobiografias constituiu uma inflexão nas condições discursivas desse gênero, bem como indício de uma transformação sociocultural decisiva, e revolucionária, do século XX, impulsionada por uma crescente consciência feminista (mesmo entre aquelas mulheres letradas que por diversos motivos rechaçavam identificar-se com esse vocábulo): a conquista pelas mulheres escritoras de uma voz própria dentro do universo hegemonizado patriarcalmente por homens. Incompleta, como também o foi a irrupção de um discurso periautobiográfico que desse voz a outros grupos sociais tradicionalmente excluídos da república das letras – minorias raciais e étnicas, integrantes das classes trabalhadoras urbanas e rurais –, essa transformação nas condições de possibilidade de elaboração de um discurso periautobiográfico não deixou de exercer um impacto fundamental nas condições socioculturais gerais dentro das sociedades hispano-americanas.

## A memorialística brasileira do século XX: tipologia e problemáticas

A tradição de literatura memorialística se firmou no Brasil com figuras ilustres da geração de 1870, em especial com duas obras que se tornaram modelos de excelência no gênero, de autoria de Joaquim Nabuco (1849-1910): *Um estadista do Império, Nabuco de Araújo, sua vida, suas opiniões, sua época* (1899), biografia de seu pai senador; e as reminiscências idílicas em *Minha formação* (1900), relato exemplar do adestramento para vir a ser o político letrado de estirpe, frentes de trabalho então definidas como indissociáveis. O afresco da sociedade e da política no período imperial que emoldura a carreira paterna se converteu em fonte incontornável sobre a gênese de uma elite corporativa como protagonista na divisão do trabalho de dominação. O lirismo nostálgico do escorço autobiográfico assentou os parâmetros de relatos subsequentes de escritores a braços com desafios idênticos suscitados pelo descenso material de suas famílias.

O político e escritor Afonso Arinos de Melo Franco se inspirou no projeto de Nabuco, com a biografia de seu pai, homem público e ministro das Relações Exteriores – *Um estadista da República: Afrânio de Melo Franco e seu tempo* (1955) –, e mais tarde com a biografia do sogro e ex-presidente da República, *Rodrigues Alves: apogeu e declínio do presidencialismo* (1973). Eis um bem-sucedido programa hagiográfico da elite política, a cargo de herdeiros empenhados em dar continuidade aos reclamos dessa fração especializada de elite. Tais biografias não deixam de ser memórias de um coletivo genealógico, que enaltecem a antiguidade do enraizamento familiar no espaço da classe dirigente ao propiciar suporte documental a pleitos de superioridade social. Biógrafos de si praticam uma história algo triunfalista cujo urdimento abriga os fios da meada em que se condensa a forja de homens ilustres. Nessa chave, a memorialística se metamorfoseia em história de um estado, de uma região, quiçá de uma nação, enredos que soldam a mitologia que devolve ao passado as razões dos privilégios no presente.

As crônicas e relatos sobre a Guerra do Paraguai do Visconde de Taunay – *A retirada da Laguna* (1871), *Narrativas militares* (1878), *Cartas de campanha* (1922) –, bem como suas *Memórias* póstumas (1920, 1921, 1924), publicadas na íntegra apenas em 1943, inauguram outra vertente da memorialística pátria, dessa feita mesclando o testemunho pessoal e a cobertura factual de timbre jornalístico. Taunay participou como oficial do exército brasileiro, de início integrando missão arriscada de combate e, no final da guerra, como ajudante de ordens do Conde d'Eu no comando da tropa brasileira. Mal comparando com a tradição memorialística argentina, Nabuco seria o equivalente tardio de Sarmiento, e Taunay o homólogo nobilitado dos memorialistas Guido Spano e Lucio Mansilla.

Na geração literária pré-modernista, os livros de viagem – *No Japão, impressões da terra e da gente* (1903), *Impressões da América Espanhola* 1904-1906 (1953) – e as *Memórias, estas minhas reminiscências* (1937, edição póstuma, com prefácio de Gilberto Freyre) de Oliveira Lima (1867-1928) se tornaram o epítome de uma fornada abundante de autobiografias de diplomatas brasileiros *doublés* de intelectuais, entre eles Graça Aranha (*O meu próprio romance*, 1931), Raul Bopp (*Memórias de um embaixador*, de 1968; *Coisas do Oriente – Viagens*, de 1971) e Heitor Lira (*Minha vida diplomática: coisas vistas e ouvidas, 1916-1925; Secretaria de Estado e Embaixada em Londres*, 1972).

O conjunto de textos sobre a memorialística brasileira permite analisar obras que se enquadram nas convenções de algum dos subgêneros – memórias, livros de viagem e correspondência – e textos ficcionais lastreados em materiais autobiográficos. O elenco de escritores selecionados é bastante representativo de sucessivas gerações da inteligência brasileira: Lima Barreto, o precursor do romance urbano e autor de folhetins divulgados pela imprensa nos primórdios do regime republicano; o jurista, político e historiador bissexto José de Alcântara Machado d'Oliveira; Graça Aranha, figura de transição entre a geração de 1870 e a moçada modernista, a qual pretendeu liderar antes de ser repudiado; Manuel Bandeira, Mário de Andrade e Carlos Drummond de Andrade, mentores do movimento modernista no Rio de Janeiro, em São Paulo e em Minas Gerais; Graciliano Ramos e Jorge Amado, luminares do romance social na década de 1930; Otávio de Faria e Lúcio Cardoso, autores emblemáticos do romance espiritualista e introspectivo dos anos 1930; Pedro Nava, médico e escritor bissexto de confissão modernista; Gilberto Freyre e Celso Furtado, intérpretes inovadores da sociedade e da economia brasileiras (sendo que o primeiro é o único autor com dois estudos sobre sua obra neste volume); Jorge Andrade e Gianfrancesco Guarnieri, dramaturgos modelares do moderno teatro brasileiro na década de 1950; Fernando Gabeira, jornalista e militante radical de esquerda contra o regime militar de 1964.

Entre os memorialistas de estrita observância, obedientes às convenções dos gêneros já mencionados, vale a pena ressaltar as circunstâncias de fatura dessas obras em meio à carreira dos autores. Manuel Bandeira nucleou seu depoimento em torno da própria experiência de trabalho literário, investindo na miragem de uma vocação pura e redentora, como que desentranhada de liames com os espaços sociais da família e da classe a que pertencia; Gilberto Freyre remontou às origens da família e do clã de senhores de engenho de onde provinha como matéria-prima de uma reflexão histórica acerca da sociedade pernambucana gestada pela aristocracia do açúcar; Graciliano Ramos e Fernando Gabeira, em meio às agruras da condição de perseguidos em tempos de exceção, prestaram o testemunho como militantes e cronistas de uma experiência traumática derivada de opções políticas. Graça Aranha, Jorge Amado e Celso Furtado se aferraram ao desígnio de um balanço de realizações, valendo-se das lembranças como lance derradeiro de modelagem de si, apurando a imagem de fantasia, na tentativa de soldar pedaços da vida que lhes pareciam desencaixados.

Esses três últimos almejaram equilibrar gatilhos desencontrados, entre o que foram e o que almejaram ser, entre o que lograram e os juízos pelos quais gostariam de ser reconhecidos na posteridade. Não se mostraram tão extremados no acerto de contas tal como fez o cronista e ex-deputado Humberto de Campos (1886-1934), o qual se sentia injustiçado pela crítica, e cuja investida póstuma consistiu em memórias caudalosas em inúmeros títulos e dois volumes de um diário secreto. Eles articularam ilusões biográficas bem mobiliadas, que intentavam, a seu modo, aviar o consolo de um projeto intelectual que gostariam de justificar a bel-prazer. Três acadêmicos tardios que se serviram de confissões espertas para colher subsídios ao rearranjo de juízos a seu respeito.

Graça Aranha aprontou um itinerário intelectual um tanto fantasioso, bem longe de como fora sua vida de fato como letrado retardatário. Jorge Amado decerto imaginou contornar os empecilhos remanescentes ao reconhecimento crítico que julgava merecer ao minimizar os feitos como autor comercial de *best-sellers*. Celso Furtado investiu a fundo no intento de restituir a vida passada a limpo de um brasileiro ilustre, bem-sucedido nas frentes de atividade em que se envolveu: economista, historiador, intérprete do país, político, ministro, teórico do desenvolvimento autóctone e mentor doutrinário da esquerda brasileira.

Os casos de Lima Barreto e de Pedro Nava se prestam a uma incursão metalinguística no gênero. Tendo levado ao paroxismo o trânsito entre vida e obra, o romancista carioca chegou ao fim da existência transpondo quase por inteiro as recaídas sofridas no alcoolismo e na degradação em páginas de romance, e vice-versa, infundindo nos diários, em especial o de seu internamento no hospício, fabulações e delírios persecutórios. Os diários propiciam a fórmula acionada por aqueles escritores que recorreram à extravagância confessional no intento derradeiro de reverter o déficit de legitimidade do qual padeciam. A despeito das circunstâncias distintas que contribuíram para sua ausência no quadro de honra literário, Lima Barreto, Humberto de Campos e Lúcio Cardoso redigiram cadernos de confidências para contornar os óbices suscitados pelos estigmas manchando a reputação pessoal e literária, o alcoolismo, a subliteratura pornográfica, a homossexualidade.

Nava parece ter apostado todo o cacife de investimento literário em tacada única, a redação de uma narrativa torrencial apta a restituir as etapas de vida como periscópio das vicissitudes da família, da geração de letrados, da classe, um panorama proustiano da sociedade, da inteligência e da cultura brasileira. A consagração crítica unânime atribuiu ao caudal de Nava o *status* de obra-prima do gênero. Tal feito supera de longe, em ambição intelectual, em engenho narrativo, em riqueza expressiva, as empreitadas congêneres que lhe são comparáveis – as do político, escritor e diplomata Gilberto Amado (*História da minha infância*, 1954; *Minha formação no Recife*, 1955; *Mocidade no Rio e primeira viagem à Europa*, 1956; *Presença na política*, 1956; *Depois da política*, 1960); as de Afonso Arinos de Melo Franco (*A alma do tempo: Formação e mocidade*, 1961; *A escalada*, 1965; *Planalto*, 1968; *Alto-mar, maralto*, 1976; *Diário de bolso seguido de retrato de noiva*, 1979); as do jornalista, editor e escritor Paulo Duarte (*Memórias*: v. I, *Raízes profundas*, 1974; v. II, *A inteligência da fome*, 1975; v. III, *Selva oscura*, 1976; v. IV, *Os mortos de Seabrook*, 1976; v.V, *Apagada e vil mediocridade*, 1977; v.VI, *Ofício de trevas*, 1977).

Nessa acepção, a feitura das memórias constitui o empreendimento supremo de uma trajetória intelectual, no intuito deliberado de lograr uma posição inarredável de prestígio que não haviam conquistado até então. Esses memorialistas de caso pensado quiseram infundir à sua tagarelice a mística da exemplaridade estética, o teor de documento histórico e o sabor de testemunho vívido. Embora não se enquadre nesse modelo alentado de epopeia memorialística, a obra *Vida e morte do Bandeirante* de Alcântara Machado procura juntar o próprio percurso à história de sua linhagem e de sua região, São Paulo, da qual se afirma porta-voz legítimo pela antiguidade de suas raízes, "um paulista de quatrocentos anos".

Já no caso de autores consagrados, como o romancista Graciliano Ramos, o poeta Manuel Bandeira ou o sociólogo Gilberto Freyre, a elaboração das memórias atesta o domínio do ofício de escritor. Sentindo-se dispensado de lidar com as injunções prosaicas da vida familiar, amorosa, profissional e política, Bandeira se exibe como virtuose no manejo de procedimentos de fatura literária que lhe garantem uma apreciação crítica balizada apenas por critérios estéticos.

Na linhagem dos escritos de Taunay sobre a Guerra do Paraguai, ainda que disso não tivessem ciência, as memórias de Graciliano Ramos e de Fernando Gabeira deram continuidade à vertente de testemunhos candentes de militantes que eram ao mesmo tempo protagonistas dos fatos narrados. O selo de autenticidade e de verdade deriva do envolvimento dos depoentes com os sofrimentos vividos na pele. As condições abjetas nas prisões, os maus-tratos, as humilhações, a penúria de víveres, de afetos, de perspectivas, eis as credenciais que validam a voz autorizada desses quase profetas.

*Aventura e rotina* de Gilberto Freyre reafirma a profissão de fé do autor como cientista social, tomado pelo entusiasmo de pôr à prova suas generalizações sobre a "civilização" instaurada pelos portugueses no Brasil, na África e na Ásia. Justamente no momento em que se extinguiu seu mandato como parlamentar, Freyre empreende essa dilatada viagem aos rincões longínquos do "mundo que o português criou", convidado a tanto e também subsidiado pelo ditador Salazar. Narrativa bastante singular nessa forma dos relatos de viagem, bem distinta do impressionismo dos diplomatas já mencionados ou dos guias de cidades históricas tão a gosto de escritores modernistas ilustres como Bandeira (*Guia de Ouro Preto*, 1938) e o próprio Freyre (*Guia prático, histórico e sentimental da cidade do Recife*, 1934; *Olinda, segundo guia prático, histórico e sentimental de cidade brasileira*, 1941). Espécie acanhada na estante de obras de viagem, tais manuais elaborados por autores festejados com uniforme de turistas acidentais ensejam evocações líricas que ecoam a mentalidade, os valores e os padrões de gosto da elite ilustrada. Sob o pretexto de apanhado despretensioso de sítios urbanos tombados pela política oficial de preservação do patrimônio histórico, os guias citados condensam, em registro cifrado, uma representação saudosista e estetizante dos lugares de reverência dos grupos oligárquicos regionais.

A correspondência entre Mário de Andrade e Manuel Bandeira lida com o tesouro documental indispensável à história social e intelectual dessa conjuntura-chave de transformações no campo cultural brasileiro. A ciclópica correspondência de Mário de Andrade fez dele o rei-sol do modernismo brasileiro, em torno do qual os demais pretendentes à legitimidade buscam salvar-se por procuração. Tanto pelo espectro representativo de seus interlocutores, pelo significativo arco de tempo, pela variedade e relevância de temáticas e assuntos aí abordados, pelo exame desempenado dos procedimentos de fatura literária, poética e plástica, como pela cobertura simultânea da atividade política e cultural, as cartas de Mário e de seus correspondentes são a fonte documental desse momento da história intelectual brasileira.

Essa primeira fornada de análises abrange obras expressivas do nosso memorialismo. Embora a prática do gênero remonte às obras mestras elaboradas pela geração de 1870, a voga se consolidou de fato com o movimento modernista. Alguns dos escritores mais ilustres e consagrados dessa corrente enfrentaram o desafio autobiográfico, tentando equacioná-lo em feição inusitada, sob a forma de prosa poética aferrada em velar as raízes de sua inserção no mundo social – Carlos Drummond de Andrade (*Confissões de Minas*, 1944), Murilo Mendes (*A idade do serrote*, 1968), Manuel Bandeira (*Itinerário de Pasárgada*, 1954), Augusto Meyer (*Segredos da infância*, 1949; *No tempo da flor*, 1966) –, ao encapsular os mistérios da "vocação" literária na primeira infância ou na adolescência. O confinamento às idades da indeterminação se presta a esbater a força dos constrangimentos sociais na modelagem do ego desses escritores em germe.

Outros modernistas, de inclinação mais conservadora, cujas carreiras se viabilizaram na refrega incessante entre conchavos políticos e respiros autorais, se viram instados a empreender um balanço de vida pública e de trabalho intelectual ao cabo de uma existência laureada pelo afago tardio: o ingresso na Academia Brasileira de Letras. Enquadram-se nesses quesitos as memórias de Menotti del Picchia (*A longa viagem*, 2 vols., 1970-72) e de Cândido Motta Filho (*Contagem regressiva*, 1972; *Dias idos e vividos*, 1977). Já acadêmicos e idosos, os maiorais da direita modernista – cuja fortuna crítica persistia periclitante – elaboraram um retrospecto de vida no qual moldaram justificativas capazes de esclarecer os desacertos entre suas atividades políticas e literárias.

As três análises de obras de ficção as interrogam valendo-se de subsídios de natureza biográfica, como se fossem instâncias reveladoras de uma experiência social abrangente. Os romances *Mundos mortos*, de Otávio de Faria, e *Crônica da casa assassinada*, de Lúcio Cardoso, são restituídos no contexto de sagas familiares cujas linhas de força parecem coincidir com os andaimes expressivos do argumento ficcional. O projeto romanesco de Otávio de Faria se inscreve no bojo de um esquisito exame de consciência, dilacerado entre caminhos existenciais incongruentes com a mentalidade católica do núcleo familiar de elite a que pertence o romancista. Lúcio Cardoso elabora um atordoante painel do descenso material e moral da aristocracia agrária, no qual contrapõe destinos pessoais enovelados por impasses que esbarram na impossibilidade de reproduzir uma condição de classe fadada à extinção.

Ambos os romances derivam sua força expressiva de encruzilhadas existenciais com que se defrontam os personagens, acuados pelo amesquinhamento das perspectivas de futuro social a que se veem condenados. A experiência desviante do irmão homossexual da "casa assassinada", Timóteo, é apenas o limite extremo da emasculação a que estão sujeitos todos os personagens da família Menezes, cuja morte social é circunstanciada pelo autor com requintes de legista. A continuidade da linhagem foi estancada pelo esvaimento de todas as espécies de capital reprodutivo.

A temática da decadência também é viga mestra na engrenagem irreversível determinada pela perda da propriedade rural da família protagonista da peça *A mo-*

*ratória*, de Jorge Andrade. Dessa feita, entretanto, o desastre patrimonial deságua numa perspectiva rebaixada de sobrevivência da família na metrópole, doravante dependente do trabalho de costura da filha, *alter ego* do dramaturgo, o qual, a braços com processo idêntico de ruína familiar, reconverteu-se em teatrólogo profissional. Apesar do travo nostálgico e pesaroso que permeia o encaixe dos personagens no passado de opulência e no presente de penúria, se faz ouvir, em surdina, a dinâmica de uma sociedade emergente, povoada por classes sujeitas de uma civilização fabril apoiada no trabalho de imigrantes.

*Eles não usam black-tie*, de Gianfrancesco Guarnieri, está ancorada no imaginário utópico de um dramaturgo inexperiente, cujo maior feito foi tornar plausível em cena uma experiência social plasmada como espaço projetivo da esperança de redenção compartilhada pelos jovens da geração do autor. Guarnieri engatou um conflito familiar e geracional ao fomento de uma greve operária, fabricando um enredo impregnado pelos impasses em que se debatia a cultura de esquerda na qual fora socializado, mas desprovido de um diagnóstico crível das condições de vida e de trabalho da classe trabalhadora. Embora a trama mobilize personagens populares um tanto esquemáticos, moldados à imagem e semelhança de supostos homólogos universais de classe média, as emoções desencadeadas pelo embate entre pai e filho operários, entre trabalhadores em greve e a repressão patronal, repercutem as expectativas ideológicas do autor e, por extensão, do público de estudantes universitários, todos entusiastas dessa mensagem otimista, de um futuro igualitário. É do confronto entre o relato chapado da realidade operária vista de fora, vazada em estereotipias verossímeis, e a mística de uma visada política movida pela utopia redentora de um mundo menos injusto que foi gerada essa trama inovadora, que marcou a estreia do operariado no palco brasileiro.

## A memorialística como prática social latino-americana: o propósito deste livro

*Retratos latino-americanos* tem como objeto de estudo um tipo de escritura em particular: a literatura memorialística. Dizemos um tipo de literatura, e não um gênero, já que, embora seja comum na crítica literária identificar um "gênero autobiográfico", a literatura memorialística tem sido elaborada historicamente, como se explicou nas primeiras páginas deste prólogo, por meio do veículo de múltiplos gêneros: além do relato autobiográfico em prosa, apareceu sob a forma de poemas, peças de teatro, romances, contos. Em alguns casos muito excepcionais, o relato de vida, o diário de um criador, foi produzido sob a forma de obras pictóricas – um caso contemporâneo produzido fora da América Latina é o "diário fotográfico" de sua intimidade produzido pela fotógrafa norte-americana Nan Goldin. Claro, neste último caso já não se trata de uma literatura memorialística, mas de algo distinto; uma pictórica memorialística, se se quiser.

Em um sentido estrito, os três tipos de escritura que costumam aparecer agrupados sob o rótulo de "gênero autobiográfico" – a autobiografia propriamente dita, o livro de memórias e o diário – representam três formas de obra claramente distintas: no primeiro caso, trata-se de um texto que se propõe narrar a totalidade da própria vida (e que promete, desde o título, uma explicação desta); o segundo se refere a um tipo de registro mais frouxo, em que recordações soltas, sem ilação entre si, podem conformar o texto, e em que a ordem cronológica não é absolutamente necessária. O terceiro tipo de texto, o diário, deriva seu próprio estatuto do fato da cronologia que o articula: um diário sem datas e sem sucessão de episódios no tempo seria um contrassenso. Mais ainda, no caso deste último, a prática da escritura se supõe imediata (ou que se aproxime à imediatez); não é assim no caso de memórias ou de autobiografias, nas quais a recordação que se registra pode estar referida a fatos ou a estados de ânimo que tiveram lugar décadas antes. Essas três formas de escrita autobiográfica têm em comum, sem dúvida, o fato de integrar o território literário que se costuma designar como aquele das escrituras do eu: pressupõem, pois, como regra geral, o uso da primeira pessoa. Há exceções, sem dúvida: uma convenção muito difundida em relação à diarística tem sido a de dirigir-se ao papel em branco usando a segunda ou terceira pessoa do singular. *"Caro diário", "Querido amigo e confidente de minhas penas"* são só alguns dos termos de carinho empregados pelo autor de um diário para se referir a seu próprio eu desdobrado. O uso da segunda pessoa para se referir a si é um indício, precisamente, do paradoxo que habita todas as escrituras do eu: o fato de que, como nos soube recordar Arthur Rimbaud, *"je est un autre"*. Mas, além de diários, autobiografias e memórias, outros tipos de escritura do eu também podem ser incorporados, às vezes, ao acervo da literatura memorialística: a correspondência, os livros de "pensamentos" ou "meditações", as entrevistas que buscam reconstruir a história de vida do entrevistado, a poesia lírica, a peça de teatro ou romance autobiográfico (que por definição costuma ser um *roman à clef*).

Em todos esses casos se observa uma característica compartilhada: que tais textos são, além de literaturas do eu (e que por fim pressupõem, em alguma parte dos mesmos, ao menos, o uso da primeira pessoa), registros do pretérito (entendido em um sentido substancial, e não meramente trivial). Toda escritura – quem ousaria contradizê-lo? – é, se nos atemos a uma empiria que roça o metafísico, por definição pretérita pelo mero fato de que o ser humano é um ser no tempo. Cada vez que aperto uma tecla do teclado de meu computador, estou avançando no tempo, e a última letra escrita pertence já ao passado: uma condição que é forçada a se converter em objeto direto de minha reflexão se abre para uma *mise en abîme* que, como o jogo dos dois espelhos defrontados, produz uma regressão ao infinito. *Horror vacui!*, enfrentamos o enjoo que produz toda apreensão do infinito... Mas não é esse pretérito universal – e, por universal, trivial – que constitui a matéria essencial da memorialística: é um pretérito substancial, que consiste na possibilidade de reconstrução de um tempo passado experimentado pelo "eu" que é possível ser dotado de um significado, o que define a matéria da escritura memorialística. É o passado produtor de sentido – a partir da perspectiva da experiência psíquica, anímica, somática inclusive, do "eu" memorioso – que atravessa a escritura do eu para produzir a literatura de memórias.

Ela constitui um objeto de análise particularmente fecundo desde o ponto de vista da história cultural e intelectual, já que permite observar com precisão o nexo entre a subjetividade do autor e os códigos, as convenções, os modelos discursivos por meio dos quais deve necessariamente objetivar suas experiências subjetivas. Partindo do pressuposto de que a tradução a formas discursivas – literárias ou mais genericamente semióticas – da vivência íntima de um indivíduo ao longo do tempo é sempre o resultado de uma trabalhosa construção, e que essa construção deve realizar-se utilizando, necessariamente, os materiais linguísticos, ideológicos e estilísticos que um espaço cultural concreto em um momento histórico específico põe à sua disposição – e não outros –, as representações complexas de tipo memorialístico oferecem uma porta de entrada privilegiada à análise da relação entre os conteúdos da produção cultural de uma determinada região em uma determinada época histórica e as condições socioculturais circunstantes.

A indagação que aqui se propõe acerca das formas cambiantes assumidas durante o século XX pelas objetivações concretas da subjetividade dos escritores, pensadores e artistas permitirá elaborar uma cartografia mais complexa e mais sutil da história cultural e social da produção intelectual e artística latino-americana. Cada um dos ensaios deste livro lança separadamente nova luz sobre o conjunto do processo histórico vivido por latino-americanos durante o convulsivo século XX, mas também o faz de um modo mais complexo o mosaico total destes.

Se o estudo da literatura de memórias ilumina a história cultural e intelectual por sua capacidade para registrar as cambiantes formas de escritura do eu ou por sua capacidade para adensar o conhecimento da atmosfera cultural, psíquica e material da experiência cotidiana do sujeito nas sociedades da América Latina no século XX, também permite realizar uma investigação crítica e sociológica do ponto de vista como elemento constitutivo da objetivação do subjetivo em uma inscrição textual. Desde onde fala o eu do narrador, a quem fala, em nome de quem? É em sua narração decididamente onisciente ou prisioneiro da descrição fenomenológica? Seu *eu* leva implícito um *nós* ou é, ao contrário, um *unicamente eu*? Está sexuado ou não? Neutralizou, em honra de uma cientificidade do discurso sobre o"si mesmo", sua voz até torná-la quase impessoal, ou deixou, como Sarmiento, Blanco Fombona ou Martí, que marcasse com uma sonoridade tonitruante e um estilo inconfundivelmente pessoal o caráter eminentemente subjetivo da exploração da própria vida que propõe a seus leitores? Essas perguntas, que perfilam o projeto de uma historização do ponto de vista subjetivo absoluto cuja promessa, ilusória, habita toda periautografia, orientaram a análise de quase todos os estudos aqui reunidos. As múltiplas possibilidades de expressão de um ponto de vista nas escrituras que captam e perpetuam a obsessão pela própria identidade subjetiva são um indício muito produtivo para uma melhor compreensão da história dos intelectuais da América Latina e de sua relação com suas respectivas sociedades que os textos de conteúdo memorialístico lançam a seus leitores. Os leitores/investigadores que participaram deste livro recolheram em seus estudos esse indício e o tornaram matéria de sua própria inquirição acerca das formas complexas da cultura do eu e da memória na vida intelectual latino-americana do século XX.

Se o conhecimento que tem o leitor acerca de textos de memórias redigidos ao longo do século XX ampliar-se em consequência da leitura deste livro, então este conjunto de estudos terá alcançado uma de suas metas mais ambiciosas. Em todo caso, se a leitura desta densa e sugestiva trama de estudos particulares não lhe fizer chegar a demasiadas certezas, ao menos o terá ajudado a definir um pouco melhor para si mesmo as perguntas acerca da escritura de memórias nesta região do mundo, acerca de sua origem, seu desenvolvimento, sua contribuição coletiva. *Quid melius?*

# I

# RECORDAÇÕES DOS INTELECTUAIS A SERVIÇO DA REVOLUÇÃO

# MARIANO AZUELA, SUA MEMÓRIA CRÍTICA
VÍCTOR DÍAZ ARCINIEGA

A nomeação de Mariano Azuela como membro fundador do Seminário de Cultura Mexicana (1942) e d'El Colegio Nacional (1943) o colocou em nova atividade, a de se apresentar ante um público para proferir uma ou várias conferências sobre algum tema de sua especialidade[1]. Entre 1945 e 1946, aproximadamente, ministrou os ciclos de palestras – negou-se a empregar o termo "conferência" porque escapava às características e propósitos pedagógicos – que integrariam o volume *Cien años de novela mexicana* (1947). A estes sucederiam outros ciclos: "Algo sobre novela mexicana contemporánea" (*c.* 1946), "Divagaciones literarias" (*c.* 1947), "Letras de provincia" (*c.* 1949) e "Grandes novelistas" (*c.* 1949-50), dedicados a fazer um balanço crítico das obras novelísticas e dos autores que ele considerava significativos, tanto para o México quanto para sua formação como romancista. No segundo ciclo ocupa-se de suas experiências pessoais no âmbito da criação novelística; são debates nos quais consegue perfilar uma discreta memória autobiográfica intencionalmente vaga, nos ciclos compreendidos em "El novelista y su ambiente" (1946, 1947 e 1951) e "Autobiografía del otro" (1952). Volto agora aos dois conjuntos de debates com o propósito de fazer algumas considerações em torno das características da memória crítica de Mariano Azuela, que acabara então de completar 70 anos de idade.

**1**

Em seu conjunto, os ciclos dedicados à crítica literária – Azuela não teria empregado esse termo – estavam estruturados sobre duas linhas de reflexão discretamente articuladas, tanto que pareciam fundidas como uma só unidade. Uma foi a alegação contra os críticos ou leitores profissionais que pervertiam o gosto e distorciam a história, e a outra foi a indagação com que pretendia mostrar quais eram os "germes do romance mexicano". Natural e indiretamente, também estendeu uma quase invisível terceira linha com que buscou atar a simbólica continuidade entre sua própria obra e

---

[1] Naturalmente, podia-se acudir a algum tipo de sucedâneo, como o próprio Azuela o fez: para o seminário preparou a adaptação como roteiro cinematográfico de sua biografia *Pedro Moreno, el insurgente* e criou o roteiro de *La marchanta*, que converteria em romance e o seminário publicaria em 1944; para o colégio parece que preparou em 1948 *La maldición* e, talvez também, *Esa sangre*, ambos publicados postumamente pelo Fondo de Cultura Económica (FCE). Algumas de suas palestras, ditou-as na Escola para Estrangeiros da Universidade Nacional Autônoma do México. Na bibliografia registrada no volume III de suas *Obras completas*, o caráter unitário de índole temática prevalece na edição, preparada por Alí Chumacero – a quem não se outorga o crédito e que também apareceu com o selo do FCE.

os autores e obras que tacitamente reconhecia como seus precursores; em sentido inverso e também de maneira tácita, em seus debates marcou um claro distanciamento em relação àqueles autores e obras com os quais manteve diferenças.

Ainda que a maioria dos leitores de *Cien años de novela mexicana* tenha buscado identificar o livro como um inventário histórico da literatura compreendido desde Fernández de Lizardi até Gamboa, os propósitos que animaram o primeiro dos dois ciclos de debates – essa foi a base da compilação citada, sobre a qual me ocuparei imediatamente – iam além de tal inventário, o que fica claro desde o início da exposição: nesse momento, Azuela o enunciou e logo se colocou no simbólico lugar do leitor comum que lia romances por puro gosto. Essa decisão lhe permitiu dissentir dos "juízos consagrados" pela crítica dita profissional e, sobretudo, lhe facilitou desenvolver seus gostos como leitor. Aqui, na simples palavra "gosto", concentrou os princípios estéticos e éticos que normatizaram sua atividade como escritor de romances e como leitor, esses dois específicos lugares da comunicação que nunca deixou de considerar em função do conteúdo, do tratamento e do alcance de seus romances.

Por isso, a qualidade de alegação, porque mais que uma crítica contra os romances dos "literatos", a sua foi uma denúncia contra a simulação e impostura desses autores que gozavam de cabal autoridade, impunham-se como norma de prestígio social e notoriamente contribuíam para a consolidação de uma visão e conduta sociais complacentes. Ainda que sua insistência sobre as falhas dos romances de Altamirano (de quem resgatou o trabalho pedagógico), Gamboa, Rabasa e López Portillo y Rojas, principalmente, possa parecer excessiva, não o foi, porque Azuela dirigia sua valoração tanto contra esses preclaros membros da Academia da Língua e prestigiados porfiristas – que muito contribuíram com o regime de Díaz – como contra os críticos profissionais que trinta anos depois estavam dedicados a repetir acriticamente valorações anacrônicas e comprometidas da época de Díaz, em lugar de assumir a responsabilidade de realizar leituras mais ponderadas e menos complacentes. Em outras palavras, Azuela estava fazendo uma alegação histórica e reprovava os que contribuíam para reproduzir mecânica e oficiosamente juízos interessados, sem assumir a responsabilidade que como crítico se tem ante o passado, o presente e o porvir.

Idênticos motivos animaram sua alegação a favor de uma revaloração das obras – sobre elas depositou a atenção, não sobre os autores, salvo a exceção de Rafael Delgado – que considerava parte dos "germes do romance mexicano". Para Azuela, esses germes consistiam em uma principalíssima qualidade: o "retrato fidedigno" da realidade social por cima dos valores estéticos ou "literários". Assim, de *El periquillo sarniento* Azuela resgatava descrições de pessoas, lugares e acontecimentos e passava por alto as tiradas moralistas; de *Los bandidos de Río Frío* lhe agradava a habilidade narrativa, a viveza e fidelidade dos retratos humanos e de lugares; de *Astucia* passava por alto as torpezas da falta de ofício romanesco e celebrava a excelência e fidelidade dos retratos, dos registros linguísticos da fala popular e do detalhe preciso na descrição de lugares e ações vividas intensamente; de *Tomochic* sublinhava o valor civil para mostrar tal como era a condição da pobreza do povo e os abusos do exército porfirista; e das obras de Rafael Delgado, simpatizava com a minúcia em reconstruir pessoas, lugares e situações, sem outro fim que a veracidade. Para abreviar, Azuela celebrava nesse fundamento do romance mexicano o sentido humano do retrato de uma época, como indicou pontualmente em relação ao romance de Luis G. Inclán.

No segundo dos ciclos dedicados à crítica literária, Azuela seguiu se ocupando do "germe do romance mexicano", mas de uma perspectiva analítica distinta da anterior. Agora já não fazia distinção entre "romancistas" e "literatos", como no primeiro ciclo, mas atendia a duas características: esse "germe" pode ser identificado em obras de gêneros literários distintos do novelístico e cultivado nas zonas marginais aos centros do poder cultural, como o foi a provinciana Lagos de Moreno com relação a Guadalajara ou à capital do país. Agora, transmudava as categorias estéticas do realismo literário que haviam regido sua análise no ciclo anterior (veracidade, fidelidade e sinceridade) em categorias próximas à ética (mundo de essências e de formas puras) que revelassem, nos autores, o conhecimento profundo e vívido da realidade e uma experiência intensa da vida, como ilustram, em suas análises, dois extremos opostos: Alfredo Maillefert – sem uma biografia intensa nem episódica, nem uma obra numerosa, nem apaixonada – e José Vasconcelos – com uma biografia turbulenta e uma obra abundante, variada e complexa. Em ambos Azuela percebe esse "germe do romance mexicano": o sentido humano de uma época.

Como se poderá compreender, a crítica que desenvolveu nosso autor continuava sendo uma alegação, ainda que o tom tenha sido bastante moderado. Apesar disso, aos críticos ou leitores profissionais seguiu maltratando com rigor, porque considerava injusta a exclusão, da história literária, que eles faziam dos escritores cuja obra dignamente representava o "germe do romance mexicano". Na valoração de Azuela, não cabiam os compartimentos estanques dos gêneros e por isso se ocupou dos traços ilustrativos do citado "germe" dentro da poesia de Prieto e de Gutiérrez Nájera, dos relatos de Nervo, Micrós e Maillefert, da historiografia de González Obregón, da memória autobiográfica de Prieto e de Vasconcelos e da crônica romanceada de Guzmán. Independentemente do tema, da época ou do lugar que abordam esses autores em suas obras, no conjunto de todas elas Azuela identificava alguns aspectos decisivos e mesmo essenciais, como o "sentido humano" que distingue uma "época"[2].

Imediatamente depois, nos dois ciclos seguintes de conversações, Mariano Azuela abordou suas próprias experiências com a literatura. Seguindo a ordem de suas conversações, primeiro fez um balanço do pequeníssimo grupo de aficionados à literatura com que conviveu estreitamente em Lagos de Moreno e, depois, uma indireta consideração conjunta da vida e obra dos romancistas europeus que considerou "grandes mestres", os que voluntariamente elegeu para si mesmo. Em seu conjunto, o contraste entre ambos os ciclos pode resultar extremo pelos seguintes motivos: pela dimensão física e repercussão literária e humana das obras, pela importância

---

[2] Nesse segundo ciclo, a "época" compreendia desde *Memorias de mis tiempos* (1828-53), de Prieto, escrita no final da vida do autor em 1897 e publicada quase dez anos depois, até o presente imediato de suas palestras, 1947. Ademais, devo indicar que, em aberto contraste com as ideias agora apontadas como essenciais e como franca continuação dos propósitos do "literato", em *Al filo del agua* (1947) de Agustín Yáñez e em *Ciudad* (1941) de José María Benítez, Azuela observou uma falsificação do passado, seja pela superelaboração estilística do primeiro ou pela carga ideológica do segundo; em sua valoração, em ambos os tipos de afetações os propósitos implícitos dos autores desvirtuavam o conhecimento da realidade referida e oferecida aos leitores. Esse juízo ele formulou redondo ante as triunfantes películas *Flor Silvestre* (1942), *María Candelaria* (1944) e *Enamorada* (1946), por exemplo, do já então prestigiado Emilio "Indio" Fernández, nas quais Azuela reconheceu uma voluntária e inaceitável falsificação da realidade em todos os aspectos com o único propósito de fazer um produto comercial para a exportação.

pública dos autores, pelo lugar simbólico que ocupam na história literária de seus respectivos países e, inclusive, pela proximidade que o próprio Azuela teve com uns e outros e por sua repercussão sobre ele como pessoa e sobre sua obra. Em outras palavras, não obstante as diferenças abissais entre seus amigos de Lagos e os romancistas que admirou, entre ambos há um ponto de coincidência essencial para Azuela: a fidelidade que esses homens mantiveram consigo, porque como autores se comprometeram com a realidade, a sua própria (biografia) e a de seu entorno (social).

Em uma dimensão axiológica, essa fidelidade é a expressão da noção de autenticidade de Mariano Azuela, e também cimento de sua conduta de responsabilidade humana. Isso explica que tenha iniciado sua longa jornada de conversações dedicadas à reconstrução de sua memória, pontuando seu caráter de escritor de província. Foi em Lagos de Moreno que enquadrou sua mais rica e decisiva aprendizagem vital, porque durante sua infância e primeira juventude, de 1873 a 1888, experimentou um mundo de essências e de formas (nenhuma excepcional), núcleo de seu vívido conhecimento da realidade, a dos homens e mulheres comuns. Sem dúvida, devido à influência dos romances de Balzac e Zola e à convivência com seus amigos aficionados à literatura em Lagos (desde Guadalajara até o início profissional em sua terra, 1888-1908), em sua visão da província Azuela mostrou sua permanente perspectiva crítica contra o fechamento desse mundo social imobilizado e complacente; o centro de sua atenção, como o estudou nos ambiciosos projetos novelísticos da *Comédia humana* e nos *Rougon-Macquart*, Azuela o depositou, de seu primeiro até o último romance, nos valores morais e éticos da sociedade.

2

Na exposição de Mariano Azuela sobre sua noção de biografia romanceada, deter-me-ei em particular nas palavras que citou de Alfred de Vigny:

> O romancista – escreve Vigny – é um poeta, um moralista, um filósofo. Se fizer uso de algum tema histórico, isto não significa na realidade para ele mais que o bastidor em que haverá de bordar sua obra de romancista. Mas sobre a realidade positiva há outra realidade mais alta, que é, por sua qualidade suprema, a do ideal[3].

Dessas palavras posso inferir que, como romancista metido a memorialista de si mesmo, Mariano Azuela estava formulando a significativa diferença entre a historiografia como recriadora da verdade histórica e a literatura como criadora de vida e valores humanos, ambas propostas de escrita sujeitas a contextos de circunstâncias e lugares específicos. Ele estava sugerindo essa diferença porque considerava que o "leitor ordinário" de romances (criadores de vida e valores humanos), quando buscava a precisão histórica (recriadora da verdade), sabia onde procurar. Ao contrário, em um romance histórico ou numa biografia romanceada, esse "leitor ordinário" de romances "não pede o quadro privado de uma vida" – agora citando palavras de André Maurois –, "mas algo como a chave para descobrir esse poder desconhecido

---

3  Mariano Azuela, *Obras completas*, Ciudad de México: Fondo de Cultura Económica, 1976, p. 1133.

que de um homem qualquer faz um grande homem"[4]. A sua maneira, diante do público que o escutava em suas palestras no Colégio Nacional, nosso romancista estava realizando essa operação valorativa de si mesmo, ainda que simbolicamente desdobrado na figura de "*o* romancista e *seu* ambiente".

Ele urdiu essa valoração – prossigo com a ideia citada de Vigny – sobre a "realidade positiva" do "bastidor" histórico de sua autobiografia sem se ocupar direta nem exclusivamente dela, mas daquilo que, passado o tempo, reconheceu como seus ideais. Primeiro estabeleceu a dupla base da origem de seu "realismo". Começou com a experiência de sua infância e primeira juventude em Lagos de Moreno e, dentro do seio familiar e da vizinhança, a venda de secos e molhados e o rancho paterno, toda ela – a experiência – como base de seu esquema de valores, seu conhecimento dos homens e de sua linguagem (1873-88); prosseguiu com a mudança para Guadalajara, onde viveu a juventude e começou seu amadurecimento mediante a livre eleição da carreira profissional como médico, a descoberta da literatura realista francesa e o fortalecimento do gosto estético estimulado por intensivas jornadas de leitura na biblioteca pública e pelas representações dramáticas dos clássicos que se faziam no Teatro Degollado (1888-99).

Depois definiu seu lugar, tanto imaginário como simbólico, dentro da sociedade de Lagos de Moreno, em particular a partir de sua vinculação com o reduzido grupo de aficionados à literatura, o qual tornava esses poucos *diferentes* dentro da sociedade local (mais porque ele sublinhou um detalhe menor na aparência: atreviam-se a se expor ao ridículo entre eles mesmos!); por sua vez, entre esses aficionados, a singularidade que distinguiu Azuela foi sua intensa e perseverante produtividade novelística a partir do resgate, dentre seus papéis, do primeiro rascunho de *María Luisa* e de sua respectiva revisão – escrito havia mais de dez anos – e, na sequência, a escrita de três romances mais, úteis para ele tanto por sua função catártica, como por sua dimensão crítica (1906-10)[5]. Com a sublevação de Francisco I. Madero, seu governo e sua derrota sangrenta e com a ascensão de Victoriano Huerta à presidência e seu fracasso, Azuela desenhou as características gerais de sua filiação e decidida participação no *maderismo* e de seus efeitos dentro do clima da furiosa intolerância desatada em Lagos (1910-14). Consignou ambas as experiências extremas em dois romances curtos escritos ao tempo em que transcorriam os acontecimentos.

Em terceiro lugar, Mariano Azuela concedeu particular atenção ao seguinte e breve período do bastidor da realidade positiva de sua experiência dentro da revolução[6]. Se com Madero a revolução havia sido de "mentirinha", a que irrompeu em 1914 com o propósito comum de derrotar Huerta foi uma verdadeira revolução, e dela participou nosso romancista. Sem precisões históricas nem detalhes geográficos, descreveu

---

4 *Ibidem*, p. 1134.
5 Devo sublinhar que em suas evocações há uma significativa omissão dos anos compreendidos entre 1900 e 1906, apenas aludidos de maneira fugaz ao referir-se à descoberta do tema para *Mala yerba* ou o resgate do tema que empregou para *La maldición*. Quer dizer, ele omite as características de sua reincorporação a Lagos logo após sua estada em Guadalajara, seu início profissional como médico e como pai de família e, sobretudo, sua participação em atividades públicas como dirigente da prefeitura – incluído seu trato frequente com o dirigente Gustavo Madero –, tendo a seu cargo as comissões de polícia, saúde pública e panteões – e como médico da saúde pública municipal, tudo entre 1900 e princípios de 1904, aproximadamente, como mencionei em outra oportunidade.
6 Então, o termo "revolução" se escrevia com minúscula e denotava o período da luta armada; depois adquiriu o *status* da maiúscula, quando conotava a noção de governo. Azuela regularmente a escrevia com minúscula.

quais e como foram as diferentes etapas que atravessou durante os intensos meses transcorridos desde sua incorporação ao estado-maior do general Julián Medina, em finais de outubro, passando pela estadia em Irapuato e Guadalajara, até sua capitulação, decorrente da derrota de Pancho Villa em Celaya em abril de 1915, e sobretudo sua jornada através do cânion de Juchipila para chegar a Aguascalientes, prosseguir até Chihuahua e exilar-se em El Paso, Texas (abril-dezembro de 1915). Com as notas que tomou ao passar por essa intensa experiência de um escasso mês de duração, Azuela elaborou sobre a marcha os "quadros e cenas" de *Los de abajo* e, pouco depois, com outras notas mais, escreveu dois romances curtos e um relato.

Posteriormente, desenhou um novo período que compreendeu o regresso a Guadalajara, para encontrar-se com a família, a mudança para a Cidade do México em princípios de janeiro de 1916 e a instalação num apartamento alugado na rua de Comonfort, em frente ao jardim de Santiago, em Tlatelolco, onde permaneceu até o início da década de 1920 – até onde as datas conseguem elucidar. Segundo traçou no bastidor de sua história positiva, Azuela, ao longo desses quatro anos, atravessou uma severa crise econômica e um profundo balanço de suas experiências na revolução e das ideias que sobre ela havia formado; foi o balanço crítico do passado imediato e o severo questionamento de um futuro ilusório.

Tudo isso – não podemos passar por alto este detalhe – apenas se percebe à contraluz dos assuntos sobre os quais voluntariamente depositou sua atenção dentro do último período referido: os concernentes à sua criação novelística, à impressão de suas obras e à quase nula resposta de leitores e críticos, tanto que, em um lapso de cinco anos, seu romance – que mais tarde viria a ser aclamado – não chegou a vender meia dúzia de exemplares em uma prestigiada livraria. Não obstante, nesse lapso recuperou um romance curto escrito em Lagos, elaborou outro, redigiu dois relatos com notas que tomou durante a "aventura revolucionária" e, sobretudo, escreveu *Las tribulaciones de una familia decente*, em que derramou suas experiências e ideias do intenso e rápido processo de reacomodação social posterior à guerra.

No seguinte e último período – apego-me ao dito em suas palestras –, muito esfumadamente se percebem alguns vagos elementos próprios de uma história positiva convencional, porque intencionalmente Azuela enquadrou sua evocação entre o desejo de provocar um estrondo com *La Malhora* e a publicação de *La luciérnaga*, dois de seus três romances escritos com "técnica moderna", tema que seria objeto central de sua ampla e valorativa consideração (1922-32). Submetendo-se rigorosamente a esse eixo, em uma parte de sua palestra ocupou-se do fraudulento concurso ao qual enviou um romance curto e, sobretudo, de sua intensa experiência vital e prática médica no bairro violento de Tepito, que serviu de base para *La Malhora*. Em seguida, com naturalidade e extrema discrição, tratou do episódio polêmico que levou-o à fama, junto com *Los de abajo*, em 1925; tal discrição se deveu a um fato: ele evitava referir os imediatos e dramáticos contextos históricos e biográficos que o conduziram à elaboração de outros dois romances, em que desenvolveu suas mais beligerantes críticas, tanto que preferiu escondê-las até, passados dez anos, publicá-las – *El camarada Pantoja* e *San Gabriel de Valdivias*.

O conjunto das palestras posteriores delineia dois novos campos de atividades literárias em que Azuela incursionou: o da biografia romanceada e o da elaboração de roteiros cinematográficos, incluídas suas experiências com a adaptação para o cinema de dois de seus romances e com a encenação também de duas obras suas. Em ambos os campos, nosso autor evitou as referências ao que venho qualificando como história positiva: nelas são muito poucos os dados informativos (alguns nomes e datas) e, por outro lado, são abundantes as considerações sobre seu conceito e prática da biografia romanceada e sua experiência viva no meio cinematográfico e teatral. Em sentido estrito, não versou sobre sua biografia – relatou alguns poucos episódios descontextualizados e úteis em função da elaboração de certas obras – nem de suas obras posteriores a *Pedro Moreno, el insurgente* (1934)[7].

## 3

Torna-se indispensável insistir sobre algumas ideias expostas por Mariano Azuela em suas considerações sobre a biografia romanceada. Nessa palestra ele identificou a conjunção essencial entre "vida e verdade", com a qual estabelecia o estatuto do passado de um indivíduo cifrado em uma qualidade: as virtudes desse indivíduo que viveu no passado mantêm vigência no presente da valoração, sempre e quando na vida desse indivíduo tenha havido congruência entre suas ideias e suas ações; da congruência será possível depreender uma exemplaridade (moral), independentemente dos resultados (êxito ou fracasso). Sobre esse critério Azuela elaborou várias biografias romanceadas – desde o espanhol Pedro Moreno, herói exemplar em sua defesa da batalha do Cerro del Sombrero, ou o padre liberal Agustín Rivera, até qualquer um dos bandoleiros de *Precursores* e, sem a categoria de heróis, os estudos sobre Balzac, Zola e Proust –, porque com elas estava distinguindo entre a "obra palpitante de vida" (aspectos significativos e transcendentes) e o "documento enxuto" (o indivíduo e os fatos como "realmente são"). Em suas palavras:

> [Para o leitor ordinário] a realidade histórica se estriba mais que nada em seus lineamentos gerais e sabe a que se ater no tocante a datas, nomes, lugares e uma infinidade de pequenos detalhes que só carregam e ofuscam a memória e são um estorvo para o autor que quer dar uma recriação tão vital como intensa de personagens, acontecimentos e ambiente[8].

Invoco essa concepção da biografia romanceada de Azuela, porque, aos 75 anos de idade, ele empreendeu seu extenso ciclo de palestras ante o público que vinha ao Colégio Nacional para escutá-lo, enfrentou a conjunção que se dá entre *sua* vida na perspectiva autobiográfica e *sua* verdade cristalizada no conjunto das obras. Com a astúcia de romancista e biógrafo que possuía, em suas palestras buscou solucionar as naturais dificuldades implícitas na exposição da própria biografia, sem falsear a verdade histórica nem exaltar a recriação de suas vivências. Sobre a base de sua experiência como narrador – e em particular como narrador formado no

---

7 Há uma significativa exceção: em uma de suas últimas palestras ocupou-se de *Esa sangre*, que então vinha elaborando. Considero que a importância de sua inclusão obedeceu a um fato: com esse romance ele encerrava o amplo ciclo de sua criação novelística e, sobretudo, indicava simbolicamente qual era o sentido (humano) de suas intenções narrativas, que poderia sintetizar as próprias palavras que empregou para caracterizar o romance *Astucia*: é "o retrato de uma época", a compreendida entre *Mala yerba* (1909) e *Esa sangre* (1956, póstuma).

8 Mariano Azuela, *Obras completas*, p. 1133.

realismo literário de que foi seguidor estrito –, com as palestras buscou dar resposta a duas perguntas básicas: *o que recuperar* de seu passado perante o público que o escutava? E *como relatar* sua vida a esse público? Junto a essas duas perguntas subjazia uma terceira: *para que realizar* o balanço biográfico pessoal?

Naturalmente, e com a discrição que o distinguia, acudiu à estratégia narrativa que lhe era familiar e que tão bons resultados lhe havia proporcionado. Quando em sua reconstrução evocativa analisou seu romance *Mala yerba*, de maneira tácita apresentou puros os três componentes essenciais de sua noção de realismo, o hoje clássico do último terço do século XIX na Europa: o meio, as personagens e o argumento. Empregou os três componentes para articular o desenvolvimento de seus ciclos de palestras. Para o dedicado a sua pessoa contava com abundante informação – assim o disse –, porque era sua própria biografia; para o dedicado à análise e crítica literária estabeleceu como estratégia narrativa um relato articulado sobre dois princípios, que enunciou assim: apresentava-se ante o público com a maior fidelidade à sua noção de honradez e de veracidade. O mais complexo foi o ciclo dedicado à sua experiência como romancista, para o que urdiu a simbólica distância da terceira pessoa do singular: "*o romancista e seu ambiente*", com o que pretendeu uma objetividade maior.

Portanto, ele não empregou esse tipo de conceitos, mas palavras simples e ordinárias, daí sua reiterada ênfase em assinalar que suas opiniões eram estritamente pessoais e correspondiam às de um leitor ordinário, *amateur* da literatura e, portanto, careciam de propósitos didáticos. Com essa astúcia narrativa, Azuela, por exemplo, entre seus 72 e 75 anos de idade, no ciclo dedicado aos escritores da província, aproveitou para adentrar em assuntos de sua pessoal incumbência: fez a tácita homenagem a seus já falecidos confrades, o enquadramento (histórico e geográfico) de seus inícios formais como romancista, e a crítica contra a visão centralista da cultura naqueles anos 1940. Não menos importante e também de maneira tácita, indicou que com esse pequeno grupo de amigos de Lagos de Moreno desenvolveu sua habilidade para a crítica mordaz (catarse para sobreviver dentro do "grande mundo" mesquinho de Lagos, tão falso e de dúplice moral como o dos governos "revolucionários") e, assim, desenvolveu sua capacidade para a autocrítica (temperança e perseverança frente ao desconhecimento de sua obra durante vinte anos), porque entre si esses amigos da província com que se identificava plenamente se expuseram ao ridículo e aprenderam a rir de si próprios.

Esse detalhe não é irrelevante, porque o emprego da paródia lhe permitiu caracterizar as personagens e circunstâncias de seus romances, tanto que por momentos fez verdadeiras caricaturas ou figuras grotescas para desafogar sua inconformidade. Entre os testemunhos que recolhi de seus filhos, todos eles relataram a notória maneira com que o romancista gostava de rir – inclusive às gargalhadas – dentro do âmbito familiar; as pastorelas que ele pessoalmente preparava com os filhos, sobrinhos e netos, explorando o sentido do humor em seus diferentes matizes com o propósito de divertir, ao mesmo tempo em que deslizava para um giro crítico aos costumes, crenças, normas e condutas das pessoas na vida cotidiana[9]. Esses traços de sua personalidade subjazem, sensivelmente atenuados, nas intenções de suas palestras, porque Azuela nem desejava fazer uma crítica

---

9 Cf. Víctor D. Arciniega, *Mariano Azuela, retrato de viva voz*, Ciudad de México: Sin Nombre/Conaculta, 2005.

velada (quando a fez foi de maneira frontal) nem passar a imagem de *dómine*[10],[11]. Isto é, ainda que atendendo às normas básicas do protocolo, privilegiou seus princípios pessoais de verdade e autenticidade para ser consequente consigo.

Nas palestras reunidas em *Cien años de novela mexicana*, entre outras, sublinhou a diferença entre romancista e literato, ou, na dimensão axiológica, entre a honradez e a impostura. Para ele essa diferença era decisiva, e assim voltou a ela de maneira oblíqua no ciclo "El novelista y su ambiente". Mariano Azuela se ocupou então com particular demora de certas peculiaridades do episódio biográfico recriado novelisticamente em *Los de abajo*. Era natural que assim ocorresse, devido à fama do romance. Sem dúvida, foi voluntariamente omisso diante da segunda versão corrigida e aumentada desse romance, a de 1920, que todos conhecemos[12]. Em sentido oposto, para os três romances escritos com "técnica moderna", fez uma longa disquisição sobre esse estilo literário e a impostura resultante. No drástico contraste entre ambas as condutas evocativas e valorativas é visível a intenção estética, mas sob esta subjaz um nítido propósito ético, porque teria mostrado uma contradição ante sua posição contra os "literatos" e a favor dos "romancistas": os primeiros cuidavam do estilo e conheciam pouco a realidade sobre que escreviam, enquanto os segundos faziam o registro autêntico de uma intensa experiência humana recriada vividamente. Por essa razão, dou isso por fato, evitou mencionar sequer a correção estilística de *Los de abajo* e questionou o emprego de uma "técnica moderna" em *La Malhora*, *El desquite* e *La luciérnaga*, que considerou que o tinha afastado do realismo[13].

Em outro âmbito e preocupado em ser coerente consigo, Azuela, em uma de suas palestras, muito de passagem e como se não desse importância ao esclarecimento, indicou que no início dos anos 1940 já se lhe haviam acabado os motivos suscetíveis de crítica, em clara alusão à realidade política imediata. Naturalmente, considero que essa explicação foi uma cortesia retórica, inclusive para si mesmo.

---

10  *Dómine* seria a pessoa que, sem o devido mérito, adota o tom de mestre. [N.T.]

11  Isto explica seu imediato receio quando o secretário de Educação, Octavio Véjar Vázquez, lhe fez chegar o convite para se integrar como membro fundador do Colégio Nacional. Sua primeira resposta foi agradecer e declinar o convite, mas o secretário conseguiu demovê-lo desse impulso.

12  Única ocasião, em carta privada e a pedido expresso do pesquisador norte-americano L. B. Kiddle, indicou: "A fé que tive sempre neste pequeno romance me levou a fazer uma segunda edição (não chamo edição à que não conheço [referindo-se a uma suposta edição realizada em Tampico]) no México, na editora de um amigo (Razaster), e foi para esta que escrevi com muita antecipação as modificações que se encontram tanto nesta como nas edições posteriores. Os retoques e adições que lhe fiz foram só para revigorar personagens e passagens, mas não por razões de estilo. Este me preocupou exclusivamente no que se refere à clareza e concisão. Quando consigo isto, fico satisfeito". Cf. Mariano Azuela, *Epistolario y archivo*, Ciudad de México: Universidad Nacional Autónoma de México, 1969, p. 142.

13  Também poder-se-ia fazer outra consideração. *Los de abajo* é produto de uma série de apontamentos soltos, dispersos e fragmentados que escreveu sobre a marcha dos acontecimentos e depois, conforme foi sendo publicado no periódico *El Paso del Norte*, Azuela os foi articulando dentro de uma estrutura medianamente definida; também sobre a marcha, sem dúvida fez retoques nos apontamentos que completou com novos. Essa maneira de proceder revela em Azuela sua muito aguda, sensível e natural intuição narrativa (evito intencionalmente os qualificativos "literária" e/ou "novelesca"). Passados poucos anos, para a segunda versão, a percepção narrativa do escritor já não opera de maneira intuitiva, mas agora opera de maneira profundamente racional: seu acendrado ofício novelístico lhe permitiu ponderar sua própria criação: fez os ajustes correspondentes nos parágrafos, segmentos e capítulos existentes e advertiu a conveniência de introduzir os adendos, desde palavras, frases e pequenos complementos, até uma terceira parte com sete capítulos e uma nova personagem, quase protagonista. A partir dessa consideração, elaborei a edição crítica de *Los de abajo* (Ciudad de México: Fondo de Cultura Económica, 2015). Para os romances escritos com "técnica moderna" procedeu exatamente ao contrário: sobre um modelo estilístico preestabelecido esvaziou o conteúdo de um relato naturalmente realista – sua estrutura está sujeita a uma argumentação lógica baseada em princípios de causalidade, o que resulta incompatível com a "técnica moderna". Portanto, e não obstante os visíveis acertos em *La luciérnaga*, os três romances não conseguem se integrar unitariamente em si mesmos, porque o conteúdo não se ajusta à forma.

De fato, às vésperas de alcançar os 70 anos, o vigor de sua crítica ficou exposto em *Avanzada* (1940) e em *Nueva burguesía* (1941), versões atualizadas e aperfeiçoadas formalmente de *San Gabriel Valdivias* e de *El camarada Pantoja*, respectivamente: no segundo denuncia os efeitos sociais e morais da política corporativista; no primeiro, as consequências da suposta modernização da produção agrícola e da reforma agrária, ambas plenamente identificadas nas estratégias políticas do cardenismo. Ainda que nelas seja visível a origem política dos fatos, nosso romancista os abordou, não frontalmente como tais, mas em sua transcendência moral: a repercussão que tinham sobre a sociedade, cujos valores sofreram uma rápida e profunda alteração, como ilustrou com os variados modos de se manifestar a simulação e a corrupção, temas centrais em seus cinco romances seguintes.

Com idêntico sentido e já cumpridos os 70 anos, quando passou a fazer parte do Colégio Nacional, na primeira série de seus ciclos de palestras, Mariano Azuela colocou-se no lugar simbólico do leitor comum para oferecer sua própria versão do "romance mexicano"; assim evitou o confronto com os "*dómines*" ou "leitores profissionais", mas com patente energia e largueza de argumento desenvolveu sua demonstração regida por dois conceitos: a autenticidade e sinceridade dos romancistas que sem melindres nem pudores consignaram em suas obras uma versão dos mexicanos próxima da verdadeira realidade; em contrapartida, os literatos falsearam a realidade para oferecer dela uma versão edulcorada, mediante um refinado e inconsistente estilo literário. Seguramente, na diferença estética entre os estilos, Azuela estava sublinhando o contraste ético entre a conduta humana e a estratégia narrativa desses autores. Por isso, a severidade de suas palavras finais em *Cien años de novela mexicana*: "Lendo *Astucia* e *Tomochic* pensei com tristeza que a crise indefinida de nosso romance se deve a que os que sabem escrever não têm o que dizer e os que têm o que dizer não sabem escrever"[14].

Na segunda série de palestras, Azuela também se colocou a uma simbólica distância de si mesmo. Para a biografia de sua infância e juventude empregou, por um lado, a fictícia petição desse outro que era ele mesmo, que supostamente lhe solicitava escrever suas próprias memórias, e, por outro, para sua experiência como romancista, atuou *como se* ele não fosse o protagonista de "El novelista y su ambiente", não obstante a decisiva primeira pessoa do singular com que descreve os fatos. Considero que essa distância, tão fictícia quanto retórica, o ajudava a ter uma compreensão melhor de sua própria vida, durante a qual por muito tempo admitiu a carga parasitária do romancista sobre o "médico das sobras", aquele que em Tepito e Peralvillo dava consulta na beneficência pública ou em seu consultório privado[15]. Esse paradoxo tomou corpo pela ausência: salvo em raras ocasiões, Mariano Azuela pouco mostrou de sua vida privada, a familiar e profissional, e de seus gostos pessoais, como a música clássica, a que se referiu

---

14 Mariano Azuela, *Epistolario y archivo, op. cit.*, p. 668.
15 Enquanto escrevo estas linhas me recordo de Miguel de Unamuno, quando, num dia de agoniante calor, teve uma divagação e disse a si mesmo: "Eis tu, Miguel, já metido no que mais desgostavas ou acreditavas desgostar, em escritor profissional. Tu quiseste ser um homem que escreve e não um escritor, mas, apesar de teus esforços todos, o homem começa a se desvanecer sob o escritor. Mas ainda te fica homem. E a prova disso é que não passas por entre a indiferença de teus leitores. Estes, ou te cobram adesão e afeto, ou te cobram repulsa. Tu, graças a Deus, incomodas; incomodas como um homem, não como escritor". Miguel de Unamuno, *Divagaciones y reparos*, México: Verdehalago, 1999, p. 25.

com vaga regularidade e como ponto de comparação estética. Em outras palavras, para suas palestras se ocupou exclusivamente do homem público, que temperou com aqueles poucos dados ou episódios biográficos úteis para cimentar certos traços de suas características sociais e um pouco de sua personalidade.

Como procedeu ante os protagonistas de suas biografias romanceadas, também assim o fez Mariano Azuela diante da sua própria: reduziu o "meramente documental" e enfatizou com voluntária discrição aquilo que "alenta o sopro criador"; desprendeu-se do "imediato" com o propósito de buscar a "dimensão humana", entendida como representação moral; buscou o "retrato fidedigno" do homem e não a elaboração de valores estéticos ou literários do escritor – para seguir com a ideia de Unamuno citada em nota de rodapé. Com a "funda significação dos fatos", pretendeu *sua* verdade por meio do retrato analítico de si mesmo dentro do evocativo; da singularidade de alguns poucos episódios de sua vida, pretendeu extrair certas lições de vida metafóricas, expressas como evasivos conselhos ou corolários, e com seus "desafetos" e "desafogos" – expressos sem "mentira nem engano" – questionou os homens e mulheres por suas distorções da responsabilidade social que, como pessoas, estão obrigados ante si mesmos e os demais.

## 4

Para finalizar, devo retomar alguns parágrafos: antes havia aludido à atividade novelística que Mariano Azuela foi desenvolvendo ao mesmo tempo em que mantinha suas palestras com o público que vinha escutá-lo no Colégio Nacional. Dentre esses romances, mencionou em suas palestras os avatares da versão cinematográfica de *La marchanta* (1944) e ilustrou algo sobre seu processo de realização novelística com *Esa sangre* (póstumo, 1956); a *La mujer domada* (1946), *Sendas perdidas* (1949) e *La maldición* (escrito em 1948 e publicado postumamente em 1955) nem sequer fez uma vaga alusão. Invoco-as agora porque ilustram muito eloquentemente uma qualidade: ainda quando se encontrava às vésperas dos 70 anos, que completou em 1º de janeiro de 1943, Azuela vinha desenvolvendo sua enorme vitalidade criativa, que prosseguiu até o final da vida, em 1º de março de 1952. Com isso quero dizer que, no sentido estrito do termo, ele assumiu sua aposentadoria ao pé da letra, com o júbilo de prosseguir com seu trabalho novelístico e crítico, e já sem o compromisso de seu consultório médico (renunciou à beneficência pública em abril de 1947 e, ao mesmo tempo, fechou seu consultório privado).

Mais ainda, suas palestras sobre o romance mexicano, sobre os romancistas europeus que o influenciaram e sobre os amigos de Lagos de Moreno, com quem ele fez do romance um âmbito de realização pessoal, bem como as palestras sobre suas vivências durante a infância e juventude, sobre suas experiências na "aventura" revolucionária, em sua mudança para a Cidade do México e no teatro e no cinema – todo esse longo processo de invocação e balanço de sua própria vida que aqui resenhei colocou Mariano Azuela ante uma imperiosa necessidade: seguir observando seu entorno imediato, tomar notas em suas indefectíveis cadernetas e empreender a matutina e cotidiana tarefa de teclar a máquina de escrever para desenvolver suas histórias novelescas. Concluo agora com uma rápida consideração sobre elas.

As histórias que deram corpo aos cinco romances antes referidos têm em comum as conclusões do estudo que Mariano Azuela fez sobre o público aficionado ao cinema. Durante aqueles anos 1940, do pujante início da modernização nacional, da nascente internacionalização do México e dos esboços do cosmopolitismo que já havia desenhado em *Avanzada* e *Nueva burguesía*, para seus cinco últimos romances recorreu às características do melodrama típico dos filmes. Sua pretensão era, por um lado, explorar as possibilidades dos recursos melodramáticos na construção de suas histórias e, por outro lado, tentar uma aproximação maior com públicos sensibilizados pelo cinema[16]. Seguramente, como foi sua intenção desde *María Luisa*, também agora seu objetivo era fazer romances divertidos, ainda que, oculta no pano de fundo deles, deslizasse sua discreta crítica social, pois via como os indivíduos estavam desvirtuando os próprios valores, com o pretexto de alcançar a modernização cosmopolita tão apregoada na época.

Como esses cinco romances, também o prolixo duplo ciclo de palestras proferidas no Colégio Nacional esteve animado pelo espírito de uma sutil alegação: a revaloração do passado com o propósito de compreender o presente e olhar o porvir. Portanto, e como princípio ético e estético, Mariano Azuela renunciou à ideia de uma autobiografia em qualquer das possíveis versões então em uso e renunciou ao estabelecimento de um cânon literário. Sua assumida convicção como romancista apegado ao realismo o colocou ante *uma* decisão: o estabelecimento dos laços de continuidade que o mantêm dentro da tradição novelística mexicana, cujas características primordiais estão ligadas aos valores éticos, seja na versão estética ou na versão moral, como ilustram as noções de autenticidade e de sinceridade que dominam suas considerações críticas e autobiográficas e suas realizações novelísticas.

---

16  Em outro momento analisei esses romances e características. Cf. Víctor D. Arciniega; Luna Chávez, *La comedia de la honradez: las novelas de Mariano Azuela*, Ciudad de México: El Colegio Nacional, 2009.

# DA TORMENTA AO DESASTRE: JOSÉ VASCONCELOS, MEMORIALISTA
REGINA AÍDA CRESPO

José Vasconcelos (Oaxaca, 1882-Cidade do México, 1959) é conhecido na história cultural e política do México e da América Latina pelo projeto cultural-educativo que implantou quando esteve à frente da Secretaria de Educação Pública do México (1921-4). Vasconcelos, que desejou, ardente e inutilmente, entrar para a história como filósofo, encontrou seu reconhecimento como político, mas também como narrador, devido principalmente aos quatro tomos de memórias que publicou entre 1935 e 1939[17]. Sua obra autobiográfica reflete a contradição entre a busca da glória e do perdão, própria de muitos projetos memorialísticos. Constitui uma singular imersão na história mexicana da primeira metade do século XX, através do filtro apaixonado de um homem de personalidade colérica e assertiva, que recorreu à memória para construir uma saga falida.

Em *Ulises criollo* – o primeiro, mais conhecido e aclamado de seus volumes –, Vasconcelos se compraz em recordar. Sem dúvida, esse otimismo nostálgico vai se dissipando pouco a pouco. O autor recorda o passado desde um presente inóspito, quando se ressentia da impossibilidade de voltar à política e começava a sentir a temida e inexorável chegada da velhice. Na "Advertência" que abre o volume, explica que sua obra "não está escrita para cair em mãos inocentes. Contém a experiência de um homem e não aspira à exemplaridade, mas ao conhecimento"[18]. O relato, marcado por uma subjetividade literariamente trabalhada, torna evidente a fusão da personagem real com a figura literária do narrador-protagonista. A única verdade que o sujeito resultante da fusão entre autobiógrafo e narrador-protagonista pode compartilhar com os leitores é *sua* própria verdade. Nesse contexto, Vasconcelos (simultaneamente autor e narrador) seleciona e organiza fatos do passado para construir uma narrativa cuja legitimidade não requer provas documentais. O autor apresenta *a sua* visão dos acontecimentos que quer perpetuar. A versão do que viveu obedecerá a um roteiro prévio, construído por sua própria memória. Será a memória que elegerá os acontecimentos que lhe

---

17 Os quatro volumes de suas memórias (*Ulises criollo, La tormenta, El desastre, El proconsulado*) foram editados pela primeira vez, respectivamente, em 1935, 1936, 1938 e 1939. Em 1959, cerca de um mês depois da morte de Vasconcelos, publicou-se um quinto volume, que não teve a mesma repercussão dos anteriores e nunca figurou como parte das memórias. Trata-se de *La flama. Los de arriba en la revolución. Historia y tragedia*. Esse último suspiro memorialístico girou em torno da campanha pela presidência. Vasconcelos refere a si mesmo na terceira pessoa do singular e adota como princípio de justificação para os fatos que narra os argumentos de um catolicismo fanático. Neste trabalho utilizamos a edição dos quatro primeiros volumes, publicada em dois tomos pelo Fondo de Cultura Económica (FCE) em 1993.
18 José Vasconcelos, *Ulises criollo*, Ciudad de México: Fondo de Cultura Económica, 2000, p. 6.

pareçam importante registrar e divulgar (o que, portanto, pressupõe a existência de fatos deliberadamente ignorados ou mesmo ocultos).

Em seu regresso ao passado, Vasconcelos parte de uma mescla explícita de elementos sensoriais e fáticos. Sabe, sem dúvida, que tal mescla não será suficiente para reconstruir seu ser de então. Como poderia – pergunta-se o autor –, "se o conteúdo de minha alma de hoje é tão distinto? Não quero voltar a ser o que fui, nem amarei amanhã este eu de hoje que tanto necessita melhorar a fim de que eu mesmo o encontre amável"[19].

A nota amarga que *Ulises criollo* antecipa intensificar-se-á nos volumes seguintes, naqueles em que a deliberada associação entre história pessoal e história nacional se consolida. Se em *Ulises criollo* Vasconcelos deixa-se levar por um esmerado lirismo, que torna ainda mais literário seu relato, nos volumes seguintes uma pressa e um certo descuido marcam o tom da narração. Em *La tormenta*, Vasconcelos confessa que recordará "um dos períodos mais confusos, perversos e destruidores vividos pela nação; e também a época mais dispersa, pecadora e estéril de minha vida"[20]. Em *El desastre*, com uma ponta de ironia, recorda o período em que, aplacada a chama erótica, dedicou-se a grandes realizações sociais e políticas. São os anos do início de seu desastre pessoal, que Vasconcelos associa ao paulatino afundamento do México sob o domínio dos caudilhos militares. Tal afundamento será o tema central do último volume, *El proconsulado*, em que ele narra sua malograda campanha presidencial, conta o suicídio da amante e assume o exílio como forma de vida. É quando decide registrar seu longo périplo e começa a escrever *Ulises criollo*.

Se podemos questionar a validade histórica de seu relato, é impossível ignorar a potência de seus argumentos e seus sucessos retóricos e literários. Ao longo da narrativa é possível notar como o narrador-protagonista relaciona seu fracasso político à ruína do México, construindo um cenário de perseguição e ressentimento, em que se vê constantemente abandonado e traído, não só por seus opositores, mas por aqueles cuja colaboração acreditava fundamental para desenvolver o projeto de regeneração que *ele* havia projetado para o país. O papel de líder incondicional que Vasconcelos se atribui nas memórias, principalmente em *El desastre*, funciona como ponto de partida para entender as batalhas que se desenrolaram no ainda conturbado campo cultural mexicano.

A discussão acerca do lugar dos intelectuais na política ocasionou divergências e opôs correntes, mas acabou indicando o teor da campanha falida que Vasconcelos empreendeu pela presidência do país. A perspectiva de um intelectual no poder não convenceu os caudilhos militares. O assassinato de Álvaro Obregón, depois de ser proclamado presidente do país, em julho de 1928, ocasionou um vazio no poder e o enfrentamento de grupos rivais. Plutarco Elías Calles, que havia fundado o Partido Nacional Revolucionário, em março de 1929, impôs como candidato à presidência Pascual Ortiz Rubio, um engenheiro politicamente neutro que havia chegado a coronel durante a revolução e posteriormente exercido o cargo de governador do estado de Michoacán. Calles o mandou chamar do Brasil, onde trabalhava como embaixador. Com a designação do candidato, a máquina do partido oficial, azeitada com os recursos do Estado, se pôs em ação. Vasconcelos perdeu

---

19 *Ibidem*, p. 245.
20 *Ibidem*, p. 455.

oficialmente as eleições, à frente do Partido Nacional Antirreeleicionista, fundado por Madero em 1909. Seu plano de resgatar a ação e a figura pública de Madero, propondo-se como seu continuador na condução do país, não frutificou, e o candidato derrotado já não quis buscar alternativas de luta.

Em suas memórias, Vasconcelos plasma uma atmosfera de fracasso em que é possível observar a materialização paulatina de uma antiépica. Esta se traduz na gradual transformação do protagonista num homem envelhecido, pessimista e melancólico. Herói, demiurgo, líder e "mestre", Vasconcelos acabou adotando em seu longo relato o papel do renegado que, desde a solidão entre seus pares e desde o espaço concreto do exílio, recorda o que "poderia ter sido e não foi".

Pode-se observar esse processo de degradação alimentado pela ira, pela desilusão e pela tristeza, a par de uma "humanização" do protagonista, que aparece desde as primeiras páginas de *Ulises criollo*. Os leitores de então enfrentaram uma franca e direta exposição do "eu" do narrador, sem nenhuma rigidez oficialista, combinada a uma moderna sensualização no tratamento de sua vida emocional e afetiva[21].

Pode-se dizer que as memórias de Vasconcelos geraram uma atmosfera de estupefação entre o público leitor dos anos 1930 e, também, entre as personagens aludidas no texto. Muitos as consideraram como relato histórico e, por essa razão, questionaram não somente a "verdade" da narrativa, mas principalmente o papel de protagonista que Vasconcelos assumiu nos fatos relatados. Acontecimentos como suas aventurosas cavalgadas pelo deserto, sua fuga cinematográfica do cárcere carrancista, sua ação – que descreve como decisiva – na convenção de Aguascalientes e, finalmente, sua fuga aos Estados Unidos e a irresponsável publicação do patético Plano de Guaymas, depois de sua derrota na campanha pela presidência do país, deram a Vasconcelos uma aura não exatamente simpática. Quanto de ficção teria usado o "filósofo" para modelar suas recordações e valorizar sua própria imagem? Da mesma forma, a exposição de suas aventuras sentimentais e a definição despeitosa e rancorosa de seu matrimônio (que ele nunca desmanchou devido aos filhos e a seu credo católico, paulatinamente mais fervente) foram matéria de escândalo e desgostaram a um público não acostumado a ler intimidades de alcova de figuras políticas. Um público que se escandalizava e ao mesmo tempo se regozijava na expiação pública dos pecados do Ulisses cristão, que não se envergonhava de expor seus desejos por meio de metáforas surpreendentemente sensuais, nem tampouco de mostrar seus ciúmes e de cumular de acusações as mulheres com quem se envolveu[22].

---

21 Não esqueçamos que Vasconcelos expurgou as passagens de conteúdo explícita ou implicitamente sexual na versão de suas memórias que uma editora católica publicou em 1958. Em uma sociedade conservadora, recém-saída do porfiriado, expor sua própria intimidade, como o fez Vasconcelos, constituiu um surpreendente avanço. Tanto foi assim que o próprio Vasconcelos chegou a pedir desculpas antecipadas aos leitores no prólogo de *La tormenta*. A censura que realizou para a mencionada edição católica foi um inegável retrocesso que o autor tratou de justificar várias vezes, como o fez em uma entrevista a Emanuel Carballo, *Protagonistas de la literatura mexicana* (Ciudad de México: Porrúa, 1994, p. 5).

22 Ao referir-se a "Adriana" (Elena Arizmendi), recordava-a como "a mulher que exerceu tanta influência em certa época de minha vida". Ao descrever sem economia de detalhes seus dotes físicos, justificava o enamoramento que sentia afirmando que "havia anos a serpente de [sua] sensualidade reclamava uma encantadora". Cf. José Vasconcelos, *op. cit.*, 2000, pp. 400-1. Se Arizmendi se imortalizou na literatura e na história cultural do México na pele da sublime Adriana, teve que lutar muito para se sobrepor à força dessa personagem que Vasconcelos também condenaria implacavelmente em suas memórias e cartas privadas. Sobre Elena Arismendi, ver Gabriela Cano, *Se llamava Elena Arizmendi*, Ciudad de México: Tusquets, 2010.

A publicação das memórias de Vasconcelos surpreendeu de maneira sensível a esfera política mexicana. Alguns de seus contemporâneos sentiram que também tinham algo pessoal a dizer sobre a experiência revolucionária, em suas distintas etapas. Sem dúvida, não se pode negar que um motivo fundamental – talvez o mais importante – que vários encontraram para publicar seus relatos foi a necessidade que tiveram de oferecer ao público sua própria versão dos fatos nos quais se sentiram caluniados pelo oaxaquenho. Se Vasconcelos não se preocupou em apresentar provas documentais do que afirmava em sua narração, seus contendedores tampouco fizeram de tais provas seu principal recurso. Mencionaram ou reproduziram alguns documentos para legitimar seu relato, mas também recorreram a suas recordações, às quais, como Vasconcelos, deram *status* de verdade, pelo simples fato de relatá-las. O curioso é que o contraponteado permanente que estabeleceram entre sua versão e a de Vasconcelos manteve o ex-político e candidato derrotado à presidência do país no centro de suas próprias narrativas, como uma espécie de protagonista indireto dos fatos e circunstâncias que quiseram recordar.

## UM FILÓSOFO ENTRE DOIS DEUSES

Apesar de todas as críticas que recebeu por ter publicado memórias evidentemente ficcionalizadas, cheias de passagens narradas de maneira visceral e com tintas de exagero, Vasconcelos conseguiu conquistar uma legião de leitores. Da mesma forma, conseguiu vender a muitos deles a imagem de inimigo solitário que enfrentou as forças do mal. Recordemos, por exemplo, como utilizou a lenda do deus tolteca Quetzalcoatl, herdado dos astecas, como pano de fundo para descrever e defender sua própria ação política. Ao idealizar Madero como o grande redentor do país, Vasconcelos lhe deu a primazia de representar o deus filósofo. Morto Madero, a ele tocaria assumir tão honorável papel. Sem dúvida, a associação que fez entre si mesmo e Quetzalcoatl não foi gratuita. Na lenda o deus da paz e da sabedoria foi abandonado pelos homens[23]. Em seu périplo para libertar o México do domínio militar e conduzir os mexicanos pelos caminhos da cultura, também Vasconcelos se viu abandonado e só.

Nas quase duas mil páginas que escreveu, ele soube jogar muito bem com duas dicotomias: a primeira entre o bem e o mal; a segunda, entre civilização e barbárie. Com elas conseguiu construir um modelo explicativo das misérias que via no México. O bem e a civilização, que o autor associava à tradição hispânica de matriz católica, viam-se todo o tempo ameaçados pelo mal e pela barbárie. Estes, por sua vez, conformavam um conjunto amplo e heterogêneo, que congregava elementos que iam desde o protestantismo e o materialismo ianque, com sua sanha expansionista, até os caudilhos militares e sua fúria sanguinária, passando pela nefasta presença indígena, à qual Vasconcelos reputava uma parte significativa – e atávica – do fracasso nacional.

O interessante é que o grande editor dos clássicos gregos e latinos decidiu recorrer precisamente a um ícone pré-hispânico, Quetzalcoatl, para representar a nova civilização que pretendia implantar no México, com um projeto baseado em preceitos de

---

23 José Vasconcelos, *op. cit.*, pp. 139-40.

caráter evidentemente liberal: trabalho, criação, liberdades individuais. Ao enumerar e tratar de explicar os porquês das derrotas que seu projeto sofreu, tanto quando esteve na Secretaria de Educação Pública como quando se candidatou à presidência do país, lançou mão de outro deus pré-hispânico, Huitzilopochtli, o belicoso colibri, deus da guerra. No México em que lhe havia tocado viver, Huitzilopochtli, o grande inimigo de Quetzalcoatl, a serpente emplumada, havia vencido e, Vasconcelos vaticinava, seguiria triunfando com o apoio de todos os sequazes que havia conquistado.

A Vasconcelos, após não alcançar a presidência, não poder regenerar o México e, portanto, não conseguir ressuscitar Quetzalcoatl, só restou a amargura imobilizante. Talvez não tenha podido entender que, em 1930, a sociedade mexicana em geral já estava farta da guerra. Apesar de ter havido um forte sentimento civilista que beneficiou Vasconcelos e enfraqueceu temporariamente os militares do grupo de Sonora, as eleições foram controladas pelo exército, enquanto a população e os partidários de Vasconcelos foram desmobilizados. Já não parecia haver lugar para movimentos radicais em prol de um candidato derrotado, que se retirara do país deixando somente um manifesto arrogante e exigente. Da mesma maneira, como já vimos, a própria cúpula do Estado acabava de organizar um partido de alcance nacional que, com base em uma construção ideológica esperta como "a família revolucionária", imporia uma linha política única, a se prolongar por décadas. A "mão dura" que Calles institucionalizava no México parecia haver encontrado, se não a aprovação, pelo menos o conformismo de vários setores sociais. Mas, se no plano da ação concreta Vasconcelos foi vencido, não pôde reagir, deixou-se paralisar e se confinou ao papel de vítima, no plano do relato memorialístico, essa imobilização se transformou em saga feita de acusações, recriminações e críticas, plasmadas com inconfundível toque literário.

Em tal contexto, suas memórias poderiam ser consideradas o registro autobiográfico de um herói dissidente que, ao mesmo tempo em que se sentia deus, também se mostrava demasiado humano em suas limitações e defeitos. Seu relato pôde cumprir uma função de catarse ou pelo menos de curiosidade doentia para um público leitor majoritariamente proveniente dos setores médios urbanos que, em grande medida, o haviam apoiado em sua campanha presidencial e que de uma ou outra maneira também se sentiam defraudados pelas circunstâncias, pelo governo e, em certo sentido, pelo próprio Vasconcelos.

### A CONSTRUÇÃO DE UMA IMAGEM: O MAIOR, PROBO E GENIAL

Vasconcelos elegeu títulos atinados para seus tomos de memórias. Refletiu sobre sua vida sob a tormenta que o colheu nos anos 1910 e o conduziu ao desastre que se foi construindo progressivamente nos anos 1920. Tal desastre, que culminou na derrota que experimentaram ele e o México, transformado em um simples pró-consulado, nos anos 1930, fez o autonomeado *Ulises criollo* chegar à conclusão de que já não haveria lugar para heróis como ele em seu país. Deixemos que fale o autor:

[...] meu erro havia consistido em não me mostrar dócil à vontade imperante. Sob os despotismos, a rebelião, em qualquer de suas formas, é o máximo pecado. A lesa-majestade, tal era o erro que me convertia em um dos intocáveis da Índia, um empesteado de nossa política... [...] se me tivesse agachado ao golpe, se tivesse aceitado *disciplinadamente,* como tantos outros, uma legação na Europa [...] teria seguido sendo o maior intelectual da República, o mais probo funcionário, o mais genial educador, o cérebro da revolução[24].

Vasconcelos escreveu essas palavras em 1937, em *El desastre,* narrando sua desilusão ao perder as eleições para governador do estado de Oaxaca, em 1924, pouco tempo depois de haver sido praticamente obrigado a deixar a Secretaria de Educação Pública. A responsabilidade por ambas as situações, *imputava-a* a Álvaro Obregón.

Por que sublinhar esta, entre as tantas derrotas que experimentou Vasconcelos ao longo de sua vida? A razão está em que na citação sobre essa derrota podemos encontrar uma associação interessante, que se repetirá uma ou outra vez nos quatro tomos de memórias. Vejamo-lo. Ao recordar seu fracasso nas eleições para o governo de Oaxaca, Vasconcelos o contextualizava no México que se havia gerado depois da revolução e o considerava um reflexo da evidente decadência do país. Ao associar a decadência do México à sua própria decadência como herói a quem se impedia de atuar, Vasconcelos utilizou um recurso explicativo interessante. Enquanto a decadência do México resultava da má conduta de seus governantes, a sua própria nada mais era que a consequência da boa conduta que havia tido e pretendia seguir mantendo. Vasconcelos forjou-se o papel do herói que se conservava belo em um contexto sempre adverso e injusto. Enquanto isso, o México, que o autor materializava na figura de governantes e militares corruptos, mostrava-se em toda a sua degeneração, ao desprezar a obra e o valor de um de seus melhores homens, a quem se impedia de alcançar os lauréis que merecia.

Mas voltemos à citação. A ironia com que Vasconcelos construiu esse quadro maniqueísta é outro elemento recorrente de sua longa narrativa. Se tivesse se deixado seduzir pelos representantes do Estado, aceitando suas prebendas...; se tivesse sido dócil... – parece perguntar-se. Mas, se assim tivesse sido, ele "teria seguido sendo o maior intelectual da República, o mais probo funcionário, o mais genial educador, o cérebro da revolução". A utilização do tempo verbal "teria seguido sendo" tem um significado inconfundível. Seu uso indica que, sim, Vasconcelos estava convencido de que havia realmente sido "o maior intelectual da República, o mais probo funcionário, o mais genial educador, o cérebro da revolução", e só deixou de ser assim considerado porque não aceitou se submeter ao regime dominante e a seus lacaios, discípulos de Huitzilopochtli. A rebeldia o havia apartado das glórias do mundo, mas em contrapartida lhe havia garantido um lugar entre os heróis rechaçados da história. A utilização do subjuntivo pelo protagonista indica a construção implícita de uma autoimagem, apesar de tudo, extremamente satisfeita e orgulhosa. Precisamente porque não aceitou as prebendas do governo, o herói pôde se manter como o maior, o mais probo, o mais genial.

Nas memórias de Vasconcelos, essa imagem recorrente cumpriu a função de legitimar suas afirmações categóricas e as acusações taxativas a seus inimigos, a seus antigos colaboradores e amigos e, inclusive, às mulheres com quem se relacionou. Em seus quatro tomos de memórias, o autor recorreu à utilização de apodos que, mais que camuflar, expunham algumas das personagens que conviveram com ele,

---

24 *Idem, Memorias,* Ciudad de México: Fondo de Cultura Económica, 1993, p. 290.

à descrição caricatural de seus adversários e à prática permanente do juízo moral. Vasconcelos, no papel de narrador-protagonista, exercia esses juízos a partir de uma posição de superioridade ética que, em muitas passagens, ele mesmo contradizia, ao expor suas próprias falhas de caráter em uma espécie de mea-culpa pública.

## UMA POLIFONIA VASCONCELIANA?

Como já comentamos, surgiram várias vozes dissonantes a seu relato e algumas se fizeram públicas, seja no âmbito da crítica literária e jornalística, seja no próprio âmbito do registro autobiográfico[25]. Vejamos brevemente algumas publicações relacionadas com o autobiográfico ou testemunhal. Em *Mis andanzas con nuestro Ulises*, publicado em 1938, Vito Alessio Robles, antigo correligionário de Vasconcelos, pede escusas antecipadas pelo "apaixonamento, que não pod[e] nem dev[e] negar", mas promete que sempre "esgrimir[á] com a verdade", ao mostrar "um dos homens mais contraditórios, paradoxais e complexos de nossa época revolucionária. [...] um indivíduo [...] a quem se pode admirar de longe, mas de cuja proximidade se deve esquivar", já que "todos os que colaboraram com ele [...] têm sido suas vítimas"[26].

Ao descrever Vasconcelos e recordar o que definiu em várias passagens de seu livro como covardia, ignorância, indecisão e oportunismo, Alessio Robles aproveita para, em contraste, falar de si e oferecer aos leitores – também ele – uma saga em que luta valente e desinteressadamente pelo bem do México.

Em *Mi contribución al nuevo régimen, 1910-1933: a propósito del "Ulises criollo", autobiografía del licenciado Don José Vasconcelos*, que vem à luz em 1936, Alberto J. Pani decide apresentar "o relato verídico dos fatos falseados" por seu ex-amigo para "que seja o mesmo leitor quem, por simples comparação, situe a verdade no lado que lhe corresponda"[27]. Ao defender-se das calúnias de Vasconcelos, Pani pretende comprovar sua trajetória impoluta na política mexicana.

Em 1982, centenário do nascimento de Vasconcelos, Alfonso Taracena publica a biografia *José Vasconcelos*. Contrário às visões de Alessio Robles e Pani, Taracena se preocupou com a verdade histórica, mas, a exemplo dos anteriores, também se baseou em suas próprias recordações para construir a biografia do autor. O historiador e jornalista Taracena, a quem Vasconcelos dedicou *La tormenta*, foi seu seguidor e amigo. Essa biografia, mais a compilação *Cartas políticas de José Vasconcelos* (primeira série), publicada em 1959 com as cartas que trocaram ele e Vasconcelos entre 1924 e 1936, e *Viajando con Vasconcelos* (1938), sobre uma viagem que fizeram juntos pelos Estados Unidos em 1937, incrementa o projeto memorialista de Vasconcelos. Além de oferecer aos leitores um conjunto de fontes primárias para a compreensão histórica da ação e do papel político do amigo, Taracena lhes brinda um diário em que narra de maneira informal e ágil detalhes sobre sua convivência durante a viagem,

---

25 Na edição crítica de *Ulises criollo*, Claude Fell faz uma importante compilação do que saiu na imprensa e da recepção crítica à obra. Autores contemporâneos de Vasconcelos como Nemesio García Naranjo, Jorge Cuesta, Gonzalo de la Parra, Antonio Castro Leal, Magda Portal e Mariano Azuela opinaram sobre suas memórias. Quanto ao registro autobiográfico, ver Víctor Díaz Arciniegas, "La voz: el eco. Vasconcelos: lección de historia y vida", *in:* José Vasconcelos, *Ulises criollo, op. cit.*, pp. 732-75.
26 Vito A. Robles, *Mis andanzas con nuestro Ulises*, Ciudad de México: Botas, 1938, p. 12.
27 Alberto J. Pani, *Mi contribución al nuevo régimen, 1910-1933*, Ciudad de México: Editorial Cultura, 1936, pp. 13-4.

suas discussões sobre o país que visitavam e suas opiniões sobre a vida política e cultural mexicana e suas guerras de poder. No estudo biográfico mantém-se o mesmo discurso muito pouco apologético a Vasconcelos, que se nota no diário de viagem. Taracena o escreve com uma pena irônica e irreverente, à qual não faltam detalhes indiscretos e inclusive algumas intrigas. Com esses materiais, principalmente a biografia, poder-se-ia dizer que Taracena se transforma em uma espécie de escritor das memórias de Vasconcelos por contaminação entusiástica.

Taracena, assim como Alessio Robles e Pani, também utilizou o relato biográfico para defender sua própria posição política e suas ações nos fatos que narrou, evidentemente desde o papel secundário que desempenhou neles. Alessio Robles e Pani publicaram seus livros praticamente no calor dos fatos, consagrando-os a um público que de uma ou de outra maneira estava familiarizado com eles. O diário de viagem de Taracena também se destinou a esse público, o que por certo ocasionou um distanciamento temporal entre ele e Vasconcelos, a quem não pareceu *bem* que Taracena publicasse um livro sobre ele antes que saíssem todos os tomos de suas memórias[28]. Já se haviam passado 23 anos da morte de Vasconcelos quando Taracena publicou sua biografia, no centenário do nascimento do autor. Taracena tinha então 86 anos e, provavelmente, encantava-lhe recordar aqueles velhos tempos.

Guardados os objetivos e a natureza de cada um dos textos mencionados, pode-se dizer que, com eles, os três autores complementam indiretamente a saga vasconceliana, enchendo-a de contradições e perguntas e indicando outros caminhos para a compreensão do lugar e do papel do "Ulises criollo" na flamejante primeira metade do século XX no México.

*Ulises criollo* saiu à luz em 1935. Do exílio, Vasconcelos purgava seu rancor. Os mexicanos ainda iriam "chorar de vergonha e raiva pelo que perderam perdendo-me", afirmava em 1933[29]. Vito Alessio Robles e Alberto Pani publicaram seus livros como respostas diretas a *Ulises criollo*. Pani, que já tinha o original de seu livro pronto quando Vasconcelos publicou *Ulises criollo*, retardou a publicação do seu para destinar algumas passagens e várias notas de pé de página a contradizer seu ex-amigo. Já Alessio Robles estruturou todo o seu livro em torno de Vasconcelos e organizou seus capítulos a partir dos artigos que publicou na revista *Jueves de Excélsior*, "talvez com paixão muito legítima, mas sempre apegado estritamente à verdade"[30].

Enquanto Pani manteve uma linguagem protocolar em seu relato, muito *ad hoc* a seu papel – e a sua autoimagem – de funcionário público de alto cargo, Alessio Robles deixou-se levar por uma fúria acusatória contra o ex-companheiro de partido. Ao contrário do que acreditava Vasconcelos, para Alessio Robles, em lugar de uma perda, havia sido "uma verdadeira sorte para o México, para o Partido Nacional Antirreelecionista, para os amigos de Vasconcelos e para o próprio Vasconcelos que esse desequilibrado profundamente amoral não tenha subido à presidência"[31]. Visceralidade contra visceralidade poderia ser uma boa maneira de definir o espírito que guiou as recordações plasmadas nas andanças de Alessio Robles "com nosso Ulisses".

---

28  Afonso Taracena, *José Vasconcelos*, Ciudad de México: Porrúa, 1982, p. XV.
29  José Vasconcelos, *Discursos 1920-1940*, Ciudad de México: Botas, 1950, p. 179.
30  Vito A. Robles, *op. cit.*, p. 349.
31  *Ibidem*, p. 353.

Na biografia que saiu com uma tiragem de 5 mil exemplares, dentro da coleção *Sepan Cuántos,* Taracena recorda episódios, recria diálogos e anuncia, comenta e reproduz várias passagens dos discursos de Vasconcelos. Sua simpatia com relação ao biografado e a defesa de seu lugar na história política e cultural mexicana são evidentes, o que dá a Taracena um lugar próprio nesta "polifonia vasconceliana"[32]. Que dizer dos outros autores? Se Pani se dedica a recapitular todos seus sucessos como funcionário, construindo uma autocelebração que se sustenta também ao refutar, como o afirma o autor, "as cenas que ele [Vasconcelos] falseia para ofender-me"[33], Alessio Robles destila seu rancor contra Vasconcelos em todas as suas cores, chegando a enumerar e refutar, uma por uma, as treze calúnias de que afirma ter sido objeto[34]. O que importa a Pani parece ser a celebração de si mesmo como personagem pública. Nesse sentido, Vasconcelos aparece em seu livro em um papel realmente secundário, somente para referendar a importância do próprio Pani. No caso do antigo general, político e historiador Alessio Robles, o que lhe parece importar é a desqualificação pública de seu inimigo a partir da rememoração de situações privadas.

Ao contrário de Taracena, que com pena ao mesmo tempo simpática e deletéria expõe a si mesmo ante os leitores quando torna públicas as recordações de seu convívio com Vasconcelos, Pani e Alessio Robles tratam de evitar que seus leitores compartilhem algo de sua intimidade, de sua subjetividade, camufladas na narração. Nenhum dos dois pretende mostrar-se. Pani se esconde atrás de uma linguagem burocrática e Alessio Robles se entrincheira no desbordo acusador. Para dar a conhecer *sua* versão da história (principalmente da campanha de 1929, quando esteve próximo de Vasconcelos), Alessio Robles se amparou em ironia rancorosa e ferina. Isso o levou a adotar um dos principais recursos narrativos de seu adversário. Em seu *Andanzas con nuestro Ulises,* que saiu um ano antes da publicação de *El proconsulado,* recorreu a um pseudônimo para nomear a última amante e companheira política de Vasconcelos, Antonieta Rivas Mercado. Chamava-a "Cleópatra" e às vezes "Cleópatra vasconceliana", o que, ao mesmo tempo em que a alçava à condição de rainha, condenava-a ao fracasso inevitável, na nave conduzida, não por um Ulisses *criollo,* mas por um "Polifemo atormentado".

A busca de um papel de protagonista na história, a tentativa de fazer a vida individual transcender o tempo, imortalizando-se em forma de livro, e a aspiração ao prestígio do exercício literário, foram e continuam sendo motivos para a produção dos registros autobiográficos. Como disse Vasconcelos nas páginas iniciais de seu *Ulises criollo,* o que pretendeu com seu longo relato foi deixar registrada sua experiência como uma contribuição ao conhecimento. Indubitavelmente, superou suas pretensões manifestas. Além de garantir para si e para sua versão do que viveu um lugar no debate político de seu momento, Vasconcelos entrou para a história política e cultural mexicana do século XX como protagonista. Seus livros de memórias estimularam o debate acerca da verdade histórica e também acerca do papel dos indivíduos na história. Ao suscitar questionamentos e críticas, levantaram a

---

32 A publicação do livro nessa coleção em 1982 talvez tivesse como objetivo resgatar essa personagem tão polêmica de maneira mais condescendente e para um público massivo. Recordemos que, em 1977, Vasconcelos havia sido objeto do estudo biográfico bastante crítico de José Joaquín Blanco.
33 Alberto J. Pani, *op. cit.,* p. 15.
34 Vito A. Robles, *op. cit.,* pp. 349-53.

voz de outros atores e estimularam sua vaidade, o que os levou a escrever. Pode-se dizer que as memórias de Vasconcelos geraram um projeto memorialístico que ultrapassou seu próprio autor, abrindo espaços para o discurso político, o registro historiográfico e inclusive o exercício literário por parte de outras vozes. Ainda que muitas das obras que surgiram do estímulo das memórias de Vasconcelos tenham se perdido no esquecimento, configuraram uma verdadeira polifonia em que as dissonâncias aportaram mais riqueza e interesse e se converteram em um instrumento a mais para a análise da história cultural, política e literária mexicana.

# A ESCRITA DA MEMÓRIA EM LUIS CARDOZA Y ARAGÓN
FRANCISCO RODRÍGUEZ CASCANTE

*A memória é o Inferno.*
Cardoza y Aragón

Avaliada em retrospectiva, a produção textual de Luis Cardoza y Aragón é um esforço por registrar a memória da cultura do século XX, que ele viveu intensamente, do nascimento em Antigua (Guatemala) em 1901 até sua morte no exílio mexicano em 1992. Desde as primeiras sondagens na literatura modernista até as mais elaboradas narrativas, seus escritos sempre estiveram marcados pela mediação autobiográfica. Não houve nunca uma distância objetivamente pretendida, antes uma subjetividade que se infiltrava por todos os rodeios de um exercício escritural que se converteu em um gigantesco mural do século, desenhado com os mais diversos gêneros artísticos e construído na contracorrente das tendências estéticas e políticas de sua época.

O retrato de Cardoza y Aragón é um forte palimpsesto projetado com a paixão de alguém que sempre se viu comprometido com as transformações mais radicais e necessárias, tanto de seu contexto guatemalteco e da América Latina, por extensão, quanto das tendências artísticas, da crítica cultural, da poesia ou da narração. Sua obra é uma exploração sobre a identidade cultural. E em tudo isso deixou suas pegadas, as marcas de uma subjetividade que, em diálogo consigo mesma, fazia-o com um importante segmento da história da cultura de um século XX que radiografou quase na totalidade. Seguidamente, vou dar conta de um modo muito abreviado do percurso (auto)biográfico da produção do autor, centrando-me em seus textos iniciais, *Guatemala, las líneas de su mano* (1955) e *El río: novelas de caballería* (1986).

## DO MODERNISMO ÀS VANGUARDAS

Luis Felipe Cardoza Aragón[35] nasceu em 21 de junho de 1901[36] em Antigua, Guatemala, três anos depois da chegada ao poder de Manuel Estrada Cabrera. Patrocinado pelo partido a que pertencia junto com o pai, publicava um pequeno periódico de circulação semanal, *El Unionista*, órgão da Liga Unionista de Institutos, que seguia os princípios de enfrentamento ao regime cabrerista desenvolvidos pelo Partido Unionista.

Em *El Unionista* publicava Cardoza y Aragón seus primeiros textos, próximos ao modernismo. O periódico publicou em junho de 1920 seu segundo poema, "La canción de las razas". Esse texto evidencia duas das constantes que estão presentes em toda sua carreira literária e política: uma posição anti-imperialista militante e sua preocupação com a identidade cultural latino-americana. Ambos os elementos estão unidos ao longo de toda sua carreira e não se pode considerar um sem fazer referência ao outro.

Nesse momento o anti-imperialismo se desenvolvia ao observarem os intelectuais o deslocamento dos centros imperiais da Europa para os Estados Unidos e se prognosticarem os perigos do avanço da "raça saxã". O alerta de Martí ressoava ainda na América Central. Prova disso são os romances *El problema* (1899), do guatemalteco Máximo Soto Hall, e *La caída del águila* (1920), do costa-riquenho Carlos Gagini[37], que viam nos Estados Unidos uma ameaça de desmembramento e ocaso da cultura latino-americana. Diante de tal perigo, os intelectuais buscaram um modelo cultural que não fosse o antigo império colonizador, mas que tivesse algum elemento comum com os povos americanos de fala espanhola. O novo modelo foi a França, considerada herdeira da "raça latina".

Cardoza se torna eco do pensamento de Rodó, que assume a tradição latina como possibilidade de frear o avanço norte-americano e como modelo caracterizador de uma identidade cultural que estaria definida não tanto pelas especificidades norte-americanas, mas pela herança da tradição greco-romana, como bem o formulava *Ariel*.

No número 5 de *El Unionista*, de sábado, 15 de maio de 1920, Cardoza publicou seu primeiro ensaio, um escrito de caráter político, "El peligro de la intervención". Nesse texto se apresenta como membro do Partido Unionista e chama à união o ou-

---

35  Em seus textos iniciais publicados na Guatemala, o autor assina de várias formas: "Luis F. Cardoza", "Luis F. Cardoza A." ou "Luis Felipe Cardoza". Quando se muda para a Europa "decide agregar a conjunção copulativa 'y', um distintivo de avoengo entre os que o estilavam na rançosa sociedade antiguana" (Marco Vinicio Mejía, *Asedio a Cardoza*, Ciudad de Guatemala: Editorial de la Rial Academia, 1995, p. 32). Disso dá testemunho o poeta César Brañas, quando em uma apresentação do autor em 1924 disse: "Podemos, pois, logicamente, apresentá-lo poeta novo. Foi para a América do Norte e dali, um dia, a estudar medicina em Paris. Esperem. Sendo doutor, já apresentá-lo-ão doutoralmente. Eu, humilde, só posso mostrar-lhes esta fase do compatriota e companheiro que hoje remata seu sobrenome com o materno, copulado por uma arcaizante preposição: assina Luis Cardoza y Aragón. Ele saberá por quê" (César Brañas, "Un poeta nuevo y nuestro", *El Imparcial*, 5 jan. 1924, p. 7).

36  A data de nascimento do autor aceita pela crítica é 21 de junho de 1904 (José Emilio Pacheco, *Poesias completas y algumas prosas de Cardoza y Aragón*, Ciudad de México: Fondo de Cultura Económica, 1977, p. 7; Albizúrez Palma, "Luis Cardoza y Aragón", in: *Letras de Guatemala*, Ciudad de Guatemala: Universidad de San Carlos, 1980, p. 9; González Rodríguez, "Un riesgo de rosa era su escudo", in: M. V. Mejía (ed.), *Cardoza y Aragón: la voz más alta*, Ciudad de Guatemala: Editorial de la Rial Academia, 1989, p. 4; Dante Liano, *Visión crítica de la literatura guatemalteca*, Ciudad de Guatemala: Universidad de San Carlos, 1997, p. 178). Definitivamente, Marco Vinicio Mejía encontrou a certidão de nascimento de Cardoza nos registros de Antigua e prova que o autor nasceu na verdade em 21 de junho de 1901 (Marco Vinicio Mejía, *Asedio a Cardoza*, op. cit., p. 9).

37  Podem ser consultadas as seguintes edições: Máximo Soto Hall, *El problema*, San José: Librería Española, 1899; Carlos Gagini, *La caída del águila*, San José: Editorial Costa Rica, 1973.

tro partido da oposição, o Democrático, ante a possibilidade de uma intervenção dos Estados Unidos. Diz, referindo-se ao problema da desunião entre os dois partidos:

> O perigo iminente é que, desta separação, brote o pretexto para que nações estrangeiras invadam as terras de nossa pátria. Nossa concórdia é um dever por fraternidade nacional, porque estamos trabalhando para nos unir, e, sobretudo, pelo perigo que corre nossa soberania [38].

Entretanto, os esforços do jovem Cardoza não tiveram êxito. Um ano e sete meses depois desse escrito intervieram os Estados Unidos. Estrada Cabrera foi deposto pelo Movimento Unionista e assumiu Carlos Herrera, que prontamente foi derrubado por militares reconhecidos por Washington[39].

No início da segunda década do século, são evidentes em Cardoza essas duas preocupações acima indicadas: primeiro, seu interesse pelos problemas políticos de seu país, uma tomada de posição em relação a eles e seu decidido afã em se envolver na luta em torno de um projeto político democrático. Isso, motivado pela conjuntura ditatorial sob a qual viveu seus primeiros vinte anos. Em segundo lugar, esse mesmo contexto sociopolítico o fez tomar uma posição em torno do modelo panlatinista de identidade cultural que estava em voga em sua época. Desde esse começo, a dimensão biográfica é determinante; é pela mediação do eu circunstancial que o autor vai avaliar seu contexto e dar testemunho dele.

Cardoza y Aragón sai da Guatemala em 1921. Viaja aos Estados Unidos e meses depois à França. Em 1929 trabalha como cônsul do governo de Lázaro Chacón em Cuba e um ano depois ocupa o mesmo posto em Nova York, cargo a que renuncia em 1931 ao assumir Ubico o poder. Quando sai da Guatemala e chega a Paris, envolve-se com os movimentos de vanguarda, conhece Breton e tem uma relação muito próxima com o surrealismo, que o marca para sempre. O autor publica nessa cidade seus primeiros livros, *Luna Park* (1924) e *Maelstrom* (1926), este último com prólogo de Ramón Gómez de la Serna, nos quais são evidentes os registros vanguardistas com seus apelos de liberdade individual. Por exemplo, as últimas duas estrofes do primeiro poema de *Luna Park* expressam o rechaço ao estabelecido e a preferência pelo irracional, fazendo uso de imagens hiperbólicas que buscam romper os cânones modernistas e posicionar um eu desiderativo:

> Que cada dia que passe esteja pleno
> de um novo episódio,
> minha aventura na vida!
> Nasci odiando a monotonia
> das almas em paz.
> Odeio a planura
> por não acidentada:
> Que atapete a planura

---

[38] Citação retirada do apêndice do livro de Marco Vinicio Mejía, *Asedio a Cardoza, op. cit.*, p. 160.
[39] Cf. Guillermo Díaz, "Del régimen de Carlos Herrera a la elección de Jorge Ubico", *in:* J. L. Muñoz, *Historia general de Guatemala: época contemporánea – 1898-1944*, Ciudad de Guatemala: Asociación de Amigos del País; Fundación para la Cultura y el Desarrollo, 1996, pp. 37-42.

a senda por onde passam
galopando as montanhas!
Um grão de loucura
floresceu em minhas entranhas![40]

Cardoza y Aragón abandona definitivamente o modernismo e nunca mais falará dessa primeira fase de sua carreira literária. Adere ao surrealismo e, com base nele, são constantes em sua produção um completo respeito pela liberdade imaginativa e a assunção da contradição como forma de compreender a realidade, a qual empregará mais tarde para analisar a sociedade guatemalteca. No plano formal incorpora em sua poética o fragmentarismo, a experimentação linguística que se encontra em *Pequeña sinfonía del nuevo mundo* (1948) e, fundamentalmente, a mescla dos gêneros, que se pode observar na maior parte de suas publicações.

Em outubro de 1944 o escritor regressa de seu exílio mexicano para se incorporar à luta armada que derrubará o ditador Ubico. Uma vez vencido este, Cardoza se converte em colaborador dos governos democráticos e procura desenvolver, por meio da publicação cultural *Revista de Guatemala*, uma abertura para o que se percebia como a "cultura universal", enfrentando programaticamente as tendências do realismo socialista dominantes na esquerda da época.

## A (AUTO)BIOGRAFIA DA PÁTRIA: GUATEMALA, LAS LÍNEAS DE SU MANO

De novo no México, em meados da década de 1950, Cardoza se dedica a escrever um dos ensaios fundamentais da literatura centro-americana: *Guatemala, las líneas de su mano* (1955). Um relato autobiográfico articula o texto. O enunciador informa sobre seu regresso à Guatemala em 1944, no contexto da revolução que estava por derrotar o ditador Jorge Ubico e onde "o movimento popular se estendia a todo o país"[41]. O enunciador autobiográfico recorre à categoria "povo" para representar o ator da revolução e estabelecer a primeira relação identitária: o povo contra a ditadura que representa a oligarquia.

Depois, o relato introduz dois importantes elementos de identificação: os símbolos nacionais e a dimensão telúrica. O enunciador descreve a alegria e o sentimento patriótico que lhe provocou o fato de uma marimba começar a tocar sons guatemaltecos: "Já não pude mais: minha terra, que a tinha nos ossos, saiu a meus olhos, me pus a soluçar e a chorar"[42]. Em meio ao entusiasmo pela causa revolucionária, de que os visitantes de Malacatán eram autorizados representantes (intervêm em nome da revolução), "as moças, e moços, os velhos e os meninos, as mulheres pediram o hino nacional à marimbinha"[43]. O enunciador confessa que fazia muitos anos não havia voltado a escutá-lo, mas nesse dia teve a sorte de que "me tocou cantá-lo com meu povo"[44]. Ele se constrói como parte desse povo revolucionário, sua identidade compartilhada é o que lhe permite desfrutar da música popular e cantar o hino, que adquire caráter positivo por enunciar-se em um contexto revolucionário e democrático, junto com representantes autorizados do "povo".

---

40 Cardoza y Aragón, *Luna Park: poema instantánea del siglo XX*, Paris: Excélsior, 1924, pp. 22-3.
41 Idem, *Guatemala: las líneas de su mano*, Ciudad de México: Fondo de Cultura Económica, 1965, p. 7.
42 *Ibidem*, p. 8.
43 *Ibidem*.
44 *Ibidem*, pp. 8-9.

O texto ressignifica, desde uma perspectiva de luta de classes, os emblemas nacionais oficiais: o hino, a bandeira e a festa nacionais são símbolos que adquirem sentido por sua apropriação popular. Quando o "povo" assume tais emblemas, estes adquirem sua "verdadeira" funcionalidade e razão de ser: "A festa nacional no povoado, com os petardos e o canhãozinho troando às seis da manhã e às seis da tarde, quando se hasteia ou se desce a bandeira; os desfiles escolares e as velhas mestras"[45].

Essa construção emblemática favorece um nível interpretativo da identidade cultural que permite observar a presença de *um outro identitário*: os que não são o povo, as classes dominantes. Se bem que formem parte da identidade guatemalteca, já que esta é uma diversidade, não representam a "verdadeira essência" identitária, a que está submersa no popular, onde se encontram as raízes da cultura.

No dia seguinte, prossegue seu caminho para a Cidade da Guatemala, onde descreve, primeiro, as marcas geográficas regionais que distinguem a cidade de origem (Antigua); entre elas a mais importante é o Vulcão de Água, o qual – afirma – "tinha minha meninice, meus pais jovens, a Antigua"[46]. Segundo, a arquitetura também particulariza traços de identidade: "Apareceram as primeiras casas de vivas cores de cal, os tetos de telha manchados de fungos, a rua de pedras, a fonte da Concepción, o convento e a igreja em ruínas"[47]; em seguida descreve o jardim e a casa de seus avós, onde transcorreu sua infância, reconhece as pedras gastas por seus sapatos e encontra a mãe anciã e cega, momento em que "fui menino de novo junto a minha mãe, na velha casa de minha meninice"[48].

O retorno à meninice tem um grande valor como marcador identitário, enquanto forma parte dos constructos da memória pessoal e comunal: recordar sua comunidade, com sua arquitetura e sua geografia implica uma particularização dentro da nação, assim como recordar sua casa e ver sua família é subir ao nível mais pessoal de identificação.

Uma vez realizada a vinculação do *eu enunciador* com a pátria, o texto constrói o território que identifica a nação e dá o caráter unitário a essa entidade chamada Guatemala. Para isso, o enunciador recorre à legitimação que assinala a cartografia: "Em frente a mim, o mapa da Guatemala. Minha Guatemala morena e mágica"[49]. Os textos cartográficos são eficazes e sutis formadores de opinião. "Inclusive", assinala o geógrafo Carlos Granados, "as elaborações cartográficas mais científicas […] instruem o leitor para olhar o cosmos de certa forma"[50]. O mapa que o enunciador apresenta é uma cartografia imaginária e poética da Guatemala que procura orientar a relação dos guatemaltecos com sua pátria, precisando as regiões da nação e localizando em cada uma delas particularidades concernentes à geografia e aos habitantes que nelas se desenvolvem. Simultaneamente, essa geografia imaginária assinala uma unidade nacional estabelecida pelas fronteiras cartográficas que olha o enunciador.

---

45 *Ibidem*, p. 29.
46 *Ibidem*, p. 9.
47 *Ibidem*, p. 10.
48 *Ibidem*, p. 11.
49 *Ibidem*, p. 12.
50 Carlos Granados, "La peligrosa magia de los mapas", *Boletín Circa*, Universidad de Costa Rica: jan.-dez. 1993, p. 12. Acerca dos mapas da conquista da América Central, indica Fernando Contreras que "constituem um esforço conjunto no processo de identidade cultural de seus povos e são, mesmo, uma grande crônica de como tem sido dirigida a autoimagem do centro-americano desde o princípio, desde o conflito da origem e, adiante, em um processo programador das ideias que atualmente se tem da região, de seus moradores e suas relações com o restante da América e do Ocidente" (Fernando Contreras, "El mapa de Centroamérica entre el conflicto del origen y la programación ideológica", *Boletín Circa*, jan.-dez. 1993, p. 18).

A propósito do Oriente aparece o anti-imperialismo, elemento estruturador do pensamento cardoziano. Nessa região se encontra o *outro* invasor que não deveria estar no país, mas que desgraçadamente forma parte também da geografia: "Muitos povoados do Leste trabalham para a estrada de ferro, para a United Fruit Company, essa 'Guatemala' gringa que não é a Guatemala"[51]. Essa alteridade agressora da identidade está igualmente na cordilheira do Pacífico, onde os bananais são símbolo de exploração antes que de economia, uma mancha indesejada no vigor do trópico: "A selva avança por toda parte, detida sua marcha pelos bosques simétricos da banana – ai, United Fruit Company!"[52]. O imperialismo se constrói como a alteridade imposta ante a qual a identidade guatemalteca se define, além das fronteiras cartográficas. O invasor norte-americano que explora a economia guatemalteca está acompanhado em sua agressão à identidade pelo inglês: "Belize, terra guatemalteca ainda nas mãos dos ingleses"[53].

O título do capítulo "Los dogmas de la tierra y la sangre" é claramente significativo: o enunciador volta a insistir na dimensão primigênia do país para estabelecer uma consubstanciação entre ele e a Guatemala: "Sou a terra mesma de minha terra"[54], que se torna objeto de recordação, espaço de uma meninice essencial que determina a vida e a personagem poética. A Guatemala se converte em um dogma localizado no sangue e em um símbolo lírico, objeto de contemplação cuja presença se ritualiza com a reiteração do estribilho "Quero recordá-la", que termina com uma declaração amorosa: "Te percorro como enamorado cego de nascença"[55], onde a terra, assim como o faz Neruda, é o elemento definidor da nacionalidade e, por fim, da identidade. Não obstante, o enunciador deixa claro que a nação se compõe de classes sociais, cujas marcadas diferenças formam parte da identidade cultural. Esses elementos se articulam de maneira determinante na meninice, que se elabora também como um espaço mítico, símbolo das raízes culturais e fonte primordial da memória cultural.

Esse relato autobiográfico se configura como um trajeto de identificações que vai do geral ao particular: começa com o país, depois uma população, logo a comunidade de origem e por último a família. Isso indica a existência de um todo compartilhado, a nação, do qual derivam elementos que conformam a identidade pessoal, familiar, comunal e nacional. O conjunto dessas identificações sinedóticas constitui a memória identitária. A dimensão autobiográfica vai se manter ao longo do texto, em que a visão personalizada do gênero ensaístico permite ao enunciador elaborar um relato identitário coletivo profundamente vinculado com sua memória pessoal e social. Com razão assinalou Ana Lorena Carrillo que nesse texto

> Cardoza não só muda o teor comum da autobiografia hispano-americana, mas, ao menos para a literatura e cultura guatemalteca, introduz um traço de radicalismo – em meio a deslocamentos conservadores – ao fazer plenamente consciente essa perspectiva individual estabelecida como válida para a narração histórica[56].

---

51 Cardoza y Aragón, *Guatemala: las líneas de su mano, op. cit.*, p. 21.
52 *Ibidem*, pp. 21-2.
53 *Ibidem*, p. 129.
54 *Ibidem*, p. 25.
55 *Ibidem*, p. 29.
56 Ana L. Carrillo, *Árbol de historias*, Ciudad de Guatemala; Antigua: Ediciones del Pensativo, 2009, p. 171.

No México publica Cardoza y Aragón dois textos mais: *El río, novelas de caballería* (1986) e *Miguel Ángel Asturias, casi novela* (1991). Este último é um híbrido entre sua própria autobiografia e a biografia do Prêmio Nobel, enquanto *El río*, sua autobiografia, é um monumental exercício da memória para dar conta de seu século XX.

## A FRAGMENTAÇÃO DO EU: EL RÍO, NOVELAS DE CABALLERÍA

Tradicionalmente a autobiografia tem sido considerada um discurso que funciona como referencial, construído sobre regras-base de veracidade mais próximas à história documental que à literatura. Era escrita que confirmava interpretações, implantava a segurança das leituras, conduzia à satisfação das comprovações dos textos "ficcionais" do autor. Hoje a dúvida é um dos traços predominantes do gênero. Diz Celia Fernández que tal desconfiança se deve ao fato de ter sido ela

> submetida nos últimos tempos a uma desconstrução radical que a despojou de todos seus "antigos" valores. Arrastada pela derrubada da concepção forte do sujeito, pelos ataques ao logocentrismo, pela instalação da suspeita nos territórios do ser e da linguagem, a autobiografia se qualifica hoje como mentira, como falsidade, como autoengano, como romance, até chegar a se postular sua impossibilidade[57].

Essa crise do sentido está presente em *El río*, como um questionamento do signo e sua capacidade de representação, articulado na desconfiança da memória individual como garantia de tal *verdade*. O início do texto é chave nesse sentido: "De minha vida real tudo ignoro"[58], consciência desse sujeito enunciador que duvida diante da possibilidade cognitiva do passado, frente ao qual não há outro espaço mais que a certeza da textualização, da qual sim há segurança, ainda que seja só momentânea: "Por isso narrarei algo de minha provável realidade. Saber narrá-la é mais árduo que narrar o imaginado: há que inventar muito mais. Tudo gira ao redor do vivido e do sonhado ou sua confluência"[59].

O conceito de verossimilhança em que insiste o enunciador não é o que mostra uma quantidade de recordações constatáveis, mas aquela atitude que se abandona ao sonho e à invenção do tempo passado. Dizer objetivamente a realidade é inventá-la: "Quando inconscientemente me falsifico, mais me aproximo da verdade, que não nasce de exigência de exatidão, mas da despreocupação de não buscá-la ou persegui-la"[60].

Nessa estrutura textual, a partir da crise do sentido se estabelece um diálogo com a teoria e prática do gênero, tanto no nível particular da autobiografia como quanto à teoria dos gêneros literários. Do nosso ponto de vista, Cardoza y Aragón se inscreve em uma tradição genérica dialógica, distanciada daquela que observa a escrita necessariamente segmentada em gêneros imutáveis, quer dizer, a tradição monológica devedora dos grandes tratados normativos anteriores ao

---

57 Celia F. Prieto, "La verdad de la autobiografía", *Revista de Occidente*, Madrid: mar. 1994, n. 154, p. 119.
58 Cardoza y Aragón, *El río: novelas de caballería*, Ciudad de México: Fondo de Cultura Económica, 1986, p. 13.
59 *Ibidem*, p. 14.
60 *Ibidem*, p. 19.

historicismo. Tal ruptura das fronteiras genéricas tradicionais é um dos eixos que atribui caráter estrutural a *El río: novelas de caballería*, onde Cardoza faz uma textualização de sua vida por meio da "figurativização" do Cardoza-herói.

Mais que um livro de memórias, *El río* é para a América Latina um termômetro que, a partir de uma consciência lúcida que dialoga consigo mesma e com sua época, registra e explica as pulsações da cultura latino-americana do século XX. Nesse fluir extenso e totalizante, o enunciador interpreta nossa cultura desde a ótica do protagonista que ajudou a escrever esse século. Mais que uma consciência que convoca as recordações e as enumera, tal participação é evocada por uma memória que não segue a ordem linear do tempo nem a dos acontecimentos, mas antes o caminho que dita a imaginação, e, quando a memória falha, a ficção a substitui. Nessa viagem a memória se acompanha de uma infinidade de consciências que por sua vez foram protagonistas do século. *El río* é um livro cheio de vozes. Cardoza reúne os amigos e lhes dá a palavra. Assim, García Lorca lhe dedica um poema, Pablo Picasso o presenteia com a primeira edição do *Canto general* em que figura uma pintura de Diego Rivera, Lezama Lima opina sobre a Revolução Cubana, Manuel Maples Arce fala do papel dos intelectuais, o que converte esse texto em um caleidoscópio denso, plurivocal, que permite olhar através da retórica pessoal do herói Cardoza y Aragón sua vida por quase todo o século XX; por isso, Armando Pereira[61] afirma que a memória de Cardoza é o esforço de uma época por se reconhecer, por se compreender, por se comentar.

Essa negação do gênero é formulada pelo mesmo enunciador, ao confessar que pretende ter seguido sua imaginação, já que alcançar *a verdade* é uma pretensão que não lhe interessa, e com isso declara não haver seguido a tradição de gênero estabelecida no horizonte de expectativas do leitor:

> A estrutura que dei, ou se deram estas páginas, não foi a costumeira em outras semelhantes. Não rememorei por anos, por décadas ou períodos sexenais mexicanos. Sua desordem não é de propósito nem é sua ordem piranésica, nem é desordem; simplesmente confio em que meus apontamentos dupliquem as formas da vida e os comportamentos da imaginação. Cada dia os "gêneros literários", moldes de gregos e de latinos, se mesclam mais e se confundem[62].

Note-se o diálogo com a teoria dos gêneros que estabelece o enunciador; não observa as fronteiras, o que remete à prática textual de Cardoza-autor, no sentido que antes mencionávamos. O trabalho de escrita, ele o entendeu como um processo dialógico de inter-relações, cruzamentos, préstimos; prática que nunca pensou em determinadas regras formais de construção, mas como dialogia escritural, no sentido que atribui Barthes[63] a tal conceito. Importa ao enunciador, mais que uma conceituação da verdade, a instauração de um verossímil que não siga o cronológico, que aceite como princípio de relação com o mundo os aportes da imaginação e como elemento de organização o paradoxo.

---

61 Armando Pereira, "Cardoza y Aragón: el río de la memoria", *in:* M. V. Mejía (ed.), *Cardoza y Aragón: la voz más alta*, Ciudad de Guatemala: Editorial de la Rial Academia, 1989, p. 80.
62 Cardoza y Aragón, *El río: novelas de caballería*, Ciudad de México: Fondo de Cultura Económica 1986, p. 37.
63 Roland Barthes; M. Nadeau, *Sur la littérature*, Grenoble: Presses Universitaires de Grenoble, 1980.

*El río* é texto que insistentemente reflete sobre seu próprio processo de enunciação, acerca de suas possibilidades como escrita. Nesse sentido, são reiterativos os questionamentos a sua estrutura genérica, cujo fim é relacionar a si mesma com a fantasia e essa teoria da negação referencial que expusemos. *El río* se comenta, expõe suas costuras, remete a seu trabalho de elaboração. O diálogo faz referência à escrita como produtividade, processo que atravessa um imperfeito caminho de dúvidas:

> Qualquer tentativa autobiográfica é fantástica: o ritmo orgânico do que vou escrevendo me vai apaixonando mais que a verdade [...]. Afastar-se do retrato convencional, do ilegítimo retrato acadêmico. Um retrato à Cézanne, construído com facetas, com montagens de sentimentos e ressentimentos. Quantas vezes cremos que descobrimos algo, que nossa pesquisa é proveitosa e não estamos senão inventando[64].

O diálogo insiste em três aspectos básicos: a) a negação do gênero, b) a desconfiança na memória e c) a incerteza da escrita. O primeiro assunto consiste na *negação* enquanto crítica da autobiografia para reconceituá-la como narratividade ligada à imaginação e ao sonho, por isso aponta: "Minhas fantasias denunciam mais que meus acidentes vitais: entender assim minha confissão conduziu minhas páginas, alheias ao costumeiro em tal linhagem de arquiteturas"[65].

Quanto à memória, esta alude à incapacidade de ela mesma aclarar e trazer ao presente elementos fidedignos do passado, em um sustido esforço por revelar a crise da representação e da palavra, que está unida a uma recusa da autoridade absolutista da linguagem, ostentação percebida nas "arquiteturas de linhagens costumeiras". Ligada a isso aparece a indiferença pelas práticas discursivas conclusivas, estabelecendo um discurso crítico em relação à sua própria estrutura genérica, a veiculação da escrita é um conjunto de perguntas.

Mas não se entenda uma tentativa por anular a função da memória; pelo contrário, emerge uma proposta de recuperação da mesma: a ênfase dubitativa induz à liberdade imaginativa, à necessidade de sonhar, de se equivocar, de reconstruir o passado. O que é possível graças à perspectiva intertextual que assume a compreensão da memória: "Ignoras que as memórias não são temas, mas pretextos? Escrevendo outros temas, caí nas presentes tentativas e com infinitude de temas e pretextos quis dar a cor e o calor de meu tempo"[66]. O diálogo com a época, com os sujeitos que a povoam é o que conforma os sentidos da autobiografia; estamos em presença de uma proposta coletiva, o sujeito autobiográfico como solipsista não tem importância, já que o eu autobiográfico está feito pelas vozes dos outros, e estas, do ponto de vista do enunciador de *El río*, são o eixo de preponderância, não a voz monológica de um enunciador textual.

O terceiro aspecto se refere às explicações sobre o processo de escrita, o que reforça o distanciamento de uma impossível *verdade ontológica*. A autobiografia não é um gênero conclusivo; nela se recorre ao equívoco, às repetições, ao acaso, ao diálogo com a memória, com as leituras, com a sociedade, com a vida em última instância:

---

64 Cardoza y Aragón, *El río: novelas de caballería, op. cit.*, p. 30.
65 *Ibidem*, p. 104.
66 *Ibidem*, p. 36.

É evidente que recusei, para minhas conjeturas, a ortodoxia do gênero, o qual compromete mais para que a unidade orgânica seja calculada como um suicídio [...]. Meu divagar nestes capítulos iniciais sobre a memória, o esquecimento, a imaginação e seus jogos não são estranhos a minhas origens e se explicam pela pequena cidade de província. São frutos diretos e naturais articulados em filigrana, ainda quando pareça que escrevo forçado sobre Kafka e adiante convirja minha infância com o menino índio e entrem em minha grande angular os autores galantes e os místicos mais celestiais. Vai se sentindo a pertinência das associações, que reúnem elementos inesperados e ainda aqueles que parecem ser incompatíveis para quem esquece que uma longa vida é um longo rio ondulante que cruza climas e paisagens diversos, acontecimentos, gerações e fervores[67].

Textualização do processo de escrita e da concepção do gênero como dialogia, espaço de flutuações, de ambiguidades, de recordações que chegam e se articulam em uma lógica que incorpora as relações, as justaposições, as conjeturas, em uma tentativa de dar um testemunho mais verossímil das contradições que constituem o sentido da existência.

O dialogismo estruturante da função memorialística em *El río* tem uma orientação crítica ao analisar a noção de mestiçagem como marcador de identidade cultural (que é o elemento defendido por Cardoza como definidor do latino-americano). Nesse sentido, as amarras programáticas do ideologema começam a se fragmentar e a assunção do mesmo se desliga inclusive do nome para dar lugar à mutiplicidade e ao heterogêneo da herança e da conformação social. É uma perspectiva analítica subjetiva. Nesta, se bem que se mantenha a proposta socialista de transformação social, em nenhum momento se menciona o termo mestiçagem. É evidente a limitação que se impõe ao autor, sua própria transgressão do ideologema que defende em outros textos, inclusive posteriores, como o dedicado a Miguel Ángel Asturias[68]. O discurso autobiográfico enquanto expressão dialógica abandona a necessidade programática e se dedica a intuir e enunciar a diversidade. Ser guatemalteco é ser sujeito que pronuncia uma língua, é ser um indivíduo que padeceu o exílio, é ser imaginação, é a socialização pessoal, é afastar-se dos nacionalismos, é abraçar a revolução que liberta, é assumir o paradoxo mesmo: "Pátria é não tê-la. O Homem. Indefectível, minha, doce e noturna!"[69]. Também consiste em negar os programas que limitam, e nesse momento aflora como predomínio discursivo a herança vanguardista tão definidora da produção intelectual de Cardoza: "Obrigação de liberar-se das coerções políticas, familiares, culturais, religiosas e nacionalistas sem 'ideias exóticas'. Todo maniqueísmo é simplificação intolerável. Chamado à liberdade"[70]. O discurso autobiográfico reclama a contradição como princípio, assumir e viver o paradoxo e a heterogeneidade como princípios iden-

---

67 *Ibidem*, p. 104.
68 Não vivemos propriamente o dilema de duas culturas: a hegemônica quase despedaçou a grande cultura indígena, e são as "ruínas" da cultura indígena que, postas em dia pelos indígenas revolucionários e pela própria cultura dominante, o que obriga à criação de uma cultura que, por todas as razões históricas e geográficas, irá paulatinamente se mestiçando (Cardoza y Aragón, *Miguel Ángel Asturias: casi novela*, Ciudad de México: Era, 1991, p. 114).
69 Cardoza y Aragón, *El río: novelas de caballería, op. cit.*, p. 786.
70 *Ibidem*.

titários e marcadores subjetivos. Mas também consiste em buscar a superação do estrangeiro e do nacional, assim como lutar por uma sociedade sem patriotismos e com alcances universais."Stradivarius em ouvidos marimbeiros"[71],"Sou cidadão da via láctea"[72], termina dizendo Cardoza.

O discurso autobiográfico faz explodir o ideologema da mestiçagem e o aproxima mais de sua concepção da Guatemala como espaço plural e multiforme, assim como de sua noção de diálogo intercultural, visão que deve se amordaçar bastante quando o autor tiver de se submeter às restrições de esboçar sujeitos nacionais programáticos, em outras textualidades. A escrita memorialística e autobiográfica transcende seu próprio discurso político e sua adscrição à época, e em sua fragmentação leva Cardoza y Aragón pelo terreno da exploração, da experimentação, do paradoxo, do desejo e da busca da liberdade, assim como pela mais estrita fidelidade a si mesmo e aos outros, possivelmente os caminhos que mais quis em sua vocação intelectual.

---

71 *Ibidem*, p. 790.
72 *Ibidem*, p. 793.

## CERTIFICAÇÕES E INCERTEZAS: JORGE AMADO E SUAS MEMÓRIAS
### MARIA ALICE REZENDE DE CARVALHO

A mais recente edição brasileira de *Navegação de cabotagem*[73], livro de memórias de Jorge Amado publicado originalmente em 1992, contém uma extraordinária seleção de fotografias do autor, produzidas em diferentes datas e situações. Uma delas – a única, na seleção, com esse predicado – corresponde exatamente ao momento em que aquele livro era elaborado e merece, por isso, um comentário, pois não apenas descortina aspectos do seu processo de produção, como também concorre para tornar persuasivo o argumento deste ensaio.

Na foto em questão, o autor está sentado à sua mesa de trabalho, tendo atrás de si uma parede em que foram colados pequenos pedaços de papel de igual tamanho, contendo ementas, textos breves, retalhos da história que será narrada. Sobre a mesa repousam a máquina de escrever, uma taça de vinho, laudas espalhadas e algo como uma bolsa, ou uma pasta, próxima ao dorso de Jorge Amado. Ele parece não se dar conta de que está sendo fotografado e gesticula para um interlocutor oculto, situado do outro lado da mesa, além do corte da foto. O enquadramento é conhecido demais para que não se mencione o efeito que dele se espera. Utilizado pela primeira vez por Diego Velázquez, tal enquadramento é o que se encontra na tela intitulada *As meninas*, de 1656, na qual os olhos dos personagens retratados miram alguém ou alguma coisa fora do espaço pictórico, produzindo o efeito de transformar sucessivas gerações de espectadores em partícipes da corte espanhola. Ao ser fotografado em posição análoga à da infanta Margarida, isto é, olhando do centro da cena para alguém posto além do limite do quadro, Jorge Amado parece convidar seus leitores para uma conversa pessoal, um contato mais próximo, conduzido em seu escritório.

Bem observada, a fotografia que ilustra o processo de elaboração das memórias de Jorge Amado se divide em dois principais espaços. A parte superior da foto é dominada pelo princípio de simetria, expresso na repetição dos recortes de papel afixados em toda a parede, até o teto; é fragmentada e clara. A parte de baixo contém Jorge Amado e sua mesa de trabalho, a qual se estende até a margem inferior da foto e preenche organicamente a distância que separa o autor do suposto interlocutor; é cerrada e escura. Há, pois, na composição, dois ritmos, duas tonalidades, dois movimentos antagônicos: o que aponta para baixo, para o comércio de Jorge Amado com seu público, e o que aponta para cima, para o conjunto de registros dispostos como verdadeiras gavetas na oficina de um artesão. E a tensão que esse

---

73  Jorge Amado, *Navegação de cabotagem*, São Paulo: Companhia das Letras, 2012.

antagonismo impõe à cena, impedindo que o olhar do espectador se fixe em qualquer dos espaços, serve à hipótese de que o núcleo contraditório da sensibilidade de Jorge Amado reside exatamente nessa dinâmica entre popularidade e maestria.

A popularidade de Jorge Amado se mede pelos milhões de livros vendidos em 48 idiomas e dialetos[74]; pelos prêmios nacionais e internacionais que recebeu; por seus títulos honoríficos, medalhas e diplomas; pela proeza de ter sido eleito deputado federal pelo estado de São Paulo, participar, nessa condição, da Assembleia Constituinte de 1946 e, décadas mais tarde, ser convidado por Afonso Arinos a integrar a Comissão Provisória de Estudos Constitucionais para elaboração do anteprojeto da Constituição de 1988[75]; pelas várias adaptações de alguns de seus romances para cinema, teatro, rádio, televisão e histórias em quadrinhos no Brasil e em Portugal, França, Alemanha, Suécia, Argentina, Polônia, Itália e Estados Unidos; e, principalmente, por ser lembrado, lido e reeditado ininterruptamente até hoje.

Assim, ao encarar sua obra da perspectiva da *recepção* – esse valor extraliterário –, Jorge Amado se sentia um "obá", como escreveu certa vez, "um velho sábio da sabedoria do povo"[76]. Orgulhoso da sua popularidade, Jorge Amado, contudo, terá sido assaltado por permanente incerteza quanto à sua estimação no campo literário. Não se tratava de uma insegurança a*d hoc*, referida a esse ou àquele trabalho, a essa ou àquela vivência pública que pudesse perturbar sua posição no ambiente institucionalizado da literatura. É certo que, durante algum tempo, a militância comunista de Jorge Amado tornou o seu fazer literário subsidiário de outras atividades, o que, somado à publicação de livros que o próprio autor se recusou a reeditar, como *O mundo da paz* (1951), não favoreceu seu reconhecimento nas instituições dominantes no campo. Mas é interessante perceber que, mesmo após a publicação de *Gabriela, cravo e canela* (1958), romance que rendeu a Jorge Amado a certificação de méritos literários que até então lhe eram negados[77], e ainda após o seu ingresso na Academia Brasileira de Letras, em sessão na qual foi aclamado por seus pares, que se puseram de pé para recebê-lo, as incertezas do autor quanto à posição por ele ocupada no sistema literário permaneceram.

---

[74] A intensidade do êxito de Jorge Amado é objeto de controvérsia, pois é conhecido o prestígio político do autor junto à estrutura do Partido Comunista da União Soviética (PCUS), atribuindo-se a isso o sucesso de seus livros durante a guerra fria. Sobre o tema, cf. Marcelo Ridenti, "Jorge Amado e seus Camaradas no Círculo Comunista Internacional", *Sociologia & Antropologia*, Rio de Janeiro: 2011, v. 1, n. 2, pp. 165-94.

[75] A Comissão Provisória de Estudos Constitucionais, presidida por Afonso Arinos de Melo Franco, foi composta por um grupo de cinquenta intelectuais e encarregada de elaborar o Anteprojeto Constitucional para a Constituição brasileira de 1988. A comissão foi convocada pelo presidente José Sarney por meio do Decreto nº 91.450, de 18 de julho de 1985, e concluiu seus trabalhos em 18 de setembro de 1986. Porém, o Anteprojeto Afonso Arinos, como ficou conhecido, não foi enviado pelo presidente Sarney à Assembleia Nacional Constituinte, que preferiu redigir o texto constitucional a partir de propostas apresentadas por suas próprias comissões e subcomissões.

[76] Jorge Amado, *op. cit.*, p. 12.

[77] Evidência dessa mudança foi a frequência com que Jorge Amado foi alçado a rodapés literários assinados por Henrique Pongetti, Brito Broca, Sérgio Milliet, Wilson Martins, Miécio Táti e Tristão de Ataíde, cujos textos vieram a integrar coletâneas comemorativas dos trinta e quarenta anos de atividade profissional de Jorge Amado, organizadas pela Livraria Martins Editora (1961 e 1972). Também as publicações sobre Jorge Amado se multiplicaram nesse período (Miécio Táti, *Jorge Amado: vida e obra*, Belo Horizonte: Itatiaia, 1961), bem como sua indicação para premiações. Segundo Alfredo W. B. de Almeida (*Jorge Amado: política e literatura*, Rio de Janeiro: Campus, 1979, p. 246), até a publicação de *Gabriela, cravo e canela*, Jorge Amado havia recebido uma única distinção literária no Brasil – o Prêmio Graça Aranha, em 1936. Após *Gabriela*, foram-lhe concedidos, em um único ano (1959), quatro prêmios, inclusive o Machado de Assis, do Instituto Nacional do Livro. Em 1961, na sequência de seu ingresso na Academia Brasileira de Letras, Jorge Amado foi agraciado com o título de Personalidade Literária do Ano e recebeu o Prêmio Jabuti, instituído pela Câmara Brasileira do Livro.

Em Jorge Amado, o desequilíbrio íntimo entre popularidade e reconhecimento se manifestou de algumas formas – a principal delas, a insistente negação da literatura como atividade autônoma, ajuizada por crítica especializada. Quando jovem, sua rejeição ao modernismo literário de São Paulo se escorara na ideia de que aquele era um movimento "apenas" estético, sem vínculo forte com a sociedade e sem preocupação social ou política[78]. E, ao longo dos anos, quanto mais sua popularidade se estendia, mais Jorge Amado se punha em posição de recuo no campo literário, esquivando-se pretensamente da crítica pela constante negação do seu pertencimento àquele universo.

Em duas ocasiões, Jorge Amado explicitou esse recuo – no início dos anos 1960, no discurso que proferiu na solenidade de posse na Academia Brasileira de Letras[79], e em fins da década de 1980, quando começou a elaborar o *Navegação de cabotagem*, livro concebido como parte dos festejos pelo seu octogésimo aniversário. Ambos são, pois, textos rituais, bastante refletidos, que contêm aquilo que Jorge Amado pretendia tornar público. E há neles, em comum, uma inesperada autolimitação, na medida em que, adulado, nas duas oportunidades, pelo público e pela crítica, Jorge Amado não se apresentou como um *criador* literário, definindo-se, antes, como um *tradutor* das angústias do povo. Essa autolimitação foi ora denunciada como apelo populista[80], ora valorizada como astúcia do escritor que se esconde literariamente[81]. Aqui, no entanto, será tomada como gesto deliberado de renúncia ou resistência ao campo da literatura.

Na verdade, a recusa de Jorge Amado em se assumir literato foi o fio condutor que elegeu para imprimir uma continuidade na sua produção intelectual, dos 20 aos 80 anos de idade – para ele, sua obra era inteiriça e se media por valores não exatamente artísticos, mas sim artesanais. Alternativamente à imaginação, portanto, Jorge Amado dizia apreciar a honestidade, a regularidade do trabalho, o método. Nos anos 1930 afirmara: "Para um sujeito como eu, que não tem nenhuma imaginação, o romance tem que ser tirado da vida real"[82]. E, seis décadas mais tarde, resumiu sua atividade: "Ao escrever um romance realizo trabalho artesanal..."[83].

O tema do artesanato pressupõe, como se sabe, a ideia de imitação, de mimese, algo pouco afeito à espontaneidade ou autonomia do autor, valorizando, antes, sua experiência, o curso de um processo repetitivo de aprendizagem ao longo do qual o artesão forma um hábito, logo transformado em método passível de reaplicação e de transmissão a aprendizes. Maestria, portanto, é uma competência específica, apolínea, associada à técnica e à utilidade, não se confundindo com o sentido dionisíaco da imaginação e da expressão. Assim, nos anos 1960, ao definir sua obra como artesanal, Jorge Amado rejeitava, explicitamente, a crítica que saudou o romance *Gabriela, cravo e canela* como uma inflexão em seu projeto literário, "uma revolta da inteligência criadora contra normas estranhas à literatura"[84]. Em entrevista concedida

---
78  Luiz Gustavo F. Rossi, *As cores da revolução*, São Paulo: Annablume; Fapesp; Unicamp, 2009, p. 38.
79  Em abril de 1961, Jorge Amado foi eleito o quinto ocupante da Cadeira 23 da Academia Brasileira de Letras, cujo patrono é José de Alencar. Foi recepcionado pelo acadêmico Raimundo Magalhães Júnior, no dia 17 de julho de 1961.
80  Walnice N. Galvão, *Saco de gatos*, São Paulo: Duas Cidades, 1976.
81  Jorge Amado, *op. cit.*
82  Luiz Gustavo F. Rossi, *op. cit.*, p. 42.
83  Jorge Amado, *op. cit.*
84  Alfredo W. B. de Almeida, *op. cit.*, p. 247.

a Bráulio Pedroso e publicada no "Suplemento literário" da edição de 29 de abril de 1961 de *O Estado de S. Paulo*, Jorge Amado respondeu não ver no percurso de sua obra qualquer transformação de monta. Notava, ao contrário, uma unidade, que reproduzia, segundo ele, a coerência que imprimira à sua vida. Enfim, para Jorge Amado, *Gabriela* exibia o mesmo método com que concebeu todos os demais romances que escrevera, inclusive o aparentemente contrastante *Subterrâneos da liberdade*.

Nesse sentido, enquanto a república das letras valorizava o caráter propriamente artístico e não militante de *Gabriela*, Jorge Amado se dizia fiel às "posições" que sempre defendera. A afirmação, proferida no início dos anos 1960, continha um caráter propositalmente ambíguo, pois, naquele contexto, em se tratando de autor comunista, defender suas posições era algo que extrapolava o campo literário. De fato, para os comunistas organizados no Partido Comunista Brasileiro (PCB), aquele foi um tempo de pronunciamentos e revisões. A denúncia dos crimes de Stalin, em 1956, pôs em questão as concepções dogmáticas do socialismo, conferindo aos partidos comunistas maior autonomia em relação ao Partido Comunista da União Soviética (PCUS), sobretudo no que se referia ao debate sobre as diferentes vias da revolução socialista. No Brasil, porém, tal debate não conhecerá maiores desdobramentos[85], como atesta a Declaração de Março de 1958, documento em que o PCB, embora se refira à democracia como caminho processual da revolução brasileira, se mantém aferrado ao dogmatismo leninista-stalinista, expresso na ênfase conferida à luta anti-imperialista.

O fato é que, entre os pecebistas, a questão democrática acabou atropelada pela ênfase no tema nacional – o que fez do marxismo uma ideologia modernizadora e, dos comunistas, ativos participantes da luta pela intervenção do Estado em setores estratégicos da economia[86]. Nesse quadro, é impossível dissociar o romance *Gabriela* do jogo de mediações políticas que tinha curso naquele momento e no qual Jorge Amado desempenhou papel saliente. Por isso, seu sucesso não pode ser debitado exclusivamente às instâncias de avaliação literária, pois fez parte dos rituais de aproximação e de construção de alianças entre nacionalistas, nacional-desenvolvimentistas e comunistas. Ilustra essa afirmação o fato de Ernani Amaral Peixoto, ministro da Viação e Obras Públicas durante os dois últimos anos do governo Juscelino Kubitscheck (1956-61), fazer menção a *Gabriela* em seus discursos, solicitando retoricamente a Jorge Amado que comunicasse à jovem a assinatura do decreto de reequipamento e modernização das instalações portuárias de Ilhéus[87].

Jorge Amado é, pois, no início dos anos 1960, um comunista identificado socialmente como "intelectual engajado" ou "comprometido" – como se dizia de literatos com voz e presença no espaço público[88] –, um mediador entre instituições, grupos, princípios, cuja popularidade também se nutria dessa condição. Após a publicação de *Gabriela, cravo e*

---

85 A crise do PCUS abriu intensa luta interna no PCB, resultando no rompimento de muitos comunistas com o partido. Entre os que o fizeram, não foi incomum a publicação de memórias em que justificavam suas posições (cf. Osvaldo Peralva, *O retrato*, Belo Horizonte: Itatiaia, 1960). Contudo, do ponto de vista da elaboração política, a crise não ensejou avanços. Jorge Amado, que, nos últimos meses de 1956, havia se posicionado favoravelmente à autocrítica comunista e à democratização do PCB, não deixará o partido por aquela época e, décadas mais tarde, quando escrever suas memórias, não fará do evento um tópico relevante.

86 Maria Alice R. de Carvalho, "Breve história do 'comunismo democrático' brasileiro", *in:* Jorge Ferreira; Daniel A. Reis (org.), *As esquerdas no Brasil*, Rio de Janeiro: Civilização Brasileira, 2007.

87 Alfredo W. B. de Almeida, *op. cit.*, p. 259.

88 Russel Jacoby, *Os últimos intelectuais*, São Paulo: Trajetória Cultural; Edusp, 1990.

*canela*, sua presença em festas e no colunismo social dos principais jornais do país[89] tendeu a aplacar preconceitos anticomunistas e, muito provavelmente, inclinou as instâncias de avaliação literária a seu favor. Tal constatação nada diz acerca da qualidade de seu projeto literário e de sua intervenção política, embora críticos de ambos os campos tenham visto em *Gabriela* um duplo aperfeiçoamento[90]: como romance, perdera o esquematismo; e, como representação da revolução brasileira, substituíra o partido operário, a ortodoxia stalinista, pela agência modernizadora de Mundinho Falcão, personagem concebido como um atualizador das formas de mando dos coronéis do cacau.

O aspecto, então, a destacar diz respeito à autoconstrução de Jorge Amado, iniciada nos anos 1960. Naquele contexto, ingressando na Academia Brasileira de Letras, desenhou suas memórias tendo como marco fundador a Academia dos Rebeldes[91] e a crítica que ali se fazia à literatura modernista. Tal passado pôde ser convocado e reafirmado em 1960 porque o país conhecia um novo ciclo de radicalização, em que a política se tornara mais uma vez – a exemplo do que Jorge Amado vivera quando jovem – o eixo da cultura e da vida intelectual[92]. Se, na década de 1930, se acercara do romance proletário[93], três décadas mais tarde Jorge Amado dirá ter variado os temas, mas permanecido fiel ao seu método de "documentação" e tradução da vida brasileira. Em suma, nos anos 1960, Jorge Amado se constrói em litígio com a imaginação literária, com os valores da literatura e principalmente com as instituições do campo, embora tenha sido muito respeitoso e cumpridor das obrigações prescritas por elas. Assim, durante os dois ciclos ditatoriais – o de Getúlio Vargas e o dos militares –, não terá tido dificuldades em salientar a obrigatoriedade de nexos entre literatura e política. E, por isso, até a década de 1970, dizer-se um artesão pouco imaginoso e leal às suas convicções originárias foi o que lhe rendeu a devoção de um público urbano emergente, crescentemente politizado, mas não necessariamente cultivado do ponto de vista literário.

Jorge Amado jamais se sentiu pertencer plenamente ao mundo da literatura, que, aliás, associava a salões elegantes onde lhe exigiam assomos de inteligência[94]. Inscrevera em seu *habitus* a ligeireza do jornalista, fortemente temperada pela energia e a rusticidade do coronelato do cacau, de que provinha[95]. Aos 15 anos de idade, se empregara como repórter policial no *Diário da Bahia* e pouco tempo depois, aos 17 anos, já trabalhava profissionalmente em *O Jornal*. Nenhum pendor literário notável quando jovem – é o que dele diz Gilberto Amado, um dos "primos por parte de pai" que o acolheu no Rio de Janeiro em 1930, e que, diante dos primeiros sucessos editoriais de Jorge Amado, dirá ter ficado surpreso, pois sempre atribuíra as inclinações literárias dele próprio à família de sua mãe[96].

---

89  Jorge Amado, *op. cit.*, p. 75; Alfredo W. B. de Almeida, *op. cit.*, p. 260.
90  Maurício Vinhas, "Gabriela e os coronéis do cacau", *Estudos Sociais*, n. 3-4, 1958.
91  Academia dos Rebeldes foi o nome dado a um grupo de jovens da cidade de Salvador, com idades entre 15 e 28 anos, que aspiravam projeção intelectual e literária no âmbito de um movimento de renovação dos modelos estéticos em voga. Foi criada em fins da década de 1920 e teve breve duração. Cf. Luiz Gustavo F. Rossi, *op. cit.*
92  Antonio Candido, "Literatura e cultura no Brasil, de 1900 a 1945", *in*: *Literatura e sociedade: estudos de teoria e história literária*, São Paulo: Publifolha, 2000.
93  Luiz Gustavo F. Rossi, *op. cit.*
94  Jorge Amado, *op. cit.*, p. 250.
95  *Ibidem*, p. 78.
96  Gilberto Amado, *Mocidade no Rio e primeira viagem à Europa*, Rio de Janeiro: José Olympio, 1956.

Ainda na cidade de Salvador, Jorge Amado, Édson Carneiro, Osvaldo Dias da Costa, entre outros "rebeldes", se moviam em torno de um jornalista de prestígio local, o mordaz Pinheiro Viegas, que, por sua vez, quando no Rio de Janeiro, desfilava com Lima Barreto – o repórter das sobras sociais da capital da República, o tradutor dos vencidos. Foi esse mundo moral e profissional que alimentou Jorge Amado nos anos 1920, momento em que surgia uma geração de jornalistas que considerava erudição e cultura literária atributos de bacharéis, de quem pretendia se diferenciar. Jovens repórteres, interessados na institucionalização da sua atividade, lutavam ferozmente contra os intelectuais de cafés, valorizando uma linguagem mais emotiva e menos ilustrada, já ensaiada em alguns jornais comerciais do Centro-Sul do país[97]. Da reportagem a uma quase-ciência do social foram passos dados por Jorge Amado[98] e outros jornalistas, como o próprio Lima Barreto ou João do Rio, com consequências visíveis na literatura que produziram.

O fato é que Jorge Amado, quando embarcou para o Rio de Janeiro para estudar direito, já havia exercido profissionalmente o jornalismo; havia sido socializado em um ofício que mobilizava o trabalho especializado de gráficos, ilustradores e revisores, mantendo, ademais, uma forte relação com a rua, de onde colhia suas histórias, e não com os livros. Adquirira, enfim, o gosto por uma atividade dinâmica, que lhe oferecia chances de obter dinheiro, prestígio e algum sentido de corporação, de pertencimento, cujo modelo extraíra das redações de jornais. Recém-chegado à capital federal, sua insistência em buscar um grupo de referência que o acolhesse – o que o fez oscilar, em curto espaço de tempo, entre católicos e comunistas – sugere que sua ideologia profissional não privilegiava o exercício solitário do autor, mas, antes, uma atividade coletiva, o tipo de organização que pautara sua passagem pelo jornalismo e que será transferida, pouco tempo mais tarde, à militância política.

Tal reflexão é importante porque as reconstruções analíticas de Jorge Amado tendem a desconsiderar sua atividade jornalística, acreditando que, por muito breves, suas experiências naquele campo não produziram consequências. Mas ele próprio, quando convocado a pensar sobre si, atribuiu sua popularidade ao fato de reproduzir a realidade social tal como um repórter, revelando a acumulação, em adulto, de pequenos traços do *habitus* do "rebelde": sua indisposição para com intelectuais universais, a quem chamava de "elitistas da cultura"[99]; sua ironia em relação à nobilitação simbólica de autores de romances; a valorização da dimensão técnico-profissional da atividade de escritores; sua simpatia, enfim, por figuras habituais da crônica policial: os pobres em geral, trabalhadores ou marginais. Escrever sem se tornar um literato exigia um princípio corretor que, uma vez afrouxados seus vínculos com o jornalismo, Jorge Amado buscará na política. Até os anos 1970, foi essa a toada da sua autoanálise, tornada pública no memorial que preparou para a solenidade de ingresso na Academia Brasileira de Letras.

Mas a década de 1980 terá sido para Jorge Amado o contexto de uma crise biográfica. Crescera e engordara demais para que pudesse manter disposições compatíveis com as do repórter que fora um dia; tornara-se, afinal, um grão-baiano. A casa do Rio Vermelho era, então, o centro gravitacional da política e das artes, da religião,

---

97 Maria Alice R. de Carvalho, *Irineu Marinho: imprensa e cidade*, Rio de Janeiro: Globo, 2012.
98 Luiz Gustavo F. Rossi, *op. cit.*, pp. 28-30.
99 Jorge Amado, *op. cit.*, p. 90.

turismo e vida social da Bahia, lugar onde a comida selava relações e contratos[100], onde políticos iam buscar apoio para suas campanhas eleitorais, onde alguns artistas tinham suas obras emplacadas nos diferentes segmentos do restrito mercado das artes. As ruas de Salvador haviam ficado, enfim, mais distantes; e os "rebeldes" eram frequentemente recordados como jovens pasquineiros, um tanto ignorantes[101].

O Brasil, por outro lado, também mudara. E em duas dimensões essenciais à biografia de Jorge Amado. A primeira mudança consistiu na institucionalização das profissões intelectuais a partir da década de 1980, o que significou, na prática, a especialização universitária dos "tradutores" da vida social e a desautorização – ou, pelo menos, a desvalorização – da escrita literária ou ensaística de notação análoga. A segunda mudança, contudo, talvez tenha tido ainda maior relevância para Jorge Amado, pois incidiu sobre a política – domínio sabidamente estratégico no agenciamento de suas memórias. Trata-se, resumidamente, da substituição das elites estatistas, que haviam dirigido a modernização brasileira desde sempre, por atores enraizados na indústria de capital privado, isto é, no mundo dos interesses, amplamente consolidado sob o regime militar. O sindicalismo do ABC[102] ilustra essa passagem, assim como o vasto movimento de opinião que levou segmentos da esquerda acadêmica e do liberalismo histórico de São Paulo a se unirem a ele na construção do Partido dos Trabalhadores. O campo político-partidário foi, portanto, redefinido naquela década de abertura democrática e tensionado, à esquerda, por disputas protagonizadas pelo PT e agremiações de orientação marxista. Jorge Amado, que já não se dizia membro do PCB, registrou, contudo, sua perda de espaço em um campo que tradicionalmente lhe era favorável. E o livro *Navegação de cabotagem*, que então preparava, contém pesadas críticas ao novo partido e à forma como se apresentou nas eleições presidenciais de 1989, desconhecendo o "povo brasileiro" e se dirigindo "com alarmante sectarismo" à classe operária[103].

O fato é que Jorge Amado terá pressentido o esgotamento da perspectiva nacional-popular e do tipo de inscrição que ele próprio conhecera na cultura brasileira. Mas, somava quase 80 anos de idade e, mesmo que desejasse, não poderia revisar sua biografia. Renegar o que defendera até então, chamar para si valores exclusivamente literários, rejeitar o eixo mimese-memória em que se assentavam tanto sua popularidade, quanto a versão que oferecera dela, significava desincorporar sua mística, abrir mão de sua segunda natureza e, muito provavelmente, desestabilizar a relação mantida com seu público. Daí o retraimento que transparece no subtítulo – *Apontamentos para um livro de memórias que jamais escreverei* –, expressão do impasse a que fora levado tanto pelas mudanças estruturais em curso, quanto pela confirmação de sua identidade em um contexto totalmente diverso. Novamente, portanto, em sintonia com os anos 1960, se dirá um artesão, alguém que escreve sem almejar o lugar simbólico a que é alçado o literato-romancista. Suas memórias,

---

100 *Ibidem*, p. 174.
101 *Ibidem*, pp. 193 e 205.
102 O movimento sindical dos trabalhadores metalúrgicos da região metropolitana de São Paulo, que compreende, entre outros municípios, os de Santo André, São Bernardo do Campo e São Caetano (ABC paulista), foi bastante aguerrido entre o final da década de 1970 e o início dos anos 1980, tendo se tornado conhecido como "sindicalismo de resultados". A greve deflagrada em 1979 terá sido um dos fatores responsáveis pela aceleração da transição política.
103 Jorge Amado, *op. cit.*, pp. 21-2.

nesse sentido, por tão fiéis ao que já dissera, não precisariam, de fato, ser escritas. Mas, em 1992, o aniversário de Jorge Amado é comemorado em grande estilo, com o lançamento de um livro de memórias contendo centenas de páginas.

Semelhantes na sua orientação geral, os textos de 1960 e 1980 são bastante – porém discretamente – diversos. Assim, por exemplo, diferente do memorial redigido em 1960, em que as experiências são expostas cronologicamente, desde a juventude, na Academia dos Rebeldes, à sua consagração, na Academia Brasileira de Letras, as memórias de 1980 são ordenadas segundo lugares. Jorge Amado, que sempre afirmou o valor da sua coerência, a fidelidade às suas opções, deixando em segundo plano a ideia de crescimento, de aperfeiçoamento pessoal, tão característica do memorialismo clássico, elegerá como princípio organizador da sua narrativa não o tempo, e sim o espaço. Em *Navegação de cabotagem* são principalmente as cidades, e não as etapas da vida, que marcam as disposições do autor: cidades quentes, cidades frias, as que se situam atrás da cortina de ferro, as que estão debruçadas sobre o Pacífico, as que são, para ele, apenas um aeroporto, as que embalaram suas crianças. É recorrendo a elas que Jorge Amado organiza tematicamente sua trajetória e constitui um acervo de experiências cujo acesso é facultado por determinados quadros urbanos.

Moscou, Wroclaw, Budapeste, Dobris, Praga, Belgrado expõem, primeiro, seu trabalho como intelectual devotado à causa internacionalista da paz, e, em seguida, seu arrefecimento ideológico, sua crise política; Paris é sempre sinônimo de encontros com intelectuais de projeção internacional, inclusive os brasileiros estacionados ali; Lisboa, Évora, Viana do Castelo, mas também Luanda e Cabo Verde são lugares de uma sociabilidade conhecida, aproximável à da Bahia; Rio de Janeiro é o *grand monde* periférico, o colunismo social, a relação entre vida intelectual e mundanismo; e, como esses quadros, alguns outros. O importante, porém, é que o vasto conjunto de eventos políticos e culturais do pós-guerra, aquilo que conformou a história cultural do século XX, é narrado a partir de uma longa viagem, de uma peregrinação a cidades. Não se trata, pois, de descrevê-las na sua singularidade, mas a partir da relação que mantêm entre si, porque, juntas, conformam uma espécie de teatro da memória[104].

A segunda inovação que Jorge Amado confere à autoanálise produzida nos anos 1980 consiste em desvestir a política de seus traços mais antipáticos, fazendo dela, alternativamente, um espaço de encontro entre pessoas cujas respectivas obras e *habitus* são afins. Nesse sentido, mesmo os partidos comunistas a que teve acesso – agências burocráticas e impessoais controladas pelo PCUS – são apresentados no livro como propiciadores de relevantes experiências afetivas e humanas. Essa novidade se deve, talvez, à contribuição de Zélia Gattai na produção de um "memorialismo conjugal", isto é, de uma organização do passado acordada entre eles. Nas décadas de 1980 e de 1990, Zélia produziu cerca de cinco livros sobre a trajetória do casal e, neles, a política, evidentemente, assume papel destacado. Mas o dogmatismo e o sectarismo presentes no seu cotidiano, inclusive os de Jorge Amado[105], são suprimidos e substituídos por ingredientes mais doces, como a fraternidade, por exemplo, que Zélia dizia observar entre os comunistas que conheceu. Esse traço terá migrado de seus textos e se aninhado nas memórias que Jorge Amado também escrevia, algumas vezes com redação muito semelhante.

---
104 Frances Amelia Yates, *A arte da memória*. Campinas: Unicamp, 2007.
105 Cf. Pablo Neruda, *Confesso que vivi*, Rio de Janeiro: Difel, 1977.

Mas é a casa do Rio Vermelho, na cidade de Salvador, que, em ambos os casos, coroa a trajetória do casal e dissolve a política em um caldeirão de afetos – embora continuem ali todas as disputas, as intrigas, o jogo de vaidades, o combate, enfim, que marcou a vida de Jorge Amado. Ao partido sucede, pois, a corte, um *locus* em que a política é ritualizada em festas e certames, tornando-se mais compatível com o universo literário. Não é casual o fato de que aquele endereço tenha sido não somente objeto de um livro específico de Zélia Gattai, como também o título de um documentário sobre Jorge Amado, concebido e filmado pelo escritor brasileiro Fernando Sabino.

Por fim, a terceira diferença entre as memórias de 1960 e as de 1980 é a que confirma as anteriores: na casa do Rio Vermelho se fixam todos os artefatos, quadros, objetos, que sublinham uma arquitetura rememorativa. Aquele teatro da memória é, portanto, o ápice de uma viagem que envolveu muitos anos, diferentes personagens e cidades. Ali, o comando cabe a uma mulher, Zélia Gattai, que é também quem redefine a política e, nessa dimensão, a própria imagem do autor. Zélia, que sequer é mencionada no memorial de 1960, se habilita à coautoria das memórias de Jorge Amado, em 1980. Assim, sem que ele renegue suas "posições" ou desdiga qualquer afirmação que tenha proferido acerca de si mesmo, *Navegação de cabotagem* é, mais do que a sua memória, o seu relançamento, em versão ajustada aos novos tempos democráticos.

# O *TESTIMONIO PERSONAL* DE LUIS ALBERTO SÁNCHEZ:
# MEMÓRIAS INEVITÁVEIS DE UM AMERICANO NO SÉCULO XX
### MARTÍN BERGEL

*Não posso evitar que este livro contenha algo de autobiográfico. O tema o requer.*
*Nascido eu em 1900, o processo do que então encarnava o espírito da América*
*é parte de meu próprio processo. É impossível, para mim, ajuizá-lo, sem participar, eu mesmo*
*– como acusado, como relator e como fiscal – em tão apaixonante assunto.*
Luis Alberto Sánchez

## INTRODUÇÃO

As palavras que Luis Alberto Sánchez elege para começar *Balance y liquidación del novecientos*, um de seus livros mais conhecidos, são amostra de um ímpeto autobiográfico que se detecta em numerosas passagens de sua vastíssima obra escrita. Como sucede com frequência na escrita memorialística, no caso de Sánchez a que dá corpo a sua autobiografia oficial se viu anunciada ou ratificada em numerosos textos seus, anteriores e posteriores. Observa-se, por exemplo, no início de seu *Valdelomar o la "belle époque"*[106]. Encontra-se também, e mais ostensivamente, em livros em que registra cenas de sua primeira estada nos Estados Unidos, em 1941-2, ou em que recolhe, já nos anos 1970, relembranças de seu desterro no Chile quando das presidências de Benavides e Prado no Peru de quarenta anos antes[107]. Constata-se, igualmente, na prolongadíssima série de postais e vivências que chamou "Cuaderno de Bitácora", e que publicou semanalmente durante décadas no diário *El Tiempo* de Bogotá e em outros vários órgãos de imprensa do continente.

As memórias de Sánchez, publicadas entre 1969 e 1987 em volumes sucessivos sob o título de *Testimonio personal*, parecem ser em consequência a decantação inevitável de uma tendência que o habitava desde cedo. Uma inclinação que surge, antes de tudo, de sua notável vocação para a escrita. Nascido em Lima em 1900 e falecido na mesma cidade 94 anos mais tarde, Sánchez foi autor de mais

---
106 A primeira pessoa preside o começo dessa biografia do escritor Abraham Valdelomar, a partir da qual Sánchez oferece um retrato da boemia literária limenha das primeiras décadas do século: "Guardo sua imagem como o descobri aquela tarde de 1915. Guardo sua imagem vivaz, desafiadora, sorridente e arrogante como a adolescência […]. Eu tinha 15 e ele 27; eu era ainda estudante e ele havia deixado San Marcos" (Luis A. Sánchez, *Valdelomar o la "belle époque"*, Lima: Inpropesa, 1987, p. 9).
107 Luis A. Sánchez, *Un sudamericano en Norteamérica*, Santiago de Chile: Ercilla, 1942; e *Visto y vivido en Chile*, Lima: Unidas, 1975.

de cem livros e de uma grande quantidade de artigos dispersos em periódicos e revistas de toda a América Latina e de outros continentes. Sua correspondência também é singularmente copiosa. O grande historiador peruano Alberto Flores Galindo, ironicamente, via nessa febril pulsão de Sánchez "uma espécie de pavor à página em branco"[108]. Também Carlos Real de Azúa observou a proverbial velocidade de sua pena, que segundo deixava entrever ia a prejuízo da qualidade e do rigor de seus textos. Para Gabriel del Mazo, por décadas amigo e correspondente de Sánchez, "não se concebe quando nem como, em meio de cem tarefas, pôde pesquisar, meditar, escrever tanto"[109]. E inclusive, em cartas privadas, o próprio líder da Apra, Víctor Raúl Haya de la Torre – na ocasião, seu chefe político e amigo durante décadas –, podia igualmente se referir com certa malícia à fama de sua escrita arborescente. E ainda que chamativamente em suas memórias as referências às circunstâncias de elaboração de cada um de seus livros sejam escassas, Sánchez permite derivar sua alta taxa de produtividade de uma disposição infatigável ao trabalho. Daí que gostasse de se apresentar associado a uma rubrica que o aprismo em suas origens havia colocado no centro de seu discurso público, a de "trabalhador intelectual": "Sinto-me obrigado a cumprir. Minha vertigem é a do cumprimento inexorável. Sei que tenho uma tarefa precisa e que devo acabá-la a seu tempo, com intensidade e sem desmaios. Por sorte, por isso, jamais me senti artífice: sempre artesão ou operário intelectual"[110].

Essa disciplinada inclinação ao trabalho incansável ele desenvolveria em variados âmbitos e atividades. Em seu exílio chileno, por exemplo, na segunda metade dos anos 1930, comandaria a editora Ercilla, que sob sua responsabilidade se imporia a tarefa de editar um livro por dia. O empreendimento sobressaiu-se então como um generoso provedor do mercado literário em língua espanhola de seu tempo, mas isso ao preço de edições defeituosas e coalhadas de erratas. Em suas recordações dessa experiência, Sánchez não se envergonha nem se escusa dessa característica. "Sou de temperamento executivo; agrada-me fazer e fazer, ainda que não seja com perfeição [...] como Domingo F. Sarmiento, penso na urgência de executar e construir ainda que com defeitos"[111]. Em definitivo, em vista dessa industriosa propensão aos labores intelectuais, e entre eles em especial à escrita, sua autobiografia em seis tomos sucessivos, que totalizam mais de duas mil páginas, não é surpreendente, e nem o foi tampouco para seus contemporâneos[112].

---

108 Alberto F. Galindo, "El camino de Damasco", in: *Obras completas*, Lima: Sur, 1996, p. 12.
109 Gabriel del Mazo, *Vida de un político argentino*, Buenos Aires: Plus Ultra, 1976, p. 247.
110 Luis A. Sánchez, *Victor Raul Haya de la Torre o el político*, Lima: Atlántida, 1979, p. 15.
111 *Idem, Visto y vivido en Chile: bitácora chilena, 1930-1970*, Lima: Unidas, 1975, p. 44. No mesmo sentido, em um dos interlúdios que povoam sua correspondência com Haya de la Torre, Sánchez assinalava: "Sou um sofrido aguentador de erratas. O dia que me publiquem um livro sem uma dúzia de graves erros me parecerá alheio" (Luis A. Sánchez, *Victor Raul Haya de la Torre o el político*; e Victor R. Haya de la Torre; Luis A. Sánchez, *Correspondencia*, Lima: Mosca Azul, 1982).
112 Os quatro primeiros volumes foram publicados em Lima, em 1969, por Ediciones Villasan: *Testimonio personal 1: El aquelarre, 1900-1931; Testimonio personal 2: El purgatorio, 1931-1945; Testimonio personal 3: La caldera del diablo, 1945-1956; e Testimonio personal 4: Las confidencias del Carionte, 1956-1967.* Em 1976 veio à luz o tomo quinto, *Testimonio personal 5: El descanso del guerrero, 1967-1976*, enquanto o volume que fechou a série, *Testimonio personal 6: Adiós a las armas, 1976-1987*, foi acrescentado na reedição completa e revisada da obra efetuada pela editora limenha Mosca Azul em 1987. É nesta edição que surge o número de página das referências que utilizo no texto. Adiante, me refiro à obra por suas iniciais (*TP*) e pelo número de cada tomo.

## AMERICANISMO E UNIVERSIDADE

Mas naturalmente não é só essa predisposição irrefreável à escrita que explica a existência volumosa dessas memórias. Se o impulso autobiográfico costuma se justificar na ideia de que aquilo que se narra é uma *vida interessante*, a de Sánchez se quer também uma que, como poucas, participou de maneira importante da mais substantiva das alternativas intelectuais e políticas do século XX americano. O primeiro indício nesse sentido é a referência, na citação da epígrafe deste texto e também na nota introdutória do *Testimonio personal*, ao ano de seu nascimento, 1900. Através desse repetido assinalamento o autor busca fazer notar que sua vida coincide com a do século[113]. Mas, sobretudo, é a concatenação de inumeráveis episódios e relações com figuras de relevo que se enlaçam a seu itinerário, e que Sánchez narra minuciosamente, que com toda certeza faz de suas memórias um modo de se percorrer a história secular do continente.

E é assim que *Testimonio personal* se apresenta como um ordenado registro do sem-fim de vínculos estabelecidos por seu autor ao longo da vida. Com o mesmo metódico brio com que escreve, Sánchez viaja incessantemente e se relaciona com um amplíssimo leque de personalidades intelectuais e políticas (e os avultados índices onomásticos que fecham cada um dos seis tomos da obra resultam indicativos disso). Por exemplo, vários presidentes de países da região entram com naturalidade em cena em sua autobiografia. Em fins de 1948, logo após o golpe do general Odría no Peru, Sánchez deve partir novamente para o desterro, e é o primeiro mandatário paraguaio Natalicio González que lhe brinda com inicial acolhida pessoal. De lá voa a Santiago, onde se une ao lote maior de desterrados apristas. Mas, estando nessa cidade, recebe "um telegrama do doutor Vera, reitor da Universidade de Caracas, e outro de Rómulo Gallegos, presidente da Venezuela: "Ofereciam-me um cargo suculento, e me anunciavam que mandariam minhas passagens. Não titubeei um instante [...]. Antes de seguir para Caracas, voei a Assunção, a fim de despedir-me de Natalicio"[114]. Pouco depois, a queda de Gallegos o impele a mudar de planos. Agora é da Universidade de Guatemala que lhe oferecem trabalho. Viaja para lá e frequenta o presidente Juan José Arévalo, "meu velho amigo de La Plata"[115]. Mas logo decide voltar ao Chile, para "ajustar contas familiares, algo deterioradas por causa da inesperada saída de Lima":

> Viajei ao sul. Detive-me no Rio, e me preparei para ter em Buenos Aires um encontro com a oposição "antiperonista". Preparou-o Gabriel del Mazo [...], que veio acompanhado por um homem magro, de grandes óculos, de um irreprochável ar judaico: Arturo Frondizi. Conversamos do divino e do humano; tratamos de salvar a América e de limpar a Argentina. Segui viagem para o Chile[116].

---

113 O mesmo fato é posto em relevo no título da antologia de textos de Sánchez publicada na coleção da Biblioteca Ayacucho, *La vida del siglo (1988)*.
114 Luis A. Sánchez, *TP 3*, p. 127.
115 *Ibidem*, p. 27.
116 *Ibidem*, p. 132.

Amizades políticas, amizades universitárias, amizades literárias: a vida de Sánchez se sucede dentro de uma trama abonada por constantes relações e deslocamentos. E essa trama informa um mundo de viagens, aeroportos, almoços, hotéis e cafés, um mosaico de espaços de sociabilidade que costuma ser aludido pormenorizadamente. Daí que essa multidão de referências dê a impressão de um cosmopolitismo supermovimentado, desenvolvido em recordações de nomes e situações precisas próprios de alguém que soube transitar no mundo. Assim em 1932, quando faz do Equador uma estação de seu exílio: "Passei muitas horas inesquecíveis percorrendo os templos de Quito [...]. O estupendo jogo da escadaria de São Francisco e a delirante combinação de prata, ouro, cedro, veludo e marfim dos altares da Companhia, ofereciam-se como um acicate ao espírito"; em 1946, quando visita pela primeira vez a França, convidado pela Unesco: "Em Versalhes me ocorreu o mesmo fenômeno que havia sentido ao percorrer Paris; conhecia-a de antemão"; ou em 1958, em uma de suas então repetidas travessias europeias: "Voei a Atenas com dois de meus companheiros de Seminário. Não me alojei no Hotel da Inglaterra, onde esperava correspondência, mas no 'Nacional', de estilo norte-americano. Saí pela noite a percorrer a cidade a pé"[117]. No relato de suas viagens, Sánchez se coloca tanto no lugar de ator-protagonista de conferências, seminários ou encontros privados nos quais se discutem planos políticos ou se traçam perfis de instituições culturais, como em posição de privilegiado espectador de numerosas circunstâncias históricas:

> Em minhas repetidas visitas à Argentina, cada uma de três a sete semanas, durante os anos 1936, 1937, 1938, 1939 e 1940 fui atenta testemunha de marcantes acontecimentos. Assim, por exemplo, no campo político assisti à campanha eleitoral para eleger o sucessor do general Agustín P. Justo. Um domingo acompanhei o clássico líder socialista Nicolás Repetto em um giro pelos comitês de bairro, fazendo propaganda contra o continuísmo[118].

A recorrência com que Sánchez viaja deve muito ao perfil de intelectual universitário que se projeta precocemente e que fica amplamente refletido em seu *Testimonio personal*. Em tal sentido, os contínuos convites a dar conferências e cursos que recebe ou que negocia são indicativos de uma era em que as universidades latino-americanas, com maior ou menor ênfase, segundo as conjunturas, ingressaram em um processo de internacionalização irreversível. Sánchez será conferencista ou professor visitante em Havana em 1932, na Universidade Central de Quito em 1933, nas de La Plata e Buenos Aires repetidas vezes na segunda metade dos anos de 1930, na Universidade de San Andrés de La Paz em 1940. Em seguida, em Berkeley, Stanford e Columbia (onde substitui Federico de Onís em seu seminário de literatura latino-americana) em 1941-2, outra vez em várias universidades bolivianas e na de La Plata em 1943, em um *lecturing tour* de seis semanas de novo nos Estados Unidos em 1944. Mais tarde, na Universidade de Porto Rico como professor contratado no começo dos anos 1950, no Instituto de Altos Estudos da América Latina de Paris na metade dessa década, e logo depois

---

117 *Idem*, TP 2, p. 83; TP 3, p. 47; TP 4, p. 68.
118 *Idem*, TP 4, p. 279.

novamente em Columbia. E tudo isso obtido por intermédio de esmeradas relações públicas universitárias, toda uma cultura do trato formal e distinto que dá tema e tom a uma porção significativa de sua correspondência conservada[119].

Também aqui suas recordações pouco aludem ao conteúdo de seus seminários e apresentações públicas, detendo-se em vez disso nos episódios que vão dando estatura à figura do "professor Sánchez". O primeiro convite que recebe da Faculdade de Filosofia e Letras da Universidade de Buenos Aires, em 1936, "para ministrar um curso de literatura peruana", significou "para mim, desterrado político [...], uma espécie de consagração intelectual"[120]. E, ao se referir às conferências proferidas anos depois na Universidade de San Andrés de La Paz ante o ex-presidente David Toro e outras autoridades de lustro, observa: "Não interessa do que falei, o que poderia ser útil seria recordar a atitude dos homens públicos perante o visitante sem caráter oficial"[121].

Mas a condição de homem acadêmico de Sánchez transcendeu seu papel de professor ou conferencista. Resolutamente embandeirado na geração do reformismo universitário de 1918, sua filiação expressa nessa tradição aplanou-lhe o caminho de contatos e convites de casas de estudo de todo o continente. Mas, além disso, o peruano inevitavelmente fez do tema "universidade latino-americana" um de seus objetos prediletos de escrita. Em 1949 publicou na Guatemala um estudo de sua história e nós problemáticos, que finalizava recomendando "constituir organismos que coordenem seus esforços para formar um espírito universitário latino-americano"[122], um espírito que em suas repetidas viagens Sánchez pretendeu encarnar em sua própria pessoa. Posteriormente, voltaria sobre o assunto em reiteradas ocasiões[123]. Por tudo isso, não surpreende que Gabriel del Mazo, essa outra figura surgida do movimento universitário de 1918 e que se propôs a registrar suas peripécias em autobiografia publicada em 1976, outorga a Sánchez o título honorífico de "presidente da Universidade Latino-americana e, ademais, presidente em exercício"[124].

E esse posto imaginário projetado por del Mazo derivou-se dos inumeráveis elementos vinculados à experiência universitária que aparecem no *Testimonio personal* e em outros perfis de Sánchez. No relato de sua vida, são contínuos os eventos que exibem a centralidade da temática em seu itinerário, como quando narra sua atuação dentro do exclusivo plantel internacional que se reúne no começo dos anos de 1960, primeiro em Porto Rico e depois na França para tratar a questão das "universidades em busca da paz", ou como quando, em referência a esse encontro, assinala de passagem que "de minhas treze visitas a Paris, foi esta minha única infidelidade [...] para com a velha e heráldica casa número 5 da Place de la Sorbonne"[125].

---

119 "Achava-me em coquetismos intelectuais com as universidades norte-americanas", escreve Sánchez (*TP 2*, p. 218) em referência aos preparativos epistolares de sua primeira viagem aos Estados Unidos.
120 *Idem, TP 2*, p. 161.
121 *Idem, TP 2*, p. 221.
122 *Idem, La universidad latinoamericana*, Guatemala: Editorial Universitaria de Guatemala, 1949, p. 218.
123 *Idem, Sobre la reforma universitaria*, Lima: Asociación Peruana por la Libertad de la Cultura, 1959; *La universidad no es una isla*, Lima: Villanueva, 1961; *La Universidad en la América Latina*, Lima: Universidad Nacional Mayor de San Marcos, 1962; "Prólogo", in: Gabriel del Mazo, *La reforma universitaria*, Lima: Universidad Nacional Mayor de San Marcos, 1968.
124 Gabriel del Mazo, *Vida de un politico argentino*, Buenos Aires: Plus Ultra, 1976, p. 252.
125 E em seguida acrescenta: "Nem sequer passei pela Sorbonne [...]. Estive tão dedicado a fundar o organismo universitário "em busca de paz", que só pensei nisso. Não se tratava de uma entidade de tantas, mas de uma instituição de nível superior e de fins extraordinários" (Luis A. Sánchez, *TP 4*, p. 161).

Mas, sem dúvida, a prenda maior que ostenta Sánchez como testemunho da familiaridade que sua trajetória teve com o espaço universitário é sua relação com San Marcos. Ele não só gosta de recordar sua formação e sua precoce posição como jovem docente nessa tradicional casa de estudos de Lima, a mais antiga da América; sobretudo, o que o enaltece é haver ocupado em três oportunidades a poltrona do reitorado. Daí que não dissimule a importância que atribui a esse vínculo:

> Em um banquete numeroso que me ofereceram por causa de minha eleição como reitor, expressei que, para mim, San Marcos era como uma noiva. Aquele ano de 1961 constituiu, ademais, quase uma obsessão. Realmente, nesses amargos dias de prova, tratei de servi-la com o mais acendrado de minha ternura. Visto o que, desde aqui e agora, me ratifico na maneira como qualifiquei então minhas relações com a universidade: noiva infiel, foi, continua sendo, apesar de nossos três casórios de 1946, 1961 e 1966 e de seus conseguintes divórcios. A política, entretanto, cruzou-se asperamente naquele idílio[126].

Fidelidades, idílios, obsessões: o recurso à linguagem das paixões, caro a quem trabalha sobre materiais literários, busca traduzir o valor que Sánchez outorga a San Marcos, assim como o afinco com que persegue e consegue encarapitar-se em sua cúspide. Em suas memórias, o dinamismo laborioso de que faz gala permanentemente reverte na tenacidade com que à frente da universidade reúne apoios, tece projetos e amortece embates inimigos, em décadas de mudanças políticas e culturais que, como veremos, não lhe foram favoráveis.

Essa química de atrações mútuas com que Sánchez representa sua relação com as instituições universitárias se viu especialmente favorecida por sua assunção precoce a uma posição de enunciação americanista. E ainda que essa fé resultasse comum a muitas outras figuras de sua geração, o que em seu caso a faz distintiva é tanto a recorrência com que a pôs a trabalhar em diferentes celeiros como o ânimo beligerante que em ocasiões lhe imprimiu. Um episódio significativo teve lugar em 1931. Inteirado – por meio de contatos epistolares com Victoria Ocampo, Samuel Glusberg e, sobretudo, Waldo Frank – dos planos de criação da revista *Sur*, quando esta vem à luz ele escreve a sua diretora uma carta na qual se mostra fundamente decepcionado pelo insuficiente americanismo que observa na flamante publicação:

> Ia a senhora empreender uma tarefa admirável: publicar a revista que coordenaria e dirigiria os esforços artísticos, culturais de nossa América. Ninguém melhor que Victoria, me dizia Frank, para essa empresa [...]. Estava tensa a América literária para receber sua revista. E sua revista apareceu, sua revista, Victoria, mas nós lhe pedimos a nossa [...]. A que, nascendo sob a invocação de Frank, deveria ser carne nossa e alma nossa.

Sánchez, em seguida, desliza uma crítica aos nomes eleitos por Ocampo para integrar o conselho assessor da revista, um dos traços que a seu juízo lhe davam um "ar europeu [...] contra o qual protestamos os que bem queremos a nossa Améri-

---

126 *Ibidem*, pp. 119-20.

ca"[127]. O incidente, que representa uma das primeiras acusações de "europeísmo" que seriam habituais na trajetória posterior de *Sur*, ilustra o ponto de vista americanista assumido publicamente por Sánchez. Esse mirante, projetado em numerosas explorações que tomavam em consideração o continente como um todo, lhe abriria um caminho pródigo em múltiplos espaços universitários que demandaram suas incisões generalistas – a um tempo panorâmicas e muito informadas – na história e na literatura da América Latina. Assim, a saga que se inicia com a publicação de livros como *América: novela sin novelistas*, lançada em Lima em 1933, ou *Vida y pasión de la cultura en América*, editado pela Ercilla em 1935 – uma saga que cimentaria sua fama de especialista na região – [128], é coincidente e ajuda a explicar a fluidez com que desde então, e pelo espaço de várias décadas, Sánchez é convidado e circula por universidades da América Latina, dos Estados Unidos e também da Europa. Americanismo e cultura universitária, definitivamente, foram solidários na elevação de Sánchez como intelectual de projeção internacional.

## A VERTIGEM DA POLÍTICA

Mas, como já foi sugerido neste texto, a tramitação de suas viagens e estadias universitárias não se realizou unicamente sob os estímulos proporcionados pelas orientações que informavam sua cultura intelectual. Em um fato que corrobora o nível muito relativo de autonomia das universidades do continente no século XX, amiúde os convites recebidos por Sánchez foram favorecidos pelo intenso trânsito que, desde o início de 1931 e até o final de seus dias, desenvolveu no terreno da política.

Com efeito, no mesmo ano em que polemizava com Victoria Ocampo sobre as implicações do americanismo cultural, havia-se integrado resolutamente nas filas da organização que se propunha a ser a expressão do americanismo político: a Apra. A Aliança Popular Revolucionária Americana havia sido criada por Haya de la Torre no exílio em meados dos anos 1920 e, graças ao dinamismo de seu líder e dos que o acompanharam no desterro, de imediato conseguiu captar em nível continental um largo campo de simpatias entre quem sintonizava com sua mensagem anti-imperialista e latino-americanista[129]. Sánchez, imbuído em Lima de uma sensibilidade que ele mesmo concordou em chamar "arielista", havia-se inibido inicialmente de participar dessa empresa. Mas, quando se incorporou a

---

127 A carta foi publicada em *La Vida Literaria*, a revista de Glusberg (p. 1, set. 1931). A resposta de Ocampo não foi menos destemperada. Logo após advertir que os termos da missiva de Sánchez "me surpreenderam pelo excessivo", assinalou: "*Sur* não era, pelo visto, a revista que os senhores esperavam de mim. Antes de ser fiel aos demais – quando se empreende uma obra – é indispensável ser fiel ao próprio espírito de si mesmo [...]. Pus no conselho estrangeiro de *Sur* meus melhores amigos (tenho eu a culpa se não são todos americanos? E, se devo ser franca, acrescentarei que não o sinto. A Europa me parece indispensável para nossa felicidade... e até a Ásia e a África, se o senhor me aprova)". Cf. Ocampo a Luis A. Sánchez, Buenos Aires, 16 de julho de 1931 (Victoria Ocampo Papers, Houghton Library, Universidade de Harvard). Em suas memórias, Sánchez alude ao intercâmbio sem dar precisões: "Victoria Ocampo, mulher estupenda [...] de quem me haviam distanciado seu amor-próprio e minha impertinência" (Luis A. Sánchez, *TP 2*, pp. 145-6).

128 Assim, por exemplo, em uma resenha publicada na revista *Annales* de um novo livro dessa série, *¿Existe América Latina?*, Fernand Braudel apresentava Sánchez como "autor de livros clássicos, entre outros, *Literatura peruana*, *América: novela sin novelistas*, [e] *Vida y pasión de la cultura en América*" (Fernand Braudel, *Annales. Histoire, Sciences Sociales*, Seção de resenhas, out.-dez. 1948).

129 Martín Bergel, "Nomadismo proselitista y revolución: notas para una caracterización del primer exilio aprista (1923-1931)", *Estudios Interdisciplinarios de América Latina y el Caribe*, Universidade de Tel Aviv: 2009, v. 20, n. 1.

ela, pareceu abrir-se a um espaço de experiência que representava um corte em seu trajeto biográfico e que, desde então, o capturou irremissivelmente:

> Meu ingresso oficial na política, ou seja, minha afiliação ao Partido Aprista Peruano, não me carreou de momento vantagens nem prejuízos. Prazer, de certo modo, sim, porque por ato de minha própria vontade me encarava com o destino. Em abril de 1931, ainda que já catedrático na Universidade de San Marcos e autor de seis livros e não sei quantos centos de artigos, me senti como se de pronto me tivesse despojado de tudo e me lançasse despido de adornos a um mar insondável e proceloso. Com efeito, foi assim[130].

Esse cruzamento de fronteira empurrou de fato Sánchez a experimentar vivências inéditas. No final desse ano já havia sido eleito deputado por Lima ao Congresso Constituinte que devia desenvolver-se então, e apenas depois, no começo de 1932, as normas de exceção impostas por Sánchez Cerro para perseguir a Apra – que abriam um período que ele mesmo descreveria como "guerra civil"[131] – o lançaram ao exílio junto a seus companheiros de bancada e a outros muitos militantes. Todo esse transe habilitou um curso no qual, em paralelo a sua nova faceta de ativista político, e em circunstâncias de incerteza e precariedade, alinhava certa história intelectual em chave de ruptura geracional com as figuras e a sensibilidade com que até pouco tempo atrás havia comungado. Em seu desterro equatoriano compõe então, em 1933, o artigo "El anti-Ariel", uma antecipação de seu *Balance y liquidación del Novecientos*, que escreve alguns anos depois em sua já mais estável etapa de Ercilla, no Chile. Também aqui esse processo à geração arielista – partícipe direta, ademais, por exemplo, no caso de José de la Riva-Agüero, da tirania que assolava o Peru – inclui um relato na primeira pessoa, como exercício de justificação da curva intelectual e política que havia efetuado[132].

Em um breve ensaio escrito a propósito da publicação da correspondência que Sánchez manteve ao longo de sua vida com Haya de la Torre, Alberto Flores Galindo se mostra decepcionado porque no avultado intercâmbio epistolar sustentado por ambas as figuras "não se encontra o diálogo clássico entre o intelectual e o político". Persuadido de que o aprismo "elaborou uma ideologia coerente em escala continental", o historiador peruano – que como o grosso da intelectualidade de esquerda de sua geração não dissimula sua antipatia pela Apra – imaginava achar entre o político de raça por excelência que era Haya e "o escritor mais prolífico" do Peru, quer dizer Sánchez, algum tipo de debate de ideias, ao mesmo tempo em que certa divisão de papéis e funções[133]. Entretanto, contra essa expectativa há que assinalar que um dos

---

130 Luis A. Sánchez, *TP 2*, p. 11.
131 *Idem, Apuntes para una biografía del Apra*, Lima: Mosca Azul, 1979.
132 Por exemplo, no final do prólogo de *Balance y liquidación del novecientos* (Lima: Universidad Nacional Mayor de San Marcos, 1968):"Pelo caminho ficam muitos feridos e contundidos. Eu também. Assisto sem júbilo o balanço que segue. Em momentos me parece que eu mesmo saio nele em julgamento. De todo modo, divulgar o alheio e o próprio resulta num doloroso, mas necessário, propósito de higiene espiritual". E no fecho do "Anti-Ariel": "Um de meus maiores orgulhos é ter compreendido a tempo o vazio do intelectualismo profissional, e ter palpitado em uníssono com os trabalhadores braçais e os estudantes […]. Devo essa gratidão a meu partido, e nunca mais que agora, quando estabeleço minha tábua de valores e reviso hierarquias, nunca me senti mais satisfeito de ter por lar uma pátria ambulante – o desterro – e por universidade, uma escola de sacrifício – o oprismo" (Luis A. Sánchez, "El anti-Ariel", *in: Aprismo y religion*, Lima: Cooperativa Aprista "Atahualpa", 1933).
133 Alberto F. Galindo, *op. cit.*, pp. 111-2.

traços mais sugestivos da aventura aprista descansa no modo em que no elenco de dirigentes fundadores convivem a vontade intelectual e um frenético ativismo político. Assim, se o aprismo é para Haya de la Torre não só a criatura política que adotou e lidera, mas também uma doutrina e até uma filosofia[134], desde 1931, e em combinações diversas segundo os contextos, também em Luis Alberto Sánchez coexistem a militância e as ocupações intelectuais e acadêmicas.

Uma ilustração da intensidade que assumiram as tarefas militantes no seio da Apra – sobretudo nas condições de clandestinidade que, com poucos intervalos, imperaram para os apristas no Peru até meados dos anos 1950 –, oferecem-na precisamente as cartas trocadas entre Haya e Sánchez. Publicadas por este em 1982 em dois volumes que somam mais de oitocentas páginas, compõem por sorte um dos epistolários políticos mais densos e dramáticos do século XX latino-americano. Em uma escrita cortante, imperativa, cheia de referências cifradas como salvaguarda ante a possibilidade da censura, de seus esconderijos em Lima, e, logo depois, da embaixada colombiana em que se refugia durante cinco anos na ditadura de Manuel Odría, Haya despacha continuamente cartas que encontram em Sánchez um interlocutor confiável e sempre pronto a cumprir as tarefas urgentes que lhe são indicadas. Em 1935 lhe escreve a Santiago: "vocês não podem fazer mais? [...] Imprimam, imprimam, peçam ajuda, façam coletas e demonstrem que gastam estritamente em propaganda. Inundem isto de folhetos, de folhas". Em seguida: "Escrevam e trabalhem vocês. Em meu esconderijo não há possibilidade nem de escrever à máquina fora de certas horas do dia. A noite deve ser muda". Como cabeça do nutrido contingente de exilados apristas no Chile, Sánchez é a principal ligação que deve guiar a ação, sobretudo em matéria de propaganda. E como tal, é ele quem recebe e suaviza as ordens implacáveis de Haya: "Todo esforço de vocês para aumentar o bombardeio de prop. sobre o sul sempre será pouco, sempre merecerá críticas [...]. Entre VR e você, dois gênios da propaganda, espero que façam algo digno do Pap, digno do momento, digno de vocês e da santíssima causa que defendemos e pela qual devemos morrer alegres"[135]. De seu desterro, Sánchez deve então desdobrar-se entre seu trabalho na editora Ercilla e as inumeráveis tarefas partidárias que lhe impõe Haya de la Torre. Mas seu ativismo não se reduz a cumprir os pedidos de seu chefe. Além disso, impulsiona posições próprias, como se observa nesta carta de 1938:

> Karobigold: Ontem à tarde me entregou Karoman tua carta e docs. anexos: art. sobre Chaco, sobre conf. Panam., envio a CEP. Tudo funciona hoje mesmo [...]. Agradeço-te conceitos labor, mas é mediana ou pouca ainda. Muito se poderia fazer ainda e se fará. O de Franklin D. se comunicou a Ate, sem resposta. Tratarei forçar outro meio. O de Hidalgo comunicado, igual o de leonino. Livro Samuel Guy foi por Che, oficina; item outro livro de terra do Capitão Nemo [...]. Gostaria não conhecer opinião sobre artes. LND acerca dialética, em fundo defesa partido, e em forma também. Respeito a prop. parece não conheces magnífica data aqui 28 de julho, nunca igualada neste país

---

134 Ver, por exemplo, Victor R. H. de la Torre, "Sinopsis filosófica del aprismo", *Claridad*, n. 302, maio 1936 (reproduzido também em várias revistas e livros, entre outros, *Dialéctica y determinismo*, de Sánchez).
135 Victor R. H. de la Torre; Luis A. Sánchez, *op. cit.*, v. 1, 1982, pp. 48-9 e 67. "VR" é um dos modos com que Haya alude a si mesmo na terceira pessoa.

e cooperação em muitos atos, giros, etc., difundindo ideário. Posição nossa enuncia frente a consigna unicamente antifascista, que somos antifascistas em consequência de ser anti-imperialistas; que petróleo, cobre, ferrovias não estão em mãos de fascistas mas de saxões; que no México se vê a garra imperialista detida só por perigo mundial, e que devemos ser anti-imperialistas[136].

A política entra de cheio então na peripécia vital de Sánchez, que se vira para fazê-la conviver com seus labores propriamente intelectuais. Do Panamá, estação inicial do exílio em 1932, onde vive austeramente em hotéis meia-boca junto a um punhado de desterrados, é o encarregado de levar adiante tratativas epistolares com o comandante Gustavo Jimenez, então em Arica, com o fim de elaborar um plano insurrecional para derrubar Sánchez Cerro (plano que, como outras várias intentonas revolucionárias apristas desses anos, fracassa estrepitosamente). Isso não o priva, nos breves meses que passa no país do istmo, de ditar uns "cursos no Instituto Nacional de onde saíram meus livros *Vida y pasión de la cultura en América* e, também, *Panorama de la literatura actual*"[137].

Contudo, e ainda quando as circunstâncias de vida da Apra, e dentro dela a atuação de Sánchez, conformam um dos principais caminhos que ordenam a narração do *Testimonio personal*, o relato que ali se oferece parece ter moderado em vários graus a violência das paixões que tramaram a militância aprista ao menos até meados dos anos 1950. Não é que faltem ali rastros do "mar insondável e proceloso" em que Sánchez se viu envolvido desde seu ingresso no partido; mas, até certo ponto, suas memórias parecem querer normalizar o lugar anômalo e sempre virulentamente disputado que coube à Apra na história do Peru. Posto que, se aprismo e antiaprismo foram identidades políticas irreconciliáveis, sentimentos como o ódio político ou, em seu reverso, o sentido de uma irmandade sem fissuras entre companheiros imposta pela moral de um partido em que o mundo das emoções jogou um papel de primeira ordem, não aparecem quase em cena na autobiografia. Pelo contrário, Sánchez constrói a si mesmo como um aprista pactuante, tão equilibrado e judicioso nos rumos que propõe, como negociador e leal no trato com os adversários. Mais ainda, sua fidelidade inquebrantável para com o partido não impede que do extenso espectro de nomes que inclui na narração sob a categoria de amigo, as figuras peruanas mais queridas e evocadas não hajam pertencido à Apra[138]. E que, inclusive, amiúde tenha recebido das fileiras apristas, não o reconhecimento intelectual que se lhe tributava no estrangeiro, mas mostras de receio e ainda de escondida oposição aos diversos projetos que encetava. Ao regressar a Lima do desterro em 1956, "nunca me senti, como então, tão fora de lugar". Seu plano de ocupar novamente a reitoria de San Marcos nessa oportunidade seria frustrado, um pouco pela obstrução do governo de Prado e outro pouco pela pressão dos "pseudoapristas, na realidade pró-comunistas". E inclusive "a mesma *Tribuna*, o diário de meu partido, que eu fundara e dirigira,

---

136 *Ibidem*, pp. 330-1. "Karobigold" é outro dos nomes de referência de Haya.
137 Luis A. Sánchez, *TP 2*, p. 62. Sánchez reproduz suas cartas com Jiménez (que, no levante que encabeça, encurralado, acaba se suicidando) em Luis A. Sánchez, *Apuntes para una biografia del Apra: una larga guerra civil*, Lima: Mosca Azul, 1979, t. 2, pp. 75-80.
138 Tal o caso de Raúl Porras Barrenechea e Alfredo González Prada (o filho de "Don Manuel"), que aparecem reiteradamente no relato e cujas mortes Sánchez rememora com marcada amargura.

havia prescindido cautelosamente até de minha simples colaboração"[139]. Em suma, se desde sua adesão à Apra o ímã da política o havia capturado irremediavelmente, muitas das recordações provenientes de sua condição de militante aparecem associadas menos às satisfações que aos dissabores[140].

Essas ambivalências que habitam as recordações da vida política se refletem no modo com que Haya de la Torre é retratado. O chefe aprista aparece em um sem-número de quadros e momentos diversos do *Testimonio personal* de Sánchez: conversando sobre cultura e esportes em encontros juvenis na casa de Raúl Porras Barrenechea, tramando conjuntamente em horas desesperadas uma nova passagem à clandestinidade depois da falida insurreição das bases partidárias em outubro de 1948, ou caminhando nos anos 1950 em uma gelada madrugada parisiense (o líder trujillano era célebre por seu noctambulismo e, como Sánchez, dormia pouco)[141]. Mas as décadas de amizade e a proximidade no trato não impediram que Haya fosse às vezes tratado sem nada do discurso adulador e até devoto, onipresente entre os apristas:

> Víctor Raúl anunciou sua chegada ao Peru, em maio de 1957, depois de três (na realidade nove) anos de ausência. Preparamo-nos para recepcioná-lo. Já se advertia o fantasma da divisão "castrista" em gestação. Em nome do CEN, voei a Talara para dar as boas-vindas e preveni-lo acerca de alguns assuntos. Regressei bastante decepcionado. Haya na Europa era um ser como o que já conhecia desde 1917, o mesmo com que tratei em minhas andanças, mas este de Talara e Trujillo se parecia demasiado ao Haya das horas de embriaguez de poder, ao de 1947, seco, frequentemente descortês[142].

As brusquidões foram com efeito habituais nos modos com que o chefe aprista se dirigia a Sánchez. E, sem dúvida, apesar de suas rudezas essa relação nunca se quebrou. Pelo contrário, as asperezas e as irritações passageiras (mescladas com doses de sentido afeto mútuo) deram a tônica regular do vínculo, que pareceu sair uma e outra vez fortalecido delas[143]. Assim, no final de sua vida, Haya continuava tendo em Sánchez um de seus mais confiáveis colaboradores (em 1976, por exemplo, coloca-o à cabeça da comissão encarregada de preparar suas *Obras completas*).

---

139  Luis A. Sánchez, *TP 4*, pp. 11, 28 e 33.
140  A ingratidão que Sánchez encontra para com ele por parte das hostes apristas não desaparece de todo nem sequer nas recordações do trecho final de sua vida. No último tomo de suas memórias a política ocupa um lugar ainda maior no relato, e assim o vemos esmerando-se para evitar as inevitáveis dissensões internas na Apra logo após a morte de Haya de la Torre, ocorrida em 1979, ou flanqueando a Alan García como ativo vice-presidente após o triunfo eleitoral de 1985 (quando os problemas na visão que o acompanhavam havia várias décadas o haviam deixado quase cego). Não obstante esse teimoso protagonismo, o balanço final que realiza de sua militância aprista não oculta as aflições nem os desencontros: "Em 1930, ao ser derrubado Leguía, surgiram no Peru três novas correntes políticas, todas elas juvenis [...] Decidi pela Apra, que era original, realista e onde estavam meus amigos. Talvez haja perdido a estes, por obra da morte e algumas vezes dos desvios, mas não perdi a fé nas ideias e isso é o que me permitiu suportar durante meio século as mais contraditórias circunstâncias" (Luis A. Sánchez, *TP 6*, p. 282).
141  Luis A. Sánchez, *TP 1*, p. 280; *TP 3*, pp. 108-12; e *TP 4*, pp. 37-8.
142  *Idem*, *TP 4*, p. 26. Na apresentação à edição de sua correspondência com Haya, Sánchez se jacta de ter-se reservado um inusual grau de autonomia em sua relação com o chefe máximo do partido: "Ao reler cada parágrafo senti que ressuscitavam dias inesquecíveis de grande fraternidade e apaixonada luta, de incalculado sacrifício e de vital alegria. Segundo se depreende dos textos destas cartas, Haya era um ser vital por excelência. Há cartas em que me ataca e outras em que me elogia a extremos que ninguém fez. Sua ira e sua generosidade corriam emparelhadas. Minha franqueza não ficava atrás. Eu nunca fui acólito de ninguém" (Victor R. H. de la Torre; Luis A. Sánchez, *op. cit.*, v. 1, p. 19).
143  Nelson M. Gálvez, *¡Usted fue aprista!*, Lima: Fondo Editorial PUCP-Clacso, 2009, pp. 63-73.

Porém, mais que em sua relação com Haya, é no vínculo que manteve, também por décadas, com Manuel Seoane, a segunda figura em importância dentro dos escalões do partido, que melhor se revela a sensação de acritude que acompanhou a firme militância de Sánchez na Apra. Ambos, nascidos no mesmo ano, haviam desenvolvido uma estreita amizade logo depois de ingressarem conjuntamente em San Marcos em 1917. Compartilham então interesses literários, esportes e atividades vinculadas ao reformismo universitário. Seoane sucederá Haya à frente da Federação de Estudantes do Peru, e como ele deverá exilar-se em 1924. E por sua intervenção, mais que pela de qualquer outro, deverá Sánchez sua progressiva politização."Havia me convencido de que atuasse naqueles misteres revolucionários, alheios a minhas propensões literárias", recordará em referência a sua participação no movimento universitário[144]. Posteriormente, a frequente correspondência que mantêm será também um veículo de peso em sua decisão de somar-se à Apra no início dos anos 1930.

Mas se, de um lado, a dinâmica partidária renovará periodicamente esse estreito laço até a morte de Seoane, ocorrida em 1963, de outro, essa mesma movimentação, com suas pugnas secretas de poder e suas diferenças ideológicas, causará graves danos na relação. E de tal forma que, às vezes de modo direto e outras apenas em surdina, a multidão de referências pelas quais Seoane se faz presente no *Testimonio personal* aparecem inevitavelmente marcadas pelo caráter desse vínculo tão habitado pelo afeto como pelo mal-estar.

O pico máximo de tensão entre ambas as figuras teve lugar durante a ditadura de Manuel Odría. É então que, ante a virtual ausência de Haya de la Torre – asilado na embaixada da Colômbia e, portanto, com dificuldades de comunicação com o resto do partido –, sobrevêm os momentos mais azedos, misturados a disputas político-ideológicas:

> Houve algo que não previ. Algo que me feriu profundamente. Em vista de minha atitude contra a demagogia pró-peronista e o anti-imperialismo irracional [...] resolveram reduzir-me ao isolamento para o que desataram contra mim uma campanha só comparável à de Eudocio Ravines em 1947, com o [*sic*] agravante de que agora se tratava de "companheiros" [...]. Confesso que nunca me senti mais doído que então[145].

Sánchez oferece referências diretas e indiretas que indicam Seoane como a figura principal na orquestração desse acúmulo de críticas a sua figura. Mas, de imediato no texto, refere que na oportunidade de cumprir o meio século de vida convida nesse contexto adverso vários dos expatriados que, como ele, viviam então em Santiago do Chile. E, contra as previsões de um amigo chileno, os mesmos que proferiam essas mordazes censuras assistem à celebração e o tratam com afeto.

> Chegou o 12 de outubro – narra –, e às nove da noite, tive a alegria, a profunda e fraterna alegria de ver que Manolo e Elsa, a magnífica Elsa Arbutti de Seoane [...]

---

144  Luis A. Sánchez, *TP 1*, p. 177.
145  *Idem*, *TP 3*, pp. 171-2.

acudiam ao convite [...]. Havia que acreditar nisso. O aprismo é uma misteriosa força que avassala as paixões individuais, por arraigadas que estejam[146].

Definitivamente, são esses recursos os que compensavam até certo ponto a hostilidade que Sánchez perceberá crescentemente em meios apristas, e os que, junto ao lugar preferencial que lhe concedia Haya de la Torre, explicam sua permanência no partido até o final de seus dias.

## À GUISA DE FECHAMENTO

Em uma carta a Haya de la Torre de 1954, Sánchez confessava com certo pudor que se encontrava escrevendo suas memórias. Pouco depois, inclusive, publicava um adiantamento em um volume que reúne distintos textos de sua autoria[147]. O que explica então que o *Testimonio personal* tenha começado a ser publicado em 1969? Uma resposta possível a essa questão nos coloca no contexto em que essas memórias foram editadas. Quando elas começam a sair à luz, o aprismo acabava de experimentar um novo revés político. Enquanto se preparava para enfrentar as eleições, pelas quais esperava ungir, finalmente, Haya de la Torre como presidente, um golpe de Estado coloca o general Juan Francisco Velasco Alvarado no poder. Com ele, a Apra é marginalizado da cena política, e muitas de suas bandeiras históricas são assumidas por um governo nacionalista que há alguns anos obtém adesão junto a uma porção considerável dos peruanos. Adicionalmente, o novo clima político leva a que o próprio Sánchez, apesar de opor tenaz resistência, veja-se obrigado a deixar a reitoria de San Marcos. Já não voltaria a esse cetro por ele tão desejado, que ocupava então pela terceira vez. Em definitivo, é possível pensar que a travessia americana das memórias de Sánchez funciona como refúgio compensatório ante a paulatina erosão política da Apra, e intelectual de Sánchez, conforme avançam os anos 1960 e 1970.

E, não obstante, o obstinado gladiador que se quis sempre Sánchez não se viu vergado ante essa situação. Muito ao contrário, em coexistência ao deslocamento frente às realidades políticas e culturais emergentes, certo prestígio proveniente de seu consabido caráter prolífico, assim como das credenciais adquiridas ao longo do tempo, colaborou em mantê-lo nos primeiros planos da vida pública por um quarto de século mais.

---

146 *Ibidem*, pp. 172-3.
147 *Idem*, "Cómo vivía un escritor desterrado", in: *Pasos de un peregrino son errantes*, Lima: Villanueva, 1968.

# OTÁVIO DE FARIA E O MORALISMO CATÓLICO
ELIDE RUGAI BASTOS

A reconstrução da memória de um autor é reconhecidamente difícil, principalmente por ser, em geral, referenciada em sua biografia oficial. Escrita por ele ou por outros, pode ser uma armadilha, pois vários elementos são acrescentados ou omitidos em relação a sua vida e itinerário intelectual. No caso de Otávio de Faria, essa dificuldade fica clara quando consultamos textos publicados pela instituição que leva seu nome e que podem explicar dificuldades que encontramos no preenchimento de vazios em sua vida e relações com amigos, grupos, família. O responsável por seus direitos autorais conta ter destruído, a seu pedido, escritos pessoais e muitas passagens de seu diário[148]. Trata-se de material de divulgação sobre o autor, documentação que tem a ver com dados que não "deslustrem" o escritor ou o grupo a que pertence. É plausível que Otávio de Faria mesmo estivesse cuidando de ser sua história pessoal escrita de modo lisonjeiro. Nesse sentido busco apontar algumas ausências de dados, embora procure mostrar a conexão delas com o material disponível.

A razão da atribuição do encargo de curador de suas obras, por exemplo, não está explicitada. Porém, na última foto que compõe o folheto de imagens que acompanha os textos citados, aparece o autor "com Ariovaldo Miranda Dumiense [herdeiro dos direitos autorais], grande amigo dos últimos anos de sua vida, diante da pequena estufa da casa de Teresópolis"[149]. Nesse conjunto de retratos, vemos seus pais, o autor em família, em ocasiões oficiais, no recebimento de prêmios, na posse na Academia Brasileira de Letras. Há uma ausência notável – seus dois irmãos –, ocorrência que percebemos também na construção de sua biografia intitulada *A vida de um herói*, escrita por Dumiense[150]. Cito essas duas ocorrências para ilustrar como o desaparecimento de documentos pessoais, acrescido de "cuidados" na construção da biografia, colocam-se como desafios a serem enfrentados.

## UM DESTINO TRAÇADO

Nascido em 1908, no Rio de Janeiro, Otávio era filho de Alberto Faria, advogado, empresário, membro da Academia Brasileira de Letras, e de Maria Teresa de Almeida Faria, filha de Tomaz Coelho e Almeida, por duas vezes ministro do Império, senador

---

148 Ariovaldo M. Dumiense, "O roteiro de uma tragédia", *in:* Otávio de Faria, *Tragédia burguesa: obra completa*, Rio de Janeiro: Pallas, 1985, p. 87.
149 Cf. Otávio de Faria, *op. cit.*, p. 32.
150 Ariovaldo M. Dumiense, "A vida de um herói", *in:* Otávio de Faria, *op. cit.*, pp. 67-77.

e fundador do Colégio Militar. A família conta com sete filhos[151], sobre os quais os dados assinalam, além de Otávio, as irmãs Francisca, Maria Teresa, Lucília e Heloísa, as duas primeiras casadas respectivamente com os acadêmicos Afrânio Peixoto e Alceu Amoroso Lima. Heloísa, solteira, é apontada como sua grande companheira de leituras e passeios, tendo morado com Otávio até sua morte, que precedeu em dois anos a do autor. Sobre os outros irmãos temos vagas referências. Há poucas anotações sobre a vida da família no Rio, na casa do Flamengo. Grande parte dela é relatada na casa de Petrópolis – tombada pelo Patrimônio Histórico, pertenceu ao barão de Mauá e foi adquirida pelo pai –, onde a família Faria passava os verões.

Com certa discrição, mais aparente do que real, fica registrado que o escritor pertence a grupos familiares tradicionais, politicamente importantes, legitimados intelectualmente, reconhecidos socialmente, bem amparados financeiramente. É bem-nascido. Esse capital cultural permitiu que não exercesse a profissão de advogado para a qual se formou e se dedicasse à tarefa de romancista. Quando se refere a sua juventude, Otávio diz: "Gostava das madrugadas, dos cafés, das mesas de sinuca. Escrevia quando voltava e nunca tinha hora para voltar [...]. E vivia da nobre arte da mesada e não achava nisso vergonha alguma"[152].

Esse capital social e cultural permitiu seu acesso a cargos públicos e a dedicação a "seu destino de escritor". O cunhado Afrânio Peixoto foi reitor da Universidade do Distrito Federal logo após a fundação em 1935; Otávio de Faria toma posse em dezembro do mesmo ano do cargo de diretor da Faculdade de Filosofia e Letras dessa instituição, ali permanecendo por alguns meses. Em 1972 assumiu a cadeira da Academia Brasileira de Letras, à qual pertenceram seu pai e seus dois cunhados – Afrânio e Alceu. Talvez essa familiaridade e não apenas a timidez que lhe é atribuída, ou possivelmente a crença de que o cargo lhe era naturalmente devido, tenha levado "a não tomar o famoso chá na casa de cada acadêmico. Um até deixou de votar nele exclusivamente porque não tinha sido visitado"[153].

O ambiente, as relações de família, o cenário de valorização da vida intelectual e a facilidade de circulação no "mundo da cultura" certamente contribuíram para que Otávio de Faria construísse sua imagem como romancista investido desde sempre dessa tarefa. "*Bom* ou *mau*, pouco importa. Sou romancista. É um destino a que não posso fugir"[154]. Trata-se da primeira frase de um depoimento do escritor em 1966 na ocasião da publicação do décimo volume de *Tragédia burguesa*. Continua: "Nasci assim, ainda que saiba que muitos outros destinos poderia ter desenvolvido ou forçado em minha natureza, vária, inconstante, tantas vezes contraditória e incerta"[155]. Nessa visão linear de sua trajetória, mesmo se considerarmos que a declaração é feita *a posteriori*, as leituras feitas na infância e adolescência – Byron, Shakespeare, Victor Hugo, Dumas pai, Júlio Verne, Conan Doyle – segundo o escritor permitiram que passasse a contar histórias a si mesmo, o que o levou a escrevê-las, embora as mantivesse em segredo. Refere-se a

---

151 Ibidem, p. 67: "Apesar de pertencer a uma família numerosa (sete irmãos), teve o escritor uma infância isolada".
152 Marisa R. Gabaglia, "Octavio de Faria", *O Globo*, Rio de Janeiro, 2 jun. 1971.
153 Izabel Bernardes, "Octavio de Faria: o profeta da angústia burguesa já pode descansar", *Jornal do Brasil*, Rio de Janeiro, 29 jun. 1977.
154 Otávio de Faria, *op. cit.*, p. 147.
155 Ibidem.

esses escritos em 1976: "Menino, eu escrevia romances que hoje me fazem rir. Guardei tudo. Já era o caroço da obra"[156].

Seu primeiro romance, *Mundos mortos*, é publicado em 1937; trata-se do primeiro volume de *Tragédia burguesa*. Entre a infância que já "desenhava" o romancista e esse momento, com 30 anos de idade, caminhos diversos foram percorridos. Os primeiros estudos feitos em casa com professores particulares o prepararam para a entrada no Colégio Santo Antonio Maria Zaccaria, em 1921, onde termina o curso secundário em 1925. Na foto dos formandos desse ano, além de Otávio, há mais nove alunos, indicando uma circulação extremamente restrita, o que faz com que mais de uma vez em seus escritos e entrevistas refira-se ao isolamento na infância e adolescência. A convivência com colegas do colégio e o ambiente católico servirão de cenário a vários de seus romances.

Os estudos superiores foram iniciados em 1927, na Faculdade Nacional de Direito. Ali se integrou a um grupo bastante ativo que formava o Centro de Estudos Jurídicos e Sociais (Caju). Dele participavam: Álvaro Penafiel, Américo Jacobina Lacombe, Antonio Balbino, Antonio Gallotti, Augusto de Rezende Rocha, Clóvis Paula da Rocha, Gilson Amado, Hélio Vianna, José Artur Frota Moreira, Mário Vieira de Mello, Plinio Doyle, Santiago Dantas, Thiers Martins Moreira, Vicente Constantino Chermont de Miranda, Vinicius de Moraes. Formam um grupo de intelectuais e políticos de importância nos anos posteriores. Com os colegas Almir Castro, Claudio Mello e Plinio Sussekind Rocha, fundou o Chaplin Club, organização voltada a estudos sobre o cinema, que publicou, de 1928 a 1930, a revista *O Fan*, da qual conhecemos nove números. Confessa que só então teve amigos. No depoimento "Octávio de Faria por ele mesmo", publicado originalmente na revista *Manchete*, em 1966, conta que foram muitos; tantos que se nega a "nomear um único que seja, mesmo os que maior influência tiveram em minha evolução sentimental ou em meu desenvolvimento intelectual"[157].

No entanto, várias vezes é ressaltada sua amizade com Vinicius de Moraes. Este narra a influência exercida por Otávio principalmente na primeira fase de seus escritos marcados pelo catolicismo. O poeta, estimulado por ele, publica seu livro *O caminho para a distância*, na Schmidt Editora, em 1933. Na correspondência com o cunhado Alceu, que ocupou postos públicos de destaque, encontramos solicitações em favor de seu amigo Vinicius para cargos no Ministério da Educação.

Acentuo as relações cultivadas por Otávio de Faria pelo fato de, como o próprio escritor assinala, esses amigos terem sido, em grande parte, retratados nos romances que compõem *Tragédia burguesa*. O Chaplin Club expressa bem o caráter do grupo a que pertencia. Discutia-se a "nova linguagem do cinema" – imagem/palavra – justamente no momento em que o cinema silencioso dava lugar ao cinema sonoro. Os debates, que podemos acompanhar a partir da revista *O Fan*, se afastam das tendências expressas nas novas direções assumidas pelo cinema. O grupo "mostrava-se muito distante da forte corrente regionalista que predominava no modernismo brasileiro das décadas de 1920 e 1930, tanto na estética cinemato-

---

156 Ariovaldo M. Dumiense, "A vida de um herói", *in:* Otávio de Faria, *Tragédia burguesa: obra completa*, org. Afrânio Coutinho. Rio de Janeiro: Pallas, 1985, p. 69.
157 Otávio de Faria, *op. cit.*, p. 151.

gráfica, quanto na literatura"[158]. Em outras palavras, o grupo afasta-se, naquele momento, do movimento modernista, embora mais tarde alguns membros venham a aproximar-se dele. Esse traço, no escritor da *Tragédia burguesa*, é muito importante, pois vem a definir a própria recepção de sua obra.

## ESBOÇO DA TRAGÉDIA

No final de década de 1920, Otávio de Faria inicia um diário, denominado "Notas a aproveitar", constando de 17 volumes manuscritos que se estendem de 1927 a 1938, nos quais registra ideias, acontecimentos, personagens em construção, que mais tarde vão figurar em *Tragédia burguesa*[159]. Assim começa, em 4 de março: "Creio que a ideia que me acaba de passar pela cabeça é a mais ousada que até hoje tenho tido. Seria a de escrever um 'Estudo sobre o Homem', obra completamente nova e que teria vários volumes"[160]. Mais adiante, fala do projeto: "Ainda é um esboço. O que será? Não sei, mas, por enquanto, contento-me com uns trinta e três volumes"[161]. A obra combinaria livros de ciência, filosofia, romances. Pensada em três grandes partes, a primeira é destinada a elementos psicológicos e morais – vida afetiva, intelectual, questão sexual, estética. Nessa parte estariam encaixados os romances, o primeiro dos quais intitulado "Precocidades monstruosas", que abordaria a "miséria moral de todas as classes sociais do Rio, vistas em conjunto e misturadas"[162].

Em 1929 o escritor acompanha a família à Europa, onde fica por alguns meses. A razão da viagem é a saúde do pai, que após consultar vários médicos será operado em Paris. Esse período é importante para compreendermos vários aspectos da vida de Otávio de Faria que fogem à sua biografia oficial. A correspondência com seu cunhado Alceu compõe não apenas um conjunto documental ilustrativo da importância desse intelectual católico na formação do escritor, como elucida seus embates com a família, a crise religiosa e as dúvidas que apresenta em relação à militância católica[163].

Alceu Amoroso Lima, que sucedeu Jackson de Figueiredo na direção do Centro D. Vital e da revista *A Ordem*, foi líder importante do catolicismo militante, que tem, nos anos 1920 e 1930, um projeto político de intervenção na sociedade[164]. A liderança do movimento atinge um grupo restrito ao Rio de Janeiro, embora se legitime pela difusão nacional de suas ideias. Para esses intelectuais os males do Brasil eram presididos por um mal maior, aliás dele decorrentes: a falta de religiosidade da sociedade brasileira. Somente o catolicismo verdadeiro,

---

158 Constança Hertz, "Do grupo de cinema à teoria literária", disponível em: <http://alfredo-braga.pro.br/ensaios/literatura-cinema.html>. Acesso em: 20 ago. 2019.
159 Naturalmente, se levarmos em consideração a observação feita por Dumiense, anotada no início deste texto, podemos inferir que o diário completo não é publicado. Em outras palavras, sob o título "O roteiro de uma tragédia", artigo já citado de A. M. Dumiense, somente as referências sobre a escritura dos romances são divulgadas.
160 Otávio de Faria, *op. cit.*, pp. 88-9.
161 *Ibidem*, p. 89.
162 *Ibidem*, p. 91.
163 Agradeço a André Botelho a possibilidade de acesso a essa correspondência. São cartas escritas por Otávio de Faria a seu cunhado, depositadas no Acervo Arquivo Tristão de Ataíde, em Petrópolis.
164 Os dois organismos, voltados à restauração católica, buscavam fazer frente ao anticlericalismo, ao ateísmo e à formação não religiosa das elites republicanas. Cf. Maria T. A. Sadek, *Maquiavel, Maquiavéis: A tragédia otaviana*, São Paulo: Símbolo, 1978, p. 94.

o retorno às tradições cristãs permitiria a superação do caos. Esta significava o retorno à ordem e a busca de "soluções pacíficas" aos problemas[165].

Em carta de 17 de maio Otávio de Faria refere-se à informação recebida de Almir Castro e Eduardo Marques Tinoco da fundação, por Alceu, de uma "espécie de partido universitário católico, 'Ação Católica' ou 'Ação Católica Universitária". Tinham conhecimento do fato por meio de Álvaro Vieira Pinto. "Agora a carta recebida vem confirmar tudo [...] Dentro da 'Ação' estão já vários colegas meus [...] Especialmente, dos quatro fundadores do Chaplin Club – dois"[166]. Conta, ainda, ter escrito ao quarto fundador do clube, Plinio Sussekind Rocha, herege como seus tios, que adiasse a conversão por mais dois meses "até eu chegar"[167].

Na longa carta posterior diz ter recebido convite de Álvaro Vieira Pinto para fazer parte da Ação Universitária Católica (AUC), repetindo convite de Alceu. "E eu respondi explicando por que *não podia* entrar por ora. De direito era a *você* que eu *devia* responder"[168]. Afirma que aos parentes não se pode dizer tudo e nem sempre contradizê-los. Ao pai, crente de ser a vida somente construída com base no trabalho material e que o ideal de um homem é trabalhar para poder constituir família e ser sustentáculo da boa ordem e da boa moral da sociedade, não pode dizer ter crença cega na possibilidade de vida pelo espírito. Mesmo tendo traçado esse destino, não consegue escrever o romance planejado, dada "essa incapacidade que eu sinto de ser *sincero* sobre uma coisa: sem dizer *tudo* que se relaciona com a coisa. [...] O traço que Proust ensinou já não me parece suficiente"[169].

Explicando seus projetos marcados por uma cultura geral independente de qualquer filosofia ou religião, embora saiba que Alceu discorda dessa visão, afirma considerar independentes as esferas moral, religiosa e artística. Essa posição garantiria respeito a todas as opiniões, sem repressão de qualquer espécie. "A toda a afirmação: Cristo não existiu, se poderia responder: Cristo existiu ou vice-versa. [...] o hermafroditismo é normal se poderia responder: é anormal e vice-versa. [...] Pirandello é maior que Ibsen, se poderia responder Ibsen é maior que Pirandello e vice-versa"[170]. E nessa argumentação declara que sua crise religiosa é relacionada à moralidade católica. "Naquela infância tranquila que você viu se desenrolar a seu lado, sem notar provavelmente um só solavanco, se escondia [...] uma terrível luta moral, uma consciência que não se satisfazia com o perdão semanal que o padre dava [...] porque sentia a infalibilidade da próxima queda"[171].

Assim, afirma a dificuldade de militar em um partido católico, de procurar Deus "no fundo da miséria sexual"[172]. No quadro dessa crise, confessa ao cunhado não conseguir dar prosseguimento a seus projetos de um romance. Se o "bloqueio" atinge a escrita do(s) romance(s), não impede que desenvolva atividades literárias publicando em várias revistas, entre outras: *A Ordem* (editada por Alceu) em 1929, *Literatura* (dirigida por Augusto Frederico Schmidt) em 1930, *Boletim de Ariel,* onde escreve 24

---

165 Maria T. A. Sadek, *op. cit.*, faz uma aprofundada análise do grupo católico e da participação de Otávio de Faria nele.
166 Otávio de Faria em carta a Alceu Amoroso Lima, 17 maio 1929, p. 8 (Petrópolis: Acervo Arquivo Tristão de Ataide).
167 *Ibidem*, p. 10 [grifos do autor].
168 *Ibidem*, 17 jun. 1929, p. 1.
169 *Ibidem*, p. 3.
170 *Ibidem*, p. 9.
171 *Ibidem*, p. 11.
172 *Ibidem*, p. 12.

artigos de crítica literária, entre 1931 e 1937. Estes últimos são importantes porque reúnem sua crítica ao modernismo, ao romance regionalista, ao que denomina "confusão" entre arte e política e, principalmente, onde formula sua visão sobre o que é o romance, programa que põe em execução em *Tragédia burguesa*.

A partir de 1930 inicia a escrita de vários ensaios mais amplos de crítica literária e análise política: *Maquiavel e o Brasil* (publicado em 1931), *Destino do socialismo* (1933), *Dois poetas* (1935), *Cristo e César* (1937). O clima que ancora esses trabalhos configura o quadro em que se desenvolvem os romances, embora não se possa esquecer a ruptura existente entre a primeira parte da obra otaviana e os livros que compõem a *Tragédia*[173]. O debate antiliberal do período torna-se um *ethos* ao qual grande parte das reflexões se referencia. Sadek lembra que esse *ethos* "encontrará sua morada e assumirá uma característica específica no seio da 'reação espiritualista'"[174]. Esta, ancorada nos movimentos de renovação desenvolvidos na Europa, ganha características próprias no Brasil e constituir-se-á em tema de grande importância no período. *Maquiavel e o Brasil* e *O destino do socialismo* refletem essa temática. O ponto de partida dessas obras encontra-se em "Desordem do mundo moderno", tese apresentada para seu ingresso no Centro de Estudos Jurídicos e Sociais, da Faculdade Nacional de Direito, em 1929.

*Dois poetas* é dedicado à análise da poesia de Augusto Frederico Schmidt e Vinicius de Moraes[175]. Mais do que a apresentação da poesia dos dois amigos, o livro expressa a oposição de Otávio ao movimento modernista. Tanto nesse livro como no artigo de 1936, "Mensagem pós-modernista", seus ataques nessa direção são fortes e traduzem os princípios que justificarão sua afirmação como romancista católico.

> Suas violentas posições antimodernistas baseiam-se principalmente na ideia de que as vanguardas, dedicando-se à destruição das estéticas passadistas, foram muito longe e acabaram esquecendo-se dos valores "essenciais", do que é verdadeiramente fundamental para o homem, do "eterno" e do "humano"[176].

Sua visão sobre a poesia – "o poeta sofre e canta porque a sua função é sofrer e cantar", ou "o poeta nasceu para o sofrimento e o amor só pode trazer-lhe mais sofrimento ainda"[177] – está na mesma direção estética em que construirá os romances.

Em *Cristo e César*, o dilema da escolha entre Deus e o mundo é visto por Otávio como um "problema que não é possível afastar, desviar, evitar, mas que se deve resolver de frente conscientemente, por um sim ou por um não inequívocos segundo o preceito evangélico"[178]. É essa divisão entre dois senhores que constitui o cerne da temática a ser desenvolvida em *Tragédia burguesa*. Como viver sem separar Cristo de César ou César de Cristo, mas "na totalidade de relação de um com outro, face a face, com os símbolos que seus destinos contêm..."[179]. Otávio

---

173 Maria T. A. Sadek, *op. cit.*, p. 182.
174 *Ibidem*, p. 93.
175 Trata-se da análise da primeira fase da obra do poeta.
176 João L. Lafetá; Antonio Candido, *1930: a crítica e o modernismo*, São Paulo: Duas Cidades; Editora 34, 2000, p. 241.
177 Otávio de Faria, *Dois poetas*, Rio de Janeiro: Ariel, 1935, pp. 24 e 26.
178 *Idem*, *Cristo e César*, Rio de Janeiro: José Olympio, 1937, p. 63.
179 *Ibidem*.

vive o período de sua formação nessa atmosfera de um lado modernizante e de outro num mundo marcado pelos valores tradicionais. Nada mais simbólico destes que o apego aos verões passados em Petrópolis, na antiga casa do barão de Mauá. Essa cisão marca sua vida e se reflete em sua obra: os personagens aparecem cindidos entre "dois senhores", dois mundos que se enfrentam. A partir desse livro, sua concepção da vida e do mundo se consolida. Explicando o texto enquanto terminava sua escrita, diz a Alceu: "É uma espécie de tentativa de *síntese fascista-cristã*, um ensaio de equilíbrio em mim mesmo"[180].

## ENCONTRO COM LÉON BLOY

A crise religiosa vivida por Otávio tem origem mais na moralidade imposta pela Igreja do que na aceitação de seus princípios. Atinge um ponto crítico, levando-o a isolar-se no sítio de Itatiaia e declarar a Alceu que se encontra numa situação catastrófica. "Pois viver nessa luta incessante, [...] negando o Deus da Bíblia para não ter de acreditar que 'ele os fez macho e fêmea' e não ter de condená-lo em humildade e sinceridade de coração por toda a miséria a que condenou o gênero humano – é um perfeito martírio"[181]. Confessa ainda que, nos últimos meses, tem pensado em suicídio, "de que apenas dois obstáculos – ambos bem terrenos – me afastam: a impossibilidade de causar desgosto à pessoa que você sabe e de me afastar de uma amizade que me tem valido como nem sei que auxílio divino"[182]. Entre o dito e o não dito, entre o sugerido e o explicitado, podemos perceber que a crise em relação à Igreja tem a ver com as normas católicas sobre sexo e pecado, principalmente em relação à homossexualidade. O tema, visto a partir do comportamento de vários personagens de *Mundos mortos*, está presente com maior ou menor ênfase nos romances que compõem a *Tragédia burguesa*.

Encontra na leitura de Léon Bloy a saída para a situação. Conhece o autor a partir da indicação de seu cunhado e afirma que os dois livros lidos o "remexeram de alto abaixo [...]. Esse Léon Bloy que eu encontrei vence para mim uma porção de preconceitos anticatólicos que estavam, aliás, já maduros para cair"[183]. A leitura o aproxima novamente do cristianismo, pois os sofrimentos vividos por Bloy o impressionam. A situação permite que escreva, então, a peça *Três tragédias à sombra da cruz*, que será publicada em 1939. "A obsessão da dor em Otávio de Faria é impressionante", diz Lafetá, que lembra ainda que a biografia de Bloy escrita por ele "toca a morbidez na insistência de fazer a apologia da 'chaga', do sofrimento apresentado como sinal da predileção de Deus"[184].

Se Bloy o reconcilia com o catolicismo, não o faz com relação à Igreja, contra a qual reafirma seu preconceito, considerando-a sem liberdade, sem chama, sem criação. É com esse espírito que em 1937 prepara um longo ensaio sobre Pascal e Léon

---

180 Otávio de Faria em carta a Alceu de Amoroso Lima, 16 nov. 1937 (Petrópolis: Acervo Arquivo Tristão de Ataíde) [grifo meu].
181 *Ibidem*, 25 maio 1933. Em *Cristo e César* ele repete algumas das posições assumidas por Alceu Amoroso Lima, que vê no fascismo uma espécie de ressurgimento da Itália dos césares e que viria a garantir à Igreja uma posição hegemônica, com a separação dos poderes temporal e espiritual.
182 *Ibidem*.
183 *Ibidem*, 22 fev. 1935.
184 João Luiz Lafetá; Antonio Candido, *op. cit.*, p. 247.

Bloy, *Fronteiras da santidade*, que publicará em junho de 1939 na revista *Cadernos da Hora Presente*, cujo diretor é Tasso da Silveira. Busca radicar a dualidade fé/Igreja na divisão interna que julga atravessar todo cristão, na oposição *Deus morto* e *Deus vivo*. A tese de Bergson em *Les deux sources de la morale et de la religion* encontrou muitos adeptos entre os intelectuais católicos europeus, cuja leitura, sem dúvida, influenciou Otávio. Essa posição, que distingue entre o Deus dos filósofos e o Deus dos crentes, responde às angústias explicitadas nas cartas em que o romancista relata sua recusa às teses tomistas. A exposição sistemática dessas ideias encontra-se nesse ensaio. Nele, a própria epígrafe de São Paulo antecipa o tema – a tragédia reside na ânsia de buscar o Deus "do impossível e do ilógico" em contraposição ao Deus restrito da Igreja oficial, o Deus dos compêndios de moral e de filosofia.

A tese central do trabalho é terem sido Pascal e Léon Bloy, cada um em seu tempo, crentes do Deus vivo e combatentes dos fiéis do Deus morto, e, por isso, exemplos a seguir, ideias a adotar. É longa a descrição que faz dos dois polos da oposição. Ilustrarei brevemente. O Deus vivo é o Deus "sempre castigando e recompensando", "que tudo tira de Jó, mas tudo lhe restitui em dobro", "que só depois da travessia de longas noites de trevas é possível encontrar". O Deus morto é o Deus "das definições", "dos sistemas filosóficos e dos compêndios de moral", "do prestígio das instituições a que o seu nome está ligado", "de um mundo fechado onde a razão de há muito pôs ordem em todas as irregularidades, explicando todos os mistérios, justificando até o próprio milagre"[185]. O Deus vivo tem os olhos voltados ao homem, "o homem no presente, na sua psicologia, variando entre os limites da extrema miséria de ser degradado pelo pecado e da extrema grandeza de ser contemplado pela graça"[186]. Esse ensinamento será visto por Otávio como um programa de vida e o esquema central de seus romances. É o elemento que marcará a presença do trágico na *Tragédia burguesa*.

As ideias expostas no ensaio traduzem o afastamento do projeto do Centro D. Vital e da revista *A Ordem* e voltam-se diretamente contra os princípios tomistas. O trabalho recebeu fortes críticas, e na mesma revista apareceram dois artigos expressando-as. O primeiro, de João Camilo de Oliveira Torres, mais brando, lembra a possibilidade de conciliação de razão e fé[187]. O outro, de Alceu Amoroso Lima, critica fortemente a concepção explanada[188], usando expressões ácidas que têm a ver, provavelmente, com debates travados fora do âmbito do artigo, além de invocar características pessoais só conhecidas pela intimidade que vivenciavam. Alceu sente-se atacado em suas próprias convicções, uma vez que é declaradamente neotomista. Busca, assim, simultaneamente responder à argumentação de Otávio e persuadi-lo em certa direção do catolicismo. "É certo que se pode ser católico sem ser tomista. Mas não se pode compreender e viver no Cristo, quando se atira sobre o tomismo, e, sobretudo, contra a 'razão humana', a condenação sumária que o autor de *Fronteiras da santidade* lhe atira."[189]. Ainda, julga que a atribuição injusta de farisaísmo feita por Otávio de Faria à Igreja se deve

---

185 Otávio de Faria, "Fronteiras da santidade", *Cadernos da Hora Presente*, jun. 1939, n. 2, p. 168.
186 *Ibidem*, p. 31.
187 João Camilo de Oliveira Torres, "Octavio de Faria-Bergson – Léon Bloy", *Cadernos da Hora Presente*, n. 5, 1939, pp. 142-5.
188 Tristão de Ataíde, "Vigília de Natividade", *Cadernos da Hora Presente*, n. 7, 1940, pp. 161-7.
189 *Ibidem*, p. 166.

"a tudo aquilo que não está de acordo com a sua 'capela' espiritualista, em que se veneram no mesmo altar as Sagradas Escrituras, Pascal, León Bloy, Dostoievski, William Blake, Kirkegaard, Jacques Rivière etc."[190].

À crítica Otávio responde sem muita veemência, relembrando sua dívida espiritual para com Alceu e pretendendo que o acontecido não leve ao rompimento das relações entre ambos[191]. Usa um tom de conciliação, de aproximação, direcionado à reintegração no grupo. De todo modo, vale assinalar o traço antirracionalista que mais tarde perceberemos em *Tragédia burguesa*.

A partir da leitura de Bloy, o escritor volta a aceitar os princípios do cristianismo. Assim se inicia seu caminho como romancista. "A transformação que a partir de então pode ser verificada na trajetória de Otávio de Faria é significativa. Convertido ao catolicismo, fará da 'revolução interior' e da moralização absoluta os lemas de sua militância."[192]

## MUNDOS MORTOS

A ideia de que se processa na sociedade brasileira uma revolução de costumes e de valores atravessa a *Tragédia burguesa*. O Rio de Janeiro é o palco onde se desenrolam as ações. O objetivo geral é mostrar a miséria moral de todas as classes, mas principalmente da burguesia, termo que não ganha precisão na obra do autor. Pensando na possibilidade de denominar *Mundos mortos* o primeiro romance da série que virá a ser a *Tragédia burguesa*, Otávio de Faria indaga: "O que será 'mundo morto'? – simplesmente o mundo dos sentimentos invertidos ou esse mesmo mundo, depois da 'ação moralizadora' do outro? Fica a duplicidade de interpretações [...]"[193]. A história se passa entre meados da década de 1920 e os primeiros anos da de 1930. Os personagens são adolescentes de um colégio católico vivendo o momento do despertar do sexo, e, segundo o romancista, são "composições de personagens reais". Essa construção o angustia, pois se vê retratado em vários desses tipos: "Como limitar as 'dádivas' minhas a esse Branco, para que não seja o porta-voz do autor? Já há, em *Tragédia burguesa*, outros heróis que 'tendem' a se tornar parecidos com o autor, como o Paulo de *Os loucos* e, um pouco menos, o padre"[194]. A relação, consciente ou inconsciente com a sociedade envolvente, explica um pouco a angústia do autor ao perceber que existe uma identificação autor/personagens, bem como estão presentes traços de amigos e familiares. Sua própria concepção de romance leva a isso. "O romance é criação, mas criação por síntese do vivido. O isolado, o exclusivamente individual é autobiografia, é biografia, é documento científico, mas não é romance. O romance começa quando há [...] fusão da experiência íntima pessoal com o mundo objetivo [...]"[195]. A exigência de valores autênticos e unívocos, a recusa de uma vida no meio-termo, marcada pelo compromisso, identifica o autor com alguns de suas personagens, por exemplo, padre Luís. Falando a respeito do mesmo, já em 1942, afirma. "Meu intuito não é apresentar

---

190 *Ibidem*.
191 Otávio de Faria, "Deus vivo e deus morto", *Cadernos da Hora Presente*, mar. 1940, n. 7, p. 168.
192 Maria T. A. Sadek, *op. cit.*, p. 175.
193 Arivaldo M. Dumiense, "A vida de um herói", *op. cit.*, pp. 124-5.
194 *Ibidem*, p. 103.
195 *Ibidem*, pp. 139-40.

logo de início um padre perfeito. Pelo contrário, o que eu quero, o que eu preciso para o equilíbrio de *Tragédia burguesa* é mostrar a crise de padre Luís."[196]

O escritor é, ainda, o narrador (onisciente?) que comenta os fatos e expressa sua reação diante deles. Assim, há, por parte do público leitor, uma busca de similitude com os parentes, amigos e conhecidos que fazem parte da vida de Otávio de Faria. Por exemplo, José Castello, na biografia de Vinicius de Moraes[197], sugere ter sido o poeta o inspirador da figura de Carlos Eduardo, objeto de paixão da parte de Roberto. Não entrarei nessa linha de análise, que exigiria um conhecimento que não tenho sobre as figuras que inspiraram as personagens. Antes, quero mostrar como o narrador interfere, conduzindo o livro a uma direção determinada: trata-se de romance católico de tese implícita na condução da ação, julgando entre o bem e o mal. Exemplifico: a propósito da súbita consciência que Roberto tem da qualidade do afeto que o liga a Carlos Eduardo, Faria acrescenta o comentário: "Ninguém ignora que, em geral, ao condenarmos os outros homens pelas vilezas praticadas ou pelas loucuras ditas, quase sempre nos esquecemos dessas noites fatais que vêm como abismos a que não é possível resistir"[198]. A concepção cristã de pecado está presente na narrativa. A compreensão e o perdão à atitude de Roberto nada tem a ver com a *démarche* da trama, mas antes com as posições do autor, o que imprime ao texto uma única direção do pensamento. Essa militância que indica o timbre de romancista católico acaba por ser ambígua, pois ao mesmo tempo define a marca de um analista social e político. Esse contraponto intervém definitivamente sobre a própria estrutura da *Tragédia*, transformando-se em obstáculo à realização integral do projeto. Esse traço de militante político, o autor procurou negar inúmeras vezes em seus escritos e nas entrevistas concedidas. No entanto, o catolicismo das décadas de 1920 e 1930 – que correspondem ao momento de formação e à publicação do primeiro volume da *Tragédia burguesa* – é profundamente marcado por uma intenção política, da qual Otávio não consegue escapar.

*Mundos mortos* tem uma recepção modesta – tanto que a segunda edição do livro só sairá em 1950 – recebendo críticas positivas, em geral de escritores ligados ao grupo católico, e negativas principalmente da parte dos modernistas. Entre umas e outras, é curiosa a carta de Mário de Andrade dirigida a Otávio, que, embora faça restrições ao livro, o chama "romance admirável" e lhe manda "o mais caloroso parabém". Lembra que nunca foi "dos seus grandes admiradores, você sabe perfeitamente disso, somos seres feitos por mãos e destinos muito diversos". Diz irritar-se com o pragmatismo católico dele e de seu grupo, mas afirma discordar "da vesguice da crítica indígena que nem sei mais se não pôde ou se não quis ver no seu livro um grande livro"[199]. Uma das observações restritivas que faz é que as personagens "têm muito do herói à antiga. Ou são o herói que representa o Bem, ou o herói que representa o Mal, ou o herói que representa a tortura ou a indecisão". Entre os elogios diz ser o romance "muito bem escrito, numa língua natural que a gente nem percebe que é boa, tanto ela faz bem em não aparecer". Dois anos depois, embora assinalando ser *Mundos*

---

196 Otávio de Faria em carta a Alceu Amoroso Lima, 9 dez. 1942 (Petrópolis: Acervo Arquivo Tristão de Ataíde).
197 José Castello, *Vinicius de Moraes*, São Paulo: Companhia das Letras, 1994.
198 Otávio de Faria, *Mundos mortos*, cap. 3, p. 120, *in*: Afrânio Coutinho (org.), *Tragédia burguesa (obra completa)*, Rio de Janeiro; Brasília: Pallas; INL, 1985.
199 Mário de Andrade em carta de 5 dez. 1937, transcrita em Otávio de Faria, *Tragédia burguesa*, pp. 215-8.

*mortos* um livro localizado no primeiro plano da ficção nacional, faz sérias restrições a *Três tragédias à sombra da cruz*. Considera que "se apresentam muito amorfas para serem verdadeiras tragédias", perguntando-se se "é possível o verdadeiro trágico dentro do assunto tematicamente cristão". Ou seja, na ótica cristã sempre existe a salvação, o que é o oposto do trágico. Assim, afirma ter tido "a impressão de que desta vez o agitador doutrinário prevalecera demasiadamente sobre o artista"[200].

As observações de Mário de Andrade podem se estender à *Tragédia burguesa* como um todo. Nesse sentido, tratar-se-ia de uma crítica à própria estrutura da obra, que conta com 15 romances, terminados em 1970, sendo os dois últimos publicados depois da morte de Otávio em 1980. Em geral, a recepção negativa ao conjunto de romances tem antes a ver com a forma e a linguagem, que seriam marcadas por uma visão retrógrada, do que à construção da obra. Trata-se, daquela ótica, de mostrar a articulação dos projetos estético e ideológico, pois as maneiras de dizer se identificam às maneiras de ver. "Se é na (e pela) linguagem que os homens externam sua visão de mundo, investir contra o falar de um tempo será investir contra o ser desse tempo."[201] Creio que a visão de Mário de Andrade é muito mais profunda e, arrisco-me a dizer, que a tragédia de Otávio de Faria é perceber antes o paradoxo do que o trágico presente na burguesia. Mas esta é outra questão[202].

---

200 Idem, "Do trágico", *Diário de Notícias*, Rio de Janeiro, 10 set. 1939.
201 João L. Lafetá; Antonio Candido, *op. cit.*, p. 20.
202 Desenvolvi a questão do paradoxo em Otávio de Faria, a qual remeto à influência de Pascal. Cf. Elide R. *Bastos*, "Octavio de Faria e a *Tragédia burguesa*", *in:* Gabriela Nunes Ferreira; André Botelho (org.). *Revisão do pensamento conservador*, São Paulo: Hucitec; Fapesp, 2010, pp. 273-310.

# A VINHETA E O RETRATO: HISTÓRIA E BIOGRAFIA NA NARRATIVA DE GUILLERMO CABRERA INFANTE
RAFAEL ROJAS

Em Cuba, como em todos os países latino-americanos, existe uma tradição de literatura biográfica e memorialista que não tem sido plenamente documentada. A construção da esfera pública e a articulação do campo intelectual moderno, nessa ilha do Caribe, como no continente, estiveram marcadas pelo auge de discursos republicanos, que demandavam perfis de personalidades representativas da nação. As biografias e retratos de heróis e letrados, as memórias de caudilhos e líderes, as crônicas de vilarejos e cidades foram postuladas como provas ontológicas do nacional, em contextos coloniais ou pós-coloniais de sujeição à monarquia espanhola, até 1898, ou à hegemonia dos Estados Unidos, até 1958.

Os nacionalismos literários em Cuba recorreram, durante século e meio, à exposição de caracteres representativos da comunidade. No século XIX, letrados *criollos* como Antonio Bachiller y Morales, Manuel de la Cruz ou Raymundo Cabrera y Bosch escreveram livros como *Galería de hombres útiles*, *Cromitos cubanos* ou *Cuba y sus jueces*, que propunham modelos de patriotismo e virtude para a cidadania insular, a partir de uma orientação política flexível, que oscilava entre o separatismo – a ruptura com o regime colonial – e a autonomia – um autogoverno provincial dentro da monarquia espanhola. Alguns dos mais importantes escritores cubanos de fim de século, como José Martí ou Enrique José Varona, ainda que não dedicassem volumes específicos ao gênero biográfico, deixaram múltiplos perfis de heróis e letrados do século XIX, como Félix Varela, José María Heredia, Carlos Manuel de Céspedes ou Ignacio Agramonte. Outros, como Julián del Casal e Emilio Bacardí, preferiram desenhar retratos das cidades da ilha, modernizadas no trânsito da ordem colonial à republicana.

O gênero biográfico, estudado por Agnes Lugo-Ortiz e outros autores, articulado no século XIX sob a influência de Carlyle e Emerson, mudou nas primeiras décadas do século XX cubano[203]. A escrita biográfica, no trânsito à república póscolonial, viveu uma transformação em que a exaltação de letrados e patrícios cubanos ou latino-americanos, como os retratados por José Ignacio Rodríguez, Enrique Piñeyro ou Manuel Sanguily, era substituída pela construção do panteão heroico da nova nação. Os textos biográficos da primeira República (1902-33), ao estilo de *Iniciadores y primeros mártires* de Vidal Morales y Morales, *Próceres* de Néstor Carbonell Cortina ou *Cabezas de estudio* de Jesús Castellanos, refletiam um processo de

---

203 Agnes Lugo-Ortiz, *Identidades imaginadas*, San Juan: Editorial de la Universidad de Puerto Rico, 1999, pp. 18-30.

escrita da história nacional, marcado pela busca de uma condensação das correntes descolonizadoras do século XIX na epopeia das guerras de independência.

A ascensão do vanguardismo e do nacionalismo, do socialismo e do latino-americanismo, na cultura cubana dos anos 1920 e 1930, alentou uma nova onda de reescrita da história, em que o discurso biográfico experimentou notáveis deslocamentos[204]. Nos anos prévios e posteriores à Revolução de 1933, a literatura biográfica cubana entra em uma hierarquização do panteão nacional em torno da figura de José Martí. A emblemática biografia de Jorge Mañach, *Martí, el apóstol*, e as que a seguiram, *José Martí, el santo de América* de Luis Rodríguez Embil, *Martí: místico del deber* de Félix Lizaso, *José Martí, estudio crítico-biográfico* de Manuel Isidro Méndez, *Martí, maestro y apóstol*, de Carlos Márquez Sterling, ilustram muito bem esse processo de forte personificação do panteão heroico cubano, estudado por Otmar Ette[205].

Não faltaram biografias ou monografias sobre outros heróis intelectuais ou políticos da nação cubana durante os anos 1940 e 1950 – como os estudos sobre Carlos Manuel de Céspedes, de Cosme de la Torriente ou Emilio Roig Leuchsenring, sobre José Antonio Saco, de Raúl Lorenzo ou Manuel Moreno Fraginals, ou sobre Antonio Maceo, de Andrés Piedra Bueno e José Luciano Franco –, mas nada comparável à gravitação que exerceu o campo intelectual cubano em torno da figura de José Martí. Essa reacomodação do panteão heroico, favorecido pela Revolução de 1933 e a nova ordem constitucional de 1940, chegou a sua apoteose com a Revolução de 1959. A partir de então se produziu uma abertura e, ao mesmo tempo, uma delimitação ideológica do panteão heroico, pelas quais a escrita biográfica tentou amalgamar os heróis políticos da independência, no século XIX, e das revoluções dos anos 1930 e 1950, no século seguinte. Os comandantes revolucionários (Camilo e Che) e os líderes comunistas da Revolução de 33 (Julio Antonio Mella e Rubén Martínez Villena) passaram a fazer parte dessa nova galeria de homens representativos.

Quase todos os escritores cubanos dos anos 1950 e 1960, que viveram com maior ou menor intensidade a experiência da Revolução de 1959 e da transformação socialista que se seguiu a ela, abriram suas literaturas ao diálogo com a história e a biografia, entendidas em sentido heroico e republicano. A obra de Guillermo Cabrera Infante é, talvez, o melhor exemplo da presença do discurso histórico e biográfico na narrativa, que permitiria explorar a forma em que a ficção assimila tropos da historiografia, como os estudados, de distintas perspectivas, por Hayden White, Lionel Gossman e Paul Ricoeur[206]. No caso de Cabrera Infante, como veremos, esse diálogo entre literatura e história se intensifica, não só pelo uso da vinheta e do retrato como meios de impugnação de uma história oficial, mas pela apelação ao texto biográfico e memorialista como testemunho da dor do exilado[207].

---

204 Sobre essa transformação cultural, cf. Celina Manzoni, *Un dilema cubano: nacionalismo y vanguardia*, La Habana: Casa de las Américas, 2001.
205 Otmar Ette, *José Martí, apóstol, poeta y revolucionario*, Ciudad de México: Universidad Nacional Autónoma de México, 1995, pp. 150-60.
206 Hayden White, *Metahistoria: la imaginación histórica en la Europa del siglo XIX*, Ciudad de México: Fondo de Cultura Económica, 1992, pp. 40-52; Lionel Gossman, *Between History and Literature*, Cambridge: Massachusetts, Harvard University Press, 1990, pp. 11-7; Paul Ricoeur, *Tiempo y narración II*, Ciudad de México: Siglo XXI, 1995, pp. 383-419.
207 Sobre a relação entre autobiografia e dor, cf. Maurizio Ferraris, *Luto y autobiografía*, Ciudad de México: Taurus, 2000, pp. 23-58.

## DA HISTÓRIA À VINHETA

Interessa-me recapitular a literatura biográfica cubana, entre fins do século XIX e meados do século XX, para localizar as fontes, maiormente inconfessas, do retratismo literário de Guillermo Cabrera Infante (1929-2005). Desde seus primeiros textos narrativos escritos na ilha e desde posições políticas acordes com a revolução e o socialismo, reunidos nas vinhetas de *Así en la paz como en la guerra* (1960), Cabrera Infante mostrou um marcado interesse na apropriação de ferramentas estilísticas de gêneros como a crônica, a memória e a biografia. Em seus artigos históricos e políticos no suplemento literário *Lunes de Revolución*, entre 1959 e 1961, estudados recentemente por Carlos Velazco e Elizabeth Mirabal, se observa também esse interesse pela escrita de perfis e pelo desenho de silhuetas de políticos, artistas e escritores do passado de Cuba[208].

Essa inclinação se perfilaria mais claramente nas obras maiores de Cabrera Infante: os romances *Tres tristes tigres* e *La Habana para un infante difunto*, a narrativa histórica de *Así en la paz como en la guerra* e *Vista del amanecer en el trópico*, os ensaios de *Mea Cuba* e, especificamente, os retratos literários de dezenas de escritores cubanos em *Vidas para leerlas*. Em alguns dos livros póstumos de Cabrera Infante, publicados nos últimos cinco anos, como *La ninfa inconstante* e, sobretudo, *Cuerpos divinos* e *Mapa dibujado por un espía*, esse *mano a mano* entre crônica e biografia, memória e ficção, põe em cena uma tendência ao retrato literário como motivo da escrita. A vinheta e o retrato, que apareciam desligados nos textos iniciais de Cabrera Infante, se justapõem na obra tardia, onde a trama entre história e ficção já é indissociável.

Entendida como colocação em cena ou atualização da tradição do retrato literário em Cuba, a obra de Guillermo Cabrera Infante permitiria lançar algumas interrogações à literatura biográfica cubana do último meio século. Enquanto na ilha os grandes escritores da geração anterior (Alejo Carpentier, José Lezama Lima, Virgilio Piñera, Nicolás Guillén, Eliseo Diego) abandonavam o diálogo com o jornalismo ou a crônica e prescindiam do retrato literário, os escritores da geração de Cabrera Infante e os posteriores (Lisandro Otero, Edmundo Desnoes, Pablo Armando Fernández, Miguel Barnet, Jesús Díaz, Norberto Fuentes) tentavam desmarcar-se das poéticas letradas da literatura e aspiravam a um tipo de ficção histórica ou política, encapsulada no ideal de um "romance da Revolução".

O retrato literário, em Cabrera Infante, por sua proximidade com a memória, gera também constantes intervenções autobiográficas, tanto nas prosas de ficção como nas de não ficção. Junto aos constantes perfis de seus contemporâneos, entre os anos 1950 e 1960, aparece sempre um "Caim" autorretratado, com Havana ao fundo. Estudaremos esses autorretratos sem perder de vista a importância que tiveram o cinema e a fotografia para a literatura desse autor. Ele mesmo posou para seus amigos fotógrafos Jesse Fernández, Mario García Joya e Orlando Jiménez Leal, que deixaram retratos seus que, com frequência, passaram ao texto como transcrições daqueles autorretratos literários.

A tradição do retrato literário cubano consegue sobreviver e se reproduzir em autores exilados, como Enrique Labrador Ruiz ou Lino Novás Calvo, primeiro, e Guillermo

---
208  Elizabeth Mirabal; Carlos Velazco, *Sobre los pasos del cronista*, La Habana: Unión, 2010, pp. 66-82.

Cabrera Infante e Reynaldo Arenas, depois, pelo fato de ser o exílio uma condição que permite retomar motivos e estratégias centrais da literatura republicana ou pré-revolucionária. O diálogo entre literatura e jornalismo era fundamental para aquela tradição, desde José Martí e Julián del Casal, e seria fundamental, também, para Cabrera Infante e Arenas, no exílio de fins do século XX. Como Karl Kraus, na Viena de fins de império, Cabrera Infante entendeu que uma literatura impregnada de jornalismo era um dispositivo da memória, apto para operar a retenção da imagem urbana e da silhueta civil na velocidade dos tempos modernos. Como diria Kraus: "O jornalismo empesteou o mundo com certo talento; o historicismo [o fez] sem nenhum"[209].

Haveria em Cabrera Infante um historicismo da memória, se cabe o oxímoro, mais próximo a Bergson que a Croce. Uma busca da substância da história na evocação pessoal da cidade e de seus rituais. O retrato ou a silhueta das personagens, assim como as cenas urbanas condensadas em vinhetas, funcionam como cápsulas narrativas dessa memória, entendida como correlato do histórico. Na origem dessa preferência pelo retrato e pela vinheta haveria que colocar o cinema, seus quadros, sequências e planos, e o crítico de cinema que foi o jovem Cabrera Infante na Havana dos anos 1950. Um dos primeiros retratos que registra sua literatura é, de fato, um autorretrato: o "retrato do crítico quando Caim", que lemos nas páginas iniciais de *Un oficio del século XX: G. Caín 1954-1960* (1963)[210].

Ao retratar seu *alter ego*, G. Caín, o autor daquelas crônicas cinematográficas nas revistas havanesas *Carteles* e *Bohemia*, Cabrera Infante propõe seu autorretrato como perfil de um outro, insinuando uma cisão entre o cinéfilo e o escritor, equivalente à de Caim e Abel. Mas, apesar do conhecimento técnico que exibe G. Caín em suas crônicas, a crítica cinematográfica de Cabrera Infante é, fundamentalmente, literária. As tramas e as personagens, as cenas e os símbolos, nos filmes de Orson Welles, Alfred Hitchcock, François Truffaut, Jean-Luc Godard, Elia Kazan, Michelangelo Antonioni e Federico Fellini, para mencionar alguns dos diretores que mais admirava, eram sempre os elementos que privilegiava o crítico em suas crônicas.

Cabrera Infante era consciente das diferenças entre as linguagens daquelas artes. Assim como pensava que o romance *O velho e o mar*, de Ernest Hemingway, não devia ter sido levado ao cinema, elogiava Kazan por ter feito de um dos piores romances de John Steinbeck uma obra-prima do cinema, em *Vidas amargas*. O que o atrai nesse filme não é a atuação de James Dean, a quem considera "demasiado brandonesco e imaturo", mas os retratos de Caim e Abel, desenhados por Kazan com a ajuda de Freud, e algumas cenas como a de um balanço que se mexe pendularmente ou as silhuetas esfumadas pela névoa ou ocultas atrás dos arbustos[211]. A vinheta como condensação de um trauma – nesse caso, o fratricídio – e o retrato como ocultamento ou estilização do verdadeiro rosto da história.

Nos relatos de *Así en la paz como en la guerra* (1960) encontramos já a instalação do retrato e da vinheta como dispositivos da ficção de Guillermo Cabrera Infante. O retrato de Joe Westbrook, jovem afiliado ao Diretório Revolucionário que fora executado pela polícia de Batista após o assalto ao Palácio Presidencial, em março de 1957,

---

209 Karl Kraus, *Contra los periodistas y otros contras*, Madrid: Alfaguara, 1998, p. 55.
210 Guillermo C. Infante, *Un oficio del siglo XX*, Madrid: El País, 1993, pp. 13-36.
211 *Ibidem*, pp. 61-2.

é, ao mesmo tempo, a vinheta do assassinato na rua Humboldt, 7. Westbrook aparece lendo um manifesto escrito por ele mesmo, que recorda José Martí aos 19 anos. O jovem dorme, no meio da leitura, e o desperta a metralha da polícia de Batista sobre seu próprio corpo. Cabrera Infante inverteu só dois parágrafos na cena: dois parágrafos nos quais se comprimia todo um episódio da Revolução Cubana[212].

Outras vinhetas de *Así en la paz como en la guerra*, como a do diálogo do general batistista com seu subordinado, são, na realidade, um díptico, dois retratos em um. Ainda que o diálogo pareça mais um monólogo do subordinado (aparentemente um comandante, que repete as perguntas do general para logo respondê-las, solícito e obediente), ambas as personagens ficam esboçadas no texto. O general, com seu interesse pelo "sistema" repressivo e sua afirmação constante da autoridade, e o subalterno, pela submissão e bajulação. Ainda que situada no período de Batista, não é improvável que Cabrera Infante tentasse captar, sutilmente, a criação de uma nova casta de comandantes na etapa inicial da revolução, por meio da compra e venda de lealdades[213].

O trânsito à ficção, que se insinuava em alguns contos de *Así en la paz como en la guerra*, como "En el gran ecbó" e "Ostras interrogadas", acelerou-se em *Tres tristes tigres* (1967), deslocando a vinheta e o retrato a dimensões em que o diálogo com a história impunha outras mediações. Desde as primeiras páginas, Cabrera Infante expunha a intenção de retratar a cidade e suas línguas, a "noite *hablanera*", como dirá certa vez[214]. Esse deslocamento à ficção colocava o histórico em um plano de atualização que se desprendia, em boa medida, da experiência daquela Havana como presente. Cabe advertir que a dimensão mais vanguardista ou experimental da narrativa de Cabrera Infante, em textos dos anos 1960 e 1970 – *Tres tristes tigres* (1967), *O* (1975) e *Exorcismos de esti(l)o* (1976) –, se manifesta justo quando o exílio é ainda uma realidade recente ou quando Havana não aparece, ainda, como um mundo perdido.

Há, de saída, retratos reais ou imaginários nesses livros, como os de Rine Leal ou da cantora de boleros Estrella Rodríguez, Arsenio Cué e o colunista e pornógrafo Víctor Perla, em *Tres tristes tigres*, ou os de Corín Tellado em *O* e Natalio Galán em *Exorcismos de esti(l)o*, mas a ficção mediava a representação da história por meio de alegorias e paródias[215]. Talvez sejam essas mediações que levaram Enrico Mario Santí e Nivia Montenegro a reunir, em sua volumosa e inteligente antologia *Infantería* (1999), esses livros em uma chamada intitulada "El texto", enquanto alojavam outras obras dos anos 1970, como *Vista del amanecer en el trópico* (1974) e *La Habana para un infante difunto* (1979), na seção intitulada "La memoria". Com efeito, o retrato e a vinheta acompanhavam também as ficções de Cabrera Infante, mas começam a ocupar o centro da escrita em textos mais voltados à memória, como os que se publicam depois de vinte anos de exílio.

Dedicado ao comandante da revolução, Plinio Prieto, fuzilado em 1960 por se opor ao novo governo revolucionário, e ao também comandante e ex-ministro do Comércio, Alberto Mora, que se suicidou em 1972 após cair no ostracismo por seu rechaço ao encarceramento do poeta Herberto Padilla, *Vista del amanecer en el trópico* (1974) é uma reescrita da história de Cuba, que coloca em cena abertamente a tensão

---

212 *Idem, Infantería*, Ciudad de México: Fondo de Cultura Económica, 2000, p. 59.
213 *Ibidem*, p. 90.
214 *Ibidem*, pp. 266-71.
215 *Ibidem*, pp. 275-84.

entre memória e historiografia e, também, entre literatura e ideologia. Uma das primeiras entradas do texto é um debate com o historiador Fernando Portuondo, autor de vários livros de história de Cuba, em meados do século XX. Portuondo e sua esposa, Hortensia Pichardo, haviam escrito um ensaio intitulado *En torno a la conquista* (1947), que condensava a ideia de que a história nacional começava com a chegada dos espanhóis à ilha. Essa tese, equivalente à de outras historiografias coloniais na América hispânica estudadas por Christopher Schmidt-Nowara, se incorporou ao formato de divulgação e pedagógico do livro para o ensino da história de Cuba para o ensino médio, que Portuondo escreveu e reescreveu entre os anos de 1940 e 1970[216].

Cabrera Infante se deu conta de que a história oficial republicana se reproduzia no período revolucionário, a partir das mesmas pautas excludentes do relato colonial da nação. Do livro de Portuondo tomava uma frase,"a história começa com a chegada dos primeiros brancos, cujos fatos registra", que lhe servia de pé para estabelecer um contraponto ou uma réplica dessa história oficial perpétua. O passado nacional, segundo o escritor, não começava com a chegada dos conquistadores, já que "antes do homem branco estavam os índios"[217]. Os suplícios e perseguições contra os índios conformam, com propriedade, as primeiras cenas de *Vista del amanecer en el trópico*, dando lugar a uma série de vinhetas em que se descreve a "captura e aniquilação" dos negros escravos, que se embrenhavam no monte como chimarrões. Cabrera Infante, como logo depois Antonio Benítez Rojo, entenderá a repressão como uma máquina, que inclui o sabujo assassino e o rancheiro implacável[218].

Assim como o escritor reprovava ao historiador abrir a história nacional com a chegada dos brancos, o romancista dialogava com os antropólogos, destacando sempre o papel dos negros na formação da cultura nacional. Já em *Tres tristes tigres*, Cabrera Infante retratava assim a cantora de boleros Estrella Rodríguez: "É negra, negra, negra, totalmente negra, e começamos a falar e pensei que país mais aborrecido seria este se não tivesse existido o padre Las Casas e lhe disse, te bendigo, cura..., salvaste este país"[219]. O sentido excludente de uma história oficial baseada na hegemonia das elites brancas, liberais, católicas ou comunistas é uma trama permanente na poética da história de Cabrera Infante.

A partir de certo momento, essa história oficial, que se encontrou condensada no livro de Portuondo, se converte n'A História, com artigo e maiúscula. Uma História que escreve e fala, narra e descreve, como no dispositivo meta-histórico pensado por Hayden White. Daí que, a propósito do medo ao negro entre as elites brancas cubanas, logo após a Revolução Haitiana, escreva Cabrera Infante: "Diz a História: entre as classes de cor ia incubando-se o propósito de imitar os haitianos. As sedições das negradas dos engenhos eram cada vez mais frequentes, mas careciam de unidade e direção"[220]. Essa História aparecia em *Vista del amanecer en el trópico* como um dispositivo que naturalizava, no devir da ilha, a violência, o racismo e a exclusão.

---

216 A primeira edição do livro data de 1941: Fernando Portuondo, *Curso de historia de Cuba de acuerdo con el nuevo programa oficial de la materia en los institutos*. Nos anos 1960-70, o livro chegou a sua sétima ou oitava edição, na editora oficial Pueblo y Educación. Ver também Christopher Schmidt-Nowara, *The Conquest of History*, Pittsburgh: University of Pittsburgh Press, 2006, pp. 96-129.
217 Guillermo C. Infante, *Vista del amanecer en el trópico*, Madrid: Mondadori, 1987, p. 15.
218 *Ibidem*, pp. 24-5; Antonio B. Rojo, *La isla que se repite*, Hanover: del Norte, 1989, pp. VI-XIII.
219 Guillermo C. Infante, *Tres tristes tigres*, Barcelona: RBA, 1993, p. 55.
220 *Idem, Vista del amanecer en el trópico, op. cit.*, p. 35.

O livro estava armado da dupla estrutura narrativa do retrato e da vinheta. Hatuey, Pepe Antonio, Carlos Manuel de Céspedes, Antonio Maceo, José Martí, Calixto García eram alguns dos perfis traçados, enquanto as vinhetas encapsulavam cenas da história nacional como a conspiração de La Escalera, o levante dos Independentes de Cor em 1912, a queda do ditador Gerardo Machado, a entrada em Havana dos líderes da Revolução de 1959, as guerrilhas anticastristas de El Escambray, o presídio político e o paredão de fuzilamento. Cabrera Infante partiu de um arquivo textual e, ao mesmo tempo, visual: gravações, fotos e imagens de todo tipo conformavam um material gráfico que inspirava as cenas e personagens descritas. Mas aquele arquivo respondia a um relato codificado pela história tradicional do antigo regime, que, inesperadamente, se rearticulava logo depois da revolução.

Os últimos retratos e vinhetas de *Vista del amanecer en el trópico* descreviam comandantes revolucionários que fuzilavam sem perigo opositores que morriam no paredão de fuzilamento, gritando "Viva Cristo Rei!", e dezenas de milhares de cubanos que escapavam como fosse da ilha, em uma bateia, um bote ou congelados no trem de aterrissagem de um avião[221]. A revolução não cancelava o terror da história de Cuba mas o continuava e, em boa medida, o perpetuava. A velha historiografia de Fernando Portuondo, Ramiro Guerra, Emeterio Santovenia, Herminio Portell Vilá acabava mudando em uma nova narrativa que introduzia mecanismos mais sofisticados de segregação dos sujeitos da história. O próprio Portuondo, como recordaria outro historiador exilado, Leví Marrero, seria vítima daquela exclusão ao ver como a seção de seu livro dedicada à época republicana de Cuba era apagada nas edições revolucionárias dos anos 1960 e 1970[222].

## DA FICÇÃO AO RETRATO

A narrativa de Cabrera Infante, como se confirmaria em *La Habana para un infante difunto* (1979), era tanto uma aposta pela visibilidade dos sujeitos apagados como um resgate para a memória do tempo purgado no novo relato oficial. As passagens da Cuba republicana, mutiladas no livro de Portuondo, correspondiam, sobretudo, ao lapso de modernização que viveu Cuba na primeira metade do século XX, especialmente nas décadas de 1940 e 1950. Ao mesmo tempo em que justapunha o avanço dessa modernidade, com a expansão erótica de seu próprio corpo, Cabrera Infante sacava da opacidade a cultura popular que se acumulava nos bairros negros de Havana – Cayo Hueso, San Isidro, Jesús María, Diezmero –, onde havia nascido a rumba que Chano Pozo transformou no *jazz* de Nova York[223].

Em uma passagem de *La Habana para un infante difunto*, Cabrera Infante se refere a esses bairros da cidade como uma "Havana invisível", sob a sonoridade *criolla* dos pianos e das guitarras de ressonância espanhola, da contradança e dos bailes[224]. Sua narrativa era, portanto, um processo de visibilização ou desvelamento de uma cidade oculta, que emergia com a própria modernização urbana. No entranhável

---

221 *Ibidem*, pp. 205-11.
222 Fernando Portuondo, *Cuba republicana*, San Juan (Porto Rico): Capiro, 1985, pp. 6-9.
223 Guillermo C. Infante, *La Habana para un infante difunto*, Barcelona: Seix Barral, 1979, pp. 356-459.
224 *Ibidem*, p. 457.

retrato de Lydia Cabrera, que deixará escrito em *Vidas para leerlas* (1998), se plasmará claramente essa ideia da modernidade de uma cultura como anagnórise de si, como saída à flor d'água de um continente submerso, em um sentido muito similar ao da psicanálise freudiana ou a *O labirinto da solidão* de Octavio Paz. Lydia Cabrera era, segundo Cabrera Infante, a maior escritora cubana do século XX, cujo projeto literário, condensado nos *Cuentos negros de Cuba* (1936), equivalia a uma *antropoética*, isto é, a uma exposição estética dos componentes étnicos da nação[225].

Em *Vidas para leerlas* (1998), o livro que atinadamente extraiu de *Mea Cuba* (1993), como se se tratasse de uma caixa chinesa, foi onde Cabrera Infante contrapôs à história oficial da ilha um discurso biográfico, que era, ao mesmo tempo em que uma homenagem, um abuso de confiança e um retrato de família. José Lezama Lima e Virgilio Piñera, Nicolás Guillén e Alejo Carpentier, Lino Novás Calvo e Carlos Montenegro, Calvert Casey e Virgilio Piñera, Enrique Labrador Ruiz e Reynaldo Arenas, Antonio Ortega e Lydia Cabrera, seguramente, eram retratados de corpo inteiro, não como silhuetas ou perfis. A partir do modelo clássico das *Vidas paralelas*, Cabrera Infante sustentava que Plutarco, e não Heródoto, era a fonte principal da literatura moderna, de Shakespeare em diante[226]. O texto biográfico, à diferença do histórico, não se baseava no dado, mas na fofoca, isto é, em uma estetização e, também, numa moralização do acontecido que traumatizava a vida do sujeito e lhe imprimia atributos irrepetíveis. É por isso que a biografia tinha, sobre a história, a vantagem de colocar a subjetividade no centro do passado.

Quase todos os retratos de *Vidas para leerlas* eram de escritores, pelo que a dor adquiria na prosa de Cabrera Infante um tom gremial, de tributo a seus antepassados nas letras nacionais. Mas entre todos aqueles escritores, alçava a cabeça um desportista, José Raúl Capablanca, campeão mundial de xadrez nascido em Havana em 1888. Cabrera Infante escreveu o perfil de Capablanca no ano de seu centenário e, se o lemos com cuidado, observaremos que o enxadrista é captado, antes de tudo, como personagem literária. Um havanês brincalhão e mulherengo, um *playboy* em Nova York ou em Paris, em Havana ou em Buenos Aires, um gênio acossado como Mozart por um Salieri, o russo Alexander Alekhine, a quem deixou órfão em 1942, quando morreu de um fulminante derrame cerebral no Clube de Xadrez de Manhattan[227]. O Capablanca de Cabrera Infante, o mesmo que o Lorca que faz chover em Havana, são retratos magistrais, onde a biografia substitui definitivamente a história como matéria-prima da literatura.

A obra póstuma de Guillermo Cabrera Infante, que lemos em volumes como *La ninfa inconstante* (2008), *Cuerpos divinos* (2010) e *Mapa dibujado por un espía* (2013), põe em cena essa substituição da história pela biografia e da ficção mesma pela memória. Uma substituição que, do ponto de vista estilístico, implica também o predomínio do retrato sobre a vinheta. Independentemente do momento de escrita de cada um desses livros, nos três se observa um projeto de continuação de *La Habana para un infante difunto*, que avança entre fins dos anos 1950 e meados dos 1960, quando viaja pela última vez à ilha, para o funeral de sua mãe, e inicia seu exílio definitivo. O Cabrera Infante póstumo é, antes de tudo, um memorialista e um retratista.

---

225 *Idem, Vidas para leerlas*, Madrid: Santillana, 1998, p. 97.
226 *Ibidem*, pp. 11-2.
227 *Ibidem*, pp. 233-4.

O escritor Roberto Branly, o cineasta Tomás Gutiérrez Alea e sua esposa, Olga Andreu, são três dos retratos mais bem realizados de *La ninfa inconstante* y *Cuerpos divinos*[228]. A fuga da ficção, no apego a esses espectros da memória, é confessada pelo próprio Cabrera Infante em um excurso sobre o passado nas primeiras páginas de *La ninfa inconstante*. Aí ele diz que o passado permite ver "o tempo como se fosse o espaço", quer dizer, como uma realidade física distante[229]. Essa distância faz a recordação ser como uma precipitação ou uma queda desde as alturas do presente. Uma vez transportado ao passado, o presente aparece como uma dimensão fictícia: "O passado se faz visível – escreve Cabrera Infante – através de um presente fictício – e sem dúvida toda ficção perecerá. Não ficará então do passado mais que a memória pessoal, intransferível"[230]. Nessas páginas iniciais de *La ninfa inconstante* se sintetiza uma poética da memória, que assegurou o triunfo da biografia e do retrato na prosa do autor de *Vidas para leerlas*.

Ainda assim, a ausência da ficção nunca é total nos textos póstumos de Cabrera Infante. E a ficção aparece, com frequência, nos momentos de dor ou de homenagem, como no emotivo retrato da cantora Elena Burke em *Cuerpos divinos*. Ainda que o tom memorioso deva mais a uma saga de *La Habana para un infante difunto*, Cabrera Infante retrata Burke com as pautas estilísticas de *Tres tristes tigres*. Ao descrever o "estilo" da cantora, entra em uma disquisição musicológica:

> levava a canção para além do mero limite de tônica-dominante-tônica em que se havia mantido durante decênios, introduzindo acordes inusitados na música popular cubana, sempre rica de ritmo, mas pobre em harmonia, arrastando as notas em caldeirões inesperados, produzindo rubatos rápidos e harmonizações que pareciam vir de Debussy através da música americana, de certos *blues*, das *torch songs* cantadas por Ella Fitzgerald e dos arpejos, do *scat singing* de uma Sarah Vaughan, com os elementos tropicais de sempre do bolero que surgiu da *habanera*, tomando um nome espanhol, mas sendo cubano[231].

Ao chegar a esse ponto, Cabrera Infante se dá conta de que adotou um tom professoral e se corrige:

> mas eu tampouco vim aqui para dar uma conferência sobre música, discorrendo pedante sobre coisas que apenas sei e que mais que saber intuo, mas vim para entronizar Elena, um dos maiores manes destas noites tão solitárias, destas madrugadas tristes, que ela presidia com sua voz cálida, com tons baixos, com arpejos de contralto ainda que fosse uma soprano natural, uma das mais naturais sopranos que conheceu a música cubana[232].

A vinheta musicológica se infiltrava no retrato de Elena Burke e Cabrera Infante zombava de si mesmo, como antes havia zombado de Alejo Carpentier, que

---

228 Idem, *La ninfa inconstante*, Barcelona: Galaxia Gutenberg, 2008, pp. 23-7; *Cuerpos divinos*, Barcelona: Galaxia Gutenberg, 2010, pp. 89-90.
229 *Ibidem, La ninfa inconstante, op. cit.*, p. 17.
230 *Ibidem*, p. 18.
231 Idem, *Cuerpos divinos*, p. 405.
232 *Ibidem*, p. 406.

falava de músicas como se fosse de raças. Mas tanto o retrato como a vinheta encontravam a mesma raiz na dor da memória, isto é, na certeza de que o bolero e essas "harmonias debussyanas e esse rio subterrâneo do ritmo", que era o *feeling*, estavam condenados a desaparecer[233].

O texto da memória como fuga da ficção e o retrato como estrutura retórica do mesmo se afiançam no último dos livros póstumos de Guillermo Cabrera Infante: *Mapa dibujado por un espía* (2013). Desde a saída assistimos ao terrível retrato de Pablo Aldama, um mulato torto, veterano das pandilhas juvenis dos anos 1940 e amigo de Fidel Castro, agente de segurança do Estado, que espiava o embaixador cubano na Bélgica, Gustavo Arcos, e o próprio Cabrera Infante, adido cultural em Bruxelas, e que o escritor imagina como um descendente de escravos de Miguel Aldama, o magnata açucareiro do século XIX. Cabrera Infante retrata a ambos os Aldama, tensionando um arco narrativo que em poucas páginas encadeia a história de Cuba a uma trama biográfica, que se assenta sobre a delação, o despotismo e a violência[234]. Como em *Vista del amanecer en el trópico*, a história da nação é, aqui, um itinerário da exclusão e do despojo.

A obra póstuma de Guillermo Cabrera Infante pode ser lida como a apoteose do retrato biográfico, enquanto chave estilística de uma poética da memória. Trata-se, como temos visto, de uma poética que não se afasta da ficção para subscrever a história oficial, mas para impugná-la. Por meio da vinheta e do retrato, o narrador buscou formas de representação de uma verdade moral e estética, que se mostrava inacessível desde o discurso novelístico e historiográfico. Uma verdade moral e estética que só podia ser captada por uma evocação concentrada da vida do escritor na cidade e da dor por uma cultura perdida. Na postulação dessa verdade, a narrativa de Guillermo Cabrera Infante foi uma assunção da exortação de Konstantinos Kaváfis: "tem sempre a Ítaca na memória. / Chegar ali é tua meta. / Mas não apresses a viagem. / Melhor que se estenda por longos anos; / e que em tua velhice arribes à ilha / com quanto tenhas ganhado no caminho".

## CONCLUSÃO

A tradição cubana de escrita histórica e biográfica desemboca em Guillermo Cabrera Infante em forma de estilização e paródia de um gênero letrado. Os recursos da vinheta e do retrato aparecem na narrativa do escritor cubano como vestígios dessa tradição, logo após submeter à crítica o discurso da história oficial. Cabrera Infante contrapõe à ficção a memória e à história a biografia, por meio de um aproveitamento de cápsulas narrativas do passado da ilha e de breves perfis de seus heróis literários. Há nessa poética da memória uma continuação por outros meios – ainda que localizada no desencanto do relato nacional – da escrita biográfica dos patrícios republicanos, que se propuseram dotar a cidadania de um panteão de caracteres emblemáticos.

Além da crítica da história oficial e do desencanto frente aos tropos excludentes do relato nacional, Cabrera Infante articulou sua escrita biográfica em torno do sentimento de dor. Tanto em seus apontamentos autobiográficos como nas vinhetas históricas e nos retratos literários, o escritor buscou sempre dar conta de cida-

---

233 *Ibidem.*
234 *Idem, Mapa dibujado por un espía*, Barcelona: Galaxia Gutenberg, 2013, pp. 19-20 e 23-4.

des e cidadanias perdidas, de ressonâncias e sujeitos apagados por uma mudança cultural que, a seu juízo, não operava a favor, mas contra a modernidade da ilha. A dor dá forma a sua obsessiva reconstrução da Havana dos anos 1950 e 1960, desde seu exílio em Londres, e a uma galeria de retratos reais e imaginários, inspirados naquele momento de esplendor da cidade, que foi codificando nos livros que editou em vida e que ainda se lê em sua obra póstuma.

A reescrita do gênero letrado do perfil ou da biografia, em Cabrera Infante, persistiu na edificação de um panteão literário nacional desde o exílio, como o que se lê, sobretudo, em *Vidas para leerlas* (1998). Mas, ao mesmo tempo, a vinheta e o retrato, na obra do autor de *Tres tristes tigres*, propunham um desbordamento da cidade letrada por meio da fixação de ícones da cultura popular, provenientes, sobretudo, da música e do cinema. Tanto em sua cartografia de Havana como no relato de sua vida naquele cenário, Cabrera Infante apostou em uma ideia da cultura nacional, endividada com o grande acervo do saber antropológico cubano da primeira metade do século XX.

# OS *RECUERDOS DE UN MILITANTE SOCIALISTA*, DE ENRIQUE DICKMANN
RICARDO MARTÍNEZ MAZZOLA

> *Abandonai vossos arados e estendei vossas mesas... É generosa a tenda que ampara as antigas dores da raça e cura as feridas como bandagem disposta por mãos maternais. Judeus errantes, desgarrados por velhas torturas, cativos redimidos, ajoelhemo-nos, e sob suas dobras enormes, junto com os coros adornados de luz, ouçamos o cântico dos cânticos, que começa assim: Ouvi, mortais...*
> Alberto Gerchunoff

Nos últimos anos, as memórias militantes têm suscitado uma importante atenção no debate público argentino. Seja partindo de indagações jornalísticas ou do campo intelectual, são numerosos os aportes que indagam acerca do modo com que os militantes dos anos 1960 e 1970 representaram seu passado[235]. Mas o *"boom* da memória" ou, em termos mais acadêmicos, o "giro memorialístico" não alcançou a literatura autobiográfica produzida por dirigentes e militantes dos partidos da esquerda tradicional. Talvez isso se explique pelo preconceito de que se trataria de textos áridos e esquemáticos que só portariam um valor documental. Por outro lado, a recente historiografia das forças de esquerda empreendida por praticantes da história social e política, tem descuidado dos textos biográficos ou, no melhor dos casos, os tem tratado como uma fonte a mais para reconstruir as histórias partidárias[236]. Similar tem sido o caso das abordagens formuladas em chave de história intelectual: concentradas no ideológico e doutrinário, têm deixado de lado a dimensão biográfica da produção cultural das esquerdas.

Nem as *Memorias* de Elías Castelnuovo, nem os numerosos escritos testemunhais de Liborio Justo, nem – em momentos em que o olhar de gênero joga luz sobre muitos escritos de mulheres – os ensaios autobiográficos de mulheres como Alcira de la Peña ou Fanny Edelman têm sido objeto de atenção acadêmica. Tampouco o foram as memórias

---

[235] Sobre a profusão da escritura memorialística referida ao passado argentino recente, ver Elizabeth Jelin, *Los trabajos de la memoria*, Madrid: Siglo XXI, 2002; Hugo Vezzetti, *Pasado y presente*, Buenos Aires: Siglo XXI, 2002; Alejandra Oberti e Roberto Pittaluga, *Memorias en montaje*, Buenos Aires: El Cielo por Asalto, 2006; e Beatriz Sarlo, *Tiempo pasado*, Buenos Aires: Siglo XXI, 2006.

[236] A principal exceção é o monumental *Diccionario biográfico de la izquierda argentina*, de Horacio Tarcus e Laura Ehrlich (Buenos Aires: Emecé, 2007). Deve-se assinalar, sem dúvida, que, ainda que neste caso as trajetórias individuais não sejam colhidas pelo interesse nas histórias partidárias, isso não redunda na análise dos textos memorialísticos, que são tratados simplesmente como fontes para a reconstrução das trajetórias biográficas.

de importantes líderes socialistas como Nicolás Repetto ou Enrique Dickmann[237]. Mas, se no conjunto dos textos nascidos da pena de Repetto – seus *Pasos*, pela política, pela medicina e pela agricultura, assim como seu tardio *Mis noventa años* –, a leitura dos textos confirma o citado preconceito, não sucede o mesmo com os *Recuerdos de un militante socialista* que Enrique Dickmann publicou em 1949. Isso se explica em parte por sua fascinante trajetória vital: nascido na Letônia de uma família judia ortodoxa, vinculou-se aos movimentos populistas e ao sionismo, fugiu de seu lar para a Palestina, mas não conseguiu chegar. Detido em Istambul com apenas 14 anos, foi selecionado pela Jewish Colonization Association para emigrar para a Argentina onde, instalado como colono, conseguiu reunir recursos para trazer consigo a família. Deixando-os encarregados de sua parcela partiu para Buenos Aires, onde estudou medicina e se ligou ao nascente movimento socialista, de que chegou a ser uma das principais referências e o primeiro legislador nacional de origem judaica. Mas não é só o caráter aventureiro da experiência vivida por Dickmann o que o destaca entre a literatura testemunhal dos socialistas argentinos, como também uma escrita mais cambiante na qual incorpora uma multiplicidade de tons e gêneros literários e, principalmente, o onipresente trabalho de construção de si mesmo. É assim que os *Recuerdos* podem ser lidos como um imenso esforço de legitimação de Dickmann como socialista, como dirigente e, sobretudo, como argentino.

## AS MEMÓRIAS SOCIALISTAS

Entre os líderes do movimento socialista internacional, assim como entre muitos dos homens públicos do começo do século XX, a escrita memorialística se orientou ao estabelecimento de um perfil público legítimo. Por meio de uma nutrida produção os dirigentes de diferentes latitudes escreveram dando conta das razões de sua militância e contando os avatares de suas lutas. Às vezes tratava-se de pequenos textos muito codificados que, sob títulos como "Por qué soy socialista", aportavam, em chave didática, razões para somar-se à causa. Mais interessantes eram aqueles que se intitulavam "Cómo me hice socialista", nos quais, apelando à voz pessoal, figuras reconhecidas relatavam o modo em que se havia produzido sua "conversão" e seu ingresso no movimento socialista[238].

Entre os textos paradigmáticos se encontra aquele em que o líder socialista norte-americano Eugene Dibbs relatava seu ingresso no socialismo através da participação em uma corporação de bombeiros, e também aquele em que Hellen Keller explica como se aproximou das ideias socialistas por meio da leitura do *New World for Olds*, de H. G. Wells, em braile. Se no relato de Dibbs o ingresso ao socialismo nascia do contato com o movimento operário e sem mediar teoria, no de Keller se tratava de um vínculo fundamentalmente doutrinário. Sem dúvida, em outros relatos de conversão ao socialismo, as vinculações vivencial e doutrinária se suce-

---

237  É chamativo o fato de que as memórias de Dickmann tampouco tenham sido objeto de análise por parte dos trabalhos que, recentemente, se ocuparam de reconstruir a memória das colônias judaicas de Entre Ríos. Ver Patricia Flier, "Volver a Colonia Clara", *Cuadernos Judaicos*, Universidad de Chile: dez. 2012, n. 29; e Judith Freidenberg, *La invención del gaucho judío*, Buenos Aires: Prometeo, 2013. Sua vida foi objeto de uma biografia romanceada por parte de Myriam Escliar, *Dickmann y otras historias de vida*, Buenos Aires: Acervo Cultural, 2011.
238  Para uma análise dos textos biográficos em que os militantes davam conta de seu ingresso nas fileiras socialistas, ver Marc Angenot, "La conversión al socialismo", *in: Interdiscursividades de hegemonías y disidencias*, Córdoba: Editora de la Universidad Nacional de Córdoba, 1998.

diam. Um exemplo encontramos no que talvez seja o primeiro texto publicado sob o título *How I Became a Socialist*, em que William Morris explica que sua adesão ao socialismo, nascida da recusa à moderna civilização mecânica e do desejo de uma verdadeira comunidade, antecedeu o conhecimento das doutrinas socialistas às quais, chamativamente, acedeu a partir dos argumentos que contra elas colocava John Stuart Mill. Jack London, em um texto célebre, declara que o socialismo entrou nele como o cristianismo nos cavaleiros teutônicos, a marteladas: o individualista de sua juventude, uma "besta loira" nietzscheana de credo individualista, ficou para trás a partir do contato com os derrotados, o que o levou a se perguntar o que aconteceria se suas forças falhassem. London explica a transformação com terminologia religiosa: havia renascido, mas não havia sido ainda rebatizado, foram as leituras que o levaram depois a descobrir que já era um socialista.

Perto do final dos *Recuerdos*, Dickmann inclui um texto breve em que relata como se tornou socialista. Assim como nos relatos de Morris e London, o ponto de partida é a experiência de vida – como peão do campo, como peão de construção, como domador de potros e novilhos – que o teria ensinado a amar o trabalho criador e a sentir simpatia pelo povo laborioso e fecundo. Como eles, relatava que nesse momento era "socialista sem o saber"; como na maioria dos casos, o passo decisivo seria a leitura, através do periódico *Vorwärts*.

Mas o movimento socialista não só provia o modelo de textos breves que explicavam as razões de ingresso a suas fileiras, mas também o de longas e detalhadas memórias. Os exemplos são inumeráveis, mas talvez seja interessante levar em conta os *Souvenirs d'un militant socialiste* do líder do Partido Operário Belga, Émile Vandervelde[239]. À similitude dos títulos, acrescentam-se outras semelhanças: o papel que o belga e Dickmann atribuem à influência materna no ingresso ao socialismo, a importância que dão à vida universitária, a apresentação de longos e minuciosos relatos de viagens, e, nos momentos em que a voz pessoal dá passo à partidária, a reconstrução minuciosa dos congressos socialistas.

São justamente essas similitudes, que permitem atribuir ao texto do belga um lugar de modelo, as que permitem dar conta das diferenças entre um e outro relato de vida. Vandervelde apresenta sua família como o exemplo mais perfeito da burguesia de Bruxelas, e ao mesmo tempo destaca que em seu sangue se mesclam antepassados flamengos, valões e franceses. O comentário, que se liga, implicitamente, com uma das grandes tarefas do socialismo belga, a de superar a divisão étnica entre flamengos e valões, tem um objetivo mais explícito: negar as denúncias de "alguns extremistas de direita, mais ou menos embebidos de hitlerismo", que o consideram judeu. Vandervelde o nega ao mesmo tempo em que, em rechaço ao antissemitismo, afirma que "se eu fosse judeu, meio judeu, ou um quarto de judeu, me envergonharia de o dissimular, em lugar de estar orgulhoso de pertencer à raça de São Paulo, Spinoza e Marx"[240].

As palavras de Vandervelde deixam ver algumas das opções e dificuldades que enfrentará Dickmann. Judeu de origem russa[241], boa parte de suas intervenções se

---
239 Émile Vandervelde, *Souvenirs d'un militant socialiste*, Paris: Denoel, 1939.
240 *Ibidem*, p. 13.
241 Na realidade, Dickmann nasceu nos arredores de Riga, na Letônia, que nesse tempo fazia parte do Império Russo. Em todo o texto, ele refere sua origem "russa" sem fazer nenhuma referência à República da Letônia, que foi independente entre 1918 e 1939, nem aos letões.

orientará a reivindicar o aporte dessa herança judia para sua militância socialista; outras, a sublinhar que não por sua origem judaica seja alheio à vida argentina.

## A LINHAGEM PROFÉTICA

Os *Recuerdos* se abrem com um capítulo dedicado à reconstrução dos anos de infância. Dickmann associa sua militância socialista ao pertencimento a "uma velha família semita de longa estirpe espiritual": nomeia um bisavô rabino e um pai que, sem o ser, conhecia a fundo o Velho Testamento, admirava os profetas e professava o "vago ideal do advento do reino de Deus na Terra". Ao resgate dessa dimensão justiceira e messiânica se contrapõe a recusa ao caráter intransigente e fanático de uma religiosidade que odiava a heresia "ao ponto da perseguição". A contrapartida é a figura de uma mãe tolerante e doce, cuja religiosidade se centrava menos nas doutrinas que nas práticas rituais, como a bênção das velas dos sete candelabros. Dickmann a celebra menos na tradição judaica que na clássica: "Era a bendição da luz e do fogo que Prometeu roubou aos deuses para jogá-lo aos efêmeros! Era a bendição da luz e do fogo [...] que emancipou a humanidade das trevas e do mundo cósmico e que permitiu o desenvolvimento da civilização!"[242]

Com um orgulho que sempre reaparece ao falar de seus estudos, Dickmann conta que aos 7 anos sabia de memória boa parte da Bíblia e que o impressionavam particularmente os profetas, "revolucionários [...], espíritos livres (que) denunciavam com inusitado vigor os erros, vícios, maldades e crimes dos poderosos da Terra. Defensores dos pobres contra os ricos [...] eram os precursores da justiça social"[243]. Sublinha que a leitura dos profetas havia modelado, desde a infância, seu espírito livre e igualitário, seu socialismo idealista e humanista. Antecipando posturas posteriores, declara que na Bíblia havia aprendido "a não odiar o estrangeiro e a considerá-lo igual ao nativo", a se opor à escravidão e a lutar pela redistribuição da terra, e que os profetas haviam acentuado o caráter igualitário do judaísmo e a aversão à monarquia e aos reis[244]. Assim, julga que "a queda ignominiosa dos Hohenzollern, dos Habsburgos, dos Bourbons, dos Saboyas [...] vem dar razão, a três mil anos de distância, ao juiz e profeta Samuel"[245]. A reconstrução do vínculo entre judaísmo e tradição progressista se conclui com a construção de um panteão de mestres não muito distinto do que traçara Vandervelde: Moisés, Isaías, Jesus, Spinoza e Marx.

Mas, como já colocara ao apresentar a figura paterna, a herança judaica representava não só um espírito de justiça, mas também um "fanatismo" do qual, afirmava, "libertara-se" a partir de um livro de astronomia popular que lhe havia aberto o vasto

---

242 Enrique Dickmann, *Recuerdos de un militante socialista*, Buenos Aires: La Vanguardia, 1949, p. 18. A figura de Prometeu, que havia sido adotada como ícone por boa parte do movimento socialista, surge repetidamente ao longo dos *Recuerdos*. Talvez a aparição mais significativa se ache na narração do último encontro com o "mestre", Juan B. Justo, a quem apresenta com um interesse e uma cultura literária poucas vezes assinalada. Dickmann conta com dor que, encontrando Justo na cama, perguntou-lhe o que lia: "Disse-me que voltava a ler em inglês o imortal poema do insigne autor, *Prometeu libertado*. Manifestei-lhe que eu acabava de ler o *Prometeu acorrentado* de Ésquilo, o maior clássico grego. Comentamos as duas obras imortais e foi um deleite espiritual escutar Justo a discorrer sobre literatura e arte" (p. 474).
243 Enrique Dickman, *op. cit.*, p. 22.
244 Em outras ocasiões Dickmann adota um tom mais humorístico para explicar sua "linhagem". Assim, conta que, ao se despedir de Justo, que em março de 1912 partia para viver no campo cordobês, havia dito ao mestre que partia por pouco tempo, porque em abril seria eleito deputado nacional. E, ante o riso de Justo, havia agregado: "Para algo pertenço a uma raça de profetas!" (*Ibidem*, p. 246).
245 *Ibidem*, pp. 25-6.

panorama dos conhecimentos científicos[246]. O que segue é um panegírico à glória dos descobrimentos científicos, formulada na retórica cientificista imperante no socialismo, mas que, à diferença do que sucede no discurso de Juan B. Justo ou Nicolás Repetto, conclui em uma vontade de síntese de verdade e beleza:

> Aprendi as descobertas de Copérnico, de Galileu e de Newton [...] Emancipei-me espiritualmente. Quão vão me pareceu então o relato bíblico da origem do mundo e quão infantil o conteúdo do capítulo 1 do livro do Gênesis! Somente mais tarde – muito mais tarde – compreendi que a grandeza científica da concepção do universo newtoniana não diminuía a beleza da lenda bíblica dessa concepção![247]

Em vários pontos do livro, Dickmann esboça essa vontade de ligar ciência e espiritualidade. Recorda que sua primeira colaboração escrita, publicada pelo periódico socialista *La Vanguardia* em junho de 1896, havia afirmado que "não é a força que domina os corações – disse o filósofo Spinoza – mas o Amor e a Verdade". As palavras juvenis – avalia o velho Dickmann –"traduziam evidentemente reminiscências da educação bíblica e evangélica de minha infância, cujo selo ficou em meu espírito, dando a minha militância socialista um sabor e um odor singulares e especiais"[248]. Para dar conta desse "sabor" fala de romantismo, citando Darío[249], e às vezes de misticismo; sem dúvida, a fórmula a que apela mais frequentemente é a de panteísmo. Às homenagens ao panteísmo de Spinoza, e aos comentários acerca da "emoção panteísta" que experimenta ante as "forças cósmicas do mundo visível", somam-se os poemas em prosa, escritos por Dickmann como consequência de suas viagens ao sul de Mendoza, nos quais celebra uma experiência contemplativa, que "embriaga os sentidos e funde o espírito do Homem no vasto panorama da natureza", e canta a noite, hora em que é possível "amar a tudo e a todos, desde a pedra que rola no caminho, até a humilde erva que rola onde pisam nossos pés, desde a minúscula e laboriosa formiga até o homem, soberano do mundo"[250].

Por outro lado, a iluminação científica do jovem Dickmann não cortou seu vínculo com a tradição judaica, nem o limitou a uma persistência no código panteísta. Pelo contrário, foi nesse momento que o vínculo tomou forma política a partir de seu contato com o sionismo, ao qual define como um movimento leigo que, ante a perseguição

---

246 Até esse momento, lamenta, sua educação havia incluído a lei de Moisés, a Bíblia, os salmos e os profetas, mas nada de geografia, história, matemática nem história natural. Tampouco o idioma russo, e Dickmann assinala, antecipando posturas posteriores, que sua decisão de estudar o "idioma nacional" em um ginásio oficial marcaria a primeira ruptura espiritual com seu pai.
247 Enrique Dickmann, *op. cit.*, p. 26.
248 *Ibidem*, p. 107.
249 Abre os "pequenos poemas em prosa" com um fragmento de "La canción de los pinos" do nicaraguense: "Românticos somos... Quem não é romântico? / Aquele que não sinta amor nem dor, / Aquele que não saiba de beijo e de cântico / que se enforque em um pinheiro: será o melhor...". Cita-a em Enrique Dickmann, *op. cit.*, p. 404.
250 *Ibidem*, p. 411. A subsistência da soberania do humano permite abrigar dúvidas sobre o panteísmo de Dickmann e interpretar seu amor ao mundo em chave mística. Tal é a leitura que faz Nicolás Repetto que, por ocasião da leitura dos *Recuerdos*, comenta sua surpresa ante a existência de "um fundo intocado de misticismo que com os anos reapareceu com uma força que surpreende". A resposta de Dickmann é cortês, mas terminante: "Eu não sou místico, querido amigo Repetto, se em alguma camarilha filosófica haveria que incluir-me seria na 'panteísta'. Sou panteísta à Baruch Spinoza. Pesam sobre mim a imensidade e a eternidade do mundo visível e invisível" (A carta de Dickmann a Repetto se encontra no Centro de Documentación e Investigación de la Cultura de Izquierdas – Cedinci, Fondo Repetto. 15. 86.)

tsarista, se disfarçava de religioso. Foi assim que, aos 12 anos e com "o fervor de um neófito", um Dickmann "emancipado" e cientificista começou a acorrer aos sábados à sinagoga, onde um rabino predicava o retorno de Israel a sua pátria ancestral. Sem dúvida, esse pertencimento não era exclusivo, já que ao mesmo tempo tomava contato com grupos revolucionários "populistas", acorrendo a suas reuniões e cumprindo o papel de mensageiro. Foi nesse caráter que encontrou um exemplar do *Que fazer?*, de Nicolai Tchernychevski, o que motivou sua detenção e a partida do lar paterno.

Em tom enxuto o autor relata suas andanças pela Rússia, que cruzou de norte a sul até chegar a Odessa, porto onde decidiu partir para a Palestina[251]. Subiu a um barco que deveria deixá-lo em Jaffa, mas um decreto do governo turco o impediu de desembarcar. Tocou a terra em Alexandria e permaneceu uns meses no Egito, onde ganhava a vida cavando canais no Nilo. Mas, depois de adoecer, decidiu voltar à Rússia. Sem poder chegar a Odessa por carecer de documentos russos, permaneceu em Istambul. Ali a Jewish Colonization Association havia aberto um registro para que se inscrevessem os judeus que queriam emigrar para a América. Dickmann foi um dos cinco mil inscritos e, apesar da regra que priorizava os pais de família, encontrou-se entre os eleitos.

O capítulo da infância se encerra com o relato gozoso da viagem de barco em que judeus, italianos e espanhóis conviviam em paz. O juízo parece antecipar a primeira impressão que lhe brinda o país de acolhida:

> Às poucas horas pisei a hospitaleira e bendita terra argentina, onde, como ao cavaleiro Lohengrin, ninguém me perguntou de onde vinha nem quem era. Bastava a condição humana para ser acolhido com cordial e generosa hospitalidade. Eu tinha quinze anos, senti, naquele momento, a íntima e profunda intuição da Pátria Nova a que me incorporava voluntária e livremente, e à qual estava disposto a servir material e espiritualmente. E em meus ouvidos soava a grande voz da pampa infinita! Bem-vindo seja![252]

Mas a incorporação à nova nação não seria tão fácil como proclama Dickmann. Prova disso será a frequência com que insistirá em sua profissão de fé argentina e o desenvolvimento dos atributos que o associam a uma identidade nacional que vai além da aquisição voluntária da cidadania.

## ORGULHO ARGENTINO

À vertiginosa descrição do longo e tortuoso trajeto entre o lar paterno e o porto de Buenos Aires segue uma detalhada narração dos primeiros tempos em terra argentina. Nela, Dickmann busca dar prova não só de seu passado como trabalhador, mas de seu laço com o relato tradicionalista que postula o trabalhador rural *criollo*, e seu antecessor "gaúcho", como figura paradigmática do "argentino".

O ponto de partida é a aceitação do próprio desconhecimento do mundo

---

251 A decisão mostra que sua vinculação com os revolucionários russos não havia implicado a adesão à causa sionista. Ela não se apagaria de todo nem sequer depois de sua chegada à Argentina e sua filiação ao Partido Socialista (PS), prova disso são dois artigos que incorporam os *Recuerdos*: no primeiro, escrito em 1918 saudava a Declaração Balfour que estabelecia o lar judeu na Palestina, o segundo, de 1948, celebrava a criação do Estado de Israel. Enrique Dickmann, *op. cit.*, pp. 442-7.
252 *Ibidem*, p. 35.

rural. Assim deixa ver o relato das primeiras experiências: a credulidade ante o rumor malicioso de que os imigrantes iam ser vendidos como escravos no Chaco, ou a torpe tentativa de caçar um zorrilho que termina com sua volta ao acampamento de carretas exalando o odor do animal, enquanto os *criollos* que tomam mate se riem do *"gringuito"*. Mas a isso se contrapõe, em seguida, a fácil incorporação às tarefas pastoris, como montar a cavalo e ainda a própria doma, saudada pelos *criollos* aos gritos de "Guapo el gringuito!". Adiante Dickmann reafirma o vínculo entre trabalho rural e tradições nacionais:

> amansamos novilhos e domamos potros [...]. O domador, mais que o amansador é admirado e respeitado pelos homens do campo! Com verdadeira nostalgia, e com profundo amor evoco os anos de minha vida rural em Entre Ríos [...]. Ela me deu a noção exata da base e do fundamento das necessidades técnicas e econômicas do país argentino. Empunhar a manopla de um arado, guiar quatro juntas de bois [...], domar, amansar, construir, cavar poços e construir ranchos; eis aqui tarefas úteis e fecundas que todo jovem argentino deveria praticar e conhecer alguma vez na vida[253].

A realização dessas tarefas rurais permite a Dickmann reunir recursos para trazer sua família ao país. Com eles viajavam os Chertkoff de Odessa, "com quem desde então travamos relações de lealdade e parentesco". Estas são as únicas palavras que Dickmann dedica ao estabelecimento de um vínculo familiar que será decisivo na história do Partido Socialista (PS)[254]. Mais lhe interessa apresentar a chegada desses imigrantes como símbolo do passado argentino, implicitamente contraposto ao presente: "Felizes tempos aqueles em que a Argentina recebia os imigrantes com os braços abertos, alojando-os e enviando-os aos pontos de seu destino, sem diferença de nacionalidade nem de religião! Assim se povoou o país argentino, assim se formou, no crisol de todas as raças, a nova raça argentina...!"[255].

Dickmann compartilhava com outros socialistas a adesão a uma dimensão integrativa da nacionalidade[256], a que se formaria com a união de *criollos* e imigrantes, mas, à diferença de muitos de seus correligionários, preocupava-se em sublinhar a sustentação de tal união nas práticas e tradições[257]. Por outro lado, e talvez por sua condição de imigrante, a afirmação nacionalista constituía um dos tópicos centrais dos *Recuerdos*. Relata que ao adotar a cidadania renunciou ao direito de ser isento do serviço militar e acrescenta que, apesar de seu credo

---

253 *Ibidem*, p. 42.
254 Prova disso será que vários dos principais dirigentes socialistas estabelecerão entre si laços de consanguinidade ao casar-se com várias das irmãs Chertkoff: Juan B. Justo com Mariana, Nicolás Repetto com Fenia e Adolfo Dickmann com Adela. A força do vínculo faria com que opositores internos qualificassem a direção do partido de "ditadura chertkoffiana".
255 Enrique Dickmann, *op. cit.*, p. 43.
256 A ideia de "crisol" reaparece na narração das comidas que fora conhecendo após seu ingresso ao país. Entre elas está: o "saboroso grelhado" e o "chá mate com *galleta*", mas também o "menu variado" que preparava um cozinheiro italiano, "polenta, talharins, carne assada e *puchero*", "doce e queijo e vinho Carlón".
257 É assim que Dickmann apresenta sua aquisição da cidadania argentina como a tradução jurídica de uma situação precedente. "Aos sete anos de viver, de trabalhar e de lutar no país, depois de ter executado as principais tarefas rurais, depois de ter começado meus estudos [...] me considerei argentino de fato. Faltava-me sê-lo de direito, e em 10 de abril de 1897 tive a alta honra de receber das mãos do juiz federal [...] a Carta de Cidadania, isto é, o muito honroso título de argentino por naturalização" (Enrique Dickmann, *op. cit.*, p. 114).

pacifista, havia sido dos primeiros a se inscrever no corpo médico militar quando, no fim de século, se falou em guerra com o Chile.

Sua concepção da nacionalidade se faz visível na homenagem que dedica a Sáenz Peña, impulsor de uma reforma eleitoral que, celebra, teria permitido que homens como ele acedessem à representação. Dickmann cita um discurso pronunciado nos anos 1920 no qual, havia um tempo, estabelecia o apoio à construção de um monumento a Sáenz Peña e seu lugar como representante da Argentina imigrante:

> Agradeço aos autores de uma estátua em memória do presidente Roque Sáenz Peña o haver-me brindado com a alta honra de pôr minha assinatura a seu pé, não porque seja o deputado mais qualificado de meu grupo, mas porque talvez seja a expressão simbólica mais autêntica e genuína da democracia argentina, devida principalmente à lei eleitoral do presidente Sáenz Peña[258].

Pouco adiante Dickmann dá conta dos motivos da autoatribuição desse caráter simbólico: afirma que estava casado con uma mulher argentina, que tinha filhos argentinos, que havia sido diretor de *La Vanguardia* e que sete vezes havia sido eleito deputado nacional, para logo declarar que a enumeração não se devia à jactância, mas que buscava destruir a opinião de algum conservador que considerava a ele e a outros imigrantes europeus como "a ressaca de ultramar". Sua eleição, explica sem modéstia, simbolizava o triunfo da prédica do PS em prol da "assimilação" dos estrangeiros à vida política:

> Tive a exata compreensão e o íntimo sentimento do sentido profundo que na política argentina significava minha eleição de deputado nacional. Socialista, cidadão naturalizado, de ascendência semita, ex-peão do campo; tinha que desvanecer e destruir o espírito antissocialista, xenófobo, antissemita e antipopular que havia em certo ambiente [...] Com minha atitude de legislador [...] consegui destruir total e definitivamente, um a um, os preconceitos e erros que contra mim pudessem existir[259].

Para Dickmann a Argentina é um país caracterizado por uma síntese racial – que ele celebra adotando uma retórica que remetia a Alberdi e ao positivismo, mas que destoava nos anos 1940[260] – e pelo igualitarismo social. Esse traço se plasmará no relato de sua transição de peão rural a estudante de medicina e em sua militância socialista.

---

258  *Ibidem*, p. 258.
259  *Ibidem*, pp. 264-5.
260  "A raiz do povo argentino está nos enérgicos e robustos exemplares das raças autóctones que nutriram de seiva o conquistador espanhol [...] Depois vieram a enxertar-se [...] brotos fecundos das principais raças europeias, dando seu vigor e vitalidade a sua atual população que não é uma simples mescla física que se possa decompor em seus elementos constitutivos, mas uma combinação biológica de um novo tipo humano que soma as qualidades físicas e espirituais de seus múltiplos e heterogêneos progenitores." (*Ibidem*, p. 426).

## O ESTUDANTE

Em 1º de maio[261] de 1895, e depois de deixar seus pais e irmãos assentados no campo de Entre Ríos, Dickmann chegou a Buenos Aires para realizar o que, declara, considerava seus dois destinos: estudar medicina e vincular-se ao movimento socialista. O primeiro dos objetivos parecia inalcançável para quem havia recebido sua única educação vários anos antes, na Rússia. Assim o faz saber um estudante para quem trazia uma carta de recomendação. Em troca, relata Dickmann, outra é a opinião do diretor do Colégio Nacional, o engenheiro Balbín, e de seu secretário, Luis Mitre, que o felicitam e apoiam. Um pouco depois, e graças a uma carta do ministro de Instrução Pública que o eximiu do pagamento das taxas, conseguiu ser aprovado nos exames. Traçando un contraste com anos posteriores, Dickmann cita esses fatos como prova da "inteligência e generosidade dos governantes daqueles tempos"[262].

De todo modo, o percurso não foi fácil, e Dickmann não pode reprimir o tom de orgulho ao narrar o modo com que levou adiante, frente a mil dificuldades, seus estudos. Conta que, enquanto se preparava para terminar os cursos que o habilitariam a aspirar ao ingresso na universidade, vivia em um sótão com dois companheiros em uma habitação na qual apenas cabiam três catres e uma mesa. Acrescenta que os três eram "vegetarianos por necessidade e por convicção" e que sua dieta consistia em pão preto e laranjas que comprava aos montes no Mercado Central. A construção do tópico do estudante pobre orientado para sua vocação aparece reforçada pela confissão de que, para economizar luz, à noite estudava nos parques públicos bem iluminados. Também pelo relato de que, durante seus anos de estudante e graças a uma recomendação de Justo, havia se alojado nos hospitais de Buenos Aires em que atuava como residente. A breve narração de sua carreira médica assinala que no mesmo dia em que concluiu sua residência no Hospital das Clínicas casou-se com Luisa Campodónico, "filha de imigrantes italianos, que me conquistou por sua beleza, simplicidade e bondade", acrescentando que, à volta de "uma maravilhosa lua de mel" em Mar del Plata, montou seu consultório e nasceram seus filhos Emilio e Margarita[263]. Trata-se das únicas menções a sua vida de casal. Dickmann se apura em alcançar o ponto que considera decisivo em sua vida, a militância socialista, a que dedica a maior parte dos *Recuerdos*.

## MILITÂNCIA SOCIALISTA

Angenot assinala que nos relatos de conversão socialista o militante costuma dar conta do momento preciso em que se integra às fileiras socialistas, mas esse passo não é apresentado como aleatório, e sim como coroação de um longo percurso pre-

---

261 Páginas atrás, já Dickmann havia apelado à data mais importante do calendário socialista para assinalar outro marco decisivo em seu percurso pessoal. "Em 1º de maio de 1892, vivia eu em minha chácara, na Colônia Clara, Estação Domínguez, Entre Ríos." (*Ibidem*, p. 40.)
262 *Ibidem*, p. 256.
263 *Ibidem*, p. 59.

paratório[264]. No caso de Dickmann esse percurso prévio tem como lugar decisivo a palavra escrita. Ela funda a educação bíblica que lhe deu a conhecer os profetas, ela o aproxima do espírito científico, ela motiva a saída do lar paterno e o começo de um percurso que o levaria da Rússia para o campo de Entre Ríos. Ali se produz o fato decisivo que é, novamente, um fato de palavra: um desconhecido, crendo--o alemão por seu sobrenome, lhe envia o periódico *Vorwärts*, através do qual se inteira da existência de um movimento socialista argentino. Com sua chegada a Buenos Aires, aprofundará esse caminho, comunicando-se com a redação de *La Vanguardia*, um fato que apresenta com terminologia religiosa: "Foi meu primeiro batismo pelo verbo da teoria e da prática do socialismo!"[265]. Em seu relato, o caminho de descoberta continua com a participação em sua primeira reunião socialista, realizada no Centro Socialista Universitário, e se coroa no momento de seu primeiro encarceramento em terras argentinas, quando encontra seu "guia espiritual", seu mestre: Juan B. Justo.

Dickmann dá ao encontro com Justo uma importância primordial, narrando-o várias vezes ao longo de suas memórias. Conta que havia ido a uma conferência, em que vários haviam pedido a palavra mas não foram atendidos por serem considerados desordeiros, o que, acrescenta, havia provocado um escândalo em que se apagaram as luzes, voaram cadeiras, amiudaram os golpes e saíram a reluzir armas de fogo. Interveio a polícia e, talvez por seu aspecto estranho[266], levaram-no entre cinco vigilantes com os machetes desembainhados. Não se mostra indignado, mas reconfortado, porque o acreditaram um "revolucionário terrível".

Deixando de lado seu discurso acerca do esforço e sua consideração do socialismo como força de ordem, define essa detenção, e não uma conferência ou outro trabalho "construtivo", como "o batismo de minha incipiente militância". Ademais, celebra, foi nessa circunstância que conheceu Justo, que havia assistido à conferência e que também fora detido. Foi assim, diz Dickmann, antepondo tal encontro à denúncia de um encarceramento que durou três dias, que tivera "a sorte única de me pôr em contato, a poucas semanas de meu ingresso, com o fundador e mestre do mesmo, o doutor Justo". Como assinala Angenot, em seus relatos de conversão os socialistas costumam sublinhar a passagem do socialismo dos sentimentos ao socialismo da ciência[267]; para Dickmann é no contato com Justo que se dá essa passagem. Conta que na prisão havia explicado a Justo que se tornara socialista em defesa dos fracos e que ele lhe havia respondido que o era para defender os fortes, pois por tais tinha os trabalhadores. Dickmann reconstrói a oposição: "É certo que eu era vegetariano por necessidade e romântico por temperamento, e ele carnívoro e positivista"[268]. Acrescenta que, nesses três dias, Justo se interessara por seus objetivos no estudo e por sua afiliação ao partido. E conclui: desde então foi "meu mestre, meu guia espiritual e meu dileto amigo".

---

264 Marc Angenot, *op. cit.*, pp. 99-100.
265 Enrique Dickmann, *op. cit.*, p. 61.
266 É neste ponto que Dickmann (*op. cit.*, p. 65) introduz uma das poucas descrições de si mesmo, recordando que em seus dias juvenis levava "cabelos compridos, bigodes aparados, chapelão e gravata voadora".
267 Marc Angenot, *op. cit.*, p. 100.
268 Enrique Dickmann, *op. cit.*, p. 64.

A partir desse ponto o relato biográfico começa a deixar lugar à narração histórica centrada na história do PS[269]. Os capítulos do livro já não se ordenam em torno das etapas da vida de Dickmann, mas dos avatares da história do partido. Às vezes as argumentações, geralmente na terceira pessoa e em tom didático, são pontuadas por alguma recordação pessoal que lhes dá cor e as reforça. Assim, ao explicar as disputas que no final do século mantinham socialistas e anarquistas, não só apresenta argumentos doutrinários, mas apela à memória para traçar retratos de alguns de seus militantes. Assim, os juízos políticos negativos, exaltados com um anarquismo que ele julga puramente disruptivo, conviviam com cenas que suscitam compreensão e inclusive simpatia. Ao se referir ao primeiro protesto de desempregados, detém-se na descrição de uma figura que considera "simbólica e sintética": o "velho" Aimamí, "alto, magro, de aspecto famélico, de rosto pálido e olhos negros [...] com um estandarte que levava inscrita [...] a seguinte e estranha legenda 'queremos a repartição das sobras', na ponta da haste do estandarte havia cravado um pão"[270].

Em outras ocasiões a voz pessoal intervém para reforçar com a experiência subjetiva o relato histórico. Ao dar conta da "Semana Vermelha" de maio de 1909[271], Dickmann se coloca como testemunha da violenta repressão ao ato anarquista:

> O espetáculo que se desenrolou à minha vista foi horrendo. Cem soldados a cavalo descarregavam impunemente suas armas sobre uma multidão enlouquecida pelo pânico [...]. E em frente ao Congresso Nacional [...] sobre o pavimento da avenida ficou um tendal de quatorze mortos e oitenta feridos [...]. Não houve um só oficial policial ferido nem um cavalo morto[272].

Em seguida, o observador dá lugar ao ator, a "testemunha do assassinato policial premeditado e aleivoso" se encontra ante uma multidão, a do ato socialista do 1º de maio, e assume "a grave responsabilidade" de aconselhar à classe operária a greve geral[273].

Os pequenos entremeios narrados em tom pessoal remetem fundamentalmente a momentos heroicos da vida de Dickmann e do PS. Habituais quando ele descreve o período que se encerra com o centenário, se ausentam no tratamento elogioso do governo de Sáenz Peña; e também no olhar a respeito dos anos radicais, em relação aos quais traça um juízo menos favorável. Em troca, reaparecem para dar conta dos novos tempos difíceis que se abrem por volta de 1930. Havendo sido detido em julho de 1931 junto com outros dirigentes socialistas, Dickmann qualifica o episódio como

---

269 O relato presta particular atenção às sucessivas cisões sofridas pelo PS. Se a respeito dos coletivistas, sindicalistas e socialistas argentinos o tom é informativo, ao tratar dos socialistas internacionais, a pena de Dickmann ganha calor na denúncia das manobras divisionistas impulsadas de Moscou. Mas a maior virulência se alcança ao dar conta da ruptura dos socialistas independentes: logo após explicar os motivos que teriam levado Antonio de Tomaso a fomentar a ruptura – os que iam desde uma "união matrimonial inadequada e díspar" até "uma oculta admiração pela resolução e pela audácia de Benito Mussolini" –, Dickmann conclui: "Foi uma indecente e repudiável aventura política que conduziu aos piores resultados o grupo de homens que se lançou a ela, e ao país que se viu arrastado por eles às ditaduras militares cujas consequências desgraçadamente suporta" (*op. cit.*, p. 234). Sobre a ruptura dos socialistas independentes, ver Ricardo M. Mazzola, "Entre la autonomía y la voluntad de poder", *Sociohistórica, Cuadernos del CHIS*, Universidad Nacional de La Plata, jun. 2012, n. 28.
270 Enrique Dickmann, *op. cit.*, p. 43.
271 Tal foi o nome que recebeu a greve geral declarada pelo movimento operário argentino em 1909 em resposta à dura repressão policial ao ato anarquista do 1º de maio desse ano, que havia deixado 14 mortos.
272 Enrique Dickmann, *op. cit.*, p. 160.
273 *Ibidem*, pp. 163-4.

"pitoresco e ridículo a uma só vez" e o relata em tom leve e burlão, acrescentando que, se não guarda rancor por sua semana de detenção na Penitenciária Nacional, é pelo fato de que foi nela que lhe nasceu a ideia de formar a Aliança Democrata Progressista-Socialista. A tal asseveração, colocada em tom orgulhoso, segue a descrição dos passos seguidos para conseguir convencer tanto a seus correligionários[274] como aos potenciais aliados. Similar orgulho se expressa no relato de seus combates ao "totalitarismo nazifascista", referindo a seu impulso a formação de uma Comissão Investigadora de Atividades Antiargentinas, e o relato de sua participação no Congresso em Clacton-on-Sea em 1946[275]. Nessa narração, que tem traços de um "diário de viagens", as memórias e impressões pessoais – acerca da Inglaterra trabalhista e, de maneira mais geral, do mundo do pós-guerra – voltam a ocupar um lugar central. A voz pessoal se mantém em boa parte das seções "miscelâneas" que continuam os *Recuerdos*: a que apresenta seus "poemas em prosa", a que narra seu último encontro com Justo, a que apresenta seu primeiro mestre. Sem dúvida, nos textos que fecham o livro a voz pessoal volta a se esfumar e reaparece o tom profético para dar conta do mundo do pós-guerra: "E da guerra monstruosa que termina, sairá o mundo de amanhã rejuvenescido, purificado e redimido. No político, o mundo de amanhã será democrático; no econômico, será socialista; e no social, regerá a liberdade e a dignidade dos seres humanos sem distinção de raças nem religiões"[276].

## CODA

Mas esse canto final em tom ascendente, que destaca o crescimento do socialismo e profetiza seu triunfo futuro, contrasta com os breves comentários a respeito da atualidade argentina. O relato histórico se interrompe em 1943, com a reformulação da postura do PS ante a Revolução de 43, que havia passado da expectativa à condenação. Para dar conta dos anos peronistas, Dickmann reproduz três discursos pronunciados em setembro de 1945, fevereiro de 1946 e maio de 1948. O tom é muito duro. Tanto o governo revolucionário como o peronista que o sucede são associados ao totalitarismo nazifascista, a que se convoca a combater em nome da "nobre tradição democrática e liberal". Fora disso, não há referências ao governo peronista, salvo as várias alusões, semeadas ao longo do livro, aos males do presente, aos quais segue a pergunta acerca de quando começaram. Foi em 1928, com a reeleição de Yrigoyen[277], em 1930, com o golpe militar encabeçado pelo general Uriburu[278], ou em 1931, com os comícios fraudulentos em que se impôs o general Justo, derrotando a Aliança Democrata Progressista-Socialista?[279]

O silêncio do livro sobre o presente pode ser objeto de distintas interpretações. Uma primeira poderia se ligar à censura peronista, mas, além de que a mesma se

---

274 A proposta implicava uma mudança relevante na política do PS, que até esse momento nunca havia estabelecido alianças eleitorais. Por esse motivo, Dickmann conseguiu vencer uma importante resistência nas fileiras partidárias e inclusive as dúvidas de sua principal referência, Nicolás Repetto, que finalmente seria o candidato a vice-presidente da Aliança.
275 Nessa cidade balneária da costa do mar do Norte teve lugar em maio de 1946 uma reunião tendente a reorganizar o movimento socialista internacional. Da reunião, que é considerada um antecedente da refundação da Internacional Socialista em 1951, tomaram parte 19 partidos, entre eles o PS argentino.
276 Enrique Dickmann, *op. cit.*, p. 501.
277 *Ibidem*, p. 281.
278 *Ibidem*, pp. 287-8.
279 *Ibidem*, p. 313.

dirigia mais à imprensa escrita que aos livros, a ideia de um "silêncio forçado" é desmentida pelas próprias referências do livro à Revolução de 43, qualificada como uma versão corrigida e aumentada da ditadura implantada em 1930 e, sobretudo, pela celebração de que suas denúncias acerca da infiltração nazi haviam sido confirmadas pelo famoso *Libro azul*, texto furiosamente antiperonista publicado pelo Departamento de Estado no começo de 1946[280].

Outra possibilidade é que o silêncio sobre os anos peronistas se ligue a alguma discrepância com a postura adotada pelo PS nesses anos. Ainda que nos *Recuerdos* não se encontrem questionamentos explícitos à prédica violentamente opositora sustentada pelo PS, podem se observar diferenças entre a prédica liberal adotada pelo partido e a afirmação que faz Dickmann, ao se referir elogiosamente ao Labour Party britânico, acerca da necessidade de manter o contato com as massas operárias e com o movimento sindical[281]. Mas a crítica implícita ao antiperonismo virulento do PS pode se encontrar já na citação de Justo que se inclui na dedicatória: "À 'massa trabalhadora sincera no erro, até na rebelião santa', dedico este livro"[282].

Três anos depois Dickmann apelará, agora claramente em veia polêmica, à mesma citação. Fará isso em uma longa carta dirigida ao secretário-geral do PS, Ramón Muñiz, na qual questiona sua separação das fileiras do partido, decidida pelos órgãos partidários em rechaço a uma reunião que mantivera com Perón e Borlenghi. Se nos *Recuerdos* vida pessoal e história partidária haviam marchado em paralelo, aqui se produz um desencontro. Logo após expressar seu "estupor" ante a resolução do Comitê Executivo, sustenta que os dirigentes partidários "faltam com a verdade, tergiversam os fatos em sã consciência e falseiam meu sentir e pensar" ao declarar que sua posição era desconhecida pela direção e pelos afiliados socialistas[283]. Dickmann sustenta que isso é falso, afirmando que seu "critério distinto" e sua dissidência a respeito da forma em que o partido havia se colocado ante o peronismo[284] havia sido posta claramente em múltiplas ocasiões. Declara que sua reunião com Borlenghi e Perón havia tido como fim solicitar a liberdade de dezenas de presos políticos socialistas, pelo que não acreditava necessário formular nenhum "desencargo". Em vez disso, recorda aos membros do comitê: "Aos 77 anos de idade, minha lealdade partidária, minha devoção à causa socialista, os 57 anos de militância ativa e ininterrupta [...] descuidando meus próprios interesses e minha profissão de médico, cheguei à velhice, enfermo e pobre"[285]. O longo percurso militante não é aqui narrado em tom festivo, como ao longo dos *Recuerdos*, mas recordado como réplica ante os que buscam tirá-lo

---

280 *Ibidem*, p. 339.
281 Desde seus primeiros dias nas fileiras socialistas Dickmann enfatizou a importância do vínculo entre o partido e as organizações gremiais, o que o levou a polemizar com outros dirigentes do PS. A esse respeito, ver Alejandro Belkin, "El debate Patroni-Dickmann (1904): Partido y sindicatos en el socialismo argentino", palestra apresentada nas XI Jornadas Interescuelas/Departamentos de Historia, realizadas em Tucumán, set. 2007. Disponível em: <http://historiapolitica.com/datos/biblioteca/belkin.pdf>. Acesso em: 13 fev. 2019.
282 Enrique Dickmann, *op. cit.*, p. 17.
283 A carta de Enrique Dickmann a Ramón Muñiz pode ser consultada no Cedinci, Fondo Familia Dickmann. 1.38/1.44.
284 Em particular, Dickmann sublinha sua dissidência em relação à decisão partidária de não concorrer aos comícios que, em 1948, haviam eleito os convencionais que reformaram a Constituição nacional. Sobre os debates socialistas acerca da participação nas eleições, ver Ricardo M. Mazzola, "¿Herederos de mayo y la Constitución de 1853?", *Apuntes de Investigación del Cecip*, Buenos Aires, jun. 2012, n. 21.
285 Cedinci, Fondo Familia Dickmann, 1.42.

do PS como se fosse "um indivíduo qualquer que cometeu uma indignidade pessoal". O reproche passa logo do genérico ao pessoal, sublinhando que o que mais o "desacorçoa" é, no final de seus dias, ver-se negado por muitos de seus "discípulos" e também pelos que se diziam seus "amigos"[286]. Sem dúvida, e como em outras ocasiões, no final da carta Dickmann abandona o lamento pessoal para fazer uma declaração programática: "Sonhei e sonho com um Partido Socialista grande, forte, disciplinado, unido [...], cuja coluna vertebral deve ser a classe operária sindicalmente organizada [...]. Temos de voltar à tripla fórmula [...] à guerra de classe, à conquista do poder pelo sufrágio universal livre e secreto e à socialização dos meios de produção e de troca"[287].

Essas palavras, que formulavam um claro questionamento a uma condução socialista que se negava a reconhecer a perda de suas bases operárias e sindicais, não seriam escutadas. Seus velhos "amigos", alguns deles ligados a ele inclusive por laços de parentesco, manteriam o PS na linha de um áspero antiperonismo que, em nome da defesa da liberdade, deixava de lado as bandeiras socialistas. Dickmann, por seu lado, por-se-ia à cabeça do débil Partido Socialista da Revolução Nacional. O experimento, abraçado pelo governo, teria vida curta. As tentativas de pensar um socialismo que não recusasse *in toto* a experiência peronista viriam de outras direções.

---
[286] *Idem*, 1.43. Como acontecera muitas vezes ao longo dos *Recuerdos*, Dickmann recorre a uma imagem bíblica, neste caso evangélica, declarando que o consola recordar que "Pedro, o discípulo e amigo dileto de Jesus, o negou três vezes antes de subir ao Gólgota".
[287] *Idem*, 1.43.

# FERNANDO GABEIRA E SUA TRILOGIA DO RETORNO[288]
## LEOPOLDO WAIZBORT

Em Ipanema e adjacências, o verão de 1979-80 foi um verão diferente. Ao menos assim foi sentido e vivido naquele momento. Em novembro, o verão ainda nem tinha chegado, mas já brilhava intensamente. "O brilho já chegou", dizia o título de uma reportagem de *Veja*. Mas que brilho era esse? O brilho das cores fortes e luminosas, que coloria saias, batons, *shorts* e biquínis? Sim, mas não só. Havia um outro brilho, novo e diferente, e a estrela mais radiante tinha nome: Fernando Gabeira. "Neste verão da abertura vai sentir falta de assunto quem ainda não tiver lido o livro de Fernando Gabeira [...]"[289].

O verão da abertura. A Lei da Anistia acabara de ser promulgada, a redemocratização ainda não era, mas havia algo novo. Duas semanas depois, *Veja* dedicou uma enorme reportagem à estrela. "Em dezembro, quando enfim chegar em pleno direito ao Rio de Janeiro o verão da abertura que ele antecipou na primavera com sua tanga lilás e verde de crochê, Fernando Gabeira"[290], um terrorista, sequestrador, preso, torturado, banido, exilado, voltava ao verão – depois de longa temporada na gélida Suécia – irreconhecível. Um "macho em decomposição", em suas próprias palavras. O repórter emendou:

> [ele milita] num movimento de esquerda radical – a erradicação do machismo, tópico que, somado à luta pela emancipação da mulher, do negro, à defesa da ecologia, à arregimentação dos jovens, à mobilização dos homossexuais e à libertação de todas as classes, compõe seu programa de gozo da felicidade aqui e agora, na terra, enquanto o socialismo não vem[291].

Gabeira desembarcou no Rio em 31 de agosto de 1979. Em outubro, lançou *O que é isso, companheiro?*, que esgotou uma edição a cada dez dias. Cerca de dez meses depois, veio a continuação, *O crepúsculo do macho*; em 1981, por fim, publicou o último volume da trilogia, *Entradas e bandeiras*. Os números dos exemplares vendidos são difíceis de averiguar; não há registros confiáveis. Mas isso não nos impede de perguntar pelo leitor desses livros.

*Veja* percebeu bem, quando alocou Gabeira em uma conjuntura cultural ampla. Naquele final de década, os generais davam claros sinais de esgotamento, mas não só eles.

---

288 Este texto é parte de um estudo mais amplo, intitulado "A trilogia do retorno de Fernando Gabeira" e publicado na revista *Escritos*, v. VII, 2014, pp. 41-92. Agradeço a Sergio Miceli as críticas e sugestões.
289 "O brilho já chegou?", *Veja*, 7 nov. 1979, pp. 57-65.
290 Marcos S. Corrêa, "O político do prazer", *Veja*, n. 585, 21 nov. 1979, pp. 122-5.
291 *Ibidem*, p. 122.

Um clima novo, não apenas político, mas cultural, em que o represado durante os anos de chumbo começava a desaguar. Nessa conjuntura, a trilogia de Gabeira reinou. Um protagonista que dava samba: jovem jornalista, vindo do interior, com carreira promissora nos jornais da capital, abandona tudo em favor da luta armada, sequestra um embaixador, foge, leva um tiro, vai preso, é torturado e por fim banido. Sofre. Passa nove anos no exterior e elabora uma autocrítica. Muda. E acaba por escrever uma narrativa autobiográfica: vazada em linguagem simples, capítulos curtos, não exige muito do leitor – exceto pelo assustador do que é narrado, sobretudo no capítulo final do primeiro volume.

Mesmo assim, o sucesso pede explicação. A trilogia do retorno, como a denominarei, possuiu efeito catártico. Nada – nenhuma outra narrativa dos exilados que voltavam ou dos presos políticos que foram soltos, ou outra qualquer, nenhuma produção da Globo, nenhuma moda, nenhuma canção ("Odara"?) conseguiu exprimir tão intensamente uma ânsia de mudança, a sensação de que era preciso que algo mudasse, e isso já era uma mudança. Gabeira, fundindo o ser humano e o personagem da trilogia, foi o espelho que rebateu um trauma que não podia e não se sabia enunciar, e que encontrou ali um modo leve, em meio ao brilho daquele verão, de sair ao sol. Porque, como anunciava *Veja*, Gabeira retornou como o "político do prazer": "O terrorista Fernando Gabeira não existe mais; quem voltou ao Brasil foi Gabeira, amante da natureza e defensor da alegria de viver"[292]. Tivesse ele retornado como terrorista, não poderia catalisar a energia que estava no ar. A história vivida por aquele sujeito e sua transformação possibilitaram que algo aflorasse. A trilogia narra essa transformação, única.

Narrando-a, encontrou um modo de exprimir o interdito e um certo modo de elaborar o trauma. Não somente o trauma do protagonista. Este, ele o foi elaborando ao longo dos anos de exílio, e talvez já desde antes. Mas o trauma político-social, que não encontrava maneira de aflorar, encontrou um caminho que, se não o redimiu – e ele não foi redimido ainda hoje –, era tolerável naquela conjuntura. Isso torna a trilogia um documento de época da maior intensidade histórica, por tudo o que ela é e por tudo o que ela não é.

> Um ano e meio depois de seu desembarque, Fernando Nagle Gabeira, 40 anos, lança nacionalmente esta semana o seu terceiro livro – *Entradas e bandeiras*, onde conta as experiências do seu retorno ao Brasil – e é um dos autores mais bem-sucedidos do país. *O que é isso, companheiro?* e *O crepúsculo do macho*, os dois anteriores, venderam 36 edições (cerca de 110.000 exemplares), ficaram na lista dos mais vendidos de *Veja* por 86 semanas, tarefa que nenhum outro escritor já conseguiu e renderam-lhe 6 milhões e cem mil cruzeiros[293].

Não há dados empíricos disponíveis que nos permitam uma definição segura do público leitor da trilogia, no momento de sua publicação ou em qualquer outro. Fernando Gabeira nasceu em 1941. Na época do golpe militar, tinha 23 anos, e envolveu-se com a luta armada, digamos, entre os 25 e 30 anos. Dos 30 aos 40, permaneceu exilado. Retorna à pátria, em 1979, com 38 anos.

---
292  *Ibidem*.
293  Marília Pacheco Fiorillo, "O cronista do país oculto", *Veja*, 25 fev. 1981, n. 651, p. 38.

Uma primeira aproximação pode sugerir que seus leitores, em 1979-81, são os seus colegas de geração, aqueles nascidos entre 1935 e 1945. Essa geração viveu o golpe e a luta armada, estava presente e vivenciando os acontecimentos, embora seu envolvimento possa ter sido restrito. Pode-se supor que esse contingente geracional, que não participou do tipo de experiência narrada na trilogia – oposição clandestina ao golpe, luta armada, prisão, tortura, exílio –, constitua parte significativa dos grupos de leitores: ela lhes dava notícia de um outro lado daquilo que viveram, de como uma outra vida tinha se havido com o que ocorrera sob os olhos de todos. Esse pode ser um primeiro grupo leitor da trilogia.

No contexto da anistia, reabertura política e inícios do processo de democratização, quando a discussão dos rumos da política era bastante presente, a trilogia pode também ter servido como uma espécie de informe político para a geração mais velha, que atuava na vida política institucionalizada em 1980 – os pais da geração anterior. Os livros sinalizavam uma possibilidade de pensar e fazer a política que, até então, não tinha sido verbalizada e que fugia totalmente do figurino. Em um cenário em mudança, a trilogia apresentava um outro e novo protagonista, que percorria órbita desconhecida. Isso é bem expresso na reportagem de *Veja*, na qual se sublinha uma outra forma de conceber e fazer política, e um outro e novo repertório de reivindicações e pautas políticas. É possível que em alguma (pequena) medida, tenhamos também aqui grupos leitores.

Um terceiro grupo, mais jovem, talvez represente, em conjunto com a geração de Gabeira, a massa do público leitor. *Veja* oferece um ponto de apoio:"A geração de amigos que deixou para trás ao ser banido já não o reconhece.'Ela estava preparada para receber de volta o terrorista, mas não para receber o macho em decomposição', ele comenta. 'Meus amigos hoje têm 18, 20 anos'"[294]. Essa ligação com uma geração mais nova (que se estabeleceu em certa medida independentemente de sua história pregressa, e mais em função de sua repercussão na mídia) indica um terceiro grupo leitor, que, se não foi o público que levou o livro ao topo da lista dos mais vendidos, compôs o que deu sustentação às infindas semanas na lista: o pessoal que nasceu por volta de 1960. Para esse público, Gabeira foi uma figura midiática e surpreendente. Seu"comportamento"– o trajar, a tanga, a alimentação naturalista, a dança e tudo o mais – atuou como poderosa alavanca de imagem; Gabeira tornou-se, em 1979-80, um queridinho da mídia. A geração mais nova compôs uma parcela significativa do público leitor da trilogia.

Em suma, parece que quase todos sentiram-se de algum modo provocados pela narrativa de Gabeira, embora por diferentes razões. A geração do narrador, cindida entre os que participaram da oposição ao regime e os que não assumiram esse tipo de postura: para uns, a narrativa testemunhava – seja de modo adequado, seja inadequado –, para outros, relatava algo que lhes permanecia (ao menos em alguma medida) oculto. Para a geração mais velha, ela relatava a experiência de uma fração, decerto bem pequena, da geração mais jovem, e novamente de modo cindido. Ademais, provocava-a com um novo rol de temas a politizar ou a renegar. Por fim, para a geração mais nova, Gabeira contava uma história desconhecida, e por isso despertava curiosidade, ademais potencializada pelo Gabeira fenômeno da mídia. Três gerações que leram o livro e formam o contingente possível de leitores.

---

294 Marcos S. Corrêa, *op. cit.*, p. 122.

O interesse da mídia por Gabeira, naquele verão e no que lhe sucedeu, teve como consequência uma considerável difusão do autor e sua trilogia pelos estratos médios dos centros urbanos; ele mesmo perambulou pelo país, visitando várias capitais e sempre despertando interesse – o que é relatado em *Entradas e bandeiras*.

No final de 1979, quando era lançado *O que é isso, companheiro?*, Gabeira era "o político do prazer". Pouco mais de um ano depois, em fevereiro de 1981, ele se tornou "o escritor da abertura". A passagem do político para o escritor é sensível. Ex-jornalista, ex-terrorista, agora escritor: a vendagem possibilitou-lhe viver de renda editorial. Em 1981, em reportagem que abordava a profissionalização dos escritores, *Veja* afirmava: "Gabeira, autor de dois *best-sellers* [...], diz que vive hoje de literatura, quase no mesmo nível de seus tempos de jornalista, recebendo mensalmente algo entre 70 e 80 mil cruzeiros"[295]. Como assinala com razão a reportagem, a figura do escritor que vive de seus escritos era representada, no Brasil, só por Jorge Amado, até a emergência, no início dos anos 1980, de autores como Marcio de Souza, Gabeira, Loyola etc., que procuraram se firmar como escritores profissionais.

Viver de direitos autorais leva-nos de volta ao público. Buscar a explicação do sucesso exige compreender o momento cultural, social e histórico particular: por que, nessa determinada situação, esse livro faz sucesso? Gabeira, com sua trilogia, responde a uma necessidade de narração.

Pode-se argumentar que o milagre econômico e, sobretudo, a grande expansão do ensino público e do sistema universitário na virada para os anos 1970 criaram as bases de um novo público. O impacto desse processo na estrutura social é complexo. Uma massa potencial de leitores estava ali, disponível. Em mesma medida, o desenvolvimento da indústria cultural no Brasil se encontra, naquela década, consolidado, possibilitando aos livros de Gabeira atuar em variados "nichos" de um público multifacetado. A expansão do mercado editorial na segunda metade dos anos 1970 foi significativa, ao que se soma o fim da censura prévia em 1979. A conjuntura da anistia, do fim do AI-5, da fundação do PT, de um sindicalismo atuante e das greves históricas de 1978, 1979 e 1980, assim como do movimento estudantil, são a face política do brilho daquele verão.

Camadas médias mais escolarizadas podem ler sem dificuldades a prosa de Gabeira. É sempre um narrador homogêneo e claro quem fala – e, melhor ainda, sabemos que o Gabeira autor assume a forma do narrador. Essa aproximação – não fusão, mas que joga precisamente com isso – cria um laço de aproximação com o leitor, nas proximidades do "pacto autobiográfico". O estilo de Gabeira não provoca nem quer provocar tensões nesse pacto, e o leitor não encontra obstáculos: seja na leitura propriamente dita, seja no equacionamento narrador-autor-Gabeira, seja no teor de verossimilhança daí advindo.

No contexto de 1979-81, as três gerações mencionadas (que cobrem o espectro dos vivos) estavam em processo de (re)acomodação ou (re)definição. Gabeira – livros e pessoa – ofereceu-lhes um objeto de consumo e reflexão.

A efervescência política de 1979 potencializou a capacidade de catarse em torno do depoimento de Gabeira; quando ele desembarca no Galeão, já é uma "personalidade", filmada e entrevistada pela TV – como relata o narrador de *O crepúsculo do*

---

[295] *Veja*, 7 jan. 1981, p. 65.

*macho*. Celebridade que retorna, presente nos jornais, tvs e rádios: não surpreende que o livro, lançado ainda em 1979, estoure. Os dois outros livros vieram na esteira do sucesso, contavam a continuação da história, e não poderiam ter outro destino.

A memorialística de Gabeira é a história de um retorno: a volta ao Brasil, narrada no último volume da trilogia, é o seu ponto de fuga. Quem escreve o primeiro volume já vislumbra e anseia o retorno; mais ainda, o narrador, situado no exílio, narra os acontecimentos anteriores ao exílio da perspectiva do exílio, tomado pelo anelo da volta. Um narrador que faz da narrativa um modo de preparar o retorno, uma maneira de atribuir um sentido ao retorno – e, consequentemente, ao exílio que o condicionou. "Antes do exílio, eu me perguntava muito o que é que eu seria no futuro. O exílio atualizou brutalmente esta pergunta, de forma que agora, todos os dias, me interrogo sobre quem sou eu."[296] Narrar foi o modo dessa interrogação e de sua resposta. Narrando, ele incorpora sua experiência, vive e pode viver, liberta-se. Narrar é uma catarse, é já uma forma de retornar, e, enquanto o retorno real foi impossível, o autor procurou retornar narrando. Narrou para retornar e, depois, retornou para narrar. Esse movimento circunscreve o arco da trilogia e a sintetiza.

Ao publicar os livros, Gabeira os intitulou todos "Depoimento". Há, portanto, uma referência enfática ao fato. Mas estará a ficção descartada? O intérprete precisa descobrir como o narrador equaciona o "depoimento", como se fundem fato e ficção. O "depoimento" implica: a) demarcar um sujeito definido e unívoco (aquele que depõe); b) que esse sujeito testemunhou e pode relatar o que viu e/ou viveu; c) que o relato está vinculado à perspectiva desse sujeito e, portanto, possui uma dimensão de parcialidade; d) que vale a pena, por alguma razão, deixar registrado esse depoimento. Encontramos uma narrativa que reivindica para si um teor de verdade e de verossimilhança, mas que ao mesmo tempo investe na dimensão expressiva, por meio de procedimentos retórico-narrativos que a aproximam, em alguma medida (que é preciso sempre ponderar), da prosa de ficção. Em momento algum a dimensão ficcional assume a condução, mas ela sempre informa o teor documental; menos a pretensa "objetividade" de um narrador "imparcial" do que a "subjetividade" de um narrador que fala apenas a partir de si e de como entende o mundo e as situações em que viveu e vive. Aí está a constituição do narrador da trilogia do retorno.

O xis da questão é a identificação do trauma, o mais das vezes associado a prisão e tortura. Sem negar esse aspecto, creio que ele está situado em camadas mais profundas. Embora deflagrado pela prisão e pela tortura, ele se sedimentou na experiência do exílio, mais abrangente, porque os incorpora. Daí a trilogia do retorno: a superação não é a superação da prisão ou da tortura somente, mas de uma experiência mais ampla e mais profunda, que se sintetiza no exílio: no estar longe e não poder voltar, no que poderia ter sido e não foi, e na experiência da volta, em nada simples. Que tenha sido preciso voltar ao Brasil e logo depois fugir, para somente então poder retornar, isso foi uma descoberta que o narrador foi fazendo aos poucos, na medida mesmo em que ia vivendo e escrevendo o que vivia, no período 1979-81. A trilogia, que começa afastada do tempo presente e dele se aproxima cada vez mais, para ao final tornar-se quase uma espécie de diário do retorno, põe em letra esse processo.

---

296 Fernando Gabeira, *O que é isso, companheiro?*, Rio de Janeiro: Nova Fronteira, 1982, p. 168.

O autor narra porque não consegue esquecer: e como para viver é preciso também esquecer, é preciso que ele narre, para (re)conquistar a sua vida: o testemunho é um relato de alguém que sobreviveu. "Sobrevivi. E pensei que talvez fosse interessante contar a história."[297] Ouçamo-la.

*O que é isso, companheiro?*, escrito em Estocolmo, em 1978-9, abre a trilogia do retorno e narra as peripécias do autor no Brasil, de 1964 a 1970. A narrativa possui trama simples: inicia-se com a movimentação que antecede o golpe de 1964 e relata o progressivo envolvimento do narrador com os protestos civis e a oposição ao regime militar, sua entrada na organização clandestina, a participação na luta armada, o sequestro do embaixador norte-americano, para, então, atingir o clímax do livro: a "queda" do narrador, a vida na prisão, os interrogatórios, a tortura. Nas últimas páginas, a libertação, em troca de outro embaixador sequestrado. A narrativa segue uma estrutura cronológica linear, não obstante ocasionais interpolações que criam lapsos de descontinuidade.

Mas, como o narrador situa-se em 1978, os marcos temporais da narração são relacionados a um futuro, que em 1978 já se tornara passado: os anos do exílio, o tempo que vai do final do período coberto pelo livro até o presente do narrador (1970-8). É o que dá margem, por exemplo, ao episódio com o qual o livro se abre, a busca de exílio em Santiago do Chile, em setembro de 1973. Há "saltos", passando da Santiago de 1973 para o Rio de 1964; da Suécia de 1978 para o Rio de 1968, e vice-versa; depois "estamos quase em 1980", e assim por diante – um procedimento que se acumula ao longo da trilogia, mas que vai ralentando em função do direcionamento para o tempo presente.

As experiências se acumulam em torno de uma vida que é uma só e, portanto, funde tempos. Ao escrever, o narrador rememora o passado e o avalia. Diz como foi e imagina como poderia ter sido: "Se tivéssemos o poder de voltar atrás e..."[298]. Ressalta, então, a diferença na avaliação dos fatos no momento em que eles ocorrem e passados os anos: o que era sério em 1968, torna-se risível em 1979. O que nos leva a um aspecto fundamental do livro: os processos de desilusão e de autocrítica do narrador.

A desilusão, processo de saída de um regime de ilusão, é narrada com ironia: em 1978, ele, muito distanciado do que fora em 1968-9, só pode tomar o que então considerara verdade como sendo uma piada. O tornar risível o que fora sério talvez seja um estratagema para que o narrador possa se confrontar com o que foi no passado, estabelecendo uma possibilidade de continuidade, essencial para a manutenção da identidade – ainda mais se tivermos em mente a situação de exílio, que priva o narrador de uma série de geradores de identidade.

Ao mesmo tempo, o narrador de 1978-9 exerce uma continuada autocrítica do que ele era e de como se comportava nos anos da luta armada. Uma crítica que assinala a ingenuidade, o dogmatismo etc., e que é modelada por uma defesa de algo que não tinha lugar naquela situação: o sentimento, a fraqueza humana, "o nosso lado mais emocional"[299].

A autocrítica é um aspecto muito presente; os acontecimentos e o transcurso histórico motivam continuamente o narrador à reflexão e à autocrítica: compreensão

---

297 *Ibidem*, p. 171.
298 *Ibidem*, p. 77.
299 *Ibidem*, p. 232.

dos acontecimentos no momento e visão retrospectiva dos mesmos."Como sempre, conseguimos fazer mal apenas a nós mesmos"[300]: um misto de desilusão, ironia, desencanto, derrota e autocrítica. A experiência da derrota, a mágoa, o ressentimento, o desalento, o desengano estão todos presentes:"O que adiantaria sobreviver, quando tantos, melhores do que nós, desapareciam?"[301].

Esses elementos colocam a identidade em situação de crise, e o narrar é remédio. Ao narrar, o narrador firma sua identidade: sua experiência ancora a identidade do eu.

Em primeiro lugar, a identidade do narrador é a construção de uma subjetividade distinta da de seus "companheiros". O narrador diz-se de uma geração mais velha ("Aquela geração de jovens políticos tinha uns dez anos menos que eu"); essa diferença de idade é na verdade uma diferença de sensibilidade: ele destaca a sua abertura para os sentimentos e vida anímica, enquanto os "companheiros" não atinam para nada do que diz respeito à "vida pessoal de cada um", só a política interessa. Essa diferença é acentuada cada vez mais ao longo do tempo e acaba por torná-lo herege (por exemplo, quando se junta à recém-viúva de um companheiro assassinado); opera uma singularização que gera identidade[302].

Em segundo lugar, e mais basilar, são os marcos de experiência. O envolvimento nos protestos, a entrada na organização, a luta armada, o sequestro do embaixador, a "queda", os ferimentos, a prisão, a tortura, o medo, a resistência, a dor, a vontade de viver – tudo isso é o que confere unicidade ao narrador: o que ele viveu, foi a sua vida.

Por fim, mas não menos importante, o narrar. Em 1973, no Chile: "Se escapo de mais essa, escrevo um livro contando como foi tudo. Tudo? Apenas o que se viu nesses dez anos, de 68 para cá, ou melhor, a fatia que me tocou viver e recordar"[303]. Viver, recordar, narrar: cada um dos verbos condiciona os outros dois, em um jogo de determinações. Viver para/possibilita recordar e narrar; narrar para/possibilita viver e recordar; recordar para/possibilita viver e narrar.

Os procedimentos narrativos são vários. O narrador narra sua história. Mas invoca outros narradores possíveis, que poderiam contar a história de outro ponto de vista: os garçons dos bares, os contínuos das redações: todos teriam uma versão própria, que se somaria àquela do narrador. Ao fazer um relato pessoal da história da luta armada no Brasil, assinala precisamente os limites da perspectiva pessoal, assim como a falta de fontes. O narrador mobiliza a sua memória para contar sua história: se a memória lembra, ele pode descrever miudamente; mas se ele pouco lembra, faltam-lhe os detalhes: há uma desproporção entre a memória do acontecido e a importância do que ocorreu. Em outra ocasião, assume explicitamente a posição de "artista", além de não dispor de controle sobre o livro que escreve. Por que então o testemunho? Porque muitos sofreram, muitos morreram, e estou aqui, procurando saber quem sou, o que fui, o que serei, diz ele. "Sobrevivi. E pensei que talvez fosse interessante contar a história."[304]

*O crepúsculo do macho*, publicado em 1980, trata da experiência do exílio, de 1970 a 1979. O livro retoma a narrativa no ponto deixado no primeiro volume; inicia-se

---

300 *Ibidem*, p. 105.
301 *Ibidem*, p. 226.
302 *Ibidem*, pp. 68-72.
303 *Ibidem*, p. 12.
304 *Ibidem*, p. 171.

com a chegada dos terroristas libertos na Argélia, narra a estadia em Cuba e no Chile, passagens por Paris e Roma, uma estadia em Berlim ocidental e, sobretudo, o tempo de exílio em Estocolmo, terminando com a chegada ao Brasil em 1979. Quanto mais o livro se aproxima do final, mais onipresente se torna o tema do retorno ao Brasil.

A narrativa segue o molde do volume inicial, orientada cronologicamente, mas com interpolações temporais a partir do presente do narrador: de sua vida atual na Suécia para os acontecimentos da década de 1970. Ele realiza uma "viagem": seu trabalho como condutor de metrô em Estocolmo, referido ao presente, aparece como uma linha para ligar os diferentes momentos da "viagem" que é a vida do exilado (em *Entradas e bandeiras*, será o "filme"). Articula o presente com o passado e invoca a memória como a instância que liga os tempos e que permite o narrador e a narrativa: "Quando entro nesse caminho [refere-se a um trecho da linha do metrô], sei que posso escrever um romance inteiro com a memória. Hoje sou maquinista. Ontem não era"[305].

Quatro temas dominam *O crepúsculo do macho*: a vida afetiva, a espera pelo retorno, a identidade e a autocrítica.

A vida dos afetos já havia sido tratada no volume inicial; agora, ela ganha preponderância, pois a ação política coletiva cai para um plano secundário. Aliás, esse é um aspecto que incide, de algum modo, sobre a voltagem da narrativa: parece que o autor não conseguiu imprimir uma dramaticidade que acompanhasse a pungência dos acontecimentos narrados na "queda". Evidentemente, o tema político já oferece de antemão alta voltagem, que precisaria ser reconstituída a partir do momento em que o foco se desvia. Não obstante, as relações afetivas são imbricadas na indagação ininterrupta, e cada vez mais pungente, pela identidade, que se torna mais aguda na situação de exílio. Podemos aquilatar essa dimensão em uma passagem especialmente densa (por articular muitos problemas e dimensões da vida), quando o relacionamento do narrador com sua primeira companheira de exílio termina.

> Confesso que tremi de medo quando Vera foi embora. A grande companheira de momentos difíceis, que me dera força em todas as dificuldades, ia para o sul [...]. Vera escolhera a França e achava que nossa relação estava terminada. [...] Com a partida de Vera, duas perguntas se entrelaçavam: por que fracassamos na América Latina e o continente foi praticamente tomado pela direita; e por que fracassamos em nossa relação sentimental que atravessara quatro anos, com ligeiras interrupções.
> A hora do lobo significava ficar com os próprios fantasmas no escuro e no frio. Refazer mil vezes as mesmas perguntas, enterrar o pé na neve e desejar que o rio Paraibuna explodisse aquela superfície branca com suas águas barrentas e ricas em lambari[306].

Na situação do exílio, a companhia assume uma urgência incomum, representando o único espaço de ancoragem e segurança. O abandono é carregado de medo e insegurança. Na trilogia, envolvimento afetivo significa muito mais segurança do que insegurança e instabilidade – não obstante as diversas parcerias afetivas ao longo do tempo.

---

305 Idem, *O crepúsculo do macho*, Rio de Janeiro: Codecri, 1980, p. 57.
306 *Ibidem*, p. 177.

Os temas se embaralham, e esse é um ponto forte da narrativa: a vida afetiva, a indagação crítica, o medo e a insegurança, a lembrança de um passado solar em terra de gelo e escuridão. A neve sueca derretida pelo caudal do Paraibuna, rio que corta a cidade natal do autor, é forte, e é aí que a narrativa pode alcançar maior voltagem, ainda mais quando pontuada pela espera mais angustiada – a espera pela volta.

Desde logo se fala dos "sinais de anistia próxima no Brasil" e, consequentemente, da possibilidade da volta: essa expectativa marca o presente do narrador em 1979, em Estocolmo, e informa por dentro a narrativa. "Volta" e "espera" são as palavras-chave. Elas condensam muitas dimensões da vida: falsas imagens e esperanças, mas também um lugar no mundo. Pois também aqui a narrativa circula em torno da identidade: "O Brasil: quando pudesse voltar, restabelecer meu vínculo com o mundo, subitamente meu passado, meu presente e meu futuro se entrelaçariam e minha verdadeira cara ia aparecer"[307]. A volta é (sobre)carregada com expectativa tão alta, que já de antemão parece difícil que possa ser cumprida, e desde logo se anuncia no horizonte a possibilidade de algum fracasso. A própria vida se reduz à espera, e o tempo corre ao ritmo das acelerações e retardos de uma possível volta.

A identidade é a questão central. "Você está no exílio e, constantemente, quer saber quem você é. Você olha em torno e pergunta: quem sou eu?"[308] Imersa na espera, essa indagação torna-se uma fonte de dor e insegurança constantes. Na incerteza, muitas vezes é um passado não necessariamente mais feliz, mas decerto mais seguro e concreto, que oferece apoio ou material para a reflexão. No volume final, essa dimensão aflorará com força, em resposta a um silêncio surpreendente ao longo dos dois volumes iniciais.

Por fim, a autocrítica. Ela está em continuidade com as reflexões do volume anterior, mas com ênfases: uma defesa da espontaneidade, da vida afetiva, o que implica a superação das "deformações machistas" e apresenta um narrador "em plena crise como macho". Isso também ganha formulação no plano teórico, indicando quanto o elemento reflexivo é chamado para a compreensão da experiência viva: "Como é que se arranjam numa pessoa as ideias de esquerda e uma estrutura emocional de direita?"[309]. Contudo, esse dilema é retórico, pois o narrador já reconhece que viveu uma ilusão e que o esforço revolucionário foi sem sentido. Encontramos então a mesma desilusão do volume inicial, contrabalançada, em muitos momentos, pela passagem da autocrítica para a autoafirmação. O caminho da volta é longo e demorado; passa pela perda das antigas certezas e pela busca de uma nova afirmação de si. "A operação que começava naquele outono era a de resgate de meus gestos perdidos, meus anos massacrados sob uma convenção que já não mais respeitava. [...] Não estava nem morto, nem em hibernação. Estava em busca permanente e isto me dava um brilho enorme."[310] É possível que se trate dos inícios daquele brilho do verão de 1979-80.

Esse mesmo processo de autocrítica e autoafirmação significa distanciamento dos outros "companheiros" terroristas e exilados, a saída de um ambiente e a

---

307 *Ibidem*, p. 224.
308 *Ibidem*, p. 102.
309 *Ibidem*, p. 183.
310 *Ibidem*, pp. 205-6.

busca de outro, no qual ganha importância o papel das mulheres, dos negros, dos homossexuais, do corpo, da ecologia. Nesse processo, até mesmo a volta ao Brasil aparece cindida, pois cada um receberá um Brasil diferente.

> De comum entre nós restaram poucas coisas: lembranças das lutas no Brasil [...] e uma esperança de voltar à terra. Creio que seremos jogados ali como meninos que ficaram longamente de castigo. No princípio, hesitaremos em entrar na dança, um pouco surpreendidos com o que vemos e, em seguida, vamos encontrar nossa turma e esquecer bem rápido os negros tempos do exílio. Vai haver um Brasil para vocês, outro para nós[311].

A constatação dessa cisão é dramática, pois revela o reconhecimento, pela via do desencanto e da desilusão, da impossibilidade de um retorno comum e compartilhado com os antigos "companheiros" de uma experiência comum. Por outro lado, isso é compensado pela assunção de uma nova identidade, que se sente mais firme e segura de si. O narrador pode, então, começar a responder à pergunta que esteve o tempo todo no ar: quem sou eu?

*Entradas e bandeiras*, publicado no início de 1981, narra o período que vai do retorno após a anistia, em 1979, até o presente do narrador, em 1981. Inicia-se com a chegada em 31 de agosto de 1979 e os primeiros momentos da "volta". Rememora a família de imigrantes sírios, avô mascate, avó tatuada, pai dono de armazém, infância e adolescência em Juiz de Fora e nos colégios, início da vida adulta – as experiências do tempo que antecede o período coberto em *O que é isso, companheiro?*. Assim, no último volume da trilogia cumpre-se o modelo usual da autobiografia, que abrange a vida de um extremo ao outro.

A seguir, descreve a perambulação por várias capitais do Brasil, na esteira do sucesso de *O que é isso, companheiro?*, e, por fim, relata o esgotamento da "volta" e a necessidade de sair do Brasil, para então retornar novamente, não mais como exilado – um retorno "normal" –, e a busca da vida "no mato", longe das cidades.

Vários dos temas que alinhavam a narrativa são os mesmos já presentes nos volumes anteriores: a espera, a expectativa do retorno, a autocrítica; alguns elementos são novos. O retorno é investido de algo novo, o "reconhecimento". Voltar seria não somente recuperar subjetivamente o que havia sido bloqueado e perdido, mas também colher os frutos de todo o esforço, sofrimento e dor. Haveria um "reconhecimento" por parte dos outros? Sim e não: "A ideia do reconhecimento, a esperança de reencontrar uma unidade na vida não aconteciam também da maneira que pensei"[312]. Decerto há reconhecimento, pois o narrador lança um livro, faz sucesso, torna-se uma figura da mídia, perambula pelo país, mas não está satisfeito. Nem a família, nem os amigos, nem os "companheiros", nem o sucesso oferecem o "reconhecimento" que esperava.

"Unidade da vida" é o velho tema da identidade e reconhecimento, a nova maneira de o formular. O retorno, o ponto de fuga de todo o exílio, o objeto máximo de imaginação e sonho, não foi aquilo que se imaginou e sonhou. E por isso

---
311 *Ibidem*, p. 213.
312 *Idem, Entradas e bandeiras*, Rio de Janeiro: Codecri, 1981, p. 31.

a volta não se concretiza no retorno de 1979, e é preciso sair novamente, para só então poder retornar verdadeiramente. O que ocorreu para que o retorno tenha sido tão diferente do sonho e da imaginação?

Os capítulos iniciais do livro são intitulados "Informe sobre o primeiro espanto" e "Informe sobre o segundo espanto": o primeiro narra a chegada ao Rio de Janeiro; o segundo, o retorno à cidade natal, Juiz de Fora. De início, o espanto de a chegada ao Rio – com tudo o que lá ocorre – ser muito diferente do que o narrador imaginara e fantasiara, e de ele de fato não "aterrissar"; a seguir, ao retornar à casa paterna em Juiz de Fora, o espanto com seu distanciamento total daquele mundo. O narrador não se sente em casa nem no Rio, nem na "província". Está deslocado, não consegue pôr os pés no chão, sem lugar.

Há também dificuldades com a mídia: as deturpações por parte da imprensa, os preconceitos com que se vê confrontado, o sucesso de certa forma inesperado e voraz: "Creio que me tornei uma espécie de celebridade no país. [...] Isso de celebridade alterava completamente os dados de minha vida"[313].

E há a busca de uma nova situação afetiva, a procura de alguém especial, com quem possa partilhar aquilo que vive – sobretudo porque a volta é carregada de novas e estranhas sensações, dificuldades e esperanças, um futuro que lhe parece incógnito. O "reencontro com o Brasil, depois de dez anos de ausência", passa a depender do encontro de "uma nova pessoa com quem pudesse partilhar minha viagem [...]. Seria voltar à terra também através de uma pessoa que vivera aqui todo o tempo, que testemunhara o que não vi"[314]. O narrador sente um hiato, por não ter vivido como e o que os que aqui ficaram. Uma falta que só pode ser suprida afetivamente. Sem ela, não há volta.

Ao retornar em 1979, o narrador já havia escrito *O que é isso, companheiro?* e dado os originais ao editor, um "livro contando as experiências dos anos 60". O retorno difícil oferece novo material para reflexão: enquanto *O que é isso, companheiro?* faz sucesso, o narrador dá tratos à bola para entender as transformações por que passara, que se tornam flagrantes no confronto com o retorno. Essa é a gênese de *O crepúsculo do macho*: "O que mobilizava de fato era a crítica ao machismo. Milhares de pessoas que viram minha foto de tanga ligavam-me a isto. [...] À medida em que surgiam artigos a meu respeito e que o próprio livro ia se expandindo"[315]. Isso precisava ser relacionado com a transformação pela qual passara o narrador ao longo dos anos do exílio: "Quem havia deixado um tipo de existência na década de 60 e viajado por todos os caminhos que viajei tivera oportunidade de se transformar"[316]. Essa transformação precisou ser processada pelo sujeito e também pelo seu entorno. Mas somente com uma nova saída do Brasil é que o livro se concluiu:

> O livro, *O crepúsculo do macho*, era uma tentativa de colocar um ponto final na experiência do exílio. Pensava que escrevendo um livro iria me livrar das dúvidas e inquietações que o contato com outras culturas me trouxe.

---

313 *Ibidem*, pp. 140-1.
314 *Ibidem*, pp. 95-6.
315 *Ibidem*, p. 110.
316 *Ibidem*.

O problema não estava nada resolvido. A passagem pela Europa mostrou-me que era preciso voltar a ele. [...] Era um novo momento em que dezenas de intuições desenvolvidas ao longo dos anos de exílio acabariam chegando ao consciente, tornando-se ideias claras. Era preciso entender mais. Mas o livro já estava nas ruas[317].

Assinalei que a escrita é meio para a superação do trauma. Aqui, o próprio narrador o assinala, ao seu modo. É de se notar, ainda, a "pressa" da escrita e publicação: o narrador percebe uma espécie de descompasso entre o tempo da sua reflexão e o livro, que é mais rápido do que ela. Essa pressa aparece concretamente na perda de voltagem expressiva. Aquilo que, de início, era trauma social torna-se cada vez mais trauma pessoal. Os extremos da trilogia correspondem, em termos gerais, a esse percurso, em certa medida redutor, porque mais restrito.

Talvez se possa dizer que o narrador assume uma postura de conversão da vida em arte. Aquele "viver intensamente" já seria, ele mesmo, uma estetização da vida, que então poderia, sem mais delongas, ser convertida em narrativa. Daí, inclusive, a rapidez dos livros (lançados entre o final de 1979 e o início de 1981). Diz o narrador: "Escolhi viver minha vida abertamente e, de vez em quando, parar para contar a história"[318]. Há, pois, uma equalização do viver e do narrar, como se ambos estivessem sempre, e sem tensões, no mesmo nível – e um abandono do mencionado jogo viver-recordar-narrar. O sujeito, por outro lado, ganha uma dimensão de identidade precisamente nessa equalização, e um dos aspectos disso é que ele se torna "escritor" (não mais "jornalista", não mais "terrorista", não um "político").

Tudo isso, creio, pode ser referido aos problemas de identidade, que atingem o narrador vindos de variados lados. O engajamento político, naquela nova política do "político do prazer", o envolvimento com os movimentos feminista, homossexual/gay, negro, ecológico, antinuclear, dos velhos, dos loucos, com a "democracia em todos os níveis" assinala o seu lugar. São esses os grupos com os quais o narrador se identifica, ao contrário de seus colegas de "geração", com quem o diálogo se revela mais truncado: eis um outro elemento do difícil retorno, o deslocamento face ao grupo dos antigos amigos e a procura e inserção em novos grupos de sociabilidade. A pergunta do narrador é: "Os companheiros da década de 80 existiam?"[319] Ele precisa descobrir, pois, se existem, não são os mesmos dos anos 1960. Onde, e como, pode ele se sentir em casa?

Pois o retorno contém em si o maior de todos os perigos: recair na "mesma rotina de dez anos atrás"[320]. Por isso, é preciso fazer valer o tempo do exílio, a reflexão feita, a experiência vivida: dar vazão à autocrítica, expor as novas ideias, viver um novo modo de viver e pensar. Como fazê-lo? Parece que a saída foi uma fuga. Retornou para fugir: fugir do Rio, onde os amigos de outrora não eram mais os mesmos (ou melhor, ainda eram os mesmos, mas ele mudara), fugir da família,

---

317 *Ibidem*, p. 195.
318 *Ibidem*, p. 111.
319 *Ibidem*, p. 74.
320 *Ibidem*, p. 68.

cujo peso jamais suportara, e sair em busca de algo novo: viver intensamente, encontrar uma companhia, descobrir os novos amigos.

Celebridade, sai pelo Brasil afora para lançar *O que é isso, companheiro?*, mas é na verdade outra viagem."Vai começar minha viagem pelo Brasil. [...] Sabia que havia um longo caminho a seguir e apenas intuía seus contornos."[321] Viagem em busca de si mesmo e de uma pátria, um lugar no qual o narrador viva em paz consigo e com o mundo. A viagem pelo Brasil mostrou-se um momento de crise, a cristalização do fracasso do retorno. Pois a pergunta de sempre continuava sem resposta, contrariamente à redenção e ao reconhecimento sonhados no período do exílio. Quem sou eu?"Onde era a minha Bahia [comparando-se com Gilberto Gil], eu, que deixara a classe sem me tornar proletário, a cor sem me tornar um negro, os privilégios de sexo sem me tornar mulher? Teria de começar de novo, tudo?"[322]

A autocrítica, que havia inicialmente se voltado para a experiência revolucionária, e a seguir para o machismo em sentido amplo, com suas múltiplas derivações, chegava agora ao próprio retorno, que era antes o seu ponto de fuga. A conclusão do narrador é surpreendente, à vista das expectativas do exílio.

> aproveitei a oportunidade para pensar um pouco. Se não estava levando a sério minha permanência no Brasil, o melhor seria partir. Voltar à Europa, percorrer de novo, milímetro por milímetro, os caminhos do exílio. Se eu me perdera do Brasil, ali talvez pudesse pelo menos descobrir onde e por que me perdi[323].

Isso significa assumir o fracasso do retorno, de todo o esforço e de toda a energia que, durante tanto tempo, havia sido direcionada para a "volta". Apesar de tudo – e não foi pouco –, a volta não trouxe o reconhecimento, pois ser reconhecido é também reconhecer. Talvez seja essa a descoberta que ainda faltava fazer.

> Faltou algo no artigo explicando minha saída: a explicação adequada de minha saída. Eu não a tinha. [...] Na minha cabeça o que aparecia era apenas isso: preciso sair para entender melhor. Sair para avançar. [...] Simplesmente não consegui aterrissar no Brasil. Nem encontrar um cotidiano que não me aterrorizasse por suas limitações. O melhor caminho era seguir caminho[324].

O narrador parte, com sua companheira, de volta para a Europa, poucos meses depois do glorioso – mas que o tempo mostrara muito confuso – 31 de agosto de 1979. Essa fuga representa um acerto de contas no processo de identidade do narrador. É uma concretização de sua autocrítica, pois, uma vez mais, algo dera errado: a volta, e foi preciso refazê-la. Era preciso sair, para poder voltar de novo. "Voltamos depois de três meses na Europa. [...] Há toda a história da segunda volta. [...] Quando desembarcamos no Brasil, eram cinco horas da manhã e ninguém nos esperava."[325] É o oposto da chegada de 31 de agosto. Agora, o narrador retorna para si

---

321 *Ibidem*, p. 109.
322 *Ibidem*, p. 120.
323 *Ibidem*, p. 115.
324 *Ibidem*, pp. 168-9.
325 *Ibidem*, pp. 177-8.

mesmo, e não mais tragado por um movimento que o leva de volta à crise. Ele chega mais senhor de si, no controle da situação, e sai em busca de um novo começo. Aí, nesse ponto, começa uma nova história. A trilogia do retorno, com o verdadeiro retorno, conclui-se. "E aqui, sempre à luz do dia, escrevi essa história."[326] Chegamos ao presente do narrador. Gabeira tornara-se escritor e seu próximo livro, que também chegará às paradas de sucesso, não será mais um "depoimento".

Um ponto que permite entrelaçar tudo o que foi sugerido é o problema da constituição das formas da memória por entre as diferentes gerações. A trilogia do retorno relata uma história de vida de uma geração que se cindiu entre variados modos de adaptação mais ou menos conformada à ditadura e a recusa frontal na forma da luta armada. Essa geração, viva nos dias de hoje, permite formas de memória individual e social ligadas à presença. Mas, com o tempo, os relatos vivos não estarão mais disponíveis e a transmissão dependerá de registros materiais. A trilogia atua nessa direção, fixando um relato, um "depoimento". Ela pode contribuir – com outros registros, dos mais variados tipos – para a configuração de uma memória cultural. Serão sempre os vivos que, a cada momento, a configurarão, em função de suas escolhas e possibilidades. O que podemos esquecer, o que queremos lembrar? A trilogia do retorno estará sempre ali, ao alcance da mão. Se será ou não integrada em representações mais ou menos poderosas em algum momento histórico, dependerá sempre das escolhas que, nos diferentes momentos, forem feitas, no curso das gerações e por distintos grupos sociais. O estudo de Galle sobre o terrorismo alemão em textos ficcionais é, nesse sentido, muito sugestivo. Ele mostra como é a prosa de ficção a instância que, na Alemanha contemporânea, conseguiu congregar, e dar forma de modo mais substancial a eles, os materiais disponíveis (documentos oficiais, autobiografias, reportagens etc.): "Não pretendem criar um retrato fiel dos fatos externos, mas uma versão fiel aos fatos e aos sentimentos vividos que também reclamam sua autenticidade"[327]. O relato autobiográfico de Fernando Gabeira, seu "depoimento", é reconhecidamente marcado por uma posição "unilateral", a sua. Mas o seu esforço narrativo não deixou de procurar refletir sobre o que ocorreu, em vez de pretender simples e ingenuamente relatar o que foi. O que ele viveu é o objeto de sua reflexão, e a narrativa autobiográfica foi o meio dessa autorreflexão.

---

326 *Ibidem*, p. 208.
327 Helmut Galle, "A memória individual e a memória cultural", *in:* H. Galle; Rainer Schmidt (org.), *A memória e as ciências humanas*, São Paulo: Humanitas/DAAD, 2010.

# II

# O EMPENHO LITERÁRIO: RECORDAÇÕES DA VIDA ARTÍSTICA E INTELECTUAL

# ALFONSO REYES: O CICLO AUTOBIOGRÁFICO
ADOLFO CASTAÑÓN

O ciclo autobiográfico e memorialístico que cumpre Alfonso Reyes ao longo de sua obra se abre formalmente com a publicação de seus livros de memórias, *Parentalia* (1957) e *Albores* (1959), agrupados com o título *Crónica de Monterrey*. Segundo seu *Diario Red*, Reyes começaria a escrever esses textos por volta de 1927, quando chega à Argentina como embaixador, logo depois de haver passado quatorze anos na Europa, sete como escritor independente e o restante como representante diplomático. Como se sabe, Reyes só iniciaria a publicação desses livros quase trinta anos depois, já instalado no México e – dado da maior importância e relevância – depois da morte do irmão mais velho, Rodolfo, em 1954. Além desses livros de memórias, Reyes escreveria outras páginas de corte autobiográfico: *Historia documental de mis libros*, que abarca desde os anos de sua "pré-história" literária (1903-5) até 1925, quando, seguindo o modelo de Alphonse Daudet em sua *Histoire de mes livres*, Reyes faz a crônica, a história e ainda a historiografia das circunstâncias que rodearam a composição, realização, edição e recepção de seus livros até 1925. Além desses textos, Reyes escreveria outros de ordem mais autobiográfica e testemunhal, *Berkeleyana* (1941, 1952), *Memoria a la facultad* (1931), *Cuando creí morir* (1947, 1953), todos eles reunidos no volume XXIV de suas *Obras completas* e, salvo o primeiro, recolhidos nessa obra. A esses ensaios haveria que acrescentar a grande quantidade de notas e textos dispersos, particularmente em *Burlas Veras* e *Marginalia*, onde, com e sem pretexto, Reyes vai arrimando ao fogo da memória anedotas soltas, imagens, "fiapos" – como chega a chamá-los – provenientes de seu passado infantil, adolescente e jovem. A referência autobiográfica é na obra toda de Reyes assídua, mas será nos textos assinalados, publicados e a caminho de publicação, em que ela melhor se explicita e espraia, se se excluem as copiosas correspondências e o *Diario* até agora inédito.

Não é um segredo que Alfonso Reyes escrevia cartas. Até agora, identificaram-se não menos de cinquenta epistolários com interlocutores de diversos perfis: escritores, artistas, políticos, professores, filósofos, familiares e gente de sociedade; a correspondência de Alfonso Reyes cobre uma vasta rede de interlocutores. Até agora se publicaram muitos desses epistolários em forma separada e individual. Nunca se havia tentado armar um percurso panorâmico com o conjunto – e, menos, estabelecer um conjunto que estivesse sustentado por um comum denominador, como podem ser as preocupações mexicanas e as questões relativas aos interesses e valores da nação. A trabalhosa correspondência de Reyes tem sem dúvida um sentido que vai além da atenção prática e pontual a este ou aquele assunto ou matéria. Por acaso, haverá que se buscar esse sentido na consciência que tinha Alfonso Reyes da necessidade de deixar registro escrito da vida. A seus olhos, a vida, para ser vivida plenamente, tinha que passar pela escrita – e em particular pela escritura de cartas, diria o leitor de Madame de Sévigné. Por outro lado, cabe dizer ao leitor que não se incluíram fragmentos do *Diario*, na medida em que se está trabalhando ainda em sua edição, e não nos pareceu adequado, em virtude de múltiplas razões editoriais, reproduzir os trechos e fragmentos publicados em 1969, depois de dez anos da morte de Alfonso Reyes, pela Universidade de Guanajuato.

As memórias de Alfonso Reyes propriamente ditas se dedicam em grande medida a reconstruir as raízes familiares e a primeira idade infantil. *Parentalia* é a rigor um canto de exaltação ao general Bernardo Reyes. Esse canto culminará com a breve *Oración del 9 de febrero*, escrita para comemorar e recordar a queda trágica do general em 1913. Escrito trinta anos depois dos acontecimentos, durante os dias brasileiros, e publicado quase uma década após a morte de Reyes, em 1959, esse breve texto não só é uma obra-prima de concisão eloquente e memoriosa, mas é precisamente isto: uma "oração", uma pregação narrada e elevada para salvar a memória do pai e arrancá-la das mãos sangrentas e vergonhosas da tragédia com que concluiu sua existência, deixando à margem a história oficial ou institucional. Se Alfonso Reyes dedicou uma boa parte de suas memórias a recordar e tentar reconstruir a imagem rota de seu pai, é porque tinha uma dolorosa consciência do erro histórico, político e humano que obscureceu seus últimos dias, ao tomar as armas contra o presidente Francisco I. Madero e ser um dos agentes provocadores que desencadearam a Dezena Trágica, esses "dias aziagos" em que a população da Cidade do México sofreu na carne as calamidades da guerra: milhares de mortos e feridos, terror, insegurança, fome e epidemias foram o saldo sangrento desses episódios. Como se fosse pouca a tragédia, Alfonso Reyes teria que viver e às vezes conviver no desterro com seu irmão Rodolfo, responsável direto por manipular o pai com as intrigas subversivas que custariam sua vida e membro fugaz do gabinete vergonhoso de Victoriano Huerta. As relações de Rodolfo com Alfonso foram a partir desse momento invariavelmente tensas e, como já se assinalou, não deixa de ser significativo que o autor de *Ifigenia cruel* esperasse a morte do irmão para iniciar a publicação de suas memórias. Tem sido dito – e não sem alguma razão – que Alfonso Reyes exagera as virtudes do general Bernardo Reyes[1]. Esse movimento compensatório é facilmente explicável, e fica razoável pensar que o general e governador não era necessariamente esse paradigma idealizado pelo filho Alfonso, que o eleva aos altares, fazendo dele um "poeta romântico a cavalo", um homem de refinada cultura helenística, um avatar do Cid Campeador e ainda – como no poema que lhe dedica, "9 de febrero de 1913", e que se inclui no volume III dessa antologia – um "cristo militar". Salta à vista que essa vontade de idealização e enobrecimento tem suas raízes na alimentação da própria autoestima e, contudo, há que admitir que o general Bernardo Reyes teve enormes qualidades que o levaram a ser durante muitos anos um governante admirado e querido e o braço secular e armado do general Porfirio Díaz, de quem se chegou a pensar – e aí está o partido reyista para recordá-lo – que seria o sucessor. Uma das coisas que chamam a aten-

---

[1] Javier Garciadiego, *Alfonso Reyes*, Ciudad de México: Planeta, 2004.

ção em *Parentalia* é a impecável documentação que a sustenta e envolve. Desde logo, no livro estão intercaladas as recordações pessoais de Alfonso Reyes. Mas há, além disso, uma documentação surpreendente e quase exaustiva do período: leituras abundantes de histórias regionais e de memórias políticas e militares dão corpo e garbo a esse primeiro volume de memórias.

O registro de *Albores*, ainda que mantenha um mesmo tom de conversação, é muito distinto: Alfonso Reyes põe o capacete e as botas do mineiro para fazer-se de arqueólogo e espeleólogo de si mesmo; escarafuncha em suas recordações e impressões primeiras, detalha, à contraluz da memória, personagens principais e protagonistas, mas também vai percorrendo uma a uma as diversas figuras consanguíneas ou não que rodearam seus primeiros anos: mãe e pai, obviamente, irmãos, tios, criados e companheiros de brincadeiras. São contados na literatura mexicana os livros como este, tão efusivo e prenhe de detalhes sobre a infância; muitos poucos os livros em que com tão cordial e afetuosa minúcia se vão recortando e delineando não só personagens, mas condutas, usos e costumes, festas, estilos de vida de uma sociedade – como a de Monterrey e a mexicana de fins do século XIX e princípios do XX – que respirava sem complexos nem rubores de par com um ritmo aldeão e ao compasso de uma civilização industrializada emergente.

Com suas duas portas – *Parentalia* e *Albores* –, *Crónica de Monterrey* se oferece ao leitor como um livro de história familiar e nacional em cujo espelho podemos seguir os passos já não só do menino que foi Reyes, ou do general e governador que foi seu pai, mas, mais secretamente, o pulsar às vezes trágico e às vezes compassado de uma das regiões do México que maior influência exerceu na história nacional.

Como já se disse, a *Oración del 9 de febrero* é isto: uma pregação, uma forma de crônica e, ao mesmo tempo, uma oração. Cabe aqui chamar a atenção sobre a religião praticada por Alfonso Reyes. Pode-se dizer que Reyes era praticante de alguma religião instituída como o cristianismo, seja em sua vertente católica ou protestante? Desde logo, quase não, e muitos recordarão a cena em que Alfonso Reyes evoca, não sem esforço, sua resistência a receber o sacramento da primeira comunhão. Em 1911 Reyes se casou com Manuela Mota – a grande ausente desses livros de memórias – tanto pela ordem civil como pela religiosa. É certo que batizou o filho, mas observou sempre uma distância mais que prudente da Igreja e das crenças derivadas dela. Por outro lado, embora muitos de seus valores e leituras o aproximassem do *gênio* do cristianismo – para evocar o ensaio apologético publicado por Chateaubriand em princípios do século XIX e que contribuiu para a bagagem formativa do jovem que foi Reyes – e ainda que tenha enfrentado por meio da Sociedade de Conferências do Ateneu da Juventude uma formação positivista, como foi a dos funcionários e políticos chamados os "cientistas", talvez no fundo Reyes fosse mais propenso a identificar-se com o universo laico, e em sua forma de pensamento – feita de empirismo, erudição, fantasia – houvesse não poucos traços de ceticismo. A comoção fatídica de 9 de fevereiro de 1913 iria mudar as coisas. Como ele mesmo o diz, a partir de sua morte, o general Bernardo Reyes se transforma em uma presença assídua e, por assim dizer, em um interlocutor indispensável. Ainda que se desterre e se mude de cidade, não muda de "religião" familiar, passeia com seus mortos – tal é o sentido da voz latina *parentalia* –, leva a toda parte o gorro de caçador que o general Bernardo Reyes usava quando caiu abatido naquela vergonhosa madrugada gelada. Nas últimas anotações do *Diario* aparece a figura do general, cuja silhueta agônica é, como se sabe, a presença que percorre e impregna o poema dramático *Ifigenia cruel*. Caberia dizer que a sede de harmonia e concórdia, bem como o afã clássico que percorre a obra toda de Reyes, podem ser entendidos, ao menos parcialmente, como uma reação tangencial ante a dupla morte do general Bernardo: a física e corporal e, mais irreparável, a moral, que o derruba como assunto de admiração legítima. Exercício de salvação e de restituição ética, a *Oración del 9 de Febrero* e, em seguida, *Parentalia* e *Albores* representam o esforço por lavar o corpo caído do pai e são também, mais sensivelmente, uma busca do tempo perdido, uma prenda dessa piedade filial que animou Reyes a todo momento, e que representa uma ponte orgânica entre a dor pessoal e o sentimento pela terra nativa e o solar em que se alça a nação como entidade e realidade.

*Historia documental de mis libros, Memoria a la facultad, Cuando creí morir* compartilham o olhar despejado e limpo, *positivo* – assim no sentido de "científico" como no de otimista – do grande historiador de si mesmo que foi Alfonso Reyes. No primeiro caso, a matéria tratada pela narração são os próprios livros, seguindo, como se disse, a inspiração de Alphonse Daudet. Mas, além de deixar constância de certo narcisismo pueril, *Historia documental de mis libros* não é um apêndice subsidiário na obra desse escritor tão desvelado por abrir a caixa-forte da poesia, fazendo coincidir as engrenagens da literatura e da vida literária, da visão tanto como da narração do que a tem ou sustém. Além disso, suas páginas podem servir como um guia para seguir e documentar uma história da edição na Espanha, América e México, tantos são os dados que Reyes oferece sobre a imprensa, os revisores, os comentaristas e críticos, e outras circunstâncias e detalhes da vida editorial. Em filigrana e à contraluz também seria possível decifrar a partir dessas páginas uma história da evolução do (bom) gosto e dos usos e costumes literários na primeira metade do século XX.

Ainda que compartilhem com as páginas anteriores uma inclinação metódica para os acidentes que sofre o corpo – e os corpos escritos –, no ciclo que vai de *Memoria a la facultad* a *Cuando creí morir*, verá o leitor desprender-se do corpo do enfermo o olhar clínico que sabe estimar sem julgar precipitadamente. Chama a atenção nessas páginas – como em quase todas as de Reyes – a cordura, a sensatez, o sentido da ironia e do humor com que desnuda e descreve suas doenças, e a agudeza penetrante com que incide no mundo da medicina. Reyes sabe desenhar nesses ensaios de patologia experimental um retrato irretocável de si mesmo, digno de um romancista inglês.

Logo após ter dado à luz seus livros de memórias *Parentalia* e *Albores*, Reyes seguiu assediado pelas imagens de sua infância e juventude. Como já se mencionou, tanto nos livros de ensaios breves ou glosas como *Marginalia* e *Burlas Veras*, afloraram uma e outra vez silhuetas e perfis, paisagens e personagens, usos e costumes provenientes de sua mocidade. Os textos ali recolhidos, como "Apéndices", enriquecem sobretudo as páginas de *Crónica de Monterrey* correspondentes a *Albores* e servem para documentar com maior detalhe os anos de formação de Alfonso Reyes, assim como alguns dos acontecimentos e anedotas que se encontram na raiz de seus poemas e narrações. A leitura desse conjunto há de se inscrever por sua vez na leitura do conjunto maior que tenta ser a antologia *Visión de México*.

# LEZAMA: OS LIVROS E A FORMAÇÃO
SERGIO UGALDE QUINTANA

Em mais de uma ocasião, ante a insistência de seus interlocutores, José Lezama Lima (1910-76) assegurou que *Paradiso*, o romance que lhe tomou pouco menos de duas décadas a escrever (de 1949 a 1966)[2], continha piscadelas autobiográficas em algumas de suas passagens. Nele se encontram ficcionalizadas várias histórias pessoais do poeta: a da família que vive na emigração revolucionária durante a guerra de independência de Cuba, a do menino que frequenta o colégio, a da vida universitária na Havana dos anos 1930, a dos amigos que o escritor mantinha durante seus anos de formação, a de suas leituras e suas conversações; em outras palavras, a do mundo cultural de Cuba durante a primeira metade do século XX. Por isso, não surpreende que em entrevista a Ciro Bianchi Ross, nos anos 1970, Lezama assegurasse:

> Muitas personagens de *Paradiso* respondem a uma realidade [...]. *Paradiso* é autobiográfico até o ponto em que todo romance é autobiográfico [...]. Eu sempre soube que algum dia teria que escrever sobre a história de minha família, [...] sobre a universidade, a luta estudantil contra Machado, meus amigos, minhas conversas, minhas leituras[3].

Em especial, este último elemento, o das leituras de Lezama representadas ao longo do romance, pode ser um ponto de partida para destecer o entrançado da formação intelectual do próprio escritor. Em um ensaio dos anos 1950, Gastón Bachelard concebeu, ao falar das emissões de rádio, um neologismo que sem dúvida pode ajudar a acercar-nos da obra de ficção lezamiana desde a perspectiva da história intelectual. A logosfera era, aos olhos do filósofo francês, a camada linguística do planeta que, como a atmosfera, nos rodeia[4]. Tempos depois, Roland Barthes, em um trabalho de 1975 sobre Bertolt Brecht, retomou o termo cunhado por Bachelard e o definiu nos seguintes termos: "Tudo o que lemos e escutamos nos cobre como um manto, nos rodeia e nos envolve como um ambiente: é a logosfera. Essa logosfera, nós a adquirimos por nossa época, nossa

---
2 Os primeiros cinco capítulos do romance, assim como um fragmento do último, apareceram na revista *Orígenes*, que o próprio Lezama dirigia (cf. *Orígenes*, n. 22, 1949, pp. 16-23; n. 23, 1949, pp. 18-26; n. 31, 1952, pp. 47-62; n. 32, 1952, pp. 75-97; n. 34, 1953, pp. 18-46; n. 38, 1955, pp. 57-79; n. 39, 1955, pp. 33-55). A primeira edição do romance apareceu em 1966 em Havana. Para os detalhes da história textual pode-se consultar a "Nota filológica preliminar" da edição crítica que Cintio Vitier preparou. Cf. José L. Lima, *Paradiso*, Madrid: Archivos Unesco, 1988, pp. XXXIII-XL.
3 "Asedio a Lezama Lima. Entrevista con Ciro Bianchi", *Quimera*, abr. 1983, n. 30, p. 34.
4 Gastón Bachelard, "El ensueño y la radio", in: *El derecho de soñar*, Ciudad de México: Fondo de Cultura Económica, 1985.

classe, nosso ofício: é uma circunstância de nosso eu"⁵. Nos giros de linguagem do romance *Paradiso*, nos conceitos e termos que Lezama utiliza, nas citações explícitas e implícitas de certas leituras e correntes filosóficas que fazem as personagens principais – Cemí, Fronesis e Foción –, encontram-se os traços de vários âmbitos discursivos que delineiam a formação intelectual de Lezama. Neles ressaltam as marcas de uma trajetória de leitura que é indissociável do ambiente intelectual e editorial do campo cultural cubano e hispano-americano. Um par de episódios do romance servirá para delinear o retrato de Lezama como leitor.

## DA "CRÍTICA TOSCA" AO ARQUIVO CULTURALISTA

No capítulo nove de *Paradiso* vemos o jovem José Cemí, protagonista principal do relato e *alter ego* de Lezama, frequentar suas aulas na Faculdade de Direito. O ambiente universitário que a passagem recria recorda os anos estudantis que o próprio autor viveu entre 1929 e 1938 na Universidade de Havana. Lezama, que se especializou em direito penal, pertenceu, como bem o mostrou Rafael Rojas, a "uma geração de juristas cubanos mais exposta às humanidades"⁶. O jovem Lezama, preocupado desde os primeiros anos com questões históricas e filosóficas, obteve nessas aulas uma formação com claro perfil humanístico. Por essa razão não surpreende que sua personagem Cemí, ante o ambiente aglomerado e ruidoso da Faculdade de Direito, decida, na metade do capítulo nove, encaminhar-se à Escola de Filosofia e Letras, onde, além de encontrar repouso, poderá ver seu amigo Fronesis e, talvez, dialogar com ele. De imediato, no pátio da faculdade, Cemí vê o amigo rodeado por um grupo, "um coro", de estudantes. Fronesis vem de escutar uma aula sobre o Quixote; o professor gastou o tempo enumerando uma série de lugares comuns sobre o romance de Cervantes. O jovem estudante se queixa ante os companheiros das opiniões esquemáticas do "populacho professoral" e enumera novas vias de acesso ao romance. Nesse momento, justo quando Fronesis semeou o descontentamento contra o ambiente acadêmico da crítica literária da universidade, Cemí toma a palavra e diz:

> A crítica tem sido muito tosca em nosso idioma. [...] [Do] espírito especioso de Menéndez y Pelayo, brocha gorda que desconheceu sempre o barroco, que é o que interessa da Espanha e da Espanha na América, [...] temos passado à influência do seminário alemão de filologia. Colhem desprevenido a um de nossos clássicos e estudam nele as cláusulas trimembres acentuadas na segunda sílaba⁷.

Nessa passagem, Lezama traça de forma sintética e irônica dois momentos da crítica literária na língua espanhola: por um lado, a que representa a figura de Menéndez y Pelayo, no trânsito do século XIX ao XX, e, por outro, a que personificou nas primeiras décadas do século passado a recepção da estilística alemã. Na

---

5 Roland Barthes, "Brecht et le discours", *in: Ouvres complètes*, Paris: Seuil, 1995, p. 261.
6 Rafael Rojas, "Lezama y los Castillos", disponível em: <http://www.diariodecuba.com/de-leer/lezama-y-los-castillos>. Acesso em: 30 mar. 2017.
7 José L. Lima, *op. cit.*, p. 240.

oposição e no diálogo com esses dois âmbitos discursivos, Lezama estabelece sua proposta de uma crítica poética-cultural.

A ideia de uma crítica literária tosca em espanhol já havia sido denunciada em 1941, quando, a convite do filólogo cubano José Chacón y Calvo, Lezama leu um ensaio sobre o poeta modernista Julián del Casal em um colóquio que se chamou "Los Poetas de Ayer Vistos por los Poetas de Hoy". O jovem escritor começava seu texto julgando as duas debilidades da crítica literária da ilha: ou bem se ajuizava a poesia a partir de uma vulgar aproximação biográfica, ou bem se apagava toda especificidade a favor de uma teoria abarcadora. É provável que Lezama, em suas queixas, aludisse aos trabalhos do próprio Chacón y Calvo e de José Juan y Remos, que nas primeiras décadas do século haviam se ocupado do arquivo poético da ilha. O poeta demandava uma aproximação crítica distinta que tivesse como ponto de partida a ideia da memória. Casal, dessa perspectiva, tinha que ser reinventado por uma crítica reminiscente; só nessa medida poderia ser encontrada outra perspectiva do poeta e, com isso, uma reinvenção da poesia cubana do século XIX. Pela metade do ensaio, Lezama era enfático em sua postura:"É uma posição que não podemos deixar tirarem de nós, um novo século XIX nosso, criado por nós e pelos demais, mas que de nenhuma maneira podemos deixar abandonado a nossos venenosos professores nem aos passivos arquivistas"[8].

Ao se referir a esses "venenosos professores", Lezama, além de aludir de forma direta ao *status quo* filológico da ilha – representado por José Manuel Carbonell, Salvador Salazar y Roig, Antonio Araizoz, José María Chacón y Calvo, Juan José Remus y Rubio, Miguel Ángel Carbonell –, também pode estar se referindo a uma personagem central da cultura cubana da época da República. Refiro-me a Jorge Mañach, que, durante a década de 1940, depois de um exílio na Universidade de Columbia, nos Estados Unidos, chegou a personificar a figura acadêmica por excelência na ilha. O autor de *Historia y estilo* obteve por concurso a cátedra de história da filosofia na Escola de Filosofia e Letras no ano de 1940; pouco tempo depois ingressou nas academias de História e de Artes e Letras. É conhecida a anedota que relata o desencontro entre o crítico e o poeta. Mañach visitava uma livraria da Havana Velha e ao ver que Lezama se encontrava ali, sem demora, o alfinetou:"Soube que agora o chamam mestre". Lezama, em uma resposta imediata, disse:"Prefiro que me chamem mestre por brincadeira que professor a sério"[9]. A história poderia carecer de importância se, oito anos depois de haver escrito o ensaio sobre Julián del Casal, Lezama Lima não tivesse enfrentado a incompreensão do professor e crítico de poesia. Mañach, depois de ter recebido um par de livros da geração de poetas de Orígenes, *La fijeza*, de Lezama, e *El hogar y el olvido*, de Cintio Vitier, decidiu escrever uma carta pública em que manifestava sua sincera posição crítica frente à poesia dos jovens escritores: não a entendia. A carta de Mañach gerou uma polêmica que incluiu os dois poetas, o crítico e um par de jornalistas[10]. Ao autor de *Indagación del choteo*, identificado desde essa época com a claridade do estilo clássico, parecia que os jovens escritores extrapola-

---

8 Idem, *Obras completas*, Ciudad de México: Aguilar, 1977, pp. 82-3.
9 Cf. Carlos E. Domínguez, *Cercanía de Lezama Lima*, La Habana: Letras Cubanas, 1986.
10 As personagens envolvidas foram: Jorge Mañach, José Lezama Lima, Luis Ortega, Manuel Millor Díaz e Cintio Vitier. A polêmica completa foi recompilada em Ana Cairo,"La polémica Mañach-Lezama-Vitier-Ortega", *Revista de la Biblioteca Nacional José Martí*, jan.-jun. 2001, pp. 91-127.

vam em seu ideal da arte como expressão; ele, pelo contrário, pedia uma poesia clara e diáfana[11]. Mañach elaborava assim *in nuce* uma teoria da poesia como ato comunicativo. Lezama, pelo contrário, defendia o ato poético como uma aventura estética que leva a linguagem para além de seu contorno, a novas possibilidades.

Nas objeções de Mañach, sobre a obscuridade expressiva das poéticas de Lezama e dos origenistas, ressoam de alguma maneira os juízos demolidores do crítico e erudito por excelência da Espanha durante o século XIX. Refiro-me, e aqui voltamos à passagem de *Paradiso* citada linhas acima, a Marcelino Menéndez y Pelayo, o grande inquisidor da poética gongórica. Para o sábio de Santander, Luis de Góngora representava a aberração do gosto poético[12]. Com esse juízo, dom Marcelino não só condenou e excomungou do cânon o autor das *Soledades*, mas também a todos os seguidores do poeta cordobês. Lezama, que contava 17 anos quando surgiu a reivindicação da estética gongórica por Alfonso Reyes e a geração de 1927, cresceu ao amparo de várias leituras que valorizavam não só a poética do autor de *Polifemo*, mas o movimento barroco em sua totalidade. Desde seus primeiros textos publicados, Lezama fez uma releitura, e ao mesmo tempo uma assimilação, do fenômeno cultural do barroco. Em ensaios como "Un poeta mexicano del siglo XVII" (1937)[13], "El secreto de Garcilaso" (1937), ou "Sierpe de don Luis de Góngora" (1951)[14], notam-se as leituras vindicativas do fenômeno barroco; aí também saem a reluzir os teóricos que encabeçaram essa reabilitação: Heinrich Wölfflin, Oswald Spengler, Werner Weisbach, Eugenio D'Ors. Sem dúvida, foi em 1957, na conferência intitulada "La Curiosidad Barroca", que Lezama organizou todo seu acúmulo de leituras e experiências barrocas em um texto programático. Nessa conferência não aparece mencionado Marcelino Menéndez y Pelayo; apesar disso, é claro que um dos interlocutores é o sábio de Santander[15].

Sem dúvida, a crítica tosca em nosso idioma, na opinião de Lezama, não se limitava à figura de Menéndez y Pelayo, mas também à que veio depois dele: "a influência do seminário alemão de filologia". A que se referia Lezama com isso? Nos princípios do século XX, no Centro de Estudos Históricos de Madri, configurou-se um universo de crítica literária que teve um considerável auge entre os circuitos acadêmicos do mundo hispânico. Sob a tutela de Ramón Menéndez Pidal, um grupo de filólogos, entre os quais se contavam – em um primeiro momento – Américo Castro, Tomás Navarro Tomás, Antonio G. Solalinde, Federico de Onís, Alfonso Reyes, e – em um segundo período – Amado Alonso e Dámaso Alonso, começou a entabular um diálogo direto com a filologia estilística alemã[16]. Três nomes foram importantes para a recepção dessa corrente: Ernst Robert Curtius, Karl Vossler e Leo Spitzer. De todo esse universo crítico, Lezama tomava distância só de algumas

---

11 Para uma contextualização intelectual da polêmica, ver o livro de Duanel D. Infante, *Mañach o la República*, La Habana: Letras Cubanas, 2003, pp. 15-46.
12 É conhecida a frase de Menéndez y Pelayo em que censura as *Soledades* por ser uma composição "sem assunto, sem poesia interior, sem afetos, sem ideias, uma aparência ou sombra de poema, inteiramente privado de alma. Só com extravagâncias de dicção tenta suprir a ausência de tudo" (Marcelino Menéndez y Pelayo, *Historia de las ideas estéticas en España II*, Buenos Aires: Espasa-Calpe, 1943, p. 329).
13 José L. Lima, *Imagen y posibilidad*, La Habana: Letras Cubanas, 1981, pp. 148-9.
14 *Idem, Obras completas*, pp. 11-43 e 183-213, respectivamente.
15 *Idem, La expresión americana*, Ciudad de México: Fondo de Cultura Econômica, 1993.
16 Cf. José M. L. Sánchez, *Heterodoxos españoles*, Madrid: Consejo Superior de Investigaciones Científicas, 2006.

personagens. A burla, em específico, sobre "as cláusulas trimembres acentuadas na segunda sílaba", referia-se a Dámaso Alonso, que durante aqueles anos utilizou essa frase quase como uma fórmula lexicalizada de seus trabalhos[17]. No fundo, Lezama se afastava não tanto da estilística como corrente crítica, mas dos excessos técnicos da filologia[18]. Na realidade, o poeta se sentia próximo à crítica estilística sustentada em termos culturais. Quem representava essa postura era Karl Vossler. Um exemplo desse tipo de crítica é *Lope de Vega y su tiempo*, livro que foi profusamente lido por Lezama. Em várias passagens de seus ensaios, o poeta recorda e glosa alguns dos apontamentos do filólogo alemão[19].

Dessa maneira, ante a crítica de arquivista ou de professor venenoso, ante a incompreensão do fenômeno barroco – seja em Marcelino Menéndez y Pelayo ou em Jorge Mañach –, ante a análise técnico-estilística, Lezama concebeu uma crítica poética com tintas culturalistas que punha ênfase na imaginação, ou na era imaginária, que cada obra irradiava. Por isso, depois de haver desqualificado as duas correntes de crítica literária mais populares no mundo hispânico, Lezama assegurava em *Paradiso*:

> Mas entender um escritor no centro de seu contraponto [...] desconhecem-no beatificamente. Por exemplo, em Góngora é frequente a alusão às joias incaicas, sem dúvida não se estudou a relação de Góngora com o Inca Garcilaso, no tempo em que ambos coincidiram em Córdoba [...]. A imaginação retrospectiva, tão fundamental [...] tem um prazer interminável, os relatos que fazia o Inca Garcilaso a Góngora de uma das eras imaginárias, a pedra lançando imagens, há de ter sobressaltado os sentidos do racioneiro maior[20].

Quando escreveu essa passagem de *Paradiso*, Lezama se encontrava preparando uma série de cinco conferências, proferidas no início de 1957, com o título de "La Expresión Americana". Aí voltava a utilizar um conceito-chave em sua ideia de crítica: "as eras imaginárias". A que se referia o poeta com esse termo? Em princípio, ao universo imaginário que se desprende, nos diferentes núcleos culturais, das obras de arte. Lezama buscava definir as criações de uma cultura a partir da imaginação que as sustentava[21]. Em oposição a uma análise puramente técnico-formal da literatura, e em acordo com toda uma corrente de pensamento histórico culturalista, o escritor definia sua crítica poética como um método de análise do imaginário. Nas obras artísticas não buscava a pura evolução das técnicas ou das formas, mas a imaginação coletiva que nelas se manifestava. Essa ideia de uma crítica imaginista cultural está em estreito diálogo com um *corpus* discursivo fundamental presente nos anos de for-

---

17 Dámaso Alonso, *Vida y obra de Medrano*, Madrid: Consejo Superior de Investigaciones Científicas, 1948, em especial o pequeno capítulo "La correlación trimembre"; *Poesía española*, Madrid: Gredos, 1950; e "Función estructural de las pluralidades", in: *Estudios y ensaios gongorinos*, Madrid: Gredos, 1955.
18 Daí que em seu *Diario*, na entrada de setembro de 1940, alertasse: "Cuidado com a filologia! Depois de ler Max Müller pode nos ocorrer definir a poesia: a sobrevivência do tipo fonético pela vitalidade do gesto vocálico que a integra" (José L. Lima, *Diarios 1939-1949/1956-1958*, Ciudad de México: Era, 1994, p. 46).
19 A respeito, ver "El secreto de Garcilaso" em José L. Lima, *Obras completas*, pp. 11-43, e o editorial do primeiro número da revista *Orígenes* (1944, n. 1, pp. 1-3). Em ambos os textos, Lezama parafraseia passagens do livro de Vossler.
20 José L. Lima, *Paradiso, op. cit.*, p. 241.
21 Diz Lezama: "Há que desviar a ênfase posta pela historiografia contemporânea nas culturas para colocá-la nas eras imaginárias. Assim como se estabeleceram por Toynbee 21 tipos de culturas, estabelecer as diversas eras em que a *imago* se impôs como história. Quer dizer, a imaginação etrusca, a carolíngia, a bretã" (José L. Lima, *La expresión americana*, p. 67).

mação de Lezama. Refiro-me ao acervo de cultura que José Ortega y Gasset, graças ao programa editorial da *Revista de Occidente* e da Espasa Calpe, difundiu no campo cultural hispano-americano do princípio do século XX.

Uma revisão sumária da edição crítica de *Paradiso* deixa ver até que ponto as citações das personagens lezamianas provêm, em uma parte considerável, do acervo bibliográfico que Ortega promoveu de sua revista e de sua editora em Madri. O auge da presença editorial orteguiana na América hispânica teve momentos culminantes por volta das décadas de 1920 e 1930. Nesses anos, Lezama, leitor jovem e voraz, não deixava passar ocasião para adquirir as novidades promovidas pelas empresas culturais do filósofo espanhol. Em quase todos os ensaios de Lezama, escritos durante os anos 1930 e 1940, há referências textuais ao acervo de cultura que a *Revista de Occidente* e seus órgãos de difusão promoviam em traduções. Lezama citava ou parafraseava Ernst Robert Curtius, Karl Vossler, Oswald Spengler, Leo Frobenius, Johan Huizinga, Carl Gustav Jung, Max Scheler, Worringer e muitos outros autores que configuravam a parte essencial do catálogo da revista. Qual era o projeto orteguiano de todo esse programa editorial? Duas fascinações eram relevantes: a história e a cultura. Desde a promoção de livros como o de Spengler, passando pelas traduções de Frobenius, Huizinga e Scheler, nota-se a predileção por uma corrente de pensamento historicista e culturalista, que nesses anos tinha um considerável ponto alto. O próprio Ortega deixava clara sua finalidade:

> Vem de longe que, em meus errabundos escritos, nas edições da *Revista de Occidente*, e nas da Espasa Calpe, dou ao público os empurrões que posso para induzi-lo ao estudo da história. Por quê? [...] Se eu digo ao leitor que estude história, move-me a convicção de que só a história pode salvar o homem de hoje [...]. Como a chamada época moderna é o tempo da razão física, a etapa que agora se inicia será a da razão histórica[22].

Parece que Lezama assumiu como sua essa bandeira cultural-historicista. Por isso não surpreende que, em um dos diálogos filosóficos que sustentam os três protagonistas principais de *Paradiso*, Foción assegure: "Onde há gritaria não há verdadeira ciência, dizia Leonardo, ainda que tenha lido a citação em Ortega y Gasset"[23]. De forma simbólica, Lezama põe em palavras de Foción algo que bem poderia ter dito de si mesmo: uma parte de suas citações ele havia lido nos projetos editoriais de Ortega y Gasset.

## PAIDEIA: A FORMAÇÃO DO POETA E DO LEITOR

Em um apontamento de seu *Diario*, datado de novembro de 1939, Lezama se perguntava: "Qual deve ser a cultura do poeta? Existe uma cultura marcada com signo distinto, própria do poeta?"[24]. A pergunta deve ter preocupado constantemente o escritor, pois na maioria dos ensaios que escreveu durante as décadas de 1930 a 1950, Lezama voltou uma e outra vez ao tópico do saber específico da poesia e, portanto,

---

22 José O. y Gasset, "Presentación a un ensayo de Huizinga", *Revista de Occidente*, 1935, n. 145, p. 145.
23 José L. Lima, *Paradiso*, p. 259.
24 *Idem*, *Diarios*, pp. 31-2.

do conhecimento poético. Basta rever textos dessa época como "Conocimiento de salvación" (1939), "Del aprovechamiento poético" (1938), "Sobre Paul Valéry" (1945), ou "La dignidad de la poesía" (1956)[25], para se convencer de que uma de suas preocupações foi dotar de sentido a poesia no interior da sociedade contemporânea. Qual deveria ser a cultura a sustentar esse conhecimento da poesia? A resposta que dava Lezama no mesmo apontamento de seu *Diario* era sugestiva. Ali, o escritor se valia de uma indicação do crítico e poeta norte-americano Selden Rodman, que assegurava que os *Cantos* de Ezra Pound eram um *pot-pourri* mal assimilado de história, economia, ciência e literatura especializada: "nos melhores deles apenas alcança um impressionismo sinfônico"[26]. A última parte da frase deve ter agradado de maneira especial a Lezama, pois, em uma estratégia característica sua, apropriou-se do conceito "impressionismo sinfônico" para lhe imprimir um sentido positivo. A cultura do poeta, no dizer de Lezama, devia ser como um impressionismo sinfônico em que a história, a filosofia, a literatura e a ciência se intercalam. Essa exigência da cultura do poeta não era muito distinta da do Renascimento. Um termo pode definir esse ideal: humanismo. A figura que durante os anos 1930 e 1940 resumia esse ideal no âmbito hispano-americano era, sem margem a dúvidas, Alfonso Reyes. Por isso, é revelador que, por volta de 1943, quando elaborava sua terceira revista, *Nadie Parecía* (1942-4), Lezama escreveu ao autor de *Visión de Anáhuac* uma carta em que mostra simpatia por um ideal do poeta ou escritor humanista:

> Seria para nós muito prazeroso poder publicar um trabalho seu, já que a revista mostra radical simpatia, é nosso único radicalismo, por todas as formas do humanismo. Pode existir outra atitude? Como não o cremos, tem para nós uma significação especial o trabalho de todos os americanos que se empenharam para que a América concorra com total dignidade a essa grande tradição – e criação – humanista[27].

Que Lezama qualifique sua simpatia pelo humanismo como "radical", um termo essencialmente político em um meio cultural marcado pelo discurso da frustração republicana[28], manifesta a posição e o caráter de defesa da relativa autonomia do fato artístico no campo cultural cubano. Quando Lezama escreveu essa carta a Alfonso Reyes, o escritor mexicano tinha pouco mais de quatro anos antes se instalado definitivamente em seu país depois de um longo exílio. Um de seus projetos mais valorizados no princípio da década de 1940 foi uma série de estudos sobre o mundo grego. *La crítica en la edad ateniense*, livro publicado em 1941, talvez tenha sido o texto que alentou Lezama a dirigir-se a Reyes e celebrar seu empenho para que a América concorresse com a tradição humanista. Esse mesmo livro também valeu a Reyes o começo de sua amizade com o filólogo clássico Werner Jaeger. Menciono o filólogo alemão

---

25 *Ibidem*, pp. 100-117, 246-259, 252-255, 760-795, respectivamente.
26 Selden Rodman *apud* José L. Lima , *op. cit.*
27 A carta se encontra no arquivo histórico da Capilla Alfonsina na Cidade do México, fólio Lezama Lima. Tudo parece indicar que Lezama teve muito presente, desde suas primeiras publicações, a figura e a obra do escritor mexicano; prova disso é a dedicatória que escreve a dom Alfonso em um exemplar do poema "Muerte de Narciso" (1937): "Para Alfonso Reyes, em reconhecimento a seu grande labor humanista" (cf. Jorge P. Salinas, *Tesoros de la Capilla Alfonsina*, Monterrey: Universidad Autónoma de Nuevo León, 2007, p. 116).
28 Cf. Rafael Rojas, *La isla sin fin*, Miami: Universal, 1998, e, do mesmo autor, *Motivos de Anteo*, Madrid: Colibrí, 2008.

porque, sem dúvida, tanto Reyes como Jaeger conformaram um arquivo de leituras helenistas de onde Lezama bebeu para elaborar seu ideal de formação do poeta representado em *Paradiso*. Especificamente, *Paideia: los ideales de la cultura griega*, de Werner Jaeger, um dos livros mais lidos por Lezama, segundo Cintio Vitier, teve um papel importante no ideal da formação do poeta[29.] No romance de Lezama, que em termos gerais responde à estrutura do *Bildungsroman*, põe-se em jogo a formação de um herói mítico. Cemí, como o demonstrou Margarita Mateo, tem que passar por vários ritos de iniciação para, por fim, ao término do relato, chegar ao conhecimento da poesia[30]. Nesse ideal de formação do poeta, como bem o assinalou César A. Salgado, tiveram um papel importante as obras de Reyes e de Jaeger:

> Graças ao trabalho de promoção de Alfonso Reyes e de outros neo-helenistas hispano-americanos, Lezama pôde se familiarizar com os estudos de Bérard e Jaeger para assim consolidar o pano de fundo mitográfico onde ensaiar, em *Paradiso*, o paralelismo contínuo entre a antiguidade e a atualidade[31].

Salgado também assinalou a recorrência de um léxico (uma logosfera) que manifesta um evidente diálogo de Lezama com o texto do filólogo clássico. Termos como *sofrosine, aristia, ananké, diké, aidos*, recorrentes ao longo do romance, são utilizados, explicados e postos em contexto na obra do classicista. Sem dúvida, talvez o conceito que melhor se assimila na obra lezamiana seja o de *areté*. Jaeger, na primeira parte de sua obra, remonta a origem do ideal de formação do homem grego ao termo *areté*, que em tradução moderna significaria a nobreza e a virtude do caráter do homem. Lezama, em um ensaio publicado na revista *Orígenes* em 1956, intitulado "La dignidad de la poesía", já havia tratado esse aspecto vinculado com a formação e função do poeta dentro da sociedade. Lá, o autor de "Muerte de Narciso" fazia alusão, em sua característica prosa hermética, a várias ideias desenvolvidas por Jaeger:

> O *ethos* da poesia é um ideal dórico. Os homens aparentados com os deuses exalavam e motivavam o canto. A poesia foi para essa nobreza uma justificação de sua *areteia*, de sua classe, de sua superioridade [...]. Daqui parte a concepção do poeta como a essência da *classis*, o melhor dos melhores, o privilegiado, o que fala pelo coro e aquele que o coro espera que responda irado ao destino[32].

O filólogo clássico, por seu lado, assinalava, nessa primeira parte de seu livro, os vínculos entre a função educativa da poesia homérica, para um grupo seleto e aristocrático, e a formação de um ideal de nobreza e de virtude: "Neste conceito da *areté*, funda-se o caráter aristocrático do ideal da educação entre os gregos"[33]. É inevitável ler o fragmento do ensaio de Lezama em contraponto com uma passa-

---

29 Em uma nota da edição crítica do romance, Cintio Vitier diz: "As ideias de Pitágoras, Platão e Aristóteles, sobre o papel da música e especialmente do ritmo na formação espiritual do jovem, é tema largamente tratado por Werner Jaeger em um dos livros mais lidos por Lezama: *Paideia: los ideales de la cultura griega*" (José L. Lima, *Paradiso*, op. cit., p. 523).
30 Margarita Mateo, *Paradiso: la aventura mítica*, La Habana: Letras Cubanas, 2002.
31 César A. Salgado "El periplo de la paideia", *Hispanic Review*, 2001, v. 69, p. 78.
32 José L. Lima, *Obras completas*, op. cit., p. 778.
33 Werner Jaeger, *Paideia*, Ciudad de México: Fondo de Cultura Económica, 2009, p. 28.

gem da novela *Paradiso*, em que Foción, ao caracterizar seus dois amigos (Fronesis e Cemí), fala deles como pertencentes à classe dos melhores, dos privilegiados. Em um traço muito significativo, Lezama vincula sua leitura de *Paideia* com a formação de suas personagens literárias e com um certo espírito de frustração republicana. Vejamos o que diz Foción perto da metade do décimo capítulo:

> Agora compreendo por que, desde que se conheceram, Fronesis e Cemí se dão bem. Os dois têm classe, pertencem "aos melhores" no sentido clássico, de exigir muito de si mesmo. Uma família de letrados com uma família de classe militar culta [...]. Os dois atravessam essa etapa que entre nós engendra a melhor metamorfose. Não é a ruína econômica [...]. É algo mais profundo, é a ruína pela frustração de um destino familiar, mas é assim que aparecem os melhores. [...]. Na presença deles, de sua nobreza, na presença dos melhores, a gente sente uma confiança clássica, sentimo-nos mais fortes em nossa miséria[34].

Um elemento do campo cultural e editorial pode completar o quadro provisório de leituras lezamianas em *Paradiso*. A primeira parte de *Paideia* foi publicada no México em 1942. A nascente editora que promoveu o livro teve um papel importante no campo cultural hispano-americano. Em 1934, Daniel Cosío Villegas, depois de tentar vender seu projeto editorial à Espasa e ter recebido uma negativa rotunda da parte de Ortega y Gasset, fundou no México o Fondo de Cultura Econômica[35]. Logo a editora se converteu em uma referência para os leitores hispano-americanos. Coleções de história, filosofia, crítica literária, economia renovaram e estimularam o debate intelectual do subcontinente. Foi assim que surgiram obras, agora já clássicas, de todas as disciplinas humanísticas. Um testemunho de José Gaos pode ser revelador a respeito. Em 1945, o antigo colaborador da *Revista de Occidente* e nesse momento exilado republicano no México, escreveu um texto em que fazia um balanço sobre a atividade filosófica de seu novo país. Ali mencionava, como elemento fundamental, as traduções das obras de Max Weber, Wilhelm Dilthey e, claro, da *Paideia* de Werner Jaeger, que o Fondo de Cultura Econômica, no período de cinco anos, havia realizado: "Estas traduções são daquelas que contam na história da cultura: sempre tem sido um acontecimento de significação histórica a incorporação a uma das línguas e culturas universais das obras que são marcos na história das outras línguas e culturas da mesma universalidade". O filósofo expatriado equiparava então o trabalho do Fondo de Cultura com o realizado anos atrás pela *Revista de Occidente*: "Da obra de tradução na editora espanhola, que marca uma época na história da cultura, não só da Espanha, mas dos demais países de sua língua, é assim a herdeira a editora mexicana"[36]. O apontamento de Gaos já se confirma se constatamos que uma parte dos tradutores da nascente editora mexicana havia trabalhado nas empresas de Ortega. O exílio republicano no México, com tradutores como Eugenio Imaz, Joaquín Xirau, José Gaos, Wenceslao Roces, junto com Daniel Cosío Villegas, Alfonso Reyes e

---

34 José L. Lima, *Paradiso*, op. cit., p. 289.
35 A história da recusa de Ortega à proposta de Cosío Villegas se encontra nas memórias deste último (cf. Daniel C. Villegas, *Memorias*, Ciudad de México: Joaquín Mortiz, 1976).
36 José Gaos, "Cinco años de filosofía en México", in: *Filosofia mexicana de nuestros días*, Ciudad de México: Unam, 1996, p. 61.

jovens estudiosos como Antonio Alatorre e Margit Frenk, conformou um novo acervo bibliográfico para o leitor de língua espanhola. Lezama acompanhou todo esse caudal de cultura. Em *Paradiso*, como em outras de suas obras, ressalta a presença das traduções da editora mexicana: *Paideia*, de Werner Jaeger, é fundamental para entender seu ideal de formação do poeta; *Literatura europea y Edad Media latina*, de Ernst Robert Curtius, serviu como contraponto historiográfico para *La expresión americana*; *La rama dorada*, de James Frazer, é uma presença absoluta no capítulo VI de seu romance inconcluso *Oppiano Licario*; o método de crítica "figural" de *Mimesis*, de Erich Auerbach, dialoga com a ideia lezamiana de "imagem na história"[37]. Em resumo, todas essas obras conformaram uma nova logosfera que o poeta respirava no ambiente intelectual dos anos 1940 e 1950.

Se a *Revista de Occidente* o proveu, durante os anos juvenis, de um arquivo culturalista, o Fondo de Cultura, por seu lado, lhe proporcionou uma biblioteca com a qual consolidou sua obra de crítica e de criação. Sem dúvida, esses dois momentos são apenas os esboços de um leitor muito mais complexo e curioso. Se damos atenção à informação de Roberto Pérez León, que assegura que a biblioteca de Lezama chegou a contar com mais de 10 mil volumes com livros das principais editoras da Espanha e da América Latina – Losada, Aguilar, Sur, Fondo de Cultura Económica[38] –, então deveremos pensar em um contraponto entre a história editorial e a formação do poeta como leitor. Pois, no caso das obras de Lezama, em especial de *Paradiso*, que nas entrelinhas sempre nos representa as leituras do poeta, podemos dizer o que Gilbert Highet assinalou para a época renascentista: "As traduções não são grandes obras, mas ajudam a construir grandes obras".

---

37 Ernst R. Curtius, *Literatura europea y Edad Media latina*, Ciudad de México: Fondo de Cultura Económica, 1955; James G. Frazer, *La rama dorada*, Ciudad de México: Fondo de Cultura Económica, 1944; Erich Auerbach, *Mimesis*, Ciudad de México: Fondo de Cultura Económica, 1950.
38 Carlos E. Domínguez, *op. cit.*, p. 300.

# BALDOMERO SANÍN CANO: A CULTURA COMO *ART DE VIVRE*
RICARDO ARIAS TRUJILLO

## INTRODUÇÃO

Muito ao final de sua longa existência, em 1949, quando se aproximava já dos 90 anos de idade, o escritor colombiano Baldomero Sanín Cano (1861-1957) publicou um livro de corte "memorialístico". *De mi vida y otras vidas* dá conta de seus primeiros passos no mundo das letras e, sobretudo, de alguns escritores que exerceram uma influência perdurável em sua trajetória intelectual. O autor, muito reservado sobre sua vida privada, não demonstra nenhum interesse em dar a conhecer aspectos alheios a sua atividade cultural.

Sanín faz em suas memórias o que já havia feito em incontáveis artigos, em múltiplos ensaios e em alguns de seus poucos contos: ressalta a importância que a cultura tem para o ser humano. Nessa ocasião, sua aproximação do campo cultural não é mediante a crítica literária, um ofício a que Sanín dedicou boa parte de sua vida e em que chegou a se sobressair no continente latino-americano, mas por meio de uma série de breves "retratos" sobre alguns dos muitos escritores que admirou, com o fim não de analisar a obra mas a pessoa que está atrás dela: "Tenho o pequeno propósito de pôr à vista do leitor [...] algumas das curiosas e originais personagens que creio ter conhecido"[39]. O título do livro pretende advertir que o ator principal não será o próprio autor, cuja vida, segundo acrescenta na introdução, não teve maior protagonismo histórico, mas os "outros" – eles sim, memoráveis.

Mas se Sanín não se detém muito em si mesmo, podemos nos acercar dele por outra via. É possível que as descrições que traça sobre os "outros" reflitam, por um lado, certos aspectos de sua própria personalidade e, por outro, algumas tensões centrais que atravessaram sua carreira intelectual. Nas páginas que seguem nos referiremos à sua constante preocupação com a precariedade do ambiente cultural colombiano e a sua crescente decepção com os caminhos que desde a Primeira Guerra Mundial havia tomado a Europa, até então referência indiscutível da "cultura universal" e, logo após, epicentro de horrores indizíveis.

---

39 Baldomero S. Cano, "Un personaje sin nombre", *in: De mi vida y otras vidas*, Bogotá: Revista de América, 1949, p. 112.

## O AUTOR E SUA "OBRA"

O que sabemos acerca da formação inicial de Sanín está contido basicamente nos quatro capítulos iniciais do livro. Sua trajetória intelectual permite apreciar vários traços comuns a muitos de seus contemporâneos e joga luz sobre o campo intelectual colombiano.

Nasceu em Rionegro, "velha, nobre e altiva" cidade colonial da província de Antioquia, cujo nome se associa com a constituição mais liberal da história do país, promulgada em 1863 depois do triunfo dos defensores do federalismo e da separação Estado-Igreja. Os Sanín Cano, uma família de classe média, se identificavam há tempos com o Partido Liberal, cujo ideário Baldomero também sempre defendeu.

Sanín chegou às letras pelas mãos de alguns familiares e só a partir dos 10 anos de idade começou a frequentar a escola de Rionegro. Logo ingressou na escola normal de formação de professores. Uma vez obtido o título correspondente, foi designado diretor de escolas durante alguns anos. Pouco antes de finalizar o século XIX, terremotos políticos o obrigaram a transferir-se para Bogotá, onde chegou com a esperança de encontrar emprego ou, melhor ainda, de ir para o estrangeiro "em busca de fortuna"[40]. A capital do país, pomposamente chamada a "Atenas sul-americana", era uma cidade de uns 100 mil habitantes, cuja oferta cultural era menos pobre que a de outros centros urbanos, pelo que exercia certa atração nos aspirantes a letrados de distintas províncias. "A sorte ingrata" mudou quando conseguiu se empregar como supervisor de bondes puxados a cavalo. Durante vários anos, Sanín se viu na necessidade de combinar o trabalho nos estábulos com seus afazeres na docência e no jornalismo.

A partir do quinto capítulo, as referências históricas cedem lugar aos perfis das distintas personagens, muitas das quais carecem de um marco contextual preciso, e já não é possível seguir, em suas sucessivas etapas, a vida do autor. Se quiséssemos estender esse breve relato, haveria que mencionar que Sanín não passou toda sua vida supervisionando bondes. Em Bogotá, logo alcançou notoriedade no reduzido mundo das letras, dando-se a conhecer, por meio de numerosos artigos, como um brilhante e inovador analista literário. Sanín também se viu tentado pela política. No início do século XX, foi designado subsecretário da Fazenda pelo governo conservador. E esse mesmo governo, em 1909, o enviou a Londres como encarregado de missões empresariais e diplomáticas. Permaneceu quase quinze anos na Europa, principalmente na Inglaterra, e foi ali que conseguiu afinar seu trabalho de crítico literário, lendo e escrevendo incessantemente artigos para diferentes jornais e revistas, em especial para o diário portenho *La Nación*. Logo depois de uma curta estada na Colômbia, viveu quase dez anos na Argentina (1926-36), combinando as atividades oficiais com leituras, encontros literários e colaborações para *La Nación*. Em 1931, a Sociedade das Nações o fez membro da Cooperação Intelectual, o que lhe permitiu, em suas reiteradas viagens à Europa, seguir de perto a paulatina decadência do velho continente. Após seu regresso à Colômbia, durante um tempo foi reitor universitário e parlamentar, e prosseguiu sem interrupção seu ofício de articulista em várias publicações

---
40 Idem, "Bibliotecario y superintendente", *in: De mi vida y otras vidas, op. cit.*, p. 33.

até pouco antes de sua morte. Sanín também escreveu uns poucos contos, mas, sem dúvida, seu gênero predileto foi o ensaio ou artigo breve sobre questões literárias e estéticas. Alguns estão recolhidos em quase uma dúzia de livros, mas outra parte desse material está ainda dispersa em vários jornais e revistas[41].

Na introdução a *De mi vida*, o autor, não sem certo humor, alude à estranheza que sentem alguns comentaristas ante a fragmentação de sua "obra". Mais ainda, esses mesmos comentaristas se perguntam se é possível falar da "obra" de Sanín, tendo em conta não só sua dispersão, mas o "caráter" mesmo de seus escritos. Sanín acrescenta que seus livros não foram nem sequer o resultado de sua própria iniciativa; se aceitou a compilação e publicação de seus artigos foi porque seus amigos o pediram. A brevidade e a incrível variedade temática de seus incontáveis artigos tornam difícil, em princípio, encontrar unidade, "organicidade" e profundidade, elementos fundamentais para falar de "obra". Mas nos trabalhos de Sanín, tomados em seu conjunto, é perfeitamente possível encontrar esses traços: em seus artigos,

> há linhas constantes e ideias fundamentais que recebem desenvolvimento reiterado. Reflexões a propósito de alguma obra, um escritor ou um acontecimento político ou de atualidade, vão armando o *corpus* dos ensaios de Sanín Cano, que terminam por desenhar finamente, em seu interior, um pensamento vigoroso de preocupação latino-americanista, com claras concepções sobre a literatura, a crítica e o devir da humanidade[42].

Sanín sentia a profunda necessidade de analisar as expressões artísticas para dar um sentido à existência humana. Em seu artigo "Una grande aventura: el arte", propõe uma definição muito geral da arte que abarca "todos os esforços da inteligência para embelezar a vida". A arte tem um nobre objetivo, especialmente nos momentos em que Sanín escreve o artigo, os incertos anos do segundo pós-guerra:

> A expressão de nossas emoções por meio da linha, da cor da pedra talhada, do som musical e da palavra falada e escrita cifra em sua magnífica evolução o melhor da alma humana e é o argumento supremo que tem o homem para justificar sua passagem pelo planeta, entre poços de lágrimas e charcos de sangue.

A arte era o critério determinante para medir a "grandeza" de uma civilização dada, por cima dos adiantamentos industriais e científicos[43].

---

41 Alguns de seus livros são *La civilización manual y otros ensaios*, Buenos Aires: Babel, 1925; *Letras colombianas*, Ciudad de México: Fondo de Cultura Económica, 1944; *Tipos, obras, ideas*, Ciudad de México: Fondo de Cultura Económica, 1949; *El humanismo y el progreso del hombre*, Ciudad de México: Fondo de Cultura Económica, 1955. Existe uma compilação, em vários tomos, dos artigos que Sanín publicou no diário *El Tiempo*, ao qual esteve vinculado desde finais dos anos de 1920 até pouco antes de sua morte: Baldomero S. Cano, *Ideología y cultura*, Bogotá: Universidad Externado de Colombia, 1998-2002. Alguns de seus contos se encontram reunidos em Baldomero S. Cano, *Pesadumbre de la belleza y otros cuentos y apólogos*, Bogotá: Mito, 1957.
42 Eva Klein, "Baldomero S. Cano: crítico literario del período de modernización colombiano", *Revista de la Universidad Nacional*, nov. 1987, n. 14-15, p. 41.
43 Baldomero S. Cano, *Tipos, obras, ideas, op. cit.*, pp. 181, 190.

## *DE MI VIDA Y OTRAS VIDAS:* O LIVRO E SEUS CONTEXTOS

Sanín publicó *De mi vida y otras vidas* em 1949. Boa parte dos 35 artigos do livro – que tem uma extensão de 254 páginas – foi escrita depois dos anos 1920; em não poucos dos capítulos o autor faz referência à Segunda Guerra Mundial. Quer dizer, o tempo da escrita não está muito afastado do tempo da publicação. Por conseguinte, pode-se afirmar que, a seus 88 anos de idade, Sanín conservava intacta sua paixão pelo tema que o obcecou toda a vida: a cultura como elemento essencial da humanidade. E abordou uma vez mais o objeto de sua devoção com idêntica dileção e com o mesmo tom que caracterizam seus escritos: medido, rigoroso e cerimonioso sempre, o que não impede certa dose de humor, acadêmico muitas vezes, com um claro plano de fundo pedagógico. O texto não constitui um "balanço final" em que o autor consigna sua última palavra. Sua intenção é outra: quer destacar a importância que tiveram para ele algumas personagens singulares e, através delas, as características da época em que se demarca sua obra.

Sanín foi uma das pontas de lança do modernismo na Colômbia. A tarefa não foi nada fácil. Sua formação estudantil, realizou-a em um contexto dominado pelo liberalismo radical, fortemente anticlerical. Mas esse ambiente sofreu um golpe demolidor em meados dos anos 1880, quando os conservadores e o clero infligiram uma estrondosa derrota militar ao Partido Liberal e, ato seguinte, apagaram de um golpe a Constituição de Rionegro para substituí-la por outra carta política que consagrava o centralismo, o confessionalismo e o corte de liberdades (1886). Muitos escritores se iniciaram nesse contexto, dominado política e culturalmente pelo catolicismo intransigente e pelo conservadorismo hispanista, que teve em Miguel Antonio Caro uma de suas figuras mais emblemáticas. Sem dúvida, havia resquícios que faziam possível, ainda que árduo, o desenvolvimento de alternativas culturais. Sanín é prova disso e não foi o único: José Asunción Silva, Germán Arciniegas e outros fundaram revistas, viajaram pelo mundo, traduziram obras vanguardistas, fomentaram uma crítica literária favorável ao modernismo.

Assim como não convém negar certo dinamismo cultural, tampouco resulta apropriado desconhecer suas evidentes limitações. Se Sanín teve que se empregar em múltiplas e diversas tarefas foi porque, ante a falta de uma verdadeira especialização no mundo da cultura, muitos de seus representantes se viam obrigados a desempenhar, ao mesmo tempo, múltiplas ocupações.

Nos anos 1930, o panorama conheceu algumas mudanças graças às políticas culturais empreendidas pelos governos liberais (1930-46). As taxas de analfabetismo diminuíram, as ciências sociais conheceram certo desenvolvimento e surgiram uns tantos centros de estudo muito dinâmicos. No começo dos anos 1940, La Violencia já causava estragos[44]. Mas, apesar da gravidade da situação que vivia o país no momento de escrever boa parte do livro, Sanín, à diferença do contexto europeu – a que alude em várias passagens –, não diz absolutamente nada a respeito.

Não obstante as evidentes melhoras no campo cultural, o ambiente não era o mais propício. Em meados do século XX, ante a escassa demanda de bens culturais, era mui-

---

44  Dá-se o nome de La Violencia a um enfrentamento muito complexo, no qual se mesclaram causas e dinâmicas muito diversas, e que se estendeu entre os anos 1940 e meados dos 1960.

to difícil que o "intelectual", em qualquer de suas versões (jornalista, professor, escritor, empresário cultural), se especializasse em uma área determinada. As dificuldades que encontravam em sua formação explicam, em boa medida, um traço presente em muitos intelectuais contemporâneos de Sanín: o autodidatismo. As deficiências nos canais institucionais conduziam os estudiosos a recorrer a outras redes de conhecimento: livrarias, bibliotecas privadas de amigos ou parentes, associações literárias. Sanín foi um autodidata movido por uma curiosidade que apontava para diferentes flancos:

> De estudante, quando havia aprendido as lições do dia seguinte, usava o tempo restante estudando línguas (como o italiano ou o alemão), resolvendo problemas de álgebra ou geometria por cima dos programas ou lendo obras sobre paleontologia, tema não incluído nos programas de história natural[45].

Mas o verdadeiro objetivo de tanto zelo estava determinado não pelo prazer erudito, mas pelos benefícios que pode lançar a cultura sobre o conjunto da sociedade.

## RETRATOS DA CIVILIZAÇÃO

O leque de "retratos intelectuais" é amplo e variado: entre outros, figuram Leopoldo Lugones, Georg Brandes, Bertrand Russell. Como expoentes colombianos – que constituem uma pequena minoria em relação ao total de perfis – sobressaem José Asunción Silva e Guillermo Valencia.

Nos esboços que realiza, Sanín volta uma e outra vez sobre o mesmo tópico: a cultura como prova de vida civilizada, como ideal de vida, como fonte de progresso. O saber é, ao mesmo tempo, um mecanismo de superação, fonte de alegria, caminho privilegiado para abordar o mundo, instrumento para conhecer as vanguardas. É uma espécie de *art de vivre* que, como tal, deve estar acompanhada de uma série de valores que são os que realmente lhe dão todo seu realce e fazem dela uma peça indispensável para o bom desenvolvimento das sociedades. E são esses valores os que se encontram precisamente em cada uma das personagens que fazem parte do livro.

## A CULTURA COSMOPOLITA

Os retratos, em que se mesclam certos traços do caráter e da fisionomia da personagem com muito breves dados acerca das circunstâncias em que a conheceu, começam assinalando, amiúde, suas qualidades intelectuais. De um diplomata norte-americano afirma que "compreendia tudo: era um homem de vastas leituras e de uma inteligência generosamente hospitaleira"[46]. Outro diplomata, desta vez inglês, "conhecia mais de meio mundo", ele e sua esposa "falavam todas as línguas cultas da Europa" e recebiam "todo gênero de revistas inglesas, russas e de outras comarcas"[47]. Alberto Gerchunoff é "jornalista, autor de romances, homem de pensamento próprio e de caráter firme", "homem de várias línguas [...] e possuidor de uma curiosidade intelectual refreada só pelo bom gos-

---

45 Baldomero S. Cano, *De mi vida y otras vidas, op. cit.*, p. 18.
46 *Ibidem*, p. 64.
47 *Ibidem*, p. 49.

to, [que] difundia sua mente por quatro ou cinco literaturas antigas e modernas"[48]. Na realidade, essas supostas especificidades individuais constituem um lugar-comum nas descrições que faz Sanín e resultam, portanto, aplicáveis a qualquer de seus retratos. O modelo de intelectual devia ser, segundo o anotado, um homem interessado em diversos temas, poliglota, disposto a viajar pelo mundo para conhecer e apreciar as diferentes expressões culturais e, ademais,"refinado". Devia ser, em poucas palavras, um cosmopolita.

Assim como as elites políticas e econômicas latino-americanas de fins do século XIX anelavam conectar-se com o mundo desenvolvido para alcançar a "civilização", alguns artistas e escritores também sentiam a necessidade de abrir-se à cultura europeia e norte-americana. Sanín compartilhou os ideais de uma cultura cosmopolita com alguns escritores colombianos e com figuras exponenciais das letras latino-americanas, como Pedro Henríquez Ureña e Alfonso Reyes – "esteta delicado, catador seguro de estilos em todas as artes"[49]. Para todos eles, a abertura a outros saberes era motivada pelo desejo de romper com a estreiteza mental do entorno e pela necessidade vital de acercar-se, criticamente, de outras expressões culturais.

Em suas memórias, Sanín recorda com verdadeira alegria o cosmopolitismo londrino no começo do século XX, antes da primeira *dèbâcle* mundial: "Londres, em princípios deste século e antes de 1914, era uma espécie de feira mundial, um mercado para todo gênero de produtos, lugar de encontro para as mais elevadas inteligências, para estudantes de todas as ciências"[50]. O contraste com seu país não podia ser mais desalentador. Sanín assinala que era bastante inusual, para os antioquianos, sair de sua região. O isolamento tinha sérias consequências culturais: até finais do século XIX, os livros que chegavam de Bogotá constituíam raras exceções, a tal ponto que um exemplar da *María*, de Jorge Isaacs,"passava de casa em casa, banhado nas lágrimas da vizinhança"[51].

Duas precisões em torno do cosmopolitismo de Sanín: 1) sua abertura a outras culturas não se limitou à França – Inglaterra, Alemanha, Itália, os países escandinavos eram talvez mais atrativos para ele; 2) se bem que em seu cosmopolitismo haja um claro eurocentrismo, Sanín não mostrou desdém algum pelas letras latino-americanas em geral nem pelas colombianas em particular. Por mais precária que fosse a cultura em seu país, Sanín dedicou numerosos artigos aos escritores colombianos: *Letras colombianas* é uma espécie de história da literatura em que sobressaem os traços mais destacados de diferentes épocas e de diversos escritores. Assim, valoriza numerosos letrados latino-americanos e reconhece que muitos deles foram decisivos em sua formação intelectual, como o reconhece em *De mi vida*. O cosmopolitismo de Sanín consiste em "trazer para a América os produtos literários de um continente que ele vê maduro e em excelentes condições de produzir *obras-primas*", representativas do que ele considera a "cultura universal"[52]. E para levar a cabo esse trabalho cultural, o mecanismo talvez mais eficiente fosse o jornalismo. Por isso, Sanín escreveu para a imprensa, para chegar a um público um pouco mais amplo, e com um claro acento pedagógico, para explicar ao leitor as noções básicas de um autor, de uma obra, de uma época.

---

48 *Ibidem*, p. 189.
49 *Idem, El oficio de lector*, Caracas: Biblioteca Ayacucho, 1978, p. 262.
50 *Idem, De mi vida y otras vidas, op. cit.*, p. 226.
51 *Ibidem*, p. 32.
52 Eva Klein, *op. cit.*, nov. 1987, pp. 46-8.

Sanín alimentava seu cosmopolitismo por meio de variados recursos. Entrou em contato epistolar, antes de conhecer pessoalmente alguns de seus correspondentes, com Lugones, Brandes e outros intelectuais já consagrados. Passou longas temporadas em cidades abertas a outras culturas. Para Sanín, a viagem era, antes de mais nada, uma experiência cultural que devia traduzir-se em melhor compreensão dos diferentes povos. Daí suas críticas aos que não aproveitavam as viagens para enriquecer seu espírito. Um colombiano que esteve na Rússia, "um país que nesse momento tinha para um ávido leitor de Tolstói, Dostoiévski, Turguêniev, Gógol, fascinações de caverna encantada", não sentiu curiosidade alguma por desentranhar as diferenças entre a "alma russa" e a colombiana[53]. Havia exceções, apreciáveis em "alguns espíritos refinados" da sociedade colombiana[54]. Os europeus e norte-americanos, por sua vez, sim, sabiam viajar: falavam vários idiomas, liam literatura e imprensa estrangeira, estabeleciam contato com os "naturais", iam ao teatro.

## LETRAS COLOMBIANAS

Sanín Cano realizou grandes esforços para difundir na Colômbia autores e tendências literárias desconhecidos. Para isso, traduziu algumas obras, publicou em revistas e jornais grande quantidade de ensaios, tentando demonstrar a riqueza das literaturas europeias. Alguns contemporâneos seus captaram de imediato a importância do papel cultural que estava desempenhando. Germán Arciniegas lhe abriu as páginas de sua revista *Universidad*. Armando Solano achava elogiável a abertura intelectual de Sanín a outras "raças" e "pátrias"[55]. Críticos de gerações posteriores também aplaudiram seu labor. Para Juan Gustavo Cobo Borda,

> Sanín Cano propôs, simplesmente, uma alternativa ao rígido desenvolvimento cultural colombiano: a sua hierarquização, uma maior liberdade; a sua resignação, infundida, frente à pobreza intelectual, uma ênfase no autodidatismo e no conhecimento de outras línguas, capaz de reduzir o lastro hispânico-religioso dominante, com uma atitude mais corajosa e atual, com um empenho mais crítico[56].

Rafael Gutiérrez Girardot insistiu na mesma ideia: "A crítica de Sanín Cano propôs à Colômbia as condições para que lançasse um olhar ao mundo, adotasse os instrumentos para fazê-lo e saísse, finalmente, de seu pacato isolamento", e entrasse "em um período de contemporaneidade latino-americana e universal"[57].

As citações anteriores tocam um ponto-chave: Sanín não só renovou a crítica literária e contribuiu para difundir novas obras, como, além disso, rompeu com os padrões dominantes no mundo literário colombiano do começo do século XX, no qual as letras espanholas, em sua versão mais ortodoxa, e os quadros de costumes ainda gozavam de

---

53 Baldomero S. Cano, "Medellín hace sesenta años", *in: De mi vida y otras vidas, op. cit.*, pp. 30-1.
54 *Ibidem*, p. 32.
55 Armando Solano, "Baldomero S. Cano", *in: Glosas y ensayos*, Bogotá: Biblioteca Básica Colombiana, 1980, p. 355.
56 Baldomero S. Cano, *El oficio de lector*, comp. Juan Gustavo Cobo Borba, Caracas: Biblioteca Ayacucho, 1978, p. XXXIV.
57 Rafael G. Girardot, "La literatura colombiana en el siglo XX", *in*: Jaime Uribe Jaramillo (dir.), *Manual de historia de Colombia*, t. III, Bogotá: Procultura, 1984 [1979], p. 502.

grande prestígio. Por conseguinte, seus esforços para modernizar a cultura do país se chocaram forçosamente com os setores tradicionais. Seus opositores condenaram seu "exotismo", seu afã de copiar modas europeias, quer dizer, "estranhas" a uma suposta "identidade" nacional. O veredicto de Luis María Mora resume bem o que pensavam de Sanín seus numerosos detratores: "Não ama a literatura singela, clara, transparente dos povos que se banham nas ondas azuis do Mediterrâneo; antes, embeleza-se nas elucubrações obscuras de pensadores do Norte e nas figuras abstratas dos dramas escandinavos"[58]. Sanín recordou a seus críticos, em um artigo intitulado zombeteiramente "De lo exótico", que os grandes escritores, começando pelos espanhóis, se haviam alimentado de fontes provenientes de outras "raças"; que o patriotismo literário consistia em enriquecer a literatura nacional com os aportes de outras fontes. E, de maneira pontual, sentenciou: "É miséria intelectual esta a que nos condenam os que supõem que os sul-americanos temos que viver exclusivamente da Espanha em matérias de filosofia e letras. As gentes novas do Novo Mundo têm direito a toda a vida do pensamento"[59].

Sanín se refere em muitas ocasiões à ausência de um clima favorável para acolher e cultivar novidades literárias que, para os setores conservadores, raiavam a heresia. Em seu retrato sobre José Asunción Silva, Sanín deixa entrever que no momento em que se conheceram – em 1886, quando o poeta acabava de regressar da Europa e quando o crítico acabava de chegar a Bogotá das "montanhas" antioquianas –, Silva não parecia achar interlocutores a sua altura: "Creio que nossa amizade se baseou principalmente na necessidade que ele tinha de achar uma pessoa estranha, estranha ao meio social de que formava parte, para lhe falar de seus sonhos, de sua experiência da vida, de suas viagens, de suas leituras"[60]. No final dos anos 1920, Sanín esboça um panorama lamentável em seu artigo "Una república fósil":

> Tendo vivido a Colômbia durante séculos, por causa de seus governos, de sua topografia e de seu desenvolvimento histórico, num estado de isolamento em relação às correntes de adianto material e filosófico renovadoras da mentalidade e dos hábitos de vida, se perpetuou aqui um organismo político semelhante àquelas espécies que receberam seu nome pelas analogias de sua aparência exterior com os espectros"[61].

No conto "Una hora de literatura", Sanín sintetiza com humor o estado das letras na Colômbia[62]. O agudo crítico Hernando Valencia Goelkel resumiu as tensões de Sanín, oprimido pela prostração cultural de seu país:

> Sanín Cano experimentou claramente a sensação de seu pertencimento ante um país cuja pobreza intelectual ameaçava frustrá-lo, e expressou sua inconformidade não só de forma expressa, mas por meio de silêncios e de reticências ainda muito mais sinistros [...]. Quando Sanín escreve, o faz para um pú-

---

58  Luis M. Mora, *Los contertulios de la gruta simbólica*, Bogotá: Minerva, 1936, p. 136 *apud* Santiago Castro-Gómez, *Pensamiento colombiano del siglo XX*, Bogotá: Pontifícia Universidad Javeriana, 2007, p. 80.
59  Baldomero S. Cano, "De lo exótico", *in: Escritos*, Bogotá: Instituto Colombiano de Cultura, 1977, pp. 335-46.
60  *Idem, De mi vida y otras vidas*, p. 43.
61  *Idem*, "Una república fósil", *in: Escritos, op. cit.*, p. 641.
62  *Idem, Pesadumbre de la belleza y otros cuentos y apólogos*, Bogotá: Mito, 1957, p. 69.

blico quase inexistente, de cuja efetividade ele mesmo tinha excelentes razões para suspeitar: o público entre analfabeto e semiletrado da Colômbia. E lhe falou numa linguagem séria, num idioma para adultos, severo e sem afagos, nascido de um entranhado respeito que não podia incorrer no pedantismo, mas tampouco podia cair na adulação. Mas, por estes mesmos motivos, o estilo de Sanín tem a impureza utilitária da docência[63].

## O SABER E A DISTINÇÃO

Outro traço onipresente nos perfis aponta à *forma* em que deve ser expresso o saber. Os exemplos sobre a importância que Sanín concedia ao manejo do idioma abundam. Um político amigo era "corretíssimo no falar" e seu interesse pelos estudos gramaticais chegou "a merecer o aplauso de Rufino J. Cuervo". De um escritor diz que produzia artigos "em linguagem tersa, de sabor clássico e frase graciosíssima"[64]. A leitura de três jornais de sua "devoção", o *Corriere della Sera*, o *Berliner Tageblatt* e o dinamarquês *Politiken* – os três constituíam um "autorizado e lisonjeiro testemunho da civilização"–, resultava fascinante por seu conteúdo e "por sua fluidez e leveza, pelas prendas de um estilo transparente como a água e solúvel como o ar"[65]. Quando morreu seu amigo Henríquez Ureña, elogiou suas capacidades linguísticas e assinalou que, para o "filólogo com coração de poeta", a palavra não havia sido só um meio de comunicação, mas "um testemunho secular das fases pelas quais passou a inteligência humana"[66].

No caso de Sanín, a tradição filológica resulta essencial para a cultura, para a "alta cultura". Ao ler – e reler – Sanín, sejam suas memórias, sejam seus outros livros de ensaios, descobre-se sem dificuldade uma estreita relação entre o conhecimento e uma série de traços que, como o "bom gosto", o "refinamento", a claridade na expressão escrita e oral, a capacidade para admirar as obras de arte, remetem ao que Pierre Bourdieu chama "nobreza cultural", relações legítimas com a cultura, "códigos interpretativos", quer dizer, uma série de noções que servem para marcar a "distinção" entre o legitimamente cultural e tudo aquilo que fica excluído do corretamente cultural, em outras palavras, entre o sacro e o profano.

A distância que separa os letrados da imensa massa carente de interesse pela cultura constitui uma tensão que se pode observar em vários de seus trabalhos. O critério que separa uns dos outros não é social, ou nem sempre o é, pois, como vimos, Sanín critica aqueles indivíduos que, apesar de contar com oportunidades para melhorar seus conhecimentos, não o fazem. Em outros momentos, parece aludir a uma espécie de virtude teológica em versão neotestamentária, por exemplo, quando equipara o "bom gosto" a uma "virtude espiritual" cuja aquisição é impossível se "não se recebeu como dote da natureza"[67]. A cultura do "povo", da gente "semiletrada", recebe muito pouca atenção por parte não só de Sanín, mas do conjunto da elite intelectual. Se bem que durante os governos liberais tentou-se conhecer de perto a "cultura popular", o clássico esquema que dividia a cultura em

---

63 Hernando V. Goelkel, "Pesadumbre de la belleza", in: *Crónicas de libros*, Bogotá: Instituto Colombiano de Cultura, 1976, p. 17.
64 Baldomero S. Cano, "Medellín hace sesenta años", *op. cit.*, pp. 23, 27.
65 Idem. "Un personaje de mil rostros: la prensa", in: *De mi vida y otras vidas, op. cit.*, p. 225.
66 Idem, "Un recuerdo: Henríquez Ureña", in: *Ideología y cultura*, v. 5, 2002, p. 76.
67 Idem, *El oficio de lector, op. cit.*, p. 296.

dois compartimentos claramente separados, a "alta" e a "baixa", não foi questionado na realidade. Ao se referir aos camponeses franceses do século XVIII, Sanín afirma que "essas gentes humildes se punham em comunicação com a cultura da França [...] em obras do espírito francês tão humildes, que nem sequer merecem a honra de ser mencionadas na história literária da França"⁶⁸.

## O OUTONO DA EUROPA

Para alguém como Sanín, que depositava uma enorme confiança na cultura, as guerras que sacudiram o mundo na primeira metade do século XX debilitaram a imagem que se havia feito da Europa. Esse tipo de reflexãos se faz mais abundante nos últimos capítulos de *De mi vida*. Um deles, "Un personaje de mil rostros: la prensa", é uma homenagem que Sanín oferece ao ofício que exerceu ao longo de sua vida. Também pode ser interpretado como uma espécie de "fecho" em que o autor, por um lado, volta-se para alguns tópicos centrais de suas reflexões em torno da cultura (o cosmopolitismo, o refinamento e a extraordinária cultura de umas quantas personagens) e, por outro, deixa entrever, com algo mais de precisão, sua preocupação e desencanto pela situação europeia.

Durante sua estada na Europa, Sanín havia se deleitado com a leitura de jornais admiráveis, por seu respeito à "verdade na apresentação dos fatos", por sua "amplitude e tolerância filosófica excepcionais"⁶⁹. Essas publicações conheceram seu máximo esplendor antes de 1914. Como o mundo em geral, depois dessa data suas histórias foram tormentosas:

> A vida desses diários, no vendaval de loucura sofrida pela humanidade neste século de maravilhosos inventos e de extravios apenas concebíveis, assinala a passagem de um século de liberdades, que se prolongou até 1914, a um século que provavelmente será marcado na história da cultura humana como testemunha de um eclipse da razão e de uma tremenda ameaça para as liberdades conquistadas ao preço de assombrosos sacrifícios⁷⁰.

O tom, até o final do livro, é de desesperança. Os mesmos sentimentos embargavam a algumas das personagens de seus retratos. Quando se entrevistou com Brandes, o crítico escandinavo lhe disse que se sentia "dolorido pelo espetáculo da civilização e pela maneira como entendiam seu dever para com ela os países de cultura mais avançada nesse momento"⁷¹. Em outro perfil, conclui:

> Uma consciência moral agudamente sensível como a de Lord Chelwood não poderá menos que comparar os tempos atuais com aqueles em que o mundo se preparava com fé como a sua para criar uma ordem nova em que predominassem a verdade, a justiça e a hoje caluniada e parcialmente abandonada razão⁷².

---

68  *Ibidem*, p. 270.
69  *Idem, De mi vida y otras vidas, op. cit.*, pp. 227-8.
70  *Ibidem*, p. 229.
71  *Ibidem*, p. 120.
72  *Ibidem*, p. 178.

Sanín parece invejar a sorte de alguns pensadores que faleceram no momento justo, como Remy de Gourmont:

> As peripécias da política francesa, a Segunda Guerra entre as nações, os novos aspectos que tomou a vida internacional, as perspectivas que oferece o mundo aos espíritos reflexivos, teriam lavrado fundos sulcos na sensibilidade de seu organismo espiritual, em seus sentimentos supercivilizados[73].

O pintor Klimt, "este gênio atormentado de um fim de raça e de civilização"[74], também representava o fim de uma época, da *belle époque*. Seu texto sobre a influência cultural da Europa na América se fecha com um panorama desolador não só para o velho continente. A Europa havia fracassado

> para o mundo todo no esforço humano por realizar a justiça, a liberdade e por fazer das sociedades novas aquelas mansões do espírito, buscadas pelo homem com mais fé que prudência, onde a cultura em todas as suas formas se desenvolvesse como os corpos organizados em seu ambiente natural e propício[75].

A esperança, se esperança havia, não podia vir senão da cultura. Em 1942, quando o desenlace da Segunda Guerra augurava o pior, Sanín assinalou a América como terra de promissão:

> Quando na Europa queimam livros por toneladas, proscrevem escritores, fecham o caminho à letra de imprensa, convertem os tipos em projéteis e a imprensa e a rádio em humildes agentes de ocultação ou desfiguração da verdade, na América estamos na hora do livro. Podemos esperar[76].

Em 1949, quando o mundo se achava em uma tremenda encruzilhada, a cultura, por meio de uns quantos pensadores excelsos, fazia uma vez mais as vezes de providência:

> [A lâmpada espiritual] não se extinguirá, sem dúvida, porque o gênero humano, desacreditado na mais horrível e mais ignominiosa das empresas suicidas, parece conservar ainda em lares isolados o conceito da verdadeira cultura. Há ainda um Brandes que [...] joga sem descanso na trêmula fogueira da cultura contemporânea algumas achas da lenha do pensamento; há ainda um Bertrand Russell capaz de denunciar ante uma nação de surdos o abismo onde se precipita a alma sórdida de um mundo sem honra[77].

---

73 *Ibidem*, pp. 234-5.
74 Idem, "Una hora de literatura", in: *Pesadumbre de la belleza y otros cuentos y apólogos*, op. cit., 1957, p. 69.
75 Idem, *El oficio de lector*, op. cit., p. 274.
76 Idem, "El libro y la vida", in: *Ideología y cultura*, , comp. Otto Morales, Bogotá: Universidad Externado de Colombia, 1998, p. 74, t. 1, v. 4.
77 Baldomero S. Cano, *Tipos, obras, ideas*, op. cit., p. 193.

# GERMÁN ARCINIEGAS: LITERATURA MEMORIALISTA E CAMPO CULTURAL COLOMBIANO NO SÉCULO XX[78]
AIMER GRANADOS

## INTRODUÇÃO: UM AUTOR PROLIXO

A produção literária de Germán Arciniegas no amplo sentido da expressão é muito vasta e abarca muitos gêneros: o ensaio, a biografia, a história, a literatura, o jornalismo e crônicas de viagem, entre outros[79]. Arciniegas escreveu 78 livros, mais 18 em coautoria e 3.393 artigos[80]. Em relação a essa produção escrita cabe recordar que, quando corriam os anos 1960, Gabriel García Márquez disse, referindo-se a nossa personagem, que era "o mais prolífico e metódico de todos [os autores colombianos], o único [...] que desfruta de um mercado internacional e também o único que pode ser definido como escritor profissional"[81]. Como prova desse mercado internacional de leitores de Arciniegas, deve-se assinalar que seus livros foram traduzidos ao inglês, francês, italiano, alemão, polonês, húngaro, russo e iugoslavo[82].

---

78 Este trabalho foi apoiado por vários centros de investigação. A Universidade Autônoma Metropolitana, Unidade Cuajimalpa, que, através do programa Estancias Cortas de Investigación, da Divisão de Ciências Sociais e Humanidades, patrocinou minha estada em Bogotá com o fim de revisar parte do Fondo Germán y Gabriela Arciniegas, da Biblioteca Nacional da Colômbia. O Centro de História Intelectual da Universidade Nacional de Quilmes e seu projeto "Retratos Latino-americanos", dirigido por Jorge Myers e Sergio Miceli, apoiaram meu traslado a Buenos Aires para apresentar uma primeira versão deste trabalho, com o fim de discuti-lo com os demais integrantes do projeto. A Universidade Andina Simón Bolívar, sede Quito, e seu programa pós-doutoral "Nuevos Aportes sobre Historia Latinoamericana" me deram a oportunidade de afinar a investigação. Na biblioteca da Andina encontrei o repouso e a bibliografia necessários para dar termo feliz a este trabalho. Também devo agradecer a Gabriela Arciniegas e aos bibliotecários do fundo Germán y Gabriela Arciniegas da Biblioteca Nacional da Colômbia, por ter autorizado a fotocópia das cartas de Germán Arciniegas que considerei pertinentes para o desenvolvimento desta investigação.

79 Em geral a obra de Arciniegas tem obtido muito reconhecimento. Um dos importantes intelectuais colombianos disse dela o seguinte: "É o primeiro escritor profissional que teve a Colômbia em medida mais rigorosa do que o tiveram José María Vargas Vila e Arturo Suárez. [...] Durante muito tempo foi considerado sociólogo, historiador, ensaísta. Não é nenhuma das três coisas. Seu método de investigação não delata nem intenções nem conhecimentos metodológicos sobre problemas da historiografia e da sociologia. Em vez disso, mostra um estreito parentesco com a *investigação* jornalística norte-americana e com os autores de obras de divulgação. O que se considera ensaio em sua obra é antes a mostra de um gênero nascido do jornalismo moderno que se costuma chamar *feuilleton*, quer dizer, a utilização de alguns meios do ensaio para divulgar temas complexos de maneira acessível e amena a um amplo público leitor" (Rafael G. Girardot, "La literatura colombiana en el siglo XX", in: Jaime J. Uribe, *Manual de Historia de Colombia*, Bogotá: Instituto Colombiano de Cultura, 1982, p. 503).

80 Hugo L. P. Pérez, *Bibliografía de y sobre Germán Arciniegas*, Bogotá: Instituto Caro y Cuervo, 2001.

81 Citado em Juan C. R. Gómez, "Germán Arciniegas: un agitador intelectual", *Revista Credencial Historia*, jun. 1999, n. 115.

82 Uma relação dessas traduções pode ser lida em Hugo L. P. Pérez, *op. cit.*, pp. 37-41.

Nessa ampla produção de livros e artigos há um notório registro de literatura memorialista que abarca as seguintes entradas: as memórias, a autobiografia, o diário, a epístola, relatos de viajante e, em alguns casos, o texto jornalístico. Não obstante, para os propósitos desta investigação, interessa especialmente ressaltar e fazer algumas reflexões de ordem metodológica em torno da autobiografia e do gênero epistolar em Germán Arciniegas. Complementar a isso, ressalta-se que tanto a autobiografia como a epístola, ao menos no caso de Arciniegas, constituem documentos históricos de singular importância para rastrear as mudanças da cultura, entendida esta no amplo sentido da palavra.

## LITERATURA MEMORIALISTA EM ARCINIEGAS[83]:
## A AUTOBIOGRAFIA

Quanto ao gênero autobiográfico há que esclarecer que os dois registros que aparecem como tais na produção escrita de Arciniegas têm certa singularidade. Eles constituem um relato híbrido realizado por um narrador onipresente e onisciente, com a narrativa e a recordação de Arciniegas. Constituem *autobiografias intervindas*. Efetivamente, tanto o livro *Germán Arciniegas: cien años de vida para contar*, em dois tomos, compilado por Antonio Cacua Prada, como *Germán Arciniegas: el hombre que nació con el siglo (una autobiografía escrita por otro)*, compilado por Martalucía Tamayo Fernández, constituem testemunhos autobiográficos parcialmente contados e escritos por Arciniegas, mas organizados a partir de uma sequência-relato-temporalidade[84] construída em boa parte pelo compilador. Às vezes o relato é armado por esse narrador onisciente, a partir do que o escritor lhe contou em entrevistas ou de documentos de autoria de Arciniegas que esse narrador externo consultou[85]. Cabe assinalar que essas duas autobiografias intervindas cobrem boa parte da experiência de vida de nossa personagem.

---

83 Em 1950 Federico Córdova publicou em Cuba *Vida y obra de Germán Arciniegas*. Mas depois não houve quem realizasse uma biografia do escritor. Entretanto, muito se escreveu sobre sua trajetória. Um exemplo disso é a compilação de Juan G. C. Borda, *Arciniegas de cuerpo entero*, (Bogotá: Planeta, 1987), em que, a partir de diferentes testemunhos, personagens que conviveram com Arciniegas em diferentes momentos de sua vida, entrevistas que lhe fizeram em distintas etapas de sua trajetória, resenhas de alguns de seus livros e de escritos do autor, consegue-se ter uma visão geral sobre sua obra e trajetória. Claro que suas duas autobiografias, das quais se falará mais adiante, também constituem uma boa fonte para conhecer sua vida.

84 No caso de Cacua Prada esta sequência-relato-temporalidade se organiza por grandes temas e acontecimentos transcendentais na vida de Arciniegas. Em Tamayo Fernández esta sequência-relato-temporalidade combina a estratégia de Cacua Prada com uma minuciosa temporalidade que ano a ano vai descrevendo a vida de Arciniegas, isto é, de 1900 a 1999.

85 Em uma dessas *autobiografias intervindas*, o compilador adverte o leitor do seguinte: "Estas páginas [...] são a relação de um longo papo (com Arciniegas)". E mais adiante: "A amena, instrutiva e saborosa conversação entre o 'Estudante da Mesa Redonda' [assim Arciniegas é conhecido] e o jornalista [Cacua Prada] se iniciou faz mais de dez anos e se completou ontem, quando entregamos à imprensa [...] os originais de quanto recolhemos dessas confissões e contos, memórias e recordações, discursos e artigos, percursos e viagens" (Germán Arciniegas; Antonio C. Prada (comp.), *Germán Arciniegas: cien años de vida para contar*, Bogotá: Universidad Central, 1999, p. 7). Na outra *autobiografia intervinda*, sua compiladora, em tom parecido ao de Cacua Prada, adverte: "Me interessei em preparar uma 'autobiografia escrita por outro', como alguma vez Macedonio Fernández propôs que fossem as biografias. [...]. Mas formular esta teoria de um Arciniegas diferente foi o produto de uma leitura longa e criteriosa de suas obras. [...] Rapidamente decidi falar com Germán Arciniegas e lhe escrevi uma carta [...]. Desde então surgiu minha obsessão por conversar com ele e por conhecê-lo. [...] E assim, meu estimado leitor, o próprio mestre Germán Arciniegas aprova esta obra [...]. Essa aprovação pública automaticamente a converte na primeira autobiografia escrita por outro, mas autorizada pelo próprio autobiografado. (Martalucía T. Fernández (comp.), *Germán Arciniegas, El hombre que nació con el siglo*, Bogotá: Instituto de Genética Humana/Universidad Javeriana, 1999, pp. 14-9).

Não obstante a raridade escritural dessas autobiografias, têm valor para a investigação, já que oferecem um compacto das principais atividades culturais, políticas, editoriais e de vida cotidiana narradas por esse homem que nasceu com o século XX e morreu com ele (1900-99). Em suma, o subtítulo do livro organizado por Martalucía Tamayo Fernández, anteriormente citado, "Una autobiografía escrita por otro", expressa muito bem o que se quer assinalar dessas autobiografias de Arciniegas. Em todo caso, autobiografias intervindas.

Dito isto, vale a pena fazer uma pequena digressão orientada para uma reflexão sobre a crítica de fontes que o historiador poderia fazer, ao enfrentar esse tipo de autobiografia intervinda ou "autobiografia escrita por outro". Ao se referir à literatura memorialista, Jorge Myers e Sergio Miceli assinalam que

> constitui um objeto de análise particularmente fecundo do ponto de vista da história cultural e intelectual, já que permite apreender e analisar o momento de interface entre a subjetividade do autor e os códigos, as convenções, os modelos discursivos por meio dos quais deve necessariamente objetivar suas experiências subjetivas[86].

Ou seja, especialmente nesse tipo de literatura memorialista, a carga subjetiva se faz presente. Não obstante, seu contexto de enunciação remete a códigos, convenções e modelos discursivos, com o que essa inicial carga subjetiva se vê notoriamente equilibrada, em função da apreensão da realidade que o memorialista quis transmitir.

Desse ponto de vista, o tipo de autobiografia intervinda brevemente descrito acima implica uma dupla subjetividade. A do memorialista e a do interventor que, temporal e narrativamente, em boa medida se encarrega de organizar o relato. Como já se comentou, no caso de Arciniegas suas autobiografias se estruturam a partir de entrevistas com a personagem autobiografada e de documentos produzidos por ele. Mas, além disso, evidentemente, e em relação ao memorialista e a seu interventor, também se deve ter em conta que suscitam respectivos códigos, convenções e modelos discursivos. Como já se assinalou, o contexto de enunciação de uma autobiografia, qualquer que ela seja, constitui um paliativo à carga subjetiva, proporciona um equilíbrio na apreensão e aproximação da realidade do que se conta na autobiografia. Sem dúvida, se a isso se superpõe outra subjetividade e outros contextos de enunciação, como é o caso da autobiografia intervinda, o assunto se torna mais complexo e ali o historiador deverá ir com muito cuidado. Deve cotejar suas fontes, deve estar atento ao matiz e ao marco histórico geral no qual se insere o relato, ao qual remete a autobiografia. Porque, claro, os contextos de enunciação da produção memorialista de Arciniegas, ao longo de sua existência como escritor, são muito diferentes do contexto de enunciação do qual se desprendem suas autobiografias intervindas. O mesmo se passa com a carga subjetiva que em tais autobiografias imprimiram seus respectivos compiladores. Por exemplo, em boa medida estes, e não Arciniegas, foram os que

---

86 Cf. o prospecto do encontro "El Recuerdo Letrado: Escritura Memorialista de Artistas e Intelectuales Latino-americanos del Siglo XX", 23-25 nov. 2011.

estruturaram a temporalidade do relato-autobiografia e selecionaram as passagens da vida social, acadêmica, política e cultural nele recriados.

## LITERATURA MEMORIALISTA EM ARCINIEGAS: A EPÍSTOLA

Entre os exegetas, biógrafos e estudiosos da trajetória intelectual de Germán Arciniegas, tem havido relativamente pouco uso do que, no conjunto da obra desse importante intelectual colombiano, representa sua correspondência – por demais abundante e cruzando as décadas de 1920 a 1960, ao menos a que se encontra em seu arquivo pessoal. Preferivelmente, os estudiosos da obra de Arciniegas se centraram em seus ensaios e livros de história.

Entre muitos intelectuais latino-americanos da primeira metade do século passado o gênero epistolar foi um importante meio de comunicação em vários aspectos. Entre eles, expressar nas cartas suas ideias e projetos em torno da cultura e da identidade latino-americana. Como exemplos desses intelectuais com certo caráter compulsivo por escrever cartas, pode-se citar Mariano Picón Salas, Luis Alberto Sánchez, Alfonso Reyes e Germán Arciniegas, entre muitos outros. A correspondência do mexicano, cujos originais se encontram na famosa Capilla Alfonsina da Cidade do México, em boa proporção foi publicada, mesmo que muitas de suas cartas ainda esperem editor. No caso do colombiano sucede bem o contrário, pouco se publicou, por acaso três tomos de sua extensa correspondência e algumas cartas dispersas aqui e ali, incluídas em vários de seus livros. Mas outra diferença crucial é que, no caso de Germán Arciniegas, essa valiosa fonte histórica para a reconstrução e interpretação de sua atuação como intelectual e como fonte para estudar a incidência que esse homem teve no desenvolvimento da cultura colombiana, está esperando um investigador que lhe extraia proveito. Ao se referir à biblioteca pessoal de Arciniegas, Juan Gustavo Cobo Borda afirma: "Estes livros são a oficina onde se forjou a obra de quem é, não há dúvida, um dos mais significativos escritores colombianos deste século". Ao dito de Cobo Borda pode-se agregar que também a extensa correspondência de Arciniegas constitui outra "oficina" com muita utilidade para se investigar a trajetória do intelectual colombiano[87].

A amplitude do gênero epistolar produzido por nossa personagem é ampla, não só no tempo, mas, além disso, no número de intelectuais com os quais manteve correspondência de ida e volta. E, também, pela localização de seus interlo-

---

87 Juan G. C. Borda, "Los libros de Arciniegas", *Cuadernos Hispanoamericanos*, n. 596, fev. 2000, p. 108. Cabe assinalar que em maio de 1976 Germán Arciniegas doou à Biblioteca Nacional da Colômbia sua biblioteca e arquivo pessoal. Atualmente, esses materiais constituem o fundo Germán y Gabriela Arciniegas. Para sorte do investigador existe uma tese de licenciatura com um índice da correspondência despachada e recebida pelo intelectual colombiano. De acordo com essa tese, o período que abarca a correspondência de Arciniegas compreende de 1920 a 1969. Ver, a respeito, Javier Loaiza Flechas; Luis Alberto Angarita Sánchez, "Índice del Archivo Particular del Doctor Germán Arciniegas", trabalho de graduação para o título de bibliotecnólogo e arquivista, Universidade Social Católica de La Salle, Bogotá, 1981. Além desse útil instrumento de consulta, até onde se pôde rastrear, existem os seguintes epistolários de Arciniegas já publicados: *Experiencias de toda una vida: cartas de Germán Arciniegas*, Colorado: Society of Spanish and Spanish-American Studies, 1977, p. 202; *Arciniegas, corresponsal del mundo, 1928-1989*, Bogotá: Fundación Santillana para Iberoamérica, 1990, p. 28; *Correspondencia entre Carlos Pellicer y Germán Arciniegas*, 2002, Ciudad de México: Conaculta, p. 222.

cutores, dispersos por toda a geografia latino-americana e de alguns pontos da Europa. Ante essa "avalanche" epistolar cabe fazer a seguinte pergunta: Que caminho metodológico seguir para obter proveito analítico desse *corpus* documental? Ao menos na linha que segue este trabalho, cujo fundamento temático em muito tem a ver com o registro escritural memorialista e, por meio dele, estudar as transformações do campo cultural colombiano, o que se sugere é estabelecer uma busca que permita obter uma importante amostra desses documentos-carta. Entre muitos outros, o parâmetro para a seleção dessas cartas pode ser a importância e relevância que para a cultura latino-americana tiveram os destinatários das missivas despachadas ou recebidas por Arciniegas. Outra das variáveis para estabelecer essa amostra de documentos-carta expedidos ou recebidos pelo intelectual colombiano é o geográfico. Dessa perspectiva metodológica, destaca-se a correspondência com intelectuais argentinos, mexicanos e latino-americanos, além de espanhóis. É de notar que Buenos Aires e Cidade do México importam muito, por serem os polos que no sul e no norte da América Latina, respectivamente, constituíram núcleos importantes do desenvolvimento cultural e ideológico do continente durante o período em estudo, assim como o foi Madri para o mundo ibero-americano. Evidentemente, Paris também foi um referente cultural muito importante para as elites intelectuais latino-americanas da segunda metade do século XIX e primeiras décadas do século XX.

Tomando em conta então os parâmetros anteriormente assinalados, um exame da correspondência do intelectual colombiano apresenta a seguinte amostra: os *argentinos* Victoria Ocampo, Jorge Luis Borges, Roberto F. Giusti, Alfredo L. Palacios, José Bianco, Francisco Romero, José Luis Romero e Arnaldo Orfilia; os *mexicanos* José Vasconcelos, Carlos Pellicer, Alfonso Reyes, Daniel Cosío Villegas, Jesús Silva Herzog, Leopoldo Zea e Silvio Zavala; os *latino-americanos* Gabriela Mistral, Víctor Raúl Haya de la Torre, Rómulo Betancourt, Fernando Ortiz, Luis Alberto Sánchez, Mariano Picón Salas e Arturo Uslar Pietri; e os *espanhóis* Federico de Onís, Juan Ramón Jiménez, José María Ots Capdequí, Enrique Díez Canedo, Antonio López Llausás e Gonzalo Lozada.

Essa ampla interlocução por meio do gênero epistolar estabelecida por Germán Arciniegas com intelectuais, acadêmicos, pensadores, escritores e, em geral, homens da cultura espalhados pela geografia ibero-americana permite fazer uma aproximação critica das transformações da cultura colombiana, em um período que se estabelece a partir da correspondência de Arciniegas, que, como já se disse, abarca as décadas de 1920 a 1960 e que se estende até fins do século passado, tendo em conta que as duas autobiografias de Arciniegas "escritas por outros", revistas para esta investigação, compreendem praticamente todo o século XX.

## A LITERATURA MEMORIALISTA DE ARCINIEGAS: UMA FONTE DOCUMENTAL PARA O ESTUDO DO CAMPO CULTURAL COLOMBIANO

Em um polêmico texto sobre a evolução da literatura colombiana durante o século XX, Rafael Gutiérrez Girardot defendeu que o surgimento da revista *Mito* (1955), fundada por Hernando Valencia Goelkel e Jorge Gaitán Durán, constituiu uma importante inflexão na cultura colombiana[88]. Para Gutiérrez Girardot, com *Mito*, a literatura e, em geral, a cultura colombiana deixava para trás seu provincianismo e seu caráter neoescolástico. Isso, não obstante que, entre 1930 e 1946, os sucessivos governos liberais (Olaya Herrera, os dois quatriênios de López Pumarejo, Eduardo Santos, Darío Echandía e Lleras Camargo), haviam conseguido impulsar, com relativo êxito, o projeto da modernidade na Colômbia, com todas as suas consequências, entre outras, uma sociedade e Estado relativamente laicos. É evidente que antes de *Mito* houve muitas tentativas para que o país, cultural, política e ideologicamente, conseguisse avançar sobre a "república católica e conservadora"[89]. Um desses impulsos veio com a chamada geração dos "Novos" (os nascidos entre 1894 e 1910), que se projetou sobre a vida política e cultural do país a partir de 1924. De acordo com Pedro Gómez Valderrama, os Novos, com caráter de grupo, irromperam em 1925 quando lançaram a revista *Los Nuevos*. Esse grupo era formado por Alberto Lleras Camargo, León de Greiff, Felipe Lleras, Rafael Maya, Eliseo Arango, José Mar, Jorge Zalamea, Carlos Lleras, Manuel García Herreros, Luis Vidales e nossa personagem: Germán Arciniegas[90].

Essa brevíssima resenha sobre o surgimento da revista *Mito* e da geração dos Novos tem como propósito pôr em relevo que o processo da modernidade na Colômbia e, particularmente, o que faz referência ao âmbito da cultura, mesmo muito adentrado o século XX, topou com o que Gutiérrez Girardot denominou o caráter "neoescolástico" e provinciano da cultura colombiana, ao menos até a metade do século XX, quando consegue safar-se relativamente dessas ataduras. Nesse contexto deve-se assinalar a figura de Germán Arciniegas como um intelectual que ajudou a remover essas âncoras por meio de um empenho que implicou um forte compromisso com a cultura colombiana.

No caso de Germán Arciniegas, tanto suas autobiografias intervindas como a epístola constituem uma fonte histórica privilegiada e complementar para o estudo das maneiras de implicação desse intelectual no campo da cultura colombiana, assim como de suas transformações. Efetivamente, ao realizar uma imersão na correspondência de Arciniegas e suas duas autobiografias "escritas por outro", destaca-se que tal participação na cultura por parte do intelectual colombiano se viu amplificada a muitas áreas: ao mundo da edição, dos livros e das revistas; igualmente, como gestor da cultura, Arciniegas "empurrou" a criação ou reorganização de instituições culturais que hoje são centrais na cultura colombiana. Finalmente,

---

88 "*Mito* desmascarou indiretamente os figurões jurídicos, o ensaísta *florido*, os poetas para serões escolares e os sociólogos predicadores de encíclicas, os críticos lacrimosos, em suma, a poderosa *infraestrutura* cultural que satisfazia as necessidades ornamentais do retroprogressismo e que, por sua vez, complementarmente, tinha o país atado a concepções da vida e da cultura em nada diferentes das que dominavam então em qualquer vilarejo espanholado. A revista *Mito* desmitificou a vida cultural colombiana e revelou, com publicações documentais, as deformações da vida cotidiana devidas ao império senhorial." (Rafael G. Girardot, "La literatura colombiana en el siglo XX", *op. cit.*, p. 535.) O comitê editorial da revista era integrado por Vicente Alexandre, Luis Cardoza y Aragón, Carlos Drummond de Andrade, León de Greiff, Octavio Paz e Alfonso Reyes.
89 Para um panorama geral sobre o influxo da "república católica e conservadora" na cultura e no pensamento na Colômbia durante o período em estudo, ver, Gilberto Loaiza, "Intelectuales y regiones a comienzos del siglo XX", *in*: Jesús M. Barbero; Fabio L. de la Roche; Ángela Robledo, *Cultura y región*, Bogotá: Universidad Nacional de Colombia, 2000, pp. 133-51.
90 Pedro G. Valderrama, "Prólogo", *in*: Germán Arciniegas, *América, tierra firme y otros ensayos*, Caracas: Biblioteca Ayacucho, 1990, pp. ix-xxix. Uma história *in extenso* sobre "os Novos" pode-se ler em Enrique G. Liévano, *Los Nuevos en la historia de Colombia*, Bogotá: Academia Colombiana de História, 2000.

como intelectual, nossa personagem contribuiu, junto com muitos outros escritores de sua geração, para a formação de um campo intelectual e cultural latino-americano durante a primeira metade do século XX, na medida em que se formaram redes de intelectuais que promoveram o intercâmbio acadêmico e cultural.

Em relação ao mundo do livro e da leitura, Arciniegas dinamizou a prática da leitura na Colômbia, quando era ministro da Educação, por meio da implementação da coleção Biblioteca Popular de Cultura Colombiana. Ademais, levou a setores populares livros a baixo preço com a ideia de implementar uma campanha de alfabetização massiva[91]. Como escritor, em parágrafos anteriores já se mencionou como a produção de Arciniegas foi ampla e com impacto no mundo dos leitores, inclusive em nível internacional[92]. Como fundador de revistas, o trabalho de Arciniegas é notável: *Revista Universidad* (1921-31), *Revista de las Indias* (1934-44), *Revista de América* (1945-57), fundada por Eduardo Santos e codirigida por Arciniegas, *Cuadernos de París* (1963-5), *Correo de los Andes* (1979-88). Vale dizer que não era somente a circunstância de criar revistas, mas o impacto que estas tiveram sobre a cultura e a conformação de um campo cultural colombiano-latino-americano, na medida em que, usualmente, as revistas congregam redes de intelectuais[93], incitam à ensaística, criam opinião pública e massificam a cultura. É importante assinalar que outro dos mecanismos utilizados por Arciniegas para estruturar redes intelectuais foi a comunicação por meio da epístola. Efetivamente, uma leitura rápida da correspondência de Arciniegas sob os parâmetros metodológicos previamente estabelecidos – a variável geográfica e a centralidade intelectual das personagens com os quais trocou cartas – permite rastrear nelas uma variedade de assuntos relacionados com a cultura, os mesmos que, assim como as revistas fundadas por ele, incidiram e contribuíram para estruturar redes: projetos bibliográficos, notícias sobre novidades bibliográficas, registro de recebimento de livros e revistas, comentários sobre diferentes ensaios e obras lidas, projetos museográficos e de exposições de obras de arte, esboço de artigos e ensaios que se escreveriam em um futuro próximo, entre outros tópicos.

Outra das áreas do campo da cultura em que Arciniegas incidiu foi a formação de instituições culturais. Efetivamente, no primeiro período como ministro da Educação do presidente Eduardo Santos (1941-2), impulsionou a criação do Instituto Caro y Cuervo, com a colaboração do filólogo espanhol Urbano González de la Calle, do padre Félix Restrepo e do humanista José Manuel Rivas Sacconi. Igualmente, sob a orientação do etnólogo francês Paul Rivet, estimulou a formação do

---

91 De acordo com Germán Arciniegas, na Biblioteca Popular de Cultura Colombiana publicaram-se 130 títulos. Cada exemplar se vendia "a peso" (cf. Germán Arciniegas; Antonio C. Prada, *op. cit.*, p. 330). Para uma perspectiva crítica sobre a função cultural e alfabetizadora das "bibliotecas populares" na Colômbia durante o período em estudo, ver Renán Silva, *República liberal, intelectuales y cultura popular*, Medellín: La Carreta, 2005, p. 87. Esse autor afirma que Arciniegas e outros "homens de letras" mantinham nas salas de redação dos periódicos onde trabalhavam, ou que frequentavam, tertúlias de discussão em que era tema recorrente, além da política, o problema do folclore nacional e suas relações com as formas "elevadas" da cultura, assim como as relações entre o folclore, a vida popular e o trabalho do intelectual (p. 55).

92 Na correspondência de Arciniegas pode-se seguir parcialmente "uma história de seus livros", pois muitas de suas cartas contam de sua relação com os editores e relacionam o custo de edição de alguns deles e, em alguns casos, o recebido por direitos autorais. Também nelas vem informação parcial sobre o intercâmbio de seus livros com amigos e bibliotecas de diferentes pontos da geografia internacional.

93 Sobre as revistas como espaços de formação de redes intelectuais, ver Aimer Granados García, "Introducción", *in: Las revistas en la historia intelectual de América Latina*, Ciudad de México: UAM – Cuajimalpa; Juan Pablos, 2012, pp. 9-20.

Instituto Etnológico Nacional, que atualmente constitui o Instituto Colombiano de Antropologia e História (Ican). Sendo ministro da Educação, Arciniegas ideou a fundação do Museu Colonial, inaugurado em 6 de agosto de 1942. Em sua segunda administração (1945), promoveu a reinstalação do Museu Nacional nas instalações da antiga Penitenciária Central de Cundinamarca, conhecida como Panóptico. Também, durante essa gestão, criou o Colégio Maior de Cultura Feminina de Cundinamarca, mais conhecido como Colégio Maior de Cundinamarca. Da mesma forma, fortaleceu a Escola Normal Superior da Colômbia, com a vinculação de grandes professores e pesquisadores da França, Alemanha e Espanha[94].

## ALGUMAS NOTAS FINAIS

Aos 20 anos, quando corria o ano de 1920, Arciniegas ingressou na Faculdade de Direito da Universidade Nacional da Colômbia. Desde muito jovem e até sua morte em 1999, Arciniegas não largou a pena, nem deixou de incidir direta ou indiretamente na vida cultural do país e do continente latino-americano. Com razão, Juan Gustavo Cobo Borda disse desse intelectual que ele pôs a "dialogar o colombiano com o latino-americano". Também, com razão de sobra, disse que em Arciniegas

> há uma espécie de coerência testemunhal, que lhe permitiu assistir a momentos decisivos e depor sobre eles. Trate-se da reforma universitária, do retorno do liberalismo ao poder, da luta contra as ditaduras em toda a América, do vaivém da guerra fria ou dos inícios da revolução cubana. Involuntariamente, terminou por se converter em um de nossos grandes memorialistas[95].

Ao dito por Cobo Borda, deve-se acrescentar a grande contribuição que Arciniegas trouxe à cultura colombiana no sentido apresentado nos parágrafos anteriores.

Depois de ter realizado uma ponderação sobre o valor documental da literatura memorialística deixada por Arciniegas, conclui-se que sua ampla correspondência, e também suas "autobiografias escritas por outros", permitem realizar um estudo que, criticamente, possa dar conta de algumas das transformações do campo cultural colombiano durante boa parte do século XX. Evidentemente, como corresponde ao ofício do historiador, há que cotejar essa fonte memorialística e complementá-la com outro tipo de fontes, por exemplo, imprensa, revistas, documentos oficiais e ensaios escritos pelo "Estudante da Mesa Redonda" chamado Germán Arciniegas. O que se quis mostrar neste artigo são possíveis caminhos de navegação crítica na literatura memorialística deixada por esse homem que nasceu com o século XX e morreu com ele.

---

94 Esses eventos podem ser bem seguidos nas cartas ou nas autobiografias intervindas (ou "escritas por outro") de Germán Arciniegas. Ver também Javier O. López, "Maestro Germán Arciniegas", *Revista Historia de la Educación Latinoamericana*, Tunja, Boyacá: 2012, v. 11, pp. 13-58. Nesse artigo, Ocampo López afirma que a primeira administração de Arciniegas como ministro da Educação foi um dos períodos "de maior avanço na educação e na cultura na Colômbia" (p. 33).
95 Juan G. C. Borda, "Arciniegas escrito", *Revista Credencial Historia*, nov. 2000, n. 131. Disponível em: http://www.banrepcultural.org/biblioteca-virtual/credencial-historia/numero-131. Acesso em: 26 ago. 2019.

# ARANHA E SUAS TEIAS[96]
ANGELA ALONSO

*A recapitulação do passado está voltada desde o princípio ao dia da redenção.*
W. G. Sebald

"Se a Academia [Brasileira de Letras] não se renova, morra a Academia." A frase foi o auge da conferência com que Graça Aranha abriu a Semana de Arte Moderna de 1922, afrontando a tradição nova, mas já empoeirada da ABL. Nesse evento tão decantado em prosas e versos, Aranha deu o golpe decisivo na construção de sua reputação, entronando-se no lugar épico de promotor da ruptura e emplacando sua *persona*, para contemporâneos e pósteros, como o homem da renovação, a desbastar campo para a florada do modernismo. Operação solene requisitando vestimenta à altura. Aranha envergou então duas peças que cosera ao longo da vida, a camisa de literato e a casaca de moderno.

## A CONSTRUÇÃO DE SI COMO LITERATO

A imagem de si como escritor aparece no título das memórias incompletas: *O meu próprio romance*. Redigido em vésperas de morte, morrendo à metade com seu autor, o livro não conta mais que infância e anos de faculdade. Aí, menos que autobiografia de confissão desassombrada, Graça Aranha opera no registro do memorialismo autocomplacente, meigo consigo mesmo.

Nessa reconstrução de si, tece um fio destinado a produzir a ilusão de ótica, que Bourdieu[97] chamou de "ilusão biográfica", a atribuição de um sentido único a encadear os eventos de uma trajetória pessoal em etapas progressivas, lineares, como desenvolvimento de um projeto monolítico, deliberado, infenso aos constrangimentos de estruturas e processos sociais. Em sua história retrospectiva, Aranha anda nesse rumo. Tudo o que comparece na infância e na juventude aponta o desenvolvimento contínuo, inexorável de uma vocação, a de *escritor*. Isso desde a origem, com a conformação de sensibilidade superlativa, ao ponto das "vertigens

---

96 Texto publicado originalmente em francês na revista *Brésil(s). Sciences Humaines et Sociales* (n. 9, 2016), sob o título "L'Invention de soi: autobiographie et trajectoire sociale de Graça Aranha". DOI 10.400/bresils.1914. Agradeço à revista *Brésil(s)* pela autorização desta publicação em português. E também os comentários recebidos quando dos seminários "A memorialística brasileira", no 35º Encontro Anual da Anpocs, Caxambu, e "El recuerdo letrado: la escritura memorialística de artistas e intelectuales latinoamericanos del siglo XX", Universidade de Quilmes, ambos em 2011, em especial a Sergio Miceli e Jorge Myers.
97 Pierre Bourdieu, "A ilusão biográfica", *in*: Marieta de M. Ferreira; Janaína Amado (org.), *Usos e abusos da história oral*, Rio de Janeiro: FGV, 2005.

ou síncopes", e algo efeminada, à maneira de Proust, resultado da frequência às primeiras letras em "colégio de meninas" e do olho amorosíssimo da mãe, uma heroína de romance que vivia a devorá-los[98]. Curso equilibrado pelo pulso firme de um pai viril – e altamente idealizado – a deslocar-lhe as energias para os estudos[99]. Autoridade patriarcal mais sentimentalismo maternal teriam decantado em personalidade de face autocontida e fundo contemplativo, fabulador, pouco propensa aos ofícios masculinos dos negócios e da política.

Vocação para escritor *brasileiro*. Os contos de assombração, de folclore, história de saci, de mãe-d'água, narrativas africanas dos ex-escravos, crias de sua casa, seus pajens, o "cafuzo" Sabino e a "mulata bracarona" Militina[100] emergem como fonte primeva de uma imaginação literária, despertada no verdor dos anos, nutrida por excursões familiares de férias pelos rincões de um Maranhão enredado em lendas remanescentes da escravidão e na oralidade dos causos dos matutos. Daí teria nascido o gosto para a prosa livre de constrangimentos estilísticos e o olho para o peculiar, o pitoresco, o nativo, antes que europeu, um primitivismo caboclo. Assim, nesse relato de velhice, a infância transpira e conspira por literatura, uma literatura infestada do mesmo "brasileirismo" e da mesma queixa aos formalismos que Aranha brandia em textos panfletários na década de 1920[101].

Já a experiência na Faculdade de Direito do Recife dá a nota *moderna* à composição da *persona*. É quando Graça se encanta com a potência Tobias Barreto, homem-espetáculo, com seu pendor para a retórica e sua lição de "pensar com audácia"[102]; quando se torna evolucionista como esse mestre, que nunca cansou de incensar; quando se torna, como ele, materialista, abolicionista, republicano e até um pouco anarquista, em religião, em ciência, em política. Anos de uma juventude sequiosa de ideias e livros, voraz consumidora deles (qual a mãe), devolvendo-os em forma de versos. Aranha se apresenta moderno *ab ovo*, desde sempre[103]. Literatura, brasilidade e modernidade marcam decisivamente a biografia do escritor nato, enraizado e, ainda assim, homem das rupturas.

Terminando no esplendor da juventude, as memórias cosem um sentido uníssono na biografia, pois que, à maneira do *Dom Casmurro*, se atam as duas pontas da vida, infância e velhice: "A minha vida tem sido a perfeita harmonia entre as ideias e os atos. Realizei e vivi o meu pensamento"[104]. Literato brasileiro e novidadeiro é o Juca, moleque maranhense e acadêmico do Recife, que está sendo descrito, como o é esse senhor Graça Aranha, modernista cosmopolita, que escreve. Linha reta da formação à consagração.

Mas assim se pulam os anos cruciais que levaram de uma coisa a outra e, tivesse Aranha vivido para contá-los, teria decerto mais problemas no seu alinhavo, porque a rota foi sinuosa.

---

98 Graça Aranha, *Obra completa*, Rio de Janeiro: INL, 1969, pp. 546, 565, 577.
99 "[...] a minha puberdade não recebia choques sexuais perturbadores. A máquina de pensar se desenvolvia em mim, atrofiando ou amortecendo o mecanismo sensual. " (Graça Aranha, *op. cit.*, p. 574).
100 *Ibidem*, pp. 551 e 545.
101 Não custa lembrar quanto tudo isso remete a Macunaíma.
102 Graça Aranha, *op. cit.*, p. 573.
103 *Ibidem*, pp. 539 e 574.
104 *Ibidem*, p. 539.

## APRENDIZ DE POLÍTICO

Graça Aranha, de fato, só chegou à *persona* pública de escritor bem tarde na vida, aos 34 anos, idade de madureza no começo do século XX, quando publicou seu primeiro romance, *Canaã* (1902), ao qual se seguiria apenas mais um, dois anos antes de se finar, *A viagem maravilhosa* (1929), entremeados por uma peça, *Malazarte* (1911). Nada mais de ficção.

Coisa alguma de juventude indica o desfecho de letrado. Porque seria impróprio tomar por vocação literária no Segundo Reinado a leitura enciclopédica e a composição de poemas, parte que eram do treino retórico de jovens de elite para a vida de corte, de júri, de púlpito parlamentar – destinos entrelaçados e inescapáveis dos bem-nascidos.

A própria autobiografia, ao narrar a literatura como destino, deixa escapar, em apostos e senões, vestígios de percurso divergente dessa suposta linha mestra. Isto é, *O meu próprio romance* narra uma história do triunfo da vontade, mas, incidentalmente, narra também estruturas, conjunturas, processos sociais que atravessaram a vida de Graça Aranha e inclinaram sua rota em direção bem distinta daquela do "escritor moderno".

Nascido, em 1868, em São Luís, em rua com nome de promessa, a da Estrela, José Pereira da Graça Aranha era um dos dez filhos de família aristocrática de terceira divisão: pelo lado da mãe "uma linhagem de políticos, magistrados, generais, almirantes, advogados", pelo do pai, proprietários de terra desde o tempo das capitanias[105], com o ranço racista do escravismo[106]. Os Aranha não eram grandes latifundiários vinculados ao negócio ainda rendoso da lavoura escravista, tampouco eram comerciantes prósperos dos novos negócios de ferrovias e bancos, que chegavam com o fim do século e o desmoronamento da escravidão. Não eram socialmente ascendentes, nem decadentes, ficavam na periclitante coluna do meio dos estacionários. Na política se compensavam, com o pai encravado no partido dominante no regime, o Conservador. O avô materno, barão, idem, presidindo a província. Conservadorismo compensado por um tio mais moderninho, Heráclito Graça, pendendo ao abolicionismo. Graça cresceu em casa cheia de "presidentes de província, senadores, deputados, chefes políticos, artistas, professores"[107]. A família vivia com os luxos ordinários da periferia da periferia, porque o centro nervoso da política no Norte era o Recife, e o Recife, por sua vez, girava, como o resto, em volta do Rio de Janeiro.

A construção de carreira no Império obrigava a ir passando de um polo a outro. Primeiro a Faculdade de Direito do Recife, onde Graça Aranha adquiriu, em 1886, o salvo-conduto para a política, a carta de bacharel. Depois, a transferência para a corte, mobilizar conexões familiares e as pessoais adquiridas no Recife para cavar posições.

Até aí o pai atuava. Mas, com o diploma, Aranha recebeu o infortúnio da perda paterna somado à ruína das contas familiares[108]. Teve então de assumir a tessitura das teias cruciais para se estabelecer. Valeu-se de padrinhos, o tio Heráclito e o conselheiro José Bento de Araújo, que foi, no estertor do Império, presidente das províncias do Maranhão e do Rio, e com cuja filha, Iaiá, Graça Aranha se casou. A união abriu-lhe as altas-rodas, facultando sua colocação em empregos no mundo

---

105 *Ibidem*, p. 540.
106 "Na família do meu avô paterno o preconceito contra os negros e os mestiços era agressivo. Zelava-se a pureza da raça com furor" (Graça Aranha, *op. cit.*, p. 557).
107 *Ibidem*, p. 553.
108 Maria Helena C. Azevedo, *Um senhor modernista*, Rio de Janeiro: Academia Brasileira de Letras, 2002, p. 440.

das leis, antessala das candidaturas a deputado. Em fins do Império ei-lo, então, promotor público no fim do mundo, onde todos começavam: em Guimarães, em Rosário, no Piauí[109]. Sempre o pajem Sabino a tiracolo.

Era o passo inicial para uma carreira política que podia ser promissora. A República veio e desmantelou a aristocracia imperial, assim punindo o lado tradicional de Graça Aranha. Mas a República veio também coroar seu ativismo no abolicionismo, no republicanismo, campanhas de que pegou a rabeira, como estudante. O novo regime laureou seu lado moderno, com os postos de professor da Faculdade Livre, juiz no Espírito Santo, e procurador, posição de prestígio e salário[110].

Ainda assim seu trem na política descarrilou cedo. O instabilíssimo governo de Prudente de Morais obstou a execução de uma decisão judicial que Graça Aranha requerera acerca da Escola Politécnica. Aranha protestou contra a "ditadura" do presidente[111] e logo se viu no olho da rua. Nesse ano de 1896, o aristocrata ferido em sua honra se juntou aos que reclamavam dessa República de verdade, tão distinta daquela dos sonhos. A consequência plebeia: nem emprego, nem posição de enunciação pública. E, dadas as perdas econômicas com que o Encilhamento penalizou na República tantas famílias estabelecidas do Império, Aranha se viu em apuros de dinheiro.

Encastelou-se em escritório de advocacia, mas, de mal do governo, as leis se fechavam tanto quanto a política. Aranha precisou se virar para outro terreno. Na reinvenção de sua *persona* pública mobilizaria a habilidade urdida no microcosmo maranhense, seu traquejo social. Gilberto Amado[112] o definiu, não sem malícia, um "delicado de maneiras" muito eficiente: "Quanto ao homem, pouco sólido de feitio, mais para o fútil do que para o sério, forrava-o todavia uma disposição para amar, para louvar, para aplaudir". Disposição que Aranha pôs em marcha trocando de pele na virada do século.

Espirrado da política, iniciou a construção de si como homem de letras. Operação que dependeria da chancela de outros escritores e instituições. Daí por que deslocou para essa seara sua maestria em tecer teias.

## ESTRATÉGIAS DE ARANHA

Sair da posição de magistrado aspirante a político e chegar à de escritor aspirante a moderno foi possível porque a sociedade brasileira estava também em momento de mudanças.

Aranha começara na vida pública em hora de transição entre o indiferenciado de vida intelectual e política do Império e o início da profissionalização intelectual da Primeira República, de que a invenção da Academia Brasileira de Letras é símbolo. No Segundo Reinado, letras e diplomacia eram esquenta-cadeiras para os postos no Parlamento e no governo, com a sociedade de corte provendo acomodações para os momentaneamente escorraçados da política. Assim se obrava uma circulação de pessoas entre emprego diplomático e mandato no Parlamento. No começo da República, extinta a corte e estruturados novos partidos, os terrenos da diplomacia e das letras ficaram marginais em relação ao centro nervoso das instituições políticas. Ainda não eram campos

---

109 Graça Aranha, *op. cit.*, p. 552.
110 Maria Helena C. Azevedo, *op. cit.*, pp. 18-9.
111 *Ibidem*, p. 19.
112 Gilberto Amado; Alberto V. Filho, "Prefácio", *in:* Maria Helena C. Azevedo, *op. cit.*, p. XVI.

autônomos, mas havia já dificuldade de transitar de um a outro[113]. O processo de incipiente profissionalização da política compeliu muitos homens públicos bivalentes no Império a se especializarem. Uns se fixaram na política republicana, como fez Rui Barbosa. Os que aí não couberam, fossem monarquistas, fossem republicanos desgostosos com a República, se asilaram. Os de algibeira cheia, como os Prado, Eduardo e Paulo, ficaram pelas letras; os que tinham de enchê-la, caso de Rio Branco e Nabuco, foram para a diplomacia. Deixavam de fazer a grande política, partidária, para fazer a miúda de disputa por postos na burocracia do Estado e influência na estruturação de órgãos, postos, dotações e benesses estatais, mas sem força para atingir cargos de comando.

Duas décadas mais jovem que Rui, Rio Branco e Nabuco, Aranha chegou à vida madura nessa transição de regime político e de padrão de sociedade – com a ida à breca do escravismo –, tornando-se ele próprio figura de transição. Entrando em desgraça no lado canônico da política, virou-se para o lado residual da diplomacia e das letras.

Nessa situação de passagem, os contornos da ocupação de escritor estavam se definindo. Letrados insulados da política convergiram para a ABL, que almejava catalisar o processo de legitimação do "escritor", disperso em revistas, jornais, editoras, rodinhas, institucionalizando-se em fórum ratificador da atividade letrada. Nesse mundinho, Machado de Assis se sagrara rei-sol, eixo do campo literário em construção. Muitos desiludidos com a República competiam por órbitas a sua volta, batendo ponto para usufruir de seus eflúvios ao fim da tarde na Livraria Garnier. Lá, monarquistas como Nabuco e republicanos como José Veríssimo trocavam os lamentos sobre a carreira política malograda pelo lenitivo das tertúlias literárias.

Quando Aranha adentrou o purgatório em política, passou a ir à missa na igrejinha de Machado, vestindo batina de "intelectual". A rota que o levou a "escritor" não foi desiderato de vocação literária, talento de nascença, como sugerem suas memórias. Foi antes o entroncamento do processo estrutural que empurrava os letrados para fora da política com a habilidade pessoal de se inscrever numa rede de relações, centrada na ABL, que avalizava e legitimava os aspirantes a escritor.

Aranha alcançou reputação nessa área graças à sua destreza de tecelão. Desinteressado da ABL em seu início, logo que se viu sem emprego, em 1897, lançou seus fios na direção de Machado, pedindo para entrar. A mudança de opinião explicou-a candidamente: "como é doce a incoerência!"[114]. E, para bem calçar o pedido, publicou dois contos, com pseudônimo de moça, Flávia do Amaral[115].

O próximo passo, estando em Buenos Aires por outro propósito, foi cavar conferência no Ateneu Argentino. Falou ali sobre "A literatura atual do Brasil", ou antes sobre a ABL, pois que narrou o "*Five o'clock tea* da *Revista Brasileira*"[116], com suas tópicas e personagens, entronando uma "santíssima trindade"[117], Nabuco, Machado e Rui (em cujo escritório Graça tentava entrar), dos quais transcreveu trechos longos. Depois mimou os críticos, incluído o amigo José Veríssimo, e elogiou românticos, naturalistas, parnasianos. Assim pôde o prodígio de citar quase todos os quarenta membros da ABL.

---

113  Angela Alonso, "Arrivistas e decadentes", *Novos Estudos*, Cebrap, 2009, n. 85.
114  Carta de Graça Aranha a Machado de Assis, 13 jan. 1897, *apud* Maria Helena C. Azevedo, *op. cit.*, p. 105.
115  *Ibidem*, p. 18.
116  Graça Aranha, *op. cit.*, p. 807.
117  *Ibidem*, p. 809.

A investidura de literato apreciador de literatos foi passaporte para a ABL como para posição assalariada e almejada. Ao saber que Nabuco – conhecido da rodinha da Garnier, mas com quem não privava de intimidade – montava equipe para missão diplomática além-mar, de produzir defesa brasileira em contencioso com a Inglaterra, Graça moveu todos os seus mundos e os seus já poucos fundos para cavar lugar. Mobilizou os préstimos de Veríssimo, diretor da *Revista Brasileira*, núcleo original da ABL, a quem falou de peito aberto:"O meu único desejo é ver a Europa"[118].

Veríssimo era homem engatado, e bem, com Machado de Assis, por sua vez, amigo de Nabuco. Por essa rede de relações, Aranha obteve a posição de secretário da Missão Nabuco. Escolheu e foi escolhido, pois Nabuco, voltando de seu ostracismo político de uma década, preferia ter a seu lado uma figura reconfortante em vez de algum ex-jacobino[119]. Para Aranha, um rebaixamento para quem até outro dia era procurador peitando presidente da República. Mas Londres valia bem essa missa.

Em 1899, está de partida, com a família, ao lado de Nabuco e Caldas Viana, o outro secretário. Convertia-se de aprendiz de político em diplomata.

## O ESCRITOR ESCREVE

Graça Aranha se fez escritor de fato no princípio do século XX. Nisso contou uma experiência pessoal e a rede de sociabilidade na qual a diplomacia o engolfou.

A experiência foi de perda. Almira, a filhinha de 3 anos, adoeceu de febre amarela e morreu no percurso do Rio à Europa. O primeiro mês no Velho Mundo foi inteiro de purgação. O episódio deu a motivação subjetiva para Aranha ir às letras, a morte trágica da criança apareceria transfigurada no capítulo 12 de *Canaã*[120], a escrita como exorcismo da dor, a aparecer doravante em maiúscula em vários de seus textos, como nome próprio do destino.

O sofrimento aproximou Aranha de um Nabuco também em fase constrita, católica. Um Nabuco maduro, acolhedor, que o tomou como pupilo, mostrando-lhe o Velho Mundo, Paris, Londres, Roma. Museus e salões, livrarias e alfaiates. Nabuco o acolheu em sua política e nos seus jantares, deu-lhe aulas de cosmopolitismo e coqueteria. Chamou para si a condução de sua carreira, arranjando-lhe ofícios eventuais de advogado, mantendo-o consigo, quando ascendeu a embaixador em Londres, empenhando-se em avantajar-lhe a nomeada. Nabuco viu em Aranha um pupilo, um sucessor. A Magalhães de Azeredo, por exemplo, propagandeou, em 1º de abril de 1901:"O Graça Aranha […] é uma das mais brilhantes inteligências do nosso tempo". Daí por diante, Nabuco estaria sempre ao seu dispor – como prometeu em 2 de fevereiro de 1905[121] –, como "espelho" e "corda de segurança" a ajudá-lo a "galgar alturas a que ninguém sobe sem um ponto de apoio".

Nabuco mantinha rodinha de jovens brasileiros, todos sempre a discutir e produzir livros, como os dois do próprio, editados a partir de Londres: *Minha formação* (1900) e *Escritos e discursos* (1901). Este clima, de que Aranha se lembraria

---
118 Carta de Graça Aranha a Veríssimo, 10 mar. 1899 *apud* Maria Helena C. Azevedo, *op. cit.*, p. 105.
119 Nabuco registrou em seu diário, a 23 de janeiro de 1898, a "agradável impressão" do que Graça dissera de si na Conferência de Buenos Aires.
120 Maria Helena C. Azevedo, *op. cit.*, p. 24.
121 Carolina Nabuco; Joaquim Nabuco, *Cartas a amigos*, São Paulo: IPE, 1949, v. 2.

como a "fecunda ociosidade dos nostálgicos de Londres em torno de Nabuco"[122], deu o contexto e o estímulo para *Canaã*.

Livro que custou a desencantar. O material vinha em parte da experiência dos anos de promotor no interior mais os contos de Flávia do Amaral retrabalhados. Escrevia nos ócios do ofício e burilava a escrita conforme as reações do grupinho de Nabuco, onde lia trechos, encobrindo-se, de novo, com nome de moça. O chefe, exigente, mas indulgente, concedeu as férias largas para a conclusão da obra, requisito para lapidação de sua persona de escritor.

Eis aí *Canaã* no forno, em 1902. Longe da forma dos ícones da ABL, que lançaram pouco antes *Dom Casmurro* e *Minha formação*. Livro cevado antes nas lições do mestre primeiro, Tobias Barreto, decantando cientificismo de cepa pessimista, alusivo dos perigos da imigração alemã no Brasil. No juízo franco, nem por isso menos justo, de Gilberto Freyre: "Falta-lhe enredo. Falta-lhe, por vezes, arte. Sobra-lhe, outras vezes, sociologia; e esta é, em certos passos, um tanto precária"[123].

Nabuco e Machado preferiram atentar mais para o autor que para o livro. Nabuco cuidou da recepção. Deu ao pupilo a receita para abiscoitar lugar ao sol: "Influência vale muito mais que posições"[124]. Daí por que, nem bem impresso o livro, Aranha escreveu a Machado. Incumbiu igualmente Veríssimo de mediar sua consagração literária junto ao papa das letras nacionais. Crítico estabelecido, tão mordaz para com tantos, inclusive Nabuco, Veríssimo fez bem o serviço ao amigo, sublinhando a Machado, em abril de 1902, a deferência de Aranha em elegê-lo como primeiro leitor – chamegos que Machado apreciava –, o caráter de excepcionalidade da obra, que comparava nada menos que à do próprio Machado, e o mesmo aceno que Aranha fizera a Nabuco, o de herdeiro, continuador:

> Meu caro Machado, [...] você deve ter recebido hoje o *Canaã*, em edição especial, do nosso querido Aranha. Ele mo anunciou em carta na qual me diz que dessa edição só mandou para cá dois exemplares [...]. Você verá que *o livro é soberbo*, e vingativo dos que, como nós, não podíamos aturar os 'novos', não por serem 'novos', mas por não terem talento. Estou certo que a *sua glória assentada sorrirá benévola a este sucessor que lhe chega – o único digno* do glorioso avô das nossas letras contemporâneas. Espero que não lhe faltará a sua bênção alentadora, inestimável prêmio deste primeiro e já vitorioso feito do nosso cavaleiro. Quem o armaria com mais competência?[125]

O papa já amolecido pela carta anterior de "nosso querido Aranha", respondeu, a 21 de abril, com as bênçãos, num grau que nem Nabuco lhe arrancava: "Já recebi e já li *Canaã*; é realmente um livro soberbo e uma estreia de mestre. Tem ideias, verdade e poesia; paira alto. Os caracteres são originais e firmes, as descrições admiráveis"[126].

---

122 Graça Aranha, "Introdução", in: Graça Aranha; Machado de Assis; Joaquim Nabuco, *Correspondência*, Rio de Janeiro: Academia Brasileira de Letras; Topbooks, 2003, p. 59.
123 Gilberto Freyre, "Graça Aranha: que significa para o Brasil hoje", in: Graça Aranha, *Obra completa, op. cit.*, p. 23.
124 Carta de Joaquim Nabuco a Graça Aranha, 28 set. 1908, em Carolina Nabuco; Joaquim Nabuco, *op. cit.*, p. 314.
125 Disponível em: <http://panorama-direitoliteratura.blogspot.com/2010/05/cartas-jose-verissimomachado-de-assis.html>. Acesso em: 2 fev. 2019 [grifo meu].
126 *Ibidem*.

Apadrinhado pelo maior crítico literário do momento, o amigo Veríssimo, e chancelado pelo polo literário incontrastável que era Machado, dono, não bastasse a obra, do cetro de presidente da Academia, o sucesso de *Canaã* foi instantâneo.

As teias com a geração de letrados consagrados e consagradores que o antecedeu, de que Nabuco e Machado eram os pilares, facultou a Graça Aranha afirmar então sua *persona* de *escritor*.

Nabuco, secretário vitalício da ABL, armou em seguida passo decisivo de consagração do afilhado como *grande* escritor. Aproveitando o retorno de Aranha ao Brasil, organizou cerimônia de homenagem a Machado, na qual o pupilo foi seu representante. Nabuco, então, a 8 de outubro de 1904, o recomendou a Machado, orgulhoso de sua criatura: "Trouxe-o desconhecido do país, restituo-o glorioso [...]"[127]. Graça Aranha fez-se assim ponte entre os dois maiores nomes das letras brasileiras do tempo. Homens velhos em face dos quais assumia a posição vaticinada por Veríssimo, de homem novo, talento novo, sucessor.

## RUMO AOS MODERNOS

Em duas fotos de 1903, Graça Aranha e Magalhães de Azeredo ladeiam Nabuco. Os três em tom de troça, a delatar camaradagem encobridora da hierarquia entre o chefe e seus subordinados, entre o velho de cabelos brancos e os jovens com os seus retintos, entre o estabelecido e os aspirantes. Numa imagem, Aranha está de pé, Azeredo, sentado, na outra se invertem, mas em ambas, enquanto chefe e colega encaram a câmara, Aranha dá o perfil ao espectador. Na vida, como na foto, Aranha está ao lado, mas não mira Nabuco, diamante do XIX brasileiro cujo brilho empanava no novo século. Nabuco o acolhera de pupilo, mas, à beira dos 40 anos, Aranha almejava subir a mestre. Na foto, como na vida, mira o futuro.

Em cartas a amigos, reclamava de Nabuco como de uma asfixia –"tem o exagero do burocratismo"[128]. Um Nabuco em declínio físico e maré baixa, em véspera de ser removido a contragosto para os Estados Unidos[129]. Ainda pedindo pelo pupilo, em 3 de março de 1904, a Rio Branco, ministro das Relações Exteriores: "O Graça é um homem feito para comissões importantes, tem iniciativa, imaginação, dedicação, expediente, faculdade de dirigir, e eu, se dependesse de mim, o punha à frente de uma legação na América do Sul"[130]. Mas esse apadrinhamento era agora mau encaminhamento. A legação quicando na área era no Paraguai. Aranha preferiu voltar ao Brasil.

O destacamento em relação a Nabuco se cristalizou no Rio, no atar de alianças com o amigo-inimigo do ex-chefe, Rio Branco. Aranha trocava a órbita de Nabuco, o decadente, pela de Rio Branco, o onipotente: "Rio Branco é hoje seu amigo, ainda que o não seja mais meu, e estou certo de que o não abandonará"[131].

O novo padrinho garantiria novos empregos: um posto provisório no Rio, seguido

---

127 Carta de Joaquim Nabuco a Machado de Assis, 8 out. 1904, em Carolina Nabuco; Joaquim Nabuco, *op. cit.*, p. 182.
128 Maria Helena C. Azevedo, *op. cit.*, p. 77.
129 Angela Alonso, *op. cit.*
130 Carolina Nabuco; Joaquim Nabuco, *op. cit.*, pp. 157-8.
131 Carta de Joaquim Nabuco a Graça Aranha, 2 fev. 1906, em Carolina Nabuco; Joaquim Nabuco, *op. cit.*, p. 242. Nabuco reclamaria a Oliveira Lima, em 5 de outubro de 1905: "O Graça, que é íntimo [de Rio Branco], escreve-me agora sobre a Academia somente" *(Ibidem)*.

da secretaria do Tribunal Arbitral Brasil-Bolívia, em 1904 (quando Aranha ensaiou candidatura a deputado, de novo barrado pelo sistema político), e ingresso na carreira diplomática regular, como segundo secretário de legação, servindo em Berna e na Holanda[132].

Esse novo tempo de Europa foi de renovação intelectual. Aranha viu mudança. Teve a experiência da eclosão da Primeira Guerra Mundial, mas também da psicanálise e do cubismo. Aranha cosmopolita, adentrando tempo novo, em que se rompiam formas e convenções, tempo de surrealismo, em que a imaginação subia ao primeiro plano. Essa nova visada do mundo comparece em *Malazarte*, peça de 1911, que celebra "[...] o domínio das coisas pela magia, inventando o mundo a cada passo e desagregando-o sem se importar com a sua própria substância"[133]. Imaginação que atribuiria a si mesmo, no começo de sua autobiografia, como traço atávico: "A unidade da minha vida está no espírito de libertação, que animou o meu ser moral desde a infância até a velhice"[134].

O mundo girava, Aranha girava junto. Na volta, aposentando-se, encontrou o país despovoado de Machado, de Nabuco e das pompas aristocráticas reproduzidas da Europa, cristalizadas em sua academia. Deu com o engessamento das letras que o parnasianismo levara ao paroxismo – do que, aliás, ele estava menos distante do que supunha – e com a ABL tomada por isso como por autores de nenhum livro, caso de Lauro Muller, que, não obstante, Aranha ajudara a eleger.

Uma nova geração tentava se distinguir acusando a anterior de dilaceramento escapista, entre a nostalgia da pátria quando na Europa e o sentimento do degredo da civilização quando no Brasil. Sintoma que um dos jovens, Mário de Andrade, em carta a Carlos Drummond de Andrade, alcunhou de "moléstia de Nabuco". O remédio que receitavam era um abrasileiramento do Brasil. Uma volta à origem, podando a idealização do romantismo, para recuperar o índio, o caipira, o caboclo empíricos.

Aranha conheceu esse grupo de jovens em suas constantes idas a São Paulo, onde agora o prendiam um emprego de consultor de negócios da família Prado e o caso amoroso e rumoroso com um membro dela, Nazareth[135]. Na vida privada como na pública, Aranha remoçava.

Nazareth era filha de Antônio Prado, líder do Partido Conservador no Império e do Partido Democrático na República, senhor de fazendas e de diversidade de negócios. Seu outro filho, Paulo, Aranha conhecera em Paris, no círculo do tio dele, Eduardo, por sua vez amigo de Nabuco. Foi por meio desses laços na tradição que Aranha se aproximou dos modernos. Logo estava em saraus, festas e ateliês de jovens contestadores, Mário e Oswald de Andrade, Tarsila do Amaral, Di Cavalcanti, Renato de Almeida, Brecheret, Ronald de Carvalho. Nessa nova teia, Aranha arquitetaria reputação nova, de *moderno*.

Assim é que se implicou na organização da Semana de Arte Moderna de 1922, meio fomentador, meio legitimador da movimentação dos moços. A Ronald de Carvalho em particular se afeiçoou, apadrinhando-o, como Nabuco apadrinhara a si, e

---

132 Maria Helena C. Azevedo, *op. cit.*, pp. 86-99.
133 Antonio A. Prado, *Itinerário de uma falsa vanguarda*, São Paulo: Brasiliense, 1983, p. 83.
134 Graça Aranha, *Obra completa, op. cit.*, p. 539.
135 Sobre o longo caso Nazareth-Aranha, ver a correspondência entre os dois, que ela editou, em Nazareth Prado, *Graça Aranha: cartas de amor*, Rio de Janeiro: s.n., 1935.

cuidando de sua carreira diplomática[136]. Enlaçando os jovens, lançava-se a elo geracional, reproduzindo com respeito a eles a postura de Nabuco para consigo, de aliciador, ansioso por guiá-los na carreira, na vida, nas ideias e, assim, ascender a chefe de escola.

É esse o espírito de seu discurso, em 19 de junho de 1924, ante a Academia lotada de modernistas[137]. Em seu caderno de notas, registrou a intenção de se mirar no mestre: "refazer o discurso de Nabuco sobre a Academia"[138]. Só que com sinal trocado. Nabuco ao fim da vida festejara Camões, a unidade cultural ibérica, ao que Aranha contrapunha a independência intelectual brasileira, visando até reforma da língua que afastasse lusitanismos. Mas mesmo nisso sem fugir por inteiro de Nabuco, propagandista do pan-americanismo em seus últimos anos, conceito que Aranha inoculou na veia de Ronald de Carvalho[139].

Mas Aranha preferiu frisar o traço de ruptura com a tradição. Inclusive com a instituição que o nutrira. A Academia era agora sede de "vago e inútil ecletismo, acentuadamente tradicionalista, em que se tem mantido, sem preocupar-se com a atualidade da nossa literatura, sem corresponder às aspirações modernistas do espírito brasileiro"[140]. A ABL se defendeu na voz de Duque Estrada, de Mário de Alencar, de Coelho Neto, que apontaram a porta de saída. Aranha trocou a Academia morta pela vivacidade dos modernistas, nomeados em seu discurso como renovadores.

Os moços, contudo, desenvolveram postura bipolar para com Aranha. Ora em reverente admiração pelo escritor estabelecido, necessitados da chancela da tradição para poder romper com ela – e garantir emprego, no caso de Ronald. Ora incomodados de carregar, disse Oswald de Andrade, um "modernismo atrasado"[141] como abre-alas do modernismo. Mário de Andrade encarnou o dilema bamboleando entre elogio e ressentimento, enaltecendo para depois reclamar de Aranha, que "afeiçoou-se a essa renovação para ser o manda-chuva dela"[142].

Aliança tensa porque entre diferentes. Mas mutuamente proveitosa. Aranha seria para os modernistas o que Nabuco fora para si: o estabelecido ratificando os estreantes, ao passo que eles reproduziriam o papel de Aranha ante Nabuco: os aspirantes elevando o prestígio e garantindo a memória do precursor.

Aranha, que se fizera escritor via tradição, ao apoiar o antitradicionalismo da nova geração, ganhou sua reputação de modernista. Esta nova imagem Tarsila então a pintou. Aranha não é mais o jovem, do retrato com Nabuco, ambicionando consagração, é o senhor chancelador de reputações. Ainda sem mirar de frente o espectador, mas oferecendo outro perfil, de *moderno*. Sem se desplantar da tradição. Um ano depois da Semana de 22, homenageou Nabuco e Machado, editando a correspondência entre eles, precedida de longa introdução, laudatória, e documental de sua intimidade e chancela pelos mestres[143]. Ao passo que auferia louros de precursor dos jovens, apossava-se da gestão da memória de seus grandes antecessores.

---

136 Nazareth Prado, *op. cit.*, pp. 19, 30, 51, 56.
137 Maria Helena C. Azevedo, *op. cit.*, p. 327.
138 *Ibidem*, p. 332.
139 Nazareth Prado, *op. cit.*, pp. 59, 71.
140 Carta de Graça Aranha a Afonso Celso, 22 dez. 1924, *apud* Maria Helena C. Azevedo, *op. cit.*
141 *Apud* Maria Helena C. Azevedo, *op. cit.*, p. 341.
142 *Ibidem*, p. 353.
143 Graça Aranha; Machado de Assis; Joaquim Nabuco, *op. cit.*

Em seus últimos anos, Aranha seguiu nesse ponto de equilíbrio entre velho e novo. Valorando o brasileirismo mas também o universalismo. Pedindo renovação na política, contra o governo Washington Luiz, em favor de Vargas (que prestigiaria seu funeral), mas por meio dos vínculos com o velho oligarca Antônio Prado. Simpático ao socialismo, mas aferrado ao conforto da vida burguesa. Vivendo com a amante, mas sem jamais reconhecer publicamente a separação da esposa. Nesse momento de explicitação de suas contradições, Aranha redigiu sua segunda e última ficção, *Viagem maravilhosa* (1929), dedicada aos modernistas que permaneceram na sua órbita, Ronald de Carvalho e Renato de Almeida. Aí misturava ficção e comentário do presente, com proselitismo da revolução que se tramava. A imaginação tão defendida fenecia nesse livro meio de tese, meio de registro biográfico, no qual seu romance com Nazareth surge estilizado e suas opiniões sobre a política e o universo se alongam mais que o devido, entrecortando o enredo.

Dois infartos anunciaram, contudo, o tempo de encerrar a vida e entrar para a história. Aranha então se assenhoreou da produção da própria memória, com dois empreendimentos. Um foi institucional. Em 1930, Nazareth e os modernistas ainda próximos o auxiliaram a criar a Fundação Graça Aranha, destinada a "cultuar" seu nome e obra e onde o "escritor" depositou seus manuscritos, obras e documentos[144]. Ato coroado pela instituição de prêmio literário a talentos novos, que Aranha concedeu ao *Quinze* de Rachel de Queiroz. Também assim, legitimando gente nova, alongava-se no tempo.

Outro controle da memória fez-se no plano da subjetividade, numa história de si. No planejamento do recontar da própria trajetória, em 1926, Aranha selecionou materiais e avaliou "métodos para escrever esta história pessoal"[145]. Resolveu-se por maneira algo psicanalítica, uma autoanálise em quatro volumes, completada pelo diálogo com as lembranças da companheira biográfica recente, a amante: "Eu te agradeço minha fiel memória, de me dares esta consolação que me faz ainda viver, porque na doce e mágica evocação do Passado está a promessa inefável do Futuro..."[146]. Evocação parcial, pois que o livro, iniciado afinal em 1928, recobriu somente os anos de formação. Aranha se deteve nas vésperas da morte do pai, assombrado pela proximidade da própria.

Chegava ao fim sua linha. E mesmo aí, sobretudo aí, Aranha seguiu tecendo. Ocupou-se em perpetuar nas memórias sua imagem de *escritor*, de *brasileiro*, de *moderno*. Invenção de si como ser inteiriço a encobrir seu movimento pendular entre dois mundos, elo que foi entre duas configurações sociais, entre uma geração e outra. Formado no tempo da indiferenciação entre política e vida intelectual e prestes a morrer quando as letras se despegavam da política, Graça Aranha foi homem-ponte entre a tradição de Nabuco e a ruptura dos modernos, alérgicos ao "mal de Nabuco". Aranha não foi isso *ou* aquilo, foi isso *e* aquilo. Figura de transição, político metamorfoseado em diplomata, diplomata metamorfoseado em escritor, escritor metamorfoseado em modernista. Passando do casulo tecido com as teias da tradição, que o forjaram *escritor*, para o tramado com a nova geração, que o forjava *moderno*, resultou parente de seu retrato pelo pincel de Tarsila: figura velha em forma nova. Já o autorretrato delata no título, *O meu próprio romance*, a tecelagem de *persona* mais harmoniosa, o "escritor moderno", sua mais bem-sucedida ficção.

---

144 Maria Helena C. Azevedo, *op. cit.*, p. 425.
145 *Ibidem*, p. 393.
146 Carta de Graça Aranha a Nazareth Prado, 24 jul. 1919, em Nazareth Prado, *op. cit.*, p. 253.

# EVASÃO DO MUNDO NA MEMORIALÍSTICA DE MANUEL BANDEIRA
FERNANDO PINHEIRO

A nenhum leitor atento da obra de Manuel Bandeira (1886-1968) escapa a incorporação de aspectos autobiográficos como material de sua poética, o que inclui a referência a pessoas, eventos e lugares. O caráter evocativo de muitos de seus poemas já foi objeto de atenção e mesmo chave privilegiada de leitura para muitos de seus comentadores mais abalizados no âmbito da crítica literária. Como exemplo dessa vertente, Davi Arrigucci Jr. salienta o modo de apreensão do cotidiano mais ordinário não para efeito de sua elevação, mas como objeto da operação de *desentranhamento* da poesia que aí subjaz[147]. De fato, boa parte de sua produção poética serve-se da alusão a um vivido factual que é expresso numa forma que produz o efeito de simplicidade (a despeito do notável controle da técnica envolvido nesse procedimento) com que se apresenta o fato poético. A intenção do trabalho é desenvolver a leitura vincada pela biografia presente na fortuna crítica de Bandeira numa outra direção, evidenciando o lugar e o uso social da memória quando vinculada a um modo estratégico de organização da experiência, com efeitos decisivos para a construção da imagem e o controle da recepção logrados por Bandeira. Por outro lado, alguns de seus textos autobiográficos engajam-se diretamente na produção de uma memória coletiva da nação pela via da consolidação do patrimônio cultural, projeto acalentado pelo modernismo a partir do empuxo paulistano dos anos 1920. A obra de Manuel Bandeira serve bem a esse duplo trabalho em que a memória é instrumento e projeto. Assim, a análise terá foco na obra em prosa de Bandeira, notadamente o volume autobiográfico *Itinerário de Pasárgada* (1954) e o conjunto de suas crônicas, em especial aquelas reunidas no livro *Crônicas da Província do Brasil* (1937), base expressiva das questões mencionadas relativas, respectivamente, à fixação da experiência vivida e à edificação da memória coletiva no que concerne à representação da nação.

Para uma delimitação cabível do trabalho, tratarei de desenvolver mais o primeiro aspecto mencionado, contrastando os sentidos da evasão engendrada por Bandeira no célebre poema "Vou-me embora pra Pasárgada", de *Libertinagem* (1930), com aquela que, conforme a interpretação que tentarei sustentar, ele opera em seu volume de memórias, cuja referência no título a esse poema integra, como se verá, meu argumento. Num segundo movimento, apontarei brevemente a articulação vislumbrada com os textos de 1937, primeira publicação em prosa de

---

147  Cf. Davi Arrigucci Jr., "O humilde cotidiano de Manuel Bandeira", *in:* Manuel Bandeira, *Poesia completa e prosa*, Rio de Janeiro: Nova Aguilar, 2009, pp. CCXX-CCXXXIV.

Bandeira. A construção que proponho consiste em traçar um paralelo entre, de um lado, o tipo de objetivação da experiência subjetiva produzida por Bandeira e seus efeitos no sistema literário brasileiro; e, de outro, a moldagem de uma memória coletiva que opera uma construção do presente num processo de tradicionalização, ligando o modernismo ao barroco mineiro.

## 1

Comecemos convocando para a análise as duas vertentes de interpretação que interessam aqui, entre as tantas que suscitou. Ele integra a porção da obra bandeiriana composta em sua moradia na rua do Curvelo, no Rio de Janeiro, junto com os livros de poesia *Ritmo dissoluto* (1924), *Libertinagem* e parte de *Estrela da manhã* (1936), e as *Crônicas da Província do Brasil*. Bandeira ali viveu entre 1920 e meados dos anos 1930, numa fase crítica de sua vida pessoal: 1920 é o ano da morte de seu pai, a figura familiar mais importante em sua formação literária; havia já perdido a mãe e a irmã que lhe servira de enfermeira desde as primeiras manifestações da tuberculose, em 1904, doença que, como se sabe, o impediria de seguir a carreira de arquiteto sonhada pelo pai (ele mesmo um engenheiro construtor de portos e ferrovias) e o obrigaria a um recolhimento estrito estoicamente enfrentado para sobreviver, e que se converteria em marca de sua personalidade poética e uma das bases do "cotidiano humilde" a que voltarei adiante. A par disso, enfrenta dificuldades materiais, contando como recurso fixo apenas com o montepio da mãe que lhe fora concedido na condição de filho maior inválido. Conforme relataria décadas mais tarde no *Itinerário de Pasárgada*, a morte do pai o deixara só para enfrentar a pobreza e a morte. Os cerca de 13 anos que viveu no Curvelo aproximariam o poeta de seu vizinho Ribeiro Couto e, por meio deste, do núcleo modernista carioca e de Mário de Andrade, iniciando em 1921 a interlocução decisiva expressa na correspondência que só cessará com a morte de Mário.

Nessas circunstâncias pessoais é que se dá o amadurecimento de Bandeira, que encontra sua dicção pessoal na passagem do penumbrismo parnasiano e simbolista dos dois primeiros livros para as experiências modernas. Nos três livros mencionados consolida-se o estilo humilde, a vocação tantas vezes reivindicada de "poeta menor", capaz de fixar o repente da emoção mais alta na expressão mais cotidiana, conquistas definitivas de sua poética. Mais especificamente, nesses anos de cristalização de seus recursos se dá a redução formal da pobreza e da frugalidade do modo de ser como fator interno de estruturação da obra literária. E, não por acaso, a poesia passa a valer-se da reminiscência de modo mais sistemático, como se a situação limite vivida obrigasse a uma concentração da experiência e recomposição da lembrança, como nota Davi Arrigucci no estudo citado[148] – alcançando, assim, outra marca singular de autoria onipresente a partir desse ponto, e que coincide com o ponto de vista de quem contempla e registra a agitação da vida de que não pode participar. É justamente essa descoberta, combinando a expansão dos sentimentos com uma abertura para o mundo exterior que atrai a empatia do poeta desvalido, que Arrigucci qualifica de "evasão para

---
148 *Ibidem*, p. CCXXVIII.

o mundo", retomando a expressão cunhada por Sérgio Buarque de Holanda[149] em 1958 num comentário ao poema "Vou-me embora pra Pasárgada", que importa acompanhar.

A análise do crítico e historiador já deixara assentadas algumas das bases dos analistas mais abalizados de Bandeira, ao notar que a vitória definitiva contra o recolhimento íntimo remete ao plano da utopia; e, ponto decisivo para minha argumentação, se toda poesia é essencialmente de evasão, "Vou-me embora pra Pasárgada" revela menos um desejo escapista do que a vontade de vencer pela via da poesia o confinamento imposto pelas condições de vida. A forma simples do poema, a limpidez da linguagem são recursos opostos ao hermetismo esteticista que remete à reclusão aristocrática do que recusa o mundo para colocar-se acima dele. Nesse sentido, a Pasárgada de Bandeira representaria uma evasão para o mundo e serve de emblema ao conjunto da produção poética; basta notar que a ilha encantada conforme o poeta a imagina nada contém para além da própria vida ordinária em algumas de suas manifestações mais triviais; ou, nos termos de José Guilherme Merquior[150], o Eldorado libertino do poeta nada mais é do que a vivência plena do cotidiano idealizada pela força do desejo que não encontra meios de realização.

Note-se a originalidade da interpretação de Holanda, no contrapé de tudo que se dissera até então sobre o poema, e que seguia a leitura de Mário de Andrade em seu ensaio "A poesia em 1930"[151], de 1931, que considera o evasionismo, como fuga do mundo, uma tendência geral da moderna literatura brasileira, sendo o "vou-me-emborismo" sua mais acabada expressão. Mas o aspecto que interessa diretamente é a ideia de evasão para o mundo como integração vicária à realidade da vida, que faz do poema emblema da poética madura de Bandeira, a tal ponto que Arrigucci pode mobilizá-la sem referir-se diretamente ao texto. E não escapa a Holanda a relação entre o embate do poeta contra suas circunstâncias e a adoção do laxismo formal: a inclinação de virtuose a desafiar todos os obstáculos técnicos da expressão poética explica-se como transladação da ambição de romper os limites objetivos, mais uma vez resolvida vicariamente por meio da literatura. O paradoxo que a fórmula encerra, por sua vez, ganha nova dimensão quando lembramos que Pasárgada serviu de título à autobiografia – e que esta, sim, conforme desenvolverei a seguir, representa um tipo muito peculiar de evasão do mundo.

## 2

O título escolhido por Manuel Bandeira para seu volume de memórias parece justificar o lugar de poema-síntese de "Vou-me embora..." assumido por esta análise, e já sugere o centramento da vida no fato literário representado pela construção simbólica de Pasárgada, de modo que a vida que importa contar pode resumir-se à narrativa dos acidentes necessários do caminho até lá; isto é, do caminho até a descoberta da forma estética capaz de plasmar a experiência social vivida, sugerindo assim um certo uso da memória que deve seduzir o leitor.

---

149  Sérgio Buarque de Holanda, "Trajetória de uma poesia", *in*: Manuel Bandeira, *op. cit.*, pp. CL-CLXIII.
150  José Guilherme Merquior, "Manuel Bandeira", *in*: Manuel Bandeira, *op. cit.*, pp. CLXXXVII-CCXX.
151  Mário de Andrade, "A poesia em 1930", *in: Aspectos da literatura brasileira*, Belo Horizonte: Itatiaia, 2002, pp. 37-58.

Publicado no momento em que, aos 68 anos de idade, Bandeira é já um poeta integrado ao cânone da literatura brasileira, o *Itinerário de Pasárgada* é, nos termos de Davi Arrigucci, "[...] misto de confissão, comentário crítico e poética explícita" do autor[152]. O *Jornal de Letras*, editado no Rio de Janeiro pelos irmãos Elysio, João e José Condé, em que o relato de Bandeira foi publicado originariamente em fascículos entre os anos de 1951 e 1952, diz o seguinte sobre o livro recém-lançado em 1952:

> *Itinerário de Pasárgada* não são memórias no sentido geral do termo; devemos encarar o livro particularmente como "memórias literárias", ou melhor, a autobiografia de um espírito no que concerne à sua atividade criadora e o caminho por ele percorrido no campo das letras. Encerram assim as experiências literárias de Manuel Bandeira, condicionadas geralmente pelas experiências humanas. Um dos aspectos mais interessantes do livro é aquele em que o poeta situa suas "confissões" no plano do que Cocteau denominou de "secret professionable". São as revelações dos "segredos profissionais" de um artista autêntico que encontramos no *Itinerário de Pasárgada*, o testamento de um poeta na sua luminosa maturidade[153].

Temos então duas classificações em termos de gênero para o livro, parcialmente coincidentes, em que pese o lapso de tempo e o propósito que as separa: confissão/comentário crítico/poética explícita de um lado; memória literária/autobiografia/confissão de outro. Arrigucci sublinha a vinculação entre os termos, sugerindo que a crítica dos poemas produzidos ao longo dos anos expresse a poética desenvolvida por seu autor; a nota não assinada no periódico evoca uma separação entre experiência literária e experiência humana, a primeira geralmente condicionada pela segunda, relação de exterioridade demarcada pela expressão "memórias literárias". Nos dois casos, a ideia de confissão parece remeter ao desvelamento dos segredos profissionais, expresso nos muitos momentos em que o poeta revela aspectos de sua técnica – de resto, e a despeito do que o uso do termo possa sugerir, nada há no texto equivalente a uma confissão no sentido de revelação do que se passou em outras dimensões da experiência, ponto que conduz ao centro do argumento, que passo a desenvolver.

O livro entremeia a narrativa factual da infância à maturidade subordinando a memória a um princípio de seleção estratégico, qual seja, a formação do poeta. Todos os eventos ganham sentido quando articulados à espécie de fato social total que é a experiência da poesia e as condições em que ela se materializa no poema. Nesse sentido, a curta narrativa é eloquente também – e sobretudo – naquilo que silencia, ou seja, tudo que poderia perturbar o efeito encantatório de uma vivência integralmente poética. Assim, a figura do pai está presente como iniciador do filho no mundo das letras, mas não há uma linha sequer sobre a relação com a mãe; as ligações amorosas são suprimidas; a doença é vivida integralmente como condição de remissão total ao fato poético; as raras menções da vida pública são alusivas e não investem a existência. Enfim, parece não importar

---

152  Davi Arrigucci Jr., *op. cit.*, p. CCXXIV.
153  *Jornal de Letras*, n. 58, abr. 1954, p. 2.

ao leitor qualquer detalhe que possa conspurcar a pureza da realização literária com a marca dos determinantes empíricos.

O relato não escapa, portanto, a uma representação teleológica da existência, que Bourdieu, na esteira de Sartre, chamou de ilusão biográfica[154]; a vida é representada como uma totalidade coerente e orientada por um projeto, mesmo que acidentalmente gestado pela experiência da doença, exacerbação de uma singularidade subjetiva que se vê deslocada do mundo social a que pertence. "Já era Pasárgada que se prenunciava"[155], diz Bandeira logo no início do relato, rememorando as impressões poéticas da primeira infância. Paradoxalmente, no entanto, a enunciação de si produzida por Bandeira é tributária da autoridade específica que possui o autor consagrado que toma a palavra, e contribui assim para, afirmando a ligação com a poesia como superação da ligação com o mundo (ou de sua impossibilidade), realizar nesse gesto mesmo o elo negado, ao marcar ostensivamente seu lugar no sistema literário através da construção de uma imagem pública lapidada por um sistema eficaz de silenciamento. Antes de explicitar o lugar e a imagem a que me refiro, convém desenvolver um pouco mais alguns aspectos centrais dessa sistemática.

De saída, vale sublinhar que, na ausência de um trabalho historiográfico mais objetivo sobre a trajetória de Bandeira (no período em que viveu e ainda hoje), *Itinerário de Pasárgada* converteu-se na principal, se não única, base dos esboços biográficos, via de regra realizados por amigos, que integram as edições das obras ou aparecem por ocasião de datas comemorativas, produzindo o movimento circular em que o autor é a própria fonte que alimenta sua análise. Tomar o livro como objeto, e não como fonte, implica, portanto, coletar informações esparsas que eventualmente traem a reverência a essa espécie de "lei do silêncio" promulgada por Bandeira. O texto de Francisco de Assis Barbosa[156] é explícito quanto a isso, ao considerar as relações amorosas "território inviolado e inviolável", e, consequentemente, limite que a pesquisa biográfica deve respeitar. A imagem de solteirão, de celibatário sem filhos, e assim a inferência possível de seu casamento exclusivo com a poesia, fica protegida da revelação dos detalhes da ligação amorosa de Bandeira com Frederique Blank, esposa de Carlos Blank, relação nunca assumida publicamente que durará mais de cinquenta anos a partir de seu contato como vizinhos em Santa Teresa em 1908. Apenas para avaliar a importância de Mme. Blank, ou Moussy, como Bandeira a tratava, registre-se que ela acompanhou o poeta nas duas viagens que fez à Europa – em 1913, para tratar-se da tuberculose, e em 1957 a passeio – e confiou a ele a educação de uma de suas filhas, que jamais frequentou uma escola. A partida de Moussy já muito doente para sua Holanda natal em 1964 suscita a série de poemas "Preparação para a morte"[157], e Bandeira sobreviveria apenas três anos à partida da companheira, ainda que tenha vivido com outra mulher seus últimos anos – nada disso impede que a única alusão ao sentimento amoroso tenha por objeto um poema, nos seguintes termos: "Naquele tempo me apaixonei, mas me apaixonei deveras, por um poema de Sérgio Corazzini"[158].

---

154 Pierre Bourdieu, "L'illusion biographique", *in: Raisons pratiques: sur la théorie de l'action*, Paris: Seuil, 1996.
155 Manuel Bandeira, *Itinerário de Pasárgada*, Rio de Janeiro: Nova Fronteira, 1984, p. 20.
156 Francisco de A. Barbosa, "Milagre de uma vida", *in:* Manuel Bandeira, *Poesia completa e prosa*, Rio de Janeiro: Nova Aguilar 2009, pp. XXXV-LXXXVI.
157 Trata-se da sequência de quatro poemas alusivos à morte, editados nas páginas finais de *Estrela da Tarde*, de 1963.
158 Manuel Bandeira, *Poesia completa e prosa, op. cit.*, p. 67.

Noutra ponta, o livro omite qualquer ligação mais forte de Bandeira com as questões políticas de seu tempo e atenua sua militância artística, mais uma vez contribuindo para pôr o mundo à distância, reforçando o pleito de absenteísmo político no sentido amplo do termo, pleito mitigado apenas pelos episódios relatados que servem de vazão a seu anticomunismo[159]. Também essa imagem pode-se contrastar com dados biográficos não selecionados pelo memorialista. Se de fato o limiar de sua participação pública não faz dele um militante, existem engajamentos variados: Bandeira é o primeiro presidente da Associação Brasileira de Escritores, fundada em 1942, órgão de resistência contra o regime varguista a que ele permanece ligado até 1949, quando se afasta por desavenças com o grupo comunista; após a queda de Vargas integra a Esquerda Democrática, a convite de Sérgio Buarque de Holanda, e candidata-se a deputado federal pelo Partido Socialista Brasileiro, episódio tratado anedoticamente no depoimento de amigos como uma concessão do homem avesso à política aos pedidos insistentes para compor simbolicamente a chapa do partido.

Mesmo o engajamento no modernismo é relativizado nas memórias. É conhecido o desconforto causado pela leitura de "Os sapos" na Semana de 22; e, mais importante, radicado no Rio de Janeiro, Bandeira manteve-se em contato tanto com o vanguardismo mais radical do grupo paulista como com a vertente carioca, galvanizada pelo "movimento dinamista" de Graça Aranha e Ronald de Carvalho. Sem aderir integralmente a qualquer tendência mais específica, e distante sobretudo das inclinações mais à direita, o trunfo maior para a cristalização de suas alianças é a força de sua poesia, que, aliada a seu controle da tradição, impede um afastamento liminar de qualquer de seus pares, a despeito do episódio mais ruidoso do rompimento com Graça Aranha. É lapidar a frase que resume essa postura no *Itinerário*: "Pouco me deve o movimento [modernista], o que devo a ele é enorme"[160]; no entanto, a dívida explicitada resume-se ao conhecimento das vanguardas europeias e ao estabelecimento de laços de amizade.

Em suma, no *Itinerário de Pasárgada* a memória é convocada por Bandeira como mecanismo de distanciamento, evasão do mundo em nome do caráter autotélico da obra. O livro funciona como um dispositivo de controle da recepção, desligando a esfera da cultura da vida social, num esforço de preservação do caráter mágico da poesia, produto literário puro que obriga à atitude estética no plano da fruição.

Quando comenta seu processo criativo, Bandeira recorre ao modelo do poeta como veículo de uma voz maior que o percorre; são termos como "transe", "alumbramento", "estado de graça" os que emprega em sua psicologia da composição, culminando com a discreta elevação daquele que compreendeu e aceitou sua condição: "A partir de *Libertinagem* é que me resignei à condição de poeta quando Deus

---

159  Assim, no comentário sobre Paul Éluard, seu companheiro no sanatório em Clavadel: "Fio que o seu talento poético, bastante pessoal e tão aristocrático (toda a sua obra o atesta), jamais se sujeitará à boçal estética imposta pelo comunismo a seus escravos" (Manuel Bandeira, *Itinerário de Pasárgada*, p. 54); e, ainda mais enfaticamente, sobre a execução de uma música de Villa-Lobos numa comemoração de 7 de setembro: "Os comunistas aproveitaram a ocasião para praticar mais uma daquelas sordícies em que são mestres: assoalharam no seu pasquim que a canção havia sido encomendada a Villa-Lobos e a mim para bajular uma missão norte-americana que compareceria à cerimônia. Palavra de comunista não merece fé nem resposta!" (*Ibidem*, p. 84).
160  *Ibidem*, p. 71.

é servido"[161]. De todo modo, o êxito da operação de desentranhamento do mundo depende de um conhecimento seguro do quadro literário e social de que pretende distanciar-se, já que esse intento é em si uma modalidade precisa de interferência: Bandeira quer objetivar-se como o modernista da "arte pela arte", cuja relação vital com a poesia nunca é maculada pela intercorrência do fluxo do real, que pode servir de motivo, mas não a controla. Os dois epítetos que melhor colaram em sua *persona* literária são expressivos disso: o "São João Batista do modernismo" cunhado por Mário de Andrade dá bem a ideia do profeta, como aquele que é portador da mensagem sem se imiscuir na urdidura de sua edificação, num processo de suspensão de seus comprometimentos que o coloca no lugar ideal de quem olha de fora, porque está antes do tempo. E a alcunha autoinstituída de "poeta menor" ganha ares de ironia quando estendida das conotações mais diretas em relação à enganosa simplicidade da forma e à temática humilde para o contraste com a representação do poeta público, encarnada por Carlos Drummond de Andrade no anos 1940: o poeta se diz menor também em relação aos engajamentos que não teria recursos de linguagem para levar adiante: [...] intenso é o meu desejo de participação, mas sei, de ciência certa, que sou um poeta menor. Em tais altas paragens só respira à vontade entre nós, atualmente, o poeta que escreveu o *Sentimento do mundo* e a *Rosa do povo*[162].

Ao poeta menor escusa-se a ausência de engajamento do texto literário, álibi perfeito para a conversão dos muitos engajamentos como *faits divers*, episódios sem ligação orgânica com a vida literária que importa narrar como motor imóvel de todas as outras dimensões da existência.

Abrigados sob tal estatuto, episódios como o esforço de publicação e o trabalho de divulgação dos livros, bem como a campanha para a eleição na Academia Brasileira de Letras, a exemplo daqueles a que já me referi, podem ser mencionados no *Itinerário* porque convertidos em anedota, via de regra remetendo à sucumbência do autor diante das instâncias insistentes dos amigos[163]. A decisão de publicar o *Itinerário de Pasárgada* segue a mesma lógica: já no início do relato o autor se diz arrependido de ceder aos apelos de Fernando Sabino, Paulo Mendes Campos e João Condé – o último, editor do *Jornal de Letras*, que afinal o convence valendo-se "[...] dos expedientes mais inconfessáveis, como sejam a sua simpatia pessoal, a televisão, o nome de Caruauru"[164]. Logra-se aqui o mesmo efeito de neutralização do entranhamento, que faz recuar para a torre de marfim o instrumento que pode ameaçá-la.

Na poesia de Bandeira há uma fuga para o mundo; em suas memórias uma fuga do mundo. Ascese conduzida no mundo e ascese voltada para além do mundo, tomando de empréstimo a tipologia weberiana calcada na dialética religiosa entre o dentro e o fora do mundo. A aproximação talvez não seja abusiva se pensarmos o lugar da literatura – sobretudo da poesia – para os profissionais que a ela se dedicam de corpo e alma. Se assim for, o ascetismo intramundano de Bandeira tem ainda outra faceta, que corresponde a uma modalidade diversa de mobilização da memória, que também remete à religião, e que comentarei brevemente.

---

161 *Ibidem*, p. 30.
162 *Ibidem*, p. 102.
163 *Ibidem*, pp. 158 e 125.
164 *Ibidem*, p. 29.

## 3

Como prescindem da relação direta com a autoridade da voz poética, as *Crônicas da Província do Brasil* (vale lembrar, produzidas na mesma rua do Curvelo) podem evocar mesmo que indiretamente seu quadro histórico-social e engajar-se no processo de tradicionalização que depende de outro modo particular de convocação da lembrança, próximo da memória religiosa que visa assegurar a continuidade de uma mensagem através das gerações.

Benedict Anderson[165] define a nação moderna como um coletivo de indivíduos constituído por relações lastreadas pelo compartilhamento de representações, ideologias, crenças, sentimentos – no plano bastante real do imaginado, de modo que uma certa homogeneidade de laços horizontais acaba por estabilizar-se entre esses indivíduos com base nesses acervos culturais que formam uma representação da nacionalidade. A isso o historiador acrescenta o solo material e institucional da história política da experiência comum, que pode ser vista como a construção de uma memória. Nesse ponto, é útil evocar alguns aspectos da teoria da memória coletiva de Maurice Halbwachs[166]; mais especificamente, aqueles que remetem à memória religiosa. Assim, é típico dessa memória social combinar dois regimes de tempo, o da história e o da eternidade, unificando a construção intelectual da crença e a experiência emocional da prática na remissão a um mesmo evento fundador. E mais, essa reminiscência não é simples reconstrução do passado a partir das condições do presente, mas uma reconstituição do presente feita sob o império do passado, o que torna necessário levar em conta modalidades de existência do passado no tempo presente.

Com apoio nessas bases teóricas pode-se enfrentar a questão de como a produção cultural brasileira contribui para a construção de uma imagem da nação. A partir dos anos 1930, essa identidade cultural objeto da construção literária deve passar pelo crivo da política do Estado Novo (que tem enorme poder de imantação sobre os intelectuais), em cuja burocracia é gestada a elevação do barroco a símbolo da nação (assim como, décadas mais tarde, a ascensão de Brasília ao posto equivalente de motor das projeções imaginadas da identidade nacional expressará uma modalidade correlata de reivindicação do moderno). Mais precisamente, o barroco mineiro torna-se foco de interesse dos intelectuais à frente do projeto modernista, que interpretam essa produção como modelo de arte brasileira capaz de apreender a tradição para transcendê-la de modo inventivo. As *Crônicas da Província do Brasil* representam justamente a contribuição de Manuel Bandeira a esse esforço de legitimação do movimento estético modernista por meio de seu rebatimento numa realidade pregressa a ser instituída como imagem da nação.

Os textos que compõem o livro, primeira publicação em prosa de Bandeira, foram produzidos originariamente como material de imprensa, a maioria para *A Província*, do Recife, a convite of Gilberto Freyre, e para o paulistano *Diário Nacional*, graças à intermediação de Mário de Andrade, ao longo dos anos 1930. Na esteira da viagem iniciática às cidades históricas mineiras em que o grupo de Tarsila do Amaral, Mário

---

165 Benedict Anderson, *Comunidades imaginadas*, São Paulo: Companhia das Letras, 2009.
166 Maurice Halbwachs, *La Mémoire collective*, Paris: Albin Michel, 1997.

de Andrade e Oswald de Andrade acompanhou Blaise Cendrars em 1924 – conforme os relatos epistolares, uma iniciativa de descobrimento do Brasil e dos vínculos entre a poética modernista e a estética barroca –, Bandeira serve-se das viagens como fonte de seus comentários sobre Ouro Preto, a obra do Aleijadinho, a Bahia. Nesses textos, sobressaem o trabalho de entronização da arquitetura e estatuária barroca como as maiores realizações da arte brasileira (e Aleijadinho, seu artífice-mor, como o maior artista nacional), sua afinidade com a arte modernista ("Um velho quarteirão baiano lembra muito as sínteses plásticas dos pintores modernistas quando representam uma cidade"[167]) e a prédica militante em prol da preservação desse patrimônio. Note-se que Bandeira é designado inspetor de ensino secundário em 1935 e, três anos mais tarde, professor de literatura do Colégio Pedro II; nomeações do ministro Gustavo Capanema, por intermédio de Carlos Drummond de Andrade, seu chefe de gabinete. Além disso, a data de publicação do livro coincide com a da criação do Serviço do Patrimônio Histórico e Artístico Nacional, com base num projeto de Mário de Andrade.

Por ora, essas notas são suficientes para estabelecer a inscrição da obra de Manuel Bandeira num projeto intelectual partilhado por um grupo, que remete à construção de uma memória coletiva capaz de validá-lo no passo mesmo em que o aproxima do que foi ungido como símbolo da nação: a um só tempo, reconstrução do passado em função das necessidades do presente e construção do presente sob o império de uma visão do passado, conforme as teses de Halbwachs. O livro propriamente autobiográfico de Bandeira dá a ver outra faceta dessa mobilização da memória coletiva. Em comum entre eles tem-se o esforço – pré-consciente, infrarreflexivo – de construir a lembrança do grupo como referência definitiva no quadro de uma memória social em condições que não param de se transformar. À maneira de Raymond Williams, seria possível aqui restituir o sentido sociopolítico dos laços de sociabilidade de um grupo, nesse caso ligando-o à construção de uma memória da nação; e, noutra ponta, às condições de exercício de um protagonismo no universo literário pela afirmação modelar de um projeto pessoal. Num segundo movimento, o foco na obra memorialística permite também apreender os vínculos entre a subjetividade do autor e os códigos, convenções e modelos discursivos através dos quais realiza no texto a objetivação da experiência vivida. Como exemplo das articulações possíveis entre os níveis descritos, vale mencionar que o conhecido poema "Evocação do Recife", de *Libertinagem* (1930), foi composto por encomenda de Gilberto Freyre para a edição comemorativa do centenário do *Diário de Pernambuco*. De resto, a hipótese de que toda reivindicação de memória tem caráter concorrencial pode ser testada na intelecção das figurações sociais em que Bandeira manejou seus próprios reclamos. Creio ainda que o uso da noção de memória coletiva contribui para caracterizar a ilusão do lugar insular do escritor, remetendo-o ao lugar que ocupa em seu microcosmo relacional – lugar esse de que as eventuais reivindicações de solidão são um efeito.

---

167 Manuel Bandeira, *Crônicas da Província do Brasil*, São Paulo: Cosac Naify, 2006, p. 34.

# III

# INTIMIDADE NA CIDADE

# SALVADOR NOVO DE MEMÓRIA
MAURICIO TENORIO TRILLO

> *A beleza –*
> *Não é mais do que o desejo*
> *Fremente*
> *Que nos sacode...*
> *– O resto, é literatura.*
> **António Botto**, "Canções"

Por volta de 1945, Salvador Novo (1904-1974) – quarentão mexicano obcecado por seu corpo, outrora belo e firme, repentinamente quase flácido – decide escrever suas memórias, intitulando-as, em alusão à Bíblia e como uma espécie de autopunição, *La estatua de sal*. No entanto, nem as concluiu nem as publicou, por estar ocupado em ser ele mesmo: autor de rimas marcadas pelo ódio, pelo desejo e por boa dose de escárnio; poeta sério da condição humana ("Os que temos um olhar culpado e amargo/ por onde olha a morte malograda do mundo"[1]); ensaísta do urbano, porque a cidade era tudo o que ele era ("[...] o ensaio, como eu o pratico, é o enxerto vivo [...]"); burocrata cultural e jornalista a serviço de figurões e cavalheiros; e, também, integrante da comunidade homossexual da Cidade do México. *La estatua de sal*, portanto, narra apenas a infância, a adolescência e a primeira juventude do poeta. A inspiração foi a psicanálise; o roteiro, o mau humor. Foram páginas para se entender e para escandalizar, para fazer as pazes consigo mesmo e para foder com todo mundo.

*La estatua de sal* não foi publicada enquanto Novo ainda vivia, mas apenas em 1998. O livro teve o prólogo de Carlos Monsiváis, na época o intelectual mexicano que mais se empenhara em promover a figura de Novo. O prólogo foi a primeira tentativa do que depois (2004) Monsiváis publicaria como *Salvador Novo: lo marginal en el centro*. No início do século XXI, graças à afetuosa mão de Monsiváis, Novo chegou aos estudos literários das universidades norte-americanas como o santo padroeiro dos *Cultural* ou dos *Queer Studies*. "Para que o céu heterossexual exista", dizia Monsiváis, "é preciso criar, com minucioso furor, o inferno dos homossexuais." O Novo que começou a ser consumido nos meios acadêmicos durante os anos 1990 foi uma espécie do que fazia do *invertido* do passado, encerrado nos círculos do inferno, o gay de hoje. Memórias com desejo de escândalo, *La estatua de sal* teve um destino talvez impensável para Novo:

---
[1] "Los que tenemos una mirada culpable y amarga/ por donde mira la muerte no lograda del mundo." [N.T.]

tornou-se um texto canônico dos profissionais do pós-isso e do pós-aquilo, do homo-assim e do trans-assado. Onde quer que esteja, Dom Salvador deve estar esfregando as mãos afiladas.

De fato, hoje o livro só escandaliza quando lembramos que foi escrito em 1945; na época, ninguém publicava a confissão explícita de amores homossexuais. Acima de tudo, ninguém podia descrever meticulosamente bundas divididas ou paus imensos e morenos ou o sêmen acinzentado caindo ao chão... tudo o que constitui a matéria-prima de *La estatua de sal*. Tais descrições, mesmo que narrassem amores heterossexuais, não poderiam ser publicadas em 1945 ou em 1974, ano da morte de Novo. Porque, desde o final do século XIX, sem dúvida havia publicações de tema abertamente homossexual – o romance brasileiro de Adolfo Caminha (*Bom-crioulo*, 1895), alguns versos de Whitman, os de António Botto e de A. E. Housman, os contos de E. M. Foster. O que não podia ser encontrado em letra de imprensa, em 1900, em 1945 ou até a década de 1960, eram bundas e paus. De qualquer forma, *La estatua de sal* não foi um escândalo nem em 1945 nem em 1974: nunca veio a público, e quando veio já não era um clamor de obscenidade e raiva, mas um importante documento histórico da vida urbana ao qual os historiadores temos pouco acesso. Também constituiu material para um ou outro modismo acadêmico.

Salvador Novo foi o mais próximo de um Karl Kraus mexicano da vida urbana da primeira metade do século XX; também foi, como afirmou Guillermo Sheridan, um nem um pouco desprezível modernizador da poesia mexicana, com seu manejo incomum de vários registros do espanhol – desde os clássicos castelhanos até o jargão urbano –, com seu domínio da rima e seu conhecimento da poesia estadunidense – algo então insólito no México. Como nenhum intelectual mexicano da primeira metade do século XX, Novo falou e escreveu o saboroso e vulgar vernáculo *chilango*[2], apesar de todos os seus escritos nessa língua só terem sido publicados postumamente. Novo também foi o grande cortesão cultural dos regimes revolucionários; por isso, é realmente um poderoso manipulador da feudal e machista *sociabilité* mexicana. Conquistou o dinheiro e a fama de que *La estatua de sal* necessitava. E, finalmente, Novo foi o que Porfirio Barba Jacob chamou "uma bicha atrevida de bandeira arriada". Ou seja, um homossexual que enfrentava a polícia ou se envolvia em orgias homossexuais de políticos e intelectuais em bordéis da vizinhança, apenas para voltar uma e outra vez ao conforto da vida burguesa e aos favores oficiais.

Apesar da variedade, o mais óbvio foi buscar em *La estatua de sal* bundas e paus. Mas não é só isso. Quando Barba Jacob dizia que Novo tinha a bandeira arriada, acrescentava:"eu sou uma bicha de bandeira desfraldada". De fato, o que assombra não é a consolidação de *La estatua de sal* como espécie de *federal paper* dos Queer Studies, mas: Por que Novo? Pois, se tratar-se de vidas e identidades alternativas, os heróis talvez fossem outros: Barba Jacob, Ricardo Alessio Robles, Jorge Cuesta... personagens cujas vidas terminaram em tragédia, como todas as realmente vividas nos limites do passível de ser aceito, expresso e vivido. Barba Jacob, Alessio Robles ou Cuesta são personagens de *La estatua de sal*, mas não

---

2 Relativo a ou próprio do Distrito Federal, no México. [N.T.]

o narrador. Ou seja, lida como as memórias do poeta, do ensaísta, do burocrata, do burguês e do dândi homossexual, *La estatua de sal* não começa nem termina em bunda e pau. Creio que Novo, como memorialista, revela as vantagens e as desvantagens da boa memória, do raciocínio muito rápido, que irremediavelmente habita o veloz e o obsceno, a ironia e a zombaria a qualquer preço e a todo momento, o que significa dar à cidade o que a cidade exige. Lida desse modo, *La estatua de sal* também mostra os paradoxos da franqueza no caminho da reiterada necessidade de identidade. E, além disso, revela as cartas de um bem-sucedido jogador da política mexicana.

## MEMÓRIAS DA MEMÓRIA

No castelhano do século XX só me recordo de duas autobiografias que se assemelham a *La estatua de sal* no falar direto e detalhado do amor homossexual. De um lado, *Juntando mis pasos* (2000), as memórias de Elías Nandino (1900-1993), o médico (proctologista para atender aos amigos), poeta (próximo do grupo de Dom Salvador, Los Contemporáneos, mas nunca parte deles), amigo e não amigo de Novo. Assim como as memórias de Novo, as de Nandino foram publicadas postumamente, mas um jornalista, Enrique Aguilar, publicou ainda em vida de Nandino (1986) uma biografia "no/velada"[3] do poeta baseada em longas entrevistas (obra que Nandino desautorizou com veemência). De outro estão os textos biográficos de Jaime Gil de Biedma (1929-1990), reunidos e publicados no ano da morte de Novo, 1974: *Diario del artista seriamente enfermo*. Esses textos não omitiram nada e constituíram um pesadelo para o falso moralismo heterossexual mexicano e espanhol. As de Gil de Biedma, contudo, foram isto: memórias de suas aventuras com meninos e adolescentes nas Filipinas, que ele pagava ou recolhia nas ruas de Manila, cidade na qual o abastado poeta gerenciava o negócio familiar. Em contrapartida, as de Novo e Nandino foram lembranças de encontros homossexuais, mas sobretudo memórias do que é ter uma grande memória e um raciocínio rápido. Ou seja, memórias dos lances da memória.

Novo, dizia Monsiváis, "só admite a lealdade da sátira, gênero no qual o insulto, enobrecido pela maestria verbal, constitui para seus adeptos a forma administrável do reconhecimento". Sem dúvida por isso não foi lealdade, foi condenação; a da excelente memória, a da capacidade de capturar, em precisas cápsulas, o tempo, o espaço e as palavras, digerindo tudo isso em cada frase, em cada rima ou ensaio ou insulto. Desde muito pequeno, conta *La estatua de sal*, Novo "dava mostras de boa memória", decorava recitações e manuais de rima. Desde jovem, aprendia de cor os manuais de francês e podia repeti-los sem saber pronunciar uma única palavra naquela língua. Quando velho, transformou seu dom em rima:

> Posso fazer versos perfeitos,
> medi-los e evitar suas assonâncias,
> poemas que comovam seus leitores
> e os façam exclamar: "Que menino inteligente!"

---
3 Em espanhol, permite a dupla leitura "não velada", aberta, sem censura, e "novelada", romanceada. [N.T.]

Eu lhes direi então
que os escrevi desde os onze anos:
jamais lhes direi
que só dei a eles a lição que aprendi
de todos os poetas[4].

Tudo nesse livro é produto de uma memória privilegiada. Novo evocava com detalhes precisos nomes, lugares, cores e sabores. Também recordava o que, como, quando e por que recordava. Lembra-se como utilizava sua fina memória para viver suas várias vidas. Memórias, portanto, de uma memória. Seus contemporâneos aludem a ele como o melhor especialista em insultos e em respostas malcriadas. Novo era, diz Nandino em suas memórias, "cínico, insolente, sem-vergonha, engraçado, irônico e com uma língua viperina". De fato, ele memorializa seus lances, suas rápidas e contundentes rebatidas diante de qualquer adversário ou amigo, para se esquivar dos obstáculos sociais que a homossexualidade lhe causava ou para se destacar na burocracia e na literatura. Só ele sabia de cor os autores, as citações, podia improvisar a piada rápida, zombar lançando mão de todos os recursos da língua espanhola e mexicana, e rimá-las com métrica de soneto, com a candência da lucidez instantânea e também do insulto arrogante... Diante dessas mentes, dizia Schopenhauer, "[...] que a verdade, o conhecimento, o espírito e o talento batam em retirada, pois foram varridos do campo pela divina grosseria".

*La estatua de sal* mostra que o memorioso não controlava sua memória e seu raciocínio rápido. A perversa memória lembra porque lembra e constrói versos, ensaios, memórias ou insultos a seu bel-prazer. O próprio Novo foi vítima de sua excelente memória, que lhe custou amigos muito queridos. Enfim, as memórias dele são as do calhorda que não consegue se conter, pois a capacidade de zombaria e de ironia é maior que sua necessidade de ser amado. Isso fez de Novo nem mais nem menos que a Cidade do México, a arena de ódios e amores na qual vence quem tem o raciocínio mais rápido. Vence a cidade, fala pela cidade, aquele que vive e captura a instantaneidade do urbano. Novo não escolhe a zombaria e a ironia; é dominado pelo imperativo retórico de ganhar a discussão, de agarrar cada ocasião, numa esquina, diante de um motorista, de um poeta ou de quem quer que seja. Sua capacidade de guardar tudo e desfiar lembranças lhe permite transcrever a maneira como as cidades se expressam, em fotografias instantâneas. Assim, por exemplo, o surgimento fugaz de transeuntes, as fachadas dos edifícios e as leituras de livros estadunidenses que faziam do México algo exótico adquiriam nele existência de *flash* urbano (não em *La estatua de sal*, mas em suas crônicas de ocasião):

> O tipo das mulheres sempre correspondeu ao da arquitetura e da indústria de sua época (a arquitetura, esta indústria de ontem; a indústria, esta arquitetura de hoje). Não faz muito tempo notei uma curiosa coincidência entre os

---

4 "Yo puedo hacer versos perfectos,/ medirlos y evitar sus asonancias,/ poemas que conmuevan a quien los lea/ y que les hagan exclamar: "¡Que niño tan inteligente!"// Yo les diré entonces/ que los he escrito desde que tenía once años:/ No he de decirles nunca/ que no he hecho sino darles la clase que he aprendido/ de todos los poetas."

para-lamas dos automóveis e as saias (os para-lamas, estas saias dos carros; as saias, estes para-lamas das mulheres). Nos modelos anteriores a, digamos, 1931, para-lamas e saias eram altas, deixando as rodas a descoberto. Desde então, cada vez mais, as cobrem... nos deixamos arrastar sem objeção por uma corrente industrial e estrangeirizante. Mr. Stuart Chase, que adoraria que continuássemos primitivos e autênticos, vai ter uma decepção.

Suas memórias, portanto, são sua memória asfaltada de ruas de recordações, dividida em quartos de inquilinos, em teatros e cinemas, memória alimentada por leituras automáticas dos letreiros urbanos, panfletos de todos os tipos e livros, muitos livros. A cidade, diz *La estatua de sal*, logo adquiriu para ele "a simbologia de meta": lugar e memória, cidade e lembrança, evocação da rua, invocação do desejo – "entre a escola e a casa se estendia, ampla, a sedutora, desconhecida cidade, chamando-me para percorrê-la, para sentir nela o prazer de minha inédita liberdade"; "toda a excelência desta cidade me incitava a seu proveito imediato". A rua, os anúncios, os corpos, tudo cabe em sua memória desde que se saiba acomodá-lo:

> Desfilavam sua ilustre e decadente indolência os riquinhos que copiavam como manequins de vitrine os atrevidos modelos de Bucher Bros., a alfaiataria que ditava a elegância masculina em Bolívar e Madero e se anunciava com os desenhos estereotipados de Carlos Neve: calças ajustadas e altas que deixavam à mostra as meias claras... O chapéu, que outra conhecida imagem publicitária da época veiculava no anúncio de La Vencedora, de Lino García, mostrando a sorridente cabeça de um senhor idoso enrugado e com um chapéu velho para sentenciar: "Se meu chapéu fosse de La Vencedora, não estaria furado" [...]

Seu córtex cerebral está preparado para a vida efêmera, os *flashes* de imagens e sensações, a luta corpo a corpo a que a cidade obriga. Sua memória controla os velhos dicionários de rítmica que lera em Torreón, na casa do tio querido, Francisco. Pode transformar em soneto a pior coisa e a mais vulgar ou a mais sublime e complexa. E suas memórias se vangloriam de terem dominado esse toma lá dá cá. Nandino fala de um Novo que não controlava sua mente nem diante de seus amigos, os quais se sabiam inferiores em rapidez de raciocínio e de memória, mas respondiam, mesmo que tarde. Ele conta que, certo dia, num bonde, Novo os provocou em voz alta: "até aqui bibas, você, você e você" (Agustín Lazo, Jorge Cuesta e Xavier Villaurrutia). Nandino, Cuesta e Villaurrutia deram sua tardia, mas certeira réplica:

> Rômula
> Rêmula
> Da antiga Roma
> A quem todos chamamos Novalisa
> E não é nova nem lisa nem por piada
> Mulher vivida e incansável

Devoradora de Linguiças
Mais vulgar que a torre de Pisa...[5]

*La estatua de sal* também revela a outra paixão de Novo, a boa vida, o dinheiro. E teve dinheiro porque fez de sua memória, de sua capacidade de lembrar e sintetizar instantaneamente, seu *modus vivendi*. Sustentou-se graças às incontáveis notas de jornal que falavam tanto das mulheres gordas que via na rua quanto de uma mostra de arte, tudo escrito de memória e nas coxas. Também escreveu livros sob encomenda que versavam sobre a história do rádio ou da febre amarela ou sobre o que o cliente desejasse, e fez uso dessa memória privilegiada e instantânea para criar aforismos pegajosos e contundentes para campanhas de publicidade (escrevia *slogans* ou qualquer outra coisa ou, como conta *La estatua de sal*, redigia um jornal humorístico de motoristas não em troca de dinheiro, mas de corpos).

Quem, como Novo, foi vítima da boa memória e da rapidez de raciocínio, assim como da necessidade de dinheiro e de conforto, corria o risco de desperdiçar a pólvora do talento em fagulhas brilhantes; arriscava-se a nunca acender a fogueira da lucidez derradeira. Não digo que Novo não teve uma grande obra, mas que a prontidão exigida por sua vocação pela língua afiada e sua necessidade de conforto não lhe deixaram tempo para experimentar sua lucidez em fogos cuja luz poderia ser vista a anos de distância. Como historiador da cidade, recorro a Novo porque foi a fugacidade da cidade e é preciso voltar a ele, embora seja difícil encontrar as joias na imensidão de suas produções, muitas delas prescindíveis. Mas Novo apostou suas cartas em sua paixão: a ocasião.

A memória é traiçoeira mesmo quando não falha. Em Novo, o excesso de memória comprometeu sua importância. É uma ironia do destino que hoje pareça que suas memórias e seus poemas satíricos, escritos como insultos de ocasião, tenham recebido a importância que não parece ter sido atribuída nem a sua poesia nem a sua ensaística. Bundas e paus tiveram mais valor que sua angústia pela lucidez.

## FRANQUEZA

Novo confessa que um treinador de beisebol o penetra quando ele tinha apenas 12 anos, sem que sentisse nem prazer nem dor; que seu primeiro prazer foi ser penetrado por um motorista num terraço na Cidade do México, entre o fedor de óleo e graxa de carro, cheiros que em sua invejável memória ficaram impregnados na sensação de orgasmo. Confissões desse tipo podem ser vistas como sinceridade nua e crua, daquela que é – como determina a cultura pós-freudiana – indispensável para ser autênticos à identidade verdadeira. Se isso é ser honesto, *La estatua de sal* é uma lista de sinceridades. No entanto, as memórias de Novo não são honestas pelas confissões sexuais, mas por mostrar a angústia de buscar a franqueza; por revelar com sinceridade a dor, é claro, mas também as vantagens de viver dividido por uma irrecuperável consciência moral, sabendo-se imoral, não de acordo com a consciência terapêutica de hoje – a perfeição é possível com a vida

---

5 "Romula/ Remula/ De la antigua Roma/ A quien todos llamamos Novalisa/ Y no es nova ni lisa ni por broma/ Mujer corrida y sin punto ni coma/ Debora Dora de la Longaniza/ Más vulgar que la torre de Pisa...". Os jogos de palavras e o duplo sentido se perdem na tradução. [N.T.]

autêntica –, e sim através do conhecimento da imperfeição da vida, da necessidade de sobrevivência, do indispensável direito de não responder por nenhuma identidade.

Em 1922, o dândi português António Botto transcreveu o que talvez sejam os mais abertos e cativantes versos de erótica homossexual. Foram publicados por Fernando Pessoa. Ignoro se Novo os conheceu (foram traduzidos para o inglês por Pessoa, não sei se em sua época circulavam em espanhol). Novo alcançou o auge da vulgaridade, sem publicá-la em vida, diferentemente dos colhões de Frei Rupert descritos por Josep María Sagarra, o contemporâneo catalão de Novo, versos que foram publicados ("Eles tinc grossos i rodons/ com els Pares Felipons. / I els tinc nets i sense tites/ com eles Padres Jesuïtes"[6]). Mas hoje são clássicos os incontáveis versos de Novo que circulavam entre amigos e inimigos:

> Se acordar alvoroçada
> – outrora ereta, dura e agressiva –
> a doce prenda por meu mal achada.
>
> Não se iluda. Pensativa
> Enquanto expulsa a primeira mijada
> Voltará a se enrugar, triste e passiva[7].

Botto, por intermédio de Fernando Pessoa, publicou em outro tom:

> Ouve, meu anjo:
> Se eu beijasse a tua pele?
> Se eu beijasse a tua boca
> Onde a saliva é um mel?

Ou em:

> Deram-se as bocas num beijo,
> – Um beijo nervoso e lento...
> O homem cede ao beijo
> Como a nuvem cede ao vento.

Remontando à Grécia antiga, Pessoa comentou os poemas numa publicação curiosamente chamada *Contemporânea* e classificou Botto como o primeiro poeta realmente esteta. No entanto, foi o outro Pessoa, Álvaro de Campos, que, criticando o Pessoa Fernando, deixou as coisas claras no que se refere à honestidade em autores como Botto ou Novo: "A arte de Botto é integralmente imoral [...]. E isso é uma força porque é uma não hipocrisia, uma não complicação. Wilde tergiversava constantemente. Baudelaire formulou uma tese moral da imoralidade; disse que

---

6 Em catalão no original: "Eu os tenho grossos e redondos/ como os padres filipinos/ E os tenho limpos e sem cristas/ Como os padres jesuítas". [N.T.]

7 "Acaso te amanezca alborotada/ –otrora erecta, dura y agresiva–/ la dulce prenda por mi mal hallada.// No te hagas ilusiones. Pensativa/ En cuanto expulses la primera miada/ Se volverá a arrugar, triste y pasiva.""La dulce prenda por mi mal hallada"remete a um dos 38 sonetos de Garcilaso de la Vega, poeta da primeira metade do Renascimento espanhol. [N.T.]

o mau era bom por ser mau... O Botto é mais forte: dá à sua imoralidade razões puramente imorais, porque não lhe dá nenhumas [...] não dar desculpas é melhor que ter razão". Novo deu todo tipo de razões psicanalíticas de sua sexualidade. Nandino afirmava sem pestanejar que não existe "cura" para a homossexualidade, só pedia aos seus o direito à higiene e a viver melhor, ele que, afinal, era médico. Novo e Nandino foram moralistas da imoralidade.

Em 1945, graças a Freud, era obrigatória a honestidade (conhecer-se e aceitar-se), mas na inocência (o subconsciente). Assim, Novo escrevia suas memórias na Cidade do México na época em que Octavio Paz, em Los Angeles, preparava os ensaios que seriam conhecidos como *El laberinto de la soledad*. Novo vasculhava lembranças sexuais e encontrava traumas originais (uma prima que chupa suas tetas), o complexo de inferioridade de seu pai, sua luta de Édipo e o ódio por seu pai: "O velho Lojo [o pai] se interpunha no domínio de Édipo [Novo]". Tudo em busca do porquê de Édipo, do porquê não superou a fase genital ou onde estava o trauma original. Paz encontrou o trauma da violação, La Malinche e La Chingada[8], e, desde então, mediante Freud, deus nos manteve, aos mexicanos, em sua santa glória. Mas, a meu ver, o mais honesto de *La estatua de sal* não foi a revelação sexual psicanalítica. Novo nunca publicou suas memórias e, se acreditamos nele, trocou a suposta franqueza por cargos oficiais – conta que o músico oficial do nacionalismo mexicano, Carlos Chávez, o animou a abandonar as memórias e servir a pátria. E ele de fato serviu, sempre pendurado na burocracia pós-revolucionária.

Considero, portanto, que o verdadeiramente honesto, lido em 1945 ou hoje, lido por Novo ou por qualquer um, foi isto: o livro revela um memorialista preciso, embora desorganizado e repetitivo, mas a prova de sua honestidade não estava em narrar os paus que comeu ou o ânus rasgado e sangrando que lhe deixou algum policial, mas nos momentos – poucos – onde reflete sobre as infâmias cometidas, sobre o ódio e a vontade de matar, sobre o carreirismo e a busca de dinheiro e sobre o conforto a qualquer preço.

Aqui e ali, em seus artigos de jornal, quando um amigo ou inimigo morre, Novo dá vazão à infâmia. Em *La estatua de sal*, a figura do pai concentra a convicção do autor de ter sido não mau, e sim infame. Novo, que tem tão boa memória, diz que não se lembra bem do pai. Mente. Ele não pode deixar de se lembrar. Afirma que a imagem do velho se perde no poderoso cérebro, ao contrário da figura da mãe, imagem exata e onipresente. No entanto, ao longo de *La estatua de sal*, à maneira de lembranças fora do roteiro de suas memórias, vai-se desenhando a figura do pai de Novo como um homem "no bom sentido da palavra bom": um galego, cristão velho, empreendedor, um tanto fracassado, sempre vítima da ambiciosa e jovem mãe de Novo, que nunca sente que sua juventude e beleza foram pagas pelo galego com a riqueza que mereciam. De fato, as memórias de Novo mentem, mas não sua memória: aqui e ali, sem querer, quando não é apropriado, evoca seu pai com exatidão, os olhos azuis, a figura esbelta e envelhecida, as mãos delgadas, as aulas de xadrez, a bondade do velho diante do menino incrivelmente mimado pela

---

8 Em *El laberinto de la soledad*, Octavio Paz vê na figura de La Malinche – a indígena que se entrega voluntariamente ao conquistador Hernán Cortés, servindo-lhe também de intérprete – a traidora da pátria e, ao mesmo tempo, a ancestral do povo mexicano, e a assimila a La Chingada, personagem imaginária que foi violentada física e psicologicamente. La Malinche seria, portanto, a mãe do México mestiço, mas uma mãe passiva que se deixou violentar, provocando a desgraça de um povo. [N.T.]

mãe e pelos tios, as tardes em que caminhavam juntos, pai e filho, por Jiménez, Chihuahua ou Torreón. Também recorda bem quando o pai deixa a esposa e o filho na Cidade do México, derrotado e em busca do sucesso que a mãe exige. Novo guarda em sua memória, com secreta tristeza, os momentos em que o pai se torna o pestilento, o portador de doenças que o separam do mimado menino, que o afastam do leito conjugal. Novo se lembra de tudo isso, uma infâmia que conhece e transcreve, vendo-se num espelho indesejado, mas inevitável: a aliança entre ele e sua mãe para anular o pai inofensivo e terno. O bom homem poucas vezes exerceu sua autoridade, e só o faz, conta Novo, quando a mãe o recruta em consequência das loucuras de Napo, o cúmplice de infância em Torreón, que um belo dia contou à mãe de Novo que ambos eram os dois invertidos da pequena cidade: "[...] autoridade de meu pai, raramente invocada com relação a essa posse exclusiva dela [a mãe] que era eu [...] uma revelação do meu caráter que exposta cruamente por Napo em sua presença assumia o caráter de uma divulgação intolerável do segredo [...]".

Novo se depara com sua própria infâmia, sabe que ela é completa e irremediável; em sua Cidade do México de aventuras homossexuais, de enganos dos tios e da avó sobre o curso que não frequenta, fica sabendo da morte do pai, e anseia, como López Velarde, a inocência que sabe totalmente perdida não por ser homossexual, mas pelo pacto infame entre ele e sua mãe: se foram, diz, "[...] seus grandes, tristes olhos verdes, naquela terra cheia de árvores, com aquele ar limpo pela chuva das tardes, que tínhamos respirado juntos". Eis aqui a franqueza de *La estatua de sal*.

À infâmia se une o ódio. *La estatua de sal* confessa o ódio humano mais profundo. Odeia o secretário da escola preparatória por não lhe ter perdoado o fato de ter quebrado todas as regras de assiduidade e todos os requisitos dos cursos, um ódio juvenil que fica com ele até os 40 anos. Com alegre rancor, fala de sua vingança décadas depois, embora não a narre e prometa contá-la algum dia. Um simples professor que não fazia nada de extraordinário, a não ser obrigá-lo a cumprir o regulamento, merece seu ódio eterno, sem arrependimento. Porque as memórias de Novo são evocações de uma memória que não sabe esquecer nem perdoar: odeia até o limite do assassinato um amante insignificante que se apaixonou por ele e que, vendo-o com outros amores, vai até a casa materna para denunciá-lo por sua homossexualidade diante dos poderosos e pudicos tios. Planeja o crime, "eliminá-lo deste mundo no qual não há lugar para nós dois". Com essa convicção, vai procurá-lo, mas, ao vê-lo suplicar-lhe amor, a ideia do crime é substituída por outra paixão de Novo: o engano e a trapaça a qualquer preço para sobreviver. Aproveitando o amor do amante, o engana, promete amá-lo desde que não procure o tio para confirmar sua denúncia. Uma vez conseguido o objetivo, o esquece e o despreza, e *La estatua de sal* é a revanche final onde relembra seu ódio, sua manipulação e seu desejo de matar a Cadela Collie – nome de guerra do amante.

As confissões sexuais se destinam, como em Nandino, a se aceitar, a aprender a viver com a convicção de ser diferente e rejeitado, consciente de que não existe nem perfeição nem autenticidade nem felicidade absolutas, apenas estratégia.

Em Novo ou em Nandino, a honestidade sexual não visa ao reconhecimento, menos ainda à aceitação. Não está em busca da solução do dilema moderno de ser, tão convencional e muito própria dos dias de hoje, essa convicção – parte divina solução, parte supremo autoengano – de sair do armário e restabelecer a perfeição, a unidade do ser na autenticidade do "I'm gay", amem-me assim como sou. Tanto não visam à aceitação que o próprio Novo não aceita a autenticidade e a unidade entre seus pares: quando, num bordel homossexual de quinta categoria, um velho do ofício lhe confidencia seus amores com seu querido, estoico e solteiro tio Francisco, Novo se nega a aceitá-lo e nunca mais volta ao local. Ele, Salvador, constrói seus mundos e tem direito a todas as indignidades, mas não há honestidade nem autenticidade que valham se destroem a coerência que ele deu à sua vida. Na memória de Novo, tio Francisco deve continuar casto.

Os casos de Nandino e de Novo podem ser lidos como uma necessidade de respeito, certamente, mas não de aceitação, porque eles não buscam um "Eu sou isto ou aquilo", mas um direito a quando, entre isto e aquilo, prefiro isto, e se, entre X e Y, então quero ser visto como este outro, e que ninguém me peça um supremo "I am". Em parte, porque Novo – ou Nandino – são de uma geração para a qual é inconcebível considerar "boas" ou recomendáveis suas vidas sexuais, assim como a maioria dos promíscuos heterossexuais nascidos no final do século XIX não queriam aceitação; queriam apenas silêncio e privacidade. Claro, *La estatua de sal* pode ser lida hoje como se lê toda sexualidade, como um golpe na ideia de privacidade, porque o privado é público, e a saída ostensiva do armário corresponde ao fim do mal, da alienação, do poder e do domínio: em suma, a unidade do ser. Creio que o livro não visava isso, não apenas pelo fato mais eloquente – Novo nunca publicou o livro em vida –, mas por aquilo que as memórias contam: Novo vive sua vida como vive e é vivido por sua linguagem e sua sociedade, ou seja, em polifonia e contradições que angustiam, mas que ele quer e defende, porque essas contradições constituem não sua identidade, mas sua existência. Não espera o reconhecimento da insolência caminhoneira na prosa de Los Contemporáneos, mas quer desfrutá-la, conhecê-la, contrabandeá-la para seus outros registros linguísticos quando tiver vontade. Não espera ser um gay no sentido social de hoje, quer ser veado e clandestino. Não implora nem reconhecimento nem piedade, e, se não gostam, que se danem.

Porque o Novo de *La estatua de sal* e o Nandino de *Juntando mis pasos* narram coisas que ocorreram "entre eles", as quais, mesmo conhecidas de todos no mundinho intelectual, não queriam ser públicas. As blasfêmias deles são deles, como quando Nandino versifica a careca de Carlos Pellicer:

Ao olhar para Pellicer
Com sua cabeça de glande
De aspecto seboso e sujo
Me ocorreu no instante
Cobrir sua indecência
Levantando-lhe o prepúcio

Mas Novo, como Nandino, também é o poeta, aquele que sabe que, para se conhecer, para se identificar, seria preciso sair de si, e é essa a intenção, sempre inconclusa; a poesia é isso. Não há triunfo, mas tampouco há remédio: o que lhes dá existência é a tentativa. E a identidade? Vai bem, obrigado.

Tudo isso, infâmia, ódio, mentira e existência, aparece, como que sem querer, em *La estatua de sal*, tudo entremeado de bundas e paus. Porque a confissão da infâmia, o ódio e o engano na obra não provinham da pulsão psicanalítica que trouxe à tona tantas bundas interessantes, tantos paus perspicazes, mas de algo muito arraigado na parte mais primitiva de um cérebro criado nas províncias mexicanas das primeiras décadas do século XX. Refiro-me à necessidade cristã de perdão e compaixão. De fato, o blasfemo Novo como memorialista beira uma franqueza cristã que o falso moralista, católico e megalomaníaco José Vasconcelos nunca atingiu – para tanto deveria ter sabido rir de si mesmo, algo que Vasconcelos nunca conseguiu fazer.

Nunca saberemos o que teria ocorrido com essa sinceridade se Novo tivesse continuado suas memórias no final de sua vida. Já havia narrado bundas e paus, mas na década de 1970, viciado como estava às telas de televisão, sendo já cronista oficial da cidade e defensor do regime inclusive depois das matanças de 1968, não teve tempo para retornar à honestidade, ou já não sabia como voltar a ela. Em *La estatua de sal* deixa-nos o que deixa o verdadeiro anseio de franqueza: a angústia, o arrependimento... também a presunção do trapaceiro.

## BELEZA E ESTRATÉGIA

*La estatua de sal* é a saudade da beleza, a nostalgia de quem se soube belo. Meus tios, conta Novo, estavam "orgulhosos de minha beleza"; com os amores, explica, ele buscava "a comprovação de minha beleza". Mas a beleza trai os que a possuem, homens ou mulheres. Trai também o homem homossexual, que está condenado a procurar corpos que não são mais que masculinos; ou seja, corpos que invariavelmente buscam beleza física e juventude, diferentemente das concessões físicas que oferece – graças a Deus – a procura feminina, sempre em busca de uma beleza mais que física.

A beleza de Novo parece ter sido consenso entre todos os do "agito". Mas também, por volta de 1945, era famosa a deterioração de Novo, similar às do Wilde obeso. "Foi inacreditável", lembra Nandino, "como Salvador, sendo um rapaz magro, de repente ficou gordo, desproporcional, corcunda, com um rosto disforme e, como se não bastasse, careca". Não é de admirar, portanto, que para Novo a vida fosse a "busca de prazer pelo sofrimento, da exaltação pela humilhação". Há frustração e culpa, há "uma total vontade de ruína", diz ele. Nandino contava assim sua infância: "saí da igreja aliviado: me sentia feliz e voltava a confiar na misericórdia de deus. Outro dia meu confessor me deu a comunhão e senti deus dentro do meu coração. Prometi a ele que não voltaria a caçoar de meus amigos e ser um bom menino". Novo fazia o mesmo, consciente de que não teria sucesso, ciente de sua vontade de ruína, mas também, ao contrário de Nandino, sabendo que, se sua beleza fracassava, ao menos alguma coisa triunfaria: a riqueza, a fama. Suas rezas na missa pediam o perdão de seus pecados e "dinheiro, muito dinheiro": "depositava minha fé no milagre do enriquecimento, não importa por quais meios".

De fato, *La estatua de sal* são as memórias de um grande e habilidoso jogador político. Gorostiza o acusava de burocrata talentoso, "humilde quando pede, arrogante quando dá". Nandino versificava:

Tudo o que Novo escreveu
E que por um bom preço vende

Não sei, por mais que pense,
Se é sua obra ou o que obra

São parte da história da literatura mexicana as rixas entre o nacionalismo revolucionário, machista e nativista, e os cosmopolitas, Los Contemporáneos, afeminados e universalistas. Mas os dois grupos podiam caber na descrição que Nandino fez de Los Contemporáneos: "círculo fechado [...] queriam cargos políticos, diplomáticos ou viver das letras como funcionários públicos para conquistar a fama. Daí seu egoísmo. Trabalhavam para eles mesmos, e os outros tinham que trabalhar para eles". As memórias de Novo não desmentem a afirmação, aqui e acolá revelam suas estratégias. Engana para se salvar, zomba de uns e de outros, busca fama e dinheiro e com frequência consegue. Sua estratégia conserva alguma coisa da experiência obtida na luta social na qual se envolveu por sua homossexualidade; também tem algo de sua ambição armada com a excelente memória e com o raciocínio rápido. Mas também tem algo mais primitivo, um certo sentido de superioridade intelectual, de classe e de linhagem.

"Sem dúvida, nossa família era importante no povoado", diz Novo ao lembrar seus anos em Jiménez, "e esta circunstância me agrada. Nossa casa era uma das maiores." Não existe contradição: como homossexual, o desejo vence a classe e a linhagem, e se recai sobre um policial, um engraxate ou um motorista, tanto faz ("A carne do assassino/ É como a do virtuoso", dizia Botto). Mas, como intelectual e de boa família, Novo defende sua linhagem com unhas e dentes. Fala com desprezo de criados, de garçons, das escolas em que não havia gente como ele. Despreza Pedro Henríquez Ureña não apenas por reprimir sua homossexualidade, mas por ser "africano" (o ilustríssimo dominicano era mulato). Francisco Villa é um hotentote não tanto porque suas tropas assassinaram seu tio Francisco em Torreón numa terrível confusão, mas por suscitar a violência dos *pelados*[9] e da "gentinha" contra as famílias das casas-grandes. Em suas crônicas de jornal, queixa-se de seus criados de La Piedade, Michoacán, porque emigram para os Estados Unidos, abandonando seu emprego na nobre casa de Novo: "diga o senhor como, se e quando vão voltar esses *pochos*[10] por adoção, esses Malinches endinheirados". Dom Salvador esperava que aquela gentinha permanecesse, como ele nunca o fizera, sem ganhar dinheiro, pobre, mas autêntica. *La estatua de sal*, portanto, entre bundas e paus, é um testemunho mexicaníssimo de aspiração de classe. Uma impostura e uma estratégia com as quais Novo estava familiarizado quando escalava na política ou quando escrevia poesia; estratégia da qual se beneficiava, embora o angustiasse:

Preciso ter uma habilidade de histrião
para levá-los a acreditar que me comove aquilo que os comove.
Mas em minha cama, sozinho, docemente,
sem lembranças, sem voz,
sinto que a poesia não saiu de mim.

---

9  No México, *pelado* designa o suspeito de alguma atividade criminosa, provavelmente em virtude do costume de raspar o cabelo dos prisioneiros mexicanos. Além disso, significa também "careca" e, por extensão, "sem dinheiro, duro", "integrante da ralé". Um dos principais comandantes da Revolução Mexicana, Pancho Villa (1878-1923) e seus seguidores eram depreciativamente chamados por esse nome. [N.T.]

10  Designação depreciativa dos mexicanos que adotam os costumes estadunidenses. [N.T.]

## FIM DE IMPRESSÃO

Há três representações de Novo que servem de contraponto a seu livro de memórias: o óleo "Salvador Novo" de Manuel Rodríguez Lozano, a pintura satírica de El Corso, "Los paranoicos", e o próprio prólogo de Carlos Monsiváis à publicação póstuma de *La estatua de sal*.

A primeira imagem é o Novo como Novo se queria: jovem, magro, de sobrancelhas depiladas, mas de porte aristocraticamente varonil e, sobretudo, o Novo reinando diante do mundo que se descobre atrás de sua imagem, ou seja, o perfil da única amante que Dom Salvador teve, a Cidade do México. O Novo autobiográfico apenas colocou em palavras essa imagem de Rodríguez Lozano. Desejo, juventude e cidade, também escândalo: Novo de roupão de seda num táxi da Cidade do México na década de 1920.

O óleo de El Corso é outra coisa, uma zombaria, uma impiedosa crítica ao Novo "louca", ao invertido e destemperado que, na pintura, percorre a cidade das "loucas", a cidade noturna, com seus amigos e sua mecenas, Antonieta Rivas Mercado. Aí temos Novo: figura retorcida e amaneirada, o rosto levantado num gesto afeminado. Esse Novo também vive em *La estatua de sal*. Não é só isso. Não é a desculpa das acusações apresentadas pela pintura de El Corso, mas a autoabsolvição pela confissão total e crua da culpabilidade, como se Novo soubesse que o futuro o absolveria precisamente graças à sua excentricidade. A autobiografia como escândalo, e o escândalo como redenção do poeta que, depois de tudo, acabou como patrimônio pós-revolucionário, laureado, recompensado, idolatrado.

A terceira imagem, a de Monsiváis, é a de um Novo alternando-se entre herói do *multikulti* pós-1990 e pai fundador da confusa e piegas pátria dos *cultural studies*. É um ensaio incomum na trajetória de Monsiváis, por sua proximidade com os modismos acadêmicos estadunidenses; documenta a autobiografia de Novo recorrendo à história das representações literárias da homossexualidade no México e construindo um herói narcisista que escreve suas memórias ora para se deleitar em ler seus próprios atrevimentos, ora para libertar o gay de hoje por meio da "diversidade". Mas na autobiografia de Novo não aparece o Novo *multikulti*; aparece, claro, e de vez em quando, a dor de se saber diferente, o preço da rejeição, mas Novo não tenta apresentar um programa de dever-ser, um chamado à tolerância. Ao contrário, como vida alternativa, a de *La estatua de sal* é a boemia politicamente ambiciosa e perfeitamente contida pela vida burguesa e convencional.

Novo foi muitas coisas, mas não foi um herói da tolerância; foi essas muitas impressões e nenhuma, porque a ele se aplica o que Jorge Cuesta dissera de José Ortega y Gasset: que "ansioso por escutar sua vontade, teme não reter nada além de sua memória". Cada esforço para moldá-lo numa imagem parece uma vaga tentativa de imitar e abarcar sua capacidade de se lembrar, um esforço inútil, porque poucos superam sua rapidez de raciocínio. Mesmo morto, retém e é mais rápido que qualquer outro. E, se vivesse, quem seria macho o bastante para se aventurar a um lance de palavras com essa estátua erguida com o sal da memória?

## HENRÍQUEZ UREÑA DIANTE DA MULTIDÃO
### FERNANDO DEGIOVANNI

Em junho de 1909, a ponto de cumprir os 25 anos, Pedro Henríquez Ureña (1884-1946) decide redigir no México umas memórias que, dois meses depois, abandona para passar à escrita de um diário pessoal[11]. Parte de um mesmo projeto discursivo, as memórias e o diário constituem uma tentativa de pensar o lugar do próprio Henríquez Ureña na juventude intelectual mexicana durante uma época-chave da história do país: a que corresponde ao surgimento dos grupos de oposição à reeleição de Porfirio Díaz e à emergência do Ateneu da Juventude. Nessa conjuntura decisiva, Henríquez Ureña ensaia um balanço de sua própria trajetória intelectual, bem como uma avaliação das iniciativas de renovação filosófica e literária de seus contemporâneos, com o fim de propor um modelo de intervenção cultural à altura dos desafios do presente. Residente no México desde 1906, depois de viver na República Dominicana, Haiti, Estados Unidos e Cuba, Henríquez Ureña define a si mesmo, nesse contexto, como paradigma acabado de formação cultural e juiz severo da juventude letrada de seu tempo.

As memórias vão da sua infância em São Domingos até o afastamento de Antonio Caso, no México, devido à decisão do futuro presidente do Ateneu de não se manter à margem da luta partidária desatada em 1909 devido às eleições presidenciais de 1910. Depois do relato da disputa com Caso, Henríquez Ureña passa à escrita de um diário, que leva com regularidade de agosto a dezembro de 1909, para dar conta de um modo mais pontual e imediato das atividades dos membros de sua geração[12]. Henríquez Ureña indica que, devido a sua "excessiva afeição a *psicologizar*"[13], um de seus objetivos será "fazer psicologia, não tanto psicologia própria, mas, de preferência, a dos demais"[14]. Reunidos a partir da ponte que constitui o conflito com Caso, ambos os textos assumem, sem dúvida, funções distintas: se as memórias estão destinadas a narrar a educação literária e musical de Henríquez Ureña, o diário se propõe a analisar o comportamento e os modos de participação política e cultural dos jovens contemporâneos, de acordo com o paradigma ideal que constitui, para o narrador, sua própria trajetória biográfica.

---

11 As memórias e o diário foram publicados pela primeira vez de forma integral e conjunta pela Academia Argentina de Letras em 1989. Ignoram-se as causas pelas quais Henríquez Ureña não deu a conhecer suas memórias em vida. Para uma história da publicação desses textos, que só começaram a difundir-se de maneira fragmentária na década de 1960, cf. Enrique Zuleta Álvarez, "Introducción", *in*: Pedro Henríquez Ureña, *Memorias. Diario. Notas de viaje*, Ciudad de México: Fondo de Cultura Económica, 2000, pp. 9-24. Todas as citações provêm dessa edição.
12 Henríquez Ureña escreve a quase totalidade de seu diário (25 das 30 entradas) na segunda metade de 1909. O diário registra apenas três anotações em 1910 e duas em 1911.
13 Pedro Henriquez Ureña, *op. cit.*, p. 27 [grifo no original].
14 *Ibidem*, pp. 27-8.

Desde a primeira página, Henríquez Ureña torna explícita sua posição em relação aos protocolos do gênero. Escreve:"A autobiografia, antes de mais nada, sempre resulta composta; mas assim deve ser, psicológica e artisticamente; não podemos exigir que nelas se diga tudo, mas sim que se digam coisas essenciais e não se introduza nada falso"[15]. O objetivo dessa "composição" é, de fato, dar conta de uma "realização":

> Sabemos que nas memórias de Goethe faltam muitas coisas: todas as que foram inúteis para formar o Goethe que o próprio Goethe concebia e o que nós preferimos a qualquer outro que a retalhos fabriquem os eruditos. As memórias nos pintam o Goethe que se *realizou* em todos os momentos em que sua vida e seu ideal se fundiram e operaram em conjunto[16].

Henríquez Ureña quer, desse modo, "compor (sim, *compor*) uma relação detalhada de [sua] vida com os pontos que ficaram em [sua] memória, especialmente em coisas literárias"[17]. O relato da forma em que, em seu caso, vida e ideal "se fundiram e operaram em conjunto", terá dois eixos-chave: a aquisição de capital simbólico em espaços culturais de acesso limitado, e a prática intelectual concebida como atividade especializada e autônoma da esfera dos partidos políticos.

Desde a narração de suas primeiras experiências literárias em São Domingos até o relato de sua incorporação ao meio intelectual mexicano, Henríquez Ureña registra passo a passo o percurso de uma aprendizagem em que o sarau representa um âmbito privilegiado de formação cultural. Criado nos estreitos círculos políticos e culturais da elite dominicana, Henríquez Ureña estrutura a narração de sua meninice e adolescência a partir de uma oposição taxativa entre "dentro" e "fora". Em suas memórias, o lar constitui o lugar excludente da sociabilidade e da aprendizagem formal. "Meus pais – escreve – não gostavam da educação que no país se dá às crianças, e não nos deixavam correr, como os outros, por ruas e praças formando amizades de toda ordem"[18].

Nesse contexto, sua mãe (a poetisa e educadora Salomé Ureña), seu pai (o político e médico Francisco Henríquez y Carvajal) e alguns docentes particulares aparecem como únicos responsáveis pela educação do menino. De fato, quando circunstâncias extraordinárias (como a morte da mãe ou as atividades profissionais do pai) obrigam Henríquez Ureña a frequentar uma escola, este vai sempre acompanhado por "algum serviçal", com o propósito de que se mantenha apartado do "contato demasiado dissolvente"[19] que oferece a rua. Essas breves experiências escolares eram notoriamente desagradáveis para o narrador:

> Minha educação retraída não me havia dado armas para o trato com as pessoas, muito menos com a gente de minha terra, brusca e pouco reservada [...] Fiquei mal entre aquela multidão [...] não sem pontas de semibarbárie, [que] me incomodava. Nessa crise de minha adolescência, quando todas

---
15 *Ibidem*, p. 27.
16 *Ibidem*, pp. 27-8.
17 *Ibidem*, p. 28 [grifo no original].
18 *Ibidem*, p. 32.
19 *Ibidem*, p. 38.

minhas afeições tranquilas tropeçavam com a incultura ambiente, preferi estar retirado em casa a sofrer o tratamento variável das pessoas[20].

Para Henríquez Ureña, a experiência da multidão "variável" e "semibárbara" se opõe à estabilidade e às boas maneiras do lar familiar e da comunidade intelectual que define suas atividades de costas para a rua. Os saraus onde se recita e se toca piano na residência paterna, de parentes ou de amigos constituem o reservatório da ordem e da previsibilidade no plano social e cultural. Sua participação nas sociedades Amigos del País (organizada por seu pai) e Siglo XX (estabelecida pelo próprio Pedro e seu irmão Max na adolescência), assim como no "salão" das irmãs Feltz (discípulas de sua mãe), define o funcionamento dos estreitos círculos letrados, familiarizados com as práticas burguesas europeias. Essas atividades, pontua Henríquez Ureña, "como tudo nosso, não saía[m] de nosso círculo"[21]. Nesse sentido, esclarece essas "afeições literárias [foram estimuladas pela] presença diária de um grupo de intelectuais em minha casa"[22]. Trata-se de uma "sociedade elegante", em que se destacam os "tipos mais finos" de "agradabilíssima conversação", que exercem "fascinação espiritual sobre toda pessoa de afeições não vulgares"[23]. Voltando a sublinhar sua aversão ao "multitudinário" e ao "vulgar", Henríquez Ureña escreve adiante: "Na realidade, eu havia tratado quase sempre com pessoas de exceção; em meu país, sobretudo, me havia tocado conhecer a todas as mulheres superiores; já sabia que havia uma multidão de pessoas vulgares, pois algo me havia mostrado a companhia de meus condiscípulos"[24].

A decisão de Francisco Henríquez de levar os filhos Max e Pedro a Nova York em 1901, com o objetivo de permanecerem "ali por algum tempo estudando e recebendo a influência de uma civilização superior"[25], não altera a distinção ideológica entre "fora" e "dentro" que articula o relato. Exposto pela primeira vez ao dinamismo de uma cidade prolífera e cosmopolita, submetida então a um processo de expansão sem precedentes, Henríquez Ureña omite em suas memórias qualquer referência à experiência do mundo da rua em Nova York, onde vive por mais de três anos. Não só passa por alto dados básicos concernentes à paisagem urbana, como a rápida construção de arranha-céus, mas tampouco introduz algum comentário sobre os milhares de imigrantes que chegam diariamente ao porto e se albergam na vizinhança. A notória infraestrutura de pontes e estações ferroviárias, o acelerado tráfego de embarcações, bondes e trens elevados que atravessam a cidade em várias direções – e cujo fim é facilitar as comunicações em um espaço que já opera como foco do mercado internacional de pessoas e capitais – são igualmente ignorados pelo narrador. Nem sequer emblemas como a ponte do Brooklyn ou a estátua da Liberdade recebem uma menção de passagem. Toda a percepção da modernidade nova-iorquina se reduz a um parágrafo:

---

20 *Ibidem*, pp. 52-3.
21 *Ibidem*, p. 42.
22 *Ibidem*, p. 41.
23 *Ibidem*, pp. 56-7.
24 *Ibidem*, p. 62.
25 *Ibidem*, p. 64.

Minha primeira impressão foi curiosa: havia névoa, nevava terrivelmente, e as grandes massas cinzentas de edifícios, sobre os quais se destacavam os enormes prédios da cidade baixa, ofereciam um conjunto enigmático. Duas impressões, sem dúvida, recebi nesse dia, que tardei a repetir: a primeira, as casas campestres de certas populações da costa, que observamos antes de entrar em Nova York: todas elas me recordavam as moradas campestres que via pintadas nos livros de contos franceses; a segunda, o singular aspecto de Bowery, por onde passamos de carro. Durante meses julguei enganosas essas primeiras impressões, pois não fui ao campo nem passei nunca pelo Bowery[26].

Ressalta aqui a vagueza dos adjetivos que usa para definir suas primeiras impressões – "curiosa", "enigmáticos", "singular" –, assim como a descrição muito mais específica, comparativamente, da paisagem rural, cuja versão literaturizada se contrapõe à menção rápida do Bowery, uma das seções mais sórdidas da cidade no começo do século XX, centro de entretenimento popular que compreende desde teatros baratos até prostíbulos.

Pelo contrário, é a sociabilidade porta adentro que domina o relato de seus anos na metrópole norte-americana: Henríquez Ureña faz referência às reuniões da elite caribenha em Nova York, como as que ocorrem nas residências do ex-presidente dominicano "D. Alejandro Woz [sic] y Gil, cuja conversação era culta e amena" e de Francisco García Cisneros, esposo da soprano Eleonora de Cisneros, "cuja casa era também centro agradabilíssimo: ali concorria uma sociedade verdadeiramente cosmopolita"[27]. Por seu lado, aponta que frequentava, com o irmão Max, "a casa de uma senhora irlandesa, onde conhecemos uma pianista bostoniana, Miss Gallagher, e da mesma forma os hotéis e casas onde se hospedavam os dominicanos que veraneavam em Nova York"[28].

Para Henríquez Ureña, Nova York é fundamentalmente o cenário privilegiado de uma educação operística, teatral e literária. A retórica do texto é crucial nesse sentido: frente a seu mutismo sobre o "afora" urbano, se produz, em troca, uma proliferação verbal em torno das atividades culturais que leva a cabo o narrador porta adentro. As memórias contêm, de fato, enumerações exaustivas de obras, autores, atores e músicos, que chegam a ocupar várias páginas do texto. Essa construção discursiva, que também se pode verificar nas seções sobre Cuba e México, alcança sua culminação na etapa nova-iorquina, onde a escrita está dominada por extensas listas. Henríquez Ureña é ali um sujeito que trata de ver, ouvir e ler tudo, como parte de um programa autoimposto de formação cultural que tem caráter inaugural e sistemático:

> aos domingos à tarde ia quase sempre à South Church, onde semanalmente se canta um oratório; formavam então o quarteto de vozes Mrs. Gerrit Smith, esposa do organista diretor, Margaret Hall, excelente contralto, Elison Van Hoose e Heinrich Meyn. Durante quase três anos, raras vezes faltei aos oratórios da South Church, e nesse período ouvi várias vezes *O Messias* e o *Sansão* de Haendel, o *Oratório de Natal* e *A Paixão segundo São Mateus* de

---

26  *Ibidem*, p. 65.
27  *Ibidem*, pp. 73-4.
28  *Ibidem*, pp. 85-6.

Bach, *Cristo no Monte das Oliveiras* de Beethoven, *A Criação* de Haydn, *Elias* de Mendelssohn, o *Stabat Mater* de Pergolesi, o *Stabat Mater* de Rossini, e algumas obras menos importantes, como *A cidade santa* de Gaul[29].

Depois passa a enumerar as obras vistas na Metropolitan Opera House, mencionando inclusive os cantores principais de cada peça:

As óperas que ouvi foram *As bodas de fígaro* e *A flauta mágica* de Mozart, cantadas por Sembrich e Eames, *Romeu e Julieta, Carmen, Os huguenotes, A filha do regimento* de Donizetti, *La Traviata, Aída, Otelo, Lohengrin, O ouro do Reno* de Wagner, e as duas estreias do ano: *Messaline* de Isidore de Lara e *Manru* de Paderewski, que esteve ali presente. Também *Cavalleria rusticana*, com Cabré. Na função de despedida Ternina cantou o Liebestod de *Tristão*, Sembrich, o segundo ato de *A filha do regimento*, Cabré, o primeiro ato de *Carmen* e Eames, os atos finais de *Otelo* e *Fausto*[30].

O mesmo faz com obras teatrais, cuja lista inclui os nomes dos atores:

fui certa vez ver o *Hamlet* com Sothern e Virginia Harned, *O mercador de Veneza* com Nat Goodwin e Maxime Elliot; no teatro alemão de Irving Place, vi *A dama das camélias* com a vienense Helena Odilon; e, sobretudo, vi Sarah Bernhardt em *A dama das camélias*, duas vezes em *L'aiglon* de Rostand, e até em uma pecinha de Leon Gozlan, *La pluie et le beau temps*, que fez com Coquelin [...][31].

Por último, Nova York é para Henríquez Ureña o cenário privilegiado de outros espaços culturais definidos de costas para a rua: as bibliotecas e as livrarias, onde tem acesso não só aos escritores norte-americanos, mas também aos europeus, traduzidos para o francês e o espanhol, que também enumera pontualmente.

A experiência nova-iorquina, que ocorre imediatamente após os anos correspondentes à instrução secundária, desempenha para Henríquez Ureña o papel de uma educação superior. Nesse ponto, as memórias retomam outro dos temas formulados na etapa dominicana: seu escasso entusiasmo pela educação institucionalizada. Henríquez Ureña não mostra em Nova York um decidido interesse por completar estudos superiores. Sustentado financeiramente pelo pai durante a maior parte de sua estada, só se matricula em dois cursos curtos de direito, que apenas menciona de passagem (um na Universidade de Nova York e outro em uma escola noturna do Harlem, então bairro branco), assim como um cursinho de contabilidade. A Nova York dos teatros, salas de concertos, bibliotecas e livrarias assume para Henríquez Ureña o papel de uma mestra. Por isso, em aberta oposição à perspectiva de José E. Rodó, escreve que, se ao chegar havia percebido a metrópole "através do preconceito

---

29  *Ibidem*, pp. 76-7.
30  *Ibidem*, pp. 77-8.
31  *Ibidem*, p. 67. Só cito fragmentos porque essas enumerações ocupam, às vezes, de três a cinco páginas de texto (na maior parte dos casos não contêm comentários críticos). A lista é tão longa às vezes que parece que Henríquez Ureña esteve copiando diretamente o programa dos teatros líricos e dramáticos a que assistiu.

anti-ianque, que o *Ariel* de Rodó havia reforçado em mim"[32], sua despedida de Nova York constitui implicitamente uma graduação: "Sentia que a grande cidade me havia ensinado quanto devia me ensinar e que agora seu ensino, moral e intelectual, devia me servir para viver entre minha gente"[33].

Essa perspectiva, entretanto, colapsa em Havana, primeiro destino de sua volta à América Latina. Sua grande decepção e eventual recusa da vida cubana deriva precisamente de seu caráter ostensivamente público e aberto. Henríquez Ureña escreve: os "passeios [de Havana], certamente, permitem passar agradavelmente quantas horas se deseje ao ar livre; as festas são frequentes, e durante minha permanência ali vi batalhas de flores, lutas de Carnaval, carreiras de automóveis, e festas sociais". Mas conclui: Havana, "como cidade de muita atividade social, teria oferecido maior interesse a quem não tivesse visto em tudo isso superficialidade incurável"[34]. É assim que, logo que consegue imprimir dois exemplares de seu livro, viaja ao México em busca de um ambiente intelectual mais favorável: "Detalhes dos costumes e das tendências cubanas me chocavam, e até fins de 1905 meu maior desejo era sair dali"[35].

No México, Henríquez Ureña reencontra seu ideal do círculo seleto ao frequentar saraus intelectuais, salas de conferências e espetáculos teatrais e musicais, que enumera de modo exaustivo. É sintomático que aqui, como em Nova York, não haja uma só linha sobre as impressões que lhe produziu a capital em nível arquitetônico ou demográfico. Trata-se, outra vez, da narração de uma vida porta adentro: apenas chegado à cidade, participa de reuniões literárias em casas particulares, onde se destaca como recitador[36]. Não se registram reuniões intelectuais em cafés, restaurantes ou clubes. A cultura dos "chás" domésticos adquire no México um papel-chave: Henríquez Ureña menciona pontualmente tanto os "chás" que se dão em sua casa como os que se oferecem nas casas de seus amigos[37]. Por último, volta a manifestar sua indiferença e, às vezes, uma decidida crítica pela educação institucionalizada. Só por pressões do pai, e razões estratégicas, se inscreve na Escola de Jurisprudência, mas o sistema lhe parece

> irritantíssimo [...] o pouco que há que estudar incita a estudar menos ainda. Não teria eu empreendido estes estudos, tão longos e tão pouco frutíferos, se não fosse porque, tendo agora tempo de fazê-los, pareceu-me conveniente realizar a carreira que meu pai me propôs e obter pelo menos um título[38].

Mas em Henríquez Ureña o relato de uma formação letrada portas adentro não se baseia apenas na oposição entre elite e multidão. Ainda que sua estada no México o ponha em contato íntimo com um grupo de escritores e artistas jovens, o tema do exterior urbano, sobretudo relacionado às práticas da vida boêmia, rea-

---

32 *Ibidem*, p. 66.
33 *Ibidem*, p. 93 (nota 4). Outra descrição da experiência urbana nova-iorquina, assim como uma visão mais negativa do país, encontra-se em textos produzidos por Henríquez Ureña em sua segunda residência nos Estados Unidos, que se inicia dez anos depois. Sobre essa etapa, cf. Arcadio D. Quiñones, *Sobre los principios: los intelectuales caribeños y la tradición*, Bernal: Universidad Nacional de Quilmes, 2006, pp. 199-202.
34 Pedro Henriquez Ureña, *op. cit.*, p. 96.
35 *Ibidem*, p. 98.
36 *Ibidem*, p. 107.
37 *Ibidem*, p. 116.
38 *Ibidem*, p. 184.

parece como ameaça nesse contexto. A Henríquez Ureña preocupa o perigo da boemia para a "realização" de seus pares como intelectuais maduros e responsáveis, capazes de enfrentar os desafios políticos e culturais do presente. A boemia é, de fato, um tema recorrente nas memórias e no diário de Henríquez Ureña. "Exemplo conspícuo do artista moderno, comprometido em gesto, polêmica, poema e imagem à força subversiva de seu temperamento estetizante", o boêmio é, segundo Peter Brooker, um "rebelde urbano" que rechaçou "as demandas do trabalho rotineiro e de um domicílio fixo", assim como "os cânones estabelecidos do gosto, da respeitabilidade burguesa e do mercado"[39]. Sintomaticamente, a figura do boêmio é introduzida por Henríquez Ureña em relação a "um problema sobre a personalidade de Jesus", que lhe coloca sua mãe no final de sua meninice:

> apresentou-o [a Jesus] – escreve – como um boêmio, um homem que predicava a ociosidade e a vagância, e quando *meu desconcerto chegava ao máximo*, explicou o verdadeiro significado dessas palavras: o sacrifício dos gozos vulgares e o desdém aos cuidados e ambições comuns em favor de fins mais altos"[40].

Presente no começo da narração, essa passagem servirá como marco interpretativo do resto das referências de Henríquez Ureña ao assunto, assim como ponto de partida para a definição de um modelo intelectual que acha necessário promover entre os membros de sua geração.

É em Nova York que Henríquez Ureña se encontra, pela primeira vez, com figuras da boemia. Diz que conheceu "americanos de diversas tendências, tanto um milionário como um semiboêmio"[41], e também uma "francesa extravagante que na intimidade confessava ser a condessa de la Gardie", com quem lhe toca compartilhar casa, mas da qual decide se distanciar de imediato, mudando-se a outra residência "cujas donas eram americanas muito tranquilas"[42]. Mas é no México que a recusa de uma série de práticas artísticas experimentais, que haviam começado a ser abraçadas por intelectuais jovens, torna-se explícita. Henríquez Ureña não diz que no México existam grupos boêmios como tais: antes, sua narrativa se centra na censura de certos traços sociais e culturais que associa com a boemia.

Assim, por exemplo, sobre José María Sierra, secretário da revista *Savia Moderna*, escreve: "Era um pobre jovem consumido pelo álcool (vício adquirido literariamente, talvez)", pelo que "sua gestão [à frente da publicação] era ineficaz"[43]. De Rubén Valenti, uma de suas relações mais próximas no começo da estada na capital, diz: "Quando o conheci, era um dos indivíduos de mais claro raciocínio no México, ainda que com frequência se deixasse levar por impulsos anarquistas"[44], e acrescenta: "Por acaso tem algum hábito pernicioso (tenho suspeitas de que desfruta do éter)"[45]. Do pintor Murillo, indica "que vive segundo a natureza, assim como não usa sapatos, dorme no chão e

---

39 Peter Brooker, *Bohemia in London: The Social Scene of Early Modernism*, New York: Palgrave, 2007, pp. 2-3.
40 Pedro Henriquez Ureña, *op. cit.*, p. 34 [grifo meu].
41 *Ibidem*, pp. 73-4.
42 *Ibidem*, p. 85.
43 *Ibidem*, p. 108.
44 *Ibidem*, p. 147.
45 *Ibidem*, p. 148.

come sentado nele"⁴⁶, e de uma visita que lhe faz, recorda que "a comida, afortunadamente, não era vegetariana, como costumava Murillo quando vivia em Xochimilco"⁴⁷. Também julga de modo desfavorável a Oscar Menéndez, um dos alunos da Escola de Jurisprudência, a quem descreve como "*maluco* e desordenado, boêmio"⁴⁸. Finalmente, também reprova os que não tentam se profissionalizar: de Marcelino Dávalos, outro de seus amigos mais próximos ao chegar ao México, diz que "tem o defeito de ser uma dessas pessoas que 'fazem de tudo': pinta, canta, toca piano, compõe música, faz versos, recita, escreve contos, encena dramas… E não vive de nenhuma dessas habilidades"⁴⁹, censurando-o porque "ele quer seguir sendo poliartista"⁵⁰. De Juan de Dios Arellano comenta também que é "um desses poliartistas que nada são, em resumo"⁵¹.

No fundo de todas essas considerações está o desejo por parte de Henríquez Ureña de promover o que ele chama uma personalidade "judiciosa"⁵². Boemia e loucura estão relacionadas na citação acima sobre Oscar Menéndez, que lhe parece "*maluco* e desordenado, boêmio". Mas também aparece nas repetidas observações elitistas que Henríquez Ureña realiza sobre os membros de sua geração que provêm de setores sociais mais baixos, ao vincular a ascensão social à perda da racionalidade ou ao "desvio". Neste sentido, Henríquez Ureña introduz uma percepção desfavorável do processo de democratização da atividade intelectual que, junto com a emergência de práticas artístico-sociais alternativas, está observando no México. Indica, por exemplo, que Rubén Valenti tem "momentos de excentricidade; para mim, há nele um desequilíbrio mental produzido por uma longa luta na capital por ascender até a posição desafogada de que hoje desfruta"⁵³. Do arquiteto Jesús Acevedo fala em termos similares: quando se refere à sua "fraqueza pelas mulheres de vida *airada*", sublinha que isto é indicador de "algo de infantil, de curiosidade não saciada ainda […]. Mas é que em Acevedo há não sei que elemento de origem que o ata às coisas baixas. Entendo que seus pais são muito honrados e modestos, mas sei que alguns de seus irmãos saíram dos trilhos"⁵⁴. Pelo contrário, a patologização não se reconhece no percurso social inverso: os jovens de origem endinheirada, ainda que tenham perdido a fortuna, não correm o mesmo risco. Dos filhos de Jesús Valenzuela, diretor da *Revista Moderna*, então milionário empobrecido, assinala: "Como cresceram em tempos de ruína, o pai pensou um pouco mais em sua sorte […] estes, ainda que adolescentes, são a*juizados*"⁵⁵.

No centro das memórias e do diário de Henríquez Ureña está a defesa de uma ordem que ele, explicitamente, chama "burguesa" e cuja realização se encontra ameaçada por práticas e hábitos sociais "dissipados". Henríquez Ureña constata que se produziu já no México uma "transformação do espírito estudantil" em um curto período de tempo: na "época de Caso", escreve, a juventude "era turbulenta, palavresca e patrioteira"; agora, em troca, "os alunos são mais sérios em sua conduta, metódicos

---

46 *Ibidem*, p. 170.
47 *Ibidem*, p. 171.
48 *Ibidem*, p. 187.
49 *Ibidem*, p. 142.
50 *Ibidem*, p. 144.
51 *Ibidem*, p. 174.
52 *Ibidem*, p. 136.
53 *Ibidem*, p. 148.
54 *Ibidem*, pp. 164-5.
55 *Ibidem*, p. 136 [grifo meu].

e tranquilos geralmente, com ideais de cultura séria ou de *burguesia*". E agrega, trasladando essa transformação ao plano dos cenários e formas de interação letrada:"Os frutos daquela geração eram *meetings*; os desta são o cassino e o restaurante de estudantes, o congresso estudantil, coisas um pouco *burguesas*, mutualistas e limitadas, mas que talvez sirvam de base para coisas melhores"[56].

Nessas citações Henríquez Ureña sugere que é necessário avançar na concreção desse projeto cultural burguês. Na juventude desinteressada, sujeita a modos de vida "problemáticos", partidária da "desordem" e da falta de "laboriosidade", Henríquez Ureña vê obstáculos evidentes para a formulação de uma modernidade intelectual em nível grupal e, mesmo, continental. Essa dimensão aparece com clareza em sua "psicologização" de Enrique Escobar:

> É este um dos exemplos típicos do talento desperdiçado por falta de caráter e disciplina, caso que tanto abunda em nossa América. É um verboso de imaginação tartarinesca, de percepção clara e rápida, a quem a falta de método e de perseverança converteu em um mero falador barato, que aceita toda classe de pseudociência para apoiar seus arrazoados[57].

E adiante insiste:"É incalculável a quantidade de talento que se perde entre nós. Os que antes me davam ideia de perseverança e estudo, como Acevedo, Caso, e um que outro mais, não aproveitam a metade do que poderiam fazer"[58].

O futuro do Ateneu da Juventude constitui, nesse contexto, uma das preocupações centrais de Henríquez Ureña, tal como aparece na citação anterior, referida a alguns de seus membros mais destacados. À diferença das narrativas que, *a posteriori*, construirão uma versão legitimante do Ateneu[59], Henríquez Ureña apresenta em seus textos uma imagem desencantada e pessimista dessa formação intelectual. O diário insiste precisamente na falta de compromisso e sistematicidade do grupo. Em 19 de novembro de 1909 anota:"O *Ateneu* recém-fundado parece próximo a perecer. Devia haver reunião de debate no sábado passado, e não estavam os oradores. E agora Caso parece disposto a não se ocupar da associação"[60]. Algumas sessões, por exemplo, fracassam por falta de quórum, como a de 25 de março de 1911, quando Alfonso Reyes ia ler seu trabalho "El paisaje en la poesía mexicana del siglo XIX", encarregado explicitamente pelo Ateneu[61]. Não deixa de ser significativo, nesse contexto, que ao final do diário Henríquez Ureña indique:"O que se pode notar já é o que temia Acevedo: que a nova juventude não leva muito a sério nosso grupo [o do Ateneu]"[62].

Dissolução, desordem, descarrilhamento, desequilíbrio, anarquia: todas estas são palavras que aparecem na prosa de Henríquez Ureña para marcar uma distân-

---

56 *Ibidem*, p. 187 [grifo meu].
57 *Ibidem*, p. 145.
58 *Ibidem*, p. 147.
59 Sobre o papel de Alfonso Reyes e outros intelectuais nessa direção, cf. Robert Conn, *The Politics of Philology*: *Alfonso Reyes and the Invention of the Latin American Literary Tradition*, Lewisburg: Bucknell University Press, 2002, pp. 45-51; e Susana Quintanilla,"*Nosotros": la juventud del Ateneo de México*, Ciudad de México: Tusquets, 2008.
60 Pedro Henriquez Ureña, *op. cit.*, p. 159.
61 *Ibidem*, p. 182.
62 *Ibidem*, p. 188.

cia e para articular um projeto⁶³. As memórias e o diário se propõem a sublinhar uma carência: à diferença do pintor Murillo, do qual observa que sua "desigualdade o impedirá ser um mestre; e sua especialidade é nunca conseguir *acabar* os quadros"⁶⁴, Henríquez Ureña propõe o exercício da autodisciplina como método para "realizar-se" intelectualmente. A lição materna sobre a vida de Jesus como a de um boêmio capaz do "sacrifício dos gozos vulgares e do desdém aos cuidados e ambições comuns em favor de fins mais altos"⁶⁵ aparece, nesse sentido, como marco ideológico de um programa pendente para outros jovens que não assumiram ainda as responsabilidades que impõe uma vida intelectual "responsável". No contexto imediato, as exceções são poucas: "Aqui no México, na verdade, só conheço, à parte Alfonso [Reyes], um jovem laborioso: Carlos González Peña"⁶⁶.

Mas à defesa da especialização a partir da acumulação disciplinada do conhecimento, própria de intelectual portas adentro, que faz de viagens e saraus os cenários da aprendizagem sistemática, soma-se, em Henríquez Ureña, a promoção da atividade letrada como assunto diferenciado da esfera partidária. As memórias e o diário constituem discursos a favor da divisão do trabalho intelectual a partir de uma profissionalização que põe o estudioso para além de posicionamentos políticos. Já na passagem em que descreve as formas de participação da geração anterior destaca, como mudança favorável, o passar do *meeting* ao congresso estudantil⁶⁷. Mas a prédica em favor da "separação" do intelectual da luta partidária aparece repetidamente em seus textos. As memórias e o diário dão conta de modo bastante detalhado dos acontecimentos políticos na República Dominicana e no México, mas das referências à ditadura de Ulises Heureaux, que tem consequências diretas para a vida de sua família, não há nunca uma opinião explícita e decidida de Henríquez Ureña sobre as distintas facções do poder. De fato, em Nova York, por exemplo, move-se ao mesmo tempo nos círculos dos ex-presidentes dominicanos Alejandro Woss e Juan Isidro Jimenes, situados em campos distintos do espectro partidário, e no México trata tanto com os ministros de Porfirio Díaz como com os seguidores de seu opositor, o general Bernardo Reyes. Pelo mais, é sintomático que nas únicas entradas de seu diário escritas em 1910 e 1911 se evitem comentários detalhados sobre o agitado clima revolucionário mexicano, privilegiando, em troca, a extensa narração de excursões ao campo.

O modo como Henríquez Ureña entende a relação entre intelectuais e poder se manifesta com clareza quando Caso, convidado a ser orador em um ato a favor de Díaz e a dirigir um periódico oficial em 1909, consulta Henríquez Ureña antes de aceitar esses encargos. Este lhe recomenda "que se abst[enha] deles", aconselhando-lhe, ademais, uma "independência absoluta"⁶⁸ em matéria partidária, opinião que Caso finalmente recusa. Henríquez Ureña vê nesse rechaço uma "fraqueza", e acrescenta: "Nesta situação política, portanto, não tenho nenhum laço [...]. Claro está que alguns me apontam como necessariamente reyista, pelo simples fato de

---

63 Sobre o significado da noção de "ordem", assim como de "anarquia", em obras posteriores de Henríquez Ureña, cf. Arcadio D. Quiñones, *op. cit.*, pp. 176-7, 221-2, 231 e 248, e também "Pedro Henríquez Ureña y las tradiciones intelectuales caribeñas", *in*: Jorge Myers, *Historia de los intelectuales en América Latina II*, Buenos Aires: Katz, 2010, pp. 69 e 76-7.
64 Pedro Henriquez Ureña, *op. cit.*, p. 171 [grifo no original].
65 *Ibidem*, p. 34.
66 *Ibidem*, p. 147.
67 *Ibidem*, p. 187.
68 *Ibidem*, p. 127.

minha amizade com Alfonso [Reyes] e em parte com [seu irmão] Rodolfo, mas estou tão longe de gostar deste partido como de achar bom o outro"[69]. Contudo, o importante para Henríquez Ureña é a separação entre opinião privada e trabalho especializado; não se trata, em nenhum caso, de se manter à margem por sua condição de estrangeiro no México. Ainda que em outras partes de seu relato se possa adivinhar uma leve condenação às ações do governo porfirista, Henríquez Ureña não descarta trabalhar para qualquer dos contendedores e, de fato, considera ofertas de grupos opositores, sustentando como únicos critérios de aceitação laboral os de autonomia e especialização intelectual: pede sempre que se o deixe escrever sobre questões exclusivamente artísticas, sem "tocar em nada da política"[70].

Por exemplo, quando convidado a se pôr à frente da seção literária de uma revista porfirista em 1909, esclarece que hesita em aceitar o posto, não tanto por sua relação com Alfonso Reyes – filho de um líder opositor a Díaz –, mas porque não estava seguro se lhe iam pedir, "um dia, quando fizesse falta um orador [...], que saísse em excursão política, pois não contam com bastante gente para tais empresas"[71]. Adiante, indica que quando Manuel Puga, que contava "com dinheiro dos reeleicionistas", lhe solicita que escreva para a *Revista Universal*, ficam de se ver "para tratar [do assunto], sempre sobre a base de uma verdadeira independência da minha parte". Mas "enquanto isso – acrescenta – Fernando Galván se empenhou em que eu aceitasse a direção de uma página literária semanal no novo diário *El Anti-reeleccionista*". Henríquez Ureña finalmente acede à proposta de Galván, por se tratar de um trabalho "*independente* e sério"[72], mas esse compromisso com os opositores de Díaz não implica que depois recuse se somar a um projeto editorial oficial, a *Antología del Centenario*, porque se trata de uma atividade especializada.

Por outro lado, os textos de Henríquez Ureña sugerem que seu ideal de profissionalização letrada se encontrava na atividade periodística independente e na produção de livros para um público educado. Por isso, fala, ao chegar ao México, da "intensa sensação de felicidade" e do "prazer cheio de tranquilidade" que supõe encontrar sem outras "obrigações que as que haveria de [lhe] impor [seu] trabalho jornalístico"[73] como cronista teatral e musical. Sobre sua participação na edição da *Antología del Centenario*, obra de investigação especializada, ainda que não concebida para leitores eruditos, escreve cheio de satisfação: "Ao trabalhar na antologia, pareceu-me que não trabalho realmente"[74]. Trata-se, em qualquer caso, de projetos que não se relacionam de forma exclusiva com o mundo das instituições educativas: o Henríquez Ureña dos textos autobiográficos ainda se mantém distante do âmbito da docência e da investigação acadêmica.

Em suas memórias e em seu diário, Henríquez Ureña aposta assim na promoção de um intelectual cuja modernidade não se funda nas ideias de oposição, ruptura e desconformidade ante os valores estabelecidos, cujo ponto de referência constitui, para ele, o espaço da multidão e da boemia urbana. Pelo contrário, Henríquez Ureña

---

69  *Ibidem*, p. 128.
70  *Ibidem*, p. 134.
71  *Ibidem*.
72  *Ibidem*, p. 143 [grifo no original].
73  *Ibidem*, p. 105.
74  *Ibidem*, p. 159.

constrói uma defesa decidida da especialização letrada e da autonomia política ancoradas na esfera da privacidade, garantia de produção sistemática e autorizada de conhecimento. Na disjuntiva do que Mary Gluck chama o "modernismo da rua" e do modernismo "ancorado nas tradições filosóficas da racionalidade"[75], Henríquez Ureña articula uma alegação a favor de uma moral da persistência e do rendimento intelectual sustentado. O resultado da aplicação desses princípios em nível pessoal não faz mais que deixá-lo orgulhoso. Depois de dedicar dois meses à preparação de um estudo sobre Hernán Pérez de Oliva, que lê no sarau do Ateneu em honra de Rafael Altamira, comenta satisfeito: "D. Justo [Sierra] celebrou meu trabalho; e Acevedo, que o acompanhou [...] me contou que lhes havia dito, comentando meu trabalho: 'Quantas coisas sabe Ureña!'; e logo fez uma pausa e repetiu: 'Quantas!'"[76].

---

75 Mary Gluck, *Popular Bohemia: Modernism and Urban Culture in Nineteenth-Century Paris*, Cambridge: Harvard University Press, 2005, p. 7.
76 Pedro Henriquez Ureña, *op. cit.*, p. 160.

# O FRACASSO DA INTIMIDADE DO PÚBLICO: SOBRE O *DIARIO* (1974-83) DE ÁNGEL RAMA
GONZALO AGUILAR

## A MINÚSCULA BISBILHOTICE

Ángel Rama começou a escrever um diário com estas palavras:

> 1 de setembro de 1974
> Nesta idade, normalmente, se redigem as memórias. À falta delas, me decido por uma anotação de diário, nem público nem íntimo. Com os perigos do solilóquio (esse rareamento do viver ao ser desengonçado de seus naturais quícios), mas também com os benefícios da subjetividade, particularmente em um ser humano que sempre procurou substituí-la pelas coordenadas intelectuais ou as comunitárias (trabalho, movimentos políticos)[77].

Ante a página em branco, os caminhos da vida do crítico uruguaio se bifurcam: ou as memórias ou o diário. Sem dúvida – como ele mesmo o admite – já está em idade de redigir suas recordações (tem quase cinquenta anos), mas a eleição do diário estabelece outra relação com o tempo: a narração de sua vida ainda continua aberta, vale a pena sustentar a escrita do dia a dia porque o que se anunciava ainda estava por se manifestar. Não há tempo para olhar para trás porque o que está atrás ainda o lança para o futuro: apesar do golpe de Estado que se havia produzido em seu país nos dias de julho do ano anterior, Rama considera que o intelectual está ligado ao presente e participa da construção do futuro. A promessa da história ainda se mantém aberta. Uma história que está por se escrever, uma cultura que está por se fazer:"A América Latina *continua sendo* – disse nas reuniões de Campinas de 1983 – um projeto intelectual vanguardista que espera sua realização concreta"[78].

Não há memórias, então, mas uma reflexão e uma investigação sobre as condições subjetivas cotidianas que tornam possível uma cultura, a cultura da crítica literária e cultural latino-americana. A diferença com as memórias é de *temporalidade* e de *princípio construtivo*. Temporalmente, o gênero do diário está pela *iminência*. A abertura ao que possa suceder: cada data trará algo novo. Por sua vez (e isso explica o recolhimento do diário), é o futuro mesmo que está em questão. Por um lado estão os projetos latino-americanistas do próprio Rama: a biblioteca Ayacucho, a

---
77 Ángel Rama, *Diario*, Buenos Aires: El Andariego, 2008.
78 Grifo meu.

busca da cultura popular, a institucionalização do gênero testemunho (a categoria se impõe em 1969 nos prêmios da Casa de las Américas por iniciativa do próprio Rama). Mas também, nesses primeiros anos da década de 1970, produzem-se os primeiros golpes de Estado que ameaçam se expandir por toda a região e estala a crise política e cultural dentro da Revolução Cubana com o caso Padilla de 1971. No momento em que o diário se inicia, há muita perplexidade entre os intelectuais acerca da direção que tomará o processo cultural e político.

Mas a eleição do diário não se faz sem reticências: Rama não busca as proteções do individualismo ou os segredos das confissões. Recordando o dito por Miguel de Unamuno ("nada mais público que um diário íntimo"), sustenta seu projeto de escrita em uma dupla negação: "nem público nem íntimo". Rechaça ambas as dimensões, ainda que não se localize estritamente fora delas. Melhor, de uma maneira singular, essa dualidade é seu terreno: o que interessa a Rama no diário é *a intimidade do público*. Os bastidores e as redes afetivas que se vinham dando desde princípios dos anos 1960, com a construção de um Estado revolucionário em Cuba e com os projetos de esquerda em todo o continente. A esquerda – continuando a tradição ilustrada – havia feito uma afirmação do público como o lugar em que se dirimiam os conflitos. Sem dúvida, vários haviam advertido que as dobras do individual e dos mundos privados – sobretudo depois do caso Padilla – seguiam dando essa coloração tão própria à vida política latino-americana (atravessada pelas relações do coração, ou cordiais, para dizê-lo com um termo de Sérgio Buarque de Holanda). Havia que abandonar as idealizações do espaço público para enfrentar esse conflito, suas modalidades e ramificações. Por mais que o crítico uruguaio tivesse optado ao longo de sua vida – como o assinala na primeira entrada do diário – pelas "coordenadas intelectuais ou as comunitárias", a *crise* na qual entrava o projeto latino-americanista fazia com que Rama se centrasse nesse espaço que não é íntimo nem público, ou que o é de uma maneira singular como *a intimidade do público*.

Já na primeira entrada do diário, irrompe a terceira pessoa ("procurou substituí-la") como se se tratasse de contar uma vida que vale pela vida dos outros ou por esse espaço comunitário, esse espaço na terceira pessoa que é o próprio do discurso crítico. Mas, em troca, trata-se de escrever na primeira pessoa, de dotar esse "ser humano" de um franzido: os benefícios da subjetividade. Entretanto, por que um crítico que se valeu da terceira pessoa busca a subjetividade, quer valer-se de seus benefícios? Porque o diário – *este* diário – não está escrito para exibir a intimidade de um escritor, mas para investigar a *intimidade do público*, em todas aquelas experiências que, não podendo ser ditas segundo "coordenadas intelectuais ou comunitárias" – e que não formam parte da vida íntima privada – começam a se converter em segredo, em fofoca ou em solilóquio. Ou, como ele a descreve em uma passagem do diário, "a minúscula bisbilhotice". A intimidade do público é mais que seu tema: é o laboratório em que se processa essa comunidade feita de coordenadas intelectuais, mas também afetivas. E o que seria exatamente a intimidade do público? Aquilo que poderia ou deveria ter um caráter público, mas que por alguma razão *não se pode dizer*. Não é casual que isto surja por volta de 1974, quando a Revolução Cubana já está estabelecida mas prenuncia um forte retrocesso, e quando se instalam violentamente ditaduras militares em vários países (no Uruguai, em julho de 1973, e no Chile, em setembro do mesmo ano). De fato, Ángel Rama se pronuncia com clareza e independência crítica sobre a questão cubana, primeiro com sua renúncia ao Comitê da Casa das Américas e depois com o texto "Norberto Fuentes: el narrador en la tormenta revolucionaria", que só chega a publicar em *Literatura y Clase social*, de 1984. A história desse texto é curiosa. Enviado à revista argentina *Los Libros*, o artigo – seguramente por ser considerado muito crítico em relação ao governo cubano – não foi aceito, o que mostrava, como assinalou Rosario Peyrou, "a dificuldade para fazer *públicas* as discrepâncias"[79]. O ensaio fica então na gaveta das coisas íntimas que não devem sair do escritório ("engavetei-o", escreveu em seu diário[80]). Se a via cubana parecia desembocar em um beco sem saída – e ninguém estava disposto a debatê-la publicamente, como o demonstra o incidente de *Los Libros* –, no Cone Sul a sucessão de golpes de Estado expulsava quase todos os intelectuais da esfera pública, como foi o caso do próprio Rama. Mas não só isso; no exílio já experimentava a dificuldade de atuar comunitariamente com os compatriotas que estavam na mesma situação (boa parte das entradas do diário se refere aos ataques nacionalistas que recebeu da intelectualidade venezuelana). Tanto no caso cubano como nas ditaduras repressivas ia se tornando cada vez mais claro que as repressões, cumplicidades e autocensuras criavam no seio dessa comunidade pública um espaço cada vez maior de uma intimidade descontente, mas que devia guardar silêncio. Por isso, a intimidade do público é tão central, e o diário, o gênero que melhor a expressa: joga-se aí o saldo da rebelião de esquerda dos anos 1960 que se havia imposto como objetivo, entre outras coisas, transformar o espaço do público e o lugar da crítica.

## A AUTOCRÍTICA PÚBLICA

A "autocrítica pública" é um dos gêneros que nos legou o século XX. Articulada discursivamente em torno da confissão e da retratação, sua motivação principal é o reconhecimento do poder estatal e governamental em todas as esferas da vida, mesmo as mais íntimas. Ainda que seja possível ter havido manifestações similares durante a Revolução Francesa, a sistematização do gênero e sua propagação se produziram na era stalinista e, ao longo do século XX, os processos de Moscou – como foram chamados – ocasionaram um verdadeiro impacto nos círculos intelectuais. O "fantasma" dos processos de Moscou – Rama utiliza a palavra a propósito do caso Padilla – percorreu toda a esquerda do século XX.

Na interpretação que Rama faz desses processos em "Norberto Fuentes: el narrador en la tormenta revolucionaria", o gênero da autocrítica consiste na passagem de um "sistema religioso confessional" à esfera da política. Mas a confissão – que Rama denomina ironicamente "confissão místico-socialista"[81] – não só é o mais íntimo de uma pessoa (o que não se pode contar em público), mas aquilo que o confessor não pode revelar. A perversidade do gênero é evidente: trata-se de um poder mais desapiedado que o da Igreja porque supõe que nada deve ficar fora da vigilância do Estado e que este tem o direito de torná-lo público. Trata-se de um novo modo inquisitorial em que já não há intimidade possível: é isso que está se passando em Cuba?

---

79 Rosario Peyrou, "Prefácio" a *Diario, op. cit.*, p. 23. Peyrou diz que Rama o apresentou na revista *Pasado y Presente* e que Héctor Schmucler o recusou, ainda que, a julgar pelas datas, trate-se da revista *Los Libros*, que Schmucler dirigiu entre 1969 e 1972.
80 Ángel Rama, *op. cit.*, p. 194.
81 *Ibidem*, p. 231.

A sagacidade de Padilla consistiu em recorrer a esse gênero com seus giros discursivos e sua matriz básica. Sua autoinculpação é tão extrema que consegue fazer conviver a sinceridade com a suspeita: é possível que minta, mas por que, ainda mentindo, seus acusadores levam a sério suas palavras? Padilla não fala de si mesmo, mas dos que o escutam ou o cominaram a falar. A Rama não escapa que Padilla não estava tão desesperado e aterrorizado como os réus soviéticos, e que sua confissão já se repetia como farsa e não como tragédia. De todo modo, o essencial sai à luz: por que não poder exercer a crítica livremente em uma sociedade revolucionária? É a própria existência da crítica o que se questiona[82], e daí a defesa que faz Rama da postura de Norberto Fuentes, que se nega à autoinculpação e defende seu direito à crítica no espaço público.

> Norberto Fuentes defendeu seu direito a ter opiniões críticas sobre os organismos de Estado e sobre os diversos aspectos da vida nacional, entendendo que este é um direito de todo cidadão e que é parte normal do debate sobre a *res publica* que lhe compete[83].

Complementarmente, "teria correspondido ao pensamento de esquerda sua consideração, e o silêncio que guardou é uma acusação e um testemunho de seu atraso"[84]. Rama, uma e outra vez, neste texto e nos diários, apresenta-se como a Cassandra da esquerda.

Em continuação, Rama se ocupa do debate público e abandona o âmbito das "conversações privadas" nas quais proliferava sub-repticiamente o conflito dos cidadãos com o Estado na Cuba revolucionária. Esse âmbito das conversações privadas é o que continua no *Diario* em diversos momentos, ainda que talvez o mais significativo seja o que se produz na entrada de 20 de outubro de 1977. Rama se encontra na casa de Sara Hernández Catá, na Venezuela, onde está hospedado o escritor cubano recém-exilado Enrique Labrador Ruiz. "A garrafa de uísque diminui rapidamente" e os quatro protagonistas (Marta, Sara, Enrique e Ángel) se movimentam "nervosamente". Toda a cena tem algo de desafogo e a fofoca sobre a vida cultural se apodera da reunião. Fala-se muito de papéis íntimos roubados (os de Lezama Lima, por exemplo) e de "um verdadeiro diário da bisbilhotice literária" que Enrique Labrador Ruiz manteve durante anos e que, provavelmente, agora está em "mãos seguras (embaixadas estrangeiras?)" que, sintomaticamente, Labrador Ruiz não revela porque algum dos presentes pode delatá-lo. Anota Rama:

> A revolução é vista em seus inumeráveis pequenos fatos concretos como ações de homens que querem, brigam, se enamoram, se vingam, ajudam ou odeiam, sem que nenhuma delas *passe por um significado político*: são sempre atos individuais, pequenas histórias que se explicam pelas paixões pessoais e das quais estão ausentes ideias[85].

---

82 *Ibidem*, p. 232.
83 *Ibidem*, p. 234.
84 *Ibidem*, p. 235.
85 *Ibidem*, p. 107.

A visão se complementa com o "sufoco intelectual"[86] que assola a ilha. Mas quais são os efeitos dessa crise que faz parte da intimidade do público e sobre a qual o ensaio crítico não pode dar conta (em "Norberto Fuentes: el narrador en la tormenta revolucionaria", as observações sobre a confissão de Padilla são observadas desde o princípio público do direito à crítica dos cidadãos e, neste caso, dos escritores)? Embora os apontamentos sejam diversos, há uma figura que, no *Diario*, condensa todos esses problemas: Roberto Fernández Retamar. Poeta surgido na década de 1950, Retamar se destacou por seu ensaio *Calibán* (que ainda hoje segue influente entre os pós-colonialistas) e pelos distintos cargos públicos que ostentou, transformando-se em uma figura muito poderosa da vida cultural cubana. Para Rama, em Retamar se observa o fracasso da criação de uma comunidade íntima e pública plena. Seu corpo, suas atitudes, até sua vestimenta são objeto da crítica de Rama em uma chave demasiado pessoal para expressá-la em um ensaio crítico. Na conversa na casa de Hernández Catá, Retamar se transforma em "trepanar", e em outras passagens se exibe uma verdadeira obsessão com a transformação do poeta em funcionário. O poeta, a quem Rama certa vez havia encontrado no *hall* de um hotel "passeando nervoso e fumando"[87] – corria o ano de 1967 – com seu "rosto belo e luminoso"[88], o homem de aparência "patética" que simula que "aqui não se passou nada"[89]. Em outra descrição do presente do diário, Roberto Fernández Retamar desfila um "disfarce grotesco de mal pintada *máscara*"[90]. A máscara que exibe o poeta cubano como figura pública corresponde ao tirar as máscaras e olhar as caras da reunião na casa de Sara Hernández Catá, ainda assim, mantendo algumas prevenções, como não dizer quem tem os manuscritos do diário de Labrador Ruiz. A máscara, que se anuncia no diário nessa breve descrição, se converterá no tema do último texto de Rama – editado postumamente – como eixo de uma reflexão sobre o desempenho público dos letrados. *Las máscaras democráticas del modernismo*, escrito durante o ano de sua morte, é outra inflexão ante o advento dos retornos democráticos da intimidade do público e do modo como se foi forjando na cultura latino-americana.

Na entrada datada de 28 de fevereiro de 1980, em Washington, Rama relata um encontro que teve com Fernández Retamar em 1969. "Exasperado pela minúscula bisbilhotice e pela falta de um diálogo sério", Rama propõe a Retamar (então diretor da revista *Casa de las Américas*) responder à campanha que havia desatado o anônimo Leopoldo Ávila contra o pensamento livre e a favor de uma literatura subordinada à demanda política do Estado[91]. O encontro termina assim: "Olhando-me consternado, mais que nervoso, respondeu: 'Sim, mas eu teria que 'editar' esse texto'. Com o que ficou demonstrada qual era a situação: ninguém podia contestar, mesmo que fosse sossegada e criteriosamente, uma mítica instância, que era o poder"[92].

---

86 *Ibidem*, p. 110.
87 *Ibidem*, p. 49.
88 *Ibidem*, p. 61.
89 *Ibidem*, p. 62.
90 *Ibidem*, p. 61.
91 *Ibidem*, p. 197. Não se sabia nesse momento quem era Leopoldo Ávila, o autor dos virulentos textos que defendiam o dirigismo estatal na literatura e que foram publicados entre 1968 e 1971 na revista das forças armadas, *Verde Olivo*. Rama o associa a Mario Benedetti, não para dizer que fosse o autor, mas para marcar certo clima de ideias compartilhadas entre Ávila e o autor de *La tregua*. Dizia-se que o autor era José Antonio Portuondo, mas aparentemente ele foi antes o editor de alguns textos escritos pelo tenente Luis Pavón Tamayo. Com muita sagacidade, Rama não se interessa tanto em desvelar quem era o autor, mas em assinalar, mediante menções oblíquas, todos os "leopoldos ávilas" que pululavam então na ilha.
92 *Ibidem*, p. 197.

A preocupação de Rama pode ser considerada o *leitmotiv* oculto de toda sua obra: *o poder como instância mítica*. Desde sua proposta de consagrar o gênero testemunhal ao conceito de transculturação narrativa, desde seus ensaios sobre o ditador no romance hispano-americano até seus últimos livros (*La ciudad letrada* e *Las máscaras democráticas del modernismo*), não houve outro tema em seu pensamento crítico: quais são as condições históricas que fizeram com que, na América Latina, o poder se tenha convertido em uma instância mítica. Uma instância mítica que afetou a construção de um espaço público e que transformou a intimidade em um âmbito de ressentimento e frustração (palavra que aparece mais de uma vez em seus escritos). Mais que o declínio do homem público de que falava Sennett, sua *impossibilidade*. Para dar conta dessas condições históricas do poder mítico, Rama recorre a dois conceitos: o de letra e o de máscara.

## A CASA E A MÁSCARA

O diário é um projeto fracassado. Intermitente, abandonado e retomado com motivações diferentes às primigênias, sua edição em livro se deve a um trabalho de compilação posterior, realizado por Rosario Peyrou. Sua continuidade periódica (condição *sine qua non* do gênero) está muito longe dos exemplos esgrimidos no começo: André Gide e Rufino Blanco Fombona. Mais de uma vez Rama escreve: "Não senti necessidade do *Diario*"[93], ou, em 1981: "Estou longe de um diário. Não sinto necessidade dele, nem desejo. Encontrei-o no progressivo ordenamento dos papéis". Ou seja, o diário é algo que está aí para ser abandonado: sua existência não parte de um princípio atemporal (como parece ser a vontade de Gide e de Blanco Fombona), mas dos momentos em que a vida pública se mostra insuficiente. Assim o mostram os momentos em que o retoma: "Necessitei pôr urgentemente a data neste caderno comprado faz um ano"[94], escreve em fevereiro de 1980, depois de abandonar o diário durante um ano. A anotação surge depois do reencontro com os familiares, "vidas instaladas em lugares fixos"[95], e do impacto do tempo montevideano que já não se pode recuperar. "Todo o problema destes anos se radica em manter uma vida interior exaltante", agrega[96]. Ou seja, o diário é o lugar a que se retorna quando a vida pública se faz intolerável ou quando a vida íntima exige sua proeminência, como na relação com os familiares ou, sobretudo, em seu vínculo amoroso com Marta Traba: "Custa-me muito a comédia mundana, ainda em seu aspecto de preocupação afetiva por Marta [que se encontrava enferma] e quisera estar longe de tudo isso, estar com ela, sós, os dois, nada mais"[97]. Mas, a *aposta* do diário é justamente ver os bastidores dessa vida mundana, participar do mundo público e intelectual e usar o diário como um lugar de retiro, de espelho distanciado que permita ver aquilo que está oculto ou silenciado. É como o sedi-

---

93 *Ibidem*, p. 162.
94 *Ibidem*, p. 181.
95 *Ibidem*, p. 182.
96 *Ibidem*, p. 181.
97 *Ibidem*, p. 223. Alberto Giordano faz, a partir do diário, uma interessante análise do significado de sua relação com Marta Traba, fala da "contenção" e resgata, sobretudo, as páginas do câncer: "Reviravolta total: o diário já não é só registro, mas também meio em que se realiza a experiência" (Alberto Giordano, *Una posibilidad de vida: escrituras íntimas*, Rosario: Beatriz Viterbo, 2006, p. 106).

mento das frustrações e das dores que se produzem pelas falhas da vida pública intelectual. "Que outra razão para que retome este diário esquecido que o sentir-me ferido, sofredor e lastimável?"[98], pergunta-se a propósito das maquinações de alguns intelectuais venezuelanos contra ele. Ou ainda:

> Dói-me que os escritores que seguiram dizendo-se *publicamente* amigos de Cuba hajam calado sobre tudo isto. Dói-me que desde meu afastamento em 71 com o desastrado caso Padilla (e, mais ainda, desde minha longa discussão em janeiro de 69, na última reunião de conselho de colaboração da revista *Casa* que marcou minha resolução de não perdoar a etapa que se abria) não haja falado *publicamente* disso e haja preferido o silêncio. Não guardei nunca [silêncio] no caso da União Soviética e inclusive escrevi desde sempre a favor dos dissidentes (desde o julgamento de Siniavski lá pelos sessenta), mas no caso de Cuba era tudo mais complicado[99].

A escrita do diário é o laboratório de todas essas passagens, entre a vida íntima e familiar e a vida pública, esse lugar intermediário da intimidade do público[100]. Diante desse espaço de instabilidade permanente (ainda faltam os conflitos desatados pela concessão do visto norte-americano), o diário se escreve *entre* a casa e a máscara.

O *retorno para casa* foi uma das obsessões do Rama de princípios dos anos 1980: em seu encontro com o manuscrito de *Crônica de uma morte anunciada* de Gabriel García Márquez (anotado em 10 de junho de 1980 e depois analisado no ensaio "La caza literaria es una altanera fatalidad"), em sua leitura de *El jardín de al lado*, de José Donoso (um "bem oportuno ajuste de contas com o exílio latino-americano"[101]), e em sua resenha de *Agua quemada*, de Carlos Fuentes (intitulada justamente "El retorno a casa"), Rama detecta nos escritores do *boom* uma volta à narração, que é também uma tentativa de reintegrar-se à pátria. Trata-se de um abandono das escritas poéticas, da experimentação (a "mudança de pele") por uma ficção narrativa mais próxima à crônica que à poesia. É como se a experiência do exílio "com seu tremulante terrorismo"[102] cedesse passo a um intento de fundar lugares estáveis, um lar ao qual retornar[103]. No princípio dos anos 1980, o *Diario* começa a ter essa função. Em 1983, em Paris, depois de ter o visto de residência negado como "subversivo comunista", Rama fala de uma "ficção de lar". Há um desejo de abandonar a "instabilidade" para "recuperar uma nova estabilidade, encontrar um projeto de vida satisfatório"[104].

O tema do retorno para casa (do qual o diário seria um dos *laboratórios* possíveis como o é também a narração, a relação com Marta Traba, o debate crítico,

---

98  Ángel Rama, *op. cit.*, p. 166.
99  *Ibidem*, p. 193 [grifo meu].
100  "Reli todo o caderno, prometi não abandoná-lo agora, porque recuperei um tempo que não só é informação objetiva e externa, mas a unidade da vida interior assomando aos poucos e recompensando." (*Ibidem*, p. 91.)
101  *Ibidem*, p. 175.
102  *Ibidem*.
103  A necessidade de construir um lar é permanente em alguém que, como Rama, havia sido obrigado a abandonar seu país e andava migrando sem rumo certo. Se bem que o país onde mais tempo viveu fosse a Venezuela, tampouco ali se sentiu como em casa, referindo-se em seu diário a um "estado de solidão e de acossamento" durante a estada em Caracas (*Ibidem*, p. 168).
104  *Ibidem*, p. 145.

o testemunho...) se imbrica com outro que é anúncio de que o pensamento de Rama está em um profundo processo de mudança: o do espaço público como baile de máscaras. "A adaptação do rosto à máscara."[105]

A crítica não se deteve, até onde eu sei, nas inovações que seu livro póstumo, *Las máscaras democráticas del modernismo*, trazia ao pensamento de Rama: em primeiro lugar, a apelação teórica a Nietzsche com seus conceitos de "guarda-roupa histórico" e "baile de máscaras" que não só vinha a ser uma divergência da matriz sociológica de seus trabalhos prévios, como proporcionaria uma nova compreensão do modernismo, em que o anacrônico (as máscaras Luís XIV, mas também as máscaras astecas) daria a chave de uma modernidade americana e de sua "inscrição cultural dentro do vasto texto universal"[106]. Em segundo lugar, a proeminência do termo *democracia* que inicia o livro e que articula toda sua reflexão sobre a modernização de fim de século. Quer dizer, a modernização já não está presa à lógica elitista da letra e seu poder onímodo, mas avança de um modo complexo, entre a democratização e a desigualdade. Com a experiência norte-americana da denegação do visto, a luta pela democratização havia adquirido um caráter mais universal. A instância mítica do poder também existia nos Estados Unidos, ainda que com inflexões diferentes, claro, daquela dos países latino-americanos. Observada desde o diário, a trajetória de Rama pode ser lida como a busca denodada de um escritor por encontrar uma comunidade pública na qual exercer seu desempenho crítico. A errância do escritor ou "a arriscada navegação do escritor exilado", como a denominou em um artigo, mostram a dificuldade de construir uma casa, uma morada no espaço latino-americano. O *Diario*, que Rama escreveu entre 1974 e 1983, quis criar esse lar, esse refúgio, mediante a letra, mas seu fracasso como texto e suas interrupções permanentes mostram que a intimidade e a subjetividade do escritor uruguaio ainda estavam atadas a seu destino latino-americano.

---
105  *Idem, Las máscaras democráticas del modernismo*, Montevideo: Arca, 1994, p. 173.
106  *Ibidem*.

# VICTORIA OCAMPO: A AUTOBIOGRAFIA COMO AVENTURA ESPIRITUAL
JUDITH PODLUBNE

## IMPORTÂNCIA DO FINAL

Mesmo sendo a escritora argentina talvez mais retratada do século XX, não há fotos de Victoria Ocampo durante o último período de sua vida. Zelosa das inigualáveis imagens de juventude e maturidade que dela fizeram os pintores da moda do *smart set* europeu e os mais destacados fotógrafos contemporâneos, Ocampo resistiu sistematicamente a ser retratada no final. Conta Sara Facio que no começo dos anos 1970 pediu em várias oportunidades que Ocampo lhe permitisse tirar algumas fotos, ao que ela se negou de modo categórico e implacável até o último dia. Admiradora de sua obra literária, a fotógrafa lamentou em especial que a escritora não tivesse aceitado participar de *Retratos y autorretratos*, o primeiro livro de escritores que publicou, junto com Alicia D'Amico, em 1973. Ainda que o projeto do livro lhe fosse atraente – as fotos seriam publicadas precedidas pela reprodução da assinatura e de um texto autobiográfico de cada um dos escritores convidados –, Ocampo, que nesse momento passava já dos 80 anos, manteve-se inflexível em sua resolução de não integrar a antologia. "Não creio ser [mal-educada] ao lhe dizer que por nada neste mundo me deixaria fotografar. [...] Persiste minha repugnância em me deixar fotografar" – escrevia a Sara Facio, enquanto com humor lhe sugeria que, em lugar de sua imagem, utilizassem a de um busto que lhe havia feito um escultor alemão, especialista em animais[107]. Para escusar-se dessa negativa e, sobretudo, para que Facio não acreditasse que se tratava de uma decisão arbitrária e circunstancial, tomada simplesmente contra ela, costumava lhe mencionar os nomes de muitos outros fotógrafos, muito conhecidos, a quem se havia negado antes. "Hoje detesto que me fotografem. Vejo uma câmera apontando para mim e me dá vontade de brigar. [...] Juro a você que me irrita que queiram me fotografar. Olhe minhas fotos anteriores e abstenha-se!"[108] A situação a irritava sobremaneira. Sua cólera era a resposta espontânea a uma solicitação que ameaçava contrariar as intenções e propósitos que haviam motivado sua carreira literária desde o começo. Como Florentina Ituarte, a irmã de sua bisavó que ao envelhecer mandou retirar todos os espelhos de sua casa, Ocampo queria preservar a

---

107 Sara Facio, *Victoria Ocampo en fotografias*, Buenos Aires: La Azotea, 2006, p. 72.
108 *Ibidem*, p. 82.

imagem que havia tido até determinada idade. Sabia desde o desaparecimento de Steerforth, o amigo de David Copperfield, que o que a morte tem de "mais devastador é que começa antes de chegar, em plena vida"[109]. Fiel à crença dos autobiógrafos tradicionais, confiava nas possibilidades retóricas e gráficas de conjurar seus efeitos, deixando estabelecido como deveria ser recordada daí em diante. As últimas fotos que lhe haviam tirado conspiravam de modo desapiedado contra esses fins ao fazê-la parecer, segundo dizia, com "essas 'Dona Petrona' ou dona qualquer coisa que escrevem receitas de pratos *criollos*"[110].

"Olhe minhas fotos anteriores e abstenha-se!" Várias décadas depois, em *Victoria Ocampo en fotografías*, o livro que lhe dedicou em 2006, Sara Facio responde a esse mandato com uma seleção impecável e uma composição convencional das melhores fotos da escritora ao longo de sua vida. O percurso que organiza os materiais gráficos está acompanhado por alguns textos breves de Ocampo, escolhidos pela fotógrafa, e pela recordação estilizada de diálogos mantidos entre ambas. A articulação geral do livro é consequente com o sentido cronológico que organiza o relato autobiográfico da escritora; com frequência, conta Facio, apelou a esse relato para situar dados precisos, datas de viagens, acontecimentos sociais e culturais. Como acontece com a maioria dos retratos que compõem as capas dos seis tomos de sua *Autobiografía*, um desejo de correspondência entre o momento narrado pela autora e o da cena, ou os rostos que as fotografias mostram, reúne as imagens e os textos do volume. Ainda que esse desejo resulte desde logo defraudado – as fotos excedem o valor documental e sobredeterminam ou perturbam o sentido do narrado –, o respeito ao mandato ocampiano que inspira o projeto de Facio realiza, na série de imagens com que se fecha o volume, o desejo contido no episódio mais significativo da autobiografia de Ocampo: o final. Não só não há nesse livro nenhuma foto sua na velhice, mas, além disso, as últimas imagens de sua vida que se incluem, aquelas, tão características, em que já reluz sua cabeleira branca e brilhante com reflexos azulados, e suas emblemáticas lentes escuras, mostram-na sempre em recintos ou situações que a identificam diretamente com a revista *Sur*. Sentada em seu escritório na editora com uma enorme biblioteca de fundo e, às suas costas, uma larga estante na qual se observam os números da revista encadernados, alguns exemplares de livros publicados pela *Sur* e uma importante coleção de fotos de escritores; Victoria e o grupo; Victoria em distintas gestões culturais; Victoria à distância máxima de qualquer imagem privada, doméstica, que ameace assimilá-la a Dona Petrona; mas em geral com um rosto sério, macambúzio, como que irritado, com um olhar tenso e protocolar, que acentua os incômodos e dores de cabeça que lhe causou esse lugar e que acusa as ansiedades que provocadas pelas exigências de sua imagem pública.

Diversamente dos dez tomos de seus *Testimonios*, que foram publicados integralmente ao longo da vida, entre 1935 e 1977, e recolheram muitos dos episódios e das anedotas públicas e pessoais que protagonizou até então, os volumes da *Autobiografía*, escritos entre 1952 e 1953, e revisados durante anos, foram pensados para leitores póstumos. O relato que compõem culmina no

---

109 Victoria Ocampo, *Autobiografía I: El archipiélago*, Buenos Aires: Sur, 1979, p. 179.
110 *Ibidem*, p. 74.

momento preciso em que nasce a *Sur*, quando Victoria Ocampo conta com 40 anos de idade e está chegando à metade da vida. Um final prematuro e perfeito, em que a autobiógrafa se figura ao mesmo tempo no encerramento de uma longa aprendizagem iniciada na infância e às portas da empresa que dirigirá até a morte. Ponto de chegada e recomeço, este final, que se representa como um duplo nascimento, o da revista e o de sua diretora, executa com uma eficácia prolongada a condição retrospectiva do gênero. Se bem que a narração dramatize um fecho abrupto e precipitado, que sem êxito tenta tornar verossímeis os motivos que levaram a autora a deter seu relato nesse momento[111], a lógica que desde o começo organiza a escrita encontra no sentido do final seu ponto de partida. *Sur y Cía* é o tomo que a imaginação autobiográfica de Ocampo teve de compor em primeira instância, não desde logo o que escreveu primeiro, mas o que teve que imaginar antes de conceber qualquer outro, para poder escrevê-los todos. Ainda que se empenhe em citá-la ao revés, é a divisa de María Estuardo em sua formulação literal – "Em meu fim está meu começo" – que atravessa e alinhava esses fragmentos dispersos de suas memórias que muitos de seus testemunhos haviam antecipado.

O nascimento de *Sur*, cujos avatares Ocampo já havia narrado em distintas oportunidades, opera no desenvolvimento do plano geral da *Autobiografía* como a culminação do prolongado esforço de *rétablissement* espiritual em torno do qual se articula todo o relato de sua vida. Consequência impensada de seu encontro fortuito com Waldo Frank em 1929, a proposta de criar uma revista transforma esse ano em um dos mais importantes "*tournant* de (sua) vida"[112]. A partir desse giro, sua história já não será a mesma. Na ideia de Frank, mas sobretudo em sua própria determinação e perseverança para realizá-la, Ocampo encontra o ponto em que se situar para dotar os acontecimentos de sua vida de uma ordem total e retroativa, de uma perspectiva de conjunto e um tipo de visibilidade desconhecida até esse momento[113]. Daí em diante poderá legitimamente ajustar a imagem daquela que foi à de quem teria querido ser. Leitora perspicaz das convenções do gênero, sabe antes de começar a escrever que, "se a que fui não está acompanhada continuamente pela sombra resplandecente da que teria querido ser, o todo resultante está como falseado"[114]. Mais do que ela mesma está disposta a admitir, sua escrita reconhece que a tarefa autobiográfica compreende antes de tudo um labor de edificação pessoal promovida pela imagem de si que o sujeito deseja projetar desde o presente. Se bem que o propósito de compor suas memórias apareça várias décadas antes da elaboração efetiva, o impulso que a decide a escrevê-las se resolve, como é habitual entre os autobiógrafos, em circunstâncias particulares de sua vida. Em seu caso, essas circunstâncias são as que lhe depara o peronismo; não me refiro estritamente

---

111 O último tomo se inicia com a seguinte declaração: "Depois de uma interrupção de dois meses, retomo estas *Memorias* (janeiro de 1953). Será necessário *chegar de um estirão até o fim*, porque começo a encontrar mil boas (ou más) razões para não continuá-las depois de ter deixado que esfriassem. Estas razões não são unicamente minha preguiça. Sempre pensei que uma empresa deste gênero comportava sérios inconvenientes" (Victoria Ocampo, *Autobiografia V: Figuras simbólicas: medida de Francia*, Buenos Aires: Sur, 1983, p. 9 [grifo meu]).
112 Victoria Ocampo, *Autobiografía III: La rama de Salzburgo*, Buenos Aires: Sur, 1981, p. 144.
113 *Idem, Autobiografía II: El imperio insular*, Buenos Aires: Sur, 1980, p. 9.
114 *Idem, Autobiografía VI: Sur y Cía*, Buenos Aires: Sur, 1984, p. 11.

às condições históricas que conferiram a esse período um perfil determinado, mas à leitura interessada e descomedida que seus testemunhos propuseram desse momento. Junto aos ensaios de Borges e aos contos de Borges com Bioy Casares, os testemunhos de Ocampo escreveram, para os leitores de *Sur*, os capítulos principais da saga do peronismo satânico que os intelectuais opositores difundiram durante anos. Urdida de analogias imperfeitas e anacronismos deliberados, essa saga, que apresentava o peronismo como um regime totalitário, opressivo, ilegítimo e inverossímil, encontra nos escritos de Ocampo a expressão veemente de seu complemento redentorista.

Caracterizar o peronismo como um sistema generalizado de intimidação dissimulada, uma espécie de estado de sítio onímodo e desapiedado[115], é para ela, além de uma resposta espontânea à recordação imediata desses anos, a possibilidade extraordinária de redobrar o gesto de autopromoção contido em sua perspectiva intelectual. A partir dessa caracterização, não só confere a si mesma o lugar de vítima ilustre de um inimigo todo-poderoso, mas justifica a necessidade da tarefa que sua revista predicou durante décadas. Sua visão do regime, que sentirá oportunamente ratificada pelos dias de prisão injustificada que sofre no cárcere de mulheres de Buen Pastor em meados de 1953, reconfirma para Ocampo a importância da missão redentora e testemunhal que os membros da elite intelectual se arrogam frente ao avanço dos poderes totalitários. Tem razão Cristina Iglesia quando assinala que o cárcere se converte para Victoria em um novo privilégio[116], não só porque a breve experiência desses dias a autoriza a participar (ainda que mais não seja que de modo imaginário) do tipo de purificação espiritual que admira em Gandhi, mas também, e fundamentalmente, porque lhe permite revalidar seu lugar como diretora de uma revista que sustentou o magistério moral das elites como um princípio programático. Ainda que não se trate do único motivo, a decisão de escrever sua autobiografia responde em certo sentido ao refortalecimento de suas convicções, especialmente à ideia de que é premente preservar os valores que estariam sendo avassalados e de que ninguém seria mais indicado que ela para empreender essa tarefa. Estabelecer a verdade sobre si mesma, salvaguardá-la das calúnias e dos ataques que lhe dirigem os adversários políticos e intelectuais, implica desde seu ponto de vista assumir uma responsabilidade histórica, proteger uma versão do passado pessoal e nacional que o peronismo ameaça fazer desapare-

---

115 Em "La hora de la verdad", o artigo que inaugura o célebre nº 237 de *Sur* (nov.-dez. de 1955) dedicado à Revolução Libertadora, Ocampo descreve o peronismo deste modo: "Um mau sonho em que não podíamos pôr uma carta no correio, por inocente que fosse, sem temer que fosse lida. Nem dizer uma palavra pelo telefone sem suspeitar que a escutassem e talvez a gravassem. É que nós, os escritores, não tínhamos o direito de dizer nosso pensamento íntimo, nem nos diários, nem nas revistas, nem nos livros, nem nas conferências – que, por outro lado, éramos impedidos de fazer –, pois tudo era censura e zonas proibidas. E em que a polícia – ela sim tinha todos os direitos – po*dia dispor* de nossos papéis e ler, se lhe dava vontade, cartas escritas vinte anos antes [...] Pode-se dizer sem exagerar que vivíamos em um estado de perpétua violação. Tudo era violado, a correspondência, a lei, a liberdade de pensamento, a pessoa humana. A violação da pessoa humana era a tortura [...]" (p. 5).
116 Cristina Iglesia, *Islas de la memoria*, Buenos Aires: Cuenco del Plata, 1988, p. 15.

cer[117]. Resulta eloquente nesse sentido que, em um gesto algo teatral, que arremeda sem reservas a atitude dos intelectuais europeus perseguidos durante o nazismo, nesses anos Ocampo envie suas cartas e papéis às casas de familiares e amigos íntimos para evitar que o regime os confisque ou destrua. O interesse que põe em contar uma e outra vez a indignação que sentiu ao ter escritos pessoais (entre os quais se encontrava já pronta uma parte dos manuscritos autobiográficos) revistados pela polícia, sublinha a necessidade e a urgência da missão que assumiu a seu cargo. "Agora sei que estou obrigada a dar o bom exemplo", escreve a Gabriela Mistral logo após sair da prisão, enquanto resiste a iniciar gestões pessoais para que lhe outorguem o passaporte que o governo lhe nega[118]. O desejo de exemplaridade, a aspiração desse reconhecimento moral que ela mesma prodigalizou aos escritores que admira e que é um princípio substantivo de seu credo intelectual, constitui o impulso principal que orienta sua escrita autobiográfica. "a história dos sofrimentos e das lutas de uma vida, contanto que ao contá-la se seja capaz de oferecer um reflexo fiel [...] é sempre um ensino"[119].

## A LENDA DA DIRETORA DE *SUR*

Mais que a vida de Victoria Ocampo, sua autobiografia conta a lenda da diretora de *Sur*: a história de uma mulher, nascida sob um regime de costumes injusto para seu gênero, que padece e desafia as limitações morais e culturais de sua classe e que, sem se sentir "nem preparada nem dotada para semelhante empresa"[120], decide investir sua fortuna pessoal em fundar e dirigir um projeto cultural ambicioso, destinado a comunicar vários continentes. O pós-escrito de Waldo Frank com que se encerra o último tomo – "Aqui, cruzando os Andes, você é uma espécie de figura mítica"[121] – confirma a vontade da escritora. Como em todas as lendas, a personagem principal atravessa uma série de experiências, obstáculos e padecimentos dos quais sai invariavelmente enriquecida. O relato toma a forma de um árduo caminho de aperfeiçoamento espiritual, inspirado pelo desejo de autoconhecimento e autorrealização da protagonista. Definido como "uma busca do absoluto", o percurso figura

---

117 A esse propósito defensivo obedece fundamentalmente a montagem da linhagem familiar com que se inicia sua *Autobiografía*. Ocampo se apresenta, em primeira instância, como filha das "famílias de origem colonial, que lutaram e se inflamaram pela emancipação da Argentina, [e que] mandavam na situação, justificadamente" (Victoria Ocampo, *Autobiografía I*, p. 10). A genealogia – sustenta Sylvia Molloy em "El teatro de la lectura: cuerpo y libro en Victoria Ocampo" (*in*: *Acto de presencia: la escritura autobiográfica en Hispanoamérica*, Ciudad de México: Fondo de Cultura Económica, 1996, p. 215) – serve como poderoso agente de discriminação, especialmente em épocas em que essas autonomeadas "primeiras famílias" se sentem ameaçadas. Insistir, a meados dos anos 1950, na ideia de que a história nacional se confunde com sua história familiar ("Ia eu ouvir falar dos oitenta anos que precederam meu nascimento, e em que os argentinos adotaram esse nome, como assuntos de família" [Victoria Ocampo, *Autobiografía I*, p. 10]) é, além de um modo de afiançar seu lugar ante os temores e inquietudes do presente, um índice claro do grau de miopia e ofuscação com que Ocampo percebe e avalia as transformações que se estão produzindo nesses anos. A crítica se ocupou de analisar como a preocupação nacional se trama com sua história pessoal e condiciona o desenho de sua genealogia. Sobre esse ponto, consultar Sylvia Molloy, *op. cit.*; Cristina Iglesia, *op. cit.*; e Francine Masiello, "Victoria Ocampo: memoria, lenguaje y nación", *in*: *Entre civilización e barbarie: mujeres, nación y cultura literaria en la Argentina moderna*, Rosario: Viterbo, 1997.
118 Victoria Ocampo, *Esta America nuestra: correspondencia 1926-1956*, Buenos Aires: Cuenco del Plata, 2007, p. 228.
119 Idem, *Autobiografía VI, op. cit.*, p. 13.
120 *Ibidem*, p. 51.
121 *Ibidem*, p. 122.

como uma espécie de aventura interior orientada a recuperar o equilíbrio anímico e moral comprometido durante os anos de adolescência e juventude. Logo após o intenso "estado de rebelião" que lhe provocaram as restrições e proibições que os pais impuseram a seu desenvolvimento, em um momento em que essa rebeldia aumenta (aprofunda-se a hostilidade para com Mónaco de Estrada, o marido com quem foi induzida a se casar, e entra em crise sua paixão por Julián Martínez, o grande amor de sua vida), Ocampo experimenta uma urgente e intempestiva (quer dizer, nem sempre bem motivada) necessidade de "ordenar", de "canalizar" as forças exorbitantes que liberaram nela esses estados. "Essas forças desencadeadas em mim, e por mim, ameaçavam me deslocar, se não desse com um exorcismo; se não as transformasse em forças construtivas (*secourables*). Tinha que descobrir o caminho"[122]. O risco do deslocamento se enuncia só para conjurá-lo. A consistência e a homogeneidade das autofigurações ocampianas são eloquentes nesse sentido. Sobre o final de *La rama de Salzburgo*, o tomo dedicado a sua relação amorosa com Martínez, uma mescla indefinida de arte e espiritualidade delimita o caminho que tomará a narração. O espírito das "grandes religiões" (não seus dogmas, aos quais Ocampo, sabe-se, renunciou muito jovem), junto com Bergson, Proust, Dante e Tagore, conforma, para ela, uma "fonte de sabedoria" inestimável, "a única terapêutica eficaz", para ultrapassar os dramas da condição humana[123].

O sentido dessa transformação, sobre a qual Ocampo insiste em muitas ocasiões e cujas consequências são centrais para o desenho geral do relato autobiográfico, se resolve mediante um desconexo encadeamento de citações no qual se percebem os esforços da escritora para justificar essa passagem. "A autobiografia – escreve Sylvia Molloy, em *Acto de presencia* – não depende dos acontecimentos mas da *articulação* dos acontecimentos."[124] No agudíssimo ensaio sobre as memórias de Ocampo, Molloy adverte que *La rama de Salzburgo* é justamente o tomo em que as referências literárias se tornam mais densas devido a que o excesso de vozes que entrecruzam o volume iguala o excesso de sentimentos que se descrevem no texto[125]. A explicação, impecável ao tratar das emoções que mobilizam a transmutação do amor paixão em amor espiritual, sem dúvida não detalha a função específica que cumprem as citações bibliográficas na caracterização do modo em que o relato figura essa conversão. As citações se tornam nesse caso um recurso imprescindível para articular dois estados subjetivos em princípio sem vinculação aparente e inclusive até contraditórios, como são a paixão sexual e o fervor espiritual. Preocupada em descrever essa passagem como uma continuidade sem claudicações, como o trânsito direto ainda que doloroso de um estado a outro[126], Ocampo, que em várias ocasiões se mostra inquieta por aclarar que o nascimento de sua atitude espiritual coincide com o zênite de seu apetite sexual, encontra na leitura interessada de Bergson a direção e o sentido que orientam a "viragem" (tal o nome do quarto volume de sua *Autobiografía*) que imprime à sua história.

---

122 Idem, *Autobiografía III, op. cit.*, p. 97.
123 *Ibidem*, p. 94.
124 Sylvia Molloy, *op. cit.*, p. 16.
125 *Ibidem*, p. 95.
126 "Entre a paixão e o amor [ecumênico] – afirma – há uma ponte que atravessar e um pedágio que pagar: não existe outra moeda fora a dor. E não só a dor, mas também a necessidade de uma mudança de atitude ante o amor. Uma maneira de sublimá-lo" (Victoria Ocampo, *Autobiografía III, op. cit.*, p. 43).

Havia chegado a um ponto em que percebia que a alegria, "a criação de si mesmo por si mesmo, o engrandecimento da personalidade mediante um esforço que extrai muito de nada, algo de nada", [...] a alegria que nasce sempre da criação, estavam em outro nível que o amor paixão, e era necessário empinar-se até essas alturas ou vegetar e perecer. Que esse esforço podia se chamar, utilizando o vocabulário dos trapezistas e de suas provas no ar, um *réstablissement* [erguer o corpo apoiando-se sobre as mãos][127].

A descrição que propõe a autobiógrafa sublima os componentes desestabilizadores próprios da pulsão sexual até transformá-la na potência edificante que a guia em seu caminho de ascensão moral: empinar-se, erguer-se, até restabelecer o equilíbrio perdido, e inclusive ir além, ultrapassar esse equilíbrio, engrandecendo sua personalidade, criando-se a si mesma por meio de suas obras. Um caminho marcado pelo duplo impulso de *"réstablissement"* e *"dépassement"*[128], que sintetiza o ideal de autodomínio e superação que inspira a rememoração ocampiana, e de cujos primeiros resultados favoráveis daria conta a escrita do livro sobre Dante. Como toda a literatura de Ocampo, ainda que com um propósito preciso que ao imaginário autobiográfico interessa destacar nesse caso, *De Francesca a Beatrice* é também um livro autorreferencial: o livro que a escritora recupera como aquele em que conta, por meio das imagens dantescas, seu próprio *"passo a outro plano"*[129], seu trânsito ao amor universal. "Minha necessidade de comentar *A divina comédia* nascia de uma tentativa de me aproximar da porta de saída de *meu drama pessoal.*"[130] Muito mais que isso, mais que um "sucedâneo da confissão ou da confidência"[131], um modo de canalizar os tumultuosos efeitos da paixão sensual, esse livro é também, como assinala Molloy, o primeiro passo importante em sua trajetória literária: a prova de que a escrita de Ocampo alcançou finalmente uma forma e se tornou um gesto público.

Enunciada no final do terceiro volume, a transmutação do amor carnal em potência espiritual divide a *Autobiografía* em dois momentos diferenciados e complementares: enquanto os primeiros três tomos compõem o autorretrato pessoal de Ocampo, os três últimos, ordenados segundo seus encontros com distintas personalidades da cultura ocidental, apresentam os traços determinantes de sua imagem pública e intelectual. Cada um desses momentos se organiza em torno da repetição de algumas cenas fundamentais do ato autobiográfico: a cena da indignação e da denúncia, do afogo e do desafogo, no primeiro caso, e as do mutismo, da timidez, e do mal-entendido, no segundo. A insistência dessas cenas, que já haviam aparecido em seus testemunhos e livros sobre escritores, superpõe o caminho de aperfeiçoamento moral da protagonista com o desenvolvimento progressivo das capacidades autoexpressivas da escritora. As recordações do bebedouro e do cavalo que abrem a seção "El archipiélago" do primeiro tomo, recordações das quais se subtrai por completo o medo que a protagonista deve ter experimentado ao se sentir ante o perigo de cair no buraco ou ao ver o espetáculo da tortura desenfreada sobre o animal indefeso, remetem menos a situações traumáticas

---

127 Victoria Ocampo, *Autobiografía III, op. cit.*, p. 104.
128 Idem, *Autobiografía V, op. cit.*, p. 21.
129 Idem, *Autobiografía III, op. cit.*, p. 33.
130 *Ibidem*, p. 98.
131 *Ibidem*, p. 108.

vividas na infância que às ficções de origem que a autobiógrafa postula na releitura de seu passado[132]. Ambas as recordações não só dramatizam a precoce indignação que as injustiças provocam na protagonista, mas, além disso, traduzem esse sentimento de indignação (que é sempre manifestação de "um mal-estar profundo e moral", segundo fica claro na recordação de sua primeira menstruação) como uma dificuldade ou debilidade expressiva, um afogo, que se alivia através da denúncia ou do testemunho: nos dois casos a menina corre a contar o acontecido. Os motivos que tramam essas recordações são retomados na pequena fábula de iniciação literária que Ocampo narra poucas páginas depois, quando apresenta a recordação de Miss Ellis, a preceptora inglesa que a acusa "injustamente" de distrair sua irmã durante as aulas. "Cheia de indignação e de raiva [...], não sabendo como me vingar, me pus a escrever. Escrevi um protesto acusando Miss Ellis de ser covarde por 'contar' coisas a meus pais. [...] Descobri que escrever era um alívio."[133] Da indignação ao alívio, em uma sequência que o relato repete em muitas oportunidades, a escrita, figurada como uma vingança, um desafogo, um modo de responder e compensar as injustiças, a solidão ou o sofrimento, resulta um meio ajustado às exigências do projeto autobiográfico. Derivada de um impulso vital recôndito e incontido, de uma "necessidade da alma"[134] que ultrapassa os limites do puramente pessoal, a escrita se define como uma "transubstanciação das emoções"[135]. Um processo que encaminha a superabundância vital das paixões para a verdade e a claridade das ideias, em um sentido congruente com o do rumo de depuração espiritual eleito pela protagonista. Que a *Autobiografía* assuma a forma da confissão se explica em primeira instância pelas capacidades transubstanciadoras que se atribui à escrita: "A sinceridade só chega ao leitor pela tradução do talento. Para que a sinceridade se expresse, é obrigatório que a socorra, que a traduza o talento"[136]. O alívio, a liberação que espera obter da escrita de sua vida provém menos da proximidade do relatado com a verdade do sucedido que da eficácia da confissão enquanto método destinado a que a vida se libere de suas confusões e paradoxos e chegue a coincidir consigo mesma[137].

Talvez pela marcada ansiedade que manifestam suas autofigurações públicas, a eficácia do verossímil confessional se debilita de modo considerável no segundo momento da *Autobiografía*. As regras da confissão se recolhem ante os gestos e expressões de uma teatralidade exacerbada. Os encontros com Rabindranath Tagore e com o conde de Keyserling, a quem Ocampo havia dedicado já, além de algumas conferências e testemunhos, livros completos, ocupam zonas importantes dos três últimos volumes. No vínculo com eles, o relato encena as distintas alternativas de aprendizagem e autoafirmação que depara à protagonista o inveterado "culto aos autores" que pratica desde a adolescência. Sua admiração funciona no interior do

---

132 Ocampo retoma essas recordações em várias oportunidades. A primeira reescritura aparece na seção "Antecedentes" do primeiro tomo da *Autobiografía*, quando apresenta sua genealogia familiar no desenvolvimento da história nacional. Para uma leitura dessa reelaboração, consultar Sylvia Molloy, "Dos proyectos de vida: Norah Lange y Victoria Ocampo", *Filología*, Buenos Aires, v. 20, n. 2, pp. 279-93, 1985, e o já citado "El teatro de la lectura: cuerpo y libro en Victoria Ocampo"). Outra reescritura encabeça seu testemunho "El hombre del látigo" (*Sur*, n. 237, 1955), em que conta sua experiência no cárcere de Buen Pastor.
133 Victoria Ocampo, *Autobiografía I, op. cit.*, p. 113.
134 *Idem, Autobiografía III, op. cit.*, p. 98.
135 *Idem, Autobiografía VI, op. cit.*, p. 11.
136 *Idem, Autobiografía I, op. cit.*, p. 60.
137 María Zambrano, *La confesión: género literario*, Madrid: Siruela, 1995, p. 38.

espaço autobiográfico como o relevo imediato da confiança perdida na divindade religiosa. Um deslocamento que reescreve em termos pessoais o entusiasmo pelos escritores que Virginia Woolf atribuía, não sem ironia, à personagem Orlando."Orlando não acreditava nas divindades comuns, nos explica Virginia Woolf; talvez [...] houvesse transferido aos grandes homens sua parte de credulidade. 'Só o pensamento de um grande escritor suscitava em sua alma tal acesso de fé, que o convertia em um deus invisível'."[138] Antes de conhecer a Tagore, Ocampo já havia experimentado esse impulso piedoso que o transformaria para sempre em seu mestre ou "guia" espiritual: um pranto incontido e liberador a havia arrebatado durante a leitura de *Gitanjali*, afundando-a em uma espécie de profundo estado de transe. Composto com uma evidente busca de efeito, esse episódio não só exibe a devoção ao mestre apelando a súplicas e exclamações exageradas, mas, ademais, introduz de modo grandiloquente a cena do mutismo e da timidez com que a autobiógrafa apresenta seu encontro com o poeta:"A presença súbita e real desse homem distante, tão familiar em meus sonhos, tão íntima em meu coração, quando não conhecia dele mais que seus poemas, me paralisou. Reação habitual ante um escritor. Quisera fugir em seguida. Caí no maior mutismo"[139]. Próxima e ao mesmo tempo distante, dotada do desdém soberano das chamas, a imagem de Tagore se descreve como a aparição repentina e excepcional de uma visão mística, cujas projeções comovem e fascinam a seus fiéis. A imobilidade, a falta de articulação, as dificuldades expressivas da protagonista são, além de provas imediatas de seu reconhecimento e veneração incondicional da grandeza alheia, manifestações que lhe permitem figurar-se com eficácia nas condições de inferioridade, de minoridade cultural e espiritual, que requer a composição de seu autorretrato público. É frequente que nesses momentos se caracterize como uma "menina" ou uma "adolescente". A insistência com que Ocampo repete a cena do emudecimento e da inibição, o interesse que põe em acentuar a assimetria, a unilateralidade, de suas relações intelectuais – não só será a discípula, a secretária, a governanta, a enfermeira, a motorista, a intérprete de Tagore, mas ainda chegará a se imaginar como um cãozinho de companhia, capaz de dormir no piso de ladrilho, atrás da porta do poeta[140] – afirma algo mais que sua idolatria em relação aos autores ou a vontade de construir-se um perfil de intelectual periférica, como costuma advertir a crítica. A recorrência dessas imagens, o modo evidente com que Ocampo salienta sua inferioridade, responde fundamentalmente à intenção de enfatizar os sucessos alcançados *apesar* das desvantagens padecidas, de dotar a realização desses sucessos de um empenho e uma intensidade particulares. O ideal de progresso moral que orienta a escrita de sua vida encontra na esforçada superação de suas insuficiências, em sua capacidade para revertê-las ou transformá-las, o principal ponto de referência.

Junto às cenas de devoção para com os autores, estreitamente relacionadas com elas, apresentam-se também as cenas do mal-entendido. Como ocorre à personagem de Orlando quando convida Alexander Pope a sua casa, a autobiógrafa descobre que esse estado de exaltação pode rapidamente mudar em desen-

---

138 Victoria Ocampo,"Anna de Noailles y su poesia", *in: Testimonios: primera serie*, Buenos Aires: Sur, 1981, p. 225.
139 *Idem, Autobiografía IV: Viraje*, Buenos Aires: Sur, 1982, p. 25.
140 *Ibidem*, p. 76.

canto. Se bem que seja "lisonjeiro frequentar os grandes gênios, nem sempre é cômodo viver a seu lado"[141]. Em um ensaio indispensável, Beatriz Sarlo[142] propõe leituras inteligentes sobre as razões que motivam e as formas que assumem esses mal-entendidos. Os desacordos com Tagore respondem a diferenças linguísticas e culturais, os desencontros com Keyserling se sustentam em diferenças de gênero. No primeiro caso, é a condição ocidental e cosmopolita da protagonista que se mostra questionada; no segundo, sua condição feminina. Tagore desconfia da capacidade dos ocidentais para entender o pensamento oriental e por essa razão, sustenta a autobiógrafa, mutila seu poema bengali na tradução ao inglês que ela lhe solicita. A situação irrita Ocampo de um modo particular. O mal-entendido das línguas, explica Sarlo, é relativamente tolerável; a incomunicabilidade das culturas não o é, porque fica a suspeita de que o problema reside em uma deficiência da cultura pela qual não se pode completar a passagem[143]. Sem dúvida, com o propósito de temperar as arestas conflitivas do episódio, o relato justifica essa situação por vias diferentes. Por um lado, estende as razões da incomunicabilidade para além das presumidas deficiências ocidentais: o próprio Tagore se mostra impedido de apreciar a música moderna e o poema de Baudelaire. Por outro, apela diretamente aos gostos compartilhados por ambos: a paixão por Shakespeare, que os dois conheceram em sua primeira juventude, e a afeição pela natureza, pelas árvores e flores do jardim. Diversamente do que sucede com Keyserling, e apesar de todos os caprichos, as arbitrariedades e as súbitas mudanças de humor que a autobiógrafa lhe atribui, os desacordos com Tagore não comprometem a devoção que Ocampo lhe professa. Para além das discrepâncias e obstáculos, ele seguirá sendo, junto com Gandhi, o mestre que a guiará no cumprimento do recôndito sentido de sua vida[144]. O interesse em preservar intacta uma admiração que o próprio relato revelou excessiva, em sustentar sem reparos um fervor superdimensionado, obedece à decisão de ressaltar os esforços comprometidos em uma tarefa que, longe de remeter aos aspectos mais frívolos e superficiais da protagonista, tal como lhe imputam seus adversários intelectuais, Ocampo apresenta como um trabalho com fins espirituais transcendentes. No interior do espaço autobiográfico, o contato direto com os autores supre ou compensa as carências de formação que, dadas as restrições que sua classe impõe à educação das mulheres, a protagonista padece desde muito jovem.

Apresentados sob o signo do irreparável, do verdadeiramente intolerável, os desencontros com Keyserling, aos quais a narração autobiográfica dedica o desenvolvimento mais extenso e minucioso, se fundam em uma prolongada cadeia de equívocos. Admiradora entusiasta dos ensaios do filósofo, até 1927, Ocampo o

---

141 Idem, "Virginia Wolf, Orlando y Cía", in: *Testimonios: segunda* serie, Buenos Aires: Sur, 1984, p. 33.
142 Beatriz Sarlo, "Victoria Ocampo o el amor de la cita", in: *La máquina cultural: maestras, traductores y vanguardistas*, Buenos Aires: Ariel, 1998.
143 A relação com as línguas estrangeiras é um tópico central da obra de Victoria Ocampo, extensamente estudado pela crítica. Para esse ponto, é iniludível consultar Beatriz Sarlo, "Victoria Ocampo: la mujer-sabia", in: *Una modernidad periférica: Buenos Aires 1920 y 1930*, Buenos Aires: Nueva Visión, 1988, além do já citado "Victoria Ocampo o el amor de la cita"; e Sylvia Molloy, "El teatro de la lectura: cuerpo y libro en Victoria Ocampo". Sobre o problema da tradução, ver também Patricia Wilson, "Victoria Ocampo: la traductora romántica", in: *La constelación del Sur: traductores y traducciones en la literatura argentina del siglo XX*, Buenos Aires: Siglo XXI, 2004.
144 Victoria Ocampo, *Tagore en las barrancas de San Isidro*, Buenos Aires: Sur, 1983, p. 100.

convida a ditar uma série de conferências na América do Sul. Durante dois anos, trocam uma correspondência veemente e contínua, que o conde interpreta como antecipação de uma paixão que transcende o puramente intelectual. A partir do encontro em Versalhes, as divergências adquirem, como assinala Sarlo, uma aberta conotação sexual, que dota a relação de um lado cômico, de *vaudeville*. É certo, como diz Sarlo, que Ocampo não chega a perceber o matiz ridículo da situação nem sequer vinte anos depois, quando escreve sua versão dos fatos em *El viajero y una de sus sombras: Keyserling en mis memorias*. Se o tivesse notado teria ficado difícil outorgar ao "assunto Keyserling" a significativa funcionalidade que adquire na diagramação geral de sua história. Enquanto o contato com Tagore põe em cena os aspectos mais devotos de sua relação com os autores, a relação com Keyserling enfatiza o ângulo previsivelmente decepcionante desse vínculo, remetendo-o à incapacidade do filósofo de compreender a natureza espiritual da condição feminina. O contato com Keyserling é, nesse sentido, o complemento negativo do encontro anterior. Contrário ao aspecto patriarcal de Tagore, sua aristocracia de maneiras, o fundador da Escola da Sabedoria é recordado como um Gengis Khan, um conquistador bárbaro e primitivo, ávido por se lançar sobre uma presa indefesa e desprevenida. Ocampo compara sua primeira visita a Versalhes ao encontro de Chapeuzinho Vermelho com o lobo, à "emboscada" que o lobo faz à menina. A desproporção que pauta a analogia, uma analogia que não se inclui no livro sobre Keyserling e só aparece na *Autobiografía*, além de transmitir a inquietação que a situação ainda lhe provoca no momento em que escreve suas memórias, adverte sobre os propósitos que orientam a inclusão do episódio no desenvolvimento geral do relato.

> O fato é que me apresentei no Hôtel des Réservoirs com minha "torta" [...] e meu pote de manteiga para minha avó, seguindo a tradição de Chapeuzinho Vermelho. E me encontrei de repente frente a um carnívoro que reclamava uma comida mais substanciosa. Ridículas minhas inocentes provisões![145].

Muito distinta e até oposta à imagem da Pentesileia de Kleist, com quem a autobiógrafa se identifica na versão dessa visita que propõe em *El Viajero y una de sus sombras*, a imagem da Chapeuzinho, o estado de inocência e falta de defesa, pródigo de boas intenções e propósitos nobres, que na leitura ingênua de Ocampo evoca essa personagem, representa, em paródia, o sentimento de perda e desencanto diante dessas circunstâncias. "Havia perdido meu 'estado de graça'. Os ídolos de minha juventude [...] já não eram deuses inacessíveis. Já não eram deuses."[146] Rompida sua incondicionalidade para com os autores, a protagonista se encontra só e entregue a si mesma, *tête-à-tête* com esse "eu" obscuro e desconhecido, do qual desconfia e com o qual não se identifica[147]. O desamparo e a decepção a obrigam a um profundo "exame de consciência" de que, após analisar suas faltas e debilidades, retorna fortalecida e segura de suas próprias convicções. Paradoxalmente, a leitura dos ensaios de Keyserling lhe proporciona uma espécie de pseudoteoria compensatória

---

145   *Idem, Autobiografía V, op. cit.,* p. 23.
146   *Ibidem,* p. 61.
147   *Ibidem,* p. 62.

com que interpretar seus erros e carências e usufruir deles para compor a imagem pública que se define em suas memórias. A ideia da "fecundidade do insuficiente", que Keyserling toma de Goethe, lhe outorga os poucos argumentos necessários para transformar sua desilusão e ceticismo em autoconfiança e vontade de superação[148]. A decisão de enfrentar só suas novas relações intelectuais, de negar-se a utilizar as cartas de apresentação que Keyserling lhe deixa para vários escritores europeus, é não só a oportunidade de manifestar o ânimo afirmativo em que deriva seu desencanto (a personagem da Chapeuzinho cede então seu lugar a outro estereótipo feminino, igualmente exagerado e inverossímil: o da mulher indócil, disposta a rebelar-se ante os caprichos de um falso deus), mas também a ocasião de definir a si mesma a partir das fecundas credenciais de sua insuficiência pessoal. "Eu desejava ir até eles como o que era: uma autodidata, uma obscura sul-americana amante das 'belas letras', da Europa, e bastante jovem para resultar grata de pronto."[149]

Autodidata, sul-americana e mulher: uma síntese arbitrária e interessada dos traços que definem sua subjetividade, a somatória de faltas e desvantagens que a releitura de sua vida, seu interesse por deixar estabelecido como chegou a ser a diretora de *Sur*, transforma em qualidades singulares[150]. A inquietude que a iminência do porvir provoca no presente, antes que a restituição ou a conservação do passado, é o tempo inescapável da autobiografia. A imagem de si que Ocampo compõe a partir desses traços constitui uma resposta indireta às interpretações que a identificam plenamente com os gostos e interesses de sua classe e reduzem o projeto da revista e seu lugar de diretora às vantagens e possibilidades que lhe brinda sua fortuna pessoal[151]. A montagem da genealogia familiar com que se abre o primeiro volume da *Autobiografía* antecipa em certo sentido sua réplica a essas acusações, quando, sem renunciar a ser uma herdeira direta das famílias patrícias, a autobiógrafa postula a profissão de fé iluminista que a alentará a transformar-se em quem é. "[...] sempre pensei que, prescindindo do meio e da herança, fatores em que não intervém nossa vontade ou nossa eleição [...] os homens e as mulheres são exclusivamente filhos de suas obras e por elas valem ou se condenam"[152].

---

148 "A religião cristã ensina ao pecador que seu pecado, por grave que seja esse pecado que o proscreve da sociedade, poderá ser redimido pelo redentor se o pecador tem consciência de sua culpa. *Mutatis mutandis*, para Keyserling a insuficiência pode não ser signo negativo e se transforma na melhor ocasião, no mais potente aguilhão para superar-se. Sabe-se até que ponto o ouvido e o tato se desenvolvem e afinam no cego para compensar o terrível *handicap* que suporta o organismo. A fecundidade do insuficiente atua um pouco da mesma forma. Certas deficiências, certas decepções, certas desgraças, inclusive certas catástrofes de nossa vida, podem ser '*blessings in disguise*' [bênçãos disfarçadas]. Acabam por enriquecer-nos mais, espiritualmente, que uma série de êxitos e de venturas, se somos capazes de digeri-las moralmente" (Victoria Ocampo, *El viajero y una de sus sombras: Keyserling en mis memorias*, Buenos Aires: Sudamericana, 1951, p. 127).
149 Idem, *Autobiografía V, op. cit.*, p. 61.
150 A crítica se ocupou de analisar e interpretar o sentido e a eficácia que têm esses traços na composição de suas autofigurações públicas. Sobre o autodidatismo de Ocampo e sua relação com os livros, consultar Sylvia Molloy, "El teatro de la lectura: cuerpo y libro en Victoria Ocampo", *op. cit.* Sobre a representação de seu eu feminino, ver Beatriz Sarlo, "Victoria Ocampo o el amor de la cita", *op. cit.*, e Francine Masiello, "Victoria Ocampo: memoria, lenguaje y nación". Sobre sua imagem de intelectual sul-americana, periférica, ver María Celia Vázquez, "Identidad, exotismo y extranjería en algunos testimonios de Victoria Ocampo", *in:* Adriana Bocchino (org.), *V.O. sobre Victoria Ocampo*, Mar del Plata: Estanislao Balder, 2006.
151 Em linhas gerais, até o começo dos anos 1980, em que os membros de *Punto de Vista* (especialmente Beatriz Sarlo, María Teresa Gramuglio e Jorge Warley) iniciaram uma revisão crítica da revista e da figura de sua diretora, as leituras que propuseram os intelectuais provenientes do nacionalismo popular e de suas vertentes de esquerda não se afastaram da equação que reconhecia em Victoria Ocampo um membro da oligarquia latifundiária e fazia de sua revista o órgão de expressão dessa classe.
152 Victoria Ocampo, *Autobiografía I, op. cit.*, p. 48.

Em certo sentido, Ocampo escreve suas memórias para instaurar-se como uma heroína autodidata capaz de superar por seus próprios esforços as limitações e tabus dos membros de sua classe. Afastada dos preconceitos e das reconvenções familiares, decepcionada de seus entusiasmos intelectuais, extenuada sua paixão por Martínez e insatisfeita em sua relação com Drieu La Rochelle, Ocampo sublinha com evidente redundância o estado de desamparo e solidão, espiritual e intelectual, que precede o momento de seu encontro com Waldo Frank.

> E saía novamente ao frio da rua, condenada às intempéries de uma existência desabrigada. Descia todos os dias a uma arena onde devia combater sozinha [...]. Assim como havia estado órfã de meus pais [...] porque não podia lhes confiar meu verdadeiro pensamento, ia me converter em órfã de outros seres a quem amava, por um motivo análogo. Na realidade eu estava só, *fabulosamente* só. Não se pode permanecer senão um tempo na matriz da paixão amorosa. Depois é necessário *nascer*, queira-se ou não, chegar a um nascimento doloroso como a agonia. Essa é a passagem mais dolorosa da vida[153].

Sem se desprender da retórica do sofrimento e do esforço que mobiliza a narração autobiográfica, o fragmento introduz e destaca a ambivalência que o sentimento de orfandade, sem dúvida um dos tópicos espirituais mais bem construídos da obra, apresenta sempre no relato ocampiano. A solidão é ao mesmo tempo um estado doloroso, angustiante, inclinado às vacilações e à desorientação, e um momento auspicioso, vital, favorável à mudança e aos renascimentos. Órfã e *só*, com as renúncias e sacrifícios que lhe impõe essa situação, mas também com a sensação de independência e liberdade que lhe outorga, Ocampo se imagina em condições perfeitas para realizar a passagem mais dolorosa, mas também mais importante e oportuna, de sua vida. Na carta que escreve a Tagore para lhe explicar o propósito da viagem aos Estados Unidos, em que vai se encontrar com Frank, a autobiógrafa projeta em escala continental essa sensação de orfandade e as possibilidades renovadoras que lhe desperta: órfãos da Europa se dispõem a fundar uma revista bilíngue que conecte ambas as Américas entre si e com o velho continente[154]. A fundação de *Sur* certifica seu ingresso definitivo ao cobiçado cenário das artes e das letras. Como assinala Sarlo[155], Ocampo elege a nobreza de toga frente à nobreza de renda de que provinha. Desloca-se, não fácil nem definitivamente, de uma elite a outra. Sua história é a de quem busca fazer um nome próprio, sem se identificar nem se apartar plenamente do sobrenome familiar. Dali que resulte significativo que no relato autobiográfico a morte do pai se articule sempre com o nascimento da revista: "Morreu [...] em 1931, ano em que apareceria *Sur*"[156].

Como se pusesse em cena a própria definição do gênero (o tema profundo da autobiografia – afirma Lejeune – é o nome próprio), o relato faz coincidir a desaparição do pai com o momento em que a protagonista se apropria de seu nome para rubricar

---

153 Idem, *Autobiografía V, op. cit.*, p. 90.
154 Idem, *Autobiografía IV, op. cit.*, p. 38.
155 Beatriz Sarlo, "Victoria Ocampo o el amor de la cita", *op. cit.*, p. 95.
156 Victoria Ocampo, "They are fighting in the center: contesto a *La Opinión*", in: *Testimonios: decima serie*, Buenos Aires: Sur, 1977, p. 287.

a obra que justificará toda sua vida. Ocampo cifra na fundação de *Sur*, como mais tarde na escrita de sua *Autobiografía*, a possibilidade de "nascer de mim mesma"[157]. Como se a morte do pai autorizasse ou habilitasse o nascimento da filha, ou, melhor ainda, como se a orfandade paterna determinasse de forma providencial o direito ao próprio engendrar, a articulação desses sucessos sustenta o efeito de continuidade que antecipam as cenas do reencontro e reconciliação com que se abre o último tomo[158]. A procedência se figura desse modo como uma sucessão harmônica, na qual as discórdias e tensões se dissipam ou se reacomodam apelando a uma versão idealizada e pouco crível do amor filial. Sem dúvida, tal como ocorre nos momentos mais sugestivos da escrita de Ocampo, a ênfase imprevista com que a narração sublinha algum detalhe ou comentário reinscreve inadvertidamente o que o imaginário autobiográfico se esforça em subtrair. As reflexões da filha que fecham a descrição da morte do pai transmitem, amplificado pela ambiguidade que as percorre, o fundo de disputa sobre o qual se trama o vínculo entre ambos.

> [Era] a primeira vez que via morrer alguém como se o matassem. Estive obsediada durante meses, durante anos. Mas outra obsessão me abandonava ou talvez fosse me abandonar (porque essas ligações se apagam lentamente): a de causar vergonha ou desgosto. Eu pensava: "Minha vida já não pode feri-lo. Agora estou pagando esse consolo de sua morte[159].

A ideia da morte do pai como um consolo, como o custo que a filha paga para já não o desgostar, subentende o desejo inconfessado de que algum desses desgostos o matasse por fim, para terminar de uma vez com a culpa (ou a reprovação paterna) de estar a matá-lo aos poucos: "Eu não tinha a impressão de que morria, mas de que algo o matasse. Que o matavam"[160]. Transfigurada em uma execução, a morte reintroduz a rivalidade e a violência de um vínculo que se resolve menos como um legado ou uma autorização que como uma apropriação: a do *nome familiar* transformado em *nome de autor*. Foi necessário que a filha deslocasse a potestade do sobrenome a um âmbito a que nem o pai nem seus antecessores creditassem ne-

---

157 Idem, *Autobiografía VI, op. cit.*, p. 13.
158 Apresentado como uma volta ao lar, como um esperado regresso à casa paterna, o retorno da viagem à Europa que a protagonista realiza em 1929 cifra o reencontro com os seus na mudança de posição que se produz no vínculo com o pai. Quando no dia da chegada ele a convida a se sentar a seu lado durante a ceia, a protagonista sente que esse gesto de aproximação os compensa dos mal-entendidos e hostilidades que desde fazia anos punham distância entre ambos. A cena, que se descreve como o término de uma ansiada reconciliação ("Recordo esse instante como um topo alcançado depois de uma longa subida" [Victoria Ocampo, *Autobiografía IV, op. cit.*, p. 15]), constitui, além disso, o prelúdio de um adiado reconhecimento paterno: "Não a sabia tão valente" são as últimas palavras que, pouco tempo depois, Ocampo escuta seu pai dizer enquanto o acompanha no leito de morte. Não só porque o enunciado contradiz a severidade do vaticínio que lhe havia dirigido antes, quando ela lhe contara a ideia de *Sur*: "Você vai afundar a revista. Eu a conheço" (*idem*, "They are fighting in the center", p. 287), mas também porque é difícil não pensar que a filha interpretasse o reconhecimento de sua valentia como um convite para desafiar o mau augúrio; a situação representa o tipo de relação com seus pais que a autobiógrafa estabeleceu no começo. "Não me sinto obrigada a segui-los, a não ser quando aceito seu credo, e na medida em que o aceito. *Nous aurons le sublime orgueil / De les venger ou de les suivre*. Por quê? Nem vingá-los, nem segui-los; continuá-los à nossa maneira, que não pode ser a deles: a circunstância mudou" (*idem, Autobiografía I, op. cit.*, p. 14). "Continuá-los à [minha] maneira", poderia ser dito, é a fórmula que a narração autobiográfica propõe para atenuar os aspectos conflitivos de uma relação que se caracteriza pródiga em tensões e ambivalências. Emblema da lei ao longo da obra, a figura paterna concentra em si a administração dos deveres e das proibições familiares.
159 Victoria Ocampo, *Autobiografía VI, op. cit.*, p. 16.
160 *Ibidem*, p. 15.

nhuma distinção para que Ocampo se convertesse definitivamente em um atributo de Victoria: "No verão de 1931 nasceu *Sur*. A partir desse momento minha história pessoal se confunde com a história da revista"[161]. Desde então e para sempre Victoria será o nome da diretora de *Sur*, e *Sur*, a revista de Victoria. Talvez menos a revista que houvesse gostado de ler quando jovem (é difícil situar em que momento Victoria começou a se parecer consigo mesma), que a que necessitou fundar para transformar-se definitivamente em quem queria ser. O final da *Autobiografía* se afasta da elaborada genealogia familiar que propôs no começo, para mostrar realizada essa fantasia infantil em que a menina brinca de voltar a cabeça para trás e, entre temerosa e atraída, descobre que atrás dela há *nada*. Como se fosse necessário aclarar: "Ninguém se cura nunca de sua infância"[162], remata a autobiógrafa.

---

161 *Ibidem*, p. 86.
162 *Ibidem*, p. 68.

# AS MEMÓRIAS DE PEDRO NAVA E A MODELAGEM DO MODERNISMO MINEIRO
ANDRÉ BOTELHO[163]

Quando contava quase 65 anos de idade, em 1968, Pedro Nava, um médico mineiro havia muito estabelecido no Rio de Janeiro que ia se aposentando meio amargurado com as adversidades acumuladas numa, apesar disso, muito bem-sucedida carreira como reumatologista, se pôs a escrever suas memórias. Contrariando a prática até então mais comum desse gênero literário no Brasil, Nava parece ter preferido consagrar as memórias como o seu principal feito, antes que a si próprio, por exemplo, como médico, embora também as use para criticar seus desafetos na profissão. E ele se preparou a vida inteira para assumir a tarefa que, mal iniciada, simplesmente o lançou ao posto de mais importante memorialista brasileiro, posição talvez incontrastável mesmo hoje, quarenta anos após o lançamento do primeiro volume das memórias.

Num estilo narrativo passional marcado pelo excesso, já identificado ao barroco, que privilegia a percepção sensorial, e em que o tratamento do detalhe captura a atenção do leitor numa narrativa épica, as memórias de Pedro Nava recriaram a sempre instável combinação entre ficção e história em que o gênero se assenta. Seu narrador mostra-se como o narrador cordial por excelência, cujas ambiguidades e preferências formam o eixo do exercício em nada pretendido imparcial de recriar o passado. Sua força está antes na parcialidade que assume. Assim, se nem sempre vemos simpatia e compaixão para com os tipos ironizados – e a ironia é mesmo um dos motivos da narrativa – isso não significa, necessariamente, que o narrador se julgue superior aos outros. Antes talvez, ainda que não veja motivos para descartar a sério certos esnobismos de sua parte, porque ele olha com certa simpatia para os costumes que insiste em questionar, aspecto central da narrativa das memórias ao qual voltaremos.

O sucesso causado pelo aparecimento de *Baú de ossos*, em 1972, foi acompanhado, para muitos, de grande surpresa com relação ao talento literário de Pedro Nava. Como observou Carlos Drummond de Andrade, amigo da vida toda do autor: "Como foi que o danado deste homem, preso a atividades profissionais duríssimas, que lhe granjearam fama internacional, consegue ser o escritor galhardo, lépido, contundente que é?"[164].

---
163 Agradeço aos colegas do grupo sobre história intelectual na América Latina a oportunidade de discussão, e a Maria Arminda do Nascimento Arruda as sugestões do seu *Mitologia da mineiridade* (São Paulo: Brasiliense, 1990). Agradeço ainda a André Bittencourt a leitura deste estudo.
164 Carlos Drummond de Andrade, "Baú de surpresas", *in*: Pedro Nava, *Baú de ossos*, São Paulo: Companhia das Letras, 2012, p. 22.

Não pretendo aqui oferecer uma resposta à pergunta de Drummond, mas antes qualificá-la e aproximar-me ao que tudo indica de um dos seus sentidos retóricos como uma estratégia para a discussão de uma das principais dimensões sociológicas que as memórias de Pedro Nava também encerram: a modelagem da sua subjetividade e, por meio dela, da experiência de toda uma geração intelectual recriada como "modernismo mineiro" e seu papel central na construção da moderna cultura brasileira, processo no qual, a propósito, Drummond é o protagonista.

A *Baú de ossos* se seguiram *Balão cativo* (1973), *Chão de ferro* (1976), *Beira-mar* (1978), *Galo-das-trevas* (1981) e *O círio perfeito* (1983). Esses seis volumes foram publicados originalmente, o primeiro pela Editora Sabiá e os demais pela Editora Nova Fronteira, num intervalo de pouco mais de dez anos – excetuando-se as 36 páginas de *Cera das almas*, o livro que daria continuidade à série, interrompido pelo suicídio do autor ocorrido a 13 de maio de 1984. Tomando como eixo apenas uma das dimensões das memórias, a da história da formação sentimental, moral e intelectual de Pedro Nava, a partir da qual as muitas outras vão ganhando sentido na narrativa, pode-se dividir os volumes da seguinte forma: os dois primeiros tratam dos antepassados, da sua família e da sua infância; o terceiro e o quarto volumes tratam da sua formação educacional, são os livros da sua adolescência e juventude; o quinto e o sexto volumes tratam da sua atuação profissional como médico, são os livros da sua chegada à maturidade.

Essa organização é válida desde que não se ignorem outras dimensões mais amplas e menos óbvias que as memórias também encerram, entre as quais a que já pude qualificar como um "autorretrato e uma interpretação do Brasil"[165]. Mesmo o relato acerca de si próprio não deve levar a imaginar que a narrativa das memórias seja linear. Na verdade, ela é marcada por recorrentes suspensões do eixo temático e cronológico principal, a partir das quais histórias variadas ganham o primeiro plano e vão se entrelaçando. Justamente por isso sente-se a mão hábil do narrador mantendo os infinitos fios das memórias e sua maestria em conduzir o leitor com segurança, ainda que sem privá-lo de momentos de vertigem, pelo denso emaranhado da memória. Aliás, narradores no plural, já que nos quatro primeiros volumes a narração se dá por meio de um narrador em primeira pessoa; ao passo que, ao se aproximar do tempo presente da escrita das suas memórias, Nava tenha optado por um narrador em terceira pessoa.

O êxito de Nava na reconstituição do passado e em sua recuperação por meio da escrita acabaria por mudar a feição das memórias como gênero literário em nossa tradição intelectual, ocupando até então posição subalterna no cânone[166]. Além de ter criado uma série de problemas duradouros para os especialistas, que as têm frequentado com assiduidade. Não apenas a crítica especializada tem se deleitado com elas, mas também os leitores, que fizeram das memórias *best-sellers* em seu contexto original de publicação, cada volume frequentando as listas dos livros mais vendidos.

---

165 André Botelho, "As memórias de Pedro Nava: autorretrato e interpretação do Brasil", *in:* Pedro Nava, *op. cit.*
166 Eneida M. de Souza, "Nava se desenha", *in:* Eneida M. de Souza; Wander Mello Miranda (org.), *Arquivos literários*, São Paulo: Ateliê, 2003, p. 188.

## A VOCAÇÃO DO MODERNISMO MINEIRO

Desde o seu lançamento, a crítica especializada vem observando as raízes intelectuais modernistas das memórias de Pedro Nava[167]. Com razão, já que a experiência literária de Nava, iniciada na década de 1920 em Belo Horizonte, tem várias relações com o movimento de renovação estética e deu-se na companhia de amigos que se tornariam poetas de renome, como Carlos Drummond de Andrade, Abgar Renault e Emilio Moura. O próprio Nava, aliás, fez publicar naquele contexto alguns poemas seus em *A Revista*, o veículo modernista do grupo, mas ficaria rotulado como "poeta bissexto" em função de algumas de suas mais notáveis realizações poéticas, como "Mestre Aurélio entre as rosas" e "O defunto", reeditadas por Manuel Bandeira, em 1946, na *Antologia dos poetas brasileiros bissextos contemporâneos*.

Não se compreenderá a representação do papel do modernismo mineiro na modelagem da moderna cultura brasileira dissociando, na apreciação das memórias, forma e conteúdo da narrativa. Se a experiência modernista é central na constituição subjetiva do narrador, ganhando inclusive o primeiro plano da narrativa de um dos volumes, *Beira-mar* (1978), por meio da recuperação das experiências da sua juventude e de seu grupo de amigos, essa centralidade não se esgota no plano do assunto. Antes, só ganha sentido por meio do emprego bem meditado de certos recursos formais, forjados e compartilhados por aquela geração, mais tarde identificada como modernista, os quais permitem certos efeitos estéticos e intelectuais e não outros.

Quanto aos processos formais de composição, seu pertencimento ao modernismo pode ser entrevisto, sobretudo, no emprego de recursos eruditos mesclados aos populares, ligados, por exemplo, à pesquisa da linguagem oral, a que também a obra de Nava deve em grande parte sua notável expressividade. Pode-se lembrar, nesse sentido, da enumeração que, ao lado de outros recursos formais, permite a ampliação do campo de significação das memórias individuais, fazendo com que seus autobiografemas acabem por ganhar o sentido de trama do mundo social numa relação reversível particular-universal, como mostrou pioneiramente Antonio Candido[168]. Para Davi Arrigucci Jr., por sua vez, a frase enumerativa de Nava é parte de uma pesquisa mais ampla da linguagem oral, constituindo "um equivalente em prosa do verso livre do modernismo, de que parece uma herança viva"[169]. E o verso livre, como se sabe, foi o principal instrumento de renovação estética e aproximação ao cotidiano no modernismo brasileiro.

A técnica da enumeração empregada nas memórias, seja ela vista como recurso estético mais ou menos concatenado ou caótico, cumpre lembrar, está imemorialmente presente na cultura popular brasileira, como nas louvações e nos cantadores nordestinos, registro a partir do qual já havia sido transposta e transfigurada para o plano narrativo com efeitos estéticos semelhantes aos alcançados pelas memórias de Pedro Nava. Refiro-me a *Macunaíma* (1928), de Mário de Andrade, onde a enumeração constitui re-

---

167 Ver especialmente Antonio Candido, "Poesia e ficção na autobiografia", in: *A educação pela noite*, Rio de Janeiro: Ouro sobre Azul, 2006; Davi Arrigucci Jr., *Enigma e comentário: ensaios sobre literatura e experiência*, São Paulo: Companhia das Letras, 2001; José Maria Cançado, *Memórias videntes do Brasil: a obra de Pedro Nava*, Belo Horizonte: UFMG, 2003; Joaquim A. de Aguiar, *Espaços da memória: um estudo sobre Pedro Nava*, São Paulo: Edusp/Fapesp, 1998.
168 Antonio Candido, *op. cit.*, pp. 76-7.
169 Davi Arrigucci Jr., *op. cit.*, 2001, p. 109.

curso crucial para relativizar a pretensão enfática do temário europeu, retirar ao temário localista a inocência da marginalidade e dar sentido calculado e cômico aos desníveis narrativos que assinalam o desencontro dos postulados reunidos no livro[170]. Vale lembrar a propósito que, em 1929, Nava ilustrou com oito guaches o exemplar da rapsódia que havia recebido do próprio Mário, talvez motivado pela provocação da dedicatória:"A Pedro Nava, pouco trabalhador, pouco trabalhador!" De todo modo, não parece ter sido apenas esse o conselho de Mário que Nava acabou acolhendo, como sugere a correspondência trocada entre eles. Numa das cartas nos longínquos anos 1920, cinquenta anos antes do início da publicação das memórias, Mário o aconselhava novamente a trabalhar muito, pois o fundamental seria chegar a uma organização "geral" da linguagem (literária?) capaz de incluir "todos os meios brasileiros burgueses e populares". Lição de "geral devoração" a seu modo meditada e formalizada nas memórias. Nessa aproximação, contrapunha-se e, na verdade, contribuía para esvaziar a distinção costumeira entre norma culta – a língua portuguesa escrita de acordo com as regras gramaticais estabelecidas a partir de Portugal – e a língua portuguesa falada, adaptada e recriada no cotidiano brasileiro. Movimento para o qual a valorização das mais diferentes práticas culturais populares tornou-se o vezo de abrasileiramento e de contraponto às visões que opunham (e opõem) o erudito ao popular como figurações antitéticas e excludentes[171].

Tendo em vista essas questões gerais de ordem estética, da fatura das memórias, deter-me-ei em *Beira-mar*, o livro que, por sua própria temática, explicita o sentido sociológico das memórias que estamos perseguindo. O livro se passa em quase sua totalidade em Belo Horizonte nos anos 1920 – a então recém-criada capital de Minas Gerais, a primeira cidade moderna planejada do Brasil. Como nos demais volumes, a organização da narrativa se dá na forma de um sistema de lugares ao qual estão associados vários sentidos sociais, morais, ideológicos que o qualificam de modo complexo. São basicamente três os sistemas de lugares principais de *Beira-mar*: a Faculdade de Medicina, o palácio do governo estadual e suas secretarias e as ruas de Belo Horizonte, cujo epicentro era o Café e Confeitaria Estrela. Entre eles transcorre a juventude do narrador e as experiências afetivas, estéticas, intelectuais e sociais que modelam a sua subjetividade, a identidade da sua geração intelectual e o modernismo mineiro. Uma sequência na qual também a enumeração joga papel decisivo, identificando e formalizando certas circunstâncias individuais rememoradas em elementos significativos como modos de existência e reverberação coletivas até a definição da moderna cultura brasileira.

O núcleo principal do modernismo mineiro tal como reconstruído em *Beira-mar* é formado pelo "grupo do Estrela", assim chamado numa referência ao café de mesmo nome localizado na rua da Bahia, espécie de epicentro mítico dos acontecimentos decisivos do livro. Embora não reivindique para si protagonismo central no grupo, é o narrador quem detém autoridade suficiente para reordenar, no tempo e no espaço, aquela experiência, conferindo-lhe um sentido quase teleológico, de um movimento cultural: um grupo de indivíduos que, mesmo pouco conscientes e organizados, atuam com a expectativa de provocar alguma mudança na cultura e, talvez, na socie-

---

170 Gilda de Mello e Souza, *O tupi e o alaúde: uma interpretação de Macunaíma*, São Paulo: Duas Cidades, 1979.
171 André Botelho, "Chão de ferro: do mar à montanha. As amizades da vida toda", *in:* Pedro Nava, *Chão de ferro*, São Paulo: Companhia das Letras, 2012.

dade de que fazem parte. É o narrador quem pode, por exemplo, determinar quem fazia parte do grupo ou não. Ou ainda, esclarecer quais foram os principais veículos e publicações do movimento mineiro inventariando suas contribuições, como *Verde*, do grupo de rapazes de Cataguases, no interior do estado, e, sobretudo, *A Revista*, do próprio grupo de Belo Horizonte.

Percebe-se que, nessa reconstrução das experiências modernistas mineiras, Carlos Drummond de Andrade aparece desde o início como elemento central do grupo do Estrela, posição confirmada no conjunto do livro. Não apenas sua obra poética é reverenciada, não se poupando adjetivos encomiásticos para qualificá-la, mas Drummond desempenha ainda papel central na economia interna de *Beira-mar* e tem presença marcante em todo o conjunto das memórias, onde se encontram diferentes referências e intertextualidades explícitas e mais implícitas com a sua obra. Drummond é, assim, um dos principais personagens das memórias de Pedro Nava e figura nelas, como já foi mostrado, como "mestre, indicador de caminhos. O poeta é dono de uma escrita e leitura do mundo que o narrador quer seguir"[172].

Em *Beira-mar*, a centralidade de Drummond não é abalada pela afirmação de outras três figuras polarizadoras do grupo do Estrela, no sentido de que em função delas as pessoas foram se conhecendo e o grupo se formando: Alberto Campos, Emilio Moura e Milton Campos. De cada um deles, e de muitos outros, o narrador compõe retratos memoráveis e detalhistas, como é de seu feitio, dando-nos a conhecer traços de suas personalidades, suas contribuições ao movimento modernista mineiro e atuação posterior. A força do grupo não estava, assim, apenas naquele que melhor encarnaria o seu sentido, mas também no conjunto que somente eles juntos formavam. A comprovação da importância daquilo que fizeram na juventude, quando apareciam vagamente como rebeldes – "futuristas" ou "nefelibatas" – aos olhos da tradicional família mineira (TFM) e deles mesmos, parece vir do papel de destaque que muitos deles acabariam tendo na vida cultural e politica nacional. Assim, visto do presente da narração, o narrador afeta se impressionar com o destino dos amigos de juventude: "Escrevendo o nome desses amigos de mocidade e vendo o que eles foram depois – não posso deixar de dizer do orgulho de ter pertencido a grupo tão ilustre"[173].

Sem fazer exatamente concorrência a Drummond, mas antes completando muito harmoniosamente a experiência coletiva do grupo, sobretudo, dos mais moços em que o poeta e o narrador se incluíam, está Aníbal Machado, com cujos conhecimentos sobre arte moderna e também notável biblioteca para a província eles sempre podiam contar. Para dizer o mínimo, o narrador assume que foi de Machado que ouviu pela primeira vez dois nomes que definiriam sua vocação literária: Marcel Proust e Carlos Drummond de Andrade. E, mais importante ainda, ao menos no que se refere ao modernismo mineiro, confessa que foram Aníbal Machado e Carlos Drummond que o "ensinaram" a distinguir o que era e o que não era "moderno"[174].

Ao lado das suas próprias experiências, e mais do que as dos outros moços, são, sobretudo, de Drummond as pinçadas no passado para compor o grupo

---
172 Raquel Guimarães, *Pedro Nava, leitor de Drummond: a memória, os retratos, a leitura*, Campinas: Pontes, 2002, p. 90.
173 Pedro Nava, *Beira-mar*, São Paulo: Nova Fronteira, 1978, p. 91.
174 *Ibidem*, p. 46.

do Estrela. Lá estão, por exemplo, episódios antológicos e bastante conhecidos atualmente, mas não quando Nava publicou *Beira-mar*, o que significa que, com a concorrência deste, acabaram por se tornar praticamente arquétipos da mitologia do modernismo mineiro. Como o hábito de o jovem poeta voltar para casa na Floresta por cima da murada do viaduto de Santa Teresa, para confrontar a prudência cultivada da família mineira[175]. Ou esse centro da sociabilidade intelectual, boêmia e sentimental da Belo Horizonte dos anos 1920, crucial para aquela geração, que foi a rua da Bahia. "Descer" e "subir" a rua da Bahia era "arte delicada", como afirma Pedro Nava no célebre "Evocação da rua da Bahia", escrito para homenagear o amigo Drummond em seu cinquentenário. Esses verbos representam toda uma dinâmica social e sensorial da juventude que a evocação em *Beira-mar* pretende restaurar, em fragmentos por certo. "Descer", em especial, codifica o hábito da rapaziada de frequentar os bordéis então localizados na parte baixa da rua da Bahia, como esclarece o narrador sobre a geografia afetiva da cidade[176].

Como nas memórias em geral, a reconstituição quase etnográfica dos episódios sentimentais da juventude em *Beira-mar* só se torna possível na medida em que se assenta, ao lado da prodigiosa imaginação e habilidade literária do narrador, em copiosa documentação material. Nesse caso, concorreram sobremaneira os questionários que Nava preparou e submeteu aos colegas de geração sobreviventes quando escrevia as memórias. As perguntas do questionário informam (e traem) seu objetivo de reordenar as experiências da juventude em termos de um movimento cultural – ainda que a afirmação tanto do caráter contingente das experiências rememoradas, quanto da relativa ignorância dos atores a respeito do papel que estavam desempenhando, seja fundamental para a narrativa. Mais do que garantir a verossimilhança, porém, os questionários talvez tenham desempenhado papel simbólico muito mais relevante, agregando ritualmente os sobreviventes da juventude em torno de lembranças e esquecimentos do passado e afirmando a construção social do modernismo mineiro[177].

Embora em muitas passagens seja explícita a intenção programática de *Beira--mar* sobre o papel do modernismo mineiro na modelagem da moderna cultura brasileira, contendo toda sorte de informações que se pretendem "objetivas", dicas aparentemente lançadas ao acaso e verdadeiros apelos a futuros estudiosos, em suma, conformando roteiro minucioso e prático de pesquisa, sua força narrativa não se reduz ao aspecto didático que também encerra. Pode-se até mesmo ponderar que, se fosse assim, o livro teria pouco interesse como narrativa, valendo no máximo como fonte historiográfica. Ou, melhor ainda, que teria pouca influência mesmo como fonte historiográfica[178]. Mas *Beira-mar*, como os demais volumes das memórias, aliás, consegue atender plenamente ao segundo aspecto, sem descuidar do primeiro, seja no andamento geral da narrativa ou nos detalhes. A qualidade da

---

175 *Ibidem*, p. 6.
176 *Ibidem*, pp. 54 ss.
177 Esses questionários integram hoje o arquivo Pedro Nava da Fundação Casa de Rui Barbosa, no Rio de Janeiro.
178 Para diferentes análises do modernismo mineiro que se utilizam das *Memórias* de Pedro Nava e especialmente de *Beira-mar* como fontes, ver Maria A. do Nascimento Arruda, *op. cit.*; Helena M. B. Bomeny, *Guardiães da razão: modernistas mineiros*, Rio de Janeiro: UFRJ; Tempo Brasileiro, 1994; e Ivan Marques, *Cenas de um modernismo de província: Drummond e outros rapazes de Belo Horizonte*, São Paulo: Editora 34, 2011.

narrativa, e o próprio êxito do programa que encerra, está sempre na capacidade de conferir generalidade à experiência individual de Pedro Nava. Retomemos, então, esse vezo da narrativa para apreciar o problema que destacamos.

Já observei, noutras oportunidades, em diálogo com a bibliografia pertinente, quanto as memórias de Pedro Nava parecem dever à posição relativamente subalterna do narrador em relação às elites dirigentes de que fazia parte[179]. Ao menos a posição social intermediária em que se encontrava na infância e juventude, constrangida entre as elites e a massa de pobres de uma sociedade polarizada, sem nenhuma classe média significativa, parece ter favorecido a constituição, entre o ressentimento e o desejo de distinção, de uma perspectiva privilegiada para observar o movimento geral da sociedade e desnaturalizar hierarquias, desigualdades, práticas sociais e valores. Posição ambígua biograficamente decorrente do falecimento precoce do seu pai, que estava em condição de reproduzir e, talvez, até mesmo ampliar em novas condições a fortuna material e o prestígio social que seus antepassados desfrutaram. Todo o desenvolvimento do narrador traz essa marca da sua posição social ambígua, e ao mesmo tempo instável, que acaba por concorrer para o desenvolvimento de sua visão privilegiada para observar a sociedade brasileira.

Desprovido de fortuna material própria e detendo ainda significativo capital social e cultural característico das elites dirigentes de então, a educação formal se afigurou desde cedo como o único caminho para a ascensão social do narrador – no que reproduz certo padrão sociológico da sua geração[180]. Mais uma vez, ao lado da comovente tenacidade da mãe, para a consecução da educação formal do filho mais velho, seja no Colégio Pedro II, seja na Faculdade de Medicina, sempre concorreram as relações sociais que sua família mantinha direta ou indiretamente com os poderosos aos quais podiam recorrer como "quase" iguais. Todo o segredo, claro, está nesse "quase". O favor recebido e devido parece ter constituído, assim, o meio pelo qual se logrou reatar, simbólica e materialmente, o curso da existência social a que o narrador estava destinado por nascimento, quebrado pela morte precoce do pai. Curioso mesmo como o narrador insiste nessa forma de reconhecimento intersubjetivo, com o qual, em geral, os membros bem-postos das elites dirigentes a que recorre parecem compartilhar. Empatia de estamento que não implica, porém, que a realização das demandas do narrador e de sua família nuclear se faça desacompanhada de certos rituais de humilhação. A estes, pontos altos da narrativa, com o orgulho ferido, o narrador promete jamais esquecer. Do mesmo modo, promete também jamais esquecer os favores recebidos de modo aparentemente desinteressado, ou ao menos sem alarde por parte dos seus benfeitores, guardando as aparências de naturalidade e dignidade.

Mas a elite dirigente a que se recorre é apenas a intermediária de um processo mais amplo. No fim da relação está o Estado, provedor de posições e benesses monopolizadas em grande medida por aquela elite. Voltada para dentro, a organização social fundada no estamento visa garantir a seus membros o acesso restrito a posições valorizadas, enquanto privilégios do grupo, num Estado

---

179 André Botelho, "Balão cativo: o aprendizado na memória", *in:* Pedro Nava, *Balão cativo,* São Paulo: Companhia das Letras, 2012. E *op. cit.,* 2011 e 2012.
180 Sergio Miceli, *Intelectuais à brasileira,* São Paulo: Companhia das Letras, 2001.

administrativa e politicamente organizado de modo autocrático[181]. Mesmo que em jogo estejam apenas posições humildes, como um lugar no funcionalismo público como o narrador de *Beira-mar* precisa e consegue para, desse modo, viabilizar sua formação em medicina. E o funcionalismo público, como sugeri, é um dos sistemas de lugares principais que organizam a narrativa desse livro e das memórias de Pedro Nava daí em diante. A certa altura de *Beira-mar*, a propósito, o narrador chega a confessar que a "vida funcionária" foi "uma das mais fundas impressões de minha vida", a ponto de, em 1949, ter chegado a tentar o início de um "romance burocrático" que, embora não tenha passado das primeiras páginas – publicadas como anexo a *Beira-mar* –, estaria na origem das memórias.

Embora dependesse dos rendimentos provindos do Estado para manter-se na Faculdade de Medicina, a colocação obtida pela mão de amigo influente da família junto à Diretoria de Higiene do Estado de Minas Gerais parece nunca ter sido levada tão a sério pelo narrador. Não que tenha prevaricado no cargo público. Não tendo sido muito graves, suas faltas, porém, mostram bem o *continuum* entre privado e público e, sobretudo, o modo patrimonialista de lidar com o público em nossa cultura política[182]. Assim, por exemplo, cansado dos horários de trabalho na repartição, a certa altura o narrador decide, por conta própria, que estava na hora de gozar umas férias. Horários a que, a bem da verdade, o jovem nunca conseguiu atender muito pontualmente, não apenas por efeito prolongado da boêmia noturna a que se entregava, diga-se a seu favor, mas muitas vezes pela própria sobreposição de horários entre a faculdade e a repartição: vemo-lo, no livro, o tempo todo correr de um lugar a outro, da faculdade para a secretaria, desta para aquela e, no meio dos trajetos, sempre a Livraria Alves, o Estrela ou o Bar do Ponto. Assim, aproveitando as festas do centenário da Independência, em 1922, "que se anunciavam soberbas"[183] na então capital federal, às quais sua avó paterna vinda do Ceará estaria presente, o narrador pede licença para se afastar por uns dias da repartição. O pedido lhe é negado pelo chefe, professor Samuel Libânio, de quem deixa memorável retrato, bem como de outros colegas do serviço público. Mas, afinal, por que se submeter à arbitrariedade de um chefe insensível?

> Saí murcho mas quando voltava para casa, resolvi a situação. No dia seguinte àquele em que chegou o vale postal de minha velha avó, fiz uma carta ao Seu Deolindo Epaminondas, dando parte de doente, que ele fizesse o favor de me desculpar junto ao Professor e mais isto e mais aquilo e que ele avaliasse meu incômodo, minha mortificação. À noite embarquei para o Rio, de noturno[184].

O desfecho do episódio mostra bem o sentido patrimonialista do sistema de relações que estamos caracterizando, afinal, acaso do destino, surpreendido pelo próprio chefe no Rio de Janeiro, embora envergonhado de sua mentira, o narrador se decide por mais uns dias de férias e, ao voltar à repartição, se amargou

---

181 Florestan Fernandes, *A revolução burguesa no Brasil: ensaio de interpretação sociológica*, Rio de Janeiro: Zahar, 1975.
182 André Botelho, "Público e privado no pensamento social brasileiro", *in:* Lilia Moritz Schwarcz, (org.), *Agenda brasileira: temas de uma sociedade em mudança*, São Paulo: Companhia das Letras, 2011.
183 Pedro Nava, *Beira-mar, op. cit.*, p. 110.
184 *Ibidem*.

alguma sanção, esta esteve mais para a punição com sentido educativo, como um pai complacente acaba se vendo constrangido, a favor das boas aparências, a impingir a um filho peralta. Uma mão firme, mais terna que dura, porém.

## CONTESTAÇÃO, TRADIÇÃO, CONCILIAÇÃO

Tal como recriado em *Beira-mar*, o modernismo mineiro parece constituir fundamentalmente um ímpeto contestador, tanto na estética quanto no comportamento da juventude. Ímpeto contestador voltado especialmente contra a sociabilidade local da "tradicional família mineira", tomada como fundamento moral e social, senão estético, do *status quo*. Atualizando em *Beira-mar* processos mais amplos de contraposição que estruturam a narrativa das memórias em geral, como a oposição nos primeiros volumes entre a família paterna (polo positivo) e a materna (negativo), a oposição entre juventude/modernismo e tradicional família mineira merece ser radicalizada para que se possa chegar o mais próximo da posição sempre parcial do narrador e do sentido sociológico próprio que encerra. Desse modo, *Beira-mar* parece contar, em grande medida, a história de moços bem-nascidos, mesmo que empobrecidos, que chocam a tradicional família mineira em Belo Horizonte, de que são membros legítimos e a partir de cujo horizonte, belo, com perdão do trocadilho, eles se colocam no mundo social que se desenha a sua frente. Aos menos favorecidos do mesmo estamento, era possível recorrer ao emprego público, de modo transitório ou não – como, em verdade, parece ser o caso de quase todos os rapazes do círculo do narrador, ainda que em diferentes patamares, como sugere o caso dos abastados irmãos Melo Franco.

Essa combinação entre *épater la bourgeoisie* e emprego público certamente não é restrita ao modernismo mineiro e possui significados distintos em diferentes experiências sociais, além de constituir matéria de duradoura controvérsia na literatura especializada[185]. O mais interessante em *Beira-mar*, porém, e que nos ajuda a configurar sua posição própria, é que mesmo sendo a formalização das lembranças e esquecimentos de um idoso que volta à juventude, período em geral tomado como o auge de uma existência individual, a melancolia parece relativamente ausente do livro. Melancolia de quem parece ter se preparado praticamente toda a vida para a busca do tempo perdido e que, ademais, é tão característica das memórias de Pedro Nava como um todo. Mas se, contrariando a regra, não há melancolia na recuperação dos seus anos de juventude, estes, apesar do ímpeto característico contra a tradicional família mineira que alardeava, tampouco parecem ter implicado grandes rupturas no plano social. Um estranho ímpeto contestador que parece mais voltado contra o passado do que para o presente, tamanha a força da tradição sobre suas existências. Uma vanguarda cuja ação vai aparando arestas e acomodando possíveis conflitos e que, ao fim e ao cabo, parecer querer reconciliar passado e futuro. Algo daquela convivência de inconciliáveis – "o democratismo e o privilégio, o racionalismo e o apego à tradição, o impulso confessional, que exige veracidade, e o temor à luz clara" – identificada por Roberto Schwarz[186] em *O amanuense belmiro*, de Ciro dos Anjos, o romance sobre funcionalismo

---
185 Sergio Miceli, *op. cit.*
186 Roberto Schwarz, *O pai de família e outros estudos*, São Paulo: Companhia das Letras, 2008, p. 20.

público por excelência da literatura brasileira e sabidamente baseado na geração modernista de Belo Horizonte, estrutura também *Beira-mar* e o modernismo em que aqueles anos de juventude se metamorfoseiam.

Memórias constituem modalidade de narrativas do eu que, quando centradas na autobiografia, atuam na modelagem e cultivo de um *self* individualizado, mas também coletivo, quando operam, como nas memórias de Pedro Nava, como um autorretrato, onde, menos que individualizar o sujeito, está em jogo sua construção como parte de uma totalidade mais vasta que o transcende[187]. Como nos quadros clássicos da memória[188], as memórias de Pedro Nava não se deixaram disciplinar inteiramente por uma noção moderna de "eu" altamente individualizada; antes, dividido e multiplicado nos outros, Nava se deixou surpreender também como parte de experiências e coletividades sociais mais vastas. O sujeito da narrativa, tal como laboriosamente construído no texto, passa a ser então uma mediação ou via de acesso a essa totalidade que, num mesmo movimento, o constitui individualmente e também o transcende. Assim, elas nos trazem uma narrativa onde é possível surpreender também uma interpretação do Brasil[189]. Nesse sentido, como acompanhamos neste estudo, *Beira-mar* reivindica o papel da geração de Pedro Nava na definição do modernismo mineiro e seu papel na modelagem da moderna cultura brasileira.

É verdade que a geração de Nava, e alguns dos seus melhores amigos, já havia não apenas frequentado o gênero memórias, como é o caso de Afonso Arinos de Melo Franco, que inicia suas memórias com *A alma do tempo*, de 1961, mas ainda contribuído para a ampliação dos seus significados sociológicos e propriamente estéticos, como Carlos Drummond de Andrade com *Boitempo* (1968) e *Menino antigo* (1973), e Murilo Mendes com *A idade do serrote* (1968). Todos eles mineiros, ligados ao movimento modernista daquele estado, como mineiro é ainda o já citado Ciro dos Anjos, que com suas memórias *Explorações no tempo* (1963) e outros livros também recria lembranças da infância refletindo sobre a violência da estrutura patriarcal mineira. Se o gênero foi historicamente cultivado em Minas Gerais, favorecido pelas suas condições urbanas precoces em relação ao Brasil[190], nenhum desses livros, porém, teve o impacto social e intelectual das memórias de Pedro Nava, e nenhum deles, também, teve mais êxito até o momento como roteiro historiográfico e sentimental do modernismo mineiro.

Seja como for, não deve escapar-nos a possibilidade de que essa construção intelectual do modernismo mineiro tenha sido amparada ou compartilhada também com os amigos dos tempos de juventude e outros escritores em diferentes círculos intelectuais de que Nava participou ao longo da vida. De que são exemplares os saraus literários promovidos pelo advogado e bibliófilo Plínio Doyle em sua casa em Ipanema aos sábados entre 1964 e 1984 – os, por isso, chamados "Sabadoyles". E o "grupo mineiro" composto por Nava, Drummond, Afonso Arinos, Alphonsus de Guimaraens Filho e Ciro dos Anjos era dos mais proeminentes nos Sabadoyles, que incluíam ainda Prudente de Morais, neto, e outros remanescentes do moder-

---

187 Michel Beaujour, *Miroirs d'encre. Rhétorique de l'autoportrait*, Paris: Seuil, 1980.
188 Frances Amelia Yates, *The Art of Memory*, London: Routledge and Kegan Paul, 1966.
189 André Botelho, "Público e privado no pensamento social brasileiro", *op. cit.*
190 Antonio Candido, *op. cit.*

nismo brasileiro. Mas, entre todo o grupo, contando membros e visitantes, nenhum outro confrade parecia mais notável que, mais uma vez, Carlos Drummond de Andrade[191]. E o amigo poeta, agradecido, faz questão de acrescentar uns versos na ata do dia 19 de maio de 1984, redigida por Alphonsus de Guimaraens Filho, onde os confrades registram com muito pesar a morte de Nava, que estivera presente, como de costume, na reunião do sábado anterior[192].

De *Beira-mar*, enfim, no jogo complexo da objetivação da subjetividade por meio da escrita memorialística e seus códigos e convenções literárias, de que são exemplares a técnica da enumeração e a pesquisa da linguagem oral que realizam a aproximação do erudito e do popular, do épico ao cotidiano, o papel secundário do modernismo mineiro é deslocado para uma posição central na modelagem da moderna cultura brasileira. Posição secundária que, seja no que diz respeito à deflagração do movimento, quando comparado aos modernismos paulista e carioca, entre os quais titubeou no início dos anos 1920, seja em relação à inovação estética que trouxe, dá lugar à celebração de sua longevidade e afirmação de sua persistência e atualidade no contexto intelectual brasileiro da época de publicação de *Beira-mar*. E, se é verdade que Mário de Andrade constitui a influência externa mais reconhecida sobre o modernismo mineiro, este amigo, correspondente e paciente de Pedro Nava, é tomado mais como nacional do que como especificamente "paulista", posição que, significando simultaneamente regional e cosmopolita, parece reservada mais a Oswald de Andrade no livro. E, mesmo assim, a influência de Mário aparece quase sempre mediada por Drummond, que a teria decantado e aperfeiçoado, como demonstraria a notável correspondência por eles trocada. Drummond, que em *Beira-mar* aparece desde o início vocacionado como aquele que seria "o maior poeta brasileiro"[193].

No conjunto das memórias de Pedro Nava, *Beira-mar* parece assim destinado a consagrar o modernismo mineiro, especialmente por meio da quase sacralização da figura de Carlos Drummond de Andrade. No seu intricado tecido narrativo e jeito todo especial de ser memorialista que o narrador reinventou, o cultivo da memória individual e de um grupo social vai, progressivamente, enumerativamente, tornando-se memória coletiva e (por que não?) senso comum. E não foram poucos a saudá-las explicitamente nessa direção na imprensa, inclusive os companheiros de juventude remanescentes que não se furtaram a escrever resenhas muito positivas das memórias, a cada volume publicado, nos jornais de maior circulação no país então, como *Jornal do Brasil* e *Folha de S.Paulo*. Campanha que se inicia antes mesmo da sua publicação, e o que é mais importante ainda, muito antes do anúncio público de *Beira-mar*, o volume dedicado especificamente ao modernismo mineiro, mas apenas o quarto das memórias. Como a série de artigos do próprio Drummond publicados no *Jornal do Brasil* em 1972 promovendo as memórias de Nava, e que, talvez, indique mesmo alguma estratégia mais ou menos articulada pelo antigo grupo modernista mineiro autoexilado no Rio e por seus partidários.

---

191 Homero Senna, *O Sabadoyle: histórias de uma confraria literária*, Rio de Janeiro: Casa da Palavra, 2000.
192 "Ariel despede-se do corpo/ que fizera sua alma escrava./ Mas há sempre uma luz no rosto/ distanciado – de Pedro Nava" (*apud* Homero Senna, *op. cit.*, p. 177).
193 Pedro Nava, *Beira-mar*, *op. cit.*, p. 63.

Em "Baú de surpresas", de 10 de outubro, o poeta maior do modernismo àquela altura não apenas anunciava aos leitores a vinda para breve de *Baú de ossos*, como o fez – note-se – em nome da sua própria "geração". Diz Drummond:

> Minha geração, a que ele pertence, está orgulhosa de oferecer às mais novas um livro com a beleza, a pungência e o encanto da obra excepcional que Pedro Nava realiza com este primeiro volume de memórias, digno de figurar entre o que de melhor produziu a memorialística em língua portuguesa. Aguardem, que ele vem aí, pela [editora] Sabiá[194].

---

194  Carlos Drummond de Andrade, *op. cit.*, p. 23.

# JUAN JOSÉ SEBRELI: UMA MEMÓRIA DE BUENOS AIRES
ADRIÁN GORELIK

Juan José Sebreli (1930) é um dos ensaístas mais característicos da camada intelectual que surge nos anos 1950 em Buenos Aires[195]. Trata-se de uma geração intelectual atravessada pela questão do peronismo e marcada pela implantação profissional das ciências sociais, que desenvolverá sua reflexão entre duas matrizes literárias: o ensaio de interpretação nacional (e é esse justamente o momento em que se relê e se dá novo valor a Ezequiel Martínez Estrada, representante cabal do ensaio intuicionista) e uma variante do ensaio político-cultural que vai adquirir enorme repercussão na conformação das coordenadas ideológicas do período (essa constelação de elementos que compõem a "esquerda nacional": nacionalismo, populismo, marxismo, no começo mesmo do ciclo de radicalização política que iria eclodir uma década mais tarde).

A obra de Sebreli, que participa de ambas as matrizes literárias, inclui uma quantidade de elementos autobiográficos, na forma de uma onipresente primeira pessoa – marca-d'água de uma filiação sartreana na qual conta tanto a experiência como o compromisso –, mas também porque é pensada como o espaço de um ajuste contínuo de posições. A necessidade programática de justificar cada um de seus deslocamentos ideológicos (do malditismo peronista ao marxismo antipopulista, e dali ao republicanismo antiperonista) dá a toda a obra de Sebreli o tom de um autoexame – cujo limite, por certo, opõe sua convicção complacente de ter acertado sempre nas grandes linhas, apesar de equívocos circunstanciais.

Mas, além dos usos da primeira pessoa e da autorreferencialidade em seus escritos, a prática memorialista *stricto sensu* também ocupa um lugar muito importante: boa parte da obra de maturidade de Sebreli compõe uma espécie de ciclo memorial integrado por uma variedade de formas literárias: vinhetas autobiográficas, anedotários e retratos de autores contemporâneos (*De Buenos Aires y su gente*, 1982; *El riesgo del pensar*, 1984; *Escritos sobre escritos, ciudades bajo ciudades*, 1997), longas entrevistas sobre sua vida e sua obra (*Las señales de la memoria*, 1989), ensaios programáticos nos quais aborda questões ligadas à sua própria experiência (como a "Historia secreta de los homosexuales en Buenos Aires", de 1997). Ciclo memorial consumado em 2005 em sua autobiografia propriamente dita, *El tiempo de una vida*,

---

195 Uma versão maior deste artigo foi publicada em *Políticas de la Memoria*, n. 13, Buenos Aires, Cedinci, verão de 2012-3. Desejo destacar aqui a importância do intercâmbio com os membros do projeto *Retratos latino-americanos* durante o processo de elaboração do trabalho, assim como a discussão com meus companheiros do Centro de História Intelectual da Universidade Nacional de Quilmes. À parte dessas instâncias coletivas, agradeço especialmente os comentários que me fizeram Gonzalo Aguilar, Carlos Altamirano, Horacio Tarcus, Graciela Silvestri e Hugo Vezzetti; temo que o texto final não faça justiça a todas suas observações, mas minha perspectiva sobre o tema não é a mesma depois delas.

na qual Sebreli reorganiza um conjunto de textos que compôs, basicamente, no começo da década de 1980, quer dizer, no momento mesmo em que se iniciava em Buenos Aires o interesse tanto historiográfico como político-cultural pelo meio intelectual dos anos 1950 e 1960. Assim, Sebreli começa sua prolífica atividade de memorialista em diálogo com esse interesse, buscando também fixar o sentido daquela época que o teve como protagonista e administrar os papéis que cada um desempenhou nela; por isso, seu ciclo memorial se concentra na etapa na qual escreveu os ensaios mais originais e influentes, que começa em seus artigos juvenis em *Sur* e *Contorno* nos anos 1950 e encontra sua forma acabada – e sua precoce consagração – no livro *Buenos Aires, vida cotidiana y alienación*, de 1964.

Mas *Buenos Aires, vida cotidiana y alienación* é algo mais que seu melhor e mais famoso livro; também é o livro que produz a primeira disputa séria sobre sua legitimidade intelectual – por meio de uma controvérsia que marcará o lugar de Sebreli no círculo cultural de Buenos Aires – e o que abrirá um de seus grandes temas, a cidade como objeto de indagação e como sujeito constituinte de sua biografia, retomado uma e outra vez no ciclo memorial. Quer dizer que aquele momento culminante na vida de Sebreli produz as duas grandes questões em que dividirá sua atenção autobiográfica: a cidade, que ele olha como menino, adolescente e adulto com paixão, e a polêmica intelectual, que desenvolve uma disputa por seu lugar e o de sua obra no campo cultural argentino. Aqui me proponho a analisar as representações autobiográficas de Sebreli, pondo em diálogo seu ciclo memorial com esse livro, de modo a repor, na Buenos Aires da memória, a da crítica e a da experiência.

## A CIDADE FRATURADA

Também para Sebreli *Buenos Aires, vida cotidiana y alienación* encerra, implícito, um relato autobiográfico[196]. Cada vez que voltou ao livro em suas memórias, apresentou-o como resultado de suas caminhadas obsessivas por Buenos Aires, um vagabundeio sem rumo que Sebreli coloca sob a égide retrospectiva da figura do *flâneur*, a rigor desde os anos 1980, para pensar as relações entre cidade e escrita. Como sabemos, essa *vague* teórica outorgou um novo prestígio ao ensaio como forma especialmente adequada para desvelar os mistérios da cidade moderna e permite a Sebreli reivindicar aquele livro de um ângulo, se não completamente inapropriado – já que suas mais perduráveis passagens têm a ver com essa mescla de intuição e observação densa que caracteriza os melhores exemplos do gênero –, sem dúvida estranho a seu programa de escrita original.

Recordemo-lo brevemente: o programa ficava exposto na forma de manifesto metodológico em um primeiro capítulo – intitulado, sem margem para a dúvida, "O método"– no qual se postulava uma sociologia marxista da vida cotidiana como ferramenta para combater em três frentes simultâneas: a da sociologia, a do marxismo e a do ensaio mesmo. Tratava-se de complementar as duas primeiras para superar

---

[196] Cf. Juan J. Sebreli, *Las señales de la memoria*, Buenos Aires: Sudamericana, 1989, p. 194, e o novo prólogo a *Buenos Aires, vida cotidiana y alienación*, Buenos Aires: Sudamericana, 2003, p. 20. Sobre esse livro, ver o preciso trabalho de Sylvia Saítta, "Pensar lo social: ensayo y sociedad en la Argentina (1930-1965)", *in*: Federico Neiburg; Mariano Plotkin (org.), *Intelectuales y expertos: la constitución del conocimiento social en la Argentina*, Buenos Aires: Paidós Iberica, 2004.

seus limites respectivos (contra a sociologia empirista, norte-americana e burguesa, a teoria marxista; contra o economicismo redutor dos cultores mecanicistas desta, a aproximação microscópica ao tecido social) e fazê-las funcionar como um maciço instrumental científico contra as aproximações impressionistas do ensaio. Nesse ponto, o contramodelo implícito era *La cabeza de Goliath*, porque, publicado em 1940, era já uma referência-chave na tradição de "explicações de Buenos Aires" e porque a ruptura com o pensamento de Martínez Estrada foi um dos rotundos gestos iniciais com que Sebreli construiu sua figura de crítico irreverente[197].

O livro apelava a um heterogêneo contingente de referências: da trilogia básica sebreliana composta por Hegel, Marx e Sartre, a Gilberto Freyre e ao Relatório Kinsey; de Henri Lefebvre à ecologia urbana de Chicago. Esta última permite ver bem a liberdade metafórica com que Sebreli toma seus referentes: há muito pouco no livro do tipo de *survey* que havia caracterizado a Escola de Chicago, mas da inspiração "ecológica" surge a cifra que o organiza: a divisão da cidade em quatro classes sociais (os capítulos do livro são "As burguesias", "Classe média", "Lúmpen", "Operários"), fixando cada uma em um território urbano específico ("um dos modos primários e imediatos com que [...] tomam consciência de sua localização objetiva dentro da sociedade"[198]). E pode-se afirmar que nessa estrutura se encontra uma das razões do êxito de *Buenos Aires, vida cotidiana y alienación*: através de um esquema tão simples como original, Sebreli ofereceu uma cartografia social ordenada e autoevidente a uma sociedade que atravessava um dos momentos de maiores mudanças na dinâmica metropolitana, ao mesmo tempo em que produziu o efeito "científico" que punha o livro fora da tradição miscelânea do ensaio de interpretação.

*Buenos Aires, vida cotidiana y alienación* apresenta, então, uma cidade de fronteiras internas duras, contra a representação mais assentada na época sobre Buenos Aires como um território de divisões frouxas, marcado pela mobilidade social e por uma ampliação mesocrática que percorria boa parte do século XX como um fio comum entre a integração imigrante do radicalismo na década de 1920 e a modernização desenvolvimentista, a partir de 1955, para a qual havia contribuído, em grande parte, o peronismo. O mapa fraturado de Sebreli desconhece esses processos sociourbanos, evocando agora o imaginário da "invasão" – plebeia, "cabecinha negra" – produzido durante o peronismo, ainda que em negativo: aquela invasão contra a cidade decente fracassou, nos diz o livro, e deixou uma Buenos Aires alienada e espectral – e a profusão de exemplos da literatura dos anos 1920 e 1930 que Sebreli usa como *insights* interpretativos para a cidade dos anos 1960 contribui para dar esse clima de cidade congelada e anacrônica. Foi o mapa da afirmação malditista do peronismo que permitiu a Sebreli conjugar, no ciclo que vai de seu artigo de 1956 em *Contorno*, "Aventura y revolución peronista", a seu livro *Eva Perón, ¿aventurera o militante?*, de 1966, boa parte dos tópicos ideológicos da esquerda peronista dos anos 1970.

Tratou-se, como mostrou eloquentemente Altamirano, de um peronismo para consumo de uma classe média que devia purgar a falta de haver sido antiperonista;

---

[197] Sebreli dedicou seu primeiro livro à crítica ao mestre ensaísta: *Martínez Estrada, una rebelión inútil*, publicado em 1960, ainda que as principais hipóteses já tivessem aparecido em um artigo de 1954. Ver Juan. J. Sebreli, "Martínez Estrada o el alma encadenada", *Capricornio*, n. 8, dez. 1954.

[198] Juan J. Sebreli, *Buenos Aires, vida cotidiana y alienación*, 15. ed., Buenos Aires: Siglo Veinte, 1990 [1964], p. 23. Todas as citações deste livro, salvo menção contrária, são desta edição.

essa autoculpabilização tomou forma em uma "literatura de expiação" que *Buenos Aires, vida cotidiana y alienación* culmina, reunindo "o quadro de estigmas" contra a classe média com especial acrimônia[199]. E sem dúvida essa capacidade de interpelação a um público (que por intermédio dessa literatura se convertia em um novo ator político) é a segunda razão do êxito do livro. Ou melhor, as duas razões se combinam em uma: a cidade fraturada de *Buenos Aires, vida cotidiana y alienación* oferecia a ordem que aquela classe média que se reconhecia no livro ver-se-ia chamada a subverter, cumprindo a tarefa pendente da invasão – agora não só peronista e plebeia, mas revolucionária.

Sebreli vem renegando desde os anos 1970 seu papel catalisador entre a classe média e o peronismo; mas ainda que sempre apresente essa autocrítica em termos políticos, como parte de sua superação daquele "peronismo imaginário" que cultivou nos anos 1950, o que sobressai com mais força com o passar do tempo é o que não tem revisado: seu reiterado repúdio à classe média. De fato, a dureza com que Sebreli descreve nas memórias sua família, *enquanto* família típica de classe média (busca da ascensão a qualquer preço, simulação e moralismo, sordidez, repressão e passividade que revertem em autoritarismo com os mais fracos), mantém intacta a caracterização de *Buenos Aires, vida cotidiana y alienación*, que, se bem apelasse a extrapolações de Wright Mills ou Kinsey, fundamentava-se mais localmente no olhar rufianesco de Roberto Arlt e, apesar da estentórea ruptura com Martínez Estrada, no receio elitista ante a massificação mesocrática de *La cabeza de Goliath*[200].

## A CONQUISTA DO CENTRO

As memórias de Sebreli operam sobre esse mapa duramente cindido de seu livro de duas maneiras. Por um lado, com o natural decadentismo dos memorialistas urbanos (para quem a idade de ouro da cidade é sempre o preciso período do qual eles mesmos são testemunhas), desmentindo aquela estratificação: seu modo de ser nostálgico se apresenta sempre sob a forma da adversativa ("Não quero idealizar o bairro, mas..."), para mostrá-lo imediatamente como o último testemunho de uma Buenos Aires mais amável e ao mesmo tempo fascinante, o último caminhante, o último comensal, o último leitor, o último espectador dos cinemas do subúrbio[201]. Por outro lado, Sebreli volta a essa cidade com a lembrança de sua própria experiência de infância e juventude, e aí é possível advertir que, se foi alguém bastante disposto a superar todas as fronteiras sociourbanas que encontrasse, ao mesmo tempo, sua existência era para ele muito mais palpável que a facilidade com que se movia através delas.

---

199 Carlos Altamirano, "La pequeña burguesía, una clase en el purgatorio", *Prismas*, n. 1, Editorial de la Universidad Nacional de Quilmes, 1997, p. 117-8.
200 Sobre o receio elitista de *La cabeza de Goliath*, ver Adrián Gorelik, "A Buenos Aires de Ezequiel Martínez Estrada", *Tempo Social*, v. 21, n. 2, 2009. A respeito dos usos da literatura de Arlt como insumo sociológico em Juan J. Sebreli, *Buenos Aires, vida cotidiana y alienación*, ver Sylvia Saítta, *op. cit.*
201 Esse decadentismo já fazia sua aparição, fugaz mas significativa, na dedicatória de *Buenos Aires, vida cotidiana y alienación*: "A Luis Irazú, habitante de Montevidéu, essa cidade que é a Buenos Aires de antes" (o Sebreli adulto o vai explicar dizendo que ele já era um nostálgico precoce aos 19 anos). Um exemplo tomado ao acaso de um dos textos do ciclo memorial: "Nos primeiros anos do século XX, a rua Florida ao entardecer era um salão ao ar livre. [...] Esses hábitos inconcebíveis na rua multitudinária, apressada e anônima de hoje ainda se mantinham em parte na Florida dos anos 1950 que eu conheci" (Juan J. Sebreli, *Cuadernos*, Buenos Aires: Sudamericana, 2010, p. 71).

A topografia das memórias de Sebreli se reparte entre Constituición, o velho bairro de classe média baixa de sua infância e juventude que esconde, incrustado, o mundo rarefeito da estação de trem, aberto para os *bas-fonds* em que cedo começará a se aventurar, e "a zona", o reduzido núcleo de mansões do centro-norte onde se adensaram nos anos 1950 todos os símbolos da vida cultural de Buenos Aires. Mas é nesse segundo setor da cidade – e nesses anos 1950 – que se localiza o clímax do relato memorial, porque é o campo de tensão para onde confluem os fatos principais da biografia e onde se entrelaça até a indistinção a polêmica intelectual com a crônica urbana[202]. Assim, o caminho do bairro ao centro – esse lugar da identidade literária, a condição mesma que permite narrar desde lá o resto da cidade – está apresentado nas memórias como um *Bildungsroman*: o relato da ocupação de uma posição proeminente por parte de um jovem curioso sem mais capital que seu talento e ambição intelectuais – e Julien Sorel, "o herói romanesco que mais me impressionou desde que se me revelou aos 15 anos"[203], sobrevoa desde o começo essa seção da autobiografia. Uma viagem do sul ao centro com uma única escala na metade do caminho, na velha Biblioteca Nacional de San Telmo, justamente para acumular recursos para a empresa.

A história dessa conquista foi relatada várias vezes. Com pouco mais de 20 anos, a Faculdade de Filosofia e Letras apenas começada e a única experiência de ter editado uma revista estudantil (chamada programaticamente *Existencia*), Sebreli ingressa ("sem me propor e sem esforço algum") como colaborador em *Sur*[204]. É convidado por Héctor A. Murena – figura-chave na recuperação de Martínez Estrada, mais velho que Sebreli, ainda que tampouco tivesse chegado aos 30 –, que estava envolvido na atualização da revista de Victoria Ocampo e que, em breve, se mostraria infrutuosa; mas em 1952, não obstante, *Sur* mantinha intactos seu prestígio e sua centralidade na cultura argentina[205]. A cena condensa bem o momento de efervescência cultural e renovação geracional que se abria em meio ao peronismo: Murena opera como elo da tradição martinez-estradiana com a nova geração no espaço de uma revista pouco hospitaleira para ambas, e Sebreli vai ser o encarregado de ultrapassá-lo, mostrando-se uma das vozes mais expressivas desse tempo. Em 1952, guiado pela noção sartriana de *compromisso*, propõe em "Celeste y colorado" sair da histórica exasperação da cultura e da política argentinas, cuja mais viva encarnação então era a antinomia peronismo/antiperonismo, fazendo explícito em *Sur* o programa que apenas começava a

---

202 Os capítulos sobre a cidade da infância são os que primeiro vieram à luz, em 1982, apresentados como parte de uma autobiografia inédita intitulada "Vida de un pequeño burgués" (ver Juan J. Sebreli, *De Buenos Aires y su gente*, Buenos Aires: Centro Editor de América Latina, 1992, p. 11); na autobiografia *El tiempo de una vida* (Buenos Aires: Sudamericana, 2005), ocupam, com algumas correções e ampliações, as primeiras cem páginas. Os capítulos sobre a juventude, que articulam a formação intelectual com o que aqui chamo a "ocupação do centro", também reordenam e reescrevem textos publicados desde 1979-80, mas com vários acréscimos em que logo deter-me-ei; ocupam 150 páginas e seu interesse está concentrado no momento inicial da carreira de Sebreli, com apenas um par de breves extensões para meados da década de 1960 e o relato de seu papel na criação da Frente de Liberação Homossexual em 1971. A parte final, "Madurez", ocupa umas quarenta páginas.
203 Juan J. Sebreli, *El tiempo de una vida*, op. cit., p. 125, primeiro capítulo ("Lecturas") da segunda parte, intitulada, precisamente, "La novela de formación: juventud".
204 Sylvia Saítta, op. cit., p. 170.
205 Ver John King, *Sur: A Study of the Argentine Literary Journal and Its Role in the Development of a Culture, 1931-1970*, Cambridge: Cambridge University Press, 1986.

enunciar-se coletivamente no nutrido grupo de publicações que surgiam na (e em torno da) Faculdade de Filosofia e Letras[206]. E em 1953 abre a capa do primeiro número da mais influente de todas elas, *Contorno*, com um artigo no qual sustenta outra batalha geracional, a demolição do vanguardismo *criollista* dos anos 1920 com seus fundamentos na cultura de *Sur* e do *establishment* modernista – Sarlo assinalou que esse texto de Sebreli foi o mais parecido a um manifesto que teve a revista dos irmãos Ismael e David Viñas em seus inícios[207].

Assim, com certeiros golpes de escrita, Sebreli sai do anonimato cinzento do bairro e passa a ocupar um lugar principal no antagonismo cultural e ideológico do período, o que lhe permite erigir-se em cronista privilegiado desse polo magnético que girava em torno da esquina da Viamonte com a Florida, com a revista *Sur*, a Faculdade de Filosofia e Letras, as galerias de arte, as livrarias nas quais chegavam as novidades francesas, os bares onde se cruzavam a boemia intelectual e a artística; polo que em muito poucos anos viria somar, como em estratos geológicos da cultura portenha, os marcos da vanguarda pop, a "mansão louca" do Instituto Di Tella e a Galería del Este.

Significativamente, *Buenos Aires, vida cotidiana y alienación* apenas dedica uma página e meia à "zona", para descrever com desdém irônico os hábitos culturais da esquerda intelectual; um desprezo que traduz em termos político-ideológicos o afastamento de Sebreli de *Contorno* – seu rechaço ao apoio da revista ao governo de Frondizi em 1958 – e, em termos culturais, seu repúdio ao emergente clima pop – lido quase lukacsianamente como decadência –, mas que em termos mais amplos não pode ocultar o caráter autobiográfico no ataque ao "fetichismo cultural" da classe média intelectual, precisamente o traço mais marcado do próprio ingresso de Sebreli a esse mundo[208]. Nas memórias, por outro lado, sua atitude a respeito daquele núcleo da vida cultural portenha é muito distinta: se bem que não abandone seu papel desmitificador, que cumpre também sob a forma da desvalorização adversativa, o detalhado e simpático retrato de usos e costumes que lhe dedica mostra a importância fundamental que teve para ele esse território mágico que se estabeleceu nos anos 1950 nessas poucas quadras, nas quais estavam todos os que tinham que estar e se concentravam todos os olhares, dando-lhe uma tão natural como inaudita notoriedade.

Esse centro criava a possibilidade de uma zona neutra, de puro intercâmbio intelectual sem a carga ominosa das origens: "Murena e eu vivíamos em Constituición, a poucas quadras de distância um do outro, mas se tínhamos que nos ver nunca se nos ocorria encontrarmo-nos nesse bairro. Fazíamo-lo em Viamonte, aonde chegávamos de bonde cada um por seu lado"[209]. Mas são essas origens, ao mesmo tempo, que constituem para Sebreli a *diferença*: perante a linhagem aristocrática de Victoria Ocampo e ante as raízes *criollas* dos Viñas, o escritor se

---

206 Ver Juan J. Sebreli, "Celeste y colorado", *Sur*, n. 217-18, nov. 1952. Em um dos primeiros – e ainda um dos melhores – estudos de história intelectual sobre o período, Oscar Terán caracterizou esse artigo como "programa" geracional. Cf. Oscar Terán, "Rasgos de la cultura argentina en la década de 1950", in: *En busca de la ideología argentina*, Buenos Aires: Catálogos, 1986.
207 Ver Juan J. Sebreli, "Los martinfierristas, su tiempo y el nuestro", *Contorno*, n. 1, nov. 1953. Beatriz Sarlo, no que provavelmente é o primeiro estudo crítico sobre *Contorno*, qualificou o artigo de Sebreli como "declaração de princípios" grupal. Cf. Beatriz Sarlo, "Los dos ojos de Contorno", *Punto de Vista*, n. 13, nov. 1981.
208 Juan J. Sebreli, *Buenos Aires, vida cotidiana y alienación, op. cit.*, p. 97
209 *Idem, Las señales de la memoria, op. cit.*, p. 164.

mostra sempre muito consciente de seu pertencimento ao novíssimo contingente de intelectuais de classe média, sem capital cultural nem social, um tipo de intelectual que, se bem apresenta casos notórios em Buenos Aires desde começos do século XX, vai se tornar majoritário a partir da ampliação da base escolar e da matrícula universitária nas décadas de 1940 e 1950. Sebreli se mostra sempre muito consciente dessa *diferença* porque a leitura "de classe" lhe permite articular ferramentas que provêm do marxismo com a figura sartreana do *ressentimento*, uma figura da crítica habitual entre os membros de sua geração, que em Sebreli converge com uma identificação mais pessoal. É muito típico nele o gesto que faz dessa desvantagem de classe e *status* um valor, alimentando o caráter épico com que pensa sua vida. Mas aqui me interessa sublinhar outra *diferença*, mais sutil, que percorre todo o ciclo memorial e foi possibilitada por essa conjuntura precisa da história cultural argentina em que emerge a figura de Sebreli; a *diferença* que o separa também, e sobretudo, do resto da classe média que vai ocupar a cena a partir da década de 1960 – dando o tom à declinação cultural, na perspectiva de nosso autor. Com efeito, a transição peculiar que se vive nos anos 1950 permite a dupla percepção de Sebreli em suas memórias: enquanto sublinha reiteradamente seu caráter de *outsider*, pode rememorar aquele espaço conquistado sem se sentir um arrivista, com a nostalgia decadentista de quem fez parte de uma aristocracia extinta – embora sua própria presença tenha sido uma das evidências mais clamorosas de que essa extinção era inevitável.

## PARA AS MARGENS

Mas não é possível passar tão rápido, quando se trata das memórias de Sebreli, do tema do *outsider*, porque é uma questão decisiva em sua autorrepresentação, em que a voluntária solidão ideológica e a ausência de estirpe social se potencializam com a dupla marginalidade do autodidata e do homossexual, para apresentar uma vida de ascética luta contra a corrente. Em princípio, a ubiquidade que lhe permitiu deixar marcas importantes nas duas revistas que simbolizam as transformações culturais dos anos 1950 na Argentina, *Sur* e *Contorno*, é apresentada como uma opção terceira por uma pureza intelectual que teria sido igualmente purgativa para ambas (e é notório que Sebreli pensa seu próprio papel biográfico nas coordenadas existenciais que havia formulado como mandato para toda sua geração em "Celeste y colorado")[210]. Aqui a representação se deslocou da figura de Julien Sorel ao mito cinematográfico do "homem que se vai": aqueles personagens que,

> vindos de alguma desconhecida região, chegavam a um povoado ou a uma pequena cidade e a depuravam [...] e que, uma vez concluída sua espécie de missão, se iam sós, deixando atrás de si a bela obra cumprida e a bela mulher. Eram indivíduos épicos: apenas com suas forças e com sua

---

210 "Colhido simultaneamente por lados opostos, [fiquei] no meio dos bandos rivais, combatido por ambos; uma incômoda posição na qual, com frequência, me encontraria sem o buscar, por minha tendência a superar as dicotomias e maniqueísmos e julgar os opostos de forma dialética", escreve Sebreli em 2003, na nova edição de *Buenos Aires, vida cotidiana y alienación, op. cit.*, p. 11.

sabedoria, esses solitários regeneravam uma comunidade inteira, e em uma manhã ou em um entardecer marchavam para novas regiões.

A citação é muito gráfica, ainda que não seja de Sebreli, mas de Carlos Correas[211], que fala ali das fantasias compartilhadas com Oscar Masotta – os outros dois vértices do "trio existencialista", o único grupo que o ensaísta reconhece haver integrado alguma vez.

Quem conhece um pouco de Sebreli deve ter estranhado a ausência desses dois nomes até aqui, porque se os anos 1950 e "a zona" foram o miolo espaçotemporal de sua biografia, a composição do trio foi o que lhe outorgou o sentido pleno de uma missão (como no mito cinematográfico, incluindo a necessária cota de aventura). Na ação coletiva residiu boa parte do impacto e da eficácia intelectual da dupla provocação em que embarcaram: a da ideologia, no passo vertiginoso entre 1953 e 1955 do "anti-antiperonismo" a um peronismo negro capaz de irritar por igual o liberalismo de *Sur* e o esquerdismo universitário de *Contorno*, enquanto rareava o diálogo com a "esquerda nacional" que se peronizava; e a do exercício da homossexualidade – aberta nos casos de Sebreli e Correas, insinuada e ambígua no de Masotta –, que contrastava com a masculinidade exasperada de David Viñas e com o inteiro universo de valores da esquerda, mas também, devido ao gosto do trio pelos *bas-fonds* e pelos setores marginais, com o refinamento do grupo *Sur*.

Essa ação coletiva está na base da expansão das fronteiras urbanas que areja por momentos o mapa rigidamente segmentado de *Buenos Aires, vida cotidiana y alienación* e oferece algumas das passagens mais surpreendentes das memórias de Sebreli: as travessias pelo submundo do comércio homossexual que empurra as representações de Buenos Aires para as margens da *cidade decente*; as estações de trem, os descampados suburbanos, os hotéis sórdidos e os cinemas baratos, os estacionamentos de caminhões, todos esses circuitos clandestinos que pareciam reservados à crônica vermelha (cujos arquivos o jovem Sebreli revisa com paixão) e à "picaresca do arrabalde portenho" (tradição que Sebreli filia em Enrique González Tuñón e Roberto Arlt para culminar em seu admirado *Alias Gardelito*, de Bernardo Kordon)[212]. A irrupção desses mundos marginais em que o lúmpen se mescla com os novos setores operários oferece por sua vez quase as únicas ocasiões em que *Buenos Aires, vida cotidiana y alienación* se permite introduzir traços do novo processo sociourbano que definia a Buenos Aires dos anos 1950: a formação aluvial e espasmódica da grande Buenos Aires, quintessência urbana da mitologia peronista[213].

É possível entender melhor o modo fantasmático em que a grande Buenos Aires aparece em *Buenos Aires, vida cotidiana y alienación* se o pomos em paralelo com "La narración de la historia", o conto de Carlos Correas cuja publicação na revista *Centro*, em 1959, produziu um célebre escândalo que derivou no recolhimento do número e levou a julgamento Correas e Jorge Lafforgue, diretor da revista. O protagonista do conto é um estudante de filosofia que vive com a mãe perto de Constituición e em uma noite de passeio, na mesma estação de trem (e precisamente por meio da troca de olhares

---

211 Carlos Correas, *La operación Masotta: cuando la muerte también fracasa*, Buenos Aires: Interzona, 2007, pp. 22-3.
212 Ver Juan J. Sebreli, "Toribio Torres: un hombre argentino", *Revista Centro*, n. 14, Centro de Estudiantes de Filosofia y Letras, Universidad de Buenos Aires, out.-dez. 1959.
213 Basta assinalar que, se entre 1940 e 1960 Buenos Aires duplica sua população (de 3,5 milhões a quase 7 milhões de habitantes), todo esse crescimento se produz fora da capital, nos subúrbios da grande Buenos Aires.

que Sebreli descreveria em *Buenos Aires, vida cotidiana y alienación* e repetiria com variações em seu ciclo memorial, celebrando as relações fugazes e anônimas que permite a grande cidade), "consegue" um "garotão", mescla de boa-vida ingênuo e sonhador, duro e terno ao mesmo tempo: um "bofe"[214]. A relação se desenvolve nessa periferia interna à cidade que são os meios de transporte e se consuma no fio proletário entre a capital e a grande Buenos Aires, cruzando apenas a General Paz, apresentado ambiguamente como lugar da liberdade e do medo, da aventura e da barbárie. De modo geral, o conto traça um mapa do desejo que põe o coração multitudinário da cidade secreta na estação Constituición e se abre em leque, desde o cone marginal da cidade central (o Balneário Municipal) até os três pontos cardeais da grande Buenos Aires: Avellaneda, San Martín, San Isidro. O espaço desde o qual se devia produzir a "invasão" imaginária do peronismo, apenas descrito, funciona para reforçar sua potencialidade mítica com o ingrediente da liberação sexual (e *Buenos Aires, vida cotidiana y alienación* atira também contra esse duplo mito, a maior liberalidade das relações sexuais no "círculo mágico" do bairro operário frente à reprimida sexualidade da classe média).

## A LEGITIMIDADE DA BASTARDIA

Desse mapa do desejo, de todo modo, é o cone central que interessa a Sebreli, o circuito secreto de bares e boliches duvidosos que ligava o colorido lúmpen do Bajo e do Puerto com a boemia intelectual da "zona", no mesmo epicentro da cidade letrada[215]. Não é difícil imaginar o "trio existencialista" conectando com paixão genetiana esses mundos opostos, ainda que seja mais complicado representar essa mescla tão especial que compunham, entre o gosto pela provocação e uma discrição, tão portenha e tão anos 1950, que Correas descreveu magnificamente em *La operación Masotta* ao se referir a uma fotografia do trio publicada no começo dos anos 1980:

> Na rua nos vestíamos comumente, ao uso, não prescindindo do paletó e da gravata. Bebíamos pouco; já éramos bastante brincalhões e histriônicos sem necessidade de álcool; a foto publicada em *Capítulo* apresenta sobre a mesa uma acumulação combinada de jarras de vinho, de copos e uma garrafa de vinho, para fazer crer (à posteridade) que éramos bêbados. Comíamos e fumávamos moderadamente e fazíamos o amor insignificantemente. Em suma, éramos frescos e ascetas e, por fora, esmerados, judiciosos; só por dentro (isto é, de maneira irreal) éramos monstros ávidos e predadores[216].

---

[214] "Oh, já nos entenderíamos. Mas, verdadeiramente, você seria meu garotinho, meu boneco, meu bofe" (Carlos Correas, "La narración de la historia", *Revista Centro*, n. 14, Centro de Estudantes de Filosofía y Letras, Universidad de Buenos Aires, out.-dez. 1959, p. 17). A respeito do termo "*chongo*" [bofe], esse resto erótico-etnográfico da transgressão imaginária peronista, Sebreli dedica o capítulo "Historia secreta de los homosexuales en Buenos Aires" (*in: Escritos sobre escritos, ciudades bajo ciudades 1950-1997*, Buenos Aires: Sudamericana, 1997) e reivindica ter sido o primeiro a usá-lo em um texto de análise sociológica, em *Buenos Aires, vida cotidiana y alienación*.

[215] "O 'centro', por constituir a maior concentração de gente e, portanto, oferecer a maior variedade de intercâmbios e, também, de anonimato, constitui a 'região moral' por excelência dos homossexuais. O centro é o oposto à família, ao lar com a autoridade dos pais, e ao bairro com o olhar vigilante dos vizinhos. [...] A viagem ao centro equivalia a uma fuga simbólica da monotonia cotidiana, para a liberdade e a aventura [...]." (Juan J. Sebreli, "Historia secreta de los homosexuales en Buenos Aires", *op. cit.*, p. 342).

[216] Carlos Correas, *La operación Masotta, op. cit.*, p. 71. A fotografia aparece em Carlos Mangone e Jorge A. Warley, "La revista *Contorno*", *in: Capítulo: la historia de la literatura argentina*, Buenos Aires: Ceal, 1982, p. 438.

A publicação em 1991 do livro de Correas sobre Masotta permite captar melhor a intensidade triangular da relação: "Enfim, vivíamos na soberba, cada um obsedado pelo outro", escreveu Masotta em uma carta reproduzida por Correas; "vivíamos *huis clos*, como devia ser [...] entranhadamente cúmplices e ao mesmo tempo cada um desolado com o desejo de que os outros dois resultassem mortos", completa o próprio Correas[217]. Tudo no trio parece ter sido um combate corpo a corpo pela *legitimidade da bastardia*, uma arma que brandiam contra o mundo estabelecido e contra eles mesmos, em uma dinâmica mutuamente desqualificatória saturada de motivos arltianos: a traição se impunha entre eles como puro ato, mas persistia como dilema moral. É notável, de fato, que a recordação de Sebreli de ambos está marcada pela figura da deslealdade. Em primeiro lugar, deslealdade ao programa juvenil por meio da "integração" de Masotta e Correas ao "sistema institucional". No caso de Masotta, a acusação entra no terreno do conhecido sobre o personagem: sua integração culmina uma cadeia de "traições" que incluem sua passagem oportuna do existencialismo ao estruturalismo e sua conversão em cacique da arte pop e do lacanismo, já nos anos 1960. Mas quando se adverte que a mesma acusação de integração a reitera Sebreli com Correas (uma das figuras mais improváveis para recebê-la), fica claro que em ambos os casos remete a um momento anterior, crítico na vida do trio: o regresso de Masotta e Correas à Faculdade de Filosofia e Letras depois da queda do peronismo, quando abandonam Sebreli na perseverança autodidata[218]. Masotta não prosperou como estudante de filosofia, ainda que isso não o impedisse de ser uma figura-chave na renovação intelectual dos anos 1960, e Correas se converteu em um (convictamente cinza) professor de filosofia, afastando-se do ambiente intelectual. Fixado naquela cena primária da traição juvenil, Sebreli segue sustentando em 2005 uma acusação que resiste ao exame de algumas das peculiaridades daquela "integração": o fato de que Masotta usou a mesma bastardia como combustível de sua originalidade; e que Correas buscou se desfazer só de sua componente autodidata, convertendo-se laboriosamente em um professor "sério", mas usando essa nova legitimidade como máscara, como refúgio para conservar intacta a pureza do ódio bastardo, moldando-a durante anos para lhe dar a forma desse manifesto literário que é *La operación Masotta*.

Em segundo lugar, há outra deslealdade que terminou por dissolver o trio e ocupa sempre um lugar destacado nos relatos autobiográficos de Sebreli: a intervenção de Masotta na polêmica de 1966 com Eliseo Verón sobre *Buenos Aires, vida cotidiana y alienación* e *Eva Perón, ¿aventurera o militante?*[219]. Verón buscava mostrar – mediante Barthes – que por trás da fachada contestatória de ambos os livros se ocultava uma operação mitificadora: através de um uso ostensivo de

---

217 Carlos Correas, *La operación Masotta, op. cit.*, pp. 39 e 26, respectivamente. Sebreli recorda sempre que foi ele o vértice principal do triângulo: Correas se aproximou de Sebreli pelo impacto que lhe havia produzido ler "Celeste y colorado"; foi também Sebreli que apresentou Masotta a David Viñas e ao próprio Correas ("relações decisivas" para Masotta nesses anos, sublinha); ver Juan J. Sebreli, *El tiempo de una vida, op. cit.*, p. 152.

218 Que o reingresso à universidade foi um momento crítico para os três, confirma-o Correas: "Devo supor que odiávamos a universidade ao mesmo tempo [...] a tínhamos por um correcional onde purgar os velhos delitos de um peronismo errado e da quinquilharia intelectual" (Carlos Correas, *La operación Masotta, op. cit.*, p. 60).

219 A polêmica foi muito bem analisada por Beatriz Sarlo, *La batalla de las ideas (1943-1973)*, Buenos Aires: Ariel, 2001, onde se reproduzem os textos, e por Sylvia Saítta, *op. cit.*

conceitos de aparência técnica, reproduzia-se um saber naturalizado e se produzia "o mito da análise marxista"[220].

Essa impugnação foi fundamental para o descrédito de Sebreli no círculo da renovação intelectual de Buenos Aires, mas, ao mesmo tempo, lhe deu a oportunidade de elaborar o ataque como o do confrontante histórico que dá a medida da façanha do autodidata[221]. Uma e outra vez, Sebreli reiterará em seu ciclo memorial os termos principais de sua resposta, colocando-a no marco do debate entre existencialismo e estruturalismo – Verón chegava de uma formação com Lévi-Strauss, o que habilitava Sebreli a se pôr no papel de Sartre. Tratou-se de uma defesa da figura do *outsider*, igualada nada menos que à do intelectual crítico (o único caminho para pensar com autonomia, desfazendo-se dos tutores espirituais), pondo os títulos de legitimidade acadêmica de Verón como a evidência flagrante de sua ilegitimidade intelectual. A intervenção de Masotta, por sua vez, teve outra dimensão, pessoal, muito mais difícil de assimilar, já que assumiu para Sebreli a forma da dupla traição, a do intelectual que abandona a causa comum e a do amigo que rompe os códigos, expondo os segredos a que teve acesso justamente por sua qualidade de amigo.

De fato, Masotta intervém a favor dos argumentos de Verón em termos estritamente pessoais ("dir-se-á: de onde extraio eu o direito e a audácia de fazer esse tipo de afirmação? Respondo: é um pouco singelo, mas simplesmente de meu conhecimento pessoal de Sebreli"), e as condições peculiares da edição de seu texto põem em primeiríssimo plano o objetivo de ruptura pública com o amigo[222]. Como não podia ser de outro modo, a refutação rondava a questão da ilegitimidade, o ocultamento desonesto por trás dela (usando "a figura sartriana do bastardo" como coartada) para evadir a responsabilidade do estudo sério. E, se se pode afirmar que essa acusação seguiu ressoando surdamente na obsessão do Sebreli memorialista por se mostrar como um estudioso e um teórico, mais que como um mero ensaísta, o giro mais radical em sua atenção autobiográfica foi produzido pela publicação do livro de Correas em 1991 (publicação a que se soma a volta do autor à cena intelectual, seguida por seu suicídio em 2000), um livro que afeta, traduz e transforma, retrospectivamente, tudo o que Sebreli escreveu, voltando a reavivar o fantasma da impostura.

Com efeito, é evidente que em meio dessa cadeia memorial formada por contínuas reescrituras de um conjunto básico de textos que Sebreli compôs até 1980,

---

220 Eliseo Verón publicou "Muerte y transfiguración del análisis marxista" em 1966 na revista *Marcha* de Montevidéu; ver reprodução em B. Sarlo, *La batalla de las ideas, op. cit.*, pp. 423 ss. Por certo, boa parte dos traços que compunham para Verón o discurso mítico está associada à mesma definição do gênero ensaístico: a ausência de dados em apoio às interpretações, seu caráter metafórico, o apelo a um pacto de crença na voz do autor – e cabe agregar que, se para Verón o ensaio como forma levava implícito o mito, assim a ciência social, o saber marxista; ver Sylvia Saítta, *op. cit.*

221 Sebreli já havia optado pelo ensaísmo de grande público e alto impacto, mas durante os anos 1960 sua obra buscava um diálogo crítico dentro do mundo intelectual, coisa que já não vai voltar a tentar: a marginalidade do autodidata se converte em uma profecia autocumprida, e o êxito de público fica como único argumento ratificador do rumo. A resposta de Sebreli saiu também na revista *Marcha*, em 1967: "Verón: la ciencia oficial contra el marxismo", texto que reproduziu com o título de "Polémica con Eliseo Verón" em *Escritos sobre escritos, ciudades bajo ciudades, op. cit.*

222 Vale observar que apenas um ano antes Masotta havia confiado a Sebreli a apresentação de seu primeiro livro, *Sexo y traición en Roberto Arlt* (Buenos Aires: Jorge Alvarez, 1965). A intervenção de Masotta no debate, "Anotación para un psicoanálisis de Sebreli", foi para impugnar a resposta deste às críticas de Verón; mas não o publica imediatamente (segundo sua explicação, pela proibição do governo de Onganía da circulação de *Marcha* em Buenos Aires), mas logo depois em seu livro de 1968, *Conciencia y estructura* (reeditado em 2010 por Eterna Cadencia) – e é esse deslocamento no tempo (de um texto que por outro lado só se justifica nessa polêmica) o que sublinha o gesto.

a publicação de *La operación Masotta* assinala um momento de mudança. O livro é uma biografia coletiva cruel e caprichosa, de uma crueza desesperada que, como uma caldeira que tivesse acumulado pressão durante quarenta anos, estala sob a forma de um manifesto existencialista fora de tempo, cuja verdade se sustenta na força subjetiva com que o próprio autor se expõe à sua causticidade, ele mesmo exemplo vivo do fracasso daquele programa ético que teriam formulado entre os três[223]. Uma biografia coletiva que, centrando-se em Masotta e relegando Sebreli a um segundo plano (ainda que vital: "Conheci Oscar Masotta por Juan José Sebreli. Quando conheci Sebreli, em janeiro de 1953, acabou minha solidão", afirma Correas na introdução), mostra as assimetrias desse triângulo: também Sebreli só se havia ocupado de escrever sobre Masotta até a aparição do livro de Correas; e na verdade há em ambos, em Sebreli e em Correas ao escrever sobre Masotta, algo da bela mulher que fica abandonada no povoado ante a partida do herói.

A grande novidade de *El tiempo de una vida* não é tanto o capítulo que Sebreli dedica a Correas, completando o triângulo, mas o detalhe com que se refere a sua própria homossexualidade[224]. Não porque até então a tivesse ocultado: Sebreli foi um dos fundadores da Frente de Liberação Homossexual em 1971, e desde o precoce escândalo de sua leitura de um texto sobre a homossexualidade em Oscar Wilde, em 1952, durante um ato da revista *Existencia*, até sua "Historia secreta de los homosexuales en Buenos Aires" – texto em que trabalhou desde os anos 1980 e que publicou em 1997 –, sempre colocou o tema no centro de sua atenção intelectual, deixando exposto nitidamente o lugar que tinha em sua vida. Sem dúvida, não é fácil encontrar referências explícitas a sua própria experiência homossexual no curso do ciclo memorial: a questão era assumida antes como um *a priori*, um fato implícito tomado com naturalidade discreta que não merecia ser abordado no plano da subjetividade. Isso tem que ver, com certeza, com o modo geral com que Sebreli aborda sua própria biografia, em que a subjetividade aparece quase sempre velada por afirmações generalizantes, e as lembranças, por enumerações de arquivo. Mas isso não impede que a experiência homossexual se torne muito explícita em *El tiempo de una vida*, com cenas sobre a iniciação sexual na primeira adolescência, relatos do tipo de relações amorosas fugazes que Sebreli diz ter preferido na maturidade (em que a questão da *flânerie* urbana assume toda sua carga erótica) e uma narração de sua primeira amizade homossexual na faculdade que, significativamente, é caracterizada em termos quase idênticos aos que havia usado Correas ao descrever sua relação com o próprio Sebreli[225].

---

223 Curiosamente, foi o relato desse fracasso que devolveu Correas à cena intelectual, recuperado como "cronista negro" por diversas publicações nos anos 1990. Hugo Vezzetti fez uma aguda leitura do livro em "Oscar Masotta y Carlos Correas", *Punto de Vista*, n. 41, dez. 1991.

224 A primeira versão do artigo sobre Masotta é de 1979, na revista *Nueva Arte*, por ocasião de sua morte em Barcelona (devo a Horacio Tarcus esse dado); depois apareceu em 1984 em *El riesgo del pensar* e continuou a ser publicado com variantes em diversas compilações. Justamente nesse texto deixa Sebreli o primeiro registro de *La operación Masotta*, em 1997, introduzindo mudanças a partir da reprodução de fragmentos de cartas que Correas havia publicado e dando conta do livro em uma nota de rodapé na qual o descreve como "o único caso de ensaio negro na Argentina", criticando-o por seus "exageros e deformações absurdas"; ver Juan J. Sebreli, "El joven Masotta", *in: Escritos sobre escritos, ciudades bajo ciudades, op. cit.*, p. 393.

225 Em *El tiempo de una vida*, escreve Sebreli: "Quando encontrei Héctor, se acab[ou] a solidão (p. 170). Pouco adiante, ele mesmo cita as palavras que Correas lhe dedicou em *La operación Masotta* ("Quando conheci Sebreli, em janeiro de 1953, cessou minha solidão"), fazendo evidente a paráfrase.

Entretanto, não parece ser só a franqueza brutal de Correas ao tratar o tema o que impacta Sebreli, nem a direta implicação que tem o que aquele narra nos conteúdos de sua própria biografia[226]. Pelo contrário, é possível entender o impacto de *La operación Masotta* nas memórias de Sebreli pelo modo em que a homossexualidade é integrada por Correas a um programa de escrita que a converte, já não em uma qualidade adicional do *outsider* (como uma medalha da qual não é preciso fazer ostentação porque está aí, à vista de todos), mas na potência magnética que tornava tenso o espírito da bastardia nesse triângulo de forças do qual pareceria que não puderam escapar. Daí que, ante a evidência inegável do livro de Correas, Sebreli deva retomar o controle do relato de sua própria homossexualidade, especialmente porque também nesse plano ele conta com a vantagem de ter sido o único verdadeiramente fiel ao programa juvenil, ante a ambiguidade manipuladora de Masotta e o bissexualismo frustrante de Correas. Talvez como uma mostra deslocada, por fim, do estímulo que a ação do trio, tão breve como intensa, chegou a significar na obra de Sebreli, como impulso transgressor e marco de contenção intelectual que já não voltaria a recuperar.

---

226 Começando pelo relato do noivado entre ambos (a fórmula é de Correas e a retoma Sebreli). É também significativo que o fracasso desse noivado seja explicado por Sebreli com termos similares aos que Correas dedicou a sua relação (não homossexual) com Masotta: "Éramos bastante semelhantes para desejar-nos"; ver a introdução de Carlos Correas, *La operación Masotta*, op. cit., e Juan J. Sebreli, *El tiempo de una vida*, op. cit., p. 205.

# MEMÓRIA E UTOPIA NA CENA TEATRAL BRASILEIRA
## HELOISA PONTES E SERGIO MICELI

A estreita relação do teatro com a memória é evidente no trabalho dos atores. Sem ela os intérpretes não poderiam representar e se inventar como "outros". Ela está presente também quando o texto dramático apoia-se na transmutação da memória dos autores, como é o caso dos dramaturgos que selecionamos para a análise: Jorge Andrade (1922-80) e Gianfrancesco Guarnieri (1934-2006). Para dar pulso cênico à reminiscência de Jorge Andrade, nas peças *A moratória* (1955) e *Rastro atrás* (1966); ou ao invento como projeção imaginada da utopia partilhada pela geração de Guarnieri, em *Eles não usam black-tie* (1958), ambos os autores utilizaram uma das técnicas do trabalho da memória: fixaram lugares e objetos para desvelá-la[227]. Nas peças de Jorge Andrade, a lembrança objetivada do descenso social de sua família impregna tanto a fala dos personagens quanto os objetos que os cercam. Antes de tudo, as casas que habitam: a do pretérito, da opulência e do mando; a do presente, modesta e sem brilho. Mas ela também se condensa na máquina de costura, que serviu de recreio à menina rica do passado e de esteio da família no descenso do presente; no relógio pendurado na sala de jantar; nos santos nas paredes. Atando significados simbólicos e relações sociais, a casa e os objetos são mais que peças de cenário. Neles se inscreve a história social da família, que é também a da classe a que pertenceu o dramaturgo: a oligarquia agrária ligada ao café.

Em *Eles não usam black-tie*, o título da peça de Guarnieri alude à indumentária de gala dos espectadores que frequentavam a companhia de maior projeção no período, o paulistano Teatro Brasileiro de Comédia, inaugurado em 1948. No traje de festa sobressaíam as insígnias vistosas da ostentação burguesa, rechaçada pelo público jovem, levemente desalinhado e afinado com o polo mais à esquerda do campo teatral. Sucesso estrondoso, a peça ficou um ano em cartaz, garantiu uma sobrevida inesperada ao Teatro de Arena, alimentou os sonhos de uma geração sobre o potencial da cultura na transformação e reordenação das relações sociais. Por seu intermédio a classe operária entrou pela primeira vez nos palcos da metrópole, na pegada forte do drama de uma família tensionada pela greve, pelo conflito de gerações e pela luta de classes. Para dar verossimilhança à experiência social de uma classe que não era a sua, Guarnieri mesclou o imaginário de sua geração, alimentado pela militância política no Partido Comunista, à memória por procuração. E, como Jorge Andrade, fixou a lembrança imaginada em suportes expressivos: no morro carioca, na casa, nos móveis, na dicção das personagens. Ambos se valeram das relações familiares, materializadas em lugares e

---

227 Frances A. Yates, *A arte da memória*, Campinas: Unicamp, 2007, p. 11.

objetos, para dar forma a experiências sociais mais amplas, num período em que o teatro tinha uma importância cultural e política incontestável. Tal procedimento é um indicador eloquente da intuição dos dramaturgos de que casas e relações perpassadas pela linguagem do parentesco são um microcosmo do mundo social onde se ventilam emoções represadas de molde a suscitar a entrega comovida da plateia.

A cultura brasileira vivia na década de 1950 uma conjuntura excepcional de transformação, sinalizada pelo cinema novo em gestação e pelo intrincado entrelaçamento do teatro com o rádio e com o início da televisão brasileira. A afirmação da cena teatral moderna foi marcada não só por novos modos de conceber o repertório e o trabalho dos atores, atrizes, diretores e cenógrafos, como pelo recado político e social dos grandes dramaturgos brasileiros da época. Jorge Andrade, Gianfrancesco Guarnieri e Nelson Rodrigues, entre os principais, ajudaram a converter o teatro em suporte de uma renovação radical na maneira de apreender a experiência contemporânea da sociedade brasileira. Suas peças dramatizavam conflitos sociais lancinantes – o declínio das elites rurais, as vicissitudes dos setores médios, o impacto da vida urbana nos costumes e nas relações familiares, a experiência da classe operária, a ascensão dos imigrantes. Nesse contexto, o palco, os diretores e os intérpretes tornaram-se os protagonistas de uma cultura cênica que foi o retrato do país no momento crucial de crise de uma velha ordem e arranque para uma nova etapa de expansão econômica e social.

Arte social, arte coletiva, arte da representação, o teatro encenado em São Paulo nesse período é inseparável da vida urbana, da sociabilidade multifacetada, da circulação em escala internacional promovida pela imigração em massa de trabalhadores entre 1880 e 1920, pela vinda de estrangeiros educados, professores e diretores de teatro, ao longo dos anos 1930 e 1940. Laboratório voluntário e compulsório dos sonhos acalentados pela elite paulista e pelos setores médios, o teatro deu forma a assuntos que pulsavam e antecipou comportamentos que se tornariam emblemáticos no futuro. Por conseguinte, não é aleatório que a sociedade encenada no palco encontrasse ressonância na sociedade real do público[228].

### JORGE ANDRADE: O TRABALHO DA MEMÓRIA

A expressão, corrente entre os estudiosos, alude à matéria-prima da dramaturgia de Jorge Andrade e à carpintaria necessária para levá-la aos palcos. Da memória individual à memória grupal, a obra de Jorge Andrade constrói um "painel de quatrocentos anos da História do Brasil", perpassado pela "busca do pai perdido, os bens e o sangue"[229]. A abrangência temporal enlaça o conjunto de temas abordados em linguagem teatral: os ciclos dos bandeirantes e da industrialização da metrópole paulista, a ascensão dos imigrantes, "as energias urbanas fermentando e desgastando a velha ordem agrária"[230], os conflitos de geração e de classe. Daí

---

228 Para uma análise da relação entre cidade, teatro, público e sociedade, ver Christophe Charle, *Théâtres en capitales: naissance de la société du spectacle à Paris, Berlin, Londres et Vienne, 1860-1914*, Paris: Albin Michel, 2008; e Heloisa Pontes, "Introdução à edição brasileira: sociedade em cena", *in:* Christophe Charle, *A gênese da sociedade do espetáculo*, São Paulo: Companhia das Letras, 2012.
229 Sábato Magaldi, "Dos bens ao sangue", *in:* Jorge Andrade, *Marta, a árvore e o relógio*, São Paulo: Perspectiva, 1986.
230 Richard Morse, "Mito urbano e realidade", *in:* Jorge Andrade, *op. cit.*

o interesse suscitado por sua obra, maior até entre os historiadores e cientistas sociais do que entre os estudiosos da dramaturgia e da literatura, se o metro utilizado for o da publicação de estudos recentes sobre ele[231].

Neto de fazendeiros do interior de São Paulo, nascido em 1922 em Barretos, Jorge Andrade não seguiu o destino traçado para os homens de sua classe social e teve uma socialização diversa daquela que conformava o aprendizado masculino do mando.

A mãe, de mãos "delicadas como asas de borboleta"[232], sempre pronta a lhe infundir confiança, dividiu os cuidados com o filho com a parentela feminina que habitava a casa da fazenda: a avó materna e as tias ainda solteiras. A intimidade com o universo feminino revela-se no gosto pela leitura e nas brincadeiras. O amor que sentia pelo avô materno nutria-se de um sentimento bem diverso da solidão indefesa que experimentava diante do pai. Aferrado aos valores masculinos rígidos que governavam o mundo dos fazendeiros paulistas, o pai ausentava-se com frequência e encontrava na caça mais que passatempo dileto. Caça e masculinidade eram uma coisa só, como bem percebeu o filho ainda menino, pelas reações dele às coisas que o fascinavam: das brincadeiras infantis com as tias às leituras e, mais tarde, quando homem feito, da profissão que escolhera – escritor de teatro. A imagem do pai "escondendo-se, nas caçadas", da "vergonha" trazida pelo filho, ficou grudada na memória de Jorge Andrade, antes de ganhar forma dramática muitos anos depois da crise econômica de 1929 que arruinou famílias da elite agrária ligada ao café, entre elas, a dele.

A notícia da catástrofe que se abatera sobre a família ele recebeu aos 7 anos e só compreendeu aos poucos. Mas a expressão de cólera, de medo, de angústia, de quase loucura, ele percebeu de imediato nos olhos e no comportamento inusitado do avô materno que ele adorava. Sempre tão seguro e enérgico, o avô passou a falar sozinho como louco, esbravejando no meio das jabuticabeiras. Que algo terrível estava no ar, o neto sentiu pelo desaparecimento das tias e pela permanência da avó na cozinha, "na beira dos tachos, como se fizesse provisões para uma longa viagem"[233]. Ninguém olhava o avô de frente. A mãe, sempre tão solícita, mal lhe dava boa-noite. Pela primeira vez na vida, o menino ouviu choro nos quartos. A descoberta de "que gente grande chorava" foi acompanhada pela sensação de desproteção. E, conforme avançava a ruína da família, pelo sentimento de solidão.

A derrocada do mundo do avô e a ruína econômica e social da família serão um dos esteios da dramaturgia de Jorge Andrade. Quinze anos depois e já adulto, instalado na cidade de São Paulo, para onde se mudara com o propósito de cursar direito, ele usará a experiência familiar na peça *A moratória*. Escrita em 1954 e levada à cena no ano seguinte, a peça foi concebida em meio à decisão de abandonar a faculdade para dar chão ao fascínio pelo palco. O teatro ele descobriu

---

231 As dez peças que compõem a obra de Jorge Andrade foram reunidas no livro *Marta, a árvore e o relógio* (São Paulo: Perspectiva, 1986), que traz também uma importante fortuna crítica. O livro renovou o interesse por sua dramaturgia. Desde então, historiadores e cientistas sociais, ao lado de estudiosos do teatro e da televisão (mídia na qual Jorge Andrade também atuou), têm se debruçado sobre a sua obra. Vale destacar Catarina Sant'anna, *Metalinguagem e teatro: a obra de Jorge Andrade*, Cuiabá: EDUFMT, 1997; Luis H. M. Arantes, *Teatro da memória: história e ficção na dramaturgia de Jorge Andrade*, São Paulo: Annablume; Fapesp, 2001; Maria Arminda do N. Arruda, *Metrópole e cultura: São Paulo no meio século XX*, Bauru: Edusc, 2001; e o dossiê organizado por Diógenes V. Maciel, "Dossiê em homenagem a Jorge Andrade", *Fênix*, Uberlândia: 2005, v. 2, n. 4.
232 Jorge Andrade, *Labirinto*, Barueri: Manole, 2009, p. 25.
233 *Ibidem*, p. 78.

primeiro como espectador assíduo da companhia paulista mais importante na época, o Teatro Brasileiro de Comédia, e, depois, como aluno da Escola de Arte Dramática, entre 1951 e 1954. Nela iniciou-se nas manhas da dramaturgia e aprimorou a linguagem teatral. Premiado, em 1954, como autor revelação, pelo texto *O telescópio*, foi com *A moratória* que seu nome se firmou no rol da melhor dramaturgia brasileira e se associou à linguagem moderna que estava sendo gestada em São Paulo no teatro, nas artes plásticas e nas ciências sociais[234].

Pela mescla de condições objetivas e subjetivas, o contexto era propício para o sonho de Jorge Andrade de fazer da dramaturgia uma profissão. Entre as condições objetivas, sobressaem os novos espaços de sociabilidade e de profissionalização que se abriam em São Paulo e as alterações que se produziam em passo acelerado na estrutura social e demográfica da cidade. Em menos de três décadas, a população de São Paulo quintuplicara, passando dos 579 mil, cifra registrada em 1920, para 2 milhões e 198 mil habitantes na década de 1950. A cidade, "explodindo em número de habitantes, quebrava a sua velha carapaça quatrocentona, internacionalizando-se"[235].

> Ao mesmo tempo que a ordem antiga se rompia, a urbanização se processava de maneira acelerada. A decadência de todo um setor da sociedade [a oligarquia agrária] era compensada pelo desenvolvimento de outro e a perda de prestígio do fazendeiro se cruzava com a ascensão econômica e social do imigrante. Presenciava-se, sem fôlego, uma substituição simétrica de estilos de vida e não o lento desaparecimento de um mundo cuja agonia se pudesse acompanhar com lucidez[236].

A consequência disso era a crença partilhada no futuro e não a percepção dilacerada de um universo social fenecente, tal como desvelado pelos romancistas nordestinos. A retradução da experiência social no plano formal da linguagem se deu em São Paulo pela dramaturgia e pelas ciências sociais e não pelo romance. Paradoxalmente mais "moderna" e mais "provinciana" que o Rio de Janeiro – então capital federal do país – São Paulo se tornou o polo modernizador do teatro brasileiro[237]. A estreita relação entre o teatro, a universidade e a cidade é um dos indicadores do grau de complexidade do sistema cultural paulista. A ampliação do perfil social de recrutamento dos envolvidos com a atividade teatral e intelectual, a montagem de instituições afinadas com os ideários artísticos e científicos de ponta na época, a presença de estrangeiros, professores e diretores, tudo isso, somado, foi decisivo para a implantação de novas modalidades de trabalho intelectual, entre elas, a dramaturgia.

Aplicadas à trajetória acidentada de Jorge Andrade, tais condições objetivas explicam o desvio de percurso, do direito ao teatro. Desta feita de maneira deliberada

---

234 Maria Arminda do N. Arruda, *op. cit.*
235 Décio de Almeida Prado, "Teatro Brasileiro de Comédia revê os seus 50 anos", *O Estado de S. Paulo*, p. D-7, 10 out. 1998.
236 Gilda de M. e Souza, *Exercício de leitura*, São Paulo: Duas Cidades, 1980, p. 110.
237 Para uma análise detalhada das razões que fizeram com que o TBC e a cidade de São Paulo assumissem essa posição proeminente, ver Tânia Brandão, *Peripécias modernas: Companhia Maria Della Costa*, tese de doutorado, Rio de Janeiro, UFRJ, 1988; Maria Arminda do N. Arruda, *op. cit.*; Davi J. L. Mattos, *O espetáculo da cultura paulista: teatro e TV em São Paulo, 1940-1950*, São Paulo: Conex, 2002; e Heloisa Pontes, *Intérpretes da metrópole: história social e relações de gênero no teatro e no campo intelectual, 1940-1968*, São Paulo: Edusp; Fapesp, 2010.

e não como resultado do solapamento do destino social de sua família em virtude da crise econômica, matéria-prima de seu teatro. A opção profissional implicou um corpo a corpo com as fraturas do passado – de sua família e de sua classe. O registro desse enfrentamento encontra-se numa das frases mais citadas de Jorge Andrade pelos estudiosos de sua obra. A recorrência é proporcional à acuidade da observação do dramaturgo sobre os motivos recônditos que o levaram à ficção e ao teatro.

Há pessoas que fazem psicanálise deitadas em sofá, pagando uma nota. Eu faço comigo, de graça, descendo a ladeira. E a verdade estampa-se inteira dentro de mim: eu fiz psicanálise, criando personagens que foram viver, no palco, os fantasmas que me atormentavam. Personagens que contam a história da minha vida – cheia de momentos felizes e também de vergonha. Há muitas coisas em minha vida pedindo explicações. De muitas, lembro-me bem. Mas são as escondidas que nos atormentam, as que ficam perdidas não sei em que imobilidade, agarradas às paredes como hera, guardadas em fundo de gavetas de cômodas velhas, refletidas em caixilhos, esquecidas em álbuns fotográficos, escondidas dentro de nós[238].

Não fosse a escrita e o teatro, e essas coisas escondidas dentro de nós e perdidas em sua imobilidade – que são o sal e o sol da vida, pela mistura de tormento e alegria, que impulsiona para a frente quando encontra suporte, ou paralisa e até mesmo enlouquece na falta dele – teriam ficado guardadas na memória do dramaturgo. A ideia de que "todas as famílias felizes se parecem, cada família infeliz é infeliz à sua maneira"[239] encontra sua contrapartida em *A moratória*.

Graças ao encontro do dramaturgo em início de carreira, da jovem atriz em ascensão, Fernanda Montenegro (1929), e do diretor experiente, Gianni Ratto (1916-2005), o público paulista que frequentava o teatro nos anos 1950 pôde ver no palco a experiência objetivada da oligarquia agrária, arruinada pela crise de 1929 e pela incapacidade de reinventar-se no descenso e na cidade. Encenada pela Cia. Maria Della Costa em 1955, *A moratória* foi um marco no teatro da metrópole. Revelando um "autor prisioneiro do espaço e do tempo perdido da fazenda"[240], a peça dá forma às personagens que ele inventou por meio de traços condensados dos membros da família. Especialmente dos que singularizavam o avô materno. No papel de Joaquim, suas falas, no momento do anúncio da moratória e da descoberta da falência material e social que recairia sobre ele e toda a família, são idênticas às registradas pelo autor em *Labirinto*, misto de memória e autobiografia.

Antes de serem caracterizadas com os traços da psicologia individual, as personagens de *A moratória* são "o Pai, a Mãe, o Filho, a Filha; e os atos, pensamentos e desejos que delas derivam, ligam-se menos à história isolada de cada uma do que à história da propriedade a que pertencem. É a perda da fazenda que explica a revolta do pai, o fracasso do filho, a crispação subterrânea da filha, a desencantada abnegação da mãe"[241]. O vigor do texto foi reforçado pela interpretação de Fernanda Montenegro, que infundiu verossimi-

---

238 Jorge Andrade, *Labirinto, op. cit.*, p. 171.
239 Liev Tolstói, *Ana Kariênina*, São Paulo: Cosac Naify, 2008, p. 17.
240 Gilda de M. e Souza, *op. cit.*, p. 115.
241 *Ibidem*, p. 114.

lhança e verdade cênica em voltagem máxima à protagonista da peça. No papel de Lucília, a"única personagem da família de fazendeiros que abandona a lamúria pela fortuna perdida e enfrenta com decisão a realidade"[242], ela ganhou a plateia e a crítica. Realista e avessa ao exercício complacente do autoengano, empenhada na sobrevivência da família com o auxílio da máquina de costura que lhe serviu de *hobby* quando menina rica e bem-vestida, e que, no momento do descenso, tornou-se a fonte de sustento da família, Lucília expõe sem meios-tons a ruína que dilacera todos. Lucília, a filha de uma família de elite arruinada, ao ser encarnada pela atriz, filha de operários, alçou Fernanda Montenegro a uma posição destacada na hierarquia das grandes intérpretes da época[243].

A habilidade do dramaturgo para justapor o passado e o presente encontrou uma cenografia à altura na concepção do diretor Gianni Ratto, que dividiu o cenário em duas partes expostas em diagonal. Uma delas correspondia à opulenta fazenda de café de 1929; a outra, à modesta casa na cidade do presente, em 1932, sugerindo, assim,"a paralisação do tempo numa realidade superior e esmagadora"[244].

O domínio técnico do cenário fazia pulsar a realidade social que o dramaturgo estampara no texto e que o diretor ajudou os intérpretes a corporificar no palco. Justapondo o passado e o presente e, ao mesmo tempo, a ambiência social retratada nos dois cenários, a peça expõe o dilaceramento da família, evitando a solução fácil da narrativa cronológica. O espectador, sabendo mais que os personagens sobre o destino social que os espera, compreende, antes deles, as marcas e os sofrimentos impressos pela transição e declínio do universo em que se movimentam.

> O tempo objetivo de declínio da sociedade agrária coabita o movimento de subjetividade das personagens, lançadas em contextos que solapam e negam o que parecia inscrito nos seus destinos sociais. Posta ao lado das figuras identificadas com a sociedade urbano-industrial, a dramaturgia [de Jorge Andrade] reproduz essa história em dilaceramento, de onde retirou a matéria viva de seu teatro, testemunho pungente de um mundo fenecente e de outro em ascensão[245].

Em 1966, onze anos depois da primeira montagem de *A moratória*, Gianni Ratto levou ao palco carioca *Rastro atrás*, encenada pelo Teatro Nacional de Comédia. Nela diluem-se as fronteiras entre reminiscência e autobiografia. Acerto de contas com o passado e ceticismo em relação às potencialidades do presente, *Rastro atrás* no sentido literal significa a inesperada mudança de direção da caça. Em vez de seguir em frente, ela finge voltar atrás e deixa o rastro marcado para confundir o caçador.

No sentido metafórico, caça e caçador são o pai e o filho, os protagonistas, em quatro momentos entre 1922 e 1965, mediados pelas tias, pela avó paterna, pela lembrança da mãe morta. Ao longo da peça, Vicente é menino, adolescente, jovem e adulto. Sem qualquer preocupação com a linearidade cronológica, o menino de 5 anos cede lugar ao jovem de 23 anos, prestes a largar a casa da família, a noiva e a cidade do interior parada, modorrenta e sem perspectiva, para se reinventar na metrópole. Ele reaparece

---

242 Sábato Magaldi,"Um painel histórico: o teatro de Jorge Andrade", *in:* Jorge Andrade, *Marta, a árvore e o relógio*, p. 650.
243 Heloisa Pontes, *Intérpretes da metrópole, op. cit.*, pp. 304-5.
244 Sábato Magaldi,"Dos bens ao sangue", *op. cit.*, p. 673.
245 Maria Arminda do N. Arruda, *op. cit.*, p. 137.

de volta, aos 43 anos, como dramaturgo reconhecido, tensionado pelas vicissitudes enfrentadas como escritor de teatro, prensado entre o ganha-pão como professor de ginásio, a oferta tentadora da televisão, a recusa em ceder ao gosto fácil do público. A urdidura da trama, construída nos desvãos da memória atormentada de Vicente, se nutre da ferocidade dos diálogos, proporcional à exasperação e à culpa entranhadas pela relação dilacerada ente o pai e o filho, que só se reconciliam no final da peça.

Mas o sucesso no teatro nunca mais foi o mesmo para Jorge Andrade depois dessa peça. Apesar da crítica favorável, a montagem de *Rastro atrás* restringiu-se ao circuito carioca. O conflito entre pai e filho, no registro da culpa e do remorso, não era mais capaz de eletrizar a atenção do público jovem que tomou a cena teatral da época a partir da criação do Teatro de Arena, do Oficina e dos Centros Populares de Cultura, responsáveis pela valorização do autor nacional, pela introdução de novas convenções teatrais e por uma nova articulação entre cultura e política no domínio da dramaturgia.

Como resultado da entrada em cena de novos grupos e de um público distinto, jovem, universitário e de esquerda, houve uma "alteração social do palco"[246], e o teatro de repertório, que por quase duas décadas fora o espaço de projeção de Jorge Andrade, perdeu a centralidade que tivera até então. "Mudanças estruturais no campo artístico" – correlatas à alteração do perfil social e cultural do novo público e à sedimentação do "conceito de engajamento artístico de esquerda"[247] fizeram com que "o bom teatro, que durante anos discutira em português de escola o adultério, a liberdade, a angústia [parecesse] recuado de uma era"[248].

O chute inicial nessa direção foi dado em São Paulo por um jovem de 23 anos – filho de imigrantes italianos – que viera do Rio de Janeiro para dar continuidade à militância estudantil: Gianfrancesco Guarnieri. Sua primeira peça, *Eles não usam black-tie*, conforme veremos a seguir, é um marco nessa reordenação do teatro encenado na metrópole e a prova cabal de que a dramaturgia é "a forma literária mais adequada à esfera da ação e, portanto, à ética e a política"[249].

## GIANFRANCESCO GUARNIERI: GESTAÇÃO DA UTOPIA

O núcleo de lideranças atuantes no Teatro de Arena[250], em São Paulo, entre a fundação em 1953 e o fechamento em 1964 acuado pelo regime militar, juntou jovens profissionais egressos da Escola de Arte Dramática de São Paulo (o diretor, ator e autor José Renato) e de estágios de formação no exterior (Augusto Boal), a talentosos rapazes e moças atuantes em teatro amador, socializados em sua maioria em famílias de ativistas de esquerda. O Arena aglutinou um punhado de gente inovadora, treinada para exercer o ofício teatral, sem prévia experiência política, e a turma do Teatro Paulista do Estudante criado em 1955, braço cultural da militância comunista no movi-

---

246 Roberto Schwarz, *O pai de família e outros estudos*, Rio de Janeiro: Paz e Terra, 1978, p. 62.
247 Marcos Napolitano, "A arte engajada e seus públicos, 1955-1968", *Estudos Históricos*, Rio de Janeiro: 2001, v. 2, n. 28, pp. 103-24.
248 Roberto Schwarz, *op. cit.*, p. 81.
249 Carl Schorske, *Viena fin-de-siècle*, São Paulo: Companhia das Letras, 1993, p. 40.
250 A respeito do Teatro de Arena, cf. Sábato Magaldi, *Um palco brasileiro: o Arena de São Paulo*, São Paulo: Brasiliense, 1984; Izaías Almada, *Teatro de Arena: uma estética de resistência*, São Paulo: Boitempo, 2004; Sergio Roveri, *Gianfrancesco Guarnieri: um grito solto no ar*, São Paulo: Imprensa Oficial, 2004; e a revista *Dionysos*, Rio de Janeiro: Serviço Nacional de Teatro, 1978.

mento estudantil. Verdadeiros coringas, uns e outros dispostos a exercer as principais atividades na divisão do trabalho imperante no teatro profissional do período: atores, encenadores, autores e empresários. Tiveram de lidar com essa "vocação" polivalente, em momento de mudança no arcabouço do teatro profissional no país, sem poder contar com a fortuna que viabilizara o mais bem-sucedido empreendimento na cena paulistana, o Teatro Brasileiro de Comédia (TBC).

Não obstante, os desafios enfrentados pelo pessoal do Teatro de Arena estavam referidos ao modelo de excelência do chamado teatro burguês. O espaço em arena fora em parte determinado pelo acanhamento do prédio sede da trupe, mas era também uma alternativa promissora de arriscar experimentos fora do palco italiano. O ecletismo do repertório nos primeiros anos – mesclando comediógrafos medianos (Achard, Puget), contemporâneos provocativos (Tennessee Williams, O'Casey, Pirandello), clássicos (Molière, Martins Pena) e autores de bulevar (Mirbeau, Feydeau) – seguia de perto o receituário de êxito no TBC. Nenhum dos autores nacionais encenados no período de arrancada (José Renato, Augusto Boal, Silveira Sampaio) estourou na recepção crítica ou na bilheteria.

De início, o pessoal de esquerda parece ter se acomodado a certa rotina de sobrevivência, tentando infundir carga política em textos de denúncia social (Steinbeck). O retumbante sucesso de público e de crítica logrado pela montagem de *Eles não usam black-tie* (1958), de Guarnieri, alterou radicalmente o balanço de forças no interior do grupo e, no rescaldo, as prioridades: em lugar da aposta num repertório eclético encenado com surpresa em espaço de arena, o rendimento dramático e a feição estética se punham doravante a reboque do recado doutrinário.

As biografias em contraponto de Gianfrancesco Guarnieri e Oduvaldo Vianna Filho permitem reconstruir o universo de experiências que estão na raiz do projeto político e intelectual da geração a que pertencem. Ambos conciliaram exigências culturais contraditórias: valeram-se do manancial de recursos técnicos e da carpintaria dramática que aprenderam desde moços para trazer à cena um retrato verista e pungente das vivências de trabalhadores idealizados, fora de sua rotina, sobre os quais possuíam apenas as coordenadas de existência hauridas no convívio com militantes veteranos e na literatura de esquerda.

No plano pessoal, a adoção na íntegra do modelo paterno de conjunção entre atividades profissionais de criação artística e a militância em organizações de esquerda marcou a fundo a dramaturgia de ambos. Convém atentar ao contexto abrangente: as circunstâncias de explosiva transformação que moldaram as mídias nascentes na incipiente indústria cultural, no eixo Rio-São Paulo. Assim como Guarnieri crescera ouvindo e assistindo a encenações de ópera, a cargo de companhias italianas de primeira, Vianinha logo se familiarizou com o trânsito entre os estilos dramáticos que eram as fontes de sustento da família. Filhos de artistas a braços com oportunidades e desafios timbrados pelo conjunto de mudanças que afetava a atividade cultural profissional. Herdeiros trunfados de veteranos reconhecidos na corporação artística.

Nascido em Milão, em 1934, Gianfrancesco era filho único de músicos italianos, o maestro Edoardo Guarnieri e a harpista Elsa Martinengui Guarnieri. A exemplo de tantos outros artistas europeus aqui chegados durante a Segunda Guerra Mundial, ora perseguidos por razões políticas, ora ameaçados pelo desemprego, ou movidos pela junção de tais dissabores, a mãe aceitou, em 1936, o convite para trabalhar na Orquestra Sinfônica Brasileira, no Rio de Janeiro; em seguida, o pai foi chamado a reger.

Logo o maestro se filiou à base carioca do Partido Comunista Brasileiro (PCB). Decerto influenciado pelos afazeres dos pais, Gianfrancesco teve educação diferenciada e um tanto dissonante das crianças de idêntica condição social: frequentava as matinês de ópera no Teatro Municipal carioca, as comédias nos teatros da Cinelândia e os filmes do neorrealismo italiano. Cresceu num círculo de sociabilidade que reunia artistas e profissionais ligados à atividade musical; falava italiano em casa e na escola comunitária. Fez o curso primário no Liceu Francês, onde aprendeu o idioma; no secundário, participou de um grupo de teatro, para o qual redigiu uma peça aos 14 anos.

Nascido em junho de 1936, no Rio de Janeiro, Oduvaldo Vianna Filho era fruto do segundo casamento do pai, o dramaturgo Oduvaldo Vianna (1892-1972), com Deocélia Vianna[251]. O pai de Vianinha estreou em 1917, com a montagem fracassada do texto *Amigos de infância*, terceiro colocado num concurso carioca de comédia. Oduvaldo pai era um polígrafo experiente dos gêneros dramáticos em voga: escrevia peças de teatro, roteiros de cinema e novelas de rádio, dirigia filmes, mas garantia o ganha-pão acumulando empregos na imprensa, no rádio e na televisão, alto funcionário a serviço da rede de associadas de Assis Chateaubriand. Até 1945, os pais de Vianinha eram simpatizantes do PCB e cumpriam as tarefas inerentes a tal envolvimento, angariando donativos e organizando festas para coleta de recursos. Uma vez legalizado o partido em 1945, o casal se filiou à organização.

O secundarista Gianfrancesco colaborou numa publicação da juventude comunista, o jornal *Novos Rumos*, fazendo entrevistas e traduções do italiano e do francês. Após ter sido aprovado no supletivo, voltou ao Franco-Brasileiro para o curso normal e de imediato se envolveu no movimento estudantil secundarista, nomeado presidente da Associação Metropolitana de Estudantes Secundários e vice-presidente da União Nacional dos Estudantes Secundários. Com a família instalada em São Paulo, desde 1953, ele chegou à cidade já ungido como secretário-geral da União Paulista dos Estudantes Secundários; militava como clandestino na Juventude Comunista e acabou promovido pelo PCB a responsável pela formação de células.

Após a cassação do partido por Dutra em 1947, a casa dos Vianna se converteu em ponto de reunião dos comitês estadual e central do partido. Aos 14 anos, Vianinha, que cursara o primário em colégio público e fazia o secundário no Mackenzie, ingressou na União da Juventude Comunista, cujos integrantes procediam em maioria de uma classe média instruída; aos 17 anos, se matriculou na Faculdade de Arquitetura do Mackenzie, curso que abandonaria no terceiro ano. No ano seguinte, começou a fazer teatro amador. Guarnieri e Vianinha foram fundadores do Teatro Paulista de Estudante, com a bênção do encenador e estudioso italiano Ruggero Jacobbi[252]. Por alguns anos, as carreiras de ambos avançaram em paralelo: casaram-se com colegas de palco (Gianfrancesco com Mariuza Vianna, prima de Vianinha; este com Vera Gertel, também filha de militantes comunistas), trabalharam como atores em sucessivas montagens do Teatro de Arena e se lançaram precocemente como autores inovadores, logo festejados e premiados. O teatro se tornara a razão da vida afetiva e profissional.

---

251 Cf. as memórias de Deocélia Vianna, *Companheiros de viagem*, São Paulo: Brasiliense, 1984.
252 Berenice Raulino, *Ruggero Jacobbi: presença italiana no teatro brasileiro*, São Paulo: Perspectiva; Fapesp, 2002.

Peça em três atos e seis quadros, *Eles não usam black-tie*[253] estreou em fevereiro de 1958, com direção de José Renato e produção do Teatro de Arena. Conforme testemunho do autor, ele teria escrito o texto em menos de um mês, em 1956, com apenas 21 anos. A peça e a encenação inauguram um novo ciclo do teatro brasileiro, ao introduzir no palco os conflitos de classe numa sociedade urbano-industrial em processo acelerado de expansão. O eixo da tensão dramática gira em torno do conflito geracional entre o pai operário (Otávio), convicto de sua lealdade à classe trabalhadora, e o filho (Tião) que se insurge contra as diretrizes de uma greve que lhe parece pôr em risco suas expectativas de mobilidade social.

A narrativa cortante transita entre o ambiente doméstico e as vicissitudes do embate político-sindical. A greve é o estopim de um duplo enfrentamento: de um lado, entre os operários, o patronato, a polícia; de outro, o entrevero da firmeza dos pais com a contestação filial. Enquanto a armação e o desfecho da greve alicerçam o andaime narrativo, o conflito entre pai e filho arrebenta a solidariedade do grupo e fisga a emoção do espectador. O fio desencapado da tensão em cena se escora na resistência à greve explicitada pelo filho, que enxerga aí um embaraço a um projeto de vida mais confortável. A postura do filho se fortalece, no plano cênico, pelo fato de que sua mulher (Maria) está grávida. Tal circunstância qualifica e avaliza sua conduta fora de esquadro. O Tião, pai virtual, responsável, amoroso, como que se sobrepõe aos deveres filiais de um jovem operário já feito homem. A adesão do público às razões invocadas pelo filho encontra assim respaldo na tessitura multifacetada do conflito.

O confronto entre uma ética coletivista, comunitária, compartilhada, e uma atitude individualista é o combustível que move tanto os mais velhos, identificados por inteiro com os de baixo, como os moços que vislumbram a chance de se livrar das servidões da classe operária. O desfecho dilacerante do enfrentamento não salva ninguém e faz os protagonistas pagarem de algum modo. A intolerância paterna sinaliza a rigidez da integridade e a insubordinação filial traz respiro a constrições até então mandatórias. Instado a sair de casa e dar provas de irrestrita adesão àquele microcosmo antes de poder ser readmitido aos seus – os pais, os amigos e a mulher –, o sacrifício do filho desarruma expectativas de correção política e incendeia o coração da plateia. Não fora tamanho desacerto de conduta, não haveria salvação fora do destino coletivo. O projeto de mobilidade está condenado à solidão e ao rechaço dos iguais, mas o risco de agir de modo voluntarista acende um pavio de esperança. As cenas coloquiais, na intimidade doméstica, se alternam com os piques de tensão entre as personagens, registros que garantem a fluência do relato e a verossimilhança do drama.

A idade do autor e a restrita experiência de vida se fazem sentir de modo eloquente. O cenário escolhido evidencia o teor das dificuldades enfrentadas por Guarnieri ao lidar com um universo social radicalmente distinto do seu. A peça original se passa num morro do Rio Janeiro, cujo imaginário como reduto do "autenticamente" popular, alimentado pelo Cinema Novo e pela música, era partilhado também pelo jovem Guarnieri em sua tentativa de recriar, nesse ambiente carioca que ele conhecia de esguelha, as personagens populares indispensáveis à trama em torno da greve. O apelo ao pitoresco não fora impensado; a favela era o único reduto sobre cujas feições

---

253 Gianfrancesco Guarnieri, *Eles não usam black-tie*, Rio de Janeiro: Civilização Brasileira, 2001. Ver também Décio de A. Prado, *Gianfrancesco Guarnieri: o melhor teatro*, São Paulo: Global, 2001.

genéricas o autor se sentia autorizado a discorrer. A linguagem mobilizada pelas personagens destoava, porém, daquela utilizada pelos habitantes do morro que, por sua vez, pareciam um tanto deslocados no enredo de uma greve organizada. Conforme declarações do próprio autor, ele teria insuflado nas personagens da favela retalhos de experiência e impressões pessoais que havia retido de sua vivência de menino com a empregada doméstica na casa dos pais. Por conta dos afazeres profissionais dos pais, ficava todo o tempo em sua companhia, e assim teve a oportunidade de conhecer cortiços e entrar em contato com outras figuras de condição modesta.

Já o filme de Leon Hirzsman, que estreou em 1981 com o mesmo título da peça de Guarnieri, transladou, com acerto, o ambiente da trama para um bairro operário da região paulista do ABC[254]. Tal decisão revigorou a força do texto, a crueza das personagens, a ferocidade dos conflitos, ainda mais porque o filme foi rodado logo depois da belicosa greve dos metalúrgicos no ABC, em 1979. No filme, quase tudo adquire fortíssima verossimilhança: cenário e figurinos[255]; a doida e pungente interpretação de Fernanda Montenegro no papel de Romana; o contraste coreográfico entre a movimentação coletiva do movimento grevista e o caminho individualista trilhado por Tião. O enfrentamento com o regime militar modelou a conduta subsequente do movimento sindical, redefiniu as relações da intelectualidade com os reclamos da classe trabalhadora e impôs novos rumos às negociações entre os principais atores políticos naquela conjuntura. A pegada política do filme é incomparável à da peça pelo fato de haver aberto um diálogo escancarado com o caldeirão de conflitos na época. Na virada da década de 1950, a ressonância política da peça incendiou as disposições messiânicas de um público universitário, no apogeu da esperança desenvolvimentista atiçada pelo governo Juscelino. O filme, por sua vez, replicou sem disfarce a resistência de um setor em polvorosa da classe operária.

Embora não tenhamos assistido à montagem de estreia da peça, no Teatro de Arena, podemos imaginar o quão postiço deve ter soado o desempenho de diversos atores na pele de personagens do povo. A maratona de exercícios vocais de Eugenio Kusnet não deve ter disfarçado o acento forasteiro no papel de Otávio, dicção que sem dúvida reforçou o feitio stalinista do pai na versão teatral; o *pathos* transmitido por Lelia Abramo remediou com grandeza a condição humana da figura materna (Romana) sem dar conta do abandono e do desconsolo na condição operária. Os sentimentos de identificação suscitados pelo par romântico vivido por Guarnieri e Miriam Mehler tinham muito mais a ver com a *hexis* corporal desse casal bem cuidado, gente bonita semelhante a tantos outros na plateia, socialmente plausível, mas inviabilizado no espaço cênico. Não obstante, esses intérpretes – rebentos de famílias de imigrantes italianos e judeus – faziam transbordar em cena a seiva transformadora daquela emergente sociedade paulista. Nas palavras de um espectador e crítico da primeira montagem, "as inadequações dos atores foram sem dúvida superadas pela sinceridade do texto, que os envolveu no seu clima comunicativo"[256]. Eis algumas evidências que sinalizam a distância quase insuperável entre o mundo da classe operária e o microcosmo culto da classe média urbana em que se situava o autor.

---

254 *Eles não usam black-tie*, Leon Hirzsman, Embrafilme, 1981, 134 min, color, 35 mm.
255 Enquanto a peça se passa inteira num barraco de morro, o filme alterna entre tomadas no interior da casa operária e cenas externas, ora envolvendo os grevistas e a repressão, ora a conversa amorosa de Tião e Maria na rua, ora o rompimento final entre pai e filho no terreno da casa.
256 Sábato Magaldi, *Um palco brasileiro, op. cit.*, p. 32.

*Eles não usam black-tie* é o desaguadouro de tudo que sentia o jovem autor, a súmula de experiências de militância, familiar e pessoal, os horizontes e valores da utopia política que norteava a conduta daquela geração de artistas de esquerda. A personagem do filho (Tião) condensa, de fato, os dilemas e impasses com que então se defrontavam o autor e seus pares. A peça-síntese da visão de mundo de esquerda constitui o autorretrato de sua experiência pessoal, do itinerário convulsivo daquela geração de dramaturgos, encenadores e atores. Diríamos mesmo que o espetacular sucesso da peça e do espetáculo se deveu muito ao transe emotivo que desencadeou na plateia. O imaginário progressista daquele público de classe média cultivada encontrou no drama operário, e no desenlace inesperado, surpreendente, uma gama de experiências que se prestava de modo ideal como espelho projetivo de suas próprias idiossincrasias e contradições. Havia a simultaneidade de dois experimentos: em cena, uma reconstrução um tanto chapada do mundo social operário; na plateia, o tumulto de emoções desencontradas dos espectadores de coração partido entre confortos e sonhos. Essa involuntária viagem memorialística enquadrou o recado nas coordenadas da ortodoxia doutrinária e deixou vazar o desarranjo existencial e afetivo na modelagem de Tião, *alter ego* do dramaturgo. Não fora o escape emocionante proporcionado pela conduta de Tião, o rendimento dramático do texto teria se esvaziado. A ortodoxia doutrinária teria prevalecido sobre os desvãos do psiquismo.

Embora o autor não conhecesse de perto as circunstâncias de vida e trabalho da classe operária naquele ciclo modernizante do país, a peça empreende um resgate mítico oscilante entre o que poderia e o que deveria ser essa experiência de desdita social. Poder-se-ia sobrepor à narrativa em cena uma toada em surdina dos impasses com que se defrontava toda uma geração de intelectuais e artistas, originários de famílias de classe média ilustrada. Esses jovens entusiastas, cem por cento politizados, se viram de repente balançados entre os privilégios de classe e as incitações ao engajamento consequente em que haviam sido educados. A peça de estreia de Guarnieri é uma oportunidade de baldeação entre os imperativos de reprodução corporativa de herdeiros talentosos e os devaneios progressistas em prol de um mundo social justo e equânime.

Guarnieri e Vianinha enxergavam o teatro a serviço da causa popular – como instrumento de luta social e ideológica; na falta de um público operário, saturaram de política uma dramaturgia endereçada a uma audiência universitária, de *jeans*, camisetas coloridas, casacos e botas de couro, cúmplice do *habitus* vigente de esquerda. A indumentária urbana da mocidade acabou incorporada às roupas de cena.

## EPÍLOGO

A dramaturgia de Gianfrancesco Guarnieri e de Jorge Andrade sintetiza representações inquietantes de uma sociedade em fogo morto sobre a qual sobrevém a lufada de energias impulsionadas pelos grupos emergentes. Enquanto o "quatrocentão" Andrade remexe as feridas dos abastados de ontem, o "italianinho" Guarnieri fabrica uma classe operária povoada pelo ideário dos setores médios em ascensão. A derrocada da economia cafeeira engolfou proprietários, linhagens, estilos de vida, critérios de prestígio, valores e certezas; a gênese da metrópole fabril carece de mão de obra qualificada, de consumidores, de novas entidades corporativas, de enfrentamentos e utopias. A cena teatral paulistana abrigava o adeus à civilização do café e a exaltação da sociedade urbano-industrial.

# IV

# CRIAÇÕES DIALOGADAS: MEMORIALÍSTICA DA INTERLOCUÇÃO

## ADOLFO BIOY CASARES: MEMORIALISTA, DIARISTA E RETRATISTA AMERICANO
NORA CATELLI

A tentação é grande e não de todo errônea: Bioy Casares é Boswell; Borges é o doutor Johnson. Escrever e pensar sobre Bioy Casares seria fazê-lo ancilarmente, através de Borges, repetindo assim sua própria estratégia; ao menos, a que decidiu em *Borges*[1].

Esse parcial acerto merece, não obstante, muitas matizações. Boswell foi, sobretudo, um retratista; Johnson foi, efetivamente, seu objeto. Em troca, Adolfo Bioy Casares (1914-99) não foi só o retratista de Borges, ainda que o retratasse em *Borges*. Quando o doutor Johnson fala, na *Vida* de Boswell, o livro se torna de autoria incerta. Por sua vez, *Borges* não é de Borges, mas de Bioy, ainda que Borges fale todo o tempo.

Edmund Wilson escreveu, sobre as memórias de Casanova, que o livro mostrava as rítmicas recorrências que o caráter inflige ao destino. Aqui há dois caracteres que vão modulando dois destinos a partir das pegadas da escrita. O de Borges, por sua vez, está nas mãos de Bioy, e Bioy se inclina sobre o destino de sua personagem como teria feito um romancista do século XIX. Entomólogo e psicólogo, consultor sentimental e filho rebelde, autor e rentista, Bioy escreveu seus diários de Borges, mas só os publicou quando já havia conjurado o perigo de ser só Boswell.

Havia escapado à "rítmica recorrência" de seu próprio caráter, que mostrava certa tendência a se converter em epígono. Não lhe haviam bastado *La invención de Morel* (1940), *Plan de evasión* (1945), os contos de *La trama celeste* (1948) ou de *El sueño de los héroes* (1954). Atravessou depois etapas de insegurança e contido desalento, apesar dessa primeira fase fulgurante. Nesses lapsos de dúvida sobre seu talento e dons, Bioy produziu contos não inteiramente bem-sucedidos, enquanto Borges, ao contrário, ascendia, após *El hacedor*, a monumento. Nos livros de Bioy da época notava-se puerilidade na representação da existência e um adelgaçamento crescente da prosa, inclusive em *El lado de la sombra*, talvez o mais interessante dos volumes daquele tempo.

Talvez a resposta secreta de Bioy ao Borges de mármore definitivo tenham sido esses *Diarios*. A resposta pública havia sido, por outro lado, todos os outros livros de memórias e diários, em vida e póstumos. Não obstante a existência desses dois circuitos, o secreto e o público, pode-se dizer que o Bioy memorialista e diarista apareceu quando já se sentia centralmente apreciado dentro da tradição argentina e internacional, quando era um romancista reconhecido e havia acabado a construção de sua própria figura de autor.

---
1  Adolfo Bioy Casares, *Borges*, Buenos Aires: Editorial Destino, 2006.

Ao deixar selecionado para publicação, dentre as 20 mil páginas de diários e cadernos de notas inéditas, o material de *Borges*, havia recebido todos os prêmios, incluído o Cervantes em 1990, e possuía uma certeza indiscutível acerca de sua permanência dentro da sociedade literária, ao menos desde sua viagem à Europa, em 1967. Algumas cartas de *En viaje* o atestam, sobretudo quando em Paris estreia o filme *La invención de Morel* e Bioy anota com uma ironia não isenta de complacência:

> Eu lutava para não dormir; mas este sono me acomete agora com frequência; assim, não é uma condenação. O diretor, Bonnardot, todas as pessoas que intervieram na filmagem, me felicitaram calorosamente. Bonnardot formulou uma frase que antes havia ouvido de Moreuil, Marker, Kumiku; uma frase que, convertida em frase feita, seria de muita ajuda: "*La invención de Morel* é a mais bela história de amor jamais escrita". *Hear, hear*[2].

O ritmo de lançamento de seus livros de memórias atesta que estes começam a aparecer após sua consagração. Não é casual que a série seja inaugurada pela seleção de *En viaje*, com as cartas a Silvina Ocampo e Marta Bioy, em que Bioy conta em detalhe a recepção em Paris à estreia de *La invención de Morel*, dirigida por Jean-Claude Bonnardot. A esse primeiro testemunho se seguirá *Bioy Casares a la hora de escribir* (entrevistas, com edição de Esther Cross e Félix della Paolera), em 1988. Em 1994, com edição de Marcelo Pichon Rivière e Cristina Castro Cranwell, apareceu *Memorias*, um conjunto de rememorações algo desconexas. Depois de sua morte, em 1999, sucederam-se as publicações de escritos inéditos e reedições. Segundo parece, Bioy deixou já definidos diversos volumes, entre eles, *Borges*. Por sua vez, outros textos póstumos, como *De jardines ajenos: diarios íntimos*, não teriam sido selecionados por ele, mas por Daniel Martino, que incluiu o que não estava no *Borges* composto por Bioy. *De Jardines ajenos* começa, segundo esclarece o mesmo Martino no posfácio a *Descanso de caminantes*, por volta de 1975, superpondo-se com o *Borges* cronológica, ainda que não textualmente, até 2 de julho de 1985, poucos dias depois da morte de Borges. Dentro dessa abundante sequência, por ora interminável, publicou-se, em 2010, *Diario de Brasil*. Como quase toda a escrita autobiográfica de Bioy, também este livro alberga algum episódio amoroso que transluz, pela enésima vez, os fantasmas eróticos de uma histeria masculina fria; seu interesse reside, sobretudo, na enésima comprovação da fóbica indigência de seus recursos expressivos. Por outro lado, ainda que enxutas, algumas páginas e fotos revelam que seu olhar no Brasil alcança a profundidade de percepção de uma consciência que sabe que ali enfrenta o único problema verdadeiro de sua vida: como ser um escritor americano. As observações sobre Brasília e as fotos possuem uma força que as faz dignas de ser imaginadas como uma nota de rodapé, microscópica e intensa, a *Tristes trópicos*.

Nos grandes artefatos memorialísticos ou autobiográficos do século XX – Kafka, Woolf, Mann, Pavese – costuma existir, apesar dos distintos critérios e etapas da seleção, certa unidade na ambição e no estilo. Em Fernando Pessoa, cuja obra faz naufragar programaticamente qualquer ideia de unidade de enunciação, não está ausente, sem dúvida, uma radical e idêntica aspiração ao absoluto estético em qualquer de seus gêneros e vozes.

---

2  *Idem, En viaje* (1967), Barcelona: Tusquets, 1997, p. 156.

Isto não sucede em Bioy Casares. Seu *Borges* se destaca no espesso, prolongado e abundantíssimo emaranhado de seus escritos do eu, como um ente separado, autônomo, surpreendente. Ao contrário do restante de sua produção memorialística, na voz de *Borges* não há reticências, nem puerilidade de bom menino, nem vaga apreensão ante a exibição pública, nem pudores inesperados e triviais. Não se encontra aqui nenhum afã de esgrimir as *"mille tre"* de um Leporello inexistente ante um Don Giovanni nada fáustico.

Não porque todas essas moralidades convencionais inexistam em *Borges;* sucede que aqui se reúnem em um projeto que não só revela uma escrita tensa, mas que, ademais, convida conscientemente a reconstruir, desde o ângulo da paulatina centralidade no prestígio e na fama, os climas e debates dos anos, desde fins da década de 1950 até início da de 1970, que marcaram uma característica singular da cultura argentina: o processo pelo qual Borges representou e absorveu paulatinamente a literatura nacional.

Foi lento, pausado, às vezes surpreendente: são, sobretudo, esses anos singulares em que a cultura argentina ainda não pensava *com* Borges, mas *em* Borges. Lia-se, interpretava-se, lentamente se começou a parafraseá-lo, mas nos discursos das elites e grupos americanos no campo das ideias e das estéticas operava-se como uma ilustração mais que como uma inspiração. Não faltavam razões – políticas e teóricas – para essa dicotomia evidente; e a história dessas razões está nesses diários. Primeiro, pela abundância de materiais: das 1600 páginas do livro, esses quinze anos decisivos, de internacionalização e interpenetração do sistema literário americano, abarcam da página 115 até a 1302. Os anos anteriores – 1949 a 1954 – vão da página 27 à 114, enquanto os posteriores – 1970 a 1986 – vão da página 1503 até a 1596. Ou seja, esses quinze anos ocupam mais de mil páginas.

Nelas está em detalhe a atividade laboral de Borges e a de *free-lance* e rentista de Bioy, a institucional de ambos com suas alianças e prêmios, a militância na Sociedade Argentina de Escritores e os movimentos no grupo Sur, e também suas posições e deambulações estéticas, com seus rechaços das vanguardas artísticas e seu desdém ou desprezo por movimentos ou pensadores influentes nesse período. Por isso, podem ser analisados como parte ativa dos conflitos de ideias dessa época, inclusive com mudanças drásticas em intelectuais muito próximos aos dois: basta recordar Martínez Estrada.

Em 1955, Borges estava a ponto de se converter no vértice vivo da tradição argentina; em 1960, avançaria até seu renome internacional definitivo; entre esse ano e 1970 converter-se-ia no Borges que foi até sua morte: uma personagem da república universal das letras. Entre 1960 e 1969, Bioy se converte em diarista, recebe sua primeira consagração parcial internacional, inquieta-se ante seus livros frágeis de contos amorosos mais ou menos estereotipados e, por fim, publica uma de suas obras mais densas, *Diario de la guerra del cerdo* (1969). Não se pode dizer que Bioy fosse, nesses anos de glorificação de Borges, seu Boswell: ao contrário, é a época de sua máxima tensão criativa, após o reputado início dos anos 1940.

Esses quinze anos constituem, ademais, com uma ligeira variação, o núcleo do que Oscar Terán e Silvia Sigal[3], com algum matiz, fixaram como os breves anos de 1960 argentinos, desde a queda de Perón em 1955 até o golpe de Onganía em 1966.

---

3 Oscar Terán, *Nuestros años sesenta*, Buenos Aires: Editorial Punto Sur, 1991; Silvia Sigal, *Intelectuales y poder en la década del sesenta*, Buenos Aires: Editorial Punto Sur, 1991.

Entre 1966 e 1969, teve lugar o primeiro exílio massivo acadêmico argentino e se deram grandes movimentos insurrecionais, que culminaram com o *Cordobazo* e o *Rosariazo*, assuntos que ficam de fora dos diários de Bioy, mas que, não por acaso, permeiam a negra sensação de ameaça de *Diario de la guerra del cerdo*. Esse romance é um dos romances abertamente políticos de Bioy Casares, assim como *La aventura de un fotógrafo en La Plata* (1985), escrito durante a ditadura de 1976-83 e publicado dois anos depois de seu final. Trata-se de duas alegorias políticas: a de 1969 expressa a apreensão ante a violência social em gestação. A de 1985 é uma estranha colocação em cena, ambígua e sinistra, das consequências morais da violência de estado: uma espécie de *costumbrismo* póstumo, que atua à maneira de um redutor de cabeças. Em *La aventura de un fotógrafo en La Plata*, esse recurso serve para deixar que paire, por sobre a trama, um filho fugido ou desaparecido de uma das personagens, um *criollo* patriarcal e diminuído. O que o primeiro romance profetiza – o choque de gerações, a violência civil – o segundo o salda, infrutiferamente do ponto de vista formal, com uma alegoria ostensiva e falida: no relato há um ausente, uma personagem cujo desaparecimento se resolve como mera e possível evasão. Em 1969, Bioy sente a ameaça da violência e a concentra em um choque geracional puro; em 1985, Bioy experimenta a vergonha de ter estado diante dos desaparecidos – o livro é posterior inclusive ao Julgamento das Juntas – e, porque não o suporta, converte-o em uma trama instável de vizinhança e filho pródigo.

## *BORGES*

Naturalmente, nada há menos seguro que a datação da escrita íntima, mas, se aceitamos que há um paralelismo entre as notas diárias de *Borges* e a escrita novelística de Bioy, poderíamos concluir que o mais portentoso Bioy polígrafo e o mais completo – ou o menos transparente Bioy romancista – coincidiram, durante quinze anos, em um ritmo hercúleo de produção. Bioy escreveu suas mais ambiciosas ficções na maturidade e velhice, quando Borges declinou. E guardou, nos diários, a possibilidade de ocupação póstuma desse espaço autobiográfico que Borges havia preenchido, exitosamente naqueles anos, com o exercício internacional de uma oralidade eficacíssima.

Além disso, Borges e Bioy não estavam sós: quando este começou a publicar seus volumes de memórias, muitas das figuras próximas a seu círculo haviam dado a conhecer variantes evocadoras e renovadas do gênero: desde finais dos anos 1950, os volumes de Victoria Ocampo ou de María Rosa Oliver, as *Memorias de un provinciano* de Carlos Mastronardi, em 1967, e o pseudo *Diario de un poema* de Alberto Girri, em 1972, seguidos de *Cuadernos del vivir y del pensar*, em 1984, do próprio Mastronardi, que já anunciava então um diário sobre Borges, também póstumo. Em muitos desses livros e autores – alguns muito próximos ao círculo – apareciam já observações reticentes em relação a Borges. Em 1972, lê-se no *Diario de un libro* de Alberto Girri: "Segunda-feira 28.'O congresso'. Borges copiando suas modalidades. Ausentes: impulso, linguagem, engenho, a borgiana, suprema ironia de elaborar um conceito mesclando o chistoso com o moral"[4].

Dessa membrana consistente e espessa, ainda que talvez até agora pouco sistematizada, surge *Borges*. Nenhum dos volumes memorialísticos de Bioy – seja os extraídos

---

4 Alberto Girri, *Diario de un libro*, Buenos Aires: Sudamericana, 1972, p. 127.

e decididos por ele antes de sua morte e, portanto, participando explicitamente de seu projeto de escritor, seja os organizados por Daniel Martino – alcança o grau de extraordinária convicção compositiva e estética desse volume. Há uma razão para isso: o desafio formal. Nenhuma de suas obras memorialísticas se apoia em um recurso tão enxuto e tão atraente, tão extraordinário, tão na contracorrente do caráter multiforme dos gêneros da memória. Tanto mais surpreendente em alguém dado, nos cadernos de notas, à exibição algo errática da miscelânea, como o próprio Bioy. Esse disparador estrito é uma frase que opera ao modo de um desafio retórico, de uma variação barroca: "Come em casa Borges". Essa frase desdobra um espaço familiar, uma mesa. Dizem os ingleses "*table talk*". Mas aqui não se trata da tertúlia, nem do banquete, nem sequer do *table talk* das tavernas do doutor Johnson. É uma casa – o *domus* das mulheres que alimentam os homens – do amigo mais jovem, ocioso, rentista. É o círculo mais fechado, é o lugar aonde chegam, ainda que não o rompam, as dissensões radicais no campo da política literária e da nacional, passadas pela peneira do capricho de dois *criollos* que carecem por completo de pudor político. São só dois homens que falam, observou Blas Matamoro[5] certa vez. São dois homens que falam, indiferentes e ao mesmo tempo fustigados pelos fatos da história argentina e da vida literária, obsessiva e institucional, de que são partícipes. Seus encontros vão minguando quando na Argentina dos anos 1970 em diante, a vida política se viu fulminada por um terror imprevisível. Mas nem por isso minguou a escrita: foi a velhice, o estereótipo, o cansaço ante a decadência inapelável, não o terror, que só os roçou quando se mencionava, de passagem, um sequestro do filho de algum amigo ou o desaparecimento de algum colega. Uma digressão: há que reconhecer que, como o grupo Sur, Borges e Bioy, antiperonistas de caricatura, foram sensíveis, isso sim, à terrível realidade dos países do orbe soviético. Sempre se considerou desprezível essa sensibilidade à flor da pele com relação ao distante orbe soviético e a paralela dureza ante a emergência dos próprios sofrimentos e necessidades de suas sociedades. Não é um argumento consistente. É necessário recordar hoje que muito poucos intelectuais europeus e americanos deram conta desse conflito ideológico, político e moral, tão radicalmente feroz, em seus desdobramentos e consequências, como os fascismos da Europa ocidental.

### SENILIDADE: UMA NOVELA PSICOLÓGICA INESPERADA

Após 1970 aparecem paulatinamente os silêncios, a obstinação, a impavidez de dois velhos encastelados, cada um na foto de sua própria e pretérita plenitude vital. Em 1976 e nos anos que seguem, não há sequer uma dúvida ou um tremor. A progressiva e lenta separação de Borges e Bioy não teve a ver com a ditadura, mas com os anos, com o novo matrimônio de Borges, as famas, o cansaço ante o desdém de Borges: sua mudez perante as aventuras literárias de Silvina Ocampo, sua reticência ante as de Bioy. Borges se repete, torna-se previsível, veste-se com os andrajos de sua própria personagem. Aqui se vê a força de Bioy. Porque não decai então a escrita. Não, não decai, transforma-se, se aguça, torna-se cada vez mais plástica. Aparece o corpo de Borges. Podemos aqui inverter a proposta de Freud em *Luto e melancolia*: na posição melancólica, diz Freud em 1917, a sombra do objeto cai sobre o ego, que, em seguida,

---

[5] Blas Matamoro, *Jorge Luis Borges o el juego trascendente*, Buenos Aires: Editorial A. Peña Lillo, 1977.

deve ser julgado como um objeto, como o objeto abandonado ou perdido. Inversamente, na escrita de Bioy, nos últimos anos, é o ego de Bioy que cai sobre o objeto, dá-lhe um corpo, uma cabeça sem dentadura, um andar vacilante e de bengala, um dormir fora de hora, vivendo seus idílios claudicantes, absorto em si mesmo.

Há duas sexualidades em *Borges*. A primeira é a coletiva do imaginário universal masculino da sodomia e atravessa incansável as 1.600 páginas. A outra é seu lado Svevo, uma sexualidade individualizada e triste: a visibilidade tardia do corpo de Borges, a claudicação do pudor, o masoquismo: talvez o romance psicológico tão detestado por ambos surja no final. Bioy o escreve e sua personagem é Borges. Para lá dos anos 1970, quando o exercício da escrita e da intervenção sobre o campo literário se dá quase por encerrados para ambos, Bioy construiu o caráter de Borges à maneira de um grotesco centro-europeu, de uma *nouvelle* das tantas que em seus momentos livres publicava Thomas Mann: Borges havia se tornado previsível, *Borges* foi inesperado.

## A OBRA INESPERADA

Todo o Bioy anterior de cadernos, notas, miscelâneas, evocações de estadas, amizades, confissões amorosas era, até certo ponto, como o Borges do final, previsível. Todo esse Bioy abonava a ideia de um homem cruel, cavalheiresco, *naïf*, moralmente pouco interessante, brutal e simples. Um homem corrente, ainda que ferido pelo amor da letra, um membro de uma elite em decadência, ainda que ligada por fortes laços ideológicos e sociais aos estratos mais autoritários, menos convencidos das virtudes da democracia – havia muito poucos cultores da vida democrática então – da Argentina dos últimos quarenta anos. Um rentista e compulsivo polígrafo, uma figura de século XVIII, muito conscientemente parecido a esse artista involuntário – aturdido segundo seus contemporâneos, consciente segundo seus estudiosos posteriores –, volúvel (tão de pronto era abolicionista como abandonava tão nobre causa): à James Boswell. Ainda que não fosse parecido nas estratégias da composição, já que a obra de Boswell se compôs a partir de grandes quantidades de materiais prévios e não se submeteu, como a de Bioy, ao desafio da frase geradora, o foi no encontro com o outro como condição da escrita. Ao fato de haver encontrado uma personagem se deva talvez o salto estético e literário entre o restante da obra de Bioy e seu *Borges*. Suas memórias, evocações, cartas, diários e conversações convertidas em livros, com sua reticência ante o contraditório, seu aplanamento dos conflitos, seu don-juanismo mecânico, sua impavidez ante as múltiplas Argentinas de que não participa, mas de que é testemunha, duplicavam Bioy; e seu espelho não podia ir além de si mesmo.

Ao contrário, quando Bioy publicava seus últimos livros de relatos e seus textos de Boswell sem Johnson, ao mesmo tempo preparava, para a emergência póstuma, surgindo do imenso *iceberg* semissubmerso de seus diários e dos livros de notas, um diamante refulgente: seu *Borges*. Ao fazê-lo, submetendo-se a uma exigência formal imposta por si mesmo, conseguiu, creio, seu melhor livro. Todos os escritores argentinos e americanos – imagino – que se constituem ou se propõem como autores de diários ocasionais ou permanentes perguntar-se-ão, agora, como remontar esse modelo ciclópico.

# UM GRÃO DE SAL: AUTENTICIDADE, FELICIDADE E RELAÇÕES DE AMIZADE NA CORRESPONDÊNCIA DE MÁRIO DE ANDRADE COM CARLOS DRUMMOND DE ANDRADE
RICARDO BENZAQUEN DE ARAÚJO

O principal objetivo deste trabalho é o de analisar a forma por intermédio da qual Mário de Andrade elabora a sua subjetividade na correspondência trocada com Carlos Drummond de Andrade[6]. Não se trata, é necessário esclarecer desde logo, de tarefa das mais fáceis, não só porque não sou um especialista na obra de Mário mas também porque o próprio material investigado parece mostrar-se particularmente resistente à interpretação: submetidas a uma permanente oscilação, as cartas dão a impressão de registrar com enorme plasticidade e minúcia – como se fossem feitas de cera – as menores alterações de humor do nosso autor, abrindo um leque decorado com tanta riqueza, colorido e variedade que o seu exame ameaça se converter em uma empreitada das mais arriscadas[7].

Esta, aliás, foi uma das razões – embora não a decisiva – que fizeram com que o texto que segue viesse a concentrar as suas atenções no estudo do primeiro ano daquela correspondência, entre outubro de 1924 e fins de 1925, iniciada logo depois da passagem de Mário por Belo Horizonte em seu retorno a São Paulo, junto com a comitiva modernista que havia visitado Ouro Preto: Oswald de Andrade, Tarsila do Amaral e Blaise Cendrars, entre outros. As cartas aí compreendidas situam-se, sem dúvida, entre as mais instigantes do *corpus* em pauta, mas é evidente que a possibilidade de se circunscrever a discussão, levando-se em conta os limites fixados para este artigo, pode ser de grande valia na busca de um entendimento mais complexo e matizado do modo pelo qual Mário procura modelar a sua identidade nesse diálogo com Drummond.

Pois bem: passando agora para a consideração de questões mais substantivas, creio que seja possível levantar uma primeira hipótese que sugere que Mário possa ser definido como portador de uma personalidade forte, totalmente incapaz, portanto, de respeitar as fronteiras que, impostas à correspondência desde o começo da época moderna, confinavam-na a um circuito balizado pelas regras da conveniência e do decoro, terminando por conformar uma espécie de retórica epistolar[8].

---

6 Cf. Lélia Coelho Frota (org.), *Carlos e Mário: correspondência completa entre Carlos Drummond de Andrade (inédita) e Mário de Andrade*, Rio de Janeiro: Bem-Te-Vi, 2002.
7 Empreitada que só não se torna ainda mais difícil porque já contamos com o trabalho de Marcos A. Moraes, *Orgulho de jamais aconselhar* (São Paulo: Edusp; Fapesp, 2007), sobre a epistolografia de Mário de Andrade.
8 Sobre essa questão, vale a pena uma consulta à coletânea organizada por Roger Chartier, *La correspondance. Les usages de la lettre au XIX$^e$ siècle*, Paris: Fayard, 1991.

Basta comparar, por exemplo, a abertura da primeira carta de Drummond, datada de 28 de outubro de 1924, com as linhas iniciais da resposta que lhe é enviada por Mário em 10 de novembro do mesmo ano:

Prezado Mário de Andrade
Procure-me nas suas memórias de Belo Horizonte: um rapaz magro, que esteve consigo no Grande Hotel, e que muito o estima. Ora, eu desejo prolongar aquela fugitiva hora de convívio com seu claro espírito. Para isso utilizo-me de um recurso indecente: mando-lhe um artigo meu que você lerá em dez minutos[9].

Em contrapartida, lemos o seguinte:

Meu caro Carlos Drummond
Já começava a desesperar da minha resposta? Meu Deus! comecei esta carta com pretensão... Em todo caso de mim não desespere nunca. Eu respondo sempre aos amigos. Às vezes demoro um pouco, mas nunca por desleixo ou esquecimento. As solicitações da vida é que são muitas e as da minha agora muitíssimas e... Quer saber quais são?[10]

Assim, se Drummond transmite a sensação de preservar aquelas normas de conveniência e decoro, recorrendo a uma estudada modéstia para se apresentar diante de um interlocutor que mal conhece, mais velho e influente, Mário segue um caminho totalmente diferente. Ele responde à sua própria pergunta e detalha as suas diversas atividades, examina a relação entre vida e arte e critica severamente o modo pelo qual Drummond a encara, relata uma experiência dionisíaca que o surpreendeu no Carnaval carioca e, por fim, com uma franqueza quase desconcertante, faz um balanço da sua obra estética e a diminui ante um objetivo maior, para cuja consecução convoca o jovem modernista mineiro: a construção da nacionalidade.

O que mais importa aqui, ainda que alguns desses temas específicos venham a ser brevemente retomados, é a atmosfera da intimidade, urgência e intensidade que envolve essa primeira carta enviada a Drummond. É como se Mário fizesse questão de deixar bem claro, desde o começo, que ele iria sempre se expressar de maneira absolutamente autêntica, leal e transparente, descartando inteiramente qualquer compromisso com o "bom-tom" e a sua retórica. Não é que exista uma associação automática entre eloquência e falsidade, como se tentou acreditar desde o romantismo oitocentista: o que está em jogo, ao contrário, é a indicação de dois registros distintos e paralelos em que parece estar situada a nossa concepção moderna de verdade.

No primeiro deles, habitualmente vinculado à ideia de sinceridade, lida-se com uma acepção eminentemente clássica do conceito de verdade, na qual o que mais interessa é o estabelecimento de uma espécie de compatibilidade entre o que se diz e o que se sente, entre a aparência e o ser. Só que essa compatibilidade deve ser instituída em prol do que se diz – e faz – na esfera pública, cuja sociabilidade, em suas distintas versões – aristocrática, plebeia ou burguesa –, tornar-se-ia evidentemente mais confiável

---

9  Lélia C. Frota, *op. cit.*, p. 49.
10  *Ibidem*, p. 46.

quanto mais estivesse saturada de sinceridade. O recurso à retórica, então, seria perfeitamente legítimo, inclusive porque, fundada na verdade, ela seria capaz, em troca, de trajá-la da forma mais adequada e elegante, adornando-a com as "flores da eloquência" para que ela tivesse melhores condições de combater pela imposição da virtude.

Já no que diz respeito ao segundo registro da ideia de verdade, que pode ser denominado autenticidade, mantém-se aquela obsessão com a congruência entre o ser e a aparência, entre a sensação íntima e a sua feição mundana. Neste caso, porém, a ênfase é trocada, ou seja, privilegia-se acima de tudo a expressão dos sentimentos mais originais e profundos, os quais, como entidades dotadas de aura, podem, com o calor que os caracteriza, tanto queimar e destruir a vida social quanto elevá-la às alturas do sublime[11].

E é justamente a autenticidade que parece orientar, como foi sugerido, o esforço de Mário em impor uma forma à sua subjetividade na correspondência com Drummond. Desdenhando os limites da retórica epistolar, ele sublinha a importância das dimensões mais singulares e enfáticas da sua personalidade, assumindo inclusive uma posição de nítida superioridade em relação ao seu interlocutor.

Claro, Drummond era um desconhecido e incipiente poeta de província enquanto Mário fazia parte do "núcleo duro" do modernismo paulista, havia participado da Semana de Arte Moderna e tinha acabado de visitar Minas juntamente com outros ilustres intelectuais. O que mais me impressiona, contudo, são os argumentos que ele mobiliza no afã de consolidar aquela posição. Com efeito, desde o início da primeira carta endereçada a Drummond, Mário procura demonstrar a sua enorme capacidade de desempenhar simultaneamente as mais diferentes atividades:

> [...] escrever dísticos estrambóticos e divertidos prum baile futurista que vai haver na alta roda daqui (a que não pertenço, aliás). Escolher vestidos extravagantes mas bonitos pra mulher dum amigo que vai ao tal baile. E escrever uma conferência sem valor mas que divirta pra uma festa que damos, o pianista Sousa Lima e eu, no Automóvel Clube, sexta-feira que vem. São as minhas grandes preocupações do momento[12].

Sempre lhes conferindo a mesma importância:

> Serão desprezíveis pra qualquer idiota antiquado, aguado e simbolista. Pra mim são tão importantes como escrever um romance ou sofrer uma recusa de amor. Tudo está em gostar da vida e saber vivê-la. Só há um jeito feliz de viver a vida: é ter espírito religioso. Explico melhor: não se trata de ter espírito católico ou budista, trata-se de ter espírito religioso pra com a vida, isto é, viver com religião a vida. Eu sempre gostei muito de viver, de maneira que nenhuma manifestação da vida me é indiferente[13].

---

11  Cf. Walter Benjamin, "A obra de arte na era de sua reprodutibilidade técnica", in: *Magia e técnica, arte e política: ensaios sobre literatura e história da cultura*, São Paulo: Brasiliense, 1985. A oposição entre sinceridade e autenticidade é analisada por Lionel Trilling, *Sincerity and Authenticity*, Cambridge: Harvard University Press, 1971, e José Reginaldo S. Gonçalves, *A retórica da perda: os discursos do patrimônio cultural no Brasil*, Rio de Janeiro: UFRJ; Iphan, 1996.
12  Lélia C. Frota, *op. cit.*, p. 46.
13  *Ibidem*.

Como se percebe, "viver com religião a vida" implica experimentá-la em todas as suas manifestações e, sobretudo, em sua máxima intensidade, e é exatamente desta perspectiva, fundamentalmente autêntica, que Mário vai interpelar Drummond e os outros jovens poetas de Minas Gerais – e do Brasil: livrescos, deslumbrados pela sua vocação, em suma, requintados "homens de gabinete", eles não conseguem "gosta[r] de verdade da vida. Como não atinaram com o verdadeiro jeito de gostar da vida, cansam-se, ficam tristes ou então fingem alegria o que ainda é mais idiota do que ser sinceramente triste"[14]. Não se trata de desqualificar essa vocação – "que diabo! estudar é bom eu também estudo. Mas depois do estudo do livro e do gozo do livro, ou antes vem o estudo e gozo da ação corporal"[15] –, mas de batalhar para que ela não envolva um afastamento definitivo do colorido e do calor encontráveis quer nos sentimentos mais íntimos, quer no som e na fúria que costumam atravessar o mundo da experiência.

Na verdade, a impressão que Mário transmite é a de que essa hipertrofia da racionalidade foi a maior responsável pela distância que parece separar o estilo pessoal desses poetas iniciantes daquela que aparentemente se converteu em uma das características mais salientes da sua identidade: um vigoroso, inusitado e permanentemente reafirmado espírito de sacrifício. Sacrifício, neste contexto, tem um significado bastante preciso, o abandono da sua obra poética, das suas pretensões em se constituir como um grande artista em função da ênfase, da veemência típica daquela relação "religiosa" com a vida.

Retornamos assim, por intermédio da noção de sacrifício, ao já discutido argumento que aproxima a intensidade ao conceito de autenticidade. Para não permanecermos cativos da circularidade desta reflexão, a melhor alternativa talvez seja recorrer a uma outra carta de Mário, de 23 de agosto de 1925, na qual ele vai se deter para meditar acerca do sentido que pode ser encontrado na ideia de felicidade.

Agora, "ser feliz", nesta carta, importa antes de mais nada em "ser", desde que se compreenda que "*ser* é ser em relação: ser em relação à humanidade (e nisso está incluído necessariamente a nacionalidade que é fatalmente manifestação de humanidade...), ser em relação à família, ser em relação a si mesmo[16].

Por conseguinte, não é à toa que naquela sua primeira carta, de 1924, Mário associa de forma imediata o sacrifício da sua vocação estética à urgente necessidade de se comprometer com a tarefa de conferir uma alma "pra este monstro mole e indeciso que ainda é o Brasil"[17]. E que fique bem claro: "Eu não amo o Brasil espiritualmente mais que a França ou a Cochinchina. Mas é no Brasil que me acontece viver"[18].

A preocupação com a construção da nacionalidade, portanto, não surge como uma expressão – romântica – de uma força inexorável e telúrica, mas, ao contrário, como um caminho capaz de permitir que Mário, através do seu vínculo com o Brasil, reúna condições para "ser em relação à humanidade" e, em decorrência desse movimento, alcançar um dos patamares onde parece estar alojada aquela sensação de felicidade.

Modelando sua identidade desta forma, Mário parece encontrar em Drum-

---

14 *Ibidem*, pp. 47-8.
15 *Ibidem*, p. 48.
16 *Ibidem*, p. 140.
17 *Ibidem*, p. 50.
18 *Ibidem*, p. 51.

mond, no Drummond de 1924-5, é lógico, o oponente ideal: "homem de gabinete" por excelência, decadente e meio niilista, isto é, discípulo de Anatole France[19], ele não hesita em confessar que "ach[a] o Brasil infecto... o Brasil não tem atmosfera mental; não tem literatura; não tem arte; tem apenas uns políticos muito vagabundos e razoavelmente imbecis ou velhacos"[20]. Dessa maneira, não chega a ser uma surpresa quando ele afirma não ser

> [...] suficientemente brasileiro. Mas, às vezes, me pergunto se vale a pena sê-lo. Pessoalmente, acho lastimável essa história de nascer entre paisagens incultas e sob céus pouco civilizados [...] Sou um mal cidadão, confesso. É que nasci em Minas, quando devera nascer (não veja cabotinismo nessa confissão, peço-lhe!) em Paris. O meio em que vivo me é estranho: sou um exilado[21].

O contraste entre os dois amigos, na verdade, pode inclusive ser avaliado de forma ainda mais aguda e radical, pois Drummond não representa apenas o jovem afrancesado e estetizante em conflito com a vitalidade e o nacionalismo postulados por Mário. Com efeito, ele concorda com este último acerca do fato de que chega a ser

> indecente continuar a ser francês no Brasil, [o que o obrigaria a] renunciar à única tradição verdadeiramente respeitável para mim, a tradição francesa. Tenho que resignar-me a ser indígena entre os indígenas, sem ilusões... Aí o lado trágico do caso. É um sacrifício a fio [*sic*], desaprovado pela razão (como todo sacrifício). Confesso-lhe que não encontro no cérebro nenhum raciocínio em apoio à minha atitude. Só o coração me absolve. E isto não basta. Há sempre o caquinho de lógica procurando intrometer-se entre as nossas contradições. Daí as dúvidas, as flutuações do meu espírito, hoje, amanhã e depois d'amanhã[22].

Estamos, desse modo, diante de uma outra versão daquele "monstro mole e indeciso" anteriormente associado ao Brasil, o que somente consegue acentuar a oposição que distancia os dois missivistas. Afinal, se recordarmos que a indecisão é parente próxima da inconstância e que esta, na chave da economia clássica dos humores[23], define-se como uma das figuras centrais do temperamento melancólico, torna-se perfeitamente razoável aproximar o perfil ostentado por Mário do mais enérgico caráter daquela economia, o sanguíneo. Precocemente envelhecido, frio e seco como os "filhos de Saturno", Drummond se comporta como o simétrico inverso da personalidade fervorosa, essencialmente jovem, encarnada por Mário naquele momento.

Muito bem: chegando a este ponto creio que seja possível atenuar este cotejo das diferentes concepções de subjetividade embutidas na correspondência troca-

---

[19] O texto de Sergio Miceli, *Poder, sexo e letras na República Velha* (São Paulo: Perspectiva, 1977), estuda os intelectuais "anatolianos" da República Velha, enquanto o artigo de Regina Salgado Campos, "A latinidade na América do Sul: Anatole France e Paul Adam", *in*: Leyla Perrone-Moisés (org.), *Do positivismo à desconstrução: ideias francesas na América*, São Paulo: Edusp, 2004, se detém sobre a viagem de Anatole France ao Brasil no mesmo período.
[20] Lélia C. Frota, *op. cit.*, pp. 56-7.
[21] *Ibidem*, p. 56.
[22] *Ibidem*, p. 59.
[23] Jackie Pigeaud, *Metáfora e melancolia: ensaios médico-filosóficos*, Rio de Janeiro: PUC-Rio; Contraponto, 2009.

da entre Mário e Drummond. O leitor, a propósito, não precisa se preocupar com Drummond: ele termina por se curar ou ao menos melhorar bastante dos males que, segundo Mário, costumavam afligi-lo, ainda que, para tanto, a discussão entre eles devesse se estender por muitos anos e cartas, abrangendo sucessivamente as outras dimensões daquele ideal de conexão e de compromisso que parece se confundir com a própria noção de felicidade.

É necessário, entretanto, aprofundar a investigação sobre a maneira pela qual Mário elabora a sua identidade pessoal, indagando inclusive se as questões já levantadas podem se converter em uma base segura para que se possa prosseguir com a argumentação. Acredito fundamentalmente que sim, embora também imagine que seja indispensável uma melhor qualificação dessa personalidade forte e sanguínea que parece caracterizar o nosso autor, até porque, se recorrermos a um outro *corpus* documental, a correspondência trocada com Manuel Bandeira[24], poderemos surpreender aí, em uma carta de fevereiro de 1923, uma breve passagem que, se não contradiz inteiramente o que acabou de ser dito, no mínimo introduz uma série de nuances e fissuras nessa imagem que Mário faz de si mesmo: "Eu, diretor (ex, porque já chegou o homem que substituía) do Conservatório, crítico gritador, homem corajoso, forte... Pura máscara! Puro Carnaval! No fundo sou uma criança. Infantil. Titubeio. Duvido. Se não tivesse raiva de mim mesmo, creio que choraria".

Mário como uma criança grande, cheio de dúvidas e titubeios, no limite do choro? Como se pode enfrentar esse suposto paradoxo? Apelando, creio eu, para duas categorias que aparecem repetidamente na própria correspondência com Drummond, as noções de amizade e felicidade, já mencionadas em outro contexto, mas que podem agora permitir uma revisão e um aprofundamento do que se discutiu até o instante.

No que diz respeito à questão da amizade, vale a pena assinalar de imediato que, com toda a autoridade e a energia que o define, Mário dá a impressão de jamais aceitar o isolamento típico dos líderes e dos gênios. É como se a sua rica e complexa personalidade, precisamente em função da singularidade que a distinguia, se apresentasse sempre de maneira unilateral, necessitando continuamente da crítica – dura, mas construtiva – dos amigos para combater uma espécie de incompletude essencial, o que criaria condições para que ela pudesse se aprimorar e atingir um desenvolvimento que, se dependesse apenas da sua pura e simples interioridade, nunca seria alcançado.

Três breves citações, todas extraídas da correspondência de Mário com Drummond, talvez possam ajudar a tornar o argumento mais evidente e tangível. A primeira, retirada de uma carta de Drummond – mas de um Drummond já educado, ou melhor, "formado" por Mário –, traz um sucinto comentário às críticas que ele recebia dos "passadistas" mineiros por volta de outubro de 1925:

> A grande vantagem desses ataques é obrigar a gente a ficar sempre vigilante, sempre rigoroso consigo mesmo, sem concessões ao aplauso do público barato, enfim sem o desejo de agradar, que é o desejo mais torpe do mundo. Ao passo que com o elogio é o contrário. O elogio embala, faz

---

24  Marcos Antônio de Moraes (org.), *Correspondência Mário de Andrade & Manuel Bandeira*, São Paulo: Edusp; IEB, 2000.

cócegas, satisfaz... O indivíduo acaba inteiramente sem-vergonha e desvirilizado. Pederastia intelectual, vício abominável[25].

A segunda envolve um relato feito por Mário, também em 1925, de uma reunião noturna na casa de dona Olívia Guedes Penteado, onde se passa o seguinte:

> Foi pensando em você, no Manuel, mais uns dois talvez, que eu pude outro dia gritar bem alto numa reunião na casa de dona Olívia que se os outros não tinham dessas amizades livres de qualquer compromisso de elogio mútuo, amizade pura e livre, eu tinha! Me acreditaram porque eu senti que os meus olhos estavam diferentes no momento. Mas eu tive orgulho da minha felicidade[26].

O terceiro trecho a ser mencionado – provavelmente o mais significativo de todos – conclui essa mesma carta e lida com a questão de modo eminentemente afirmativo:

> Drummond, quando a gente se liga assim numa amizade verdadeira tão bonita, é gostoso ficar junto do amigo, largado, inteirinho nu. As almas são árvores. De vez em quando uma folha da minha vai avoando poisar nas raízes da de você. Que sirva de adubo generoso. Com as folhas da sua, lhe garanto que cresço também[27].

Estamos, como se pode perceber, no mais legítimo terreno do idealismo alemão, marcado pela ideia de *Bildung*, isto é, de um projeto de formação, de aperfeiçoamento da personalidade que exige a intervenção de algo externo e objetivo que, agindo como se fosse um desafio lançado à vida interior, força a subjetividade a se transformar para enfrentá-lo, fazendo com que, por esta rota, ela termine por alcançar um estágio superior, mais cultivado de si mesma[28].

Aliás, as recorrentes alusões às doenças e às dores físicas que povoam a correspondência de Mário tanto com Drummond quanto com Bandeira talvez sejam mais bem compreendidas se forem aproximadas desse mesmo ideal de *Bildung*. É preciso observar, antes de seguir adiante, que essas alusões são tão abundantes que o próprio Drummond – farmacêutico por formação, não nos esqueçamos – monta um apêndice à edição das cartas que ele recebe de Mário, no qual exibe inúmeras passagens que confirmam essa aparente obsessão do seu amigo e interlocutor, e que se intitula "Não sou um sujeito fisicamente são"[29].

Vejamos só uma delas:

> Fiz uma operação que não tinha importância não tinha importância porém o certo é que depois de seis dias de dores cruciantes, que dores meu Deus,

---
25 Lélia C. Frota, *op. cit.*, p. 146.
26 *Ibidem*, p. 114.
27 *Ibidem*, p. 118.
28 A discussão sobre o conceito de *Bildung* pode ser encontrada no livro de Louis Dumont, *L'Idéologie allemande: France-Allemange et retour*, Paris: Gallimard, 1991. No que se refere à possibilidade de se analisar ao menos parte da produção intelectual de Mário à luz desse conceito, deve-se examinar o primeiro capítulo de Santuza Cambraia Naves, *O violão azul: modernismo e música popular*, Rio de Janeiro: FGV, 1998.
29 Lélia C. Frota, *op. cit.*, p. 561.

que só sossegavam com morfina, inda vieram uma cicatrização dolorosíssima, uma fraqueza de morte por causa de seis dias de quase jejum absoluto e este desespero louco de saber a vida existindo e sem viver, sem trabalhar, meu Deus! Sem trabalhar! Ontem de noite confesso que chorei[30].

O que mais chama a atenção nessa e nas outras citações, contudo, é o fato de que, quando lidas no contexto em que foram escritas, elas ganham um sentido particular e bem mais discreto, pois referem-se a doenças que sempre parecem atacar Mário de fora para dentro, como se fossem acidentes – externos e objetivos – que seguramente o atrapalham mas que, pelo menos nessa quadra da sua vida, nunca são capazes de impedir a sua reação. Ele exibe aqui uma postura bem diversa daquela adotada por Manuel Bandeira, que transmite a sensação de haver transformado a doença – sua tuberculose – em uma das bases da sua personalidade: "Eu era muito mansamente e muito doloridamente tísico. Hoje sou ironicamente, sarcasticamente tísico"[31], chegando ao ponto de pautar todo o seu futuro em função dela:

> Perguntas pelos meus poemas e pelos meus projetos. Não tem projetos quem vive como eu ao Deus dará do amanhã. Sabes o que me disse o médico de Clavadel quando me ascultou pela última vez em 1914? Que eu tinha lesões *teoricamente incompatíveis com a vida*? O meu organismo acabou espontaneamente vacinado contra a infecção tuberculosa, mas fiquei um inválido. Sou incapaz de um esforço seguido... Como eu teria vontade de fazer prosa, de escrever dois ou três romances! Isto então é completamente impossível[32].

Mário, por sua vez, não parece converter os males físicos em uma condição, por mais que fale incessantemente deles. Assim, em uma outra carta enviada a Bandeira, no meio de uma discussão sobre algumas sugestões para que alterasse alguns dos seus poemas, dá-se o seguinte:

> Vou também tirar a metáfora "Favorita do harém dos meus desejos", não sei se basta cortar; não me lembro do poema que há dois meses não leio. Quanto aquela parte inicial, talvez tenhas também razão. Quase que estou certo que a razão é tua, não sei, preciso pensar. E ainda não me dei ao trabalho de pensar. Logo depois de receber tua carta, fiquei doente. Um abscesso na pálpebra do olho esquerdo. E desenvolvido para a parte interior. Meu médico, meu especialista quiseram rasgá-lo... oh! vida de Proust que tenho suportado! Infelizmente é só vida.
> E tu? que fazes? manda-me alguns versos teus. Não publicas algum livro proximamente? fala-me de teus projetos. Se *Klaxon* sair mais uma vez, permitirás a colocação do poema "Rua do Sabão" nela? Sim. Obrigado[33].

---

30 *Ibidem*, p. 563.
31 Marcos A. de Moraes, *op. cit.*, p. 97.
32 *Ibidem*, p. 94 [grifo no original].
33 *Ibidem*, p. 92.

Como se pode perceber, a questão da doença surge inopinadamente, sem qualquer relação mais significativa com o assunto que está sendo discutido, e, assim como vem – de fora da vida e do texto –, logo desaparece, sem deixar maiores vestígios[34].

Dessa forma, embora lamente o provável aborrecimento do leitor, acredito que valha a pena enfatizar o ponto: tanto as relações de amizade quanto a experiência com a doença dão a impressão de estar associadas com aquele processo de aprimoramento da subjetividade conectado ao ideal da *Bildung*. De fato, se ser é sempre ser em relação, ser em relação a si mesmo parece passar pela inevitável e exigente mediação das críticas – inerentes à "verdadeira" amizade – e das dores que acompanham os males físicos. Ambas trazem embaraços e dificuldades objetivas que, por isso mesmo, são capazes de provocar uma reação afirmativa em Mário, dando-lhe condições de tentar enfrentar aquelas ameaças de imaturidade e de fragilidade, mesmo sem qualquer perspectiva de superá-las totalmente, e conduzi-lo ao que poderíamos chamar de felicidade possível.

Chegamos, então, a outra categoria que havia sido mobilizada, juntamente com as relações de amizade, para tentar explicar a forma pela qual se dava a convivência de uma identidade tão forte como a de Mário com aquela sensação de desamparo e abandono típica da infância e dos enfermos. Ora, uma simples consulta aos últimos parágrafos, nos quais a concepção de amizade praticada pelo nosso autor confina com os malefícios da doença, pode eventualmente nos auxiliar a perceber que lidamos aqui com uma acepção particular do conceito de felicidade, na qual ele jamais se separa do sentimento de dor:

> A própria dor é uma felicidade. Pra felicidade inconsciente por assim dizer física do homem comum qualquer temor qualquer dor é empecilho. Pra mim não porque pela minha sensibilidade exagerada, pela qual eu *conheço* por demais, a dor principia, a dor se verifica, a dor *me faz sofrer*, a dor acaba a dor permanece na sua ação benéfica histórica moral, a dor é um dado do conhecimento, a dor é uma compreensão normalizante da vida, a própria dor é uma felicidade[35].

Nesse sentido, longe de se estabelecer em um terreno utópico, no futuro ou no além, em um lugar ao abrigo do infortúnio e da tragédia, a definição de felicidade empregada por Mário parece receber um significado provisório e extremamente arriscado[36]. Entretanto, é exatamente por causa desta opção por um ambiente marcado pela precariedade e por uma espécie de incompletude "essencial" que tanto a amizade quanto a dor e a felicidade, tal como definidas na correspondência em pauta, mostram-se capazes de gerar uma energia que tenha forças para

---

34 É importante observar que existe também outra menção a doença na correspondência de Mário com Drummond, desta feita de maneira bem mais focada e precisa, menção que permite inclusive aproximá-lo daquele temperamento melancólico já vinculado a Drummond. Trata-se de uma neurastenia que o acometeu em 1913, por ocasião da morte – acidental – do irmão mais novo e num contexto de enorme desgaste físico e mental, como nos mostra a análise recente de Robert Wegner, "A doença nervosa de Mário de Andrade". Águas de Lindóia, 2012 (trabalho apresentado no GT Pensamento Social no Brasil durante o XXXVI Encontro Anual da Anpocs). No entanto, de modo compatível com o que está sendo sugerido neste texto, tal neurastenia é sempre recordada como um problema, não exatamente superado, mas inteiramente controlado, e controlado justamente pelo fortalecimento da sua vontade e da sua devoção ao trabalho.
35 Lélia C. Frota, *op. cit.*, p. 129 [grifo no original].
36 Odo Marquard, *Felicidad en la infelicidad: reflexiones filosóficas*, Buenos Aires: Katz, 2006.

sustentar e desenvolver aquele sujeito intenso e sanguíneo examinado ao longo destas páginas. Não se trata de desconhecer nem muito menos de erradicar as fendas e as fissuras que o ameaçam, mas de converter o perigo em oportunidade, transformando as dificuldades em alento para que ele tenha chance de procurar se aperfeiçoar e tornar-se ainda mais forte. O que não mata, engorda!

Por fim, cabe observar que, se o que foi dito até agora for minimamente verdadeiro, ainda resta a necessidade de explicar melhor a escolha da correspondência como uma forma privilegiada de entrar em contato com o mundo. O próprio fato de Mário reconhecer no final da sua primeira carta a Drummond que sofria de "gigantismo epistolar" – e ele se referia apenas à extensão das suas missivas, não à absurda quantidade que estava disposto a escrever –, este próprio fato, repito, se por um lado torna possível uma certa naturalização da preferência concedida à correspondência, por outro, também revela uma espécie de estranheza, um resto de constrangimento por se valer de forma tão excessiva desse recurso.

Na verdade, Mário utiliza-se largamente de todos os meios à sua disposição, como crônicas jornalísticas, palestras e entrevistas, para disseminar os seus argumentos acerca da arte moderna e da alma nacional. Entretanto, todos sabemos sobejamente, dedica à troca de cartas um cuidado especial, constituindo um acervo que, ainda hoje, está longe de ser completamente aquilatado.

Por qual razão? Deve-se repisar, antes de mais nada, que as cartas que ele escreve, bem distintas de qualquer modelo retórico, são textos impregnados de subjetividade: íntimas e singulares, cada uma delas dá a impressão de conter um pequeno pedaço do espírito de quem as redigiu, implicando, não uma representação sistemática e planejada da sua personalidade, mas a presença original, autêntica e portanto aurática – no sentido conferido por Benjamin a esse conceito – do próprio Mário[37].

Interpretada desta maneira, a gigantesca correspondência de Mário parece se constituir em um mecanismo capaz de conferir eficácia àquele sacrifício da obra poética acima mencionado. Afinal, por maior que seja o volume das cartas e o número de seus interlocutores, cada uma delas, definida como um fragmento real, vivo, da subjetividade do seu autor, exige ser levada a sério e no mínimo respondida, sob pena de que aquela voz distante, frágil e precária – ainda que autêntica –, enviada como uma dádiva, possa vir a desaparecer.

Contudo, um movimento como este, que associa a dádiva à troca e à promessa de uma aliança, está longe de ser automático. Cartas se extraviam pelas mais variadas razões, podem com frequência ser totalmente mal interpretadas, refutadas ou, pior ainda, simplesmente desconsideradas, deixadas de lado – até fechadas –, em uma nítida demonstração de desprezo que pode muito facilmente degenerar em inimizade e conflito.

Assim, no espírito mesmo do trabalho clássico de Marcel Mauss[38] sobre a noção de dádiva, podemos surpreender uma espécie de ambiguidade fundamental que parece assolar a troca de correspondência no Ocidente moderno. Por um lado, precisamente em função daquela capacidade de manter viva e próxima a personalidade e sobretudo a presença de alguém que pode estar bem distan-

---

37 A noção de presença aqui referida remete ao texto de Hans U. Gumbrecht, *Produção de presença: o que o sentido não consegue transmitir*, Rio de Janeiro: Contraponto; PUC-Rio, 2010.
38 Marcel Mauss, "Ensaio sobre a dádiva", *in: Sociologia e antropologia*, São Paulo: Cosac Naify, 2003.

te, as cartas definem-se como um meio bastante adequado para tecer e ampliar vínculos de amizade; por outro, elas transmitem a sensação de confinar com um universo caracterizado pela incerteza, pelo risco e pela imprecisão, transitando com alguma facilidade entre o afeto e o insulto, a convergência absoluta e a mais completa – e por vezes inesperada – dissidência.

Autenticidade, amizade, crítica, dor e felicidade: a percepção que se tem é a de que existe uma espécie de afinidade eletiva entre a troca de correspondência e os temas mais caros a Mário, o que talvez possa apontar para a construção de uma hipótese mais consistente que tenha condições de contribuir para que se amplie a interpretação da sua fascinante e complexa paixão epistolar.

# V

## RASTROS DE UMA VIDA PROFISSIONAL

# TERRA FIRME PARA UM INTELECTUAL:
## DANIEL COSÍO VILLEGAS COMO MINIATURA MEXICANA
GUSTAVO SORÁ[1]

Até a Revolução de 1910, a vida intelectual no México não formava um campo. Assemelhava-se antes a um círculo de corte. Era dominada pelos "cientistas", grupo de pensadores positivistas estreitamente ligados ao regime de Porfirio Díaz (1876-1911). Gabino Barreda e em seguida Justo Sierra monopolizavam as instâncias de legitimação de toda atividade de pensamento e escrita[2]. O país não possuía uma universidade, mas um grupo de escolas de formação superior dispersas; só um quinto da população estava alfabetizado e era abissal a distância entre capital e interior na concentração de recursos culturais. A crítica ao positivismo foi iniciada com o século, por um grupo de discípulos "dos cientistas". Sua prolífica ação, que entre outros aspectos implantou um programa de formação em sociedades de estudo, gerou um típico processo de conquista de uma esfera pública literária. No plano das ideias, propiciou um movimento de restauração filosófica que abarcava desde o neo-helenismo até o modernismo, alimentado pela recepção entusiasta de autores como Nietzsche e Bergson. Entre outros interesses dessa geração do Novecentos, Jorge Myers[3] destaca a recuperação "do cultural" como legítimo objeto de estudo e as preocupações sobre a identidade nacional e ibero-americana. Os lugares que forjaram a legitimação desse grupo foram a Sociedade de Conferências (1906-9) e o Ateneu da Juventude (1909-13). À frente deste último estava Antonio Caso, e o secretário-geral era Pedro Henríquez Ureña. As outras duas figuras destacadas dessa "geração" foram Alfonso Reyes e José Vasconcelos. Esse movimento foi truncado em 1913, ao se iniciar a longa fase de guerra civil entre facções revolucionárias, período iniciado com o levante de Victoriano Huerta. Alguns de seus membros se renderam nas lutas intestinas, outros se exilaram. A exceção foi Caso, que se refugiou no ensino na Faculdade de Filosofia e criou outros grupos de estudo. Por volta de 1915 se configurou, ao redor de sua

---

1 Agradeço a José Pérez Gollán, que me apoiou significativamente em minha incorporação ao sistema científico argentino desde o ano de 2000. Este destacado historiador e arqueólogo cordobês viveu exilado no México e é um entusiástico cultor da história intelectual. Naqueles anos em que foi meu diretor de carreira na Conicet, mantivemos longos encontros de intercâmbio intelectual e afetivo. Meu projeto sobre a trajetória do editor Orfila Reynal já teria começado a se configurar, a julgar pelo empréstimo que me fez de seu exemplar das *Memorias* de Daniel C. Villegas. É como se este trabalho tivesse esperado a maceração daquela leitura e a ocasião para tornar público meu agradecimento a Pepe.

2 Deste modo resume Jorge Myers o estado da vida intelectual mexicana desse período: "Até 1911, o campo intelectual mexicano operou como um 'porfiriado dos bens simbólicos' em cujo seio Sierra era seu – por certo mais benévolo que o original – Porfirio Díaz" (Jorge Myers, *Los senderos de la "Utopía de América: tres itinerarios y una encrucijada en la construcción de una formación cultural transregional*, Buenos Aires: Mímeo, 2004). As linhas gerais de minha caracterização dessa fase seguem as hipóteses sugeridas por Myers.

3 Jorge Meyers, *op. cit.*

figura, um grupo de discípulos que retomou o projeto ateneísta. Autodenominaram-se os Sete Sábios. O profetismo que animaram era impulsado pela sensação de desolação ante as consequências da violência política, ante o vazio cultural aberto pela dispersão dos ateneístas. A relação entre revolução e juventude foi decisiva para que se percebessem retrospectivamente como a "geração de 1915".

Este trabalho indaga as *Memorias* de Daniel Cosío Villegas (1898-1976), um discípulo dos Sete Sábios, que assim expressava tal relação: "Vimos brotar ante nossos próprios olhos, frescos e virgens, as grandes chagas que punha a descoberto essa revolução". Os fatos lhes impuseram a urgência, não de escrever acerca da revolução, tarefa que teria sido "vista como criminosamente ociosa", mas de *fazer algo* para sanar os males da pátria, para servir ao México.

> Nessa armadilha ilusória caímos todos, mas eu mais tontamente se se quiser, pois enquanto Manuel Gómez Morín, Vicente Lombardo Toledano, Alberto Vázquez del Mercado, Bassols e Palacios Macedo chegaram a ocupar posições no governo que podiam seguir alimentando semelhante quimera, eu nunca tive nem remotamente um pedaço de terra firme onde apoiar uma ação qualquer[4].

A ironia do mais tonto condensa parte do problema que busco desentranhar com este estudo. As *Memorias* de Daniel Cosío Villegas circundam a explicação de por que ele foi "o único" dessa geração que ao não (poder) escutar os cantos de sereia da política, ensaiou outras maneiras de responder à missão revolucionária. Sua aposta foi a criação de instituições acadêmicas e culturais que em longo prazo permitissem pensar e escrever sobre a política mexicana e a significação da revolução. Em outras palavras, a forja de uma figura de intelectual para o México contemporâneo que emergiu dos escombros da revolução. As *Memorias* de Cosío dispõem um percurso histórico para conhecer processos de diferenciação do campo intelectual no México entre a revolução e o ano da morte do autor; desde o difuso estado da vida social na década de 1910 até o desenvolvimento de um amplo leque de funções e posições nos domínios da política, as ciências sociais (direito, sociologia, economia, ciência política e história), a edição e as instituições de ensino superior. Sua história parece uma *miniatura* mexicana.

Aguço o olhar sobre as relações que as *Memorias* de Daniel Cosío Villegas traçam entre a cultura e a política, enquanto alternativas sociais (quer dizer, entre outras possíveis) de edificação da cultura e da sociedade no México. Não se trata de encaixar a figura em uma posição preestabelecida ou essencial (Cosío historiador, Cosío intelectual, intelectual liberal ou "o pensamento de Cosío Villegas", como plano predeterminado), mas de acompanhá-la, por meio de sua autorreflexão, nos vaivéns, ambiguidades e contradições que emergem nas fronteiras sempre conflitivas dos mundos da política e da cultura. A memória não é apenas tomada como fonte de dados, mas como sistema de representações coletivas a partir das quais um indivíduo ordena uma cosmologia, uma trama histórica a partir de preocupações ou interesses que com distinto grau de consciência elabora desde o presente da escrita. Para

---
4  Daniel C. Villegas, *Memorias*, Ciudad de México: Joaquín Mortiz/SEP, 1986, p. 194.

interpretar a ordem do discurso do autor é necessário desentranhar alguns dos nós narrativos, essas tensões dramáticas em torno das quais gira a superfície do texto, os elementos descritivos do livro todo. Mas também é importante indagar os silêncios, quer dizer, aquelas experiências da vida de um indivíduo que sua escrita esquiva, arquiva ou apaga para que o leitor não as conheça ou as diminua perante os perfis que lhe interessa iluminar. Com olhar de antropólogo (isto é, de cientista social, não de filólogo, muito menos de crítico literário ou ensaísta das ideias), meu estudo busca guiar-se pelo "pensamento nativo" explícito nas Memorias e desde sua textualidade desentranhar relações sociais que, pensadas ou não pelo autor, permitam articular explicações de alcance geral sobre as condições da vida cultural (chame-se autonomização dos campos intelectual, editorial e acadêmico) no México e na América Latina.

Meu retrato do retrato deriva de um interesse inicial pelo papel de Cosío Villegas como fundador e diretor da editora Fondo de Cultura Económica entre 1934 e 1948[5]. Em relação às restantes práticas culturais que desempenhou Cosío ao longo de sua vida, nas Memorias não há mais de três ou quatro páginas dispersas em que afloram eventos e anedotas de sua atividade como editor. Diante disso, minha atitude foi encher estruturalmente esse vazio historiográfico: os contornos de seus afazeres como produtor de livros e de revistas aparecem como contraposição e transformação daquelas esferas de ação cultural que dotam de sentido e prestígio a atividade intelectual e que têm um centro de gravitação na escrita e seu reconhecimento pela crítica[6]. Apesar da edição como face negativa do poder simbólico, não nos ficam dúvidas de que foi nas noturnas práticas editoriais que Cosío Villegas começou a pensar como alcançar terra firme para intervir sobre o poder, desde a produção de cultura[7].

## INÍCIO E FIM

Memorias, de Daniel Cosío Villegas, começa, tipicamente, com o relato de uma infância feliz em Colima. Em seguida desenvolve quadros de crescente intensidade dramática. Primeiro pela mudança da família Cosío Villegas para Toluca, quando Daniel tinha 8 anos. Toluca é recordada como contraposição a Colima. Nesta se vivia em meio a um ambiente "igualitário e democrático", naquela, em

---

[5] O objetivo de estudar as Memorias de Cosío Villegas emerge entre minhas pesquisas de sociologia e história do livro e da edição na América Latina. Em especial, a partir de meus trabalhos sobre o Fondo de Cultura Económica (FCE), Siglo XXI e outras editoras protagonistas do tecido de uma rede de relações entre intelectuais e produtores culturais de toda a América Latina, entre 1940 e 1970. Ver, por exemplo, Gustavo Sorá, "Des éclats du Siècle. Unité et désintégration dans l'édition hispano-américaine en sciences sociales", in: Gisèle Sapiro, Les Contradictions de la globalisation éditoriale, Paris: Nouveau Monde, 2009, pp. 93-116; e "Édition et politique. Guerre froide dans la culture latinoaméricaine des années 60", in: Claude Hauser et al., La diplomatie par le livre: Réseaux et circulation internationale de l'imprimé de 1880 à nos jours, Paris: Nouveau Monde, 2011, pp. 89-114.

[6] Essa posição de dominação simbólica da edição com relação às práticas intelectuais, dotam as primeiras de um grande poder relacional para explicar as segundas. A história, a diplomacia, a economia, a política, a edição devem ser assim vistas em suas distâncias estruturais, como recíprocas transformações. Pela multiplicidade de práticas culturais ensaiadas por Cosío ao longo de sua vida, sua trajetória é um bom caso-limite para iluminar essa classe de condicionamentos mútuos e interdependências entre tais práticas, perspectiva relacional não muito expressiva entre os estudos de história intelectual.

[7] A metáfora da terra firme no título deste artigo manifesta minha intenção de amplificar hipóteses e achados presentes em meu estudo sobre a construção da coleção homônima que planejou e dirigiu Cosío Villegas no Fondo de Cultura Económica, a partir de 1941. Para situar o presente capítulo nessa continuidade, ver Gustavo Sorá, "Misión de la edición para una cultura en crisis: El Fondo de Cultura Económica y el americanismo en tierra firme", in: Carlos Altamirano, Historia de los intelectuales en América Latina, Buenos Aires; Madrid: Katz, 2010, pp. 537-67.

um ambiente estamental, de grupos e classes rigidamente separados. Em nenhuma dessas cidades havia livrarias. A cultura não era ali um bem de distinção. Essa ausência denotava um isolamento profundo entre capital e interior, o estado de fragmentação de uma República e de um Estado ainda por construir. O pai de Daniel era funcionário federal dos correios. Como chefe de uma agência, administrava trocas econômicas e tratava com membros da elite local:

> Eu, depois de tudo, era filho de um modesto empregado federal, cujo soldo nada significava ao lado das grandes fortunas dos salineiros, dos criadores de gado, dos grandes lojistas espanhóis e dos donos de lojas de ferragens alemães. *E sem dúvida meu pai jogava futebol com dom Enrique de la Madrid* [...] Eu trabalhava nos fins de semana na sala de cinema [...][8].

Essas relações, assim como as referências à personalidade de seus pais, à casa, às amizades dos irmãos, aos costumes do lar, denotam certas propriedades dos Cosío como membros de uma classe média empenhada em buscar condições de ascensão social para os filhos. Assim o demonstra a matrícula de Daniel para cursar a escola primária no seleto colégio Rebsámen e a secundária no Instituto Científico e Literário, instituição de certa reputação nacional como um dos poucos colégios do interior que podiam preparar seus alunos para o ensino universitário na capital. Desse meio de contato com elites sociais de províncias entre as quais "os Cosío" eram os mais pobres, Daniel resgata em suas memórias a aprendizagem do francês e a tutela educativa da senhora Baz. Seu filho Gustavo é a única amizade que retém daqueles anos de infância e juventude.

Tudo mudou em junho de 1914, quando foi geral o medo ante o assédio de Toluca pelos revolucionários."O temor havia aumentado a tal grau que os varões das famílias de Toluca resolveram contratar um trem especial para a capital. E, dessa vez, a nossa formou parte das 'famílias'"[9]. A abertura do livro se estende até o momento em que Daniel "descobriu a cultura" na Cidade do México. Esse centro narrativo é exposto pela máxima oposição entre violência política e redenção cultural, como se o mundo da cultura tivesse aberto um feixe de luz sobre um caminho que a personagem só pode percorrer e compreender "ao final da jornada", ao escrever as memórias. Daniel finalizou os dois últimos anos do ensino secundário no Colégio Nacional Preparatório da capital. A descoberta da livraria dos Porrúa é recordada como o ingresso a outra dimensão, como se a relação com os livros fosse o mais puro resguardo frente à insegurança política, uma alternativa de salvação. Dali em diante sua vida girou centralmente em torno do ensino universitário, da produção de impressos e da escrita; práticas que nosso protagonista sempre realizou em fricção com a política.

Nada mais nítido que as últimas três palavras do livro para afirmar em que medida a progressiva apropriação da cultura dotou Daniel Cosío Villegas de apetrechos para controlar os desvarios da política: "me fez caso". Tal remate alude à atitude que pode ter tomado o presidente da República Gustavo Díaz Ordaz (1965-71) para me-

---

8 Daniel C. Villegas, *op. cit.*, p. 15 [grifo meu].
9 *Ibidem*, p. 34.

lhorar os serviços de inteligência[10]. Umas linhas acima advertia, talvez como explicação das anomalias políticas do governo Díaz Ordaz, que "este cavalheiro é o único que se permitiu o luxo de chegar à presidência sem ter passado antes por minhas aulas"[11]. Ao final de suas *Memorias* e de sua vida, Cosío olhava-se não como um conselheiro de príncipes, mas como um intelectual influente sobre a opinião pública em que predominava um espírito crítico sobre o poder político: "Quanto à possibilidade de influência política, basta-me dizer que, apesar de terem sido discípulos meus todos os presidentes da República, de Ávila Camacho a López Mateos, nunca recebi deles um favor ou uma distinção"[12]. Fazendo da necessidade virtude, Cosío assim denota até que ponto essa negação de prebendas ou favores da política é embasamento para sua autorrepresentação como intelectual independente, é manifestação do poder especificamente simbólico de uma posição que tributou como poucas para a sempre conflitiva autonomia do campo intelectual no México.

Sua relação com os presidentes da República e com a alta burocracia de Estado enquanto intelectual é, pois, o centro do interesse retrospectivo com que Cosío Villegas organizou suas memórias em 1975-6. Tudo passa ou é descrito como se sua elevação como intelectual independente do poder tivesse sido recém-alcançada no último decênio de vida. A história foi a disciplina "mais intelectual", a última casaca (categoria que ele usa para retratar as distintas funções culturais que ensaiou) que vestiu, a mais eficaz para lograr um esquema explicativo e distanciado sobre o sistema político mexicano e sobre "o estilo pessoal" dos governantes de usar o poder.

### A ESCRITA E A REVOLUÇÃO OU O INTELECTUAL COMO TRANSFORMAÇÃO DO POLÍTICO

A trajetória de Daniel Cosío Villegas representa um caso particular do processo genético, tão bem demonstrado por autores como Habermas, Elias e Bourdieu, da escrita e do intelectual moderno como transformação da política. Universal condensado em uma experiência singular.

Talvez na juventude, Daniel tenha fantasiado em chegar a presidente da República[13]. Esse anelo era alimentado entre os Sete Sábios. Como chegou a participar Daniel dessa formação intelectual? Sem descrever esquemas de pensamento

---

10 Em tempos de guerra fria, Gustavo Díaz Ordaz interveio às vezes solapadamente, outras de modo aberto, a favor do combate ao comunismo. Documentos recentemente desclassificados da CIA mostram que desde 1958 Ordaz e Echeverría, o presidente que o sucedeu, foram agentes secretos da Operação Litempo que a agência de inteligência norte-americana desenvolveu no México para vigiar elementos subversivos. As implícitas advertências de Cosío Villegas sobre a "inteligência" do período Díaz Ordaz podem aludir ao modo grotesco e violento com que foram realizados atos de repressão durante a gestão do referido presidente. Seu governo foi responsável pelo massacre de estudantes na praça de Tlatelolco, em 1968. Mas também foi direto o ataque que, assim que elevado ao poder, iniciou contra o diretor do Fondo de Cultura Econômica, Arnaldo Orfila Reynal, até obter sua demissão em novembro de 1965, sob acusação ao editor argentino de estrangeiro comunista. Realizei uma etnografia histórica do evento de demissão de Orfila Reynal em Gustavo Sorá, "Des éclats du siècle". Indiretamente, esta triangulação deixa assentada uma hipótese de investigação indispensável para conhecer capítulos centrais da história do Fondo de Cultura Econômica, em particular, e da cultura do México em geral: a conflitiva relação entre Cosío Villegas e Orfila Reynal desde finais da década de 1940.
11 Daniel C. Villegas, *op. cit.*, p. 307.
12 *Ibidem*.
13 Na compilação de textos de Cosío organizada por Gabriel Zaid sob o título *Daniel Cosío Villegas: imprenta y vida pública* (Ciudad de México: Fondo de Cultura Economica, 1985), se reproduz a seguinte anedota: "Alguma vez, em 1923 ou 1924, saindo de uma longa conversa com o Mestre, Cosío disse a seu companheiro Andrés Henestrosa: 'Sabe quem vai ser o próximo presidente do México? Vasconcelos. Ele me disse que Obregón falou com ele para deixá-lo como sucessor. E sabe quem vem a seguir? Cosío Villegas. Disse-me que, ao terminar sua presidência, deixa-a para mim'" (p. XII).

e ação que mobilizava ao iniciar estudos de advocacia, Cosío relata que poucos meses após iniciar a universidade, foi nomeado por seus pares como representante na Sociedade de Alunos da Faculdade. Ali travou amizade com o presidente Manuel Gómez Morín, aluno do 5º ano, e com o secretário-geral, Narciso Bassols, aluno do 3º. Pouco depois, com Miguel Palacios Macedo, o presidente da Federação de Estudantes do Distrito Federal. Gómez Morín, Bassols e Palacios Macedo já participavam do grupo dos Sete Sábios, aquele círculo animado por Antonio Caso, e o único professor da Faculdade de Filosofia que vivia de (por, para) o ensino universitário. Na segunda metade dos anos 1910, Caso era o mais ativo dos ateneístas na cultura nacional, na medida em que seus outros pares, como Pedro Henríquez Ureña, Alfonso Reyes, José Vasconcelos ou Martín Luis Guzmán haviam abandonado a capital para unir-se à revolução ou radicar-se no estrangeiro para aguardar ali melhores tempos.

> Não tratei nem fiz amizade com os Sete, mas sim com cinco deles: o próprio Manuel, Vicente Lombardo Toledano, Alberto Vázquez del Mercado, Alfonso Caso e Teófilo Olea y Leyva. [...] Unia-os uma visão muitíssimo mais ampla da que tinha o estudante ordinário porque sentiam a necessidade de adquirir, mais que o saber profissional, uma boa cultura, o que supunha incursionar seriamente pelos campos da filosofia, da história e das letras. Depois porque, jovens já de 19 anos, pressentiram desde 1915 que surgia ante seus olhos um México novo de cuja forja podiam e deviam participar. Por acréscimo se consideravam, além de inteligentes e cultos, dotados de sentimentos generosos e de ideias gerais que lhes permitiriam entender melhor os problemas nacionais e ajudar a resolvê-los. Enfim, advertiram o grande vazio intelectual que exibia o grupo revolucionário vitorioso e acreditaram poder enchê-lo em benefício do país[14].

Ao concluir o primeiro ano, Cosío passou da Sociedade de Alunos da Faculdade a chefe do Departamento de Ação Social da Federação. Desde essa plataforma experimentou pela primeira vez o contato com um presidente da República. Vetustiano Carranza impulsou a nomeação de representantes da cultura (Alfonso Reyes, Amado Nervo etc.) para ocupar postos diplomáticos estratégicos como política "inteligente" para repelir agressões norte-americanas. Cosío conseguiu uma audiência com Carranza para lhe propor ampliar essa ação com a nomeação de agregados estudantis. O presidente aceitou a ideia e assim Carlos Pellicer, José Norma, Luis Padilla Nervo e outros estudantes acentuaram uma política internacional mexicana em torno da cultura.

As matérias que no primeiro ano de estudo atraíram grande interesse intelectual em Cosío foram filosofia e sociologia. Daniel havia assistido aos seminários de filosofia de Antonio Caso desde 1915, quando eram ditados como cursos de verão na Universidade Popular de Plaza del Carmen. Logo seguiu as lições do "mestre" em cursos livres oferecidos na Escola de Altos Estudos. Pouco depois da assunção de Vasconcelos como ministro da Educação, em 1921, Caso o substituiu

---

14   Daniel C. Villegas, *op. cit.*, p. 50.

como reitor da universidade. Assim foi que o "mestre" Caso depositou em Daniel, aluno notável, a responsabilidade de ditar seu curso de sociologia na faculdade, embora o recente professor fosse ao mesmo tempo um aluno de segundo ano de direito. Ao pedir uma licença, Vicente Lombardo Toledana lhe delegou, por sua vez, seu curso de ética na Escola Nacional Preparatória.

Em 1921, em um só ano foi presidente de três federações de estudantes (regional, nacional e internacional)[15], mas também morreu seu pai. Daniel foi o segundo filho varão de uma família de cinco irmãos. Ao mais velho, Manuel, tocou crescer no pior momento de instabilidade revolucionária. Quis ser engenheiro militar e sua carreira foi truncada em 1913, quando o Colégio Militar, onde já era cabo, foi desmantelado pela revolução. Manuel passou a trabalhar com o pai e se uniu às hostes zapatistas. De modo que, ao morrer o pai, Daniel era o mais bem posicionado entre os irmãos para assumir autoridade familiar e o sustento de sua mãe. Teve que trabalhar enquanto estudava. Para isso lhe sobravam as amizades e contatos que travou, nos cinco anos que vivia na Cidade do México, dentro do pequeno grupo de intelectuais que transitava entre a Faculdade de Direito, a livraria dos Porrúa e a Secretaria da Educação.

Até 1925, nossa personagem experimentou todas as alternativas de trabalho possíveis para alguém de sua condição: benjamim entre a fração de elite intelectual que chegava ao poder; estudante; filho de uma família de classe média cuja ascensão pareceu truncar-se exatamente nesse momento promissor. A essa altura não reunia capitais para arriscar uma carreira política. Foi uma fase de constante investimento e desinvestimento. Em 1921, Daniel estudava direito, ensinava sociologia e filosofia, trabalhava no entorno de Antonio Caso na Faculdade de Direito e de José Vasconcelos na Secretaria da Educação Pública. Em outubro desse ano Vasconcelos assumiu como secretário da Educação e ofereceu a Daniel um pequeno trabalho que o introduziu em sua primeira experiência editorial. Foi colaborador na montagem da famosa coleção de clássicos que Vasconcelos havia iniciado pouco antes de deixar a reitoria. A coleção logo passou a ser realizada pela Secretaria da Educação e à frente dela estava Julio Torri. José Orozco era o ilustrador. Com a ascensão de Vasconcelos "começaram a chegar os 'dispersos': Pedro Henríquez Ureña, Diego Rivera, Martín Luis Guzmán, Salomón de la Selva" etc. Aquele lugar de trabalho foi um "observatório" do renascimento cultural mexicano. Ali conheceu todas essas figuras proféticas. Cosío recupera o vínculo com Henriquez Ureña como o início de sua vocação de escritor. Com seus con-

---

15  No mesmo ano em que foi eleito presidente da Federação de Estudantes do Distrito Federal, o foi da Federação Nacional de Estudantes, recentemente criada, e da Federação Internacional de Estudantes. Esta última nomeação lhe foi adjudicada após concluir o Primeiro Congresso Internacional de Estudantes, realizado na Cidade do México como parte dos festejos do centenário pátrio. Não podemos estender-nos aqui sobre a militância estudantil de Cosío Villegas, a gênese de suas presidências e os múltiplos significados que teve o Congresso Internacional de Estudantes. Sobre este apenas remarco os efeitos que teve para a promoção de um sentimento de independência política e cultural americana, abonada, entre outros fatores, pelas revoluções mexicana e russa, pela reforma universitária argentina e por outras experiências anti-imperialistas cunhadas por muitos congressistas latino-americanos. O sentimento profético que circundou o congresso motivou o tecido de alianças interamericanas de impacto visível em projetos, por exemplo a Apra peruana e o reformismo platense. Arnaldo Orfila Reynal esteve presente em tal congresso como delegado dos estudantes reformistas da Universidade de La Plata. Ali nasceu sua amizade com Cosío e com Henríquez Ureña, entre outros, alianças que subjazem a sua carreira como protagonista do período de consagração do Fondo de Cultura Econômica.

selhos, escreveu *Miniaturas mexicanas*, seu primeiro livro de ensaios. Henríquez Ureña celebrou o manuscrito e o passou a Alfonso Reyes, que quis rebatizar o autor como Daniel Cosío[16].

Ao assumir Vasconcelos a Secretaria, Caso assumiu como reitor da universidade. Sob sua gestão se criou um Departamento de Extensão Universitária dirigido por Pedro Henríquez Ureña. O dominicano encarregou Cosío de algumas tarefas, como um curso para estrangeiros, cujo fim era atrair a simpatia de estudantes norte-americanos pelo novo México. Estes trabalhos eram mal remunerados e a termo. Por volta de 1923 Vasconcelos começou a preparar sua projeção como presidenciável e aquele clima de trabalho se tornou incerto. Foi assim que Daniel pediu um posto na chancelaria a Genaro Estrada, um "padrinho". Foi o início de uma faceta de atividade "paralela" à cultura, mas essencial de um ponto de vista social e econômico. Cosío a susteve até sua completa dedicação a trabalhos intelectuais na década de 1960. Como se não tivesse realizado suficientes trabalhos, em 1924 Cosío foi convidado a ser *conselheiro* da Cidade do México. Não havia assumido por meio do voto e o desconforto com a política o levou a pedir a Enrique Delhumeau, promotor daquela experiência, que o colocasse em um trabalho em que pudesse exercer a profissão de advogado. Este lhe ofereceu o posto de agente do Ministério Público (segundo tribunal criminal) e ele logo pediu transferência para o Tribunal Superior de Justiça. Cosío formou-se advogado em 1925.

O trânsito entre tantas atividades na primeira metade dos anos 1920 era um fato geral que evidenciava a instabilidade dos primeiros governos que processaram institucionalmente a revolução, mas também era um caso particular: nosso autor transmite o estado de ansiedade que sofria por encontrar um lugar social, sustentar a família materna e encaminhar seu projeto amoroso com Emma Salinas[17]. Apesar da multiplicidade de atividades do jovem Cosío entre a academia e a política, o centro de seu labor gravitava na Faculdade de Direito, um pedaço de terra aparentemente mais firme. Quando Manuel Gómez Morín assumiu a direção da instituição em 1925, solicitou a Daniel Cosío Villegas que modificasse seu curso de sociologia teórica e o orientasse a um de sociologia aplicada aos problemas do México. Fruto desta mudança foi a edição de *Sociología mexicana*, o segundo livro de autoria de Cosío Villegas. Ao final desse ano ele se formou e iniciou uma experiência que acentuaria suas apostas na academia e na cultura: transpôs a fronteira, dirigiu-se a Harvard para iniciar estudos de pós-graduação em economia. Como toda experiência de reconversão, esta não deve ser explicada como lúcida eleição do agente, mas como condicionamento; neste caso como produto do encolhimento das perspectivas de êxito dos projetos dos "ateneístas" e seus continuadores no poder cultural.

---

16 As circunstâncias da edição de *Miniaturas* abre lugar nas *Memorias* de Cosío a um primeiro comentário sobre a história da edição no México: "Alguma vez se fará a história da atividade editorial do México independente; mas ainda sem ela, é clara a impressão de que não era grande coisa [...]. Uma das muitas consequências iniciais da revolução, em certa medida porque ao México isolavam as sacudidelas revolucionárias, foi despertar o interesse em criar e impulsar a atividade editorial. Com esse fim, Julio Torri e Agustín Loera Chávez iniciaram em 1916 a publicação, sob a rubrica geral de 'Cultura', de uns cadernos de 'bons autores antigos e modernos'. Logo se associaram como selecionadores, tradutores ou prefaciadores Manuel Toussaint, Rafael Cabrera, Genaro Estrada, Carlos Barrera, Jaime Torres Bodet, José Gorostiza, Xavier Vilaurrutia e alguns mais. Pois bem, não dentro dessa coleção, mas sim com o selo 'Editorial Cultura', publicou-se em 1922 meu primeiro livro" (Daniel C. Villegas, *Miniaturas mexicanas*, Ciudad de México: Cultura, 1922, p. 85).
17 Daniel conheceu Emma durante sua campanha para presidente da Federação de Estudantes. Emma era representante estudantil da Escola Normal para senhoritas e apoiou a candidatura de Cosío. Era filha de um advogado de Vera Cruz, indício de que a aliança podia consolidar a ascensão social dos Cosío, agora sob a autoridade de Daniel.

Dando sentido à ironia do mais tonto, vemos que nessa fase crítica assinalada pelo fracasso do projeto de Vasconcelos, alguns como Manuel Gómez Morín transitaram para outros postos dirigentes. Em seu caso, foi designado para a Secretaria da Fazenda, onde criou um departamento técnico e promoveu o interesse pelo problema agrário. Cosío fez sua a prédica "México precisa de economistas", cujo porta-voz era Morín. Mas para isso passou mais de três anos formando-se no exterior. A oportunidade de Daniel para estudar economia também esteve ligada a um indivíduo e um acontecimento: uma Sra. White, norte-americana que havia sido aluna do curso para estrangeiros ministrado por Cosío em 1925. Essa dama era viúva de um conhecido professor de Harvard e obteve fundos que, ainda com dificuldades, permitiram a Daniel estudar nos Estados Unidos e encaminhar a vida ao lado de Emma. Mais tarde obteve uma bolsa Rockefeller e prosseguiu estudos em Wisconsin e Cornell, as universidades mais destacadas em economia agrária.

Suas competências em economia e estatística foram rapidamente aproveitadas pela chancelaria mexicana. Em 1927 o convidaram a representar o país em uma conferência sobre estatísticas da Sociedade das Nações. Tratava-se de uma missão de porte se considerarmos que estava em jogo a possível incorporação do México à organização internacional que esse país havia rechaçado como emblema da doutrina Monroe. Esta foi a classe de encargos que periodicamente lhe ofereceram as Relações Exteriores até os anos 1960. Aproveitou essa viagem à Europa para rematar sua formação na London School of Economics e na École Libre de Sciences Politiques de Paris. Seu plano era se instalar na Cidade Luz por um longo período. Tocava o céu em Paris. A assistência a uma aula magistral de Bergson na Sorbonne é contada como "experiência reveladora". Mas o sonho durou pouco. Em poucos meses recebeu a notícia de que Antonio Castro Leal (um dos Sete Sábios) havia assumido a reitoria da universidade e o convidava a ocupar a secretaria-geral. Narciso Bassols, por sua vez, havia sido nomeado diretor da Escola de Direito e Ciências Sociais. Diante de tal panorama de demorado triunfo de seu grupo de referência, regressou com presteza. Ao voltar pareciam dadas as condições para promover o ensino da economia.

> Aquela prédica de que ao México faltavam economistas teve efeito em mim, porque me determinou a passar quatro anos no estrangeiro preparando-me para essa nova profissão. Mas nenhum efeito teve em Antonio Espinosa de los Monteros [...]. Por iniciativa própria se foi para Harvard a fazer um mestrado em economia [...]. Miguel Palacios Macedo, sim, havia assumido os problemas econômicos nacionais na Secretaria da Fazenda, onde trabalhou ao lado de Manuel Gómez Morín. Metido na sublevação delahuertista, exilou-se em Paris e ali ocupou uns bons cinco anos em estudar economia. Manuel Gómez Morín foi a rigor o primeiro mexicano que despertou para essa necessidade, tanto assim que ao redigir a Carta que em 1925 criou o Banco do México, previu nela a criação de uma Escola de Economia, cuja presidência coube a ele. E também Eduardo Villaseñor, por gosto próprio, aproveitou a estada em Londres como adido comercial para fazer vários cursos na famosa London School of Economics and Political Sciences[18].

---

18 Daniel C. Villegas, *Memorias, op. cit.*, p. 139.

A Escola de Economia foi fundada em 1929. A Grande Depressão acentuou a posição profética destes profissionais, e entre os mentores do projeto da faculdade Cosío parecia se destacar pela estabilidade de sua formação de pós-graduação. Entre os obstáculos para formar economistas mexicanos sobressaía a predominância de estudantes que trabalhavam e que não sabiam inglês, língua em que estavam escritos 80% da bibliografia especializada. A revista *El Trimestre Económico* e a editora FCE (1934) se originaram dessa dificuldade. Novamente não se tratou de um plano, mas derivava de uma contradição, em que contava a falta de editoras no México e na América hispânica dispostas a investir em uma coleção de traduções de economia. Embora Cosío Villegas tenha sido diretor do FCE entre 1934 e 1948, não fez da atividade como editor uma prática de dedicação exclusiva, como mais tarde encarnaria seu sucessor, Arnaldo Orfila Reynal[19]. Logo após 1938, o FCE delineou um catálogo único em espanhol, com a ampliação de apostas em todas as ciências sociais e nas humanidades. Não foi por acaso que o FCE se tornou então o núcleo de residência e atividade de intelectuais espanhóis cobiçados pelo governo de Cárdenas no "exílio republicano". Cosío foi o mediador principal nessa ação da aliança política entre o México e a república espanhola. Por circunstâncias dos encargos diplomáticos e convites acadêmicos, encontrava-se na Europa quando o governo Cárdenas propôs um plano de "salvação" a um grupo de intelectuais e cientistas ameaçados pela falange. José Gaos, Eugenio Ímaz, Medida Echevarria, Enrique Díez Canedo e outros foram recebidos na Casa da Espanha, instituição criada especialmente com o fim de acolher "os desterrados" e dirigida por Alfonso Reyes e Cosío Villegas. A Casa da Espanha funcionou no prédio do FCE e até 1940 transformou-se no Colégio do México. A sede da principal instituição da academia mexicana continua situada junto à sede do FCE. Sob a tutela de Reyes e Cosío, também máximos dirigentes do Colmex durante longos anos, os exilados retribuíram com traduções, livros e ensino ao desenvolvimento de significativas condições para a diferenciação das ciências sociais e das humanidades em todo o continente. Foram "os mestres" de uma elite acadêmica que dominaria posteriormente a fase de profissionalização desses campos de conhecimento na universidade, com nomes como Leopoldo Zea e Pablo González Casanova. Cosío foi o gestor maior de todas essas iniciativas não na face (diretamente) política, mas na técnica, intelectual e de gestão. Um *broker*.

Para isso era essencial a ginástica adquirida na representação diplomática, uma atividade de poder "real", periódica, muito sedutora. Daniel assumiu encargos cada vez mais audazes nas Relações Exteriores. No início dos anos 1930 já participava de cúpulas pan-americanas; ao final da guerra esteve em Breton Woods debatendo diretamente o confronto Keynes-White (ele que promoveu a tradução de todos esses economistas, agora os tinha pela frente!); nos anos 1950 assistiu a assembleias das Nações Unidas; foi delegado da Conselho Econômico e Social das Nações Unidas (Ecosoc) em Genebra; da Unesco etc. À diferença dessa comarca do poder, o Colégio do México lhe oferecia outras moedas: estabilidade de emprego, formação de discípulos, honra, efeitos que demandavam de uma só vez dedicação e muito tempo. Ali Cosío Villegas

---

19 Sobre os avatares na fundação e história do FCE, ver Gustavo Sorá, "Des éclats du siècle", "Misión de la edición para una cultura en crisis" e "Édition et politique", *op. cit*.

impulsou inúmeras iniciativas fundadoras como, por exemplo, a revista *Historia Mexicana* (1951), o Centro de Estudos Internacionais (1958), empreendimentos que criava, dirigia e delegava poucos anos depois. Se bem que o Colégio do México, mais que o FCE, lhe tenha brindado um centro de ação institucional, Cosío não deixava de transitar entre disciplinas acadêmicas, casacas que provava sem vestir definitivamente. A carga da dedicação ao trabalho diplomático e à gestão de instituições com o tempo gerou um mal-estar especificamente ressaltado nas *Memorias*: a falta de condições para escrever, para cultivar uma obra e granjear reconhecimento como intelectual.

> Tudo isso não significa que eu me subtraísse ao que costumava se chamar solenemente o "imperativo moral" de fazer algo em benefício da nação, só que desviei o campo de operação às "empresas culturais", das quais tenho falado: as revistas *El Trimestre Económico, Historia Mexicana* e *Foro Internacional*, assim como o Fondo de Cultura Económica e o Colégio do México. Mas ali está a coisa: esta decisão teve duas consequências. A primeira, subtrair-me à preocupação diária da atividade político-administrativa, dando-me a ocasião de refletir com certo repouso. A segunda, que, tanto no Fondo como no Colégio, olhava com meus próprios olhos a gente que escrevia: desde logo, os colaboradores dessas três revistas e, depois, os autores dos livros que publicavam o Fondo e o Colégio. Isto, naturalmente, me fez sentir mais e mais que eu havia escrito e publicado pouco, mal-estar vago este que aflorava de vez em quando de modo visível[20].

Parecia ter tudo, mas não o que ele via e possibilitava aos outros e passou a desejar. Ainda assim Cosío fez grandes esforços para escrever e publicar. Em 1947 apareceu *La crisis de México*, um ensaio onde o autor refletia sobre os homens e as obras da revolução e se perguntava se o país não entrava em uma etapa de sua vida que não poucos começaram a chamar "neoporfirismo". Em 1949, na "sua" coleção Tierra Firme, foi editado *Extremos de América*, livro que reúne conferências e discursos de variada origem como "representante" diplomático, do mercado editorial, do sistema acadêmico, enfim, como gestor de um sem-número de ideias brilhantes, mas dispersas, que não se ordenavam em um projeto nem tinham a sistematicidade de uma obra. O primeiro desses livros é um típico ensaio de interpretação nacional. O segundo transmite claramente a posição múltipla de Cosío e a fragilidade autoral.

Se bem que a situação de Cosío Villegas não fosse em absoluto a dos anos 1920, na primeira metade da década de 1940 pode-se constatar relativa homologia, se esse período é visto como de desordem, de forte superposição e colisão de planos, de possibilidades de ação e de interesses. Ainda que o autor descreva essa fase como de ebulição, minha hipótese é delineada por meio da analogia na saída desse novo atoleiro: a Fundação Rockefeller, os Estados Unidos, a reconversão intelectual para a história. As fundações Ford e Rockefeller eram bem conhecidas por Cosío já que a elas recorreu para sustentar não poucos programas de desenvolvimento do Colmex. Mas dessa vez passou para o outro lado, da gestão à posição de "doado". O subsídio que obteve em 1948 o obrigava a uma dedicação *full time*. Foi assim que pediu licença como diretor do FCE. Passou longas temporadas em Washington e

---

20  Daniel C. Villegas, *Memorias, op. cit.*, pp. 194-5.

Nova York, esboçando e iniciando o projeto de uma ambiciosa história do México moderno. Se bem que, ao restabelecer sua atividade no Colmex, Cosío não se tenha dedicado exclusivamente à história, as competências e disposições adquiridas nessa fase o levaram a cultivar uma primeira ação verdadeiramente profissional: a constituição de uma equipe de colaboradores, discípulos motivados à estruturação de uma continuada carreira acadêmica: alguns deles foram Pablo González Casanova, Enrique López Lira, Luis González, Moisés González Navarro, Francisco Calderón, Guadalupe Monroy, Emma Cosío Villegas. A estabilidade de um projeto coletivo sob sua direção e o resultado de uma obra impressa colossal e de forte impacto público explicam a escolha da história como sua casaca intelectual de melhor talhe.

*Historia moderna de México*, dez volumes publicados entre 1956 e 1972, explora as causas da revolução em planos múltiplos. Cosío Villegas talvez não tenha chegado a ser *o* historiador da revolução, mas gerou condições sem igual para que isso fosse possível como empreendimento coletivo e profissional. Forte contraste com *La crisis de México*, em que Cosío buscava o personalismo do ensaísta. Um protagonista da construção institucional pós-revolucionária se renovava, transfigurava seu projeto no de jovens acadêmicos profissionais. Sua biografia lograva assim unir a ação na revolução e o pensamento sobre a revolução. Recordemos a advertência do autor sobre a inibição da escrita sobre o feito transcendental da história do México moderno, durante sua gestação. A distância temporal entre ação *em* e pensamento/escrita *sobre* ordena nas memórias a hipótese basal que insinuamos desde o início: os males da revolução e os desvarios da política teriam sido enfrentados pela cultura em geral e pelos intelectuais em particular, se estes se tivessem feito sentir antecipadamente, através do pensamento, através da escrita[21]. Como pioneiro na gestação de condições institucionais para a autonomização da cultura, o relato de sua própria história vem a ser exemplar. Mas, nesse relato, a tensão, o desejo estão colocados sobre a escrita, a autoria, coisas que só cultivou nos últimos trechos de sua história. A memória de sua prolongada atuação como editor ocupa um par de páginas; o comentário sobre textos e projetos de pensamento dezenas e dezenas. Como Gilberto Freyre e tantas outras personagens defasadas em suas histórias, Cosío reafirma nas memórias a intenção de ser recordado "apenas" como intelectual, como escritor. O que tenta explicar é o tortuoso caminho de ação política em prol da cultura que teve de encarar como militante de uma frente de batalha, até que o movimento da pena dominasse seu porvir e o daqueles que apenas atuam politicamente na política. Isto é evidenciado no tema constante do livro, que se acentua até o final: a relação com os políticos. Ao longo do texto quase não se mencionam literatos e acadêmicos. Em cena entram seus pares de geração, os políticos, sobretudo presidentes da República, e, em um plano de fundo, a família. Sobre os companheiros de viagem da juventude conclui que seus valorosos aportes se limitaram aos quadros da política. Só ele teria conseguido alcançar a terra firme de um intelectual. No prólogo ao livro

---

21 Não por nada, ao longo das *Memorias* Cosío traduz esse paradoxo de várias maneiras e o antecipa no início do livro: "A geração a que me tocou pertencer teve uma experiência singular: o estalido da Revolução Mexicana que nos colheu despreparados. Não já para antecipá-la mas para entendê-la; o esforço que tivemos de fazer, primeiro, para no-la explicar e depois para servi-la, e como e por que fracassamos neste segundo empenho. Faço-me a ilusão de que não tenho sido um observador desatento da vida nacional, de modo que talvez possa eu traçar quadros ou cenas que atraiam o olhar dos que não os viram com seus próprios olhos" (Daniel C. Villegas, *Memorias, op. cit.,* p. 9).

*Notas y ensayos* (1965), Cosío buscou "explicar por que resulta pobre a obra escrita de quase todos os membros da 'geração de 1915'":

> É possível que até os últimos anos de suas vidas Gómez Morín e Lombardo Toledano ainda acreditassem que seguiam "fazendo algo" com sua atividade política, se bem, estou seguro, que considerassem pouco menos que desesperada sua situação. Mas, de um tempo antes, o desencanto se havia implantado em Alberto Vázquez del Mercado, e por isso se dedicou a publicar livros de direito, e em Bassols, que tentou o jornalismo. Só Palacios Macedo, também definitivamente desiludido, guardou um silêncio que legitimamente pode ser chamado sepulcral. Optou por dedicar-se ao ensino da economia, mas sem publicar sobre essa matéria nem uma só linha. Em mim, ademais, para entrar e permanecer na vida pública não influiu o desejo ou a ambição de poder, manifesta muito claramente em Vicente Lombardo Toledano, e ainda em um grau mais evidente em Bassols e Palacios Macedo[22].

Tudo se passa como se só Cosío houvesse sido salvo entre os profetas de 1915, como se nos últimos anos de vida tivesse tomado consciência do que lhe permitiram a história e a independência intelectual. O livro apareceu em 1976, o mesmo ano de sua morte, pela editora Joaquín Mortiz[23]. "Ao término da jornada", com clareza e aparente desinteresse, assegura-se um lugar como intelectual. Talvez por isso, as *Memorias* de Daniel Cosío Villegas transmitem prazer e satisfação, como se ele tivesse cumprido com a oportunidade de unir tudo, do primeiro ao último livro, e se oferecer como uma *miniatura mexicana* exemplar. Sua estátua de bronze em tamanho natural se situa à frente dos monumentais prédios do FCE e do Colmex.

---

22 Daniel C. Villegas, *Memorias, op. cit.*, p. 194.
23 A editora Joaquín Mortiz foi fundada no início dos anos 1960 por Enrique Díez Canedo. Cosío saudou Díez Canedo como principal articulador dos desterrados e, em 1976, Enrique saudou Cosío, assegurando-lhe a publicidade e o prolongamento de sua vida nas "memórias". Por que as *Memorias* de Daniel Cosío Villegas não foram publicadas pelo Fondo de Cultura Económica é um dado que merece reflexão.

# LUIS BUÑUEL, CINEASTA MEXICANO?
CLAUDIA ARROYO QUIROZ

## INTRODUÇÃO

O diretor de cinema Luis Buñuel é uma figura muito destacada no mundo do cinema e da arte do século XX. Sua obra é vasta e diversa, tanto em termos de inovações estéticas como pela variedade temática. Constitui um aporte muito valioso ao desenvolvimento não só da arte cinematográfica em si, mas do pensamento sobre a condição humana. Assim o considerou, por exemplo, o filósofo e teórico de cinema Gilles Deleuze, para quem os grandes diretores de cinema são pensadores que, em vez de pensar com conceitos, fazem-no com imagens em movimento. Na análise de Deleuze, o cinema de Buñuel se caracteriza pela recorrência de um dos tipos de imagem em movimento que conformam o cinema, a "imagem-impulso", que se encontra entre a "imagem-afeto" e a "imagem-ação"[24] e que constituiu a forma pela qual o diretor expressou seu interesse pelo tema do desejo e do fetichismo.

Em 1982, um ano antes de morrer, Buñuel publicou suas memórias no livro intitulado *Mi último suspiro*, que se foi gestando no contexto das conversas que teve com seu amigo e roteirista Jean-Claude Carrière durante os últimos dezoito anos de sua vida. Pertencente ao gênero da autobiografia, quer dizer, ao gênero considerado pelos críticos como a expressão por excelência da literatura memorialística, *Mi último suspiro* nos permite ver a maneira como esse "pensador cinematográfico" objetivou literariamente sua experiência de vida e de trabalho, com base na reconstrução do passado que realizou em seus últimos anos.

Buñuel é um cineasta a quem não se pode localizar facilmente dentro dos parâmetros de uma cultura nacional. Ainda que fosse de origem espanhola, sua obra oscila entre os âmbitos das culturas espanhola, francesa e mexicana de diferentes períodos e foi institucionalizada como parte do patrimônio cultural dos três países[25]. O fato de ter sido no México que desenvolveu a maior parte de sua obra influiu para que o cinema de sua "etapa mexicana" (1947-65) seja considerado pela crítica como um componente da história cultural do México e não da Europa. Isto se pôs de manifesto, por exemplo, quando sete filmes dessa etapa (*Los olvidados, Nazarín, Él, El ángel exterminador, Susana, Ensayo de un crimen* e *La ilusión viaja en tranvía*) foram selecionados entre os cem melhores do cinema mexicano, por parte

---
24 Gilles Deleuze, *Cinema 1: The Movement-Image*, London: Athlone Press, 1986, pp. 123-40.
25 Julián Daniel Gutiérrez-Albilla, *Queering Buñuel: Sexual Dissidence and Psychoanalysis in his Mexican and Spanish Cinema*, London: Tauris, 2008, p. VIII.

de 25 críticos e historiadores de cinema convocados pela revista *Somos*, em 1994. O discurso nacionalista no México chega inclusive a "apropriar-se" de Buñuel, catalogando-o como um cineasta mexicano, como se explicita no *site* que oferece a maior quantidade de informação sobre o cinema mexicano:

> Dos 32 filmes que integram a filmografia de Luis Buñuel como diretor, 21 foram realizados no México. Esta cifra contrasta com a postura assumida por alguns estudiosos de sua obra que definem o diretor de *Un chien andalou* (1928) como um cineasta espanhol ou francês. Buñuel se naturalizou mexicano poucos anos após haver chegado a nosso país e passou a viver para sempre entre nós. Várias de suas obras-primas são orgulhosamente mexicanas e formam parte do legado cultural que o México ofereceu à cinematografia mundial[26].

Ainda que o presente ensaio se aparte dessa patrimonialização nacionalista da obra de Buñuel, ao mesmo tempo sugere que abordar suas memórias como parte da literatura memorialística de intelectuais e artistas latino-americanos do século XX é possível enquanto se reconstrói a experiência de vida e de trabalho de um artista que se integrou à sociedade mexicana de meados do século e que trouxe uma contribuição muito significativa à produção cultural do México de então.

Este aporte tem sido reconhecido e analisado no campo da história cultural, por exemplo, por autores como Ernesto Acevedo-Muñoz[27], que destaca a importância cultural da "etapa mexicana" de Buñuel, ao caracterizá-la como uma ponte entre o cinema mexicano industrial dos anos 1940 e o cinema dos anos 1960, que floresceu no contexto de crise da indústria fílmica nacional e que introduziu alguns dos elementos estilísticos e conceituais que ajudariam a revitalizar o cinema mexicano. De acordo com esse autor, um dos feitos de Buñuel em sua integração ao sistema de gênero do cinema mexicano foi o de consolidar uma estética surrealista e interesses etnográficos dentro de formatos populares[28]. Ao valorizar a "etapa mexicana" de Buñuel, Acevedo-Muñoz se distancia da crítica autorista do cinema buñueliano, que tradicionalmente havia enfocado as etapas surrealista e final da obra do diretor, e depreciado a "etapa mexicana" como um *corpus* simplesmente comercial.

Mas é necessário assinalar que a relação de Buñuel com o campo cultural do México foi complexa e, às vezes, tensa, já que implicou um processo de adaptação, negociação e transgressão em relação às convenções culturais, parâmetros de representação e modalidades de produção predominantes na época industrial do cinema mexicano (1935-55). Sua posição como um artista espanhol vanguardista integrado ao México permite refletir sobre a interculturalidade como um espaço complexo de interação que, no caso do cineasta, implicou certos desafios aos discursos hegemônicos do México de meados do século, entre eles os discursos sobre a história e a identidade nacionais, a identidade de gênero etc.

---

26 "El cine mexicano de Luis Buñuel (1946-1964)", disponível em: <http://historiadelcine2-ucv-fhe-eda.blogspot.com/2009/04/el-cine-mexicano-de-luis-bunuel-1946.html>. Acesso em: 25 jun. 2019.
27 Ernesto Acevedo-Muñoz, *Buñuel and Mexico: The Crisis of National Cinema*, Berkeley: University of California Press, 2003.
28 *Ibidem*, p. 2.

Este ensaio tem como objetivo estudar a maneira com que o cineasta reconstruiu sua experiência de vida e de criação artística, por meio de uma revisão geral de seu relato sobre sua vida na Espanha, França, Estados Unidos e México, com uma atenção particular a sua "etapa mexicana", com o fim de conhecer sua percepção sobre o desenvolvimento de sua obra e sobre sua vivência intercultural nesse país. Dessa forma, o ensaio explora a avaliação que Buñuel fez de seu trabalho no México, o que inclui observações sobre as limitações e tensões que experimentou no meio cinematográfico desse país, sobre a recepção de seus filmes em nível nacional e internacional e sobre certos aspectos culturais da sociedade mexicana.

## A EXPRESSÃO DA PRÓPRIA VIDA

Buñuel começa sua autobiografia com uma reflexão sobre a importância da memória. No capítulo inicial ("Memoria"), descreve a memória como um componente fundamental da identidade e confessa que, no período final de sua vida, havia sofrido uma perda de memória que lhe tinha gerado angústia: "Há que ter começado a perder a memória, ainda que seja só a retalhos, para dar-se conta de que esta memória é o que constitui toda nossa vida [...]. Nossa memória é nossa coerência, nossa razão, nossa ação, nosso sentimento. Sem ela não somos nada"[29].

O cineasta assinala que a memória se encontra ameaçada não só pelo esquecimento, mas também pelas "falsas recordações", pela imaginação e pelo sonho; e previne o leitor frente à possibilidade de que seu relato contenha falsas recordações. Este reconhecimento de Buñuel sobre o valor, a fragilidade e a maleabilidade da memória nos dá pé para refletir brevemente sobre a natureza do relato autobiográfico. A autobiografia se entende aqui não como um simples recontar as experiências vividas, mas como um trabalho peculiar de construção da identidade do "eu", em que se vai constituindo a subjetividade e em que se empregam diversas estratégias de autorrepresentação.

A partir de estudos clássicos sobre a especificidade do relato autobiográfico[30], nos últimos anos se continua investigando a importância e a função da autobiografia para a constituição de subjetividades, em relação, por exemplo, com o gênero, a profissão ou a experiência histórica de determinadas comunidades, como a de certas minorias em contextos nacionais ou pós-coloniais[31]. Um aporte importante para essa linha de reflexão é o trabalho de Leonor Arfuch[32], que observa uma proliferação de narrações sobre a própria vida na cena contemporânea, que compreendem desde as formas tradicionais (autobiografias, confissões, memórias, diários) até formas mais contemporâneas (entrevistas, perfis, testemunhos, histórias

---

29  Luis Buñuel, *Mi último suspiro*, Ciudad de México: Plaza y Janés, 1982, p. 14.
30  Jean Starobinski, *La relación crítica*, Buenos Aires: Nueva Visión, 2008; e Philippe Lejeune, *El pacto autobiográfico y otros estudios*, Madrid: Megazul, 1994.
31  Kenneth Morstern, *Autobiography and Black Identity Politics: Racialization in Twentieth-Century America*, Cambridge: Cambridge University Press, 2004; Debra Kelly, *Autobiography and Independence: Selfhood and Creativity in North African Postcolonial Writing in French*, Liverpool: Liverpool University Press, 2005; David Huddart, *Postcolonial Theory and Autobiography*, New York: Routledge, 2008; e Calvin L. Hall, *African American Journalists: Autobiography as Memoir and Manifesto*, Plymouth: Scarecrow Press, 2009.
32  Leonor Arfuch, *El espacio biográfico: dilemas de la subjetividad contemporánea*, Ciudad de México: Fondo de Cultura Económica, 2002.

de vida, *talk shows* etc.), ante o que propõe deixar de lado a categoria taxonômica de "gêneros" para optar pela de "espaço biográfico" como um cenário que permite ver melhor a diversidade de estratégias de autorrepresentação utilizadas.

Para abordar esse tipo de narrações, a autora percorre a teorização contemporânea (pós-estruturalista) sobre o sujeito, que o define como uma entidade descentrada e desloca, assim, a ideia do sujeito autônomo e transparente que se tinha na modernidade. Segundo Arfuch, no relato autobiográfico, esse descentramento do sujeito está vinculado à "razão dialógica", de raiz baktiniana, segundo a qual o sujeito deve ser pensado a partir do contexto de diálogo (com um "outro", o leitor) que dá sentido a seu discurso[33]. Para a autora, o relato autobiográfico também se caracteriza pela implementação de um "valor biográfico" que impõe uma ordem narrativa e ética "à vivência de *per si* fragmentária e caótica da identidade"[34].

Se bem que o conceito de "razão dialógica" se refira à dimensão de intersubjetividade inerente ao relato autobiográfico, no caso de *Mi último suspiro* esse conceito é útil para pensar o mesmo processo de elaboração das memórias, que esteve marcado pela conversação entre o diretor e seu amigo e roteirista Jean-Claude Carrière. O próprio Buñuel admitiu sua necessidade de se apoiar em um escritor para elaborar suas memórias, reconhecendo a limitação de suas habilidades literárias, como a epígrafe do livro expressa: "Eu não sou homem da pena. Depois de longas conversas, Jean-Claude Carrière, fiel a quanto lhe contei, me ajudou a escrever este livro". A reconstrução da vida desse "pensador cinematográfico" foi objetivada então no contexto de um encontro colaborativo similar ao tipo de cooperação que o diretor e o roteirista tinham no âmbito da produção fílmica.

O conceito de "valor biográfico" utilizado por Arfuch se refere à forma de compreensão, visão e expressão da própria vida, que ordena a narração e que envolve um processo de identificação e de valoração. Este processo permite ao enunciador o confronto rememorativo entre o que era e o que chegou a ser e pode implicar um estranhamento do enunciador a respeito de sua própria história[35]. O "valor biográfico" está determinado pelo posicionamento do "eu" no momento atual da escrita, que, no caso das memórias de Buñuel, implica o "eu" do diretor situado na etapa final de sua vida, de onde projetou uma perspectiva sobre suas vivências e sua carreira artística de cinquenta anos, que lhe havia gerado muita satisfação e cujo êxito lhe assegurara um lugar consagrado dentro da história do cinema.

Em *Mi último suspiro*, o "valor biográfico", enquanto forma de expressão da própria vida, orientou a narração de acordo com uma ordem cronológica, desde a infância do cineasta na Espanha até o tempo presente de sua velhice no México. Essa ordem, sem dúvida, não é estrita, já que, entre a narração de uma etapa e outra, o cineasta decidiu intercalar uma exposição sobre aspectos de sua personalidade e de seu pensamento que permearam toda sua vida. Em sete capítulos, dos 21 que conformam suas memórias, o cineasta faz esse desenvolvimento de sua subjetividade e de sua intimidade, em uma espécie de "confissão" acerca do seguinte: seu gosto pelo álcool e pelo tabaco ("Los placeres de aquí abajo"); seus

---

33 *Ibidem*, p. 13.
34 *Ibidem*, p. 47.
35 *Ibidem*.

sonhos reiterativos, que expressam medos de perda e desejos relativos ao erotismo e ao poder ("Sueños y ensueños"); suas experiências amorosas e eróticas ("Amor, amores"); suas crenças sobre religião e ciência ("Ateo gracias a Dios"); suas preferências políticas e culturais ("A favor y en contra"); e sua visão sobre a sociedade contemporânea ("El canto del cisne").

Por seu lado, a narração cronológica, desenvolvida nos 14 capítulos restantes, reconstrói as diferentes etapas de sua vida, que compreendem a infância em Saragoça, a juventude em Madri, sua etapa cinéfila e surrealista em Paris, sua experiência durante a guerra civil espanhola, sua estadia em Hollywood e Nova York, sua etapa no México e o último período de trabalho na França e na Espanha. Trata-se de um relato minucioso e prolífico de sua experiência de vida, em que cada etapa é reconstruída de maneira integral, por meio da rememoração de muitos eventos e da elaboração de uma espécie de "retratos" das pessoas mais significativas para ele, com quem estabeleceu vínculos afetivos e criativos, alguns dos quais derivaram em desencontros ou distanciamento.

Nesse relato, sem dúvida, nem todos os eventos têm o mesmo peso. É evidente que a elaboração dessa narração implicou "um processo de identificação e de valoração" – como diz Arfuch – das etapas que tiveram um papel-chave na vida do diretor, enquanto orientaram suas inquietudes e interesses para uma maneira particular de expressão artística. Enquanto a infância transcorreu em um ambiente familiar aristocrático e católico muito rígido, sua vida como estudante em Madri (1917-25) o pôs em contato com o meio de artistas que estimularia sua veia criativa (pintores, literatos, poetas, entre eles os integrantes da Geração de 27 e os ultraístas). Mais adiante, durante sua estada em Paris (1925-9), converteu-se em um ávido espectador de cinema, que se impressionou profundamente com o potencial expressivo desse meio, em boa medida graças a seu encontro com o cinema soviético (Sergei Eisenstein) e o expressionismo alemão (Friedrich W. Murnau; Fritz Lang). Esse período é muito importante já que sua paixão pelo cinema o motivou a entrar no meio cinematográfico parisiense, primeiro como ator e, logo depois, como assistente de direção e de produção.

Mas a etapa mais significativa para o diretor foi, sem dúvida, sua experiência como integrante do movimento surrealista em Paris (1929-33), à qual dedica bastante atenção, ao rememorar, entre outras coisas, a produção, a estreia e a recepção de *Un chien andalou* (1929) e *L'Âge d'or* (1930). Desde sua perspectiva, o traço principal do movimento foi "uma forma de expressão instintiva e irracional", que esteve presente em seus integrantes desde antes de adotarem a "etiqueta" de surrealistas:

> O surrealismo foi, antes de tudo, uma espécie de chamada que ouviram aqui e ali, nos Estados Unidos, na Alemanha, na Espanha ou na Iugoslávia, certas pessoas que utilizavam já uma forma de expressão instintiva e irracional, inclusive antes de se conhecerem uns aos outros [...] Dalí e eu, quando trabalhávamos no roteiro de *Un chien andalou*, praticávamos uma espécie de escrita automática, éramos surrealistas sem etiqueta [...]. No que a mim diz respeito, meu encontro com o grupo foi essencial e decisivo para o resto de minha vida[36].

---

36 Luis Buñuel, *op. cit.*, p. 104.

Essa forma de expressão irracional é reconhecida por Buñuel como o legado surrealista que se manteve como uma constante em sua vida em geral e em seu trabalho artístico em particular:

> Durante toda minha vida conservei algo de minha passagem – pouco mais de três anos – pelas fileiras exaltadas e desordenadas do surrealismo. O que me fica é, antes de tudo, o livre acesso às profundidades do ser, reconhecido e desejado, este chamamento ao irracional, à obscuridade, a todos os impulsos que vêm de nosso eu profundo[37].

Sua experiência durante a guerra civil espanhola (1936-9) também ocupa bom espaço em suas memórias, devido ao impacto social desse conflito bélico; inteiramo-nos, assim, sobre sua estada em Madri no início da guerra, onde simpatizava com os comunistas, e depois em Paris, onde realizava diversos trabalhos em apoio ao governo republicano. Assim também, narra sua residência nos Estados Unidos no final dos anos 1930 e princípio dos anos 1940, desenvolvendo projetos de filmes em Hollywood e trabalhando no Museu de Arte Moderna em Nova York.

Sua vida no México (1946-61) também recebe bastante atenção na narração, devido não tanto à longa duração desse período mas ao prolífico de seu trabalho e à peculiaridade de sua experiência intercultural nesse país, como comentarei adiante. Finalmente, rememora sua última etapa na Europa, primeiro o regresso à Espanha em 1961, onde filma *Viridiana*, e logo a estada na França e na Espanha, onde dirige a parte final de sua obra (*Le journal d'une femme de chambre*, 1964; *Belle de jour*, 1966-7; *La voie lactée*, 1969; *Tristana*, 1970 etc.).

Ao abordar seu trabalho como diretor, Buñuel não se refere tanto ao conteúdo temático ou narrativo de seus filmes, ainda que mencione as fontes da narrativa, quer dizer, se realizou a adaptação de um texto literário, ou se se baseou em uma observação ou invenção de certas problemáticas. A atenção do cineasta está dirigida antes às situações específicas que se deram na produção, estreia e recepção de seus filmes. Ao fazer isto, destaca as dissímiles condições de trabalho que experimentou nos diferentes contextos nacionais, assim como a recepção heterogênea dos filmes entre diversas audiências que incluem o público geral, a imprensa, artistas e intelectuais destacados e os festivais de cinema, tanto em nível nacional como internacional.

## BUÑUEL NO MÉXICO

Ao avaliar sua residência no México, Buñuel reflete sobre a maneira com que foi desenvolvendo seu trabalho nesse país. Ainda que identifique as limitações impostas pela natureza da indústria fílmica mexicana, seu balanço dessa etapa tende a ser positivo. Enquanto a qualidade de seus filmes lhe parece desigual, devido à má atuação ou à impossibilidade de escolher os temas, ao mesmo tempo assinala que nenhum dos filmes vai contra suas convicções e que em nenhum deles há nada indigno.

Entre as limitações que experimentou se encontram a falta de financiamento e as restrições impostas pelo Sindicato de Trabalhadores da Indústria Cinemato-

---

37 *Ibidem*, p. 121.

gráfica (STIC), o que afetava a realização de seus projetos, como no caso de *Subida al cielo* (1952), em que seu plano de rodagem de três noites se viu reduzido a três horas. Apesar desses problemas, reconhece que a indústria fílmica do México lhe permitiu desenvolver seus interesses com muita liberdade, à diferença de um meio como o de Hollywood, onde teria tido mais recursos, mas menos margem de ação, devido à rigidez do sistema de estúdios.

Sua reconstrução dessa etapa mantém a ordem cronológica da narração e rememora o processo de produção de sua obra fílmica, estabelecendo uma relação entre sua apreciação dos filmes e a recepção deles pelo público, dois aspectos que, às vezes, são divergentes, como no caso de *El gran calavera* (1949), que não lhe parece interessante, mas que foi muito popular no México. Por outro lado, um de seus filmes preferidos, *Él* (1953), descrito por ele como "o retrato de um paranoico", inspirado em um oficial mexicano conhecido seu, foi motivo de desagrado e de riso no México, assim como criticado na Europa, por exemplo, pelo escritor e cineasta Jean Cocteau, ainda que, ao mesmo tempo, também tenha sido valorizado por intelectuais como Jacques Lacan, que, inclusive, o utilizou no contexto de seu trabalho docente[38].

Mesmo assim, Buñuel alude ao desafio que sua obra representou para certos círculos sociais do México, em particular no caso de *Los olvidados* (1950), que gerou diversas reações de recusa. Durante o período de filmagem, toda a equipe de produção manifestou seu desagrado: "A equipe inteira, ainda que trabalhando muito seriamente, manifestava sua hostilidade para com o filme". Um técnico lhe perguntou: "Por que não faz o senhor um verdadeiro filme mexicano, em lugar de um filme miserável como esse?". A cabeleireira inclusive se demitiu porque lhe pareceu que a cena em que Pedro é rechaçado por sua mãe atentava contra a identidade da mãe mexicana: "A cabeleireira […] assegurava que nenhuma mãe mexicana se comportaria assim. Uns dias antes, eu havia lido em um jornal que uma mãe mexicana havia jogado o filho pequeno pela porta do trem"[39].

Depois da estreia do filme, o rechaço se fez evidente também no tempo limitado de sua exibição e no repúdio proveniente de diferentes grupos sociais: "Estreado lamentavelmente no México, o filme permaneceu quatro dias em cartaz e suscitou no ato violentas reações […]. Sindicatos e associações diversas pediram imediatamente minha expulsão. A imprensa atacava o filme. Os raros espectadores saíam da sala como de um enterro"[40].

Alguns mexicanos que residiam no estrangeiro também criticaram o filme, como o escritor e então embaixador na França, Jaime Torres Bodet: "Também ele considerava que *Los olvidados* desonrava seu país"[41].

Para o diretor, estas reações de repúdio se deveram a que o filme ofendeu a sensibilidade nacionalista da época: "Um dos grandes problemas do México, hoje como ontem, é um nacionalismo levado ao extremo, que delata um profundo complexo de inferioridade"[42]. Buñuel identifica aqui o nacionalismo do México como um problema coletivo com um pano de fundo psicológico comum, por meio de uma interpretação psicanalítica afim à desenvolvida pelo discurso sobre a identidade do mexicano

---

38 *Ibidem*, pp. 198-9.
39 *Ibidem*, p. 195.
40 *Ibidem*.
41 *Ibidem*, p. 196.
42 *Ibidem*.

no período pós-revolucionário, em particular em relação à ideia do complexo de inferioridade do mexicano, formulada por intelectuais como Samuel Ramos.

Mas, além de emitir essa breve interpretação, o cineasta não indaga as razões pelas quais seu filme pôde ter ofendido a sensibilidade nacionalista. Seu único comentário enfoca o caso da cabeleireira, com o fim de questionar as expectativas do público em torno do comportamento de certas identidades sociais (neste caso, a conduta esperada de uma mãe mexicana), já que contrasta essas expectativas com fatos "reais" reportados pela imprensa. Além dessa fonte midiática, Buñuel afirma haver recorrido também a observações diretas da vida marginal urbana para caracterizar suas personagens:

> Durante quatro ou cinco meses [...] me dediquei a percorrer as cidades perdidas, quer dizer, os arrabaldes improvisados, muito pobres, que rodeiam México D.F. Um pouco disfarçado, vestido com minhas roupas mais velhas, olhava, escutava, fazia perguntas, entabulava amizade com as pessoas. Algumas das coisas que vi passaram diretamente ao filme[43].

Para além do desencontro entre as expectativas do público e a caracterização buñueliana de identidades específicas como a mãe, em termos mais gerais podemos sugerir que o filme ofendeu a sensibilidade nacionalista porque sua representação explícita da marginalidade e da violência na classe baixa urbana apresentou uma imagem negativa do setor social que, no discurso do nacionalismo revolucionário e populista dos anos 1940-50, era exaltado como "o povo", o herói coletivo que, segundo esse discurso, havia tido um papel de protagonista na história ao triunfar na Revolução de 1910 e, por fim, ao encaminhar a nação para o progresso social. Ao assinalar a pobreza como um problema vigente no México, o filme de Buñuel desafiou, assim, essa narrativa de progresso que durante os anos 1940 vinha se consolidando como hegemônica no discurso oficial e que foi denominada por Arthur Schmidt como uma narrativa que vai "da revolução à evolução"[44]. A modalidade de representação da pobreza em *Los olvidados* ofereceu, ademais, um marcado contraste com a imagem dulcificada do "povo" que abundava no melodrama fílmico da época de ouro, e cujo caso paradigmático é o filme *Nosotros los pobres*, de 1948, que teve uma grande popularidade no México.

Mas é importante assinalar que a recepção a *Los olvidados* foi heterogênea, já que não gerou só repúdio, mas também reações positivas. Buñuel se refere à aceitação que teve no México e na França, por parte de figuras como Siqueiros e o "grande número de intelectuais mexicanos [que] elogiaram o filme"[45], assim como entre o grupo dos surrealistas. O cineasta menciona em particular a resposta celebratória do poeta Octavio Paz, plasmada no texto "El poeta Buñuel", escrito expressamente para acompanhar a exibição do filme no Festival de Cannes de 1951 e que era considerado pelo cineasta como o melhor artigo sobre o filme, "um artigo belíssimo"[46].

---

43  *Ibidem*, p. 195.
44  Arthur Schmidt, "Making It Real Compared to What? Reconceptualizing Mexican History since 1940", *in:* Gilbert Joseph; Anne Rubenstein; Eric Zolov (ed.), *Fragments of a Golden Age: The Politics of Culture in Mexico since 1940*, Durham: Duke University Press, 2001.
45  Luis Buñuel, *op. cit.*, p. 196.
46  *Ibidem*, p. 197.

Nesse Festival de Cannes, o filme recebeu o Prêmio de Melhor Diretor, o que, de acordo com Buñuel, motivou a mudança de opinião do público mexicano, já que se acalmou a controvérsia e se ampliou o tempo de exibição: "Após o êxito europeu, me vi absolvido do lado mexicano. Cessaram os insultos, e o filme reestreou em uma boa sala do México, onde permaneceu dois meses"[47].

Este efeito gerado pela premiação fala do grande valor que o reconhecimento internacional, em particular o europeu, tinha para o discurso nacionalista no México, já que outorgava ao cinema o *status* de produção artística de qualidade e, portanto, destacava o potencial da nação como produtora de arte. O aplauso estrangeiro com frequência desencadeava um processo de patrimonialização nacionalista que, no caso de *Los olvidados*, se fez evidente, por exemplo, quando lhe foi outorgado o segundo lugar dentre os cem melhores filmes mexicanos, na seleção organizada pela revista *Somos* em 1994, na qual intervieram 25 especialistas em cinema mexicano.

Outro caso representativo da tensão entre o projeto fílmico de Buñuel e a agenda nacionalista do México pós-revolucionário é seu conhecido desentendimento com Gabriel Figueroa no contexto da filmagem, quando o diretor tinha de conter o interesse do fotógrafo em exaltar as qualidades da nação por meio de enquadramentos altamente estetizados; interesse que, como se sabe, pôde satisfazer amplamente em sua colaboração com Emilio Fernández. Enquanto Figueroa se referiu a esse desencontro em entrevistas[48], Buñuel o evocou em suas memórias, situando-o durante a filmagem de *Nazarín* (1958-59) em particular:

> Foi também durante esta rodagem que escandalizei Gabriel Figueroa, que me havia preparado um enquadramento esteticamente irreprochável, com o Popocatépetl ao fundo e as inevitáveis nuvens brancas. O que fiz foi simplesmente dar meia-volta à câmara para enquadrar uma paisagem trivial, mas que me parecia mais verdadeira, mais próxima. Nunca me agradou a beleza cinematográfica pré-fabricada, que, com frequência, faz esquecer o que o filme quer contar e que, pessoalmente, não me comove[49].

É interessante notar que, apesar das tensões entre Buñuel e o nacionalismo do México de então, suas memórias reproduzem certos conteúdos do mesmo discurso nacionalista, ao fazer uma série de observações sobre "a cultura dos mexicanos". O fato de que, em Veneza, seu filme *El río y la muerte* (1954-5) foi considerado inverossímil pela quantidade de assassinatos que aparecem na narrativa, lhe dá a deixa para explicar que os mexicanos têm um culto à arma de fogo e uma grande facilidade para matar o próximo por razões nímias ou absurdas: "Pode-se matar por um sim, por um não, por um mau olhar ou, simplesmente, porque deu vontade"[50]. Com base em reportagens da imprensa ou em anedotas narradas por seus colaboradores, o diretor enumera casos de violência impulsiva perpetrada

---

47 *Ibidem*.
48 Eugenia Meyer, "Entrevista a Gabriel Figueroa", in: *Testimonios para la historia del cine mexicano*, Ciudad de México: Cineteca Nacional, 1976.
49 Leonor Arfuch, *op. cit.*, p. 210.
50 *Ibidem*, p. 201.

por clientes de cantinas, assaltantes, policiais e militares, e estabelece uma conexão entre esses atos e "o machismo mexicano".

A caracterização que faz Buñuel do mexicano como um sujeito sumamente nacionalista, marcado por um sentimento de inferioridade, violento, impulsivo e machista guarda certa relação com o discurso sobre a identidade nacional que circulou no México pós-revolucionário, ao que Roger Bartra chama "o mito do caráter do mexicano" e que consistiu em uma série de estereótipos acerca da classe popular, tanto rural como urbana, que foram codificados pela elite intelectual, assim como reproduzidos pelos meios massivos de comunicação[51].

A prevalência desse mito no México dos anos 1940-50 faz possível supor que Buñuel pode ter absorvido algumas dessas crenças em seu próprio olhar sobre "a cultura dos mexicanos". É interessante, sem dúvida, que as observações de Buñuel não se limitem à classe popular, mas que incluam pessoas de outros setores sociais, em particular intelectuais e artistas conhecidos. O cineasta recorda, por exemplo, que em uma ocasião o pintor Diego Rivera disparou contra um caminhão, que o ator Pedro Armendáriz com frequência disparava no estúdio cinematográfico, que o diretor Emilio Fernández disparou contra jornalistas por contradizê-lo a respeito do prêmio recebido por um de seus filmes e que uma vintena de intelectuais costumava jogar "a roleta mexicana", atirando o revólver para o ar com o risco de receber uma bala[52]. O próprio Buñuel se inclui no conjunto dos aficionados por armas de fogo e admite que durante muito tempo portou uma, ainda que negue ter cometido atos violentos.

---

51 Roger Bartra, *La jaula de la melancolia*, Ciudad de México: Grijalbo, 1987.
52 Luis Buñuel, *op. cit.*, p. 204.

## *VISTO Y VIVIDO* NA CULTURA ARGENTINA ENTRE O NOVECENTOS E OS ANOS 1960
ALEJANDRA LAERA

Quando em 1965 Roberto Giusti publica *Visto y vivido,* as memórias em que percorre a primeira metade do século XX, a cena cultural argentina já havia mudado por completo. Sem dúvida, não há nostalgia em Giusti. Porque o modo com que organiza seu livro tende a evitá-la por todos os meios, e se algo de tristeza pelos amigos ausentes se infiltra, em seguida ele a reconverte nessa necessária cota de emoção pessoal que costumam exigir os exercícios da memória. Para apresentar essas *anécdotas, semblanzas, confesiones y batallas,* segundo a descrição do subtítulo, Giusti reúne um conjunto de artigos com um fio cronológico bastante frouxo, em que convivem os textos escritos para a ocasião com outros previamente publicados. Não há tampouco em Giusti, portanto, vontade de reconstruir uma época nem de dar uma imagem completa, acabada dos tempos passados. Nem chega a haver, por isso mesmo, um balanço ou uma avaliação geral. Em lugar disso, o memorialista opta por oferecer uma espécie de miscelânea na qual, por meio de retratos, cenas e algum episódio mais claramente autobiográfico, aparecem seus colegas e amigos, as figuras locais e os visitantes ilustres, a sociabilidade literária e a vida artística, os espaços de incipiente institucionalização das letras e dos novos circuitos culturais. *Visto y vivido* narra as aventuras infantis do pequeno imigrante italiano Roberto Giusti na Buenos Aires de fins do XIX, explica os enfrentamentos com o peronismo de que participou com amigos e colegas entre 1945 e 1955 e passa a contar as vicissitudes na fundação da revista *Nosotros* para o centenário, a narrar os simpáticos bastidores de um festival de cinema na província do Chaco nos anos 1960, a apresentar as divas do teatro, como Eleonora Duse e Emma Grammatica, que emocionavam o público do teatro Odeón nas primeiras décadas do século XX, e a comentar as impressões suscitadas por Jules Romains e Stefan Zweig, participantes especiais no Congresso do Pen Club de 1936 realizado em Buenos Aires. Cronistas como Roberto Payró, romancistas como Benito Lynch, dramaturgos como Florencio Sánchez convivem com ensaístas como Ricardo Rojas ou José Ingenieros e historiadores como Francisco Romero ou David Peña. A memória de Giusti salta comodamente do início do século aos anos 1950, do mesmo modo que muda do café que frequentou com seus primeiros colegas às aulas da Faculdade de Filosofia e Letras, onde foi celebrado seu cinquentenário com as letras. Provavelmente nessa variedade esteja a chave de sua eficácia.

Egresso da carreira de letras da Universidade de Buenos Aires, crítico literário, professor, escritor ocasional de contos, chegou a ser presidente da Sociedade Argentina de Escritores, membro da Academia Argentina de Letras e até deputado pelo socialismo. Giusti não foi, contudo, um intelectual de primeira linha. Não o foi, apesar de haver publicado, ao longo de sua vida, uns trinta volumes, entre livros e compilações de artigos. Seu mérito radicou, antes, em ter presenciado grande parte das situações relevantes dessa primeira metade do século, e sua aposta pessoal, em ter deixado testemunho de quase todas elas. "Minha maior virtude foi durar", escreveu em "Mis tres vidas"[53]. Só que essa "duração" não teria a mesma dimensão sem estar acompanhada por um dos mais importantes empreendimentos culturais de seu tempo: a revista *Nosotros*.

Depois de aproveitar a via de ascensão social que desde finais do século foi a universidade para os filhos de imigrantes ou, como em seu caso, para os que haviam chegado muito novos à Argentina, e depois de provar suas primeiras armas no jornalismo de espetáculos, Giusti cria em 1907, junto com o amigo Alfredo Bianchi, *Nosotros*, que foi até 1943 o espelho privilegiado da cena cultural. Em *Nosotros* culmina a etapa da vida estudantil e, sobretudo, da participação ativa em tertúlias e banquetes, onde conhece a maioria das figuras que retrata nas memórias. E também se amplia uma rede que, postulada na apresentação do primeiro número por meio da ideia de "comunhão", põe Giusti em contato não só com as novas gerações (com Jorge Luis Borges e com a vanguarda martinfierrista, por exemplo), mas que se projeta para a América Latina (como se observa nas cartas com Pedro Henríquez Ureña e Juana de Ibarbourou, entre outros). É dali que Giusti consolida seu lugar como crítico e testemunha do campo das letras, e é essa a sua plataforma para avançar no caminho institucional. A trajetória de Giusti, que coincide durante quase quarenta anos com a da revista, justifica, finalmente, uma série de homenagens que lhe brindaram no último lustro da década de 1950 e que são o aval definitivo para adotar em *Visto y vivido* a modalidade da *memória cultural*.

Composto quase dez anos depois do momento em que seu autor, entre 1955 e 1958, obtém um importante reconhecimento institucional devido às iniciativas de muitos de seus colegas da Faculdade de Filosofia e Letras da Universidade de Buenos Aires, da Sociedade Argentina de Escritores e da Academia Argentina de Letras, *Visto y vivido* resulta em uma memória triunfalista. Por um lado, porque, em que pese ter mantido o perfil baixo do testemunho, em que pese ter preferido "os misteres da cozinha" a luzir "no balcão"[54], seu autor obtém uma recompensa simbólica cuja manifestação final é o insistente pedido de seu entorno para que escreva suas memórias. Por outro lado, porque as próprias memórias exibem, a expensas das transformações sem volta produzidas pelo peronismo, primeiro, e pela onda modernizadora dos anos 1960, depois, uma constituição paradigmática do intelectual na primeira metade do século XX na Argentina: a de quem, procedente da onda imigratória do último quarto do século anterior, passa a integrar as emergentes camadas médias profissionais; e também um tipo característico de intervenção cultural nessa época: a participação ativa na vida intelectual por meio de empreendimentos institucionais estatais e privados que têm ao mesmo tempo um caráter fundador e uma pretensão nacional.

---

53 Roberto Giusti, "Mis tres vidas", *in: Visto y vivido: anécdotas, semblanzas, confesiones y batallas*, Buenos Aires: Theoría, p. 23.
54 *Ibidem*, p. 22.

Não se encontram nas memórias de Giusti, como nas de Manuel Gálvez (*Amigos y maestros de mi juventud*), os fracassos e os êxitos que acompanham o escritor em suas tentativas de profissionalização; tampouco, como nos escritos autobiográficos de Victoria Ocampo (*Autobiografía*), a convicção de formar parte de uma elite cultural cosmopolita. Há, em troca, por essa mesma ausência de um verdadeiro protagonismo e pelo afã contemporizador de seu autor, uma amplitude na observação, uma generosidade do olhar, que levam Giusti a se deter nas figuras da cena literária e artística, mas sobretudo nas práticas culturais do passado. É isso, principalmente, o que converte essas memórias em uma contribuição inigualável para empreender uma história material da cultura argentina. Poucas memórias tiveram, como *Visto y vivido*, a fortuna de haver sido erigidas unanimemente em fonte indiscutível do passado que narram, em fonte privilegiada dos estudos de crítica literária e cultural sobre as primeiras décadas do século. O feito é notório, sobretudo, se se tem em conta que o resto da obra de Giusti, que constitui sua obra crítica em sentido estrito, deixou de ser lida por completo.

## INTERVENÇÕES

Há dois períodos que voltam uma e outra vez à lembrança de Roberto Giusti: a iniciação nas letras, que abarca as por ele chamadas "geração do Novecentos" e "geração do Centenário" e ocupa a metade do volume, e a culminação de sua trajetória, que corresponde às sucessivas homenagens recebidas no segundo lustro da década de 1950 a instâncias de amigos e colegas e que marca todo o relato.

A regressão à juventude é tão evidente que o próprio Giusti a assinala em uma nota acrescentada na correção das provas de impressão ("Justificación"). A esse período se referem, de fato, os artigos publicados previamente e escolhidos para integrar as memórias: "Dos almas fundidas en una" (revista *Insula*, 1945) e "Una generación juvenil de comienzos de siglo" (*Nosotros*, 1942), ambos reunidos já em *Ensayos*, a compilação de 1955 feita como tributo a sua obra, e "Tertulias literarias y escritores porteños del primer novecientos", que com título similar havia sido publicado um ano antes em *Momentos y aspectos de la cultura argentina*. A eles se soma um grupo de textos, geralmente retratos de escritores, entre os quais se contam José Ingenieros e Alejandro Korn, que partem desses primeiros anos do século e continuam até as décadas seguintes.

A explicação de como o "meninote estrangeiro" Roberto Giusti se integra à vida argentina e vai adquirindo um "sangue novo" é ao mesmo tempo uma garantia *sine qua non* de seu pertencimento geracional ("Dos almas fundidas en una") e uma tomada de posição a respeito dos nacionalismos contemporâneos com suas "manias persecutórias". Por isso mesmo, serve de elo entre os textos sobre a juventude e os textos sobre as homenagens recebidas na velhice, que funcionam simultaneamente como oportuna legitimação do memorialismo e abrem, de fato, o volume. Além da "Justificación" inicial que explica as particulares condições de publicação das memórias, convertendo-as em uma nova homenagem, outros dois artigos detalham os reconhecimentos institucionais impulsionados por colegas como José Luis Romero, José María Monner Sans e Renata Donghi de Halperín depois da derrocada do governo peronista, com quem haviam se enfrentado: enquanto "Mis tres vidas" reproduz o discurso que fez Giusti na Universidade de Buenos Aires para a celebração de seu quinquagésimo aniversário com as letras, "Militancia literaria" transcreve o que pronunciou quando lhe outorgaram o Grande Prêmio de Honra da Sociedade Argentina de Escritores em 1958. De entrada, então, Giusti se posiciona institucional e politicamente para logo depois se pôr a contar sua vida "ao acaso das recordações" ("Justificación")[55].

O deslocamento entre as motivações culturais que guiam o período de iniciação e as motivações políticas que se advertem na instância de reconhecimento acompanha o sentido da própria trajetória de Giusti. Do "mundinho" literário, com pretensões de autonomia e aspirações profissionais em que vive no começo do século, Giusti salta à vida pública abertamente quando, junto com o restante de suas atividades, ganha uma banca como deputado pelo socialismo. Mas, ademais, o deslocamento se faz evidente no próprio labor crítico e na colocação entre parênteses de suas posições contemporizadoras, algo que já se observa em certos desacordos com os integrantes de *Nosotros* e que será determinante em suas atitudes antiperonistas. Claro que isto não só se explica porque o homem de letras ou o intelectual revincula a literatura com a política como parte de sua atividade de escritor. Também o campo das letras, e da cultura em geral, em sua institucionalização crescente ao longo do século, toma posições, através das mesmas instituições, a respeito das políticas de governo.

De todo modo, e o cotejo das memórias de Giusti com outras fontes (como os editoriais da própria revista *Nosotros*) o torna evidente, enquanto os desacordos geracionais tendem a se diluir no relato, o antagonismo com o governo peronista se enfatiza. Enquanto as memórias da juventude seguem o ritmo das anedotas e semelhanças e apontam a reforçar a ideia de "comunhão" geracional, as memórias da velhice seguem o ritmo das "batalhas". Daí o tom triunfalista, ao se destacar de entrada a superação do antagonismo, não por resolução de conflitos, mas pela derrota do oponente, e a recomposição de um estado de coisas prévio por trás do qual se apresenta como uma interrupção política e uma desestabilização conjuntural. Se um primeiro efeito dessa operação é, precisamente, a estabilização do campo cultural (com suas tentativas complementares de conciliar diferenças estéticas), o outro efeito é que, por isso mesmo, passam por alto suas mudanças indeléveis, se desconhece sua ampliação e ainda a segmentação entre princípios do século e a década de 1960, e se apresenta como superado um antagonismo que já é irredutível.

À luz de sua organização e de suas prioridades, na memória cultural de Giusti são percorridos três momentos nos quais podem identificar-se certas operações predominantes: a iniciação e o acesso ao mundo das letras, com suas inclusões e exclusões em torno da ideia de cultura; a consolidação do campo cultural e a função estabilizadora da crítica; o reconhecimento institucional e uma operação de dissolução das mudanças que traz inerente o que só cabe entender como um anacronismo cultural.

---

55 *Idem*, "Justificación", in: *Visto y vivido, op. cit,.* p. 14.

## INCLUSÕES E EXCLUSÕES NA CULTURA ARGENTINA ENTRE O NOVECENTOS E O CENTENÁRIO

Que futuro teria na Argentina um pequeno imigrante em meados da década de 1890? O melhor futuro possível: abundância na mesa, educação laica, acesso à universidade, garantia de ascensão social, ampla oferta de trabalho, modernização cultural e técnica, realização dos sonhos de êxito pessoal. E, em meio a tudo isso, outra grande oportunidade: a integração natural à sociedade argentina, a fusão de nacionalidades. Nascido em 1887 em Lucca, uma formosa cidade medieval do centro da Itália, Roberto Fernando Giusti chega a Buenos Aires com a mãe e o irmão, após a morte do pai na guerra e deixando para trás a família paterna. Sem diminuir seu otimismo, Giusti recorda na terceira pessoa – como se já fosse, efetivamente, outro – os primeiros anos na cidade em um capítulo que intitula, ilustrativamente, "Dos almas fundidas en una":

> É impossível explicar o processo da transfusão, de que modo o menino vai adquirindo insensivelmente um sangue novo. Um sangue novo, e sem dúvida conservando algo do plasma inicial. Há que aprender tudo na raiz: língua, sentimentos, costumes, formas do pensamento. Quando deixou o menino de pensar em italiano? Acostumado a se encerrar em si mesmo, um dia descobriu que o fenômeno se havia produzido sub-repticiamente[56].

Com suas memórias e apagando todo traço de conflito, Giusti contribui para dar uma imagem precoce dessa sociedade inclusiva que, em pleno aluvião imigratório, definiria logo nas primeiras décadas do século XX o modelo rio-platense de formação da identidade nacional moderna. Giusti naturaliza a adaptação e contribui, de fato, com o conglomerado de discursos sobre o nacional montado a partir do momento em que a disputa pela nacionalidade entre um modelo tendente à diversidade e um modelo de assimilação, que agitou a imprensa e o parlamento no último quarto do século XIX, termina a favor do que se conhecerá como "cadinho de raças".

Essa perspectiva, a de fusão de almas ou assimilação identitária, habilita, ao mesmo tempo, uma imagem da cidade que se afirmaria ainda mais com a entrada do século XX: a dos bairros das emergentes camadas médias, formados em grande parte por famílias de origem imigratória, e cuja configuração mais clara se deu nas ficções e crônicas das primeiras décadas que mostraram o impacto urbano da modernização (como o Flores de Roberto Arlt) e o trajeto de seus habitantes até o Centro (Lavalle, Florida etc.). A cidade infantil de Giusti começa em Boedo e se estende até Almagro, pelo norte, e até Monserrat, pelo sul. Ali estão a praça, a igreja e as escolas. Os jogos infantis com os amigos do bairro, a educação religiosa na Iglesia de La Concepción e a italiana na escolinha da Unione e Benevolenza. Mas também no bairro, em sua biblioteca e entre amigos, está a iniciação na literatura com as histórias dos três mosqueteiros de Alexandre Dumas e com os folhetins de Rocambole de Ponson du Terrail. Giusti parece ter lido bem a Roberto Arlt para corrigir depois qualquer desvio na persecução de um destino feliz. Com efeito, as descrições que Giusti faz da vida desses setores urbanos emergentes, em sua mes-

---

56  *Idem*, "Dos almas fundidas en una", *in*: *Visto y vivido, op. cit,*. p. 38.

cla entre antigos costumes e práticas culturais modernas, não pode remeter mais que aos anos entre séculos, os da plena adaptação, quando o consumo de ópera italiana convivia com a leitura das edições populares da Casa Maucci, e a assistência à escola com algum trabalho infantil ocasional, como, em seu caso, os papéis de menino cantor nas obras de Puccini ("Dos almas fundidas en una", "Ni obispo ni monaguillo", "Canté con Tamagno").

Depois, virá a passagem pelo Colégio Nacional e pela universidade, dois espaços institucionais democratizadores no acesso à cultura, respectivamente, onde o imigrante assimilado compartilha seus dias com "a aristocracia rural" e onde coincide com muitos dos atores culturais das décadas seguintes (como o historiador Emilio Ravignani). Não é por acaso esse o mesmo mundo que um membro da elite portenha como Eugenio Cambaceres, provavelmente chegado aos "esnobes", que Giusti conhece nas aulas, narrava em 1887 em sua novela *En la sangre* para depreciar o permissivo ingresso dos filhos de imigrantes ao Colégio Nacional? Vinte anos depois, evidentemente, algo mudou. E, sem dúvida, no momento da evocação, o refluxo de ideias restritivas e excludentes sobre a identidade nacional faz com que Giusti precise confrontar os discursos e as práticas nacionais que coalharam o Centenário, e que ele mesmo representa, com os discursos nacionalistas que começaram a circular uns anos antes ativando "manias persecutórias". Desse modo, a ausência de conflitos, a naturalização do processo de adaptação do imigrante, termina se contrapondo, quase a modo de efeito não buscado, com as diversas tensões, resistências e reações que também provoca a política identitária assimilacionista.

Há outra consequência do acesso democratizador à universidade, especificamente à Faculdade de Filosofia e Letras, criada em 1895: abre as portas à vida cultural e ao trabalho. O jornalismo e o ensino universitário são, como ocorre com Giusti e outros, uma saída laboral que profissionaliza o homem de letras e em boa medida o habilita a escrever e publicar textos considerados literários, ao mesmo tempo em que se convertem em espaços de sociabilidade entre pares. Esta etapa, de fato, é a mais produtiva na formação de Giusti e a mais privilegiada nas memórias. Se o ensino universitário resultaria fundamental nas décadas seguintes porque lhe facilitava o caminho institucional e porque dali sairia seu núcleo de referência, nas duas primeiras décadas do século o jornalismo lhe é determinante. De pronto, o diário proporcionava duas extensões possíveis da redação: os cafés e restaurantes e o teatro.

Tanto Giusti como Manuel Gálvez, Roberto Payró e outros deixaram testemunho das reuniões de camaradagem desses anos, dos cenáculos e dos almoços informais que compartilhavam membros das diferentes gerações, em muitos casos em meio ou ao final da extensa jornada de trabalho na sala de redação. Das noites no Royal Keller, ao lado do teatro Odeón. É que essa vida literária se estendia também ao teatro, com suas divas e comediantes, suas representações e seus bastidores, seus *halls* e camarins. No teatro a vida literária se fazia espetáculo e o êxito já não parecia inalcançável. Giusti aproveitou particularmente esse espaço em seus primeiros anos no jornalismo e em seguida lhe imprimiu um rumo nacional quando em 1904, convertido em um "pequeno aprendiz de crítico", escreveu sobre as obras de Florencio Sánchez. Nas memórias, Giusti recria o ambiente do teatro Odeón, por onde desfilaram Eleonora Duse e María Guerrero; comenta as obras, seja a comédia francesa ou as obras do século de ouro espanhol; descreve costumes, como o fato notável de que as jovens não aplaudissem por recato, e desenvolve assim seu olhar crítico mais fino, voltando a uma época em que o teatro era um dos protagonistas da vida cultural portenha e Buenos Aires uma das cidades obrigatórias do périplo transatlântico das grandes figuras do drama ("Mi teatro Odeón"). A relação de Giusti com o teatro foi tão intensa, que chegou a ser secretário do Odeón durante uns dois anos e a programar outra das atividades que tinham lugar nele: as conferências. O historiador Guillermo Ferrero, o romancista Vicente Blasco Ibáñez, o penalista Enrico Ferri, o escritor Anatole France, uma série de visitantes de muito diversa procedência que compartilhavam com figuras locais uma prática tão frequente como efetiva. Nem sempre atinado em seu discernimento, o público, recorda Giusti sobre a visita de Blasco Ibáñez, esperava em "um teatro lotado da plateia ao balcão, e em plena luz aplaudia a ponto de irritar"[57].

Todos esses espaços e práticas que descreve Giusti expõem as "novas formas de iniciação cultural" (segundo a expressão de Altamirano e de Sarlo) que conectam os intelectuais de extração tradicional com os jovens filhos de imigrantes. Mas, além disso, põem em evidência a fluida conexão entre os próprios espaços que se produzem nesse primeiro momento de diversificação. Não é novidade que um homem de letras ocupe várias e diversas funções ao mesmo tempo; já sucedia no século anterior e, especialmente, em relação à literatura e seus gêneros, a partir da década de 1880 (era frequente que alguém escrevesse um romance, colaborasse em um diário e ao mesmo tempo fosse deputado ou tivesse um cargo diplomático). O distintivo em começos do século XX (e já nos anos entre séculos) é, em primeiro lugar, a ampliação dos grupos sociais que se incorporavam ao mundo das letras e, em segundo lugar, que as funções vinculadas com a literatura já não eram apendiculares da política, mas autossuficientes na medida em que tendiam a sua profissionalização e modelavam vidas de escritores ou artistas. Essa conexão entre espaços e práticas é fundamental porque, ainda que constitutiva desse momento do campo cultural, orientará ao longo do século a oscilação profissional dos homens e mulheres das letras no complicado nó que a dimensão vocacional estabelece com a dimensão econômica. Quem como Payró se queixa cotidianamente das dificuldades econômicas que acarreta uma vida de trabalho dedicada ao jornalismo, quem como Gálvez associa indiscernivelmente o êxito de vendas dos livros à legitimação cultural, ou quem como Giusti minimiza com a recordação os comprovados percalços econômicos de uma empresa cultural como *Nosotros*, todos põem de manifesto que profissão e dinheiro não só se articulam no mercado de bens culturais, mas na própria concepção da literatura que sustentam os escritores.

## A CRÍTICA LITERÁRIA COMO ESTABILIZADOR CULTURAL

"Não me teria desagradado ser o crítico de minha geração. Dizem alguns que o fui", escreve Giusti[58]. Se não o foi "em função permanente", agrega, é porque a crítica "séria" se defrontou sempre com obstáculos materiais, ainda que em seu caso esses obstáculos pareçam se restringir às próprias tarefas que entranha o trabalho e que o convertem, no caso de *Nosotros*, em um trabalho anônimo feito "em proveito dos demais": fazer editoriais, notas de ocasião, necrológios, trabalho de edição,

---

57  Idem, "Mi teatro Odeón", in: *Visto y vivido, op. cit,*. p. 74.
58  Idem, "Mis tres vidas", in: *Visto y vivido, op. cit.*, p. 22.

edição de provas, entre outros "misteres" que exige a crítica quando seu marco é um empreendimento jornalístico cultural de caráter privado desenvolvido no começo do século.

Nesse ponto, Giusti se afasta de outros modelos críticos: não levou a cabo uma tarefa fundacional, recompilando e exumando textos (como Juan María Gutiérrez), nem foi um historiador da literatura (como Ricardo Rojas), nem se dedicou a ela com um gesto atento ao moderno, mas de modo circunstancial (como Martín García Mérou), e tampouco foi somente um jornalista, já que a revista *Nosotros* excedeu largamente uma atividade cujos resultados se viram reunidos em livro pela primeira vez em 1911, em *Nuestros poetas jóvenes,* e especialmente nos volumes de artigos jornalísticos de origem diversa que formam as quatro séries de *Crítica y polémica.* O impulso crítico é tal em Giusti que já se manifesta abertamente na primeira carta de sua correspondência com Alfredo Bianchi, de 1904, com quem converte o comentário de livros em um verdadeiro pacto: "Eis aqui minha primeira carta, fiel ao combinado de comunicarmos por escrito periodicamente nossas impressões sobre as leituras que façamos"[59].

Mas, antes de tudo, a crítica assume uma variante particular nos textos de corte memorialístico, onde se acerca da crítica da cultura, como sucede primeiro com *Momentos y aspectos de la cultura argentina* – em que, à parte o artigo sobre as tertúlias e escritores de princípios do século, há um sobre a história do Ateneu portenho – e finalmente com *Visto y vivido.* Nessa zona de sua produção, que não teve uma continuação sistemática no campo dos estudos literários argentinos por muito tempo, foi onde beberam a crítica e a história culturais nas últimas décadas. Ali podem relevar-se trajetórias, práticas e sociabilidades, e rastrear-se imagens de escritor, polêmicas culturais e conflitos entre diferentes ideologias literárias. Giusti não faz uma reconstrução histórica, mas dá as pistas para poder levá-la adiante. Sem dúvida, as memórias, revisadas à luz da produção crítica de *Nosotros* e dos artigos dispersos em diários e revistas, não só permitem acessar documentalmente o passado, mas exigem uma desarticulação de seus mecanismos de composição, fundamentalmente no que tange a sua concepção da literatura e do campo cultural, assim como a suas consequências.

Em "Militancia literaria"[60] Giusti anota os postulados principais de sua concepção da literatura e da atividade do escritor: equanimidade no juízo, importância do legitimamente nacional nas letras, qualidades morais, criação de valores, compromisso na arte; finalmente, ante o escritor de "atitude combativa", Giusti propugna uma "arte pura e desinteressada". São todas ideias que se podem identificar no restante dos artigos. De fato, são as mesmas ideias que, ainda que presentes em *Nosotros,* viram-se limitadas pela abstenção da revista em tomar partido político, se bem que fosse sabido que seus diretores se identificavam com o socialismo. É certo que a colocação em suspenso das simpatias políticas foi fundamental para superar as diferenças entre os diferentes membros das diferentes gerações, que foi uma condição para a conformação da "comunidade" desejada por *Nosotros,* na qual, para dizê-lo recorrendo a uma imagem pitoresca, os assíduos ao café La Brasileña (José Ingenieros, Roberto Payró, Emilio Becher, entre outros) puderam se unir com os *habitués* de Los Inmortales (Evaristo Carriego, Enrique Banchs, gente de teatro, alguns simpatizantes do anarquismo).

---

59 *Ibidem,* carta de 13 jul. 1904.
60 *Idem,* "Militancia literaria", *in*: *Visto y vivido, op. cit.,* p. 25.

Mas tampouco deixa de ser certo um paradoxo: assim como a abstenção total era impossível de conseguir (gerando, por exemplo, a irritação de Manuel Gálvez quando se sentiu reconhecido como socialista, por um comentário editorial da revista que o envolvia), assim também a prescindência colocava um problema moral ante certas circunstâncias particulares (como sucedeu a Giusti, quando renunciou por alguns anos à direção da revista, ou à *Nosotros* em seu conjunto, quando se decidiu suspender sua saída entre 1934 e 1937). Que entre as décadas anteriores e a de 1960 o humanismo como o grande valor da arte haja cedido passo a combates mais concretos (Giusti fala inclusive da estatização da literatura!), serve para entender a insistência em uma posição que, antes, tinha mais matizes que os agora aceitos.

Nem todas as diferenças críticas, sem dúvida, passavam pelo corte com a política que sustentava a revista. Também houve polêmicas de índole estética, como a que teve com o mesmo Gálvez, tensões com Lugones, a polêmica com Martínez Cuitiño por causa de Florencio Sánchez. Se algumas se agudizaram com o tempo, como sucedeu com Gálvez, outras se aplacaram por completo ante a homenagem, como sucedeu com Lugones. Giusti, mesmo com sua amabilidade, teve momentos ríspidos, portanto, com a revista e com muitos escritores de gerações próximas. Ao mesmo tempo, obras poéticas aparecem na revista, como "Fundación mitológica de Buenos Aires", de Borges (ou a antologia vanguardista, ainda que preparada e publicada quando o diretor de *Nosotros* era Julio Noé).

Em sua apresentação retrospectiva desses tempos, Giusti resume taxativamente a relação entre os escritores: "Aqui não houve propriamente ruptura de gerações até depois de 1920", afirma Giusti[61]. A afirmação vai acompanhada de dois gestos complementares: atenuar as diferenças intergeracionais até os anos 1920 e evitar – em parte pelo privilégio dado às memórias das primeiras décadas do século – a menção às gerações ou grupos seguintes, em particular àqueles nucleados em torno de uma revista. São escassas as menções ao ocorrido entre meados dos anos 1920 e início dos 1950, salvo quando continuem ou antecipem situações de outra época. Assim, não aparecem nas memórias, como o fizera *Ideas*, por exemplo, a revista de Gálvez e Alberto Ghiraldo do primeiro lustro do século, nem *Martín Fierro*, nem tampouco *Sur* (apesar da relação pessoal de Giusti com vários de seus colaboradores), nem, previsivelmente, *Contorno*. Em lugar das alterações e dos saltos cronológicos, Giusti aposta na variedade de anedotas e situações (a criação da Universidade de La Plata, os almoços descontraídos de domingo no restaurante Ferrari, o Congresso do Pen Club, conferências, tertúlias, festivais), de retratos (maestros, congêneres, escritores frustrados e suicidas, artistas como o tenor Tamagno, bailarinas como Josephine Baker), de tons (sério quando recorda Bianchi no artigo de mesmo nome, mordaz ao se referir a Eva Perón em "Supercherías literarias", gracioso quando evoca algumas "pisadas na bola" na política em "Gaffes").

Mas, além do caráter heterogêneo de suas recordações, Giusti se ocupa uma e outra vez de enfatizar o esforço coletivo que se investiu na consolidação crescente do campo cultural, e o empenho que, em seu caso particular, pôs em ser um de seus animadores mais constantes. A organização episódica é compensada assim com uma ideia da cultura cujos traços principais são a continuidade e a estabilidade.

---

61 Idem, "Una generación juvenil de comienzos del siglo", *in*: *Visto y vivido, op. cit.*, p. 79.

Se um dos efeitos dessa combinação é a ausência quase total de nostalgia ante o passado, o outro é a atenuação das mudanças registradas no presente. Como se o presente fosse só e necessariamente o resultado do processo de constituição cultural iniciado com o século XX. Em outros termos: o campo cultural apresentado em *Visto y vivido* não está atravessado por tensões e enfrentamentos, não está marcado por disputas e negociações, mas se mostra como um espaço relativamente harmônico em que os indivíduos, sós ou agrupados, lutam por ingressar para consolidá-lo e institucionalizá-lo, criando revistas, sociedades, academias, participando de saraus, de clubes literários, ensinando na universidade. Não se refere Giusti a outra coisa, finalmente, ao evocar as qualidades de sua geração:

> À ilusão dos velhos de que todo o tempo passado foi melhor responde hoje jactanciosamente a juventude, condenando de uma vez, sem remissão, aquele passado. Eu não devo tomar partido aqui. O mais sensato é pensar que mudam os penteados, os trajes, o título dos livros e o rótulo das ideias, mas que no fundo cada geração sonha, crê e espera como as que a precederam e seguirão[62].

Só que em sua geração, cabe acrescentar, nem sequer o gesto de ruptura seria distintivo. Pelo contrário, o continuísmo se revela como uma das principais garantias para o bom funcionamento do campo cultural, e a posição contemporizadora, como a privilegiada para observar e narrar.

Agora, quais são os custos desse esforço inclusivo? Que se deve obliterar ou diluir para manter a estabilidade imposta no campo literário das primeiras duas décadas do século? Por um lado, então, o novo ou o moderno, que está suposto e em parte tende a ser absorvido. Por outro lado, em troca, uma ampla zona da cultura que diretamente aparece apagada: a literatura popular. Essa literatura popular que Giusti evita enfrentar como crítico se baseia, sem dúvida, nas mesmas condições de possibilidade que referem as memórias: impulso nacional, profissionalização, modernização tecnológica, público disponível. Claro que a cultura popular não está por completo ausente. Ficou relegada ao passado, à infância, à época anterior ao ingresso no mundo da literatura; mais ainda, aos anos da adaptação à nação nova. Conta Giusti:

> A sombra da Mazorca[63], projetada antigamente sobre ela, nos acordava. Chegava a nós a lenda, imprecisamente, aos mais lidos, por meio dos fascículos que se publicavam por ali, na rua Venezuela, ao chegar a Salta, o editor Andrés Pérez, com histórias versificadas de bandidos generosos, entre os quais, ao lado de Juan Moreira, surgia Juan Cuello, o feliz rival em amores do *mazorquero* Cuitiño. Recordo ainda os versos da patética rapsódia, não sei se de Gabino Ezeiza ou de qual outro cantador: "No tempo em que reinava / a mazorca do tirano, / vivia um pobre paisano / que Juan Cuello se chamava"[64].

---
62 *Ibidem*, p. 99.
63 Polícia repressiva a serviço do ditador Rosas durante seu segundo mandato como governador de Buenos Aires (1835-52). [N.T.]
64 Roberto Giusti, "Una generación juvenil de comienzos del siglo", in: *Visto y vivido, op. cit.*, p. 48.

Mesclada entre as lembranças de infância, assim como estão os folhetins populares europeus para Cané no relato que faz em *Juvenilia*, ou as novelas com gaúchos de Eduardo Gutiérrez para Borges, a literatura *criollista* se vincula com a ingenuidade e a candura do menino, um menino que neste caso é, além de um pequeno leitor, um imigrante em plena aprendizagem do *criollo*. Só que, enquanto Cané em sua maturidade vitupera uma literatura que considera inferior e indigna, e Borges a reelabora com a forma do *criollismo* urbano de vanguarda ou a usa como matéria-prima de seus sofisticados contos, Giusti a deixa na sombra e a ignora. Tão marcado é o limite que, quando em 1936 escreve um artigo sobre Eduardo Gutiérrez, que inclui três anos depois em *Literatura y vida*, reconhece que é o "mais difundido folhetinista argentino", apesar de seus grosseiros erros formais, e promove seu estudo, mas ao mesmo tempo ignora que naqueles mesmos anos estão sendo republicadas edições populares de todas as suas novelas com o selo editor de Juan Carlos Rovira na coleção La Tradición Nacional, e com inegável êxito de público. Nada disso seria chamativo se não fosse explícita a vocação inclusiva de Giusti ao longo de sua trajetória. Mas a distinção entre o mundo das letras e a cultura popular é tão decidida que a resignação desta última parece converter-se no preço a pagar pela assimilação do crítico à "alta cultura".

## RECONHECIMENTOS E ANTAGONISMOS.
## O ANACRONISMO NA CRÍTICA CULTURAL

O caminho do reconhecimento vai em Giusti unido ao da institucionalização do campo das letras e ao antagonismo político a respeito do peronismo. O próprio Giusti o assinala implicitamente em um dos artigos, a propósito dos que se abstiveram de subscrever a edição não comercial de seu livro *Ensayos*, impulsionada por Renata Donghi de Halperín em 1955: "Sei de alguns que prudentemente se abstiveram de fazê-lo, por me suspeitar *persona* nada grata ao manda-mais. Mas este, seus vizires e o serralho foram dispersos em setembro, no mesmo ano em que o livro era impresso"[65]. Ambas as corridas são complementares na encruzilhada antagônica: quando o poder político se debilita e o governo cai, o intelectual retorna à instituição e se reacomoda em seu próprio campo.

A compilação de artigos é a primeira homenagem e graças às subscrições de "mais de mil amigos, colegas, ex-discípulos" a edição alcança os 1.200 exemplares[66]. "Guarde-me o segredo – escreve a Renata Donghi em 22 de janeiro de 1956 a propósito da saída do livro –, mas me sinto orgulhoso desta seleção. Este sentimento, que reputo legítimo, à senhora o devo". O segundo reconhecimento é a homenagem propriamente dita que em 1956, já derrubado o segundo governo peronista pela Revolução Libertadora, tem lugar na Universidade de Buenos Aires, sob intervenção então de José Luis Romero. O terceiro, por último, é o Grande Prêmio de Honra da Sociedade Argentina de Escritores (Sade). São os anos, por outro lado, em que ele estreita a relação com Victoria Ocampo e entabula com ela uma correspondência de certa frequência. As instituições literárias parecem tomar revanche dos anos anteriores.

---

65  Idem, "Mis tres vidas", *in*: *Visto y vivido, op. cit.*, p. 17.
66  *Ibidem*.

Mas, ainda que o triunfalismo de fins dos anos 1950 mostre como superado o corte produzido pelo peronismo, a colocação em cena desses anos apela uma e outra vez ao antagonismo do campo cultural a respeito do poder. É que essa posição nova, que Giusti apresenta como se fosse lógica e natural, não tem marcha à ré. Nesse antagonismo não há que ler unicamente uma diferença em torno de certos discursos e práticas políticas, mas a separação de dois universos culturais inconciliáveis. A partir de então, e mais ainda nos anos 1960, quando escreve *Visto y vivido*, Giusti deixa de registrar toda mudança e descreve uma vez ou outra uma cena cultural similar.

Desde a Sade, desde a academia, inclusive desde a universidade, Giusti tampouco verá as transformações que lhe são contemporâneas. Não verá, enquanto insiste em sua posição antagônica com o poder e em sua reparação simbólica depois de dez anos, todo o novo: os anos 1960, a nova onda modernizadora, as novas poéticas e escritores, a crescente ampliação e diversificação de práticas literárias e de públicos leitores. Tampouco verá os novos laços da cultura com a política. Não seria imprescindível, desde já, se não fosse porque, desse modo, produz com sua memória cultural uma espécie de anacronismo em sua própria posição como intelectual. Entre as inclusões e as exclusões, ao resguardo de uma estabilidade que parece esclerosar-se, como entender o desajuste, essa espécie de lapso contemporâneo que pode ter a memória?

# ESCRITA DA HISTÓRIA COMO ESCRITA DE SI: JOSÉ DE ALCÂNTARA MACHADO D'OLIVEIRA E GILBERTO FREYRE

LAURA DE MELLO E SOUZA

## RETRATO FAMILIAR

Comecemos com uma anedota que correu quando da publicação de *Retrato do Brasil*, de Paulo Prado, em 1928. O livro se dividia em quatro capítulos: "A luxúria", "A cobiça", "A tristeza" e "O romantismo". Nos meios mais ou menos aristocráticos e intelectualizados de São Paulo, nos quais circulava o autor, dizia-se, num misto de chacota e moralismo, que aquele não era o retrato do Brasil e sim o da família Prado. Pouco interessa se o registro é verdadeiro ou falso, pois, como se sabe, verdade e mentira não se aplicam aos registros da memória – ou, para remontar à tradição fundadora do ensaio em nossa cultura, a de Michel de Montaigne: *"La verité et le mensonge ont leurs visages conformes, le port, le goust et les alleures pareilles: nous les regardons de mesme oeil"*[67]. Como viram vários especialistas, a tradição oral diz muito sobre a relação entre a memória pessoal e a escrita da história. Os Prado eram uma família riquíssima, mas de origem relativamente recente quando comparada à dos velhos troncos paulistas, entre os quais se achava, inclusive, o de um dos dois protagonistas da reflexão que aqui se inicia, José de Alcântara Machado. Como tantos ricaços do final do século XVIII e início do XIX, tinham enriquecido no comércio: o de gêneros, sabidamente, e menos sabidamente o de pessoas – escravos negros –, conforme suspeitou Sérgio Buarque de Holanda ao constatar o sumiço de parte da contabilidade de Antônio da Silva Prado, barão de Iguape[68]. Sabem muito bem os historiadores – entre eles Fernand Braudel – quanto o comércio civiliza[69]. Com os Prado foi-se impondo em São Paulo um estilo mais cosmopolita de vida: viagens internacionais de navio, hábitos europeus e costumes mais livres, amantes francesas. A elite paulista, provinciana, acanhada, enquistada no planalto e ciosa do passado bandeirante, rude, duro e violento – que ela ia sistematicamente reinventando, diga-se de passagem –, só podia estranhar os Prado e o *Retrato do Brasil*, com seu séquito de pecados capitais. O vulgo murmurador e

---

[67] "A verdade e a mentira têm faces conformes, porte, gosto e atitudes iguais, vemo-las com os mesmos olhos." (M. de Montaigne, *Ensaios*, trad. Rosemary C. Abílio, São Paulo: Martins Fontes, 2001.) [N.E.]

[68] Baseio-me em informações pessoais obtidas do historiador, que infelizmente não as registrou no magnífico prefácio que escreveu ao livro de Maria Thereza Schoerer Petrone, *O barão de Iguape: um empresário da época da independência*, São Paulo: Companhia Editora Nacional, 1976. Cf. Sérgio B. de Holanda, "O barão de Iguape", *in: Livro dos prefácios*, São Paulo: Companhia das Letras, 1996, pp. 228-39.

[69] Fernand Braudel, *Civilisation matérielle, économie et capitalisme: Les jeux de l'échange*, Paris: Armand Colin, 1979. Logo à página 11, Braudel afirma que as trocas, ou economia de mercado, constituem a zona de mudança e inovação.

moralista acusava, por meio do dito desqualificador, que a memória de si contava muito quando se tecia a memória da nação.

Ou a memória da região originária. Anos antes, em 1925, Paulo Prado tinha publicado um conjunto de ensaios sobre a história de São Paulo, *Paulística*, que não alcançaram nem de longe a projeção de *Retrato do Brasil*, misturando-se a outros escritos que, mais ou menos na mesma época, também exaltavam a memória paulista, colorida pelo tom orgulhoso e autonomista. *O Bandeirismo paulista e o recuo do meridiano* e *Raça de gigantes*, ambos de Alfredo Ellis Jr., por exemplo, publicaram-se, respectivamente, em 1924 e 1926[70]. Ellis, aliás, é autor de uma frase extraordinária para se entender a construção da memória historiográfica na sua relação estreita com a memória pessoal: "Tudo que faço, tudo que penso, tudo que imagino é por São Paulo"[71].

A segunda metade dos anos 1920 foi decisiva na história do Brasil, apesar de muito esforço recente em minimizar a magnitude da enorme crise que então se ia abrindo. Após os "anos entrópicos" do primórdio republicano – uso aqui a expressão feliz de Renato Lessa – firmou-se um modelo político que procurou dar conta da tensão entre a parte e o todo, a região e a nação: o modelo de Campos Sales, em geral conhecido sob o rótulo um tanto simplificador de "política dos governadores"[72]. Mais que um modelo político destinado a viabilizar a administração, ele expressou um modo de pensar e de sentir, quase uma concepção de mundo. Talvez mais do que no período terminal do Segundo Reinado, e numa quase involução à época em que o Brasil era conhecido como *os Brasis*, as terras americanas sendo qualificadas como *colônias* ou *conquistas*, os brasileiros do primeiro quartel do século XX se voltaram para dentro, olhando a parte antes do todo, a região antes da nação.

A literatura reverberou, com frequência, a tensão entre a parte e o todo. "Evocação do Recife", de Manuel Bandeira, viaja ao recôndito da memória de um menino pernambucano jogado pelo destino – que, como disse em outro poema, fez dele "o que quis" – , ainda muito cedo, na capital federal, sem com isso impedir que permanecesse profundamente pernambucano. O poema, feito sob encomenda, publicou-se em 1925, no âmbito das comemorações do primeiro centenário do *Diário de Pernambuco*[73]. Anos antes, entre 1894 e 1902, o poema de um carioca fixara aspectos decisivos da construção da memória paulista, desde então frequentemente mobilizados pelos escritores ufanistas no primeiro quartel do século XX. O embate entre civilização e barbárie, o sertão como espécie de ímã a atrair a cobiça e a imaginação dos paulistas, foi abordado em "O caçador de esmeraldas", de Olavo Bilac, o poeta que maior projeção nacional alcançou na época.

A história também reverberou a relação tensionada entre nação e região. Os dois casos que passarei a esmiuçar permitem perceber que a construção de certa memória

---

70 Ver a respeito Ilana Blaj, "A construção das imagens", in: *A trama das tensões: o processo de mercantilização de São Paulo colonial (1681-1721)*, São Paulo: Humanitas, 2002, pp. 39-85; Maria Aparecida M. Borrego, *A teia mercantil: negócios e poderes em São Paulo colonial (1711-1765)*, São Paulo: Alameda, 2010; Laura de M. e Souza, "São Paulo dos vícios e das virtudes", in: *O sol e a sombra: política e administração na América portuguesa do século XVIII*, São Paulo: Companhia das Letras, 2006, pp. 109-47.
71 Epígrafe do mencionado capítulo 1 do livro de Ilana Blaj. *A trama das tensões: o processo de mercantilização de São Paulo colonial (1681-1721)*, São Paulo: Humanitas, 2002.
72 Renato Lessa, *A invenção republicana: Campos Salles, as bases e a decadência da Primeira República brasileira*, Rio de Janeiro: Topbooks, 1999.
73 Gilberto Freyre, "Manuel Bandeira em três tempos", in: *Perfil de Euclides e outros perfis*, São Paulo: Global, 2011, p. 176.

nacional partiu da necessidade de compreender a memória individual. Muito já se disse sobre as relações entre a história e o indivíduo que a escreve, o que torna certos historiadores quase memorialistas, e certos ficcionistas, um tipo de historiador[74]. Por isso, é cabível pensar em dois autores das ciências humanas no Brasil como memorialistas, mesmo se atípicos: José de Alcântara Machado d'Oliveira, autor de *Vida e morte do bandeirante* (1929), e Gilberto Freyre, autor de *Casa-grande & senzala* (1933). Autores profundamente diferentes entre si, mas aferrados a sua *pátria* – no sentido antigo de *região* – e às tradições dela. Livros também em tudo distintos, o do paulista magro e seco, o do pernambucano gordo e derramado. Um e outro, contudo, tributários de certa visão da pátria, da família e, dentro delas, do indivíduo.

## SÃO PAULO DE QUATROCENTOS ANOS

José de Alcântara Machado d'Oliveira nasceu em Piracicaba em 19 de outubro de 1875, numa família antiga, rica e intelectualizada da província de São Paulo: na plena acepção do termo, pertencia à elite, ou, a se usar terminologia hoje muito em moda, apesar de duvidosa, à "nobreza da terra". Seu pai era Brasílio Machado, seu avô o brigadeiro J. J. Machado d'Oliveira. Antônio, um de seus filhos, nascido em 1901, contou-se entre os mais promissores intelectuais do modernismo paulista, autor de *Brás, Bexiga e Barra Funda*, companheiro querido e admirado de homens como Mário de Andrade e Manuel Bandeira, morto, em 1935, devido a uma crise de apendicite aguda[75].

A maior parte dos trabalhos publicados por José versou sobre sua especialidade de jurista e advogado. Como tantos paulistas da elite, formara-se na Faculdade de Direito do Largo de São Francisco, onde depois foi professor e, em certa ocasião, seu diretor. Tornou-se figura conhecida na província, nela exercendo a vereança e por ela se elegendo deputado estadual e federal.

Pai de um jovem modernista que ia desconstruindo a língua pátria, José devia ter sempre à mão, como tantos homens da época – inclusive os bem menos instruídos que ele –, o seu Olavo Bilac, ao qual foi somando as leituras dos *Inventários e testamentos*, bem como as das *Atas da Câmara Municipal de São Paulo*, publicadas por iniciativa de Washington Luiz quando ocupou o governo do estado. Entre a tese sobre *A embriaguez e a responsabilidade criminal*, de 1894, *A prescrição da dívida ativa e passiva dos estados e municípios*, de 1904, os *Honorários médicos: doutrina, legislação e jurisprudência*, de 1919, ou o *Projeto do Código do Processo Civil e Comercial do Estado de São Paulo*, de 1927[76], esse homem de leis que tudo indica ter sido solene e aferrado a tradições ia escorregando para o passado colonial da sua região e o desentranhando numa linguagem simples, moderna e extraordinariamente plástica.

---

74 A fórmula "eu-história", de Jules Michelet, é explorada por Fernando Nicolazzi, bem como a sutil relação entre memória e história em Gilberto Freyre e Euclides da Cunha. Cf. Fernando Nicolazzi, *Um estilo de história: a viagem, a memória, o ensaio sobre* Casa grande & senzala *e a representação do passado*, São Paulo: Unesp, 2011.
75 Ver a respeito Laura de M. e Souza, "Alcântara Machado: *Vida e morte do bandeirante*", in: Lourenço D. Mota (org.), *Introdução ao Brasil 2: um banquete no trópico*, São Paulo: Senac, 2001, pp. 123-42. Ver também, da mesma autora, "Vida e morte do bandeirante", *in:* Silviano Santiago (org.), *Intérpretes do Brasil*, Rio de Janeiro: Nova Aguilar, 2000, pp. 1189-1206. Texto introdutório a Alcântara Machado.
76 Agradeço a Paulo Malta Campos as cópias que me forneceu tanto da bibliografia que preparou sobre as obras de José de Alcântara Machado, de quem é descendente, quanto das 13 cartas, até onde sei inéditas, escritas a máquina por Manuel Bandeira a Antônio de Alcântara Machado.

Talvez tenha vindo de "O caçador de esmeraldas" a inspiração que o levou a associar a travessia marítima dos portugueses às entradas pelo sertão sombrio, "verde sonho" ou "jornada ao país da loucura", guiada pela "ânsia de enriquecer" apesar do obstáculo das brenhas rudes, das onças a remexer ossadas e "a uivar de fome", do "mundo de reptis" a silvar "no negrume" e a ostentar "uma pupila má" que "chispava em cada furna".

> Que importa o desamparo em meio ao deserto,
> E essa vida sem lar, e esse vaguear incerto
> De terror em terror, lutando braço a braço
> Com a inclemência do céu e a dureza da sorte?
> Serra bruta! Dar-lhe-ás, antes de dar-lhe a morte,
> As pedras de Cortez, que escondes no regaço![77]

A fundamentação, contudo, Alcântara Machado tirou-a dos documentos que se publicaram em São Paulo no início da década de 1920, quando o impacto da província sobre a vida nacional ia minguando a ponto de merecer, em 1924, observações ressentidas de José Carlos de Macedo Soares, membro proeminente da câmara de comércio local e apoiador da rebelião militar contra o governo do mineiro Artur Bernardes. Em *Justiça: a revolta militar em São Paulo*, Macedo Soares esbravejava contra o fato de terem os paulistas sido completamente excluídos dos poderes da república[78].

A evocação do passado heroico vinha, pois, a calhar, e não é gratuito que se tenha desdobrado em muitos dos escritos da época, entre eles, em 1929, o de Alcântara Machado. Entre outros aspectos inovadores e originais, o autor destacou a lide sertaneja e sublinhou-lhe o heroísmo épico, engastando a manifestação paulista naquela mais ampla da expansão lusitana:

> Entre o marinheiro e o sertanista são transparentes as afinidades. Resultam das muitas que aparentam com o sertão o oceano. [...] Diante do oceano, como diante do sertão, é o mesmo assombro, é a mesma impressão de infinito e de eternidade, é a mesma vertigem. [...] O andar, até ele, se modifica: o do mareante, balanceado, a refletir o balouço das ondas; o do sertanejo, em linha quebrada, a reproduzir o rumo divagante das picadas e dos carreadores. Homem do mar e homem da floresta têm o mesmo temperamento, são igualmente simples e brutais, ingênuos e intrépidos. O oceano e o sertão perseguem-nos por toda a parte[79].

Sublinhou, ainda, a pobreza do meio, o aspecto acanhado e rude da vida cotidiana, a convivência contraditória dos atos dignos de admiração e daqueles mesquinhos e desprezíveis, captando um jeito peculiar de se mover na mata, de buscar alimento em ambiente hostil e imprevisto. Muito do melhor Sérgio Buar-

---

77 Olavo Bilac, "O caçador de esmeraldas", *in: Poesias*, São Paulo: Martins Fontes, 1997, pp. 251-63.
78 O texto publicou-se em Paris (Imprimerie Paul Dupont, 1925). Cf. Renato Lessa, *op. cit.*, p. 205: "Na diplomacia como na magistratura, na marinha, como no exército, nos poderes do Estado, por toda parte, em todos os postos de influência e de autoridade, São Paulo está sistematicamente excluído".
79 Laura de M. e Souza, "Vida e morte do bandeirante", *op. cit.*, p. 1346.

que de Holanda de *Monções* e *caminhos e fronteiras* paga tributo à sensibilidade de Alcântara Machado e seu *Vida e morte do bandeirante*.

Alcântara Machado e sua obra histórica situam-se entre dois mundos mentais e como que entre dois países. Antônio, seu filho, puxava-o para o modernismo e as ideias novas; mobilizava amigos influentes, como Manuel Bandeira, a fim de viabilizar, no início de 1930, uma candidatura paterna, voltada, ao que tudo indica, à Academia Brasileira de Letras[80]. Promovia o livro histórico do pai entre os amigos, e um ano depois o mesmo Bandeira dava o testemunho da leitura prazerosa, na qual avançava "devagar e com grandes delícias", recorrendo amiúde ao dicionário e deslumbrando-se com os termos arcaicos que não constavam dos dicionários[81]. Bandeira os arrolou numa lista, enviada depois a Alcântara Machado pai, sempre por intermédio do filho modernista. Lista longa – sabaúna, chapéu de verdã, recamadilho, vacateador... –, acompanhada de carta que indagava qual o significado daquelas palavras, expressava o receio de o incomodar e o desejo de receber um livro com a dedicatória do historiador[82]. Nas preocupações do poeta, fica visível a curiosidade pela língua dos tempos antigos, o fascínio pela sociedade arcaica e quase imóvel que o livro desentranhava dos documentos para oferecê-la a um mundo em transformação vertiginosa.

Intermediário cultural entre dois mundos, José parecia espichar o olho curioso na direção das novidades abraçadas por Antônio. É mais que significativo o fato de a *Revista de Antropofagia* ostentar nos números 9 e 10 de 1929, saídos em janeiro e em fevereiro, uma lista prometendo alguns lançamentos para "brevemente" e encabeçada pelo *Vida e morte* de Alcântara Machado, que ali se qualificava como "estudo sobre os inventários paulistas do século 17". Seguiam-no quatro obras de jovens "modernistas": *Compêndio de história da música*, de Mário de Andrade; *Essencialmente agrícola*, contos de Rubens Borba de Moraes; *Lira paulistana*, coleção de modinhas por Antônio de Alcântara Machado; e *Serafim Ponte Grande*, romance de Oswald de Andrade.

As dedicatórias dos livros dizem muito, tanto expressa como veladamente. *Vida e morte do bandeirante* saiu com a seguinte dedicatória:

Para minha mulher
meus filhos
minha nora
meus netos
paulistas como eu
e os meus antepassados
desde Antonio de Oliveira
chegado a São Vicente em 1532.

Historiador de fim de semana, mesmo se dos melhores, a história que o atraía passava, incontornavelmente, pela sua própria história, pela memória da sua linhagem e da sua região. Região relativamente pobre e isolada ao longo de trezentos

---

80 Carta de Manuel Bandeira a Antônio de Alcântara Machado. Rio de Janeiro, 17 jan. 1930. Propriedade da família, fotocópia gentilmente cedida por Paulo Malta Campos.
81 *Idem*, 30 set. 1931.
82 *Idem*, 13 out. 1931.

anos e que, no quarto século, ia se tornando, afinal, para usar imagem muito repetida na época, o vagão que puxava vinte locomotivas vazias. Em 1919, quando da inauguração do busto de João Mendes de Almeida, Alcântara Machado discursou em nome da municipalidade de São Paulo e justificou o orgulho paulista com base nas suas *virtudes*:"[...] o culto do passado, o orgulho da raça, a fidelidade aos compromissos, a aversão à desordem e à indisciplina, a coragem desassombrada na afirmação dos próprios ideais, são traços característicos do espírito paulista"[83].

*Vida e morte do bandeirante* carregava consigo a metáfora do tempo passado, que deitava raízes nos primórdios da região, quando nela já se achavam fincados os Oliveira, bem antes de o Brasil ser Brasil, como os Ramires de *A ilustre casa de Ramires*, de Eça de Queiroz, fixados em suas terras antes de Portugal ser Portugal. A dedicatória evocava sutilmente a distinção social antiga, a primazia do clã com relação ao estado, e projetava nos descendentes a missão de dar continuidade à liderança. Tradicionalismo dos mais fundos.

Em 1930 os paulistas, entre os quais os Alcântara Machado, fecharam-se em torno da candidatura de Júlio Prestes à presidência da República, a vitória sendo vista "como questão de salvação nacional"[84]. Tradição e modernidade se entreteceram mais uma vez. Júlio Prestes venceu mas não levou, Washington Luiz foi derrubado, o país se convulsionou, Getúlio e os gaúchos amarraram seus cavalos no obelisco da avenida Rio Branco. E veio 1932, "guerra paulista" que durou três meses e "teve um lado voltado para o passado e outro para o futuro", a bandeira da constitucionalização abrigando "tanto os que esperavam retroceder às formas oligárquicas de poder como os que pretendiam estabelecer uma democracia liberal no país"[85].

No discurso de posse proferido na Academia Brasileira de Letras, em 20 de maio de 1933[86] – que Macedo Soares qualificou de "retumbante" –, José de Alcântara Machado d'Oliveira rememorava José Júlio da Silva Ramos, que antes dele ocupara aquela cadeira, e voltava à chave pessoal para explicar a memória da nação:

> Paulista sou, há quatrocentos anos. Prendem-me no chão de Piratininga todas as fibras do coração, todos os imperativos raciais. A mesa em que trabalho, a tribuna que ocupo nas escolas, nos tribunais, nas assembleias políticas deitam raízes, como o leito de Ulisses, nas camadas mais profundas do solo, em que dormem para sempre os mortos de que venho. A fala provinciana, que me embalou no berço, descansada e cantada, espero ouvi-la ao despedir-me do mundo, nas orações de agonia. Só em minha terra, de minha terra, para minha terra tenho vivido; e incapaz de servi-la quanto devo, prezo-me de amá-la quanto posso[87].

---

83 José C. de M. Soares, *Três biografias*, São Paulo: Academia Paulista de Letras, 1955, p. 31.
84 Renato Lessa, *op. cit.*, p. 212.
85 Boris Fausto, "A Revolução de 1932", *in*: *História do Brasil*, São Paulo: Edusp, 1994, p. 350. Para uma revisão e atualização historiográfica, ver, de Vavy P. Borges, "Anos trinta e política", *in*: Marcos Cezar de Freitas (org.), *Historiografia brasileira em perspectiva*, São Paulo: Contexto, 1998, pp. 159-82, e ainda "São Paulo, anos 1930: um 'estado' humilhado?", *in*: Izabel Andrade Marson; Márcia Regina Capelari Naxara (org.), *Sobre a humilhação: sentimentos, gestos, palavras*, Uberlândia: Edufu, 2005, pp. 205-20.
86 Raimundo de Menezes, *Dicionário literário brasileiro ilustrado*, São Paulo: Saraiva, 1969, p. 745, v. 3.
87 Alcântara Machado, *Discursos acadêmicos*, Rio de Janeiro: ABC, 1937, p. 41.

Expressão de óbvia conotação ideológica, *paulista de quatrocentos anos* ganhou foro de mitologia e, descontextualizada, serviu para distinguir desde então os "velhos troncos paulistas" daqueles mais recentes, como os riquíssimos Prado, e, sobretudo, dos grupos de origem imigrante que iam crescentemente se espraiando por sobre as atividades econômicas de destaque na região: os Crespi, os Matarazzo, os Jafet, os Pereira Inácio.

Extravasou o sentido que José de Alcântara Machado d'Oliveira lhe havia querido atribuir quando, num momento difícil da vida política do país e da região, amparou-se na memória que partilhava com a sua gente e a sua pátria – aqui, no sentido coevo, e não no atual. O fecho do belo discurso não dá, porém, margem a dúvidas: São Paulo harmonizava tradição e mudança, como Saulo, o patrono da vila quinhentista, "apóstolo das gentes" que nunca renunciara "às prerrogativas de cidadão romano". Se colonos e mamelucos sempre se afirmaram "adversários a todo ato servil", não sabiam viver "senão dentro da ordem jurídica". Afinal, o propalado regionalismo de São Paulo se parecia com o de outros pedaços do Brasil:

> Plasmadas com diferenças mais ou menos sensíveis de dosagem nas mesmas substâncias étnicas, vinculadas pela comunhão das aspirações e dos sofrimentos, as nossas populações têm aquela parecença íntima na diversidade aparente, que é o cimento melhor da unidade política[88].

## UM VASTO JAPARANDUBA

Gilberto de Mello Freyre nasceu no Recife em 15 de março de 1900, numa família típica da aristocracia nordestina advinda da "assucarocracia" e então já empobrecida. Aparentado com "velhos troncos" pernambucanos, como os Wanderley e os Melo, cresceu em ambiente medianamente culto, o pai, Alfredo, sendo homem de leis e professor da Faculdade de Direito local. Diferentemente de José de Alcântara Machado, pouco conhecido fora de sua terra natal, Gilberto Freyre é um dos maiores intelectuais brasileiros de todos os tempos, celebrado em várias partes do mundo, suas obras tendo traduções em inúmeras línguas e sua influência se espraiando pelos quatro continentes. Por tudo isso, não cabe no âmbito desta pequena reflexão demorar-se sobre a história do homem, valendo passar logo aos aspectos que aqui interessam.

E o ponto central é o caráter multifacetado de *Casa-grande & senzala*, que, como *Vida e morte do bandeirante*, transita da memória pessoal à regional para, com base nelas, construir uma memória da nação. Antes de enveredar por atalho mais pessoal, destaco a importância de três livros que já haviam dado valor a escritos que aqui explorarei. Primeiro, o livro de Ricardo Benzaquen de Araújo, *Guerra e paz*, atento ao tom memorialístico subjacente à obra-prima de Gilberto e a seu livro de quase-memórias, *Tempo morto e outros tempos*. A seguir, a investigação de Maria Lúcia Garcia Pallares-Burke, *Gilberto Freyre: um vitoriano dos trópicos*, essencial para entender os anos formativos do jovem Freyre e repleto de surpresas e descobertas, explorando com sensibilidade não apenas *Tempo morto* quanto outros registros, inclusive manuscritos e inéditos, nos quais o autor rascunhou diários, memórias ou, como considera

---

88 *Ibidem*, pp. 42-3.

Maria Lúcia, memórias-diário. Por fim, o trabalho de Fernando Nicolazzi, que explora relações entre Gilberto Freyre e Euclides da Cunha, mas que interessa, aqui, sobretudo pela originalidade com que aborda o problema da memória, da história, do ensaio e da ficção em *Casa-grande & senzala*, enveredando, ainda, por *Tempo morto*[89].

Tendo lido este livro quando de sua primeira publicação, em 1975, retomo aqui preocupações que há muito me inquietam, e penso fazê-lo em perspectiva um pouco distinta das de Benzaquen, Pallares-Burke e Nicolazzi, mesmo se tributária delas em mais de um aspecto. Sem propriamente analisar *Casa-grande & senzala* – como também não analisei *Vida e morte do bandeirante* –, vou me valer de *Tempo morto* com o mesmo intuito que me vali da dedicatória e do discurso de Alcântara Machado: para costurar a escrita da história com a memória pessoal.

De saída, cabe destacar que o escrito explicitamente memorialístico de Freyre tem um caráter muito discutível. É apresentado como contendo trechos de um diário, mas não há referência a dias, só aos anos. Mais de um especialista – inclusive Maria Lúcia Pallares-Burke, tanto na apresentação da nova edição quanto no estudo mais alentado feito em *Um vitoriano nos trópicos* – notou que o autor se refere a fatos ocorridos posteriormente ao ano a que a anotação corresponderia: há, portanto, vários deslizes cronológicos, e em várias passagens fica um sentimento difuso e desagradável de falsificação, havendo forte evidência de que trechos inteiros foram escritos posteriormente. Um trabalho, como observou Pallares-Burke, "extremamente atraente e perigosamente sedutor"[90].

A precocidade intelectual e a maturidade de muitos dos juízos emitidos quando Freyre, a se acreditar nas anotações, teria apenas 17 anos também são difíceis de engolir, mesmo dando-se o desconto de haver uma estratégia evidente e bem urdida de se autorrepresentar como gênio[91]. Por outro lado, há fotografias do diário manuscrito, que estaria depositado no Acervo da Fundação Gilberto Freyre e disponível às consultas, o que atenua o alcance das falsificações. Mais do que discutir a veracidade do documento, parece importante ressaltar que tudo isso acaba remetendo às armadilhas da própria memória e da sua construção: um texto com tais características seria menos fidedigno ou confiável do que outro, ou apresentaria as mesmas possibilidades de faltar com a verdade?[92]

Se nunca haverá resposta para tais indagações, certo parece, pelo menos, que Freyre amarrou deliberada e conscientemente os fios da sua memória pessoal à trama do grande livro que começou a idealizar ainda nos tempos de estudante nos Estados Unidos e de viajante pela Europa, entre 1918 e 1923. Não foi à toa que publicou o diário truncado e feito de retalhos quando já era célebre e autor de uma

---
89 Ricardo B. de Araújo, *Guerra e paz:* Casa-grande & senzala *e a obra de Gilberto Freyre nos anos 30*, São Paulo: Editora 34, 2005. O tom memorialístico de CG&S é destacado na parte final do trabalho, "Dr. Jekyll and Mr. Hyde", pp. 183-207. Gilberto Freyre, *Tempo morto e outros tempos: trechos de um diário de adolescência e primeira mocidade – 1915-1930*, São Paulo: Global, 2006. Maria L. G. Pallares-Burke, *Gilberto Freyre: um vitoriano dos trópicos*, São Paulo : Unesp, 2005. Fernando Nicolazzi, *op. cit.*, principalmente o capítulo "Uma retórica da identidade: a memória e a representação do mesmo", pp. 321-71.
90 Maria L. G. Pallares-Burke, *op. cit.*, p. 24.
91 Para uma análise arguta do narcisismo e da vaidade de Gilberto Freyre como estratégicas, ver o interessante estudo de Luiz A. de C. Santos, "O espírito da aldeia: orgulho ferido e vaidade na trajetória intelectual de Gilberto Freyre", *in: O pensamento social no Brasil: pequenos estudos*, Campinas: Edicamp, 2003, pp. 83-152.
92 Não vou enveredar pela complexa discussão sobre memória, história e verdade, cara a tantos pensadores, entre eles, Paul Ricoeur, *La Mémoire, l'histoire, l'oubli*, Paris: Gallimard, 2000. Para uma excelente sistematização crítica, remeto a Fernando Nicolazzi, *op. cit., passim*.

obra consolidada: quis dar uma chave de compreensão aos leitores, fossem leigos ou especialistas, sublinhando o caráter memorialístico do livro que começava a compor. Mais: não procurou escrever obra acadêmica, não se julgava sociólogo nem tampouco antropólogo, apesar da alardeada – e um tanto mistificada, parece – filiação a Franz Boas. O seu livro seria único, juntaria disciplinas diferentes, mergulharia nos desvãos da alma humana e individual, combinando – escreve em mais de uma passagem – Freud e Proust. Seria, sem dúvida, um acerto de contas com o tempo, mas não com o tempo da história – outra disciplina dentro da qual o livro projetado não caberia – e sim com o tempo da sua vida e das suas lembranças.

Dando-se um desconto ao empenho mistificador que pulsa permanentemente ao longo de *Tempo morto e outros tempos*, é possível rastrear pistas preciosas com base nos pequenos retalhos de memória que ali aparecem, dispostos de modo meio desordenado. Impedido de fazer a viagem de formação que a família sonhara para ele por causa da guerra que destruía a Europa e a situava "tão fora do alcance" de suas mãos "quanto a Lua" – "Tenho que me contentar com uma Europa refletida – como a lua – num espelhinho de bolso que trago sempre comigo"[93] –, Gilberto Freyre, a exemplo do irmão Ulisses, foi estudar nos Estados Unidos, na Universidade de Baylor, em Waco, no coração do Texas. Tinha 17 anos, era precocíssimo e já muito lido, provocando, tudo indica, considerável impressão entre os estudantes e os professores. Um deles, sobretudo, Andrew Joseph Armstrong, apegou-se profundamente ao jovem sul-americano, tornando-se seu mentor intelectual e um dos grandes amigos que teve na vida. De Armstrong, Gilberto obteve orientação para as leituras de literatura, e a ele por certo deveu o fascínio pela crítica literária e pelos autores ingleses, que leu compulsivamente ao longo da vida. Armstrong, sempre filtrado pela vaidade de Gilberto, queria que ele permanecesse nos Estados Unidos e se tornasse escritor, um novo Conrad para as letras inglesas. Uma carreira de sucesso parecia se prenunciar, muito mais promissora do que o permitiria a excentricidade cultural da língua portuguesa. No adolescente que era Freyre na época, o sentimento do desterro começou a se ancorar na indagação sobre as possibilidades de que a língua e a pátria se conciliassem. E o apelo da terra distante – a província – passou a entrar em conflito com a fascinação pelos grandes centros cosmopolitas onde se produzia o conhecimento: a metáfora do espelhinho de algibeira sempre a refletir uma lua distante remete, sem dúvida, a essa tensão.

Mal chegara a Waco e já se dava conta do desconhecimento absoluto que pesava sobre o "conjunto Portugal-Brasil como expressão literária", com exceção de Camões. O universalismo da língua inglesa começa, por meio das insistências de Armstrong, a atraí-lo: "É uma sereia, cantando sempre ao meu ouvido: 'A glória te espera na língua inglesa: abandona, pois, a portuguesa, que é, como tu próprio reconheces, uma língua clandestina!'"[94]. Gilberto relutava, preso à língua como à mãe: "Sou muito sensível ao que há de materno, para um brasileiro, na língua portuguesa. Talvez uma obsessão psicológica de filho preso demasiado à mãe, e, por extensão, a tudo que se lhe apresenta como materno"[95]. Armstrong sempre voltava à carga, "vulcânico": "Escritor na língua portuguesa é bobagem. [...] É escritor de língua inglesa que você

---

93 Gilberto Freyre, *Tempo morto e outros tempos*, op. cit., p. 42.
94 *Ibidem*, p. 62.
95 *Ibidem*.

deve tornar-se. […] seu instrumento de expressão não pode ser uma língua obscura e quase sem literatura como a portuguesa. Tem de ser a inglesa". Pátria política em nada interessava quando havia "no indivíduo […] grande vocação literária. Ele está convencido da minha grande vocação literária"[96].

Uma vez em Nova York, para onde foi em 1920, deixou-se cativar pelo cosmopolitismo da Universidade de Columbia, ao mesmo tempo em que mergulhava no "estudo dos problemas sociais e culturais sob critério regional; e para a valorização do regional nas artes"[97]. Começou então a abandonar o "projeto literário" e a se voltar para o primeiro grande tópico da memória pessoal, que acabaria desembocando no projeto de *Casa-grande & senzala*: uma história da infância. "Estou interessado em estudar o que talvez se possa chamar a sociologia do brinquedo como um aspecto da sociologia – sociologia e psicologia – da criança ou do menino". Enquanto visitava fábricas de brinquedos, voltava à temática das tensões entre cosmopolitismo e regionalismo:

> Desejo anotar as predominâncias de gosto com relação a brinquedos, da criança ou do menino de uma grande cidade cosmopolita como Nova York. Considero o assunto importante e fascinante. Sonho com um museu de brinquedos rústicos feitos de pedaços de madeiras, quengas de coco, palhas de coqueiros, por meninos pobres do Brasil[98].

Na biblioteca de Oliveira Lima, em Washington, começou a tomar notas "nos cronistas coloniais, nos viajantes, nas cartas dos jesuítas":

> O que eu desejaria era escrever uma história como suponho ninguém ter escrito com relação a país algum: a história do menino – da sua vida, dos seus brinquedos, dos seus vícios – brasileiro, desde os tempos coloniais até hoje. […] Sobre meninos de engenho, meninos do interior, meninos das cidades. Os órfãos dos colégios dos jesuítas. Os alunos dos padres. Os meninos mestiços – filhos de franceses com índias – encontrados pelos portugueses. De crias de casas-grandes. De afilhados de senhores de engenho, de vigários, de homens ricos, educados como se fossem filhos por esses senhores[99].

Se as fontes da inspiração foram bem localizadas por Maria Lúcia Pallares-Burke – o "The Child in the House" de Walter Pater; as *Confessions of a Young Man* de George Moore; os *The Private Papers of Henry Ryecrof*, de George Gissing[100] –, cabe ressaltar ainda quanto, parece-me, a memória pessoal, boiando no tempo e situada, de certa forma, fora da ordenação cronológica, mostrava-se capaz de revelar acerca da construção de certa memória nacional – menos destituída de temporalidade, ela também, do que dotada de um sentido profundo, quase psicológico. Não é à toa que, a cada momento, os objetivos de Freyre aparecem designados, no diário-memória,

---

96 *Ibidem*, pp. 64-5, 70-1.
97 *Ibidem*, p. 90.
98 *Ibidem*, p. 95.
99 *Ibidem*, p. 102.
100 Maria L. G. Pallares-Burke, *op. cit.*, pp. 186 ss.

como *desejos*. Um "grande assunto", que só poderia ser abordado "por meio de uma história desse tipo – história sociológica, psicológica, antropológica e não cronológica", capaz de conduzir "a uma ideia sobre a personalidade do brasileiro", pois o menino revelava o homem, apesar de nunca ninguém ter aplicado "esse critério ao estudo da formação ou do desenvolvimento nacional de um país"[101].

Uma história, portanto, que se insurgisse contra o tempo, ou que o conjurasse em proveito próprio, como se fosse possível subordinar o Tempo, na acepção mais ampla, ao tempo mais restrito da memória pessoal. Em Nova York sempre lhe sobrava a "impressão desagradável" de que, ali, ninguém conseguia se assenhorear do seu tempo. "O tempo é que é dono do homem", o que acarretava a "religião da pontualidade absoluta" e "uma semiliberdade"[102].

A memória pessoal, na sua temporalidade imprecisa e oscilante, seria a guia na realização da história dos meninos *desejada* por Freyre. Por que, perguntava-se, o brinquedo de crianças era assunto a atraí-lo? "Talvez porque", respondia, "quando menino, foi na companhia dos meus brinquedos – alguns dos quais eu personalizava, dialogando com eles – que encontrei um dos melhores refúgios para me defender da banalidade da maioria dos adultos". Brinquedos que, idealmente, deveriam excitar a "imaginação construtiva, poder inventivo, ânimo criador". E que comporiam uma história que, nos títulos então cogitados, deixava bem claros os pressupostos: *História da vida de menino no Brasil* – que remetia ao plano mais geral da nação – ou À *procura de um menino perdido* – evocação inequívoca do papel que caberia à memória individual na compreensão do país.

Conforme o registro do diário-memória, e sempre considerando a possibilidade da reconstrução posterior dos itinerários intelectuais, as preocupações do jovem Freyre sofreriam mudanças sensíveis ao longo do ano de 1922, quando viajou pela Europa. O lugar de origem começou então a se impor com força, varrendo qualquer ideia que um dia lhe tenha ocorrido de permanecer na Europa e se tornar um novo Conrad.

> Já venho sentindo a força dos limites das fronteiras, das origens. Se nasci brasileiro, e dentro do Brasil, em Pernambuco, não será dentro das fronteiras do Brasil e dos limites de Pernambuco, e seguindo as imposições de minhas origens, que devo viver? Este é o meu ideal para um indivíduo de minha formação não só intelectual como, até certo ponto, pessoal. Minhas origens, minha família, minha Mãe, meu Pai, minha cidade, minha terra, me reclamam pelo que há, em mim, de outras raízes, que, não sendo as intelectuais, parecem ser raízes ainda mais fortes[103].

Quando voltou ao Recife depois de cinco anos de ausência, em 1923, já era outro o objeto do seu desejo: "Um de meus maiores desejos agora é rever o São Severino dos Ramos, o engenho da minha meninice. A casa-grande & senzala, o engenho mesmo". Pertencia a gente da família de sua mãe, perto de Pau d'Alho, e o jovem saiu perguntando sobre seu estado. Disseram-lhe "que estava aquilo mesmo. São

---

101 Gilberto Freyre, *Tempo morto e outros tempos, op. cit.*, pp. 102-3.
102 *Ibidem*, p. 123.
103 *Ibidem*, pp. 149-50.

Severino – o santo – sempre muito festejado na sua capela que era também a capela da casa-grande. O Capitão – o velho Chico de Sousa Melo – morrera. Morrera Casusa. Morrera Basílio. Joca se suicidara". Fazendo o tempo retroceder, Gilberto Freyre recordou-se de João de Sousa Melo, o Joca,"todo senhoril no seu fato branco a contrastar com o belo moreno de sua figura. Figura como a de tantos pernambucanos de velhas famílias com o seu toque de sangue ameríndio"[104].

O engenho portanto driblava o tempo, congelando-o, ao contrário do que acontecia com as velhas casas e ruas do Recife, tão descaracterizadas, para sua desolação, fazendo-o se sentir quase repelido. Não que o desejo anterior, de traçar a história pátria através da história da infância, tivesse, naquela época, desaparecido de todo. Em 1924, quando se preparavam as comemorações do centenário do *Diário de Pernambuco*, Gilberto Freyre encomendou a Manuel Bandeira um poema evocativo sobre a velha capital de Pernambuco."O poeta estranhou a princípio o pedido do provinciano", lembraria anos depois, em 1936."Estranhou que alguém lhe encomendasse um poema para uma edição especial de jornal como quem encomenda um pudim ou uma sobremesa para uma festa de bodas de ouro. Não estava acostumado – me escreveu de Santa Teresa – a encomendas dessas"[105]. Não estava acostumado mas fez, e um dia Gilberto recebeu, deslumbrado, a"Evocação do Recife". Poema que considerou história e literatura, sendo ainda crônica urbana de uma cidade que ia desaparecendo.

> Raros poemas com a mesma riqueza de substância. Cada palavra é um corte fundo no passado do poeta, no passado da cidade, no passado de todo homem, fazendo vir desses três passados distintos, mas um só verdadeiro, um mundo de primeiras e grandes experiências da vida. Não há uma palavra que seja um gasto de palavra. Não há um traço que seja de pitoresco artificial ou de cenografia. O poema é compacto: tem alguma coisa de um bolo tradicional do norte chamado"palácio encantado", bolo muito rico, bolo da casa-grande de engenho, com sete gostos por dentro, sete gostos profundos em cada fatia que se corta dele[106].

Era o maior dos poemas sobre o Recife. Poema no qual o menino dominava o homem, tornado "pequeno e secundário". Manuel Bandeira era poeta genial por conciliar os dois extremos:"Desde que se revelou poeta, Bandeira nunca deixou de ser menino. De conservar-se na 'aurora da vida'". Menino, como dizia num poema, a sustentar o homem, a não querer morrer, a pensar, todos os anos, na véspera do Natal, em pôr"os seus chinelinhos atrás da porta"[107].

Se o poema por trás do *Vida e morte do bandeirante* pode ter sido"O caçador de esmeraldas"de Bilac, o poema a embasar o livro não escrito de Freyre sobre a história da infância seria, sem dúvida,"Evocação do Recife", de Bandeira. Encomendá-lo e, sob sua inspiração, vê-lo terminado foi, talvez, a forma encontrada para realizar indiretamente a obra desejada. E de se libertar para a idealização de outra, na qual a evo-

---

104 *Ibidem*, pp. 184-5.
105 Gilberto Freyre,"Manuel Bandeira em três tempos", *op. cit.*, p. 175.
106 *Ibidem*, p. 177.
107 *Ibidem*, pp. 181-3. Ainda não localizei o poema do qual Freyre cita trechos e que parafraseei.

cação das lembranças pessoais achava-se também presente, mas em chave mais ampla. Conjurando Walter Pater e Marcel Proust, com quem adquirira, segundo Maria Lúcia Pallares-Burke,"'o gosto pela recaptura'da memória individual", Freyre partiria dela para atingir, e são palavras suas,"a memória familial e até tribal ou nacional"[108].

Naquele mesmo ano de 1924, o jovem escrevia no diário-memória:

> Minha decisão está tomada: é reintegrar-me completamente no Brasil. Atolar-me na sua carne e no seu massapé. Pelo sentimento já me sinto restituído à infância brasileira. Restituído à minha Mãe, a meu Pai, a meus Irmãos, aos parentes e amigos que aqui deixei quando parti adolescente para os Estados Unidos. Isto é o principal: esta recuperação sentimental. A adaptação intelectual é secundária[109].

Com Pedro Paranhos, o P.P., que era neto do visconde do Rio Branco e casado com Laura, prima de Gilberto pelo lado dos Wanderley e Alves da Silva, iniciou ainda em 1924 uma série de excursões pelos engenhos e terras de Pernambuco e Alagoas, o mesmo ocorrendo pelo interior da Paraíba em companhia de José Lins do Rego, então o seu maior amigo. O objetivo era conhecer os diferentes tipos de engenho de açúcar, enquanto juntava documentação para um vago estudo futuro. Com P.P. ia a cavalo, tomando por base o engenho Japaranduba, onde dona Laura presidia "almoços de pitu verdadeiramente esplêndidos". Embrenhavam-se pelas matas, dotadas de um "mistério deveras empolgante", representado pela vida invisível "que se faz mais adivinhar, do que anunciar por mil e um rumores, alguns sutis como se viessem de outros mundos", enquanto a vista se alegrava com as palmeiras. Nos serões, P.P. abria a velha secretária e expunha papéis de família ao jovem estudioso. Certa vez o apresentou a um tio-avô, Manuel da Rocha Wanderley, carcereiro de Palmares, "função que desempenha como se fosse Ministro de Estado": "Louríssimo, vermelho, alto, magro [...]. Um nórdico que nos dá a ideia de sobre ele o trópico não ter tido nenhuma ação amolecedora. Seu porte é altivo. Seus modos são fidalgos". Na voz fanhosa, lenta e arrastada do tio, Gilberto reconheceu a de outros Wanderley, como a de sua tia Feliciana. "Como bom Wanderley, é amigado com uma preta. Não constituiu família. Gosta de cavalos. Monta bem a cavalo. Também gosta de passarinho e de galo de briga." Manuel tinha um irmão, Sô,"se diz que, nu da cintura para cima, nos dias de calor, conservava-se sempre de botas de montar a cavalo."Muito gordo, ao contrário de Manuel, "não andava a pé senão dentro de casa: o mais era a cavalo. Ia meio nu, porém de botas de cavaleiro, defecar nas bananeiras"[110].

Esses Wanderley alourados e dados a intercursos com negras povoariam as páginas de *Casa-grande & senzala* poucos anos depois, atrelando a memória pessoal no painel mais amplo que visava explicar a história nacional. Gilberto seria muitas vezes criticado por ver o Brasil como se fosse o Nordeste, projetando as peculiaridades da "civilização do açúcar" para outras regiões, dotadas de outras características. O argumento com o qual encerro minhas considerações é ligei-

---

108 Maria L. G. Pallares-Burke, *op. cit.*, p. 188.
109 Gilberto Freyre, *Tempo morto e outros tempos, op. cit.*, pp. 195-6.
110 *Ibidem*, pp. 24-5 e 29.

ramente distinto: o Brasil de *Casa-grande & senzala* seria mais restrito ainda, ancorado na memória infantil e na nostalgia de um tempo perdido para sempre[111].

Um dos trechos mais importantes para se entender a relação entre a memória pessoal, a do grupo, a da região e a compreensão do Brasil conforme estabelecida por Gilberto Freyre nos anos que antecederam a redação de sua obra-mestra consta como escrito no engenho Japaranduba, em 1925:

> Minha parenta Dona Laura Wanderley Paranhos é o tipo de senhora de engenho pernambucana dos velhos tempos. [...] O tempo não a descaracteriza. É um regalo vê-la descer à cozinha para mandar preparar os pitus para o almoço: pitus do rio Uma. É pena que não esteja comigo meu irmão Ulisses nesta temporada mais longa no engenho de P. Ulisses vem sendo o melhor dos meus amigos, nos dias terríveis que têm sido para mim os de readaptação ao Brasil. Pena, também, que o Brasil não seja, todo ele, um vasto Japaranduba governado por um super Pedro Paranhos Ferreira[112].

Laura Paranhos, escreveria na mesma época o jovem Freyre, tinha uma tristeza parecida com a de sua mãe, Dona Francisquinha Freyre. "Que tristeza é essa?", perguntava intrigado para, em seguida, responder: "É uma tristeza de mãe brasileira nunca resignada com o tempo que afasta dela os filhos que crescem"[113].

A mãe seria a pátria? A tristeza era fruto da voragem do tempo? Em outubro de 1930 desencadeava-se a "revolução". Estácio Coimbra, governador de Pernambuco, e Gilberto Freyre, seu secretário desde 1927, deixavam o Recife, primeiro rumo a Maceió, depois à Bahia para, dali, ganhar Lisboa. Iam sucumbidos, os dois, Estácio rezando e chorando muito. Dividiram um quartinho, Gilberto só tinha uma roupa, e foi com surpresa que, semanas depois de chegado a Lisboa, recebeu das mãos do capitão de um vapor brasileiro uma encomenda enviada por sua família. Pensou serem mangas, "as famosas mangas de Pernambuco", mas era a sua casaca, completa, "bela, passada a ferro" pela mãe, "a gravata alvíssima, a camisa de peitilho duro, com botões de ouro, engomada e também resplendente de alvura"[114].

Um ano antes, no Recife, escrevera: "Curioso como certos tempos morrem enquanto algumas pessoas lhe sobrevivem, guardando como que porções deles embalsamadas"[115]. A casaca pertencia ao tempo que se fora, e Gilberto ainda não sabia em qual tempo poderia se abrigar dali em diante. O exílio começava a lhe pesar, temia ter que "demorar anos longe de sua taba, sem grandes esperanças de voltar a ela. A esperar cartas que custam a chegar. Com o tempo morrendo dentro de mim e eu morrendo dentro do tempo. Sem outro sentido de vida senão este: o de viver morrendo de desencanto"[116].

---

111 Não há tempo nem espaço, aqui, para explorar as evidentes conexões entre *Menino de engenho*, publicado em 1932 por José Lins do Rego, e *Casa-grande & senzala*. Há passagens inteiras deste livro que me parecem inspiradas no livro de Rego, a sugerir intrigantes relações entre memória, história e ficção, bem como as formas peculiares com que uma e outra se apropriaram e recriaram um mesmo contexto histórico.
112 Gilberto Freyre, *Tempo morto e outros tempos, op. cit.*, p. 243.
113 *Ibidem*, p. 244.
114 *Ibidem*, p. 341.
115 *Ibidem*, p. 326.
116 *Ibidem*, p. 342.

A memória do tempo morto, o seu, o do seu meio social e o da sua região, foi o abrigo que encontrou no exílio. Aos 30 anos de idade, parecia pronto para responder à pergunta que fizera em 1915, quando começara as anotações que depois editou: "Meu avô era um dono de engenhos – três – e um comissário de açúcar dado a boas leituras. Meu Pai foi seu filho predileto. Que pensaria do neto?"[117].

## OBJETOS EM BUSCA DE AUTOR

Os dois livros aqui tratados correspondem a um momento decisivo na construção de certa memória regional e nacional que parte do exame primeiro da memória individual. Têm como pano de fundo a relação entre seus autores e sua região de origem, desenrolando-se, ao mesmo tempo, sobre o cenário constituído pela emergência da nação brasileira enquanto sujeito e refém de uma política federalista. O rastreamento das relações entre a escrita desses livros e o peso das reminiscências pessoais de seus autores sugere que ambos se entendiam como protagonistas imersos naquele mundo que, depois, passou a ser designado de República Velha, e que, com nostalgia, eles viam se afastar aos poucos, intuindo que acabaria soterrado por outra ordem.

Há certa teleologia nessa constatação, obviamente, pois o centralismo republicano instaurado após 1930 é imprescindível para que o observador de hoje perceba o quanto *Vida e morte do bandeirante* e *Casa-grande & senzala* se engastaram numa experiência simultaneamente histórica e pessoal, que impedia Alcântara Machado e Freyre de pensar seus objetos – e, em última instância, o Brasil – em perspectiva infensa a suas condicionantes pessoais e regionais. Para eles, diferentemente do que ocorria com outros ilustres contemporâneos seus, a virtude da política ainda residia nos estados, para parafrasear Renato Lessa, e era a partir deles, ainda, que se entendia o governo da República[118].

Pertencendo a duas gerações diferentes – o filho de José correspondia à geração de Gilberto –, esses dois autores tiveram que estabelecer a relação nada fácil entre o seu próprio destino individual, o de sua região e o de seu país (no sentido contemporâneo). O Brasil de 1929 e de 1933 ainda se pensava como oligárquico e regionalizado: *Vida e morte do bandeirante* e *Casa-grande & senzala* atestam, de certa forma, que as mentalidades andam mais devagar do que as conjunturas, situando-se bem abaixo e mais ao fundo que a espuma dos acontecimentos, para usar a bela imagem de Fernand Braudel. São duas expressões extraordinárias do Brasil da República Velha que, paradoxalmente, lançam sementes aptas a fecundar o pensamento histórico e social do Brasil moderno, assim se entendendo aquele aos poucos delineado a partir de 1930.

O exame desses dois casos, por outro lado, remete ao velho problema do alcance da consciência histórica, bem como da autoconsciência e das possibilidades de pensar a sua época para além da chave compreensiva de si próprio: escolhemos nossos objetos, ou somos escolhidos por eles?

Minha tendência é afirmar que José de Alcântara Machado e Gilberto Freyre foram escolhidos por seus objetos, mesmo porque só podiam compreender o mundo através deles – através mesmo, e não por meio deles. O bandeirismo paulista e a civi-

---

117 *Ibidem*, p. 29.
118 Renato Lessa, *op. cit.*, p. 172.

lização nordestina do açúcar funcionavam como espécie de espelho pelo qual entravam, como a Alice de Lewis Carroll, para poder transitar entre a memória individual e a compreensão do Brasil – país que, para homens como eles, ia mudando de modo intrigante e assustador. São exemplos, portanto, da questão proposta no início deste escrito: em certos casos, a memória nacional é tecida a partir da memória pessoal, e a escrita da história se subordina à escrita de si. Prisioneiros de lembranças particulares referentes a um mundo que ia desaparecendo, escreveram dois livros que ajudaram a pensar um Brasil que nascia ante seus olhos, e que certamente eles não entendiam da mesma forma que nós, conduzidos pelas mãos deles, aprendemos a entender.

# O ROMANCE DE FORMAÇÃO DE UM HISTORIADOR
CARLOS ALTAMIRANO

## O HISTORIADOR COMO MEMORIALISTA

Por que alguém resolve escrever suas recordações, evocar anedotas da infância e da vida familiar, acontecimentos dos quais foi protagonista ou simplesmente testemunha, andanças e inquietudes de juventude, a descoberta de uma vocação, enfim, os incidentes da aprendizagem do mundo? É frequente que alguma justificação anteceda os relatos de corte autobiográfico. Dir-se-á, com razão, que não se devem tomar as motivações declaradas como a razão desses textos. Por acaso são algo mais que racionalizações ou convenções de gênero? Creio, sem dúvida, que não haveria que passar por alto, simplesmente, essas explicações, por convencionais que sejam, pois elas também nos dizem algo a respeito do ato de tornar públicas as recordações. Como se o recordar – e dar a contemplar – o próprio passado e retratar a si mesmo, mesmo que indiretamente, despertasse o temor de exteriorizar uma presunção excessiva, um desmedido sentido de importância que obrigasse a uma justificação. As palavras destinadas a justificar uma tarefa que pode parecer vaidosa aos olhos do leitor (ou ainda aos próprios do autor) não são um passo obrigatório, mas sim costumeiro em quem decide contar sua própria história.

Certa auréola que os destaca da massa dos anônimos costuma ser uma característica dos autores de escritos autobiográficos – uma notoriedade ganha em alguma esfera de atividade: a vida política, as letras, a carreira militar, as ciências, as artes, ou algum outro âmbito de celebridade. Com esse renome conta Tulio Halperín Donghi, que há várias décadas reina nos domínios da historiografia argentina. Seu prestígio como historiador excede amplamente as fronteiras de seu país. Tanto na América hispânica como nos meios latino-americanistas da Europa e dos Estados Unidos, onde fez uma parte de sua carreira acadêmica, seu nome se acha associado a uma extensa e valiosa produção historiográfica. Mas na Argentina a notoriedade de Halperín Donghi ultrapassa o ambiente dos historiadores e inclusive o dos acadêmicos. Seus artigos em diários ou revistas culturais e, sobretudo, as entrevistas jornalísticas, que se tornaram quase um costume de suas temporadas no país, foram acrescentando a sua imagem douta a do intelectual público que se pronuncia sobre fatos da atualidade e os desfruta com jogos de palavras e paralelos entre passado e presente.

A aparição de seu ensaio autobiográfico, publicado em 2008 com o selo da Siglo XXI, não podia senão despertar interesse, como o deixaram ver as numerosas resenhas jornalísticas que a obra motivou após a publicação, além de uma longa entrevista a *ADN*, o suplemento cultural do diário *La Nación*, em que o historiador respondeu às perguntas de um dos colunistas políticos do jornal. Por certo, não era o primeiro livro de recordações escrito no país por um historiador; desde que Vicente Quesada escrevera *Memorias de un viejo* (1889), mais de um haviam incursionado no gênero: Ramón J. Cárcano, Carlos Ibarguren, Julio Irazusta. Nesses, sem dúvida, o estudo do passado nacional representava uma tarefa integrada dentro de uma carreira pública mais ampla, que incluía a política geralmente, à qual costumava somar-se, segundo cada caso, a atividade no foro, o exercício do jornalismo, cargos no Estado. Halperín Donghi, em contraste com eles, representa sem mesclas o historiador consagrado à sua disciplina. Da obra que produziu no exercício de seu ofício provém a autoridade que se lhe reconhece para falar dos problemas da vida nacional argentina, uma autoridade que alcançaria quando já havia percorrido um grande trecho de sua carreira como historiador.

Halperín Donghi deu a seu livro um título de ressonância discepoliana[119], *Son memorias*, e a explicação que oferece da origem do texto não escapa à forma em que costuma urdir suas tramas históricas. Nestas, os resultados da ação obedecem a uma causalidade intrincada: um jogo de interdependências que em geral extravia, quando não frustra, os desígnios do autor e suas expectativas. Essa espécie de enredo de circunstâncias aparece nas "Palabras preliminares" de seu ensaio autobiográfico: o livro de memórias como fruto imprevisto de uma série de fatos imprevistos. No começo havia uma demanda editorial, conta-nos o autor. Originalmente, e por acordo com o editor Carlos Díaz, o plano não era senão o de gravar e publicar os diálogos que travava com seu amigo, o conhecido editor Jorge Lafforgue, segundo o modelo das *Conversaciones con José Luis Romero*, de Félix Luna. Dado que o projeto consistia em que os diálogos abarcassem a vida e a carreira de Halperín Donghi, uma parte da qual transcorreu nos Estados Unidos, o historiador Mariano Plotkin foi incorporado ao duo inicial por seu conhecimento do meio universitário norte-americano. Como parte do acordo, Halperín Donghi escreveria um breve texto introdutório às esperadas conversações. Mas os diálogos, uma vez transcritos, não deixaram conformes os participantes, que advertiram que "só um trabalho duro poderia transformar em material publicável umas transcrições que para nossa surpresa não chegavam a refletir quase nada daquilo que os tornara atrativos para os que havíamos participado neles"[120].

Enquanto isso, ao redigir a breve introdução combinada, o autor se encontrou com outra situação inesperada: havia dado com um tom –"um modo de abordar a narrativa de todo distinto do que até então havia utilizado para escrever história", sustenta – , modo que lhe comprazia e desejava seguir experimentando na reconstrução de momentos de sua infância e adolescência. A descoberta do modo narrativo que acha satisfatório o leva a se afastar de qualquer variante do

---

119 Enrique Santos Discépolo (1901-51) foi poeta, compositor de tangos (como "Cambalache", "El Choclo" e "Uno"), ator e autor teatral. [N.T.]
120 Tulio H. Donghi, *Son memorias*, Buenos Aires: Siglo XXI, 2008, p. 9.

plano original, que tinha as conversações como base. Mais ainda, o tom fixaria à recapitulação seus limites temporais: "Se este relato se detém aqui em 1955, escreve, é porque foi essa a data mais tardia em que pude continuar com minha narrativa sem renunciar a um tom expressivo, cuja descoberta me fez tão gratificante escrever o que aqui se vai ler"[121]. Não é demasiado literária a explicação, o poder de um "tom expressivo" que inclusive circunscreve a franja de vida que se há de contar? Certamente, assim soa. Por outro lado, nenhum leitor familiarizado com os escritos de Halperín Donghi encontrará nesse relato autobiográfico nada que não lhe seja conhecido estilisticamente: uma sintaxe de períodos longos e complicados, linguagem distanciada a respeito daquilo que evoca, ironia. Não haveria que desestimar, de toda forma, o que confessa nosso autor: o prazer de quem se sentiu bem escrevendo seu "romance de formação", uma vez que achou a maneira que lhe pareceu adequada para fazê-lo, maneira que, finalmente, não era outra que a sua.

Por certo, Halperín Donghi não quis que tudo fosse revolver e enfileirar recordações, quer dizer, um entretenimento nostálgico, ainda que agradável, que a idade consente depois de uma longa e destacada carreira. Animou-o não só a intenção de evocar, mas também o desejo de compreender e de se autocompreender – "entender globalmente nosso passado e de que maneira este fez de nós o que somos"[122]. Não quer, pois, que o gosto pela rememoração o faça esquecer-se das cautelas do historiador, mais ainda quando como historiador explorou em vários trabalhos a literatura autobiográfica não só argentina, mas também hispano-americana, e não ignora quão seletivas, inseguras e arbitrárias podem ser as memórias. As lembranças costumam reter do passado os sucessos infrequentes, observa, enquanto passam sem deixar rastros os fatos ordinários, quer dizer, as propriedades de um contexto que resultavam óbvias porque integravam o sentido comum de uma época, ainda que sejam esses dados sem registro os que permitem observar o que há de geral no particular, o social na singularidade de um trajeto individual. O relato autobiográfico que entrega a seus leitores, nos diz Halperín Donghi, representa mais que um exercício de memória. Suas recordações ofereceram um material imediato para a história, mas esta inscreve quem rememora em um tecido social e cultural mais amplo – o que o autor chama um "entorno" –, contexto que o molda e onde o rememorado adquire todo seu sentido.

## O GERAL E O PARTICULAR

Halperín Donghi memorialista nos diz, em resumo, que desfrutou da tarefa de contar recordações, mas não ignora que estas não lhe entregam as chaves do tempo em que se formou e que para achá-las e incorporá-las ao relato teve de ampliar o campo de visão com a ajuda do conhecimento histórico. Escreveu um ensaio autobiográfico, nos diz o autor, para recuperar essa instância subjetiva da experiência do mundo que se sedimenta nas recordações, ainda que saiba que estas são fragmentárias e muitas vezes incertas. O texto encadeia assim um duplo discurso, o discurso do que recorda e o de quem se observa no exercício de recordar, seja para

---

121 *Ibidem*, p. 10.
122 *Ibidem*, p. 16.

advertir que não está seguro do testemunho de sua memória, seja para situar em perspectiva esse testemunho, recorrendo ao que sabe como historiador ou cotejando suas recordações com o testemunho de outras memórias[123].

Como historiador, Halperín Donghi examinou várias vezes os anos que abarcam *Son memorias*. Pela primeira vez, no brilhante ensaio que encabeçava o volume *Argentina 1930-1960*, publicado pela editora Sur em 1961 e que foi a base de seu livro *Argentina en el callejón* (1964), que mudaria a interpretação até então corrente sobre a década de 1930. Um trecho do período enfocado novamente em *La democracia de masas* (1972) aborda depois o que poderíamos chamar o prólogo desse período, em *Vida y muerte de la República verdadera (1910-1930)* e quase integralmente em *La República imposible (1930-1945)*, publicados em 2000 e 2004, respectivamente. Uma longa incursão à "crise argentina", como se acostumou a denominar durante muito tempo o ciclo político que se iniciou em 6 de setembro de 1930, com o golpe de Estado do general Uriburu. O que Halperín Donghi fez ver foi que os anos 1930 não representaram só uma década de restauração conservadora, fraude eleitoral e corrupção pública – a "década infame"–, mas uma etapa em que se operaram alterações importantes na economia argentina e no bloco de poder, mudanças que refletiram tanto a nova relação do país com o mundo como a gestão conservadora da crise.

Mas a porta de entrada de suas memórias não é o país da instabilidade crônica, senão a Argentina do progresso, onde nasceu em 1926, no seio de uma família de classe média. O consenso a respeito dessa marcha ascendente, recorda,

> era tão intenso e universal que, sem necessidade de que me fosse explicitamente inculcado, constituiu-se em uma das pedras fundamentais de minha mais remota visão do mundo; como agora descubro, desde que tenho memória a noção de que o futuro ia necessariamente ser melhor que o presente me parecia por si só evidente[124].

Para aludir ao que chama de "metamorfose da sociedade portenha" e à década em que a classe média "emergiu com o perfil e o peso que iam ser os seus por meio século"[125], a Halperín Donghi bastam umas poucas linhas e mencionar *Los huéspedes del veinte*, de Francis Korn, os relatos de Roberto Arlt e, em contraste com estes, a cidade de Buenos Aires evocada na poesia sentimental e simplória de Baldomero Fernández Moreno. Nesse entorno rapidamente aludido, a aprendizagem infantil das clivagens do mundo social é objeto de uma menção a uma só vez clara e econômica:

> É compreensível que em uma cidade como Buenos Aires, em que nem mesmo nos redutos das classes mais altas estavam ausentes as populares, os que acabavam apenas de se desligar destas encontraram a cada passo

---

123 Halperín Donghi cita as memórias de Ramón Columba, *El Congreso que yo he visto*, Buenos Aires: Editorial Columba, 1948; María R. Oliver, *La vida cotidiana*, Buenos Aires: Sudamericana, 1969; *Julio Irazusta, Memorias: historia de um historiador a la fuerza*, Buenos Aires: Ediciones Culturales Argentina, 1975; *Alicia Jurado, Descubrimiento del mundo*, Buenos Aires: Emecé, 1989; *Marcelo Sánchez Sorondo, Memorias: conversaciones con Carlos Payá*, Buenos Aires: Sudamericana, 2001.
124 Tulio H. Donghi, *op. cit.*, p. 15.
125 *Ibidem*, p. 16.

ocasiões para tornar evidente através de cada uma de suas ações e omissões a fundura da fronteira demasiado recente que os separava delas[126].

Ao cuidado de seus pais por traçar e inculcar essas distinções atribui que em sua meninice convivesse "muito pouco com os garotos que chamávamos da rua" e também o fato de que sua irmã e ele não acharam no bairro da primeira infância mais que uma única companheira de brincadeiras[127].

Para representar o país transformado pela imigração europeia e pela modernização socioeconômica, José Luis Romero cunhou a expressão "Argentina aluvial", um conglomerado heterogêneo que alterava e deixava para trás aceleradamente a Argentina "*criolla*". Ainda que prescinda do termo, Halperín Donghi menciona Romero para recordar o que aos olhos deste constituía o sonho dominante do país "aluvial": o da ascensão econômica. Teme, sem dúvida, que a "imaginação sociológica", como a chama, simplifique demasiado, que reduza a uma mentalidade e a um comportamento típicos trajetórias diversas. Se recorda a "aventura da ascensão" é para destacar que a formação que havia recebido em casa não se ajustava a esse padrão. Admite que houvera preocupações compartilhadas pelas famílias de argentinos novos; por exemplo, o cuidado para evitar que o tango, julgado incompatível com a respeitabilidade do lar, chegasse ao âmbito familiar através do rádio. Mas acrescenta:

> estou seguro de que então não eram muitas as crianças que – como minha irmã e eu – estavam confinadas a uma estrita dieta de música clássica e óperas retransmitidas pela Rádio Municipal, ou que, já antes de aprender a ler, deviam gravar na memória uns quantos romances recolhidos por dom Ramón Menéndez Pidal em *Flor de romances viejos*[128].

Há ironia, sem dúvida, nessa representação da vontade cultural da família, e talvez certa queixa, mas não se poderia dizer que haja reprovação.

O que atesta sua experiência contradiz o arrazoamento sociológico? Ou só nos mostra que nem todas as famílias faziam a mesma ideia da elevação social; que, por exemplo, na família que constituíram seus pais, dois professores graduados na Faculdade de Filosofia e Letras, valorizava-se um tipo de excelência a que não se acedia por meio da riqueza, mas através do estudo e do cultivo de disposições culturais? Em outras palavras, que o lar em que se formou não pertencia só ao nascente universo das classes médias, mas à fração cultivada desse universo.

## RETRATO DE FAMÍLIA

Para se referir à sua progênie, o autor de *Son memorias* recorda um conhecido chiste: os mexicanos descendem dos astecas; os peruanos, dos incas. E os argentinos? Dos barcos. A família em que nasceu Tulio Halperín Donghi surgiu do matrimônio que uniu dois desses argentinos que haviam saído dos barcos, quer dizer, da imi-

---

126 *Ibidem*, p. 17.
127 *Ibidem*.
128 *Ibidem*, p. 18.

gração – um pai de ascendência judaica, Gregorio Halperín, e uma mãe nascida na Itália e que chega ao país quando menina, Renata Donghi – , que se conheceram quando estudantes de literatura na Faculdade de Filosofia e Letras da Universidade de Buenos Aires. Ela era católica praticante e seus filhos, o futuro historiador e uma irmã menor, serão educados no culto católico. O memorialista não faz saber ao leitor se o pai sustentava alguma fé religiosa nem como se decidiu que as crianças se educassem na religião da mãe."Em Renata a religião é folclore", ouviu dizer com indulgência o pai, o que nos faz supor que ao menos o era para o marido. Uma foto incluída no livro o mostra junto aos filhos no dia em que eles receberam a primeira comunhão. Podemos imaginar nesse professor de literatura, versado em língua latina e partidário da escola leiga, um pai agnóstico ou deísta que, segundo era frequente, deixava a orientação das crianças nas mãos da esposa, cuja prudência julgava mais importante que sua religiosidade.

Um relato genealógico dos ramos paterno e materno precede ao das peripécias da infância. É a história que lhe contaram, diz o autor, e dela emerge o quadro da família extensa, avós e avôs, tias e tios que formavam a rede de parentes com que se achou ao vir ao mundo. Parte dessa história familiar recebida é a educação de quem seriam seus progenitores, da escola primária à universidade. Devido às limitações econômicas familiares, Gregorio Halperín teve que ganhar a vida enquanto levava adiante os estudos de literatura, na Faculdade de Filosofia e Letras, e os de advocacia, que finalmente abandona, na Faculdade de Direito. Mais folgada era a situação familiar de Renata, que poucos anos mais tarde se inscreverá também como estudante de Letras. Embora os méritos que seu pai granjeara como latinista tenham lhe valido um lugar nas filas de professores da Faculdade de Filosofia e Letras, o jogo político dentro da instituição e seu orgulho lhe fecharam esse caminho. Ao evocar as circunstâncias que malograram a carreira de seu pai como professor universitário, Tulio Halperín Donghi oferece dele uma imagem breve, mas cheia de veneração: a do mestre de espírito firme e um pouco altivo, consagrado a sua vocação, a de ensinar. O pai se dedicará à docência em estabelecimentos de ensino secundário e igual caminho tomará Renata Donghi de Halperín, que vai alternar seu trabalho como professora com o desenvolvimento de outra vocação, a de escritora.

Em sua *Historia de las universidades argentinas*, Pablo Buchbinder assinala que, em consequência da reforma universitária, se produziu um processo de renovação e ampliação do elenco de professores em todas as instituições de estudos superiores do país. A grande maioria dos novos já não provinha das famílias da classe dirigente tradicional. No caso da Faculdade de Filosofia e Letras da Universidade de Buenos Aires, consigna Buchbinder, "tratava-se de pessoas que haviam feito da docência nos níveis secundário e universitário sua única ocupação"[129]. As memórias de Halperín Donghi nos deixam espiar esse mundo dos professores com suas amizades, rixas e intrigas, mundo ao qual pertenciam seus progenitores por múltiplos laços, ainda que não fossem docentes da faculdade. Também se percebe por meio dessas recordações que a admiração pelo conhecimento erudito e seus representantes era parte da atmosfera doméstica. Na lista de nomes que aos olhos de seus pais encarnaram a figura do saber, ocupa um lugar destacado o helenista italiano

---

129 Pablo Buchbinder, *Historia de las universidades argentinas*, Buenos Aires: Sudamericana, 2005, p. 16.

Francesco Capello, professor da Faculdade de Filosofia e Letras (Renata escreveria um breve volume sobre ele). O autor menciona desse modo as relações que Gregorio e Renata mantinham com um centro de investigação ligado à Filosofia e Letras, o Instituto de Filologia, dirigido por dois prestigiosos filólogos espanhóis: Américo Castro, primeiro, que seria um amigo da família, e Amado Alonso, depois.

*Son memorias* também nos deixa entrever a orientação ideológica predominante, entre liberal e socialista, desse corpo de professores, identificados em sua maioria com a reforma universitária. Desse meio social e cultural provirão os membros e fomentadores do Colégio Livre de Estudos Superiores, entre os quais se contará Gregorio Halperín, como o recorda o filho. Criado em 1930 com o objetivo de instituir um espaço de atividade e ensino eruditos menos submetido que a universidade às pressões profissionais, o Colégio Livre, com seus cursos e conferências, será menos e mais que isso. Antes que centro de uma investigação desinteressada, funcionará como um bastião da *intelligentsia* progressista, muito ativo na oposição intelectual ao regime militar nacionalista implantado em 1943, primeiro, e a Perón, depois[130]. Luis Reissig, que desempenhará a função de secretário vitalício do Colégio Livre, figura com sua esposa em várias passagens de *Son memorias*, mencionados entre os amigos assíduos da família Halperín Donghi.

O grupo familiar se acha no centro dessas memórias, e até o ingresso do autor na universidade nenhum ambiente exterior a esse círculo parece competir com ele como espaço de socialização. Não só nos anos da infância, como é de esperar, mas ainda depois, na adolescência, como se pode observar no capítulo que consagra a sua experiência no Colégio Nacional Buenos Aires ("Los años del colegio: ingreso en el mundo"), que ele frequenta de 1939 a 1944. Ainda que Halperín Donghi declare que o Nacional Buenos Aires chegou a ser para ele um "entorno quase total"[131], esses seis anos de camaradagem estudantil parecem ter deixado no memorialista escassos nomes e poucas anedotas. A recordação que domina as páginas dedicadas ao afamado liceu narra um episódio que ilustrava em escala micrológica o clima político e ideológico que vivia o país desde o começo da Segunda Guerra Mundial e, sobretudo, após o golpe militar de 1943. Trata-se da reação que provocou a designação do presbítero nacionalista Juan Sepich como reitor do colégio, cuja prédica mobilizará contra si os alunos e o corpo docente até provocar o afastamento do sacerdote. Muito pouco, em suma, se o comparamos com o que Halperín Donghi registra nesse mesmo capítulo dos incidentes da vida familiar e dos acontecimentos do mundo, em geral intermediados pelo marco familiar.

O círculo que formavam seus pais e sua irmã se ampliava na família extensa, como a chama o autor, uma constelação que incluía os avós dos dois ramos e os correspondentes tios. As peripécias deste universo ocupam muitas páginas das recordações do historiador, dos progressos escolares às férias de verão, as mudanças de bairro e de residência, as desavenças que surgem no ramo materno da família e as temporadas de convivência com os avós. A mudança da casa da rua Yatay ao apartamento da rua Santa Fé deixa ver a curva de ascensão que conhecerá por uns anos a

---

130  O melhor trabalho sobre o Colégio Livre de Estudos Superiores é o de Federico Neiburg, "Élites sociales y élites intelectuales: el Colegio Libre de Estudios Superiores (1930-1961)", in: *Los intelectuales y la invención del peronismo: estudios de antropología social y cultural*, Buenos Aires: Alianza, 1998.
131  Tulio H. Donghi, *op. cit.*, p. 136.

família Halperín Donghi. O traslado significará igualmente para o futuro historiador a ampliação do horizonte, assim como sua passagem pela Escola Modelo, um colégio para a formação de elites leigas localizado na rua Riobamba, entre a Santa Fé e a M. T. de Alvear[132]. Tinha então 9 anos e, pouco a pouco, segundo recorda, começariam a lhe dizer algo os nomes que apareciam nas conversas que, durante o jantar, mantinham seus pais e que se referiam a essa elite intelectual com quem eles se relacionavam na sala de professores do Instituto do Professorado: Pedro Henríquez Ureña, Raimundo e María Rosa Lida, Roberto Giusti, Francisco Romero, entre outros. Era ainda um menino, pois, quando começou a prestar atenção aos assuntos dessas conversas. Até o final da infância, as conversas com o pai, a quem acompanhava em caminhadas, farão com que avance nessa iniciação no mundo que, com o tempo, haverá de ser o seu: "Falávamos de toda classe de temas, alguns do momento e outros surgidos das muitas curiosidades que me inspirava a descoberta de que o mundo é bastante mais complicado e sujeito a variações do que havia imaginado até então"[133].

A preocupação dos adultos sob os cuidados dos quais se criou estava dirigida a fazer da sua uma infância feliz, comenta Halperín Donghi ao refletir sobre sua meninice. Na realidade, até a morte do pai nenhuma desdita, nenhuma crise íntima ensombra o relato de sua vida. O autor não nos fala de sua fé religiosa – só nos inteira de que acompanha a mãe à missa – , mas a menciona quando conta que a fé em Deus o abandonou um dia, e o fato não merece mais que as poucas linhas em que o menciona.

Em uma só passagem se nota o embaraço de quem trata uma questão delicada: quando se esforça por tratar de fazer inteligível o modo com que os membros do ramo paterno trataram sua ascendência judaica. Essa origem de seu pai, observa primeiro, não foi um obstáculo para a união dos progenitores: a família paterna considerava com distância suas raízes e não se opôs ao enlace de Gregorio com uma mulher não judia, e o mesmo ocorreu com a família materna, que não era particularmente devota. Halperín Donghi retoma o tema após recordar os parentes de procedência israelita e o formula em termos mais problemáticos. Entre os seus, observará ele, prevaleceu um "consenso (suponho que tácito, porque neste assunto tudo o mais o era) a favor de ignorá-la por inteiro, e ao chegar aqui descubro que me é impossível explicar em poucas palavras como se pôde adotar unanimemente uma solução que hoje parece inverossímil de tão insensata"[134]. A Argentina não havia ficado à margem do antissemitismo moderno e, a partir dos anos 1930, as exteriorizações de antissemitismo ideológico multiplicar-se-ão, tanto no discurso de católicos e nacionalistas de direita, como em atos de discriminação em prejuízo dos judeus no âmbito da educação e da administração pública. Mas os seus, recorda o autor, praticaram enquanto puderam uma espécie de distração a respeito desse ameaçador contexto. Ao voltar o olhar sobre uma atitude que à luz do presente acha difícil de explicar, adverte que também a ele a consciência dessa condição chegaria gradualmente, que lhe levaria tempo "incorporar explicitamente essa dimensão problemática à imagem que fazia de meu lugar no mundo"[135]. Que tivesse sido mantido durante demasiado tempo na ignorância desse dado é a única reprovação aberta que fará aos pais.

---

132 Torcuato e Guido Di Tella, como Ezequiel Gallo, passaram por suas aulas. Agradeço essa informação a Fernando Devoto, que me chamou a atenção para a Escola Modelo.
133 Tulio H. Donghi, *op. cit.*, p. 83.
134 *Ibidem*, p. 47.
135 *Ibidem*, p. 51.

## A VOCAÇÃO DE UM HERDEIRO

"Por que história?" é o título que Halperín Donghi dá ao capítulo em que faz o relato da descoberta de sua vocação, enquanto cursava a carreira de química na universidade. Quer dizer, a descoberta de que o gosto pelos livros de história, que o atraíam assim como os romances realistas do século XIX, havia se transmudado em interesse por escrevê-los. Tinha 21 anos, e na Argentina justicialista o aparato educativo estava vedado para os antiperonistas. Não obstante, o florescimento da indústria editorial oferecia uma opção de vida à *intelligentsia* excluída. E Halperín Donghi encontrou, segundo nos conta, no exemplo próximo que lhe oferecia José Luis Romero, um modelo digno de imitar para o cultivo honrado e culturalmente rico da disciplina. Os pais reagiram como se não esperassem outra escolha do filho, quando ele lhes comunicou o desejo de abandonar os estudos de química para se dedicar à história. Ao escolher o caminho das humanidades, não reempreendia esse filho de inteligência desperta o empenho do pai, empenho que este não havia podido cumprir por circunstâncias do jogo político universitário e uma postura orgulhosa que a mãe julgava algo excessiva e que o herdeiro, em troca, admirava? Sem dúvida, podia-se viver das humanidades na Argentina? O jovem atendeu à recomendação dos pais: que estudasse história na Faculdade de Filosofia e Letras da Universidade de Buenos Aires e, paralelamente, cursasse a carreira de advocacia na Faculdade de Direito, para contar com uma profissão que lhe permitisse sustentar a escolha vocacional.

Os pais não eram ricos, mas estavam em posse de outra espécie de capital: o que provinha do convívio e do reconhecimento nos âmbitos de sociabilidade dessa república das letras que era parte eminente da Argentina não peronista. Apenas lhes comunicou o desejo de se fazer historiador, o pai tomou o telefone para "pedir a José Luis Romero que começasse a me orientar no território em que havia decidido me internar"[136]. Muito cedo escreve na revista *Realidad*, que Francisco Romero e Francisco Ayala dirigiam, e quando compõe um dos artigos que integrarão seu primeiro livro, *El pensamiento de Echeverría*, o secretário de redação do diário *La Nación*, que era amigo do pai, põe o jovem em contato com o reputado escritor Eduardo Mallea, diretor do suplemento literário do jornal, onde se publicará o artigo. Outro trabalho que confluirá também no livro sobre Echeverría aparece em *Cuadernos Americanos*, neste caso por mediação de outro amigo da família, Raimundo Lida, radicado no México. Enfim, será Roberto Giusti quem oferecerá à editora Sudamericana a publicação do livro ainda a caminho e quem escreverá o prólogo em que apadrinha o "jovem jornalista", que tinha então 24 anos[137].

Ao trazer à memória aquela rede de relações que facilitou seu início de carreira, Halperín Donghi reflete sobre as possibilidades que esse capital familiar havia posto a seu alcance. E conclui que a Argentina surgida da modernização era uma sociedade aberta à ascensão, um país em que o ingresso na carreira intelectual não requeria uma linhagem ilustrada que remontasse muito longe, como o mostravam seu caso e muitos outros. Por outro lado, ainda que fosse, para empregar suas pró-

---
136  *Ibidem*, p. 175.
137  Roberto Giusti, "Prólogo", *in*: Tulio Halperín Donghi, *El pensamiento de Echeverría*, Buenos Aires: Sudamericana, 1951, p. 10.

prias palavras, "um filho de papai (e isso sem esquecer a mamãe)", estava disposto a ser, antes de nada, filho de sua própria obra. Mais importante ainda: seu primeiro livro, publicado em 1951, ano do centenário da morte de Echeverría, quando se multiplicaram os trabalhos consagrados ao encômio do poeta e pensador, provou que Tulio Halperín Donghi não pensava ter chegado ao mundo da história para somar-se à celebração de um legado intelectual que tinha no autor do *Dogma socialista* um de seus nomes eminentes. Era a tradição com que se identificava o mundo de seus pais, mas já em *El pensamiento de Echeverría* o herdeiro mostrará que não tinha afinidade com o gênero hagiográfico nem com o discurso edificante que dominava o culto dessa visão do passado nacional.

Na aprendizagem do ofício de historiador, Halperín Donghi não acha quase nada para registrar de sua passagem pela carreira de história na Faculdade de Filosofia e Letras nos anos peronistas. Apenas dois ou três cursos e, sobretudo, os ministrados pelo historiador espanhol Claudio Sánchez-Albornoz, que será seu orientador de tese. Em troca, duas estadas na Europa do segundo pós-guerra aparecem em *Son memorias* como decisivas em sua formação. O país de sua primeira permanência foi a Itália, para onde se dirigiu em 1950 para fazer estudos a conselho dos pais, que investiram nessa viagem recursos que tinham originalmente outro destino. Ali viveu durante um ano e meio, assistiu a cursos, fez seus primeiros trabalhos de arquivo e descobriu de maneira casual os escritos de Antonio Gramsci editados pela Einaudi.

Halperín Donghi nos conta que a leitura dos *Quaderni* não só lhe resultou intelectualmente estimulante, mas que achou nas reflexões relativas ao *Risorgimento* e à unificação italiana uma recomendação da qual tiraria proveito: era preciso examinar, indicava Gramsci, por que a unidade nacional e a formação do Estado moderno se realizara na Itália sob a hegemonia dos "moderados", exame que se devia levar a cabo sem o propósito de enaltecer um curso histórico que havia encerrado graves limitações, mas sem lhe contrapor tampouco alternativas puramente imaginárias. Ao explorar na história argentina "a etapa de organização nacional que se seguiu ao desenlace de Caseros", o autor de *Son memorias* fará emprego desse realismo histórico que, nos diz, extraiu do talento gramsciano[138]. É verdade: ao historiar essa etapa – particularmente, em *Proyecto y construcción de una nación* (1980) – Halperín Donghi não fará um relato laudatório da elite modernizante que traçou as linhas para o progresso argentino. Mas não é menos certo que no seio desse grupo se acham as figuras que lhe parecem dignas de admiração.

Uma longa resenha, "Historia y geografía en un libro sobre el Mediterráneo", que publicou em *La Nación* e estava consagrada a *La Méditerranée et le monde méditerranéen à l'époque de Philippe II*, de Fernand Braudel, esteve na origem de sua segunda estada europeia. A calorosa recepção que Braudel deu ao artigo desse distante admirador rio-platense animou seu autor: mudaria para Paris para se formar com o grande historiador francês, cuja fama mal havia começado então. Dessa vez a viagem não se "decidiu em casa", como a anterior, ainda que novamente fossem os limitados recursos familiares – o pai já não vivia – que lhe permitiriam cumprir com o que havia decidido.

---

[138] Tulio H. Donghi, *Son memorias*, op. cit., p. 208.

Dos retratos que Halperín Donghi compõe em suas memórias, o de Braudel é o mais longo e, junto com o que traça de seu pai, o que transmite maior admiração. Rememora o que aprendeu ao lado do grande historiador dos *Annales*, as dificuldades do início e os esforços que fará para obter a aprovação do mestre. Será Braudel que, a pedido seu, vai lhe sugerir o tema que será finalmente o de sua tese e quem o ajudará a conseguir os subsídios necessários para levar a cabo a investigação em arquivos espanhóis. "Começou assim uma etapa durante a qual, primeiro em uma Paris em que estalava a primavera e depois na Espanha, trabalhei com uma intensidade de que antes não me havia acreditado capaz e que nunca consegui recuperar", escreve, recordando uma espécie de sorte naquele capítulo de sua aprendizagem como historiador[139]. Regressou à Argentina em 1954, quando nada fazia prever que se estava nos estertores do regime peronista. A derrocada de Perón, que acontecerá no ano seguinte, reabrirá as portas da universidade à *intelligentsia* antiperonista, que durante dez anos havia dela estado marginalizada. Halperín Donghi, que concluíra o que chama seu "longo noviciado", encontrou-se então frente a uma inesperada, ainda que desejada, oportunidade nessa universidade que será, como nunca antes, a do reformismo universitário. Já sabemos que *Son memorias* se detém em 1955, quando o autor tem 29 anos e ingressa em um novo ciclo de vida.

## NOSSO MUNDO

Era ainda menino quando ouviu falar da política nacional. O tema fora introduzido por seu avô materno em uma reunião familiar geralmente pouco interessada nas lutas locais de poder, vistas como avatares da confusa política *criolla* e seus partidos. O ambiente de professores progressistas que integrava Gregorio Halperín não simpatizava com o radicalismo e, menos ainda, com o radicalismo "personalista". Como se pode inferir de um comentário do memorialista, seus pais haviam de se sentir mais cômodos na crítica e na oposição ao governo conservador do general Justo do que estiveram sob a democracia populista de Yrigoyen. O regime presidido por Justo, escreve,

> soube tirar forças de sua fraqueza, entre outras coisas reservando às oposições que se dispuseram a passar por alto sua muito duvidosa legitimidade de origem um espaço farto mais amplo que o que no passado lhes haviam concedido governos, estes sim autenticamente ungidos pelo veredicto do sufrágio universal[140].

De que oposições fala? Das que representaram o Partido Socialista (com o qual simpatizava seu pai) e o Partido Democrata Progressista durante a primeira metade dos anos 1930, isto é, até que a eles se somou, depois de abandonar a tática da abstenção eleitoral, a União Cívica Radical. Quanto aos governos "ungidos pelo veredicto do sufrágio universal", fica evidente a alusão aos de Yrigoyen. Em várias passagens, o autor dá a entender que sua família se achava entre as que assistiram com aprovação à queda do caudilho radical em 1930.

---

139  *Ibidem*, p. 253.
140  *Ibidem*, p. 59.

Essa atitude distante a respeito dos acontecimentos da política local mudou a partir de 1936, quando o começo da guerra civil espanhola produziu na cena pública nacional tomadas de posição e alinhamentos opostos e intransigentes, mas discerníveis em termos ideológicos: a defesa da República, por um lado, a "guerra santa" de Franco, por outro. O processo que "internacionalizou" o debate argentino, fazendo do país um dos campos de batalha de um conflito mais amplo, de alcance mundial, não se deterá com o fim da guerra civil da Espanha, mas terá uma ligação ainda mais ampla com a Segunda Guerra Mundial. Afiliados à ala progressista do meio intelectual argentino, os Halperín Donghi ficarão alinhados com a Espanha republicana, primeiro, e com as nações do bloco antifascista na contenda mundial. A franja de escritores e professores ativada pelo conflito terá no Colégio Livre de Estudos Superiores um de seus focos de atuação e proselitismo.

Como representa a si mesmo o memorialista no relato das preocupações e atitudes políticas dos adultos? No papel do espectador curioso, do intrometido. Por certo, na evocação da década de 1930 dificilmente poderia ser outro o papel do narrador, que ao estalar a Segunda Guerra Mundial (1939) tinha apenas 13 anos. A perspectiva não muda, sem dúvida, quando o relato avança e deixa para trás a etapa da infância e da primeira adolescência de quem conta: o ponto de vista segue sendo o de uma consciência-testemunha. Inclusive quando se acha implicada nos fatos narrados, a primeira pessoa é quase a de um espectador que vê a si mesmo junto a outros, integrado em um séquito. Por exemplo, no longo relato que faz dos acontecimentos de 1945, quando a participação na ocupação da universidade que se achava mobilizada contra o regime militar nacionalista custará ao autor vários dias de prisão. O ângulo desde o qual se faz a narração dos fatos, tanto como das expectativas, ilusões e cegueiras dos que participam do combate contra o que se conhecerá, sobretudo depois de 17 de outubro daquele ano, como o peronismo, é o de quem vive o processo "desde uma posição totalmente subalterna e marginal"[141]. O que o atrai na vida pública, como confessará ele mesmo, é a política como espetáculo[142].

Como fato político o peronismo domina a segunda metade dessas memórias. O autor formava parte da Argentina derrotada nas eleições de fevereiro de 1946, das quais surgiu o regime que, segundo ele, desde o começo, alentava o projeto de avançar sobre todos os campos da vida social. Halperín Donghi não oculta a antipatia que lhe inspirava a ordem que o general Perón encabeçava. Tampouco deixa de assinalar, em certa passagem, o que a ofuscação antiperonista lhe impediu de perceber nesses dez anos e que no presente se acha disposto a considerar como méritos do governo. Emprega inclusive, em várias ocasiões, a expressão "revolução peronista", ainda que desta ressalte sobretudo "a decisão de refazer desde o topo do poder a inteira sociedade argentina sobre as pautas do que se chamaria comunidade organizada"[143]. O peronismo adquire assim o caráter de um fato onipresente, cotidiano, um assunto da vida pública, tanto como da vida doméstica. É mencionado ou aludido quando se fala dos que se acham marginalizados do sistema educativo e devem buscar alternativas para obter seus meios de vida; é o

---

141 *Ibidem*, p. 155.
142 *Ibidem*, p. 209.
143 *Ibidem*, p. 172.

fundo e a causa da escassa vida intelectual nessas faculdades, as de Direito e a de Filosofia e Letras, por onde passa o autor desdenhosamente, quase sem registrar algo de proveito. Não falta o humor nem a ironia na rememoração dos anos peronistas. Por exemplo, quando recorda as conversações em que sua mãe o informa de como se julga, na Argentina que resistia, a conduta dos que transigiram com o regime, dos graus em que a capitulação podia ser tolerável e das cavilações acerca de se cumprimentar ou não alguém que havia caído em falta.

Nas passagens de evocação da Argentina justicialista, a primeira pessoa do singular do relato deixa passo às vezes a uma forma plural: "nossa marginalidade"; "o regime que nos negava um lugar no país que governava"; "Descobrimos então…". A que remetem essas formas plurais? Em termos genéricos, a esse "irredutível tércio opositor"[144] ao regime justicialista; já mais especificamente, ao que o autor chama "nosso mundo", que não é outro que o dos espaços intelectuais da Argentina antiperonista. Um mundo encurralado que o avanço envolvente da "comunidade organizada" (a constância desse avanço é um *leitmotiv* do relato) torna cada vez mais reduzido.

Não conheço melhor descrição que a que *Son memorias* oferece em poucas páginas dos modos com que seus integrantes buscarão manter em pé as redes de sociabilidade intelectual, às vezes em companhias e instituições impensáveis pouco antes para os que militavam nas filas do progressismo liberal. Em *Ayer, hoy, mañana*, o político e escritor nacionalista Mario Amadeo havia anotado que sob o governo de Perón a esquerda liberal teve seu baluarte nas "sociedades de pensamento"[145]. O testemunho do jovem inquieto e observador que era Halperín Donghi nos permite vislumbrar, na Buenos Aires dos estertores do peronismo, a vida de algumas dessas microsociedades intelectuais – desde a que continuava, ainda que sem o brio do passado, no Colégio Livre de Estudos Superiores, à qual animava a redação de *Imago Mundi*, a revista de cultura dirigida por José Luis Romero, passando pelo centro de cursos e conferências organizado pelo sacerdote nacionalista Julio Meinvielle, a quem o "obreirismo" de Perón havia impulsionado a buscar pontes com seus velhos inimigos, os liberais progressistas. Em *Son memorias* podemos entrever também o circuito informal que conectava esses *cercles de pensée* com os centros de estudantes e com as tertúlias cultivadas em casas de família.

## O FRACASSO DO PROJETO PROGRESSISTA

Na progressão narrativa de *Son memorias*, o peronismo aparece como o desenlace final dos conflitos e dilemas da vida pública nacional desde meados dos anos 1930. Até que a idade lhe permitiu fazer um juízo próprio sobre o processo em curso, o eco dos acontecimentos daquele agitado período lhe chegava pela boca dos pais. Em *La República imposible (1930-1945)*, que Halperín Donghi havia publicado quatro anos antes de suas memórias, o desenlace é igualmente a ascensão e o triunfo de Perón, mas o encadeamento de causas e contingências é mais minucioso e complexo, entrelaça mais linhas e planos da vida nacional. A diferença se compreende; trata-se de um estudo histórico, não de um ensaio autobiográfico.

---

144   *Ibidem*, p. 234.
145   Mario Amadeo, *Ayer, hoy, mañana*, Buenos Aires: Gure, 1956, p. 119.

Sem dúvida, há uma colaboração entre os dois livros e não gostaria de concluir sem me deter brevemente nessa cumplicidade. O próprio autor assevera que ambos se complementam. No epílogo de *Son memorias* confessa que a investigação do processo político e ideológico nacional correspondente aos anos de sua infância e adolescência esteve entretecida, desde o começo, com o que recordava desse tempo. Ao comprovar que na reconstrução histórica do passado não poderia omitir o que recordava dele, nos diz, resolveu que "levar em conta esse testemunho mantendo frente a ele a mesma distância que me custava menos esforço estabelecer, em comparação a outros que não me tocavam tão de perto, seria mais produtivo do que tratar em vão de ignorar seu aporte"[146]. Ainda que, enunciada de outro modo, a cumplicidade dos dois livros aparece também na entrevista que dera ao jornalista Carlos Pagni: "Quando eu escrevi sobre a República impossível já tinha em mim todas as coisas que estão desenvolvidas nas memórias"[147]. Talvez este entretecido de (auto)biografia e história explique as palavras com que dedica a sua irmã Leticia *La República imposible*: "Para Leta, estas recordações de infância". Pois se torna curioso chamar desse modo a uma obra que, aos olhos de qualquer leitor, é resultado de uma investigação histórica em regra (um estudo preliminar longo e erudito, cheio de meandros e sutilezas, acompanhado de uma seção de testemunhos e documentos), não um fruto da rememoração.

Há outros índices dessa reciprocidade. Por exemplo, em *La República imposible*, Halperín Donghi se pergunta como poder-se-ia reconstruir o modo em que viveram, não os chefes do radicalismo, mas "as multidões radicais" ao tempo de iniquidade e escárnio que significaram para essa metade da Argentina os anos da fraude eleitoral. E para se alçar a esse "capítulo central da República impossível", como chama tal experiência, se apoia nas memórias escritas por duas mulheres de família radical, as escritoras Marta Mercader e Gladys Onega[148]. No epílogo do livro volta à questão, valendo-se de outra fonte: o longo poema *Adolecer*, de Francisco Urondo, o poeta que morreria como membro da guerrilha peronista em 1976 e havia sido filho de um dirigente radical. Em geral nada inclinado ao discurso patético, estas são das poucas passagens em que o autor bordeja esse tom.

A referência ao sofrimento de uma coletividade política em que não só os conservadores viam (e temiam) a maioria eleitoral aparece igualmente nas recordações de *Son memorias*. Ali, já nas páginas finais, ao fazer uma última reflexão sobre a república conservadora que presidiu o general Justo, se lê:

> O que fazia e segue fazendo problemática minha relação com essa etapa, na qual creio escondida a chave do enigma argentino, não poderia ser um retrospectivo sentimento de culpa, quando meu papel nela havia sido o de um espectador infantil para quem era difícil entender o que via, e sim, em troca, minha perplexidade ante a total ausência desse sentimento naqueles que aprendi então a querer e admirar e que participaram, não sempre nem de todo, passivamente desse exercício de marginalização e humilhação infligido à metade de seus compatriotas[149].

---
146 Tulio H. Donghi, *Son memorias, op. cit.,* p. 305.
147 Entrevista de Tulio H. Donghi a Carlos Pagni, em *ADN Cultura,* suplemento de *La Nación,* 13 set. 2008.
148 Ver Tulio H. Donghi, *La República imposible (1930-1945),* Buenos Aires: Ariel, 2004, pp. 204-8.
149 *Idem, Son memorias, op. cit.,* p. 306.

Não aparece nenhum nome antes ou depois desse circunlóquio e da reprovação, apenas velada pelas contorções da frase, que contém. Ao leitor só cabe fazer conjeturas sobre essa discrição.

Em tempo, que é o "enigma argentino"? A frase faz pensar em uma tradução do livro de Félix Weil, *Argentine Riddle*, não citado em *Son memorias*, mas sim em *La República imposible*. Quanto ao problema, ao enigma mesmo, não parece ser outro que o do fracasso do desígnio progressista, a empresa sobre cujos primeiros capítulos Halperín Donghi havia escrito com sutileza em *Proyecto y construcción de una nación (Argentina 1846-1880)*. O fracasso, digamos, parafraseando um pouco Borges, do país nascido da vontade de ser outro, rapidamente[150]. Até o primeiro terço do século XX, esse experimento sociológico improvisado em poucas décadas e orientado a implantar no sul da América o "núcleo de uma nação moderna a partir de recursos materiais e humanos importados por igual do ultramar"[151], parecia seguir caminho para sua realização. A crença de que se viajava nessa direção formava parte do sentido comum dos argentinos. Era o país da infância e da primeira adolescência do autor, que nos conta que ao escrever suas memórias foi em busca das raízes desse sentido comum em que também ele havia sido formado. A história era um processo com sentido e o progresso era inerente a sua marcha: a experiência argentina se inscrevia dentro dessa tendência geral.

Ao voltar sobre aquela etapa do país um olhar em que a perspectiva do historiador e a do memorialista se cruzam repetidas vezes, Halperín Donghi crê encontrar nesse tempo as chaves do desvio da marcha que lhe havia parecido segura. O "progresso argentino" não constituía, ao final de contas, a manifestação de um curso necessário: era só "um fruto efêmero do entrelaçamento de ações e reações que o estavam arrebatando do contingente"[152]. Aos olhos de quem reflete agora sobre seu passado, a razão última do extravio era de ordem político-institucional, e em *La República imposible* trata de fazer inteligível o entrelaçamento igualmente contingente de ações e reações que afastou a história nacional posterior a 1940 do desígnio progressista. Nas páginas finais de *Son memorias* aceitará com espírito resignado que talvez essa via perdida nunca se recupere. Desse ponto de vista, pelo tom desencantado com que ambos concluem, os dois livros se aproximam dos que se escreveram sobre a Argentina como promessa descumprida, como projeto frustrado.

Temo que o autor tenha acomodado um pouco as coisas relativamente ao tempo em que começou a recear pela sorte do país. No exercício de rememorar, inevitavelmente ligado ao humor do presente, não deu um acento demasiado contemporâneo a um mal-estar que vinha de longe? Depois de tudo, *Argentina en el callejón*, publicado em 1964, já era desde o título um ensaio que não alimentava ilusões a respeito de um país que Halperín Donghi via encerrado em dilemas que não conseguia resolver entre passado e presente. Creio que esse descontentamento, cujos signos são antigos, é indissociável da ironia que sobrevoa sempre sua visão do passado nacional, liberando-a da complacência e da mensagem edificante. Não sabemos qual é a fonte

---

150 Ver Jorge L. Borges, "1810-1960", *Sur*, n. 267, p. 1, nov.-dez. 1960.
151 Tulio Halperín Donghi, *Son memorias, op. cit.*, p. 301.
152 *Ibidem*, p. 304.

desse descontentamento. *Son memorias* nos faz pensar que, talvez, aquilo de que seu autor sinta falta não é só aquela Argentina do otimismo progressista; que talvez não se tenha curado da ferida do paraíso perdido da infância ditosa, essa plenitude da família inteira, dos jogos e do mundo protetor e afetuoso dos pais. O fim dessa "arcaica ingenuidade", como a chama Sartre, é uma perda que traz a idade e que dificilmente poderá compensar nada do que sobrevenha depois.

# "ARES DO MUNDO" E MEDITAÇÕES SOBRE CENTROS DE DECISÕES NACIONAIS: O VALOR HEURÍSTICO DA OBRA AUTOBIOGRÁFICA DE CELSO FURTADO[153]

AFRÂNIO GARCIA JR.

Que ensinamentos e informações válidas para as ciências sociais se pode extrair de depoimentos pessoais publicados pelos escritores sobre as circunstâncias que contribuíram para moldar, ou facilitar, a expressão de seu próprio pensamento? Essa interrogante sobre o valor de testemunhos para reconstruções de processos históricos e de elaboração do pensamento foi objeto das entrevistas a seleto grupo de economistas brasileiros, que figuraram como ministros ou cargos de alto escalão entre os anos 1960 e 1990[154]. Sem dúvida, tal publicação fornece dados seguros para a objetivação do "campo dos economistas" no Brasil, emprestando à noção de campo o significado a ela atribuído por Pierre Bourdieu[155]. O objetivo deste texto é estudar a obra autobiográfica de Celso Furtado, publicada com esse título pela Paz e Terra em 1997[156], como fonte de dados e de pistas de explicações de ordem mais geral, permitindo compreender o percurso social e intelectual desse autor e as origens de novidades teóricas que contribuiu para afirmar. E pretende contribuir para o conhecimento do processo de autonomização do "campo dos economistas no Brasil" a partir da carreira de um dos seus protagonistas, explorando a questão dos modos de acesso ao conhecimento internacional, a que tenho me dedicado juntamente com ampla rede de cientistas sociais no Brasil e na França[157]. Entre as singularidades dos livros publicados por Furtado como "memórias" está o fato de iniciar seu relato ressaltando o impacto que lhe causou presenciar a Europa arrasada pela Segunda Guerra Mundial, na condição de oficial da Força Expedicionária Brasileira. A necessidade de reconstrução do parque industrial europeu e das redes de comércio e finanças internacionais parece servir de contraponto e de matriz para a elaboração, bem mais adiante em seu percurso, de modelos sobre as economias subdesenvolvidas e a identificação de modos de superar os impasses que as condenam à estagnação e à pobreza.

Se, em sua carreira, Furtado projetou-se como liderança política vinculada ao Nordeste e à reversão do declínio dessa região, suas memórias acentuam as

---

[153] A versão original deste texto foi apresentada em Buenos Aires em novembro de 2011 e em São Paulo em junho de 2012 graças à rede formada no projeto "História dos intelectuais na América Latina". Agradeço aos comentários dos debatedores Ângela Alonso e Sergio Miceli, assim como dos demais participantes dos dois seminários.
[154] Cf. Ciro Biderman; Luis Cozac; José Rego, *Conversa com economistas brasileiros*, São Paulo: Editora 34, 1996.
[155] Pierre Bourdieu, *La noblesse d'État*, Paris: Minuit, 1989.
[156] Cf. Celso Furtado, *Obra autobiográfica*, Rio de Janeiro: Paz e Terra, 1997.
[157] Cf. Letícia Canedo; Kimi Tomizaki; Afrânio Garcia Jr., *Estratégias educativas das elites brasileiras na era da globalização*, São Paulo: Hucitec, 2013; e Maria Rita Loureiro, *Economistas no governo*, São Paulo: FGV, 1997.

bases propriamente internacionais de seu pensamento, de quem desde jovem se aventurou a respirar "os ares do mundo". De fato, nascido em Pombal em 1920, no sertão da Paraíba, nada o parecia predispor a se tornar aos 30 e poucos anos um dos economistas mais influentes em toda a América Latina, como braço direito de Raúl Prebisch na Cepal/ONU, doutor em economia pela Sorbonne e redator de relatório do grupo misto Cepal-BNDE que serviria de base para o "plano de metas" posto em prática pelo presidente Juscelino Kubitscheck (JK) para provocar "cinquenta anos de desenvolvimento no Brasil em cinco".

Celso Furtado provinha de alta origem social, pois descende de magistrados em linhagem paterna, por três gerações, e de proprietários de terra em linhagem materna. Mas sua origem geográfica reduz consideravelmente o capital social implicado pela variável anterior; nasce em época onde o declínio da importância política e econômica do Nordeste é patente[158], em região semiárida marcada pela periodicidade das secas, onde a riqueza com a agricultura do algodão, consorciada à pecuária, nunca se equiparou ao padrão de vida dos senhores do açúcar da Zona da Mata litorânea[159]. Por outro lado, a "Paraíba pequenina e boa" nunca desfrutou da posição de destaque na federação brasileira dos estados de Pernambuco e de Bahia, líderes do Nordeste[160]. Como exploraremos adiante, sua narrativa deixa claro que não acedeu a postos de primeiro plano no cenário internacional e nacional através da proteção política de elites tradicionais daquela região, mas sim por tecer novas redes de intervenção pública relacionadas ao exercício da economia como competência renovadora de círculos dirigentes. Por outro lado, sua inscrição profissional em universidades apenas se realiza durante o exílio, o início da carreira sendo voltado para organismos da burocracia internacional e nacional, como a Comissão Econômica para a América Latina e o Caribe (Cepal), o BNDE e a Sudene.

## RECATO AO EVOCAR O UNIVERSO FAMILIAR E SOCIAL DE ORIGEM

O primeiro dos livros de memórias, publicado em 1985, focaliza desde a primeira página a situação da Europa devastada no pós-guerra, marcada pelos primeiros sinais do que se tornará conhecido como "guerra fria", onde a virulenta competição entre as grandes potências implicava também a necessidade de reconstrução das economias nacionais e do comércio e das finanças internacionais. Celso Furtado fora à Europa em 1945, como oficial militar de tropas brasileiras combatendo ao lado dos Aliados, e retornou em seguida como jornalista para "observar de perto o drama europeu", convicto que assim teria acesso ao palco central onde se decidia o espaço de poder em escala planetária: "O mundo de minha geração seria moldado pelas forças que viessem a prevalecer no processo de reconstrução da Europa, em particular da Europa ocidental"[161]. Como objetivo apresentado como secundário, tentava se inscrever em doutorados voltados para economia, particularmente economia internacional. Diante das dificuldades de aceder às universidades inglesas,

---
158 Cf. Robert Levine, *A velha usina*, Rio de Janeiro: Paz e Terra, 1980.
159 Cf. Manuel Correia de Andrade, *A terra e o homem no Nordeste*, Recife: UFPE, 1998.
160 Cf. Linda Lewin, *Política e parentela na Paraíba*, Rio de Janeiro: Record, 1993.
161 Celso Furtado, *A fantasia organizada*, São Paulo: Paz e Terra, 1985, p. 14.

ou de observar o planejamento soviético *in loco*, acatou o conselho do economista Maurice Byé, que se exilara no Brasil durante a ocupação da França pela Alemanha, e se inscreveu em doutorado na Faculdade de Direito da Universidade de Paris e no prestigioso Instituto de Estudos Políticos, conhecido por Science Po. Foram sem dúvida as competências e títulos adquiridos dessa forma que mudaram suas chances de acesso aos círculos dirigentes internacionais, nacionais e mesmo de seu Nordeste natal. Sua reconversão como economista teve nas estadias europeias entre 1945 e 1948 um de seus momentos decisivos; a seus olhos ao menos foram tão importantes que o levaram a contrariar a ordem cronológica habitual desse gênero literário, que sugerem a infância e o ambiente familiar como capítulos iniciais. De fato, os dados sobre família, infância e adolescência apenas são explicitados em artigos e não nos livros, em textos destinados a público internacional interessado em economistas que desfrutam de notoriedade.

Se, aos 10 anos de idade, sua família já está localizada na capital do estado, assegurando acesso à escola secundária em colégio público de bom nível, e permitindo ainda completar os estudos secundários no Recife, a simples migração solitária para o Rio de Janeiro, vivendo em pensões de estudantes, mesmo com a entrada para a Faculdade de Direito da então Universidade do Brasil, não assegurou diretamente a mobilidade social ascendente nos moldes que aconteceriam no pós-guerra.

Com a criação de muitas escolas de direito a partir da proclamação da República, o diploma de bacharel se desvaloriza, e linhagem de juristas não assegura cargos para novas gerações. Verdade que a centralização do Estado e a expansão do raio de ação dos poderes públicos estiveram associadas a novas prerrogativas das administrações; assim é que já no terceiro ano de faculdade passa em concurso para o Departamento Administrativo do Serviço Público (Dasp) e para o serviço público em Niterói. Mantém vínculos com a imprensa, mas seu ingresso no Estado é feito em postos modestos do funcionalismo público. Por outro lado, não existia ainda faculdade de economia no país, que só será criada nos anos de pós-guerra[162]. O serviço militar, prestado em momento em que o governo brasileiro decidiu atender aos apelos de Roosevelt para que o Exército brasileiro participasse da guerra, vai significar a partida para a campanha da Itália, em momento da ofensiva final dos Aliados. A ida à Europa, respirar os "ares do mundo", altera radicalmente suas chances de carreira tanto do ponto de vista intelectual como de acesso à alta administração do Estado.

## FARDA PARA IR À EUROPA

*A fantasia organizada* tem por marco inicial a presença de Celso Furtado como oficial das tropas brasileiras em relação com as tropas norte-americanas e termina com sua estadia em Cambridge na Grã-Bretanha, no interior dos círculos keynesianos de mais alta notoriedade mundial, onde redigiu *Formação econômica do Brasil*, passaporte para o retorno como um dos pensadores mais promissores da nova geração (tinha então 38 anos) e como "técnico" de fama internacional, disponível para apontar novos caminhos para as políticas públicas de promoção do desenvolvimento. Nesse livro é contada a saga da Cepal, as incertezas sobre sua continuidade institucional, a formulação de pro-

---

162 Cf. Ciro Biderman; Luis Cozac; José Rego, *op. cit.*; e Maria Rita Loureiro, *op. cit.*

jeto original associado a Estados nacionais dotados de dispositivos de planejamento capazes de assegurar seu papel histórico de promotores da industrialização e do bem--estar material que contribuiriam para criar. O investimento de Celso Furtado nesse empreendimento é tanto intelectual, buscando entender e explicar como é possível dotar o Estado de meios de promover o debate sobre os modos de industrializar a nação, quanto político, engajando-se nas batalhas diplomáticas e nas polêmicas jornalísticas que permitiram salvar a Cepal de todas as tentativas de liquidá-la como centro de pesquisa e ensino, já que não rezava pelo catecismo pregado por Washington ou Londres. Assim o périplo internacional, que começa no final da Segunda Guerra Mundial, torna possível a posição de primeiríssimo plano que assumirá Furtado entre 1959 e abril de 1964, tanto como dirigente da Superintendência do Nordeste, a Sudene, quanto como formulador do projeto nacionalista de desenvolvimento autossustentado. É o que será contado em *A fantasia desfeita*, que termina com as lembranças do golpe militar e a deposição do governador Miguel Arraes, em seu palácio no Recife. Desta feita, não mais iria ao exterior como mandatário de missão nacional, mas como exilado, privado de seus direitos políticos. A carreira universitária no exterior se inicia com a perda de acesso aos cargos da alta administração em seu país de origem. Os percalços do exílio durante a ditadura militar constituem a matéria básica da obra que finda a trilogia, *Os ares do mundo*. O reingresso na carreira política com a Nova República, tanto como embaixador junto à Comunidade Europeia, quanto na atividade de ministro da Cultura, não foi objeto de memórias; sua notoriedade como pensador foi reforçada por sua acolhida na Academia Brasileira de Letras e na Academia Brasileira de Ciências. Em 2002, com a eleição de Lula à Presidência da República, figurou Celso Furtado entre os raros intelectuais a que o novo mandatário supremo fez questão de agradecer o apoio por visita à sua residência em Copacabana.

As memórias de Celso Furtado estão portanto marcadas por um duplo olhar sobre sua vida e sobre a vida da nação: de um lado sente-se a perspectiva do intelectual engajado em lutas por transformações políticas, econômicas e sociais que assegurem o poder de decisão da coletividade nacional sobre seu futuro e favoráveis aos setores mais desprovidos da população; de outro vê-se o pensador conectado com os debates dos centros intelectuais mais avançados e atento à evolução do cenário econômico e político mundial. Contrariamente aos nacionalismos europeus da atualidade, que tentam promover o recuo das interações econômicas e políticas para dentro de fronteiras bem delimitadas, a postura nacionalista de Celso Furtado está voltada para incrementar o volume de decisões sobre o destino da coletividade nacional e permitir maior projeção e participação de seu país no concerto internacional.

A retomada da trilogia citada acima, redigida entre 1985 e 1991, em edição cuidada da mesma editora Paz e Terra, com a inclusão de livro de contos sobre a vivência de soldados brasileiros durante a Segunda Guerra Mundial, e igualmente de artigo redigido para revista da Unesco e outro para publicação do Banco Mundial, recebeu o título de *Obra autobiográfica de Celso Furtado*. *A fantasia organizada* foi dedicado à jornalista Rosa Freire de Aguiar, com quem se casou em 1979, pela segunda vez, e que "me encorajou a escrever este livro e colaborou na preparação final do texto"; a edição completa da obra autobiográfica reserva uma página de rosto onde é mencionado "edição: Rosa Freire de Aguiar". A parceria na recuperação de lembranças e de textos que as objetivaram é assim assinalada.

## HIPÓTESES NOVAS ATRAVÉS DO CONHECIMENTO INTERNACIONAL

Observações sobre a motivação para voltar à Europa inscrevem sua partida sobretudo como jornalista, já que não dispunha de estudos precedentes em economia, fora de suas incursões nesse terreno como autodidata. A condição de "observador" da cena europeia, embora mais "nobre" à primeira vista que a de simples estudante, não era tanta novidade, pois frequente entre membros da elite brasileira menos aquinhoados, precisando financiar suas estadias como correspondentes de periódicos no Brasil (fora este o caso de Sérgio Buarque de Holanda nos anos 1930). Muito mais raros eram os jovens brasileiros que partiam para a Europa, ou para os Estados Unidos, para fazer estudos doutorais, entrando na competição futura pelos cargos internacionais, ou nacionais, que exigiam títulos e competências muito superiores àqueles de que dispunham os grupos dirigentes antes da guerra. Os combates finais da guerra mostraram que os avanços científicos e tecnológicos, sobretudo no domínio da física nuclear, mas também no da bioquímica, tinham se tornado os elementos-chave da condição de potência mundial. Apenas ser herdeiro de cultura multissecular, por mais refinada que fosse, por maior reverência e admiração que suscitasse em escala planetária, não assegurava a país algum ter domínio sobre o seu futuro. Afinal, as nações asiáticas ou do Oriente Médio, de cultura milenar, como Índia, China, Camboja, Indonésia, Egito, Irã etc., dispunham de monumentos arquiteturais, esculturais, pictóricos e literários de notoriedade sem equivalência no Ocidente, mas estavam todas reduzidas à situação de colônia ou, no melhor dos casos, à de "protetorado" de países europeus. Em contraponto, o esforço de reerguer as economias nacionais e de estimular o comércio internacional tornou-se prioridade absoluta das agendas políticas nacionais e internacionais; competências neste domínio passaram a ser altamente valorizadas e dotavam seus possuidores de horizontes amplos para exercê-las.

Celso Furtado vai desfrutar posteriormente da condição de um dos raríssimos casos de economistas de sua geração no Brasil que obtiveram diploma de doutorado, mesmo se comparado aos herdeiros de grandes famílias com fácil acesso ao universo cosmopolita, como era o caso de Eugênio Gudin e seu sobrinho Mário Henrique Simonsen. Mesmo Roberto Campos, que se inscreveu em estudos doutorais nos Estados Unidos graças à sua nomeação para aquele país como diplomata de carreira, não chegou a defender tese e obter o diploma de Columbia[163]. Segundo o repertório de teses sobre o Brasil defendidas na França[164], apenas duas outras teses em economia foram defendidas antes da de Furtado. Ele foi sem dúvida pioneiro ao investir em estudos doutorais em economia em centros de excelência internacional. De fato, logo teve de abandonar a postura de "observador" da cena europeia, como o fora Joaquim Nabuco no século XIX, segundo o registro de *Minha formação*, para cavar a entrada em doutorados de primeiro plano internacional e, assim, ter acesso aos círculos dirigentes brasileiros e internacionais de economistas, formados em meados dos anos 1960[165]. Nesse sentido as decisões de Furtado sobre doutorado na Europa prefiguram

---

163 Cf. Ciro Biderman; Luis Cozac; José Rego, *op. cit.*
164 Organizado por Anita Saboia Clemens no Centre de Recherches sur le Brésil Colonial et Contemporain/École des Hautes Études en Sciences (CRBC/EHESS). Cf. Anita S. Clemens, "Catalogue général de thèses sur le Brésil", *Cahiers du Brésil Contemporain*, hors-série, Paris: Editions de la Maison des Sciences de l'Homme, 2000.
165 Cf. Maria Rita Loureiro, *op. cit.*, e Yves Dezalay; Bryan Garth, *La mondialisation des guerres de palais*, Paris: Seuil, 2002.

investimentos incontornáveis para gerações posteriores de aspirantes aos círculos dirigentes, sobretudo aqueles voltados para a economia.

Começou por tentar lugar na potência vencedora da guerra, a Grã-Bretanha, mas logo se defrontou com as restrições em vigor, pois "tudo era medido e contado e as escolas superiores estavam praticamente fechadas para quem não fosse veterano das forças armadas de Sua Majestade"[166]. Tomou então contato em Paris com Maurice Byé, integrante da missão francesa junto à Universidade do Brasil e que fora privado da nacionalidade francesa, por ter o governo de Vichy punido dessa forma os que aderiram às Forças Francesas Livres, comandadas por De Gaulle. Esse professor o ajudou a racionalizar sua estada na França, pois "foi por conselho seu que me inscrevi para preparar uma tese de doutorado em economia", embora Furtado reafirmasse, ainda em 1985, que "na época em nada me atraíam os títulos, particularmente universitários"[167]. Inscreveu-se igualmente no Institut d'Études Politiques (IEP) de Paris, mais conhecido por Sciences Po, escola superior formadora da "nobreza de Estado", segundo Pierre Bourdieu[168]. Frequentou, portanto, "a fina flor dos futuros quadros dirigentes do país, em grande parte filhos de profissionais de nível universitário e também os remanescentes da *haute bourgeoisie*"[169]. Maurice Byé era especialista em comércio internacional, mas para Furtado era difícil pesquisar desequilíbrios externos daquela época, por ausência de dados estatísticos confiáveis. Graças a Paulo Emilio Salles Gomes, também estudando em Paris à época, Furtado teve acesso à bem sortida biblioteca brasiliana, o que lhe possibilitou estudar a economia colonial brasileira no período do açúcar. Maurice Byé, que não era especialista em história econômica, exigiu então a comparação com a economia açucareira das Antilhas francesas; e foi assim que Celso Furtado começou a privilegiar o ângulo da economia internacional para enfocar as dinâmicas próprias das grandes plantações brasileiras. Em suas palavras: "Minha visão internacional da economia brasileira começou com esse exercício"[170]. Não através de dados de antigos engenhos para estudar as conexões com o mercado mundial do açúcar, mas por meio de análises da flutuação dos mercados do açúcar e seus reflexos na economia brasileira.

Além dos conhecimentos adquiridos ao redigir a tese de doutorado, sua realização permitiu mudar o patamar de sua carreira ao retornar ao Brasil. Além da retomada de suas funções nos estratos inferiores da burocracia pública brasileira, Furtado passou a integrar a equipe responsável pela revista *Conjuntura Econômica* da Fundação Getúlio Vargas, onde havia sido montado um centro de estatísticas sobre contas nacionais, ou seja, as variáveis-chave do modelo de Keynes para os equilíbrios macroeconômicos, como renda nacional, investimento público e privado etc. A vinda de missão americana presidida por homens de negócios, a Missão Abbink, suscitou a esperança de que um Plano Marshall estaria sendo concebido para dotar a economia brasileira de dinamismo equivalente ao da recuperação europeia; o debate sobre a soberania nacional foi virulento, ainda mais porque a missão teve por fim último apenas dimensionar a eventual inadimplência do Brasil, face à sua capacidade reduzida de pagamento de suas dívidas internacionais.

---

166 Celso Furtado, *A fantasia organizada, op. cit.*, p. 14.
167 *Ibidem*, p. 19.
168 Pierre Bourdieu, *op. cit.*
169 Celso Furtado, *A fantasia organizada, op. cit.*, p. 19.
170 *Ibidem*, p. 20.

Nessa época, chega a notícia da instalação da Comissão Econômica das Nações Unidas em Santiago, com pedido a Otávio Gouveia de Bulhões, então chefe da divisão de Estudos Econômicos e Financeiros ligada ao Ministério da Fazenda, que indicasse um economista brasileiro. Para surpresa de Bulhões, Celso Furtado pleiteou esse posto; vários foram os colegas que tentaram dissuadi-lo, alegando que os Estados Unidos haviam combatido a criação da Cepal e que seu mandato era temporário. O secretário executivo da Comissão, em ida ao Rio, foi recebido por Celso Furtado e se mostrou bem pouco receptivo à ideia de acolhê-lo em Santiago. Porém, não teve como recusar a indicação formal de Bulhões do nome de Celso Furtado, mas este teve que viajar às suas custas para poder se apresentar no dia fixado nos escritórios de Santiago. Ali chegando, soube que outro funcionário, de origem cubana, havia tentado sustar sua nomeação, alegando que "nunca seria um economista aproveitável"[171]. Diante de tantos obstáculos, cabe interrogar por que Celso Furtado investiu tanto nessa oportunidade de tornar-se funcionário das Nações Unidas, baseado em Santiago do Chile. A ausência de competidores para essa função diz muito sobre o interesse restrito que tinha para pretendentes a círculos dirigentes brasileiros ou internacionais. No livro de memórias, nenhum outro acontecimento relevante é aventado; na cronologia apresentada no primeiro tomo, há referência ao casamento com a química de origem argentina, Lucia Pieva Tosi, no segundo semestre de 1948, e ao primeiro filho do casal, Mario Tosi Furtado, nascido no ano seguinte. Possivelmente a residência em Santiago, metrópole de certa forma equidistante entre Buenos Aires e o Rio de Janeiro, tivesse atrativos outros que razões de ordem intelectual, política ou profissional. Ressalte-se ainda que o ambiente inicial de trabalho na Cepal foi decepcionante, sobretudo pela ausência de diálogo estimulante entre colegas, em virtude de recrutamento de jovens de elite latino-americanos com doutorado nos Estados Unidos e aspirações muito limitadas.

## A OUSADIA DE ECONOMISTAS PERIFÉRICOS

Apenas em fevereiro de 1949 as coisas começaram a mudar, com a chegada de Raúl Prebisch, criador do Banco Central Argentino e, segundo as lembranças de Furtado, "sem lugar a dúvida, o único economista latino-americano de renome internacional"[172]. Em um primeiro momento não houve muita interação com a equipe da Cepal em funcionamento; em seguida, Prebisch distribuiu *paper* subitamente recolhido, onde apresentava teses ligadas a confrontos havidos sobre controles de câmbio na América Latina, contra a vontade de Washington. Apenas às vésperas da conferência de Havana, Prebisch distribuiu novo texto com quadros e gráficos, onde o tom era incisivo, pois Celso Furtado o qualifica de "manifesto que conclamava os países latino-americanos a engajar-se na industrialização"; desde o princípio "o ataque à ordem internacional existente e seus ideólogos era direto: nessa ordem "não cabia a industrialização dos países novos"; se os latino-americanos não possuíam uma correta interpretação teórica, sabiam ser necessário abandonar "a ótica dos centros mun-

---

171 *Ibidem*, p. 52.
172 *Ibidem*, p. 58.

diais"[173]. A crítica central estava voltada para o caráter da divisão internacional do trabalho, pois as "relações de troca evoluíram persistentemente contra os países da periferia"[174]. Data desse momento a aproximação intelectual e afetiva entre Raúl Prebisch e Furtado, com o jovem economista aderindo à teorização proposta por Prebisch, se prontificando a traduzir o texto para o português e a editá-lo na *Revista Brasileira de Economia (RBE)*, reduto por excelência do pensamento ortodoxo no Brasil.

Adversário de Perón, Prebisch não dispunha de cobertura diplomática em seu país de origem; a aliança com Celso Furtado dotava-o de um jovem discípulo que difundia suas formulações polêmicas, em um Brasil que ensaiava desde a guerra a arrancada para a industrialização. Celso Furtado vai usar as interrogações de Prebisch para conceber novas explicações do processo de industrialização no Brasil, processo que seria chamado de *substituição de importações*: a crise de 1930 não levara à falência as unidades agroexportadoras de café porque houvera "socialização das perdas", tendo o Estado adquirido em moeda nacional os estoques invendáveis (e os destruído). A redução de divisas estrangeiras limitava as aquisições de produtos importados, elevando seus preços em moeda nacional, o que dotava as indústrias locais de competitividade superior. Começa, assim, o crescimento apoiado na produção industrial que reconduz o gargalo na capacidade de importar, permitindo à indústria avançar, sobretudo quando as previsões de órgãos públicos antecipam os maiores gargalos a cada passo. Além de tudo, a interdependência criada entre as várias empresas e setores industriais permitia unificar o enorme espaço territorial brasileiro, até então ocupado por ilhas de grandes plantações voltadas para o comércio exterior, mas pouco ou nada vinculadas entre si. O novo modo de interligar todos os setores econômicos dava solidez e consistência às decisões tomadas com base no que podia ser observado no interior do território do país. Conclusão lógica: a industrialização "estava cimentando a nacionalidade"[175]. Esse ensaio, preparado durante o segundo semestre de 1949, será publicado pela mesma *RBE* em março de 1950. O dueto Prebisch-Furtado começava assim a propor novas problemáticas a serem investigadas na articulação agricultura de exportação-indústria, e também nos modos de gerir as sucessivas crises cambiais, abrindo o espaço de alternativas para ação do Estado como promotor do crescimento econômico e de uma melhor distribuição dos incrementos de renda assim obtidos. A fecundidade intelectual das questões impostas pela Cepal apontava novos caminhos para as economias latino-americanas e logo se duplicou por conceber modalidades de programação de políticas públicas para assegurar a continuidade (hoje se falaria de sustentabilidade) de longo prazo desse crescimento.

Esse dueto entre Furtado e Prebisch seria reforçado ao enfrentarem a ameaça à liquidação da Comissão, com a manobra da diplomacia norte-americana de absorver seus "serviços" no quadro da Organização dos Estados Americanos (OEA), muito mais dócil a Washington que a arena da ONU. Com a passagem de Prebisch à posição de secretário-geral da Comissão em 1950, com sua postura independente ante as instâncias superiores na ONU e sua aproximação com economistas da assessoria econômica do segundo governo de Vargas, além do acirramento da guerra fria com

---

173 *Ibidem*, p. 60.
174 *Ibidem*, p. 61.
175 *Ibidem*, p. 70.

os combates na Coreia, as restrições à Cepal aumentaram no interior da diplomacia norte-americana, com boatos constantes sobre o fechamento futuro da Cepal. Um embate decisivo teve lugar na conferência do México, em 1951, onde as instruções enviadas por Getúlio Vargas fizeram ruir todas as manobras norte-americanas contra a Cepal e sua crescente autonomia intelectual, para forjar instrumentos de identificação dos obstáculos à industrialização e à partilha mais equânime de seus frutos. Prebisch solicita audiência de agradecimento à Getúlio Vargas, assegurada pela mediação do colega de Liceu Paraibano de Furtado, Cleantho Leite, à época vinculado à poderosa assessoria econômica de Vargas. A conversa demonstrou a Prebisch que Vargas lhe garantiria apoio duradouro junto à ONU e seus organismos, e mostrou a Getúlio que as escolhas pragmáticas que fizera tinham fundamento teórico, proposto por economistas de renome na cena internacional, embora em círculos periféricos. Tudo isso mediado por um jovem nordestino de 30 anos, amigo de membro de sua assessoria. As lembranças de Furtado mereceram o seguinte registro:

> Vargas ouvia com inequívoco interesse ("uma daquelas sínteses magistrais de Prebisch"). Ele havia sido o homem da industrialização, mas a tateios, lutando contra a "boa doutrina" dos mestres da época. Agora ouvia uma demonstração lapidar de que havia feito a escolha certa. [...] Vargas praticamente iniciava seu novo governo e parecia decidido a imprimir-lhe um cunho altamente industrialista. Agora tomava conhecimento de que havia todo um movimento de ideias, na América Latina, em prol dessa política, de que não estava só[176].

Por conseguinte, o depoimento de Furtado demonstra como o pensamento inovador da Cepal supôs suportes políticos fruto de profundos investimentos pessoais em duas frentes diferentes. Uma delas no plano do conhecimento, tanto pela busca e tratamento de informações sobre as economias de diferentes países latino-americanos, permitindo entender como as crises sucessivas das atividades agroexportadoras, ou de exploração de minérios como no Chile, poderiam desembocar em industrialização através de substituição de importações, atraindo os centros dinâmicos e as decisões para o interior das arenas nacionais. A outra frente fundamental de investimentos pessoais implicava construir as bases políticas e diplomáticas que assegurassem a existência dessa instituição internacional no longo prazo. Prebisch e Furtado pertenciam a gerações diferentes e a frações dirigentes diferentes em seus países de origem, pois não há registros de proximidade de Furtado com elites agrárias brasileiras, como é o caso de Prebisch em início de carreira. Os vínculos com as negociações internacionais ante os preços de bens agrícolas, como o trigo e a carne, foram minuciosa e brilhantemente estudados por Joseph Love[177], que chama ainda a atenção para a origem social bem mais elevada do argentino em relação ao seu discípulo brasileiro.

Não detalharemos aqui as polêmicas retomadas em detalhe entre os tenores do pensamento neoclássico, sobretudo Gudin e Bulhões, e os economistas da Cepal,

---

176 *Ibidem*, pp. 122-3.
177 Joseph Love, *Crafting the Third World: Theorizing Underdevelopment in Rumania and in Brazil*, Stanford: Stanford University Press, 1996.

sobretudo a dupla Prebisch e Furtado. Não foram apenas economistas e diplomatas norte-americanos que buscaram se opor a essa nova corrente de pensamento e à força das instituições internacionais por eles controladas; de maneira crescente constituiu-se uma frente de economistas liberais no Brasil, sobretudo encastelados na Fundação Getúlio Vargas (FGV), com crescente vinculação com departamentos das universidades norte-americanas, de maneira homóloga aos "Chicago Boys" em época posterior em Santiago, para contestar as teses propostas pela Cepal e para reafirmar o primado de política econômica restrita à política fiscal e monetária. Como ressaltou Loureiro, esboça-se nesse momento um "campo dos economistas", na acepção de Pierre Bourdieu, de microcosmos dotados de força centrípeta, onde os especialistas disputam sobretudo a palavra autorizada[178]. Celso Furtado detalha também como foi constituído o "grupo misto" Cepal/BNDE, sob sua coordenação, ainda em 1953, para estudar os pontos de estrangulamento do processo de industrialização brasileiro. Data dessa mesma época a preparação de seu primeiro livro intitulado *A economia brasileira*, publicado em 1954 pela editora A Noite. Mas a ponte para seu retorno ao Brasil em 1958 foi reforçada com a crise que redundou no suicídio de Vargas. Furtado apresenta seu testemunho nos seguintes termos: "Criado o trauma, a campanha eleitoral de 1955 concentrou-se em torno da ideia de prosseguir ou não com a política de Vargas, vale dizer dar continuidade ao esforço de industrialização ou negar-lhe validade"[179]. Na urgência, e diante de vivas polêmicas, a equipe de Juscelino Kubitscheck pôde retomar as metas calculadas pelo grupo misto Cepal/BNDE, pois "ali estavam calculadas as metas de todos os setores estratégicos, com explicitação do esforço de investimentos a ser realizados"[180]. Assim, Celso Furtado passava a figurar como personagem ainda nos bastidores, mas com participação direta na definição das orientações a serem imprimidas ao esforço econômico mobilizado a partir do Estado.

Antes do retorno ao país natal, porém, ele decide passar um ano no reduto mais duro do keynesianismo, a convite de Nicholas Kaldor, em 1957, para estadia ligada a estudos, pesquisas e conhecimento mais acurado dos debates internacionais mais relevantes sobre crescimento econômico. Ir para Cambridge naquele momento significava dialogar com o centro de formação doutoral e de pesquisas de ponta em economia de maior fama em todo o mundo. Em certo sentido, pode-se aproximar essa estada em Cambridge do que seria considerado nos anos 1980 um pós-doutorado no exterior, diversificando os centros de excelência a que teve acesso direto.

Com as mudanças políticas na Argentina a partir da queda de Perón, Prebisch havia retornado ao país de origem; desse modo, todos os investimentos intelectuais e políticos do dueto não foram concentrados apenas no fortalecimento da instituição internacional da Cepal, mas multiplicaram-se com a inscrição de cada um dos parceiros em círculos políticos de seus países respectivos. Fato é que, a partir de 1953-54, nota-se que Celso Furtado passa a investir prioritariamente na cena brasileira, como demonstra a publicação de sua obra como economista que começa a ser editada nesse momento. Contudo, as controvérsias que a Cepal desencadeou foram eminentemente internacionais e os ataques se dirigiam à pertinência e uni-

---

178 Cf. Maria Rita Loureiro, *op. cit.*; e Pierre Bourdieu, *Les structures sociales de l'économie*, Paris: Seuil, 2000.
179 Celso Furtado, *A fantasia organizada*, *op. cit.*, p. 175.
180 *Ibidem*.

cidade das hipóteses em que se assentavam diante do conhecimento econômico utilizado na Europa ocidental, sobretudo na Inglaterra e na França, assim como nos Estados Unidos. Abrir espaço para o conceito de "subdesenvolvimento", onde se pensava o caminho particular do crescimento econômico em "países periféricos", implicava restringir a abrangência da teoria econômica então existente, que de "geral" e "universal" passava a ter validade restrita a países ditos "centrais", "industrializados" ou "desenvolvidos". A heterogeneidade do espaço econômico internacional passa a primeiro plano. Esse esforço propriamente conceitual e crítico começou nos primeiros textos da Cepal, sobretudo na famoso relatório de 1949[181]. Como ressalta Joseph Love, Prebisch era um bom conhecedor da obra de John Maynard Keynes e havia publicado um livro sobre suas teorias[182]. Ao aceitar o convite de Cambridge, financiado por bolsa da Fundação Rockefeller, Furtado dava continuidade, de certa forma, a investimentos intelectuais feitos na Cepal, retomando como quadro teórico questões e conceitos proposto por Keynes. Na segunda metade dos anos 1950, o keynesianismo fornecia o quadro teórico hegemônico, tanto na Europa como nos Estados Unidos, e Cambridge se afirmara como polo central do cenário mundial. Segundo Furtado, embora não dominantes institucionalmente, teóricos como Nicholas Kaldor, Joan Robinson, Piero Sraffa, Amartya Sen impulsionavam debates sobre o processo de acumulação de capital, os dois primeiros tendo publicado à época obras de referência sobre o assunto. A controvérsia com os neoclássicos norte-americanos, sobre a função de produção macroeconômica e as maneiras de operacionalizá-la, contribuiu ainda mais para sublinhar a fecundidade científica dos "keynesianos de esquerda" de Cambridge, no Reino Unido.

Foi nesse quadro estimulante, de retorno ao quadro conceitual proposto por Keynes para pensar o processo de crescimento econômico e a acumulação de capital que o torna possível, que Celso Furtado retomou seus trabalhos precedentes sobre o Brasil e redigiu seu livro de maior impacto intelectual: *Formação econômica do Brasil*. Iniciando o trabalho pelo exame da economia do açúcar desde o século XVI, tema abordado em sua tese de doutorado, passando pela economia do café e o estudo das políticas econômicas adotadas para tentar controlar as flutuações do mercado internacional, com uso de recursos do Tesouro Nacional para defender os rendimentos das elites agrárias hegemônicas, consolidava interpretação original para explicar a passagem da economia de *plantation*, voltada para mercados do hemisfério norte, à economia industrial dotada de molas de crescimento internas. Não houve propriamente novidade historiográfica nesse trabalho, por uso de fontes inéditas, nem acesso a arquivos desconhecidos, mas sim uma elaboração sistemática de hipóteses extraídas do quadro teórico keynesiano para repensar dados disponíveis em trabalhos historiográficos ou de estatísticas econômicas analisadas dentro da FGV e da Cepal. O depoimento de Celso Furtado revela lucidez e honestidade intelectual:

> Foi dessa ideia [elaborar o modelo da economia do açúcar] que surgiu a *Formação econômica do Brasil*, redigido entre novembro de 1957 e fevereiro de 1958

---

181 Cepal, *Estudio económico de América Latina 1949*, Nueva York: Naciones Unidas, Comisión Económica para América Latina, 1950.
182 Joseph Love, *op. cit*.

nas "sobras de tempo" que ia furtando ao festival do debate teórico. [...] O livro seria uma coleção de hipóteses com demonstrações apenas iniciadas ou sugeridas. Os detalhes historiográficos seriam praticamente omitidos, para que o leitor captasse facilmente o movimento do tempo do conjunto observado[183].

O qualificativo de sua obra como um "vasto afresco" define bem o teor do livro, que tinha o valor de propor novas interrogações e novo quadro conceitual para se pensar a "economia brasileira". Sua notoriedade como "teórico do subdesenvolvimento" se afirmou a partir de então, passando de jovem promissor, importante nos bastidores do poder, à liderança intelectual no Brasil com projeção internacional. Para essa notoriedade nacional, referendada por prestígio internacional, contribuiu fortemente a publicação de *Desenvolvimento e subdesenvolvimento* em 1961, no momento em que já se firmara como "técnico" e administrador inovador através da Sudene. Retomava trabalhos publicados nos últimos dez anos, adicionando capítulos inéditos dedicados a explicitar dinâmicas particulares de economias subdesenvolvidas[184].

O livro encontrou amplo sucesso de crítica e de público com duas edições no mesmo ano de lançamento e quatro até 1965; logo foi traduzido ao espanhol (1964), ao inglês (1964) e ao francês (1966), o que contribuiu para a inserção universitária posterior durante seu exílio. Assim, o retorno ao Brasil, durante a presidência de JK, não o desvinculou de debates da ciência econômica a nível internacional, como poderia acontecer se oferecesse modelos cuja validade seria restrita às fronteiras brasileiras, mas reforçou sua estratégia de desafio às teorias hegemônicas em escala planetária e de elaboração de quadro conceitual original e distinto. Francisco de Oliveira, seu braço direito na Sudene, cunhou uma expressão para definir o ímpeto com que retornou para os debates intelectuais e políticos brasileiros desde finais de 1958, e o sentido de missão para com as próximas gerações de brasileiros, até o voo ser interrompido pelo golpe militar de abril 1964: "demiurgo do Brasil"[185].

## DEMIURGO SEM TROPAS, CONSTRUÇÃO INTERROMPIDA

A publicação de *Formação econômica do Brasil* permitiu a Celso Furtado retomar seus trabalhos anteriores desde a tese de doutorado na França, passando pelos trabalhos realizados dentro do quadro da Cepal, até os livros editados no Brasil, para explicar a especificidade da industrialização brasileira, que não fora impulsionada por política protecionista assegurada pelo Estado nacional, mas efeito não intencional da política de proteção aos interesses agroexportadores, sobretudo de defesa das elites de cafeicultores de São Paulo. Essa hipótese tinha a vantagem adicional de tentar explicar, de forma plausível, como havia ações do Estado que favoreceram as indústrias nascentes, e a interdependência entre os vários ramos de indústria, sob clara hegemonia do pensamento de elites conservadoras e adeptas da tese do caráter inelutável da "divisão internacional do trabalho", que imporia ao

---

183 Celso Furtado, *A fantasia organizada, op. cit.*, p. 205.
184 Cf. Rosa F. D'Aguiar Furtado, "Apresentação", *in*: Celso Furtado, *Desenvolvimento e subdesenvolvimento*, Rio de Janeiro: Centro Internacional Celso Furtado de Políticas para o Desenvolvimento; Contraponto, 2009, p. 11.
185 Francisco de Oliveira, "A navegação venturosa", *in*: Francisco de Oliveira (org.), *Celso Furtado: economia*, São Paulo: Ática, 1983.

Brasil a especialização na produção de alimentos e matérias-primas tropicais. Tese que se ajustava perfeitamente aos interesses agroexportadores que, diante de efeitos de crise internacional, lograram impor, desde o regime de 1930, organismos como o Instituto Brasileiro do Café, o Instituto do Açúcar e do Álcool, o Instituto Brasileiro do Cacau, entre outros, que controlavam completamente as decisões de produção e comercialização interna e externa dessas agroindústrias, financiando o déficit de tais empreendimentos, sempre que havia evoluções desfavoráveis dos preços internacionais, com recursos do Tesouro Nacional, agravando as fontes de inflação no país. Note-se que tanto Celso Furtado como os demais colaboradores da Cepal sempre tentaram demonstrar que essa via de industrialização era a de maior custo social, e que a industrialização poderia prosseguir deixando falir os empreendimentos agroexportadores sem condições de concorrência a nível internacional e nacional, aproveitando tal ocasião para redistribuir o patrimônio fundiário sem aproveitamento agrícola (os "latifúndios improdutivos"), através de ampla reforma agrária. Havia vias alternativas de crescimento econômico, e de desenvolvimento capitalista, que permitiriam a melhoria das condições de vida de trabalhadores do campo e da cidade. Por conseguinte, a análise do legado histórico da economia brasileira abria os horizontes para entender a multiplicidade de atores sociais e políticos com interesses conflitantes, bem como a diversidade de caminhos a que o crescimento industrial, e a urbanização que favorecia, poderia estar associado. O retorno de Celso Furtado ao Brasil em 1958 se deu, assim, como autor de mensagem mobilizadora, fundada em arquitetura conceitual referendada por um dos mais importantes centros do pensamento econômico – Cambridge, no Reino Unido –, herdeiros de Keynes, numa época em que tinham hegemonia mesmo entre os economistas norte-americanos. Note-se também que seu retorno contou com apoio do grupo de economistas polarizado pela FGV do Rio de Janeiro, pois a nomeação de Lucas Lopes para ministro da Fazenda de Juscelino elevou Roberto Campos à condição de presidente do BNDE, entrando Furtado como diretor de desenvolvimento regional. Celso Furtado se situou em ponto mediano entre os neoclássicos da FGV, por um lado, e os marxistas da assessoria econômica de Vargas, por outro.

De fato, o que tornam claro as memórias publicadas no livro *A fantasia desfeita*, organizadas como o segundo tomo de *A fantasia organizada*, é que as responsabilidades assumidas por Celso Furtado para promover a industrialização de sua região natal – o Nordeste – implicaram o uso de sua notoriedade internacional e de seus contatos políticos na mais alta esfera do Estado brasileiro para se impor na arena regional. Sua imagem – fotos, gravuras, filmes – e seu sotaque nordestino insofismável pareciam sugerir que sua liderança se impusera naturalmente, pelo seu brilhantismo, desde a cena local e regional até chegar aos mais altos escalões da política nacional e internacional. Mas foi exatamente o inverso que ocorreu, o que explica também que foi na condição de adversário declarado das elites agrárias e conservadoras nordestinas, as mais tradicionais em um país colonizado a partir do século XVI, que instituiu a agência federal para dinamizar e promover melhorias econômicas e sociais capazes de reverter o declínio secular da região e sua integração no esforço nacional de industrialização. Essa inovação institucional se inscreveu, sem dúvida, na tentativa havida, no período de 1959-64, de renovação das lideranças nordestinas; em abril de 1964, quando tropas do Exército depuseram o governador de Pernambuco Miguel Arraes no Recife, Furtado estava ao seu lado: o relato apresentado nessa "Fantasia 2" é simbólico de como foi abortada uma ação coletiva de resultados até então encorajadores. Retrospectivamente, ele assinala como as disparidades regionais, acrescidas da evolução concentrada no Centro-Sul, estavam provocando tensões fortes, e que esperava contribuir para a "renovação dos quadros políticos":

> A alarmante decadência do Nordeste, em mãos de uma velha classe de políticos predatórios, numa fase de forte crescimento do Centro-Sul, como eram os anos 50, induzia a pensar que o país, como um sonâmbulo, caminhava para o despenhadeiro. [...] O presente livro recolhe um testemunho em torno do considerável esforço realizado, com a chamada Operação Nordeste, para mudar o rumo da história da região. Esse esforço se inseria em amplo processo de mudança social, todo ele orientado para recuperar o atraso político e abrir espaço a fim de que parcelas crescentes da população regional assimilassem na plenitude os direitos de cidadania. Verdadeiras mudanças não poderiam vir senão da renovação dos quadros políticos, com o aumento de sua representatividade e a rejeição, para um desvão da história, das velhas oligarquias[186].

Cabe considerar que o voluntarismo do plano de metas de Juscelino Kubitschek provocou, sem dúvida, crescimento econômico, mas associado à meta de construir Brasília a partir do nada, não prevista pelos economistas do BNDE; para inaugurá-la antes do fim de seu mandato presidencial, os investimentos públicos provocaram uma aceleração da inflação e o aumento da dívida externa. Em 1958, as críticas à política econômica de JK aumentaram e o Fundo Monetário Internacional (FMI) pressionou para que se reduzisse a velocidade das obras públicas e se desse prioridade ao combate inflacionário. Internamente, as críticas de adversários políticos aumentavam porque 1957 havia conhecido forte seca na região Nordeste – fato que teve ainda maior repercussão porque o maior adversário de JK nas eleições presidenciais, após a morte traumática de Vargas, fora Juarez Távora, justamente originário de família do sertão do Ceará. Desde 1954 implantaram-se em Pernambuco as Ligas Camponesas lideradas por Francisco Julião, reivindicando direitos sociais para o campesinato e propugnando reforma agrária, em quebra frontal do monopólio da representação política em mãos de grandes senhores de terra. Mesmo a Igreja Católica, sobretudo com a chegada de dom Helder Câmara ao Recife, chamava a atenção para a pobreza na região e a ameaça potencial que isso representava. Celso Furtado relata em suas memórias que foi nesse quadro de crise política que Juscelino convidou ao palácio vários atores da arena política, como o próprio dom Helder, e também o novo diretor do BNDE, para refletirem sobre o combate às disparidades regionais. Furtado aproveitou essa ocasião para uma crítica em regra dos modos de intervenção do Estado federal na região Nordeste e para validar os resultados dos estudos feitos recentemente por sua equipe no BNDE.

O economista chamou a atenção para o fato de que, através da política de combate às secas desde o governo de Epitácio Pessoa, retomadas em maior amplitude com a criação do Departamento Nacional de Obras contra as Secas (DNOCS) em 1932, justamente por políticos de sua Paraíba natal, o governo federal nada mais fize-

---
186 Celso Furtado, *A fantasia desfeita*, São Paulo: Paz e Terra, 1989, p. 11.

ra do que subsidiar a retenção de camponeses explorados violentamente por grandes proprietários de terra, alimentando-os e atribuindo pagamentos irrisórios, e realizando obras de construção de açudes e de estradas que valorizavam as terras dos grandes proprietários uma vez terminada a seca. Assim desvelou o paradoxo: quem mais vocalizava a miséria da região eram elites que se aproveitavam das modalidades de combate às crises cíclicas. Furtado mostrou ainda que as águas retidas em barragens e açudes não beneficiavam a produção de alimentos em roçados e sítios de camponeses, mas ficavam esterilizadas por fazendas de pecuária ao seu redor. Caso o governo quisesse impedir o caráter cíclico das crises, deveria concentrar seus esforços no estímulo à produção de alimentos, o que significava privilegiar camponeses e médios proprietários, não os fazendeiros. Por outro lado, o verdadeiro remédio para conter a emigração, que acompanhava a constatação de salários mais elevados na indústria do Centro-Sul, era promover a industrialização no Nordeste, assegurando mercado para produtores de bens alimentares e maiores índices de produtividade na ocupação de mão de obra. Celso Furtado aplicava assim à sua região natal os programas de desenvolvimento promovidos pela ONU em escala planetária.

A criação da Sudene em 1959 foi obra de engenharia política tão específica que o próprio Furtado classifica tal feito como "reforma constitucional". Segundo a análise que reproduz em suas memórias, o sistema federativo operava nos anos 1950 da seguinte maneira: afora o presidente da República, as figuras mais importantes eram os governadores dos estados, que negociavam com a presidência diretamente os créditos e os investimentos que poderiam beneficiar os territórios de cada estado. Não era à toa que a eleição decisiva em nível local era a de governador do estado, que influía diretamente em todas as demais disputas para órgãos legislativos. Entre o nível federal e o de cada estado da federação, nenhuma mediação. Exatamente nesse plano é que a Sudene constituiu uma invenção política: Furtado previu um conselho deliberativo da Sudene como seu órgão de maior poder, onde tinham assento todos os governadores dos estados, assim como os bancos públicos e as empresas federais com atividades locais. Criou-se assim uma instância de poder propriamente regional, obrigando a que governadores de diferentes partidos políticos negociassem entre si, adotassem uma retórica comum em bases regionais e explicitassem interesses coletivos para reverter as desigualdades constatáveis em escala nacional. Note-se, porém, que essa articulação em bases regionais propiciava de fato um aumento do poder centralizado nas mãos do presidente da República, pois o número de representantes nomeados diretamente em nível federal, para além do superintendente, era majoritário nesse conselho.

A nova política regional foi anunciada em maio de 1959, mas o voto de criação dessa agência federal apenas ocorreu em dezembro daquele ano. Suas memórias registram que a principal oposição ao órgão, que não ousava proclamá-lo abertamente, vinha das elites políticas nordestinas; o voto majoritário pela criação da Sudene veio de parlamentares do Centro-Sul, não do Nordeste. Por sinal, o trabalho político de criação de um arco de forças que apoiassem a existência desse novo órgão não se limitou aos debates locais ou regionais. Em seu início, Furtado chegou a contar com o apoio da administração Kennedy, que o percebia como um reformista que introduzia a mudança social por meios pacíficos, representando a melhor garantia de que uma revolução de inspiração comunista não viria a prosperar. Bob Kennedy, irmão do presidente norte-americano, chegou a visitar Pernambuco, sendo conduzido por Celso Furtado à sede da primeira Liga Camponesa, no engenho Galileia, em Vitória de Santo Antão. A Agência dos Estados Unidos para o Desenvolvimento Internacional (Usaid) apoiou as primeiras ações conduzidas por essa agência, mudando radicalmente seu proceder com o fracasso da invasão da baía dos Porcos em Cuba, visando derrubar Fidel Castro. Como assinala Furtado em *A fantasia desfeita*, a lógica da guerra fria passou a impor a velha estratégia binária dos poderes imperiais: "Quem não está comigo está contra mim". Fato é que três presidentes tão diferentes como Juscelino, Jânio Quadros e João Goulart confirmaram Celso Furtado no posto de superintendente e elogiaram sua ação, contribuindo para sua reputação de "técnico" competente e de servidor público com visão de estadista, de honestidade a toda prova. Constata-se assim que a fragilidade de não dispor de vínculos fortes com forças políticas locais, de depender apenas de suas competências e das que conseguia mobilizar em nível extrarregional ou local, de fazer valer sua capacidade de servidor da causa nordestina para reverter o declínio e combater a miséria, acabou por reforçar a imagem de Furtado como promotor da modernização do Nordeste. Chamado a colaborar com o governo federal de Jango para vencer a inflação, elaborou o primeiro plano havido no Brasil, o Plano Trienal, sem nunca ter abandonado o cargo de superintendente da Sudene. Assim, o "demiurgo do Brasil", que apostava na generalização dos efeitos benéficos da industrialização recente, pareceu emergir, nos anos 1960, da arena nordestina como grande reformista e promotor de um Estado eficaz e não aprisionado por interesses patrimonialistas.

Um dos aspectos mais interessantes da ação política de Celso Furtado foi certamente seu exame da importância da "questão agrária" e da relevância do nascimento do movimento camponês para a democratização da vida pública no Brasil. Os escritos dos anos 1960, particularmente *Pré-revolução brasileira* e *Dialética do desenvolvimento*, redigidos diante de crises agudas e sucessivas, analisam em detalhes as formas de poder no meio rural e os motivos que provocaram as primeiras mobilizações camponesas. Foram as bases mesmo do poder de seus principais adversários regionais submetidas a estudo fino e meticuloso, desvelando aspectos cruciais dos modos de dominação dos camponeses por elites agrárias tradicionais. Mas há nesse momento uma dualidade nas formas de ação de Furtado: como político, investido de mandato da presidência da República, vê que não poderia promover diretamente medidas de reforma agrária, bloqueada por dispositivo constitucional que exigia que toda desapropriação fosse paga em dinheiro ao valor de mercado. Como intelectual sabia ser a redistribuição do patrimônio fundiário um meio poderoso de intensificar o uso da terra e a produtividade da força de trabalho, e meio indispensável para promover a cidadania. A concentração no esforço industrialista foi assim uma escolha estratégica, para evitar o confronto direto com as elites agrárias:

> Sentia que contava com o apoio entusiasta do Presidente, cujo mandato terminaria em pouco mais de um ano. Por que não aproveitar as circunstâncias e tentar uma vitória maior, capaz de criar uma situação irreversível? Falávamos muito de industrialização mas eu sabia que as dificuldades maiores tinham que ver com a agricultura, nó górdio do intricado problema do subdesenvolvimento regional. Se me fosse dado escolher, começaria por

contestar a utilização das terras úmidas do açúcar do litoral, secularmente monopolizadas pelos latifundiários do açúcar. Bastaria que uma parte dessas terras fosse dedicada à produção de alimentos, e teríamos uma melhor base para projetar atividades criadoras de empregos urbanos. Mas a Constituição vigente fechava todos os canais de acesso a um começo de reforma agrária[187].

Assim, toda a programação da Sudene para a pequena agricultura de alimentos se baseou em deslocar famílias camponesas para os vales úmidos do Maranhão, começando o ciclo de migrações em larga escala do que seria posteriormente a ocupação da Amazônia. Os governos militares dos anos 1970, ao terem de enfrentar outra crise social com a seca, promoveram em grande escala a ocupação da Amazônia, iniciando a construção da estrada Transamazônica.

Em março-abril de 1964, Furtado residia no Recife, como superintendente que era da Sudene. Diante do anúncio do golpe, decidiu ir para o palácio onde estava o governador Miguel Arraes, para verificar o que havia a fazer para preservar a ordem democrática. Ali permaneceu até a prisão do governador, testemunhando o cerco ao palácio, as tentativas de negociação e a medida de força final. Dada sua condição de antigo oficial, de uma das poucas guerras efetivas de que participou o Exército brasileiro, ficou surpreso ao saber que seus direitos políticos haviam sido cassados. Partiu então para o exílio no Chile.

Ao retomar o caminho dos "ares do mundo" na Cepal, em Santiago do Chile, sua primeira missão foi organizar um seminário de crítica aos primeiros textos da Cepal nos anos 1950, juntamente com Fernando Henrique Cardoso, também exilado. Desse seminário em comum sairiam os textos que tanto sucesso fizeram como "teoria da dependência". No Chile, Furtado iniciaria sua carreira de *scholar* internacional; dali seguiria para a Universidade de Yale, nos Estados Unidos, e posteriormente para Paris, onde foi professor nas Universidades de Paris 1 e Paris 3. Essa fase é relatada em *Os ares do mundo*, "memórias" a serem estudadas em trabalho posterior a este. Os contatos sociais no meio universitário francês, instituição que vai conhecer um profundo abalo e transformações de monta após maio de 1968, e os debates europeus desde então, modificaram substancialmente as bases onde se desenvolvera sua carreira profissional e sua projeção política. Não creio que esse período possa ser analisado tão somente como interregno, até seu retorno ao alto escalão da República brasileira com o fim do regime militar. O aprofundamento do estudo do terceiro volume da trilogia, que funda sua obra autobiográfica, deverá servir para revelar o afastamento da teoria macroeconômica keynesiana da posição hegemônica que ocupara em escala internacional desde o final da Segunda Guerra Mundial, inconteste nos anos 1950-70, e a progressiva conversão dos polos dominantes do campo dos economistas ao evangelho neoliberal de instituição de mercados interdependentes, em nível planetário, como maneira única de promover o desenvolvimento[188].

---

187  *Ibidem*, p. 62.
188  Cf. Yves Dezalay; Bryan Garth, *op. cit*.

## CONHECIMENTOS INTERNACIONAIS E RECONVERSÃO ATRAVÉS DO INVESTIMENTO NO ESTADO

Creio ao menos haver demonstrado que o estudo da obra autobiográfica de Celso Furtado é um desses casos "bons para pensar" em como o acesso ao conhecimento de ponta e às redes internacionais por ele responsáveis, por parte de jovens brasileiros, pode dotá-los de recursos sociais e intelectuais para tentar promover mudanças substantivas, tanto de instituições de suas regiões de origem, quanto do arsenal cognitivo correntemente usado para pensar as coisas mais corriqueiras e cotidianas de seus países. Em síntese, a falta de capital fundiário, ou de capital político, em sua região de origem foi mais do que compensada pelos investimentos intelectuais de Celso Furtado em nível internacional, dotando-o de nomeada e permitindo-lhe demonstrar como o Estado nacional estava vinculado a orientações políticas de preservação de elites agrárias decadentes, e esboçar outras vias de desenvolvimento baseadas na industrialização e na afirmação da cidadania de trabalhadores rurais descendentes de escravos.

# VI

## PARAÍSOS PERDIDOS: INFÂNCIA, VIAGEM E AMOR

# MARIANO PICÓN SALAS: MEMÓRIAS DE UM VENEZUELANO DA REGENERAÇÃO
JORGE MYERS

## O CICLO MEMORIALÍSTICO DA MATURIDADE:
## O EROS REMEMORADO NO CONTEXTO DE UMA SOCIEDADE TRADICIONAL

Nascido no seio de uma família que pertencia, por linhagem e por riqueza, à antiga aristocracia rural do interior da Venezuela, e em uma cidade que desde a colônia havia sido considerada uma capital letrada, urbe douta que portava sua universidade como distinção e brasão, Mariano Picón Salas teve de assistir impotente e com apenas 20 anos à derrocada do espaço social que havia acreditado seu por direito. Em um contexto de mudanças econômicas velozes, que transferiam o poder econômico antes nas mãos de fazendeiros e donos de plantações ao crescente setor de *nouveaux riches* vinculados ao negócio do petróleo, a crise econômica que se seguiu à Primeira Guerra Mundial terminou por derruir um patrimônio familiar que já havia algum tempo tinha sido consideravelmente descapitalizado pelas dívidas de jogo e de amor do *pater familias* dos Picón Salas. Supliciado pela pobreza e pela ditadura do general Juan Vicente Gómez (1906-1935), sua única opção foi partir – como o fizeram tantos companheiros seus – para o incerto horizonte que lhe oferecia o exílio. E foi na forja dessa dupla experiência de despojo – de seu lugar social de origem e de sua pátria – que se cunhou o fio condutor original de sua escritura autobiográfica. Ainda que com a passagem dos anos o imperativo de ajustar contas com as fontes de sua própria – e incômoda – situação pessoal foi se desfazendo no interior de um leque de temas e preocupações mais amplo e que interpelava toda uma "estrutura de sentimento" muito particular, própria dos intelectuais formados nos anos de entre guerras), a intuição de desenraizamento em que se havia resumido sua mais íntima experiência seguiu habitando de um modo nodal toda sua interpretação do tempo moderno.

Picón Salas se dedicou a reconstruir seu próprio passado em três ocasiões distintas de sua vida: nos anos de seu exílio no Chile (1921-36); nos anos de "errâncias" como diplomata e professor visitante que seguiram a seu fracasso como político na Venezuela pós-gomecista (1936-59); e na última etapa, venezuelana, de atividade intelectual e civil (1959-65). Embora a frequência com que recorreu à modalidade autobiográfica para dar ao público leitor uma expressão de si mesmo indique que esse gênero exerceu sobre seu espírito uma fascinação particular, as circunstâncias e os motivos que deram lugar a cada uma das intervenções foram sempre muito concretos. O primeiro ciclo de escritos autobiográficos respondeu à necessidade de dar-se a conhecer perante o público de um país que não era o seu próprio. Envoltos sob a roupagem da ficção, seus três primeiros livros periautobiográficos – *Mundo imaginario* (1927), *Odisea de tierra firme* (1931-39) e *Registro de huéspedes* (1934) – nasceram de sua condição de desterrado e da sensação de visceral urgência que aquilo lhe provocava. Exercícios de um escritor que se formava, esses primeiros esforços para dar forma literária a suas recordações cumpriram com o propósito imediato de consolidar um lugar próprio no mundo intelectual chileno. Mas o classismo evidente e o racismo explícito levaram a que o próprio Picón os condenasse mais tarde a um porão esquecido em meio a sua abundante produção literária. Por isso seus relatos autobiográficos mais célebres pertencem ao momento de sua plena maturidade intelectual, entre 1943 e 1959.

Obra de um autor já formado, consciente de possuir um acabado domínio dos recursos de sua arte, *Viaje al amanecer* (1943) participa – ao menos de uma perspectiva de leitura – do campo semântico da ficção. Picón assinou com um nome fictício cada um dos personagens da obra, deixando, mediante esse recurso, o "eu" da primeira pessoa que narra o relato em estado de indefinição identitária. Se podemos ler essa obra também como um escrito memorialístico, isso se deve a dois elementos cruciais: a precisão da reconstrução histórico-sociológica da Mérida de começo do século XX que aparece nela; e a precisão igualmente nítida com que se objetiva a subjetividade do menino e do adolescente que alguma vez soube ser o narrador/autor. A experiência íntima do narrador remete a fatos concretos constatados na correspondência de Picón ou referidos mais de uma vez em seus sucessivos esboços autobiográficos. Não erraria quem sustentasse que *Viaje al amanecer* pertence – de um modo complexo e paradoxal – tanto ao campo da escritura autobiográfica quanto àquele da ficção narrativa.

Relato do amanhecer de uma consciência, de uma subjetividade em seu trânsito desde as brumas da mais remota infância à maturidade, a narração está dividida em três partes que correspondem a três momentos decisivos no desenvolvimento da personalidade do narrador: infância, escolarização e despertar sexual. É no lar paterno que o menino Riolid (nome fictício que designa o *alter ego* do próprio Picón Salas) vive sua primeira infância. Esse mundo infantil encantado se apresentava sem dúvida já dividido (ao menos na recordação retrospectiva) em duas partes antagônicas, que correspondiam à dualidade antinômica que ao menos desde Sarmiento serviram para representar a sociedade latino-americana: a da civilização e a da barbárie, regidas respectivamente por Apolinar Gaviria – apodado o manco Rafael (ou Sancocho) –, coveiro, pedreiro, buscador de tesouros e talvez, conforme insinuado, de raça mista; e o avô poliglota, homem de ciência e vaticínio vivo do cosmopolitismo[1]. O manco Rafael foi o "mestre de geografia aérea", o primeiro instrutor na arte de auscultar os pássaros e as mudanças do céu à procura de um conhecimento das mudanças climáticas futuras: "áugure" de "tremenda fantasia", portador sempre de uma "fabulosa história", Sancocho foi o veículo privilegiado da "fantasia bárbara" na educação infantil de Picón Salas/Riolid. Se Apolinar Gaviria podia parecer "o mais legítimo descendente daqueles Gavirias do século XVI, conquistadores do legendário país das Serras Nevadas", Sancocho se apresentava ao narrador como cidadão de uma cultura popular em que a herança da África ficava evidente. Ao lhe explicar – uma e outra vez, como demanda o ritual do

---

[1] "Se Sancocho ou o mocho Rafael encarnam em meus primeiros dias infantis o que se pode chamar a fantasia bárbara, meu avô exemplifica a fantasia culta. Em todos estava a evasão, o gosto de imaginar, de descobrir ou contar coisas extraordinárias" (Mariano Picón Salas, *Viaje al amanecer*, Cidade do México: Mensaje, 1943, p. 38).

conto infantil – a origem de seu apelido de "cocho", Gaviria submergia o menino Riolid em um universo mágico, aquele do folclore popular do campo, em que os encantamentos, os feitiços e as metamorfoses coexistiam com a mais crua realidade histórica. Para escapar de uma tropa de soldados que estavam "recrutando gente pra revolução que diziam do general Castro", Gaviria/Sancocho havia rezado o "Magnificat Negro" – apesar da advertência de sua mãe, que "diz que essa oração atrai o diabo" – e se convertido em um cacho de bananas preso em uma viga em sua casa: pôde escapar com esse disfarce ao recrutamento forçado, mas não sem pagar um preço elevado. Um dos oficiais tinha fome e, ao ver o cacho, havia decidido cortar parte de uma banana para provar se estava verde ou madura: aquele pedaço de banana era sem dúvida um dos dedos de Gaviria, e daí a alcunha que despertava a curiosidade infantil de Picón/Riolid. Além do efeito de *émerveillement* e de arrebatamento estético sobre o menino rememorado, Picón Salas autor, escrevendo na década de 1940, tinha muito claro que tais relatos eram os veículos de um saber bárbaro, como se depreende da seguinte citação:

> – E por que não me ensina o 'Magnificat Negro'? – pergunto, depois de ouvir seu conto, ao manco Rafael. – Bah, porque o sinhô é muito pequeno e é menino da cidade que tem quem cuide. O sinhô é dos brancos que nunca levam pra recruta. Se eu ensino, o sinhô fazia isso por vício. Isso está bom pa nóis, que temos bicho-de-pé. O sinhô quando for grande será dotor e os dotores riem e não precisam disso[2].

O avô, por sua vez, lhe trazia os saberes de uma cultura legítima, aquela do setor moderno (e às vezes modernizador) dos grupos dominantes em Mérida e na Venezuela. Ele era uma fonte inesgotável de descobertas acerca do mundo mais extenso, aquele que jazia além das serras que desenhavam o horizonte de Mérida, além do mar onde terminava a Venezuela. Em referência à biblioteca do avô, Picón Salas enfatiza seus conteúdos cosmopolitas: menciona "as coleções de *El Mundo Ilustrado* e *El Correo de Ultramar*, em cujas gravuras vi pela primeira vez os templos dos astecas, as mulheres de Circasia e os pavilhões da Exposição Universal de 1889"[3], ou "um *Almanaque de Hachette* em que estavam fotografadas as frotas das principais nações no ano de 1909, o primeiro aeroplano em que voou Santos Dumont e os retratos dos chefes de Estado desde Abdul Hamid, sultão da Turquia, até o presidente Alfaro do Equador"[4].

No escritório do avô, por outro lado, o conflito entre a cultura científica e secularizadora dos muito modernos *esprits forts* e aquela católica e tradicionalista dos representantes do clero e seus aliados encontrava um cenário privilegiado. Amigo ao mesmo tempo de *monsieur* Machy – "velho revolucionário da Comuna de Paris que, fugindo da repressão, chegou por quem sabe qual misterioso avatar do destino até a interiorana Mérida" – e do cônego Méndez – "opulento mercedário da catedral" –, intercambiava livros com o primeiro e diatribes com o segundo. Contraponto deliberado à ideologia de sacristia representada pelo cônego, *monsieur* Machy emerge da recordação de Picón Salas como a encarnação viva da modernidade científica e

---
2 Mariano Picón Salas, *Mundo imaginario: recuerdos impresionantes*. Santiango: Concepción, 1927, p. 37.
3 *Ibidem*, p. 38.
4 *Ibidem*, p. 43.

tecnológica. Além de ser um portador de recordações da Comuna e um inimigo entusiasta do trono e do altar, Machy é, nas palavras de Picón, um guia do novo:

> Até em Mérida, nas palavras de *monsieur* Machy, se levanta já a alvorada esplendorosa do século XX. Em Mérida se deram já as primeiras sessões de cinema. É algo muito mais animado e interessante que a lanterna mágica. Em Caracas chegou o primeiro automóvel em posse do presidente da República. Na França se fazem ensaios de aviação. Essas mudanças na técnica, segundo *monsieur* Machy, também influirão na sociedade[5].

Civilização e barbárie, ciência e superstição, modernidade tecnológica e ortodoxia religiosa; essas antinomias que se encarnavam nas figuras respectivas do avô e do manco Rafael (Sancocho) e de *monsieur* Machy e do cônego Méndez, e que em abstrato podiam parecer tão taxativamente incomensuráveis entre si, não o eram tanto na realidade complexa da Venezuela que conheceu a infância do autor de *Viaje al amanecer*. Se Machy, Méndez e o avô podiam compartilhar um espaço comum autorizado por seu pertencimento à classe letrada, também podiam coincidir e se solapar – ao menos em ocasiões muito pontuais – a fantasia civilizada e a fantasia bárbara do avô e de Sancocho. Condensação viva do mundo simbólico e material que ofereceu as primeiras condições de possibilidade ao futuro intelectual, o cavalo regalado ao menino pelo avô e adestrado para o menino por Sancocho mostra até que ponto as contraposições nítidas da consciência teórica se esfumavam ante a ambivalente e contrastante realidade venezuelana de então: a cidadania plena pela equitação era um ideal compartilhado pela barbárie popular e pela civilização da elite. Menino fascinado pelas imagens de um mundo exótico e sedutor que lhe chegavam através dos livros de estampas e das coleções de revistas, também aprendia na companhia de seu avô – tanto como naquela do rústico pedreiro Sancocho – os costumes atávicos de sua Venezuela: "Montar a cavalo, combater, sair a arriscar a morte, me parecia já a mais alucinante vocação venezuelana"[6].

Mais breve que as outras duas partes, em "Días de miedo" o menino Riolid aparece tomando seu primeiro contato com a sociabilidade de uma escola de primeiras letras. Nesse espaço novo, achou-se pela primeira vez junto não só a outros meninos, mas a outras meninas de sua idade, que já lhe pareciam intrigantes e atraentes. Aquilo que parece importar mais ao autobiógrafo é assinalar os começos de sua atração pelas representantes do outro sexo. Oceania aparece descrita como "pequena e até frescamente gordinha [...] e cujo busto – com extraordinária precocidade tropical – começa já a avultar e sobressair entre as finas rendas da blusa"[7]. O mistério da sexualidade adulta parece convocar o pequeno Picón, já que habitam de um modo fantasmático as lições da mestra: a necessária descrição da "luxúria" na lição dedicada aos sete pecados capitais incomoda todos, incluída a mestra, enquanto a explicação dos cinco sentidos suscita uma nova sensação de mistério ao abordar o tato.

---

5 *Ibidem*, p. 4.
6 *Ibidem*, p. 43.
7 *Ibidem*, pp. 83-4.

Mas, por que o sentido do tato é muito mais indefinível? A senhorita Emilia evita o problema dizendo: 'O sentido do tato se localiza, por exemplo, nas mãos'. Mas nós advertimos que esse 'por exemplo', agregado precisamente ao tato e não aos demais sentidos, é tão só um escape ou uma hipocrisia. Ou será o sentido do tato o que eu experimentei certo dia quando, com o pretexto de comparar nossas folhas e, sobretudo, um inútil e decorativo exercício da letra gótica imposto pela senhorita Emilia, Oceania e eu aproximamos nossos assentos e senti o cálido roçar de suas pernas?[8]

O progressivo descobrimento da dimensão erótica da experiência humana – em termos tanto objetivos como subjetivos – é o tema dominante na última seção do livro. Por um lado, o universo de leituras que se desenvolve progressivamente ante seus olhos como parte de sua educação vai ensinando ao menino que as mulheres e o amor são aspectos importantes na vida dos homens adultos; mais ainda, que existe um tipo de relação entre as mulheres e os homens que sente intuir, mas cujos traços mais específicos, vai-se dando conta, ignora. Os romances iam lhe proporcionando cada vez mais dados para tentar decifrar esse enigma tão decisivo, ainda quando a fonte fosse tão pouco promissora como o *Télémaque* de Fénelon. Cada vez mais "o amor" se apresentava para ele como "o sutilíssimo meio encontrado pelos romancistas para que os homens estejam com mulheres": uma percepção cujo sentido profundo não terminava de desentranhar. Por outro lado, e em paralelo com essa constatação literária, havia começado a perceber que seu corpo infantil e o de seus amiguinhos não só eram menores que os dos homens adultos, mas que difeririam deles em certos traços fisiológicos. Ao banhar-se no rio com seus amigos havia comprovado – "frente ao corpo vigoroso e peludo daqueles homens que encontrávamos lá" – a natureza imberbe de sua própria pele: um desses amigos, Pedro, explicava que "tais homens se puseram assim 'porque estiveram com mulheres'". Picón memorialista não resiste a sublinhar a importância que tais observações tinham para ele: "E que será estar com mulheres, é a primordial incógnita que começa a nos conturbar"[9]. A curiosidade infantil acerca do sexo dos adultos se converte, pois, em um dos focos centrais na trama de sua autobiografia: é, até certo ponto, o fio de Ariadne que o conduzirá para fora do labirinto da meninice até alcançar a maioridade. O primeiro despertar sexual é um fato universal, que se dá em todas as latitudes e em todos os seres humanos, homens ou mulheres: a importância do relato de Picón Salas radica no esforço que faz para captar a especificidade da própria experiência – venezuelana, masculina, datada na década de 1910.

Foi também no contexto social específico daquela comarca e daquela época que Riolid/Picón tomou seu primeiro contato direto com o teatro e – fato decisivo na elaboração de sua "mitologia" pessoal do Eros – com as atrizes de teatro, que, como uma encarnação cordial e alegre da *dea Venus*, destilavam em meio de sua afetação um tanto *kitsch* um inegável hálito de sensualidade e *glamour*. O memorialista sublinha a comoção que gerou a chegada de uma companhia dramática a Mérida em 1910. Aquilo que ficou gravado na memória do autor foi a recordação da atriz

---
8 *Ibidem*, pp. 85-6.
9 *Ibidem*, pp. 95-6.

principal, Hercilia Polizio. A passagem que dedica a ela revela tanto por meio do que silencia quanto por meio do que descreve. Quando o pai se preparava para oferecer um ramo de rosas como obséquio galante à *prima donna* Hercilia, Picón diz: "nunca senti com mais viva amargura a humilhação de ser menino". E prossegue: "Teria querido que, em lugar do de meu pai, esplendesse nesse ramo o meu nome com as maiores e mais duradouras letras. Como tantas vezes, tive que reprimir meu desejo. Tampouco Hercilia ia se fixar em mim. [...] Subiam até minha consciência, aclarando-me, fazendo-me pensar e padecer, os mais angustiosos mistérios"[10].

Este episódio edipiano opera de um modo transparente dentro da economia geral da prosa de Picón. E, sem dúvida, há algo mais, algo que o relato não conta: a inclinação sentimental que o pai de Picón Salas sentia pelas atrizes, pelas mulheres do espetáculo, esteve na base da ruína da fortuna familiar. O ramo obsequiado a Hercilia Polizio possivelmente lhe fez recordar das propriedades obsequiadas por Pío Nono Picón – seu pai – a uma enfeitiçadora atriz e cantora de zarzuela, obséquio que determinou a expulsão do memorialista do mundo dos dominantes, convertendo-o, durante o resto de sua vida, em um desclassificado aos olhos dos antigos companheiros meridenses[11].

É a arqueologia do desejo sexual que conduz o relato autobiográfico até sua epifania final. No marco de um casamento rural, convidado por seu mecenas da "barbárie", o manco Rafael, Riolid/Picón finalmente encontra "a moça de que estou necessitando". O episódio condensa em sua narração os principais traços da sociedade tradicional e agrária em que se formou o protagonista daquelas memórias: Riolid/Picón é o jovem culto, de elite, que faz um rito de iniciação sexual próprio de uma sociedade tropical, bárbara, senhorial. Picón descreve do seguinte modo sua reação ao ver pela primeira vez Teresa, a jovenzinha de 16 anos "de que estava necessitando":

> Entra em meus sentidos como o mais denso álcool da festa. É a sensualidade de alguém que nesse momento se corporifica. Mais que amor, parece fome, exaltação, desejo. Talvez tocando-a penetraria algo do doloroso mistério do mundo. Era a paisagem, a cordilheira fronteiriça entre minha meninice e minha adolescência. Olhava-a perto de mim como o ginete que do alto do cerro observa a outra vertente aonde deve chegar. Seus seios apostavam, disparavam para mim como a boa fruta, polposa e refrescante, para o viajante que está sedento. Fruta do trópico: graviola, pinha, nêspera ou caju, com as mais escondidas e alucinantes essências. O mundo até agora sonhado me parecia moreno, palpável, suavemente redondo, como o corpo dessa moça[12].

---

10  *Ibidem*, p. 108.
11  "[...] na contabilidade catastroficamente deficitária de Pío Nono, há que incluir um episódio que aqui relato de fonte fidedigna, e do qual Mariano – leve-se em conta a piedade filial – sempre fez omissão. Resulta que em Mérida se apresentou uma dessas companhias de zarzuelas como as que aborreciam Mariano em Caracas, e a soprano que a encabeçava enfeitiçou, materialmente enfeitiçou Pío Nono. Com cara de anjo, tetudíssima e pícara como ela só, cantava *Agua, azucarillos y aguardiente*, mas ele, o provinciano excitado pela artista, insistia em que ela atacaria melhor com *La verbena de la Paloma*. E ela, que não era precisamente das que se faziam rogar, esgotou todos seus registros e encantos, e de pronto trasladou os haveres de Pío Nono, de uma contabilidade que já andava coxeando, aos seus, convertendo bolívares em pesetas". Rafael Pineda, *Iconografía de Mariano Picón Salas*, Caracas: Fundación Biblioteca Ayacucho, 1989, p. 59. Outra omissão igualmente chamativa, ainda que caiba recordar que não aparecem quase os pais de Picón Salas em suas autobiografias, como tampouco suas esposas, é a ausência total de menção ao fato de que seu pai, viúvo, tenha voltado a se casar em 1914 (quando Picón Salas tinha 13 anos) com Elena Ruiz Fonseca, a partir de então sua madrasta.
12  Mariano Picón Salas, *Viaje al amanecer, op. cit.*, p. 122.

Dança com ela, declara seu desejo, beija-a. A prosa de Picón, ao descrever essas ações e as que seguiram, não abandona nunca a retórica frutal, a ênfase sobre o caráter tropical e mestiço do objeto de seu desejo. Morde os lábios de Teresa ao beijá-la, "como se fossem amoras silvestres". Enquanto desenvolvem o colóquio dialético da sedução, Picón nos mostra seu *alter ego* perguntando-se: "O que tem, Teresita, sob seu traje vermelho, além desse cravo que lhe fecha a blusa, em seu fresco colo de mestiça, aí onde sua língua golpeia contra o céu da boca as simples palavras que me diz? Perguntam meus pensamentos"[13]. A iniciação sexual se consuma, e o que era menino passa a se sentir um homem. A resolução dessa primeira aventura amorosa termina de sublinhar o caráter patriarcal da sociedade em cujo interior se produz: a distância de classe entre Riolid e Teresita, o abismo racial que os separa, a dominação masculina.

Num momento em que a descrição até certo ponto aberta da dimensão sexual da vida humana começava a adquirir foros de legitimidade na literatura latino-americana de ficção e na autobiografia e no ensaio, a descrição crítica do *contexto* cultural em cujo interior se deu seu despertar sexual se localizava mais do lado de quem simpatizava com a Malinche que daquele de quem celebrava a gesta viril dos que a "molestaram". A descrição um pouco abrupta da relação iniciativa entre Riolid/Picón e Teresita, com que culmina o relato de *Viaje al amanecer*, libera seu sentido crítico – deliberadamente amortecido, a nosso juízo, em nome do propósito de criação estética, que para Picón implicava impedir qualquer intervenção autoral moralizante – quando a cotejamos com as páginas de sua última autobiografia, *Regreso de tres mundos*. Além das passagens citadas anteriormente, em que o caráter violento – no sentido de que consiste em uma violação – daquelas relações sexuais entre os "senhorzinhos" de província e as mulheres do campo era posto de manifesto, aparecem outras neste último livro em que Picón se formulava a pergunta acerca da dualidade que ele percebia nas relações amorosas de sua pátria e de seus anos formativos, aquela que consentia o amor "espiritual" à noiva e futura mãe dos filhos e que reservava – ao menos em um princípio – o amor "carnal" para a prostituta (ou a criada, ou a camponesa violada). A prosa de 1959 expressava essa situação com certa veemência:

> Mas os venezuelanos íamos ao amor como a uma emboscada escura, como à boca de uma fossa séptica. Desde que os soldados espanhóis e os pícaros que foram nossos antecessores contaminavam as índias com aqueles bubões cauterizados com pedra infernal e iam buscar os bejucos, as ervas ou a balsâmica copaíba para reparo de suas chagas, uma corrente de sangue impuro circula por nossas veias, e estala na crueldade de algum caudilho, a descontinuidade psíquica, o rancor e desamparo de gente inumerável. Parece assomar, pedindo justiça, em mais de uma cara mestiça. Sobre o amor autêntico se impôs o pecado, a luxúria e a violação. O soldado perseguia a índia; e o encomendeiro exerce seu direito de pernada[14].

---

13 *Ibidem*, p. 123.
14 Mariano Picón Salas, *Regreso de tres mundos: un hombre en su generación*, Cidade do México: Fondo de Cultura Economica, pp. 180-1.

Picón expressava uma condenação que vislumbrava uma alternativa: enquanto não se aceitasse, nas sociedades *criollas* católicas e autoritárias, a sexualidade como parte natural do amor, os homens – e as mulheres – seguiriam condenados a sofrer a dura cisão entre o mundo do amor como afeto e ternura e o mundo do amor como – para empregar uma terminologia cara ao clero – concupiscência da carne. Em *Regreso de tres mundos*, Picón cravava com certa contundência:"[…] todos os seres que se amam querem se deitar juntos, esfregar suas peles e sorver seus alentos […]. Nem a noiva mais casta quereria receber a dádiva de mutilação de Abelardo a Eloísa"[15].

Relida à luz dessas passagens, a autobiografia romanceada que Picón elucubrou exala um sentido mais complexo que o de uma mera reconstrução nostálgica. Estampa embelezada de um passado perdido, *objet trouvé* da memória estética e estetizante de um venezuelano no exílio, a educação sentimental que conta *Viaje al amanecer* é menos uma lição de latinismo autoritário, como argumenta Sylvia Molloy, ou uma obra para a contemplação puramente estética, como queriam outros críticos, que uma condensação da experiência vivencial de um intelectual em torno a um dos problemas que lhe resultavam mais urgentes em seu próprio presente, o da necessária naturalização social da sexualidade na Venezuela e no conjunto da América hispânica. O assombro do menino ante o mundo estranho dos adultos, o progressivo deciframento daqueles misteriosos hieróglifos com que revestiam"o alfabeto do amor" e a consumação final, marcada pela fugacidade e infeccionada pelas feridas de um sistema rígido de classes e que a tornavam, por fim, insatisfatória e anticlimática – essas eram as progressivas estações dessa educação dos sentimentos. Que o frio e a solidão dos *campus* norte-americanos o tenham conduzido a rememorar uma infância nos trópicos não deve surpreender, como tampouco o deveria o fato de que essa concentração do relato de memória na – tão imperfeita – pedagogia sexual recebida tenha aparecido no momento preciso em que Picón tomava consciência do fim de seu primeiro matrimônio e começava, talvez, a acariciar já a promessa do segundo. Não deve surpreender, ainda, que esse livro tenha nascido com esse específico conteúdo e mensagem, vindo de quem escreveria mais tarde uma das declarações de princípios que costumavam ser-lhe tão gratas: "Diz-me como amas e te direi quem és, é verdade que em um indivíduo se faz profunda depois que da cega turvação adolescente se ascende em dor e prova a autêntica consciência erótica"[16].

## A MEMÓRIA A SERVIÇO DA KULTURKRITIK

A última autobiografia de Picón, *Regreso de tres mundos* – livro em torno do qual revoam outros textos menores, como"Pequeña confesión a la sordina" (1953) ou *Las Nieves de Antaño* (1958) –, surgiu do cruzamento de outros fatores muito distintos. Resignado a viver em Caracas sob um regime que não criticava abertamente, mas que tampouco apoiava – a ditadura militar do general Pérez Jiménez –, dedicado às tarefas docentes, à escritura jornalística e, ainda, para suprir seus magros rendimentos, o trabalho publicitário, a reflexão sobre sua trajetória intelectual, sua edu-

---

15 *Ibidem*, p. 181.
16 *Ibidem*, p. 219.

cação formal e as múltiplas camadas superpostas de leituras que tinham moldado sua personalidade intelectual, passou a ocupar um primeiro plano nesses anos. Diversamente do tom intimista de *Viaje al amanecer*, os últimos esforços memorialísticos de Picón consistiram em relatos de sua progressão intelectual: assim como Edgar Quinet, pôde intitular algum desses textos como "Historia de mis ideas"; e, como Juan Bautista Alberdi, pôde declarar em seu interior, como brasão nobiliárquico, "minha vida está em meus livros". É este, talvez, o valor supremo de *Regreso de tres mundos*: diversamente das *cartes de visite* autobiográficas que escreveu para seus anfitriões chilenos, diversamente também da educação erótico-sentimental que publicou em meados da década de 1940, este livro pretendeu ser o manifesto programático – em forma autobiográfica – de um intelectual. O momento de sua aparição explica os motivos que lhe deram origem e sublinham sua singularidade dentro da tradição memorialista venezuelana.

Entre 1957 e 1958, quando Picón preparava com toda urgência seu livro (dessa urgência dão conta suas cartas daqueles mesmos anos), a nova experiência democrática que estava por começar na Venezuela parecia oferecer-lhe uma nova oportunidade para que o intelectual comprometido interviesse na coisa pública de sua pátria. O caráter de manifesto político-ideológico que reveste essa autobiografia, sobretudo em seus últimos dois terços, respondia diretamente a esse novo contexto. Interpelava às expectativas – e aos temores – da conjuntura. O relato de sua vida cumpria agora com um propósito muito específico: recordar aos seus compatriotas sua condição de intelectual – de vocação absoluta – e lhes assinalar com certa precisão sua posição dentro dos acérrimos debates ideológicos do momento. A Venezuela retomava a senda democrática interrompida em 1948 no preciso instante em que os militantes anti-imperialistas da Sierra Maestra davam início ao tão formidável experimento que soube ser a Revolução Cubana. A crispação ideológica que já marcava os termos do debate político e social na América Latina prometia tornar-se mais profunda ainda – um historiador acostumado no deciframento dos signos do passado também podia intuir o sentido daqueles do presente com certa eficácia – e, no marco de um regime democrático-liberal que anunciava uma mais livre discussão de ideias, ter um impacto decisivo na política interna venezuelana. Picón parece por momentos estar se oferecendo aos futuros líderes de seu país – e entre eles, Rómulo Betancourt era, claro, o interlocutor privilegiado, como intelectual orgânico da social-democracia. Seu papel seria – daí o tom enfático de sua identificação com a vocação de intelectual – o de um intérprete e não de um legislador, o de um intelectual e não de um político. Não podia ser mais clara a declaração que fazia no capítulo "Vicisitud de la política":

> Todo intelectual que o seja de verdade sofre também a contradição – tão própria da época – entre seu desejo de aceitar a intervenção do Estado para abolir a miséria e repartir melhor os bens da terra, e sua resistência a aceitar a mesma coação quando pretende fiscalizar o pensamento e se meter nesse outro mundo inventor, poético e desassossegado, que é o do espírito. [...] E assim o intelectual frequentemente pretende o que poucas vezes aceitam as religiões dogmáticas e os dogmáticos partidos políticos, que é um direito inalienável à heresia. Quase comprazendo-se nela, en-

frentando seu ácido espírito crítico ante os que estavam contentes e seguros na crença, pode se transformar no perpétuo desafinador da festa[17].

Assim como *Viaje al amanecer* culminava com a descrição da primeira relação amorosa, *Regreso de tres mundos* (1959) se iniciava com uma descrição do clima sensual, erótico, em que teria transcorrido a adolescência do protagonista. Mas, diversamente do primeiro – onde se fazia referência a uma relação concreta de um protagonista concreto –, este segundo relato memorialístico esfumava os termos dessa relação, elidia a referência ao "eu" da autobiografia com uma experiência geral dos "adolescentes" no trópico. A primeira pessoa do singular se dissolvia em um plural genérico e até certo ponto anônimo, e a pontuação autobiográfica cedia seu lugar a uma observação de caráter sociológico. Agora, na descrição de Picón, a relação sexual do rebento da linhagem senhorial com as moças do campo ostentava certo ar feudal, carregado da violência do costume da *prima noctis* padecida pelos servos do Medievo:

> Não havíamos superado – naturalmente – o dionisíaco e tenebroso que se revolve no lodo ou o sêmen de toda adolescência. O amor físico podia se oferecer à sombra de qualquer matagal ou se recolher como os ramos do café na saia colorida, na manchada chita de uma garota camponesa. Luta-se – não mais – um pouco com ela, sente-se antecipadamente o arfar do prazer, e se a dobra como ramo de café de vermelhas e úmidas cerejas, com gosto de saliva, sobre o solo de folhas caídas[18].

O colóquio da sedução do primeiro texto – que ocultava, até certo ponto, a desigualdade de condições de seus protagonistas – era substituído então por um vínculo físico muito semelhante à violação.

Essa mudança de tom – assim como a tendência a uma universalização da experiência do "eu" autobiográfico – respondia à intenção mais claramente ideológico-política desse segundo texto. Enquanto em 1943 aquilo que aparecia relatado era a educação sentimental de uma alma, seguida em sua progressão da primigênia ignorância do menino até sua ilustração, *psyché kai zoé*, acerca do fato do amor, aqui o fio da narração se centra na história da formação de um intelectual crítico, cujo "eu" veicula a experiência de um indivíduo específico, mas também aquela de toda uma geração. Quando o pai, nesse segundo relato, decide afastar Picón das tentações carnais, o faz não em função de um ato concreto cometido por este último, mas em função do que "lhe haviam dito" acerca dos "rapazes daquele tempo", que "pretendiam deitar com todas as mulheres, provar todas as armas, cavalgar todas as bestas, desrespeitar – talvez – os velhos". E, em vez de mandá-lo para longe, decide encaminhar suas forças vitais para o universo dos livros e do estudo. Essa decisão levou Picón adolescente a descobrir os ambíguos prazeres da filosofia e das belas-letras, com o resultado de que a agonia metafísica substituiu – ao menos em parte – o chamado da carne.

---

17 *Ibidem*, p. 257.
18 Mariano Picón Salas, *Regreso de tres mundos, op. cit.*, pp. 142-3.

O problema teológico-político não só se torna, pois – nessa autobiografia de 1959 –, o ponto de partida, lançadeira premente, para a formação do intelectual, mas deixa sua marca sobre a própria estrutura do texto:

> A vida pessoal ou a História não são senão a nostalgia do mundo que deixamos e a utopia ardorosa, sempre corrigida e retificada, desse outro mundo onde quiséramos chegar. Um pretérito povoado de imagens que o tempo transcorrido transmuta em matéria poética, em paraíso de primeiras saudades, e um futuro conjurador que quiséramos moldar à medida de nossos sonhos de beleza e de justiça, em duplo processo de razão ordenadora e da vontade que deseja ser partícipe da tarefa das gerações. Colaboradora de Deus, com o desespero existencial daqueles românticos que pretendiam que nenhum de seus clamores e invocações deixasse de refletir no cosmos[19].

Convencido de que a missão que lhe era designada na vida era "colaborar com Deus" na obra de transformação da sociedade, Picón dá por assentado nesse texto que "a vida pessoal" e a "história" eram dimensões intercambiáveis de uma única experiência: resgatar do esquecimento as principais etapas de sua própria vida –"pessoal"– equivalia a contar a história social e cultural de sua época. A história de suas leituras e de suas inquietudes intelectuais assumia o caráter, pois, de uma história exemplar, um relato que sintetizava a experiência coletiva de uma época, de uma geração, por meio da história particular de um indivíduo. A primeira autobiografia que publicava sem recorrer ao disfarce da ficcionalização resultava, por fim, estranhamente impessoal. Era a autobiografia de um homem representativo.

O relato de adolescência se tornava então, agora, quase consubstancial ao relato de suas leituras e de suas reflexões. Católico por formação – imerso como esteve desde sua mais tenra infância em um clima de religiosidade ainda habitado pelos fervores da Contrarreforma –, a leitura de Spinoza e de outros filósofos racionalistas teria despertado nele, pela primeira vez, certa angústia ante a possibilidade de um mundo no qual a divindade estivesse ausente (ou onde, ainda se não estivesse ausente, não mantivesse nenhum vínculo direto com os seres que habitavam sua criação). Entregue a uma voragem de leituras desordenadas como as de todo adolescente e filtradas, além disso, pelas condições culturais do país marginal em cujo seio eram realizadas, a vocação intelectual em um primeiro momento teria se apresentado a ele ostentando certa afinidade com o árduo exercício da santidade. Premido simultaneamente pelo desejo sexual e pela dúvida teológica, Picón se imaginava modelando sua vida sobre aquela dos santos viris, enérgicos, que despertavam sua admiração:

> Teríamos acompanhado [...] a Santo Agostinho em suas caminhadas por uma Cartago povoada de marinheiros neoplatônicos, de anacoretas que vão ao deserto, de gnósticos orientais. Provocá-lo-ia seguir São Francisco quando faz monte desprezível de todas as suas riquezas e se vai pelos caminhos cantando a luz do sol e a harmônica fraternidade das coisas[20].

---

19 *Ibidem*, p. 145.
20 *Ibidem*, p. 148.

Envolto nesse clima um pouco autocomplacente de desejo do céu (ou terror ao inferno), o adolescente Picón descobre que textos como o "Sermão da montanha", *A cidade de Deus*, o *Discurso sobre o método*, o *Manifesto comunista*, ou literários como os poemas de Baudelaire, o *Quixote* ou *Os irmãos Karamazov* podiam ser "dinamitações" que contribuiriam tanto como uma obra de engenharia para inverter o rumo da história, a moldar o presente e a planificar o futuro.

As páginas iniciais de *Regreso de tres mundos* dedicadas a seus anos em Caracas, antes de partir para o exílio, enfatizam a ruptura que esse traslado supôs com a cultura tradicional e repressora de seus primeiros anos. Em Caracas pôde se sentir uma "alma liberada da tribo", um "raro" entregue ao cultivo exagerado de seu próprio esteticismo, um literato. A centralidade do desejo erótico é enfatizada uma vez mais nessa porção de sua autobiografia, só que agora vinculada a sua paixão pela literatura, pelas belas-letras. Descobre, claro, que a conversação literária não é a melhor via para levar a bom porto seus propósitos de sedução, ainda que os romances possam oferecer um substitutivo imaginário aos prazeres concretos que seguem evitando-o:

> [...] de só desejar seus corpos – porque não me interessam ainda suas almas – digo-lhes palavras que ficam desconcertantes. [...] Porque me chamariam cruel e egoísta, entro, então, na literatura para conquistar com maior beleza, paixão e liberdade o que me nega o mundo cotidiano. Fecha-se o pesado portão da casa; uma criada anda com o candeeiro olhando se o cão se soltou ou está fechado o galinheiro, e eu estou só com a noite, os sonhos e os livros[21].

Lê para encontrar as mulheres que a realidade cotidiana não coloca a seu alcance, para acercar-se "às esplêndidas adúlteras dos artificiosos romances de D'Annunzio", para acompanhar as prostitutas russas enviadas à Sibéria – e que ali descobrem Deus – nos romances de Turguêniev ou Dostoiévski, e aos poucos vai descobrindo o prazer da língua, da escrita, do estilo. Por um breve instante se sentiu deslumbrado pela poesia de Rubén Darío e por todo o movimento esteticista e cosmopolita do modernismo, antes de empreender o caminho que o levaria a projetar uma condenação póstuma a essa literatura que teria cometido o pecado imperdoável de sentir "uma excludente preocupação da beleza pura". En 1959 Picón determinava:

> Já nós não podemos nos isolar nos versos de Mallarmé, ou nas mais aéreas e fugazes criações do impressionismo, ou no leve e noturno rumor da música debussiana – supremas flores da cultura de então –, porque ao nosso lado passaram multidões com um reclame coletivo que afogava a voz dos versos agradáveis, que fazia emudecer toda sonata, e porque o homem em nosso tempo foi submetido a esquecidas e novas provas de horror como talvez o Ocidente não suspeitasse desde as hordas de Tamerlão[22].

E exclamava: "O que vive agora do que ainda parecia sólido em 1918?" – clara reminiscência do "*Où sont les neiges d'antan?*" de Villon, mas que aparece rematado

---

21 *Ibidem*, pp. 156-7.
22 *Ibidem*, p. 163.

pela pergunta angustiante que percorre toda essa autobiografia como um fio de Ariadne:"A que filosofia ou a que fé podemos nos encomendar?".

A partir do momento em que narra sua partida da Venezuela, o tom e a estrutura do texto mudam. As memórias *per se* cedem lugar a uma reflexão acerca dos grandes temas do presente, em termos de um ensaio de ideias informado pelos saberes da história cultural: a luta de classes e suas ideologias, o confronto entre ditadura e democracia na América Latina e na Europa – e sobretudo em sua Venezuela natal –, o mito da revolução, o papel que poderia estar chamado a exercer o humanismo cívico com o qual se identificava o intelectual Picón Salas e, por meio da abordagem de todos esses temas, uma meditação profunda – por momentos desconsolada, por momentos esperançada – acerca do papel do intelectual nas sociedades latino-americanas. A autobiografia tende a se dissolver, poderia ser dito, em um ensaio de ideias. Com efeito, à diferença de *Viaje al amanecer*, a estrutura desse esforço autobiográfico aparece organizada tanto em torno de uma série de tópicos ideológico-políticos quanto em torno das sucessivas etapas da vida de Picón. A série "surgimento da inquietude intelectual / dúvidas teológico-filosóficas / aprendizagem acadêmico-disciplinar / ideologias da libertação sexual / revolução / utopia vs. realismo político / antitotalitarismo" é uma sequência que aparece enfatizada na leitura deste livro, e que se superpõe a outra, mais biográfica, que poderia se resumir do seguinte modo: "adolescência meridense / estudos universitários em Caracas / pobreza, luta e êxito acadêmico-intelectual no Chile / esperança e frustração política na Venezuela / viagens pela Europa, Estados Unidos e América Latina / o intelectual Picón Salas em 1959".

O tom geral é impessoal. Escasseiam quase por completo os nomes próprios, dado sobremaneira curioso tratando-se da "autobiografia" de um indivíduo que conheceu alguns dos intelectuais e políticos mais importantes de sua geração, tanto no Chile como na Venezuela (ainda que talvez não devesse surpreender tanto esse dado, já que também estão ausentes as referências a seus dois casamentos e até aos nomes de suas duas cônjuges, uma delas, a mãe de sua única filha). Para tomar um só exemplo desse caráter impessoal, abstrato quase: a falta de precisões concretas acerca de sua longa temporada no Chile (1923-36) se torna mais evidente quando se comparam os capítulos relevantes de *Regreso de tres mundos* com a memória que seu antigo professor, colega e amigo, o historiador Guillermo Feliú Cruz, escreveu sobre Picón Salas nesse país, intitulada *Para un retrato psicológico de Mariano Picón Salas*. Publicada em 1970, cinco anos depois da morte de Picón, este parece ter sido o fruto de uma ferida narcisista provocada precisamente pelos silêncios em *Regreso de tres mundos*. Se parece obsessiva a insistência com que esse perfil reitera sua mensagem central – consistente em demonstrar *quanto* havia devido, em sua formação como intelectual e como homem, o venezuelano ao Chile –, põe claramente em relevo a falta de informação detalhada em *Regreso de tres mundos*. Segundo Feliú Cruz, por exemplo, Picón Salas conheceu e manteve laços estreitos de camaradagem e militância com alguns dos intelectuais e políticos mais destacados do Partido Socialista chileno – Eugenio González, Óscar Schnake, Manuel Eduardo Hübner (estes três foram líderes políticos destacados dentro daquela formação), Julio César Jobet (um dos historiadores marxistas de maior prestígio no Chile entre os anos 1940 e 1970), entre outros – e, dentro do espaço intelectual de sua própria geração, participou em empresas destacadas junto a intelectuais destinados a exercer no Chile um papel significativo, como Ricardo Latcham, crítico literário; Domingo Melfi, historiador e crítico literário; e Mariano Latorre, romancista realista, cuja obra oscilava entre traços impressionistas e expressionistas. Feliú recorda que, junto a estes três, e em companhia de Eugenio González, fundou a revista intelectual Índice, lembrada logo a seguir como uma publicação "de proa" da nova geração intelectual chilena dos anos 1930)[23]. Nenhum desses dados aparece nas páginas autobiográficas de Picón: do Chile, só menciona alguns de seus professores universitários e o muito conhecido romancista Eduardo Barrios, que foi quem lhe facilitou o traslado ao Chile e seu regresso – do mundo do trabalho manual – ao universo social dos intelectuais. Sobretudo se considerarmos que foi publicado um livro importante em coautoria, chama a atenção a ausência de qualquer referência a Feliú Cruz[24].

Apesar do dito, cabe sublinhar que, na parte dedicada aos anos posteriores a sua estada ao Chile, aparecem algumas páginas autobiográficas magistrais, como aquelas em que descreve sua penúria e falta de horizontes durante a primeira etapa de sua residência chilena – a descrição de sua pobreza material, do tédio do trabalho artesanal a que se viu obrigado, da sensação de solidão e abandono, merece formar parte privilegiada de qualquer antologia latino-americana de memórias do exílio –, nas referências a sua vida de estudante em Santiago ou na sua vida de professor visitante em Massachusetts e Vermont. Por outro lado, como declaração de princípios de um intelectual na encruzilhada da Guerra Fria (com sua projeção sobre a América Latina), essa segunda parte do livro contém páginas de precisa eloquência, que permitem ao leitor de hoje – e teriam permitido ao leitor de 1959 – localizar Picón Salas no mapa ideológico da Venezuela de seu tempo.

É para isso, com efeito, que deriva *Regreso de tres mundos*: um manifesto público da posição assumida pelo intelectual Picón Salas ante os problemas de seu tempo e de sua pátria. Declarava, por exemplo, que "O problema de um intelectual – e o fui quando acabou de se esfriar minha pouca calorenta ilusão de político – é mover-se, buscando uma linha de equanimidade, no contraponto de vozes e ideologias que começaram a nos agitar na Venezuela desde 1936"[25]. Em outra passagem-chave, Picón definia o *métier* de intelectual em termos de certa passividade, consistente em uma ocupação das margens de onde contemplar o turbulento rio da história: "Mas está na natureza do homem contemplativo – que é por essência o intelectual – historiar ou profetizar o acontecimento mais que dirigi-lo"[26]. Em seguida, enumerava certas figuras emblemáticas dentro da genealogia que arrogava a si mesmo. Todas elas, não casualmente, ligadas ao ofício do historiador: Tucídides,

---

23 Guillermo Feliú Cruz, *Para un retrato psicológico de Mariano Picón Salas*, Santiago de Chile: Nascimento, 1970, p. 33. Cabe assinalar que os dados aportados por Feliú Cruz aparecem corroborados pelos epistolários de Picón Salas, em que a correspondência mais nutrida corresponde com bastante exatidão ao mapa de relações humanas desenhado pelo historiador chileno.

24 Outro texto referido ao mesmo período da vida intelectual e política chilena que corrobora essa ausência de referências concretas na autobiografia de Picón Salas é *Visto y vivido en Chile. Bitácora Chilena 1930-1970*, um texto de memórias sobre seus distintos exílios nesse país, publicado em 1970 pelo crítico literário e político aprista peruano Luis Alberto Sánchez. Ali também aparece uma descrição de um entorno cultural e político denso, em cujo interior Picón Salas havia ocupado um lugar discretamente destacado. Ainda que certos erros em nomes e datas consideráveis comprometam a confiabilidade que ostenta seu relato, coincide a descrição do ambiente chileno, em suas linhas gerais, com aquela de Feliú Cruz. Cf. Luis A. Sánchez, *Visto y vivido en Chile*, Lima: Unidas, 1970.

25 Mariano Picón Salas, *Regreso de tres mundos*, op. cit., p. 244.

26 *Ibidem*, p. 256.

Políbio, Santo Agostinho e Karl Marx – estudante de "uma espécie de vulcanismo social". E, finalmente, seu último capítulo, "Añorantes moradas", cujo título remete ao desgarrado misticismo do século de ouro espanhol, levava a uma epifania final sua declaração de fé como humanista, como intelectual comprometido – mas autônomo. Por um lado, enfatizava a importância que seu contato com a cultura europeia havia tido para distanciá-lo das paixões políticas mais intensas de sua pátria americana: a *Kulturkritik* europeia entendida como profilática. Proclamava:

> Como sou escritor e não homem prático, a Europa depurava minha consciência estética. Fazia-me, talvez, perigosamente vigilante contra a fealdade e a desordem desmazelada. [...] Desde a cortesia para tratar as pessoas até o arranjo das coisas e a clareza de nossa sintaxe, parecem o necessário combate contra o furor da vida, a *paideia* que o homem opõe ao instinto primigênio. Salvar-me da improvisação e da violência sul-americanas era meu primeiro anúncio às musas da Europa[27].

Por outro lado, já no parágrafo final de seu texto memorialístico, explicava a condição de intelectual que ele havia terminado por adotar como uma espécie de regra de conduta para a vida:

> Pretendi pedir a meu trabalho intelectual muito mais que um artifício: uma norma para ser mais avisado, mais tolerante e mais livre. Consciência, não me abandone! é o grito do homem que quis pensar e deliberar com justiça na angustiosa luta existencial. E se deduzisse, de todo este pó e cinza da vida que se enreda em nossas botas caminhantes, alguma "parábola e declaração" como queria o milenar autor dos *Provérbios*, essa seria minha humilde experiência. Pelo exercício espiritual, a vida se faz mais atarefada e mais curta, e a morte há de entrar na casa encontrando ainda o livro aberto, uma lâmpada acesa até que cantassem os galos no alto frio da noite e uma página começada para dizer nosso assombro ante o mundo. Com tantas lutas e andanças, elaboramos – e já nos sentíamos satisfeitos – um pouco de compreensão e talvez de felicidade. Passaram por nossos olhos e nossa mente alguns tesouros dos que não suspeitam tantos prósperos e invejados milionários. O estudo e a reflexão também serviam para dominar maus impulsos e desvanecer piores sonhos[28].

Se, no contexto latino-americano, a autobiografia do homem amante que busca a "autêntica consciência erótica" constituiu uma novidade – relativa e sem se afastar demasiado das restrições da época –, a autobiografia do intelectual o fez no contexto venezuelano. Terra de intelectuais por excelência na era da Ilustração e da Independência (Simón Rodríguez, Simón Bolívar e Andrés Bello são nomes que parecem evocar por antonomásia a condição do intelectual), a longa e cruenta série de guerras civis – algumas vezes tingidas do caráter particularmente implacável de uma guerra de castas, guerra racial – e a igualmente longa sucessão de tiranos civis e militares – que para os

---
27 *Ibidem*, p. 268.
28 *Ibidem*, pp. 272-3.

companheiros de geração de Picón parecia ter alcançado seu ponto mais abjeto na duradoura autocracia de Juan Vicente Gómez – haviam seccionado os fios de transmissão da cultura intelectual através das gerações. Para Picón Salas e seus companheiros de estudos, de militância ou de exílio, a Venezuela amanhecia no começo do século XX como uma terra erma em matéria de produção intelectual: se lhes assemelhava um páramo isolado – ainda que dentro da América Latina, inculto, atrasado; um pântano cultural, em que o saber se afundava nas águas fétidas da política violenta e acomodatícia. A tradição autobiográfica venezuelana não havia feito mais que refletir essa situação: quase todos os textos memorialísticos com que contava esse país haviam sido escritos por militares, políticos, jornalistas militantes. As poucas exceções tampouco pareciam sê-lo tanto, lidas nos anos intermediários do século XX. O Rufino Blanco Fombona memorialista, cuja originalidade foi ponderada – com certa cautela, cabe acrescentar – por Ángel Rama, habituou a escritura de suas recordações mais como personagem de ação, como intrépido homem de levar armas ou como incansável sedutor de damas das mais díspares condições sociais (em seu prontuário até monjas apareciam), que como escritor e pensador. E outro grande intelectual memorialista, o romancista José Rafael Pocaterra, elaborou seu livro mais famoso – *Memorias de un venezolano de la decadencia* (redigidas em 1921-2 e publicadas em 1937) – como denúncia aos abusos infames, à sevícia implacável, que definiam a vida dos prisioneiros políticos no interior dos cárceres do regime de Gómez. Finalmente, a escritora franco-venezuelana Teresa de la Parra, cuja mais importante obra de ficção pode ser lida também em chave memorialística – *Memorias de Mamá Blanca* (1929) – e pertencente também à geração anterior à de Picón, teve o mérito indubitável de inscrever a voz de uma mulher na tradição memorialística (e literária) venezuelana: mas tampouco tematizou a experiência autobiográfica de uma intelectual. Ante esse panorama, *Regreso de tres mundos* se destaca como o livro de memórias de quem pretendia restaurar a tradição intelectual venezuelana e instaurar nesse mesmo país aquilo que até então julgava ter estado ausente: a legitimidade da vocação do intelectual "puro" (entendida, naturalmente, nos termos muito específicos dos anos 1940 e 1950). Desse modo, poder-se-ia resumir o sentido da obra memorialística de Picón assinalando seus dois aspectos mais originais: o do autobiógrafo amante, que ansiava por alcançar a autêntica consciência erótica em desafio às convenções socioculturais mais consolidadas nas sociedades latino-americanas de sua época; e o do autobiógrafo intelectual, que pretendia fazer respeitar os foros que definiam sua autonomia ante os poderes de fato de sua pátria, uma pátria onde o ofício de intelectual parecia – em meados do século XX – uma atividade ausente.

# MEMÓRIAS DA BARBÁRIE DESDE O DISCIPLINAMENTO: *CHICO CARLO* DE JUANA DE IBARBOUROU
INÉS DE TORRES

## 1

No cânon da literatura latino-americana, Juana de Ibarbourou (Uruguai, 1892-1979) ocupa um digno lugar, muitas vezes abordado nos livros escolares dentro da categoria "literatura feminina" ou "de mulheres" e, com frequência, associado a duas coetâneas relevantes do Cone Sul: Gabriela Mistral e Alfonsina Storni. Sua proclamação apoteótica, em 1929, como "Juana da América" no Palácio Legislativo (sede do Congresso uruguaio), e as posteriores distinções a sua figura, tanto por parte do Estado, como de numerosos países hispano-americanos, permitiram-lhe gozar durante décadas de um lugar destacado nas letras latino-americanas em espanhol do século XX.

O texto escolhido para a análise, *Chico Carlo*, de 1944, é posterior a sua precoce consagração como Juana da América em 1929. Trata-se de um texto em prosa em que, por meio de distintas estampas ou anedotas, a poetisa rememora a infância em sua vila natal de Melo, próxima à fronteira uruguaio-brasileira. O universo narrado remete, com um olhar nostálgico, ao mundo do doméstico e do cotidiano: a família, seu cão Tilo, a celebração da natureza, o relato de anedotas de travessuras infantis, o conhecimento do que chama "seu primeiro amor" (Chico Carlo, o menino que dá origem ao título da obra), assim como a decisiva influência de sua aia negra, Feliciana, que lhe transmite em sua língua (o portunhol) as crenças de origem afro-brasileira que se mesclam com os ensinamentos católicos de sua mãe.

*Chico Carlo* é geralmente considerado um livro para crianças e adolescentes, para o que contribuiu decisivamente sua inclusão prematura nos currículos de ensino primário e secundário. Mas sua classificação dentro da categoria "literatura infantil" responde, na realidade, às circunstâncias de sua inserção no cânon através do sistema educativo. Quer dizer, responde mais às circunstâncias de legitimação e circulação do texto, que às características do próprio texto.

## 2

Nossa proposta para este trabalho é enfatizar o ângulo de leitura do texto em chave memorialística. Não se trata de mera disquisição taxonômica. Ler um texto a partir de um *gênero* é lê-lo a partir de um horizonte de expectativas que privilegia o olhar sobre certos tópicos que o gênero anuncia e de certa forma determina, e ao mesmo tempo, inevitavelmente, leva ao apagamento daqueles elementos que estão fora desse horizonte. Em *Chico Carlo*, sua leitura em chave de literatura infantil leva à priorização dos elementos temáticos relativos à infância evocada, mas ao mesmo tempo oblitera outros aspectos do texto que têm a ver com as memórias vistas como um gênero de reflexão ou testemunho de um passado desde o presente.

Toda "memória" implica ao mesmo tempo um desdobramento e um estranhamento do sujeito que a escreve, e ambos os fenômenos têm a ver com a relação que o gênero por definição supõe do ponto de vista temporal: as memórias são um presente que olha para um passado. Quem escreve suas memórias, se desdobra (consciente ou inconscientemente) entre esse "eu" que é agora e esse "eu" que era no passado. Por mais linhas de continuidade que o eu enunciador pretenda estabelecer entre ambos os tempos, existe quase sempre um fenômeno de "estranhamento", dado pela distância entre ambas as temporalidades.

## 3

Dentro desse marco conceitual é que pretendemos analisar *Chico Carlo* como as memórias de uma escritora precocemente consagrada, que, aos 48 anos, utiliza uma série de recordações de sua infância para refletir nostalgicamente não só sobre seu passado, mas também sobre seu presente.

A infância evocada no texto pela autora tem como cenário histórico a última década do século XIX em um povoado fronteiriço do Uruguai. Quer dizer, remete ao contexto da primeira modernização, que tem lugar nas últimas três décadas do século XIX. Do ponto de vista sociocultural, o historiador uruguaio José Pedro Barrán[29] caracterizou a maior parte do século XIX como o período do reinado da "cultura bárbara", e o período que se inicia nas últimas décadas desse século como o começo da hegemonia da cultura do "disciplinamento". Enquanto a cultura bárbara implica "uma cultura dos excessos", o disciplinamento supõe o que Barrán caracteriza como uma cultura marcada pela repressão. De um ponto de vista mais foucaultiano (autor que, sem dúvida, influi no aparato conceitual desse historiador), poderíamos dizer que a diferença entre essas duas épocas tem a ver com uma mudança no uso das tecnologias do poder. A primeira época está caracterizada pela exibição da penalização exemplar das formas de rebelião e do controle do corpo, enquanto a cultura do disciplinamento implica a construção de uma nova subjetividade baseada na internalização do poder, na qual o Estado, o modelo de família patriarcal, a autoridade da Igreja (por meio da figura do cura) e do médico (por meio da figura do médico de família) cumpram, entre outros, um papel decisivo.

É inevitável para a interpretação de *Chico Carlo* em chave memorialística, se não da própria construção da figura de Juana da América, deter-nos brevemente nesse "passado intermediário" que foi a década do Centenário no Uruguai, uma década de luta em torno da redefinição do "nacional". Com efeito, a consagração de "Juana da América" se dá no seio do debate em torno do Centenário no Uruguai e constitui um marco importante dele. Sua consagração tem traços inequívocos

---

29 José Pedro Barrán, *Historia de la sensibilidad en el Uruguay*, Montevideo: La Banda Oriental; Facultad de Humanidades y Ciencias, 1989.

de um acontecimento simbólico de construção do nacional. "Juana da América" é "desposada" pelo "pai da pátria" (o patriarca das letras uruguaias, ultracatólico, Juan Zorrilla de San Martín, autor de *Tabaré*, o poema nacional uruguaio), que lhe entrega um anel de compromisso no que foram denominados os "esponsais" de Juana da América. Esse acontecimento foi legitimado não só pelo comparecimento de multidões, mas pela participação de intelectuais do porte de Alfonso Reyes, pelo seu reconhecimento por figuras como José Santos Chocano ou Miguel de Unamuno, e pela sua aclamação por parte de figuras nacionais de distintas tendências políticas que estiveram presentes no evento, como Carlos Vaz Ferreira, José Pedro Segundo, Emilio Oribe, Dardo Regules ou Emilio Frugoni, entre outros.

Paradoxalmente, em um país laico como o Uruguai, os elementos de homogeneização nostálgica e desproblematizada do universo evocado nas primeiras composições da autora (salvo em *Las lenguas de diamante*) sintonizavam tanto com as necessidades de um Estado em disputa pela redefinição do nacional, como com os embates de um catolicismo hispanizante, em uma de suas últimas tentativas de "marcar" um ícone católico à nação, através da exaltação de uma poetisa católica que podia se apresentar como o modelo da mulher-mãe da nação, esta vista como uma grande família.

Para uma "sociedade amortecedora"[30] como a uruguaia, e em uma cultura política descrita pelo historiador Gerardo Caetano como de "sacralização do consenso", os textos de Juana de Ibarbourou representavam, por meio de uma prosa "simplista", fluida e de fácil leitura, a consagração do que Cornejo Polar chama de "sutura homogeneizante"[31], que a tornava apta a ser adotada pelo Estado como modelo de uma escrita desproblematizada e celebratória. Escrita que evocava, sob um olhar nostálgico, uma unidade orgânica primigênia, situada em uma pequena cidade de província, que contrastava com os avatares da capital civilizada e "moderna", celebrando as bondades das relações entre os grupos primários na *comunidade* (família, vizinhos, amigos) ante a *sociedade* moderna, ao mesmo tempo em que sentia falta do contato com uma *natureza* que ia sendo substituída cada vez mais pela paisagem urbana.

Aqui se dá uma vez mais o repetido paradoxo na construção dos Estados nacionais, por meio do qual se pretende legitimar o emergente (o Estado moderno), através do arcaico como lugar idealizado ausente de conflitos.

Juanita Fernández (apelido pelo qual era conhecida em sua vila natal), a menina e adolescente de Melo, converte-se, assim, primeiro em Juana de Ibarbourou (ao adotar o nome de seu marido militar) e, posteriormente, em Juana da América, ao ser consagrada pela autoridade do Estado como tal. Esse processo de ascensão social e simbólica da moça interiorana que primeiro conquista a capital, logo se converte em símbolo de um país e, dali, é postulada como representante de um continente ("Juana da América", não "Juana do Uruguai").

Em *Chico Carlo*, então, Juana de Ibarbourou olha Juanita Fernández através de Juana da América. A mulher madura que se instalou há décadas na capital

---

30  Cf. Carlos Real de Azúa, *Uruguay: ¿una sociedad amortiguadora?*, Montevideo: La Banda Oriental, 1984.
31  Cf. Antonio Cornejo Polar, *Escribir en el aire: ensayos sobre la heterogeneidad socio-cultural en las literaturas andinas*, Lima: Horizonte, 1994.

pensa, do presente de sua escrita, na menina interiorana de quarenta anos atrás, através da peneira da experiência de ter sido consagrada pelo Estado como o símbolo de uma nação.

### 4

Nossa proposta de leitura de *Chico Carlo* em chave memorialística busca apresentar este texto como a *evocação nostálgica da rebeldia perdida ou abdicada*.

Com efeito, o processo de consagração de Juana da América é acompanhado de um processo de *disciplinamento* não só da vida e da figura pública da autora, mas também de sua escrita, no progressivo *apagamento daqueles elementos mais transgressores de sua produção escrita*, em especial daqueles que têm a ver com a expressão de um erotismo carnal, que estavam presentes de maneira manifesta, por exemplo, em seu primeiro livro de poemas, *Las lenguas de diamante*, de 1919, e que vão se apagando progressivamente a partir da década do Centenário, pelo menos até *Perdida* (1950), em que a obra da autora consegue expressar uma reflexão mais crua e uma expressão poética mais madura.

Para justificar esta hipótese de leitura, partiremos da análise da representação, no texto, de três universos: o da política, o doméstico-cotidiano e o amoroso. Como veremos, em cada um desses casos há tanto uma evocação do passado, como uma *reflexão sobre esse passado desde o presente*.

### 5

Para abordar o âmbito do político, começaremos com a análise de uma anedota simples, mas significativa, de *Chico Carlo*. Susana, *alter ego* da autora, é levada um dia por seu pai, de filiação branca (quer dizer, de um dos dois partidos tradicionais existentes no momento), à estância do célebre e amado caudilho do Partido Nacional (o Branco), Aparicio Saravia, padrinho de Juanita, para que o homenageie por meio do canto, dom pelo qual era reconhecida e festejada em sua família. A menina é preparada com cuidado para a ocasião: "vestido domingueiro, de musselina branca", "um radiante laço celeste" (símbolo do Partido Branco que Saravia liderava), botas lustrosas, cabelo encaracolado à perfeição. Antes de sair, Susana quer que Chico Carlo, "seu primeiro amor", a veja. Mas quando o menino a vê, a rechaça e ofende: "Pareces um carneiro, com esse cabelo tão crespo. Estás feiíssima. E sei que também vais por aí servir a todos de palhaça". Susana "teria chorado aos gritos" e fica "como se deveras me tivesse batido". Já não tem vontade de cantar, mas não se anima a contradizer o pai, que a leva à casa do caudilho. Quando chegam, Saravia a recebe "com aspecto jovial", senta-a em seus joelhos, mas quando seu pai pede que lhe cante algo, a autora confessa: "Não sei que demônio pôs em minha boca a décima aprendida às escondidas, a que precisamente ali não se devia escutar jamais, porque era o elogio do inimigo. A que em minha casa se considerava como uma blasfêmia". Aparicio Saravia, fiel a seu proverbial temperamento jocoso, ri "a plenos pulmões" ao escutar a canção e diz ao pai: "Deixe-a, comandante. Assim me agrada a gente, franca e bonita". Mas o pai perde as estribeiras e a leva arrastada para casa, onde é castigada.

A anedota revela, como outras do livro, a rebeldia de uma menina indócil, que desafia a autoridade, contestadora. A menina da anedota, consciente ou inconscientemente, rebela-se contra a autoridade do pai, mas também contra a do caudilho. Não se nega a cantar (o que poderia ser uma forma de rebeldia diretamente dirigida a seu pai), mas canta uma canção que sabe, especificamente, que constitui um desafio verbal ao caudilho: o elogio do inimigo. Há aqui uma rebelião contra a autoridade do *pater familias*, mas também, de certa forma, uma rebelião contra o âmbito do "político", encarnado na figura do caudilho.

Essa atitude ante o "político" é caracterizada em outros episódios como um desinteresse ou incompreensão em relação ao âmbito do político-caudilhesco. No episódio "La guerra", manifesta: "Era a guerra. Eu não a compreendia, pois tudo para mim era vago e sem concretude". E mais adiante: "A guerra me aborrecia". Sem dúvida, nesse relato, um dos mais bem-sucedidos do texto, se vê a dicotomia entre essa incompreensão ou aborrecimento da guerra e o cru pavor íntimo que esta lhe produzia: "Via homens com fuzis e lanças, carros carregados de fardos, mulheres que choravam, gente de rosto preocupado, meninos com aventais pretos sobre as roupinhas de todos os dias, lentas carretas cobertas de lonas, que conduziam soldados esfarrapados, e a cuja passagem diziam os curiosos: 'São feridos. Vêm da batalha. Levam-nos ao hospital de sangue'. Era a guerra"[32].

A guerra, forma privilegiada da política no passado evocado, sobretudo no âmbito do rural e no território mais marcado pela luta de partidos, aquele onde vivia a menina, e de onde Aparicio Saravia organizava suas rebeliões contra a política da capital governada pelo Partido Colorado, só é *compreendida* por ela quando deixa de ser um triste espetáculo "lá fora" (nas ruas) para adentrar e "ocupar" um lugar simbólico privilegiado para a menina católica: a catedral.

> Mas a guerra havia chegado de modo ácido até o interior daquela minha igreja. Em frente ao altar lateral da Imaculada, formosa talha em madeira, vestida pelas mãos primorosas das senhoras "brancas", estava o de Jesus, cuja imagem, também em rica talha antiga, adoravam e vestiam as damas "coloradas". Os dois altares, em azul e ouro um, em ouro e vermelho o outro, polarizavam a agressiva devoção e o ódio político que dividiam em dois bandos militantes as famílias da vila. Até no hospital de sangue a caridade tinha fita, e nenhuma enfermeira voluntária levava uma caneca de caldo ao ferido que não era dos seus. Mas na catedral a paixão lugareira se tornava patente em uma contínua rivalidade de luxo e cuidadosa guarda dos dois altares antagônicos[33].

E, mais adiante, a autora desde o presente conclui: "Aquela colorida cena na casa de Deus me deu uma sensação mais aguda e inapagável do abismo que a rivalidade política pode acender, como um mau fogo, entre as humanas criaturas".

Esse pavor ou rechaço à guerra como forma de barbárie política, evocado pela autora, pode ser vinculado com a adesão à política "moderna" da racionalidade legal do Estado que a consagrou Juana da América. Mas, se nos remetemos a outros episódios do texto, a representação e a reflexão sobre "o político" tornam-se mais complexas.

---

32  Juana de Ibarbourou, *Obras completas*, Madrid: Aguilar, 1967, p. 820.
33  *Ibidem*, p. 829.

No episódio intitulado "La reina", uma turma de meninas, depois de fazer travessuras, decide brincar de "outra coisa". Carminha, a filha da professora, propõe brincar na hora do recreio. A filha do médico propõe que brinquem de hospital. Susana propõe brincarem "de ano amarelo". Não consulta: decide e propõe a distribuição de personagens por meio do sorteio de "cédulas". A narradora, então, acrescenta: "Esta menina será forte na política, senhores. As cédulas equivalem às eleições constitucionais e também admitem a fraude se for necessário". Esta reflexão desde o presente mostra a desconfiança (ou a aceitação das vantagens) da emergente política "moderna" de um Estado democrático. Na realidade, mais que uma recusa à política em si, trata-se de uma recusa à política entendida como conflito.

Na realidade, ao longo da trajetória biográfica de Juana de Ibarbourou, podemos observar uma adesão ao Estado, mas ao mesmo tempo uma utilização do político por meio de mecanismos particularistas: os mecanismos do "favor"[34].

Em público, Juana jamais fará uma declaração sobre política nacional ou aderirá a alguma fração política. Tampouco irá se indispor com algum adversário ou confrontá-lo publicamente. Não obstante, no privado, Juana será uma incansável autora de cartas a políticos de distintos partidos, pedindo ou reclamando favores ou benefícios para ela, sua família ou seus amigos. Por exemplo, em carta de 12 de abril de 1923 ao prestigiado médico de Salta, José María Delgado, pede que use suas influências para que trasladem seu marido militar de seu destino em um pequeno povoado de província (que lhe provoca horror) à capital, utilizando como argumento a deteriorada saúde do militar Ibarbourou[35]. Ao conseguir o traslado, em carta de agradecimento de 22 de abril de 1923, Juana escreve: "Obrigado por tudo! [...] Enfim, regressaremos, Ibarbourou se curará, eu terei minha cátedra aí. Estou, já o vê, plena de entusiasmo, o porvir se aproxima"[36]. Também utiliza seus recursos para conseguir que o Estado, sob a presidência de Amézaga, compre os direitos de suas obras. Por outro lado, apela a suas redes sociais que a vinculam com intelectuais que a admiram, para mobilizar recursos que lhe permitam mecanismos de consagração, como quando escreve a Alfonso Reyes pedindo-lhe apoio para promover sua candidatura ao Prêmio Nobel. Tal como o expressa Fischer: "Uma carta firmada por ela abria qualquer porta e removia qualquer obstáculo"[37].

Quer dizer, Juana como figura pública evita a política como conflito, mas do âmbito do privado utiliza a política nos âmbitos partidários ou letrados, por meio dos mecanismos particularistas do "favor". No contexto de uma legalidade estatal universalista emergente, utiliza mecanismos particularistas residuais, teoricamente próprios da política "pré-moderna".

Vamos agora ao segundo ponto: a análise das recordações sobre sua vida doméstica cotidiana e as reflexões que sobre elas realiza no presente da escrita. As recordações da infância evocadas no texto nos mostram, em quase todos os casos, a imagem de uma menina rebelde ante toda decisão de uma autoridade que implique a limitação de seu mundo de fantasia ou de seus desejos. Vemos, por exemplo,

---

34 Cf. Roberto Schwarz, *Ao vencedor as batatas: forma literária e processo social nos inícios do romance brasileiro*, São Paulo: Duas Cidades; Editora 34, 2000.
35 Diego Fischer, *Al encuentro de las tres Marias: Juana de Ibarbourou más allá del mito*, Montevideo: Aguilar, 2008, p. 54.
36 *Ibidem*, p. 56.
37 *Ibidem*, p. 189.

a raiva contra o pintor que apagou a mancha de umidade de seu quarto privando-a de imaginar seu mundo de fantasia nos traços cambiantes da parede; a raiva e os ciúmes contra a irmã mais velha que constituía "seu rancor e pesadelo"[38]; a rebeldia da menina que, apesar das indicações de sua família, se banha na fonte dos sapos, é castigada e decide "deixar-se morrer", ao mesmo tempo em que pensa "muito mal da justiça divina e da humana"[39]; o menosprezo da menina que, apesar de ter declarado que não existe ser melhor que sua aia, a insulta chamando-a "negra feia!"[40]; a fúria da menina que enfrenta em uma luta de rua "um grupo de garotos esfarrapados"[41] que zombam de sua roupa; a rebeldia da menina que desafia o pai e Aparicio Saravia com seu canto de elogio ao inimigo.

Desde o presente da escrita adulta, esses episódios de rebeldia infantil sempre levam a uma amarga reflexão sobre o presente. Quando recorda como chorou de raiva ao ver pintada sua mancha de umidade, afirma: "Só chorei [assim], quando a vida, como Yango, o pintor, foi me roubando todos os meus sonhos"[42]. Ante as queixas de sua mãe por seu mau comportamento e suas palavras de augúrio: "Minha pobre filhinha; vai ter que sofrer muito com esse gênio! Deus a ampare!"[43], a autora reflete: "Não te equivocaste, meu bom anjo! Se meu coração fosse uma almofadinha de costura, que difícil seria cravar-lhe mais um só alfinete!". Quando é repreendida pela mãe por ter lutado com os garotos na rua, pensa: "Oh, mamãe querida, que mulher tão tímida e medrosa a vida fez daquela pequena decidida e franca!"[44]. Em um momento a autora chega a se perguntar: "Fui eu, realmente, aquela menina vivaz e esta jovenzinha insociável, silenciosa e apaixonada que vejo na recordação a uma luz de sonho?"[45].

Finalmente, vamos às representações do mundo amoroso. Há uma só personagem no livro, a cuja autoridade a menina nunca se rebela: Chico Carlo, seu "primeiro amor". A relação com essa personagem, que significa a iniciação em sua vida amorosa, aparece, sem dúvida, marcada pelo desprezo e pela humilhação por parte do menino, como vimos no episódio em que zomba dela antes de sua visita a Aparicio Saravia. Ao longo do livro, Chico Carlo é caracterizado como um menino de "olhos cruéis"; um "garoto desapiedado"; que "se comprazia em danar e destruir". Era "rebelde, despeitado, silencioso e insociável"; "criatura [...] tosca" com o "pequeno peito eriçado de dardos", que se entretém, entre outras coisas, em "fazer jaulas".

"Que obscuro e recôndito sentimento me uniu àquele estranho garoto de minha infância? Não o analisei", afirma a autora desde o presente. Ao ler o texto podemos ver, não obstante, as causas de "seu amor" por Chico Carlo. A narradora sustenta: "Era um moleque desapiedado com todos, mas com uma áspera ternura por mim"; era "um gênio tutelar que me protegia e às vezes me batia [...] mas de quem eu sentia a ternura"; "tinha um favo de mel secreto no coração". Isto é, a quase totalidade das ações de Chico Carlo está baseada fundamentalmente no desprezo e na humi-

---
38 Juana de Ibarbourou, *op. cit.*, p. 762.
39 *Ibidem*, p. 777.
40 *Ibidem*, p. 780.
41 *Ibidem*, p. 810.
42 *Ibidem*, p. 756.
43 *Ibidem*, p. 800.
44 *Ibidem*, p. 811.
45 *Ibidem*, p. 812.

lhação, mas internamente a autora as justifica por meio de um "saber" próprio que identifica com o intuitivo, apesar de não condizer com a realidade. Por isso, a autora o aceita em sua infância, ainda que, desde o presente da escrita, reflita: "Sem que ninguém me tivesse ensinado, eu já sabia calar sem me queixar". E adiante: "Minha fada madrinha (agora penso que *devia ser também uma bruxa*)[grifo meu], em um momento de bom humor o fez um dos seres mais preciosos de minha alma". Este posicionamento ante o amoroso senta as bases de um vínculo matricial, do qual Juana não poderá escapar em sua circunstância biográfica posterior. Com efeito, Juana de Ibarbourou, em sua vida privada, foi vítima de abuso psicológico e de violência doméstica por parte de seu esposo e de seu filho, e sua rebeldia contra a autoridade e a autoridade masculina se manifestou, entre outras coisas, em uma autoagressão silenciosa, por meio de sua dependência de heroína.

Em conclusão, quisemos privilegiar uma leitura de *Chico Carlo* em chave memorialística, que o apresenta como uma evocação nostálgica da rebeldia perdida ou abdicada. Para se converter no símbolo do Estado-nação, Juana de Ibarbourou deve abdicar dos elementos transgressores de sua poesia e cantar o elogio a um universo desproblematizado e arcaico, regido pelas leis da "harmonia natural" e não pelas da política como conflito. Ao mesmo tempo, e obviamente não só como resultado de circunstâncias sociais, mas também psicológicas, que, como vimos, retrocedem a sua infância, esta aceitação implicou que não só no público, mas no privado, abdicasse de sua rebeldia, aceitando seu papel como mulher-mãe dentro da família patriarcal, e aceitasse para isso inclusive o sacrifício de seu próprio corpo. Por isso, *Chico Carlo* representa também, nas marcas do corpo da escrita, as marcas do corpo da escritora entregue aos outros: a autoridade patriarcal, o Estado, a religião.

## VIAGEM, MEDITAÇÃO E MEMÓRIA
### FERNANDA ARÊAS PEIXOTO

*Aventura e rotina* (1953) relata a viagem de Gilberto Freyre por Portugal e colônias de além-mar, nos anos 1951 e 1952, a convite do governo português[46]. O périplo divide-se em dois momentos: em agosto e setembro de 1951, Gilberto e a família circulam por diversas regiões portuguesas; os meses de outubro, novembro, dezembro e janeiro, por sua vez, são passados, só por ele, nas colônias ultramarinas. O retorno ao Brasil se dá em fevereiro de 1952, após visita à ilha da Madeira, Coimbra e Lisboa.

A narrativa se subdivide em função dos meses transcorridos; sua estrutura, por sua vez, repousa sobre um duplo movimento, cada um deles definido por operações específicas em relação ao espaço e ao tempo. O primeiro coincide com a fase portuguesa do roteiro, a mais extensa, quando Gilberto Freyre apresenta Portugal aos familiares. Ao reencontro com a terra lusa corresponde a recuperação de uma história pessoal e familiar, que a figura paterna e a presença dos filhos enfatizam: o primeiro, acionando a galeria dos antepassados, e as crianças descobrindo sua inscrição genealógica. História familiar que se expande em direção à história coletiva; afinal, trata-se de uma volta às origens portuguesas, da família e do país.

O segundo movimento liga-se aos trajetos realizados nas colônias, quando as feições da viagem e de seu relato se alteram: na condição agora de visitante, ciceroneado pelas autoridades políticas dos países que atravessa, Gilberto Freyre lança-se por terras até então desconhecidas, mas que o levam a reencontrar paisagens e costumes brasileiros. A nova geografia engendra forma temporal específica que, ao contrário do mergulho vertical implicado na busca das origens, desenha agora uma linha circular: quanto mais se afasta no território, mais próximo se encontra do ponto de partida. Assim, o reencontro com Portugal, e sobretudo com o Brasil, na África e na Ásia mobiliza um recuo ao passado que não se confunde com a tentativa de situar os acontecimentos em função de balizas cronológicas, o passado adquirindo aí forte sentido de fonte ou matriz.

Nos dois momentos da viagem, é de genealogia que se trata, mas considerados em sentidos distintos. No primeiro, a viagem pelas linhagens portuguesas se associa mais nitidamente à retomada do tempo histórico; no segundo, ao deslocamento geográfico ampliado liga-se o passado representado como realidade primordial, a das camadas culturais e raciais mescladas que a experiência brasileira revela.

---

46 O convite lhe fora feito por Sarmento Rodrigues (1899-1979), ministro do Ultramar do governo Salazar. Sarmento Rodrigues foi oficial da Marinha, administrador colonial e governador da Guiné portuguesa, entre 1945 e 1949. Integra o governo português em 1950, como ministro das Colônias. Este ministério foi convertido em Ministério do Ultramar, em 1951.

A memória está implicada no duplo movimento que sustenta o livro. Memória individual e familiar, que confere à viagem um sentido de anamnese (no primeiro); memória que se define pelo reencontro com o tempo imperecível do mito, passível de ser revivido (no segundo). Neste caso, a memória é ela mesma viagem: às terras americanas e à experiência dos portugueses no Brasil. A cartografia que *Aventura e rotina* desenha está, portanto, intimamente ligada à memória, e é precisamente aí que reside o ponto central desta leitura: pensar as relações íntimas entre viagem e memória, e o relato de viagem como parte das "artes da memória", com a ajuda de Gilberto Freyre, para quem os deslocamentos no espaço e no tempo são faces inseparáveis da mesma expressão ensaística[47]. Ao longo dos trajetos, ele reconstrói uma topografia simbólica desenhada (e imaginada) pela memória: berço e origens, em Portugal; reconstituição da "terra brasileira" na África e na Ásia.

A viagem realizada nos anos 1950 dá prosseguimento a uma série de outros périplos, indispensáveis para entendermos a produção e o percurso de Gilberto Freyre, todo ele ritmado por uma rotina de viagens. A prática de viajar e o exercício de um estilo narrativo intimamente ligado a ela fornecem um indício, entre outros, das fortes afinidades que o volume de 1953 mantém com a produção mais ampla do autor. Se isso é verdade, há sentidos próprios implicados nessa viagem específica, que *Aventura e rotina* – único relato de viagens *stricto sensu* do autor – permite entrever.

Essa interpretação segue trilha aberta por análises anteriores que se dedicaram ao exame do volume[48], afastando-se, como elas, das discussões mais gerais sobre o lusotropicalismo, sua recepção, engodos históricos e móveis ideológicos[49]. Trata-se de buscar novos contextos de leitura do livro de modo a sondar outras de suas possibilidades analíticas, fundamentalmente as relações entre viagem e memória, que adquirem sentido particular no relato de Freyre. Aí o ato de viajar associa-se à comparação por semelhança (aquela que aproxima categorias de mesma ordem), empreendida com o auxílio dos "olhos de brasileiro" mobilizados como bússola e parâmetro para a coleta *in loco* de impressões e materiais. Assim, mais do que conhecer o novo, a experiência reconduz Gilberto Freyre a si próprio e ao seu país.

O relato permite acompanhar a confirmação e o desenvolvimento de hipóteses anteriormente elaboradas, o que confere à viagem maior caráter de reconhecimento do que de descoberta. Mas isso não impede que a experiência mostre-se fundamental e insubstituível; por meio dela, as teses antes insinuadas adquirem carne e san-

---

47  Ponto trabalhado no livro de Fernando Nicolazzi, *Um estilo de história: a viagem, a memória, o ensaio* (São Paulo: Editora da Unesp, 2011), que propõe uma discussão sobre as relações entre viagem, ensaio e memória a partir da análise de *Casa-grande & senzala*.

48  Cristiana Bastos, "Tristes trópicos e alegres lusotropicalismos: as notas de viagem em Lévi-Strauss e Gilberto Freyre", *Análise Social*, v. 33, n. 146-7, pp. 415-432, 1998; Alberto da Costa e Silva, "Notas de um companheiro de viagem", *in*: Gilberto Freyre, *Aventura e rotina: sugestões de uma viagem à procura das constantes portuguesas de caráter e ação*, Rio de Janeiro: Topbooks; UniverCidade, 1999; Ricardo B. de Araújo, *Guerra e paz*: Casa-grande & senzala *e a obra de Gilberto Freyre dos anos 30*, Rio de Janeiro: Editora 34, 1994; Rachel R. de Miranda, *Além-mar: Aventura e rotina: o lugar do Brasil no mundo lusotropical de Gilberto Freyre*, dissertação de mestrado, Rio de Janeiro, Pontifícia Universidade Católica do Rio de Janeiro, Departamento de História, 2002.

49  Para uma análise abrangente do lusotropicalismo, cf. o dossiê publicado na revista *Lusotopie* (Paris: Karthala, 1997), além de Cláudia Castelo, *O modo português de estar no mundo: o lusotropicalismo e a ideologia colonial portuguesa (1933-1961)*, Lisboa: Afrontamento, 1998; Rachel R. de Miranda, *op. cit.*; e Omar R. Thomaz, "Tigres de papel: Gilberto Freyre, Portugal e os países africanos de língua oficial portuguesa", *in*: Cristiana Bastos *et al.* (org.), *Trânsitos coloniais: diálogos críticos luso-brasileiros*, Campinas: Editora da Unicamp, 2007.

gue, a matéria sensível preenchendo as lacunas e brechas da teoria, redefinindo-a. No final do périplo, é possível vislumbrar mais nitidamente os contornos da civilização lusotropical, que finca raízes no bloco latino, lembra Bastide[50], mas que dele se afasta, definindo um modelo civilizacional alternativo, o que nos leva a indagar as relações de proximidade e distância que o ensaísmo de Freyre estabelece com certas reflexões americanistas das primeiras décadas do século XX, sobretudo com aquelas que desenham uma "outra América" ao sul do rio Grande.

A consideração desse livro possui como vantagem adicional lançar luz sobre a face autobiográfica e memorialística da obra de Gilberto Freyre (que não se resume às suas declaradas memórias), evidenciando ainda os movimentos implicados na operação memorialística em geral; movimentos sempre ziguezagueantes e ritmados por idas e vindas, que contrariam os sentidos de *cronos*. Composta com o auxílio de um filtro sentimental, a viagem-memória de Gilberto Freyre afasta-se assim das sucessões históricas e das convenções cartográficas, embaralhando tempos e espaços.

## EXPANSÃO DO "EU" E DA TEORIA

Realizada pelo intelectual maduro, a viagem dos anos 1950 reanima temas e procedimentos conhecidos pelo viajante contumaz que foi Gilberto Freyre. No entanto, trata-se de experiência inédita: ele realiza novos roteiros e experimenta paisagens e situações desconhecidas, que têm papel fundamental na validação de hipóteses antes esboçadas. A viagem marca, assim, o alargamento da teoria composta antes; teoria que, a partir daí, se desterritorializa, descolando-se – com o próprio viajante – dos limites nacionais.

Gilberto Freyre chega a Portugal em agosto de 1951. Ao longo de dois meses, corta o país de norte a sul, assumindo tom de cicerone que apresenta arquitetura, monumentos e costumes aos familiares, tom já ensaiado nos guias de cidades brasileiras dos anos 1930[51]. Nos trajetos pelas colônias, por sua vez, as feições da viagem e do seu relato se alteram: na condição agora de visitante, ciceroneado pelas autoridades políticas, realiza um circuito pontuado por instituições e cerimônias oficiais[52]. Mas ao longo dos roteiros para ele preparados na África e Ásia, faz questão de destacar estar realizando uma viagem com fins exclusivamente intelectuais (e não políticos), com vistas ao exame do feitio que a colonização portuguesa assume nos trópicos. Procura afastar, assim, quaisquer afinidades ou adesões políticas (entretanto, evidentes).

A ênfase no caráter de pesquisas, e apolítico, do périplo acompanha todo o relato, texto e imagens. Ainda que "hóspede de Estado", diz ele na página inicial, o convite é feito para que percorra o Ultramar "com olhos de homem de estudo [...], olhos livremente críticos e não apologéticos"[53]. Assim, todos os encontros relatados nessa fase – com políticos, amigos ligados a círculos cultos e estudantes "pretos e mestiços de Angola" – não querem deixar dúvidas quanto ao compromisso inte-

---

50  Roger Bastide, *Brésil, terre des contrastes*, Paris: Hachette, 1957.
51  *Guia prático, histórico e sentimental da cidade do Recife* (1934) e *Olinda: 2º guia prático, histórico e sentimental de cidade brasileira* (1939).
52  Os discursos proferidos na ocasião foram publicados em Gilberto Freyre, *Um brasileiro em terras portuguesas*, Rio de Janeiro: José Olympio, 1953.
53  Gilberto Freyre, *Aventura e rotina*, Rio de Janeiro: José Olympio, 1953, p. 15.

lectual da viagem[54]. Por isso mesmo, não soa estranho que ele quase não faça comentários sobre a situação política de Portugal no momento. Quando o faz, é para declarar o seu desencanto com a "democracia política" em geral, diluindo as sutis ponderações críticas em relação ao regime de Salazar (os excessos de "policialismo" e a censura, por exemplo, mas que não abalariam a "superioridade do regime português [...] sobre outros regimes políticos, aparentemente mais democráticos"[55]).

Nos roteiros de Ultramar, a narrativa acentua a ênfase dada ao caráter de pesquisa da viagem, com o auxílio das fotografias escolhidas para integrar a primeira edição do volume. Em parte delas, vemos Gilberto Freyre olhando atentamente objetos e lugares, com ar de curiosa inquirição: algumas vezes o olhar se dirige para cima, tentando apanhar os riscos de uma fachada ou uma escultura; em outras, todo o corpo se curva diante do objeto observado, postura que traduz o gesto do observador paciente que almeja descobrir os sentidos inscritos na peça em questão. As fotografias acumuladas de personagens locais – tipos de penteados, vestimentas e corpos tatuados –, assim como de construções e objetos, reiteram o propósito do narrador em esboçar a figura do pesquisador. A projeção da autoimagem como estudioso afasta-se assim do retrato do aluno em vias de formação e/ou de herdeiro de Franz Boas e Oliveira Lima, que a obra dos anos 1930 e o diário *Tempo morto e outros tempos* permitem entrever[56]. Trata-se agora do homem na casa dos 50 anos, mas que ainda é capaz de se lançar no trabalho de campo. Afinal, diz ele, "não sou tão velho que já não possa tolerar os sóis da África, os incômodos das viagens [...]"[57]. A coragem e os "olhos de estudante" que ainda possui não perturbam o autorretrato de homem maduro que a fase portuguesa da viagem desenha, indica Ricardo B. de Araújo; retrato que se coaduna, e quase se confunde, com as "paisagens moderadas" de Portugal, como ele as qualifica[58].

O Gilberto Freyre que viaja na década de 1950 é responsável por obra reconhecida, nacional e internacionalmente[59]. A fase que esses anos descrevem poderia ser definida como a de estabelecimento de círculos e espaços próprios: na família e na

---

54  Salazar é referência frequente ao longo do relato, descrito em seus traços pessoais e intelectuais, o "doutor", o "homem simples", seu caráter "portuguesíssimo" (Gilberto Freyre, *Um brasileiro em terras portuguesas, op. cit.*, pp. 221-3).
55  Gilberto Freyre, *Um brasileiro em terras portuguesas, op. cit.*, p. 199.
56  Ricardo B. de Araújo, *op. cit.*
57  Gilberto Freyre, *Um brasileiro em terras portuguesas, op. cit.*, p. 16.
58  Ricardo B. de Araújo, "Castelos no ar: notas sobre Portugal em *Aventura e rotina*", *in:* Fátima Quintas (org.), *Anais do Seminário Internacional Novo Mundo nos Trópicos*, Recife: FGF, 2000, pp. 6-7.
59  Lembremos que *Casa-grande & senzala*, elemento central para a consagração do autor, encontra-se em sua sexta edição nacional (1950), com traduções para o castelhano (Buenos Aires, 1942) e para o inglês, publicado em 1947 pela prestigiada editora Knopf (cf. Gustavo Sorá, "A construção sociológica de uma posição regionalista: reflexões sobre a edição e recepção de *Casa-grande & senzala* de Gilberto Freyre", *Revista Brasileira de Ciências Sociais*, São Paulo, Anpocs, v. 13, n. 36, 1998). Na França, por sua vez, o autor torna-se conhecido a partir dos anos 1940, com longo artigo de Roger Bastide na *Revue Internationale de Sociologie* (1939) e texto de Fernand Braudel, "À travers un continent d'Histoire. Le Brésil et l'œuvre de Gilberto Freyre" (1943). *Casa-grande & senzala* é traduzido por Bastide e publicado em 1952, com prefácio de Lucien Febvre; a edição de *Maîtres et esclaves* na coleção "La croix du Sud" da Gallimard (dirigida por Roger Callois) desperta a atenção de Georges Balandier (1952), Jean Pouillon (1953), Roland Barthes (1953), entre outros. Em 1945, Braudel convida o autor a integrar o comitê de *patronage* dos *Annales* (1945), que, em 1953, é eleito para o comitê diretor da Associação Marc Bloch, "braço direito da vi Seção da École Pratique des Hautes Études, presidida por Braudel" (cf. Jacques Leenhardt, "A consagração na França de um pensamento heterodoxo", *in:* A. Dimas, J. Leenhardt; S. Pesavento (org.), *Reinventar o Brasil: Gilberto Freyre entre história e ficção*, São Paulo: Edusp, 2006). Ainda está por ser mais bem compreendida a calorosa recepção da obra de Gilberto Freyre na França (tanto a dos anos 1930 quanto a dos anos 1950) em contexto de debates abertos e condenações à política colonialista na África. Mas esta é observação lateral aos objetivos deste texto, ainda que central para a compreensão das derivas do lusotropicalismo mundo afora.

casa comprada em Apipucos, em 1940, onde passa a residir no ano seguinte; e na própria instituição, o Instituto Joaquim Nabuco de Pesquisas Sociais, por ele criado em 1949. A série de viagens dos anos de formação – que está na origem da obra dos anos 1930 – dá lugar à fixação de raízes e à tentativa de retomar a face de pesquisador que o período vivido na política (como deputado federal pela União Democrática Nacional (UDN), entre 1946 e 1950), de certo modo nubla, a despeito das publicações regulares[60]. Assim, a reiterada ênfase no caráter de pesquisa da viagem de 1951-52 tem o propósito de reaver a identidade do estudioso, relativamente abafada pela carreira política e pelas relações próximas que mantém, já há alguns anos, com o governo português, responsável por uma posição no mínimo incômoda nos círculos intelectuais brasileiros[61].

Estamos aqui longe da viagem de formação dos anos 1920, das viagens realizadas em arquivos e bibliotecas, ou dos *fieldworks* pelos engenhos e paisagens regionais na companhia do irmão Ulisses. Trata-se, uma vez mais, dos périplos do conferencista, tantas vezes empreendidos, mas aos quais Gilberto Freyre agrega novo valor, expandindo a imagem do professor na direção do pesquisador de campo que viaja a fim de verificar ideias já esboçadas, ratificando teorias e tentando ampliá-las, geográfica e teoricamente: do Brasil ao "mundo que o português criou".

Sentimentos de identificação e reconhecimento acompanham toda a viagem, o que confere a ela valor de validação teórica e forte tom sentimental. Uma impressão de *déjà vu* cerca todos os lugares visitados,

> tal a unidade na diversidade que caracteriza os vários Portugais espalhados pelo mundo; e tal a semelhança desses Portugais diversos com o Brasil. Donde a verdade, e não a retórica, que encontro na expressão "luso tropical" para designar complexo tão disperso; mas quase todo disperso só pelos trópicos[62].

A fase portuguesa da viagem apela diretamente à memória dos primeiros contatos que estabelecera com a ex-metrópole nos anos 1920. Não por acaso rever e lembrar são os verbos mais frequentemente conjugados: "Revejo em Benfica a quinta dos marqueses de Fronteira, que visitei há anos na companhia de meu amigo brasileiro", diz ele[63], que também revê Cintra, Mafra, Batalha. As lembranças tomam também o grupo familiar que, se não conhecia Portugal, próximo dele se sente em função da língua e da literatura.

O roteiro de dois meses realizado pelos Freyre por Portugal orienta-se por rotas típicas: monumentos, igrejas, termas, conventos e museus. A viagem é turística, não há dúvida, mas turismo ilustrado, repleto de remissões cultas, citações literárias, excursos históricos, visitas a instituições ligadas à cultura. Ao aprendizado turístico, o grupo agrega um aprendizado de si, das identidades profundas a unir Portugal e Brasil, o que os leva

---

60 Ainda que as publicações desse momento tenham maior caráter de recolha de artigos e de conferências realizadas em diferentes épocas, como *O mundo que o português criou* (1940), reedição de *Conferências na Europa* (1938); *Região e tradição* (1941); *Ingleses* (1942); *Problemas brasileiros de antropologia* (1943); *Perfil de Euclides e outros perfis* (1944); *Ingleses no Brasil* (1948).
61 Lembremos que, em 1937, Gilberto Freyre é o delegado do Brasil no Congresso de Expansão Portuguesa no Mundo, em Lisboa, e, em 1938, membro da Academia Portuguesa de História, a convite de Salazar.
62 Gilberto Freyre, *Aventura e rotina, op. cit.*, p. 29.
63 *Ibidem*, p. 66.

a reencontrar em Lisboa, "cidade mãe", e em outras paragens, formas e cores do país natal[64]. Os turistas, nesse caso, menos que estrangeiros – como fora o jovem universitário Gilberto Freyre nos Estados Unidos – são "tão pessoas de casa como os próprios portugueses"[65], o sentimento de pertença e filiação confirmado a cada passo. Assim que, em Bragança, "acordamos todos os Freyres sob a impressão de sermos gente de casa que apenas regressasse a Portugal e fosse recebida como 'filhos pródigos'"[66].

A equação observação-descrição acionada pelas viagens em geral, e pelas etnográficas em particular, adquire aqui tonalidade especial. Menos do que ver novo, a viagem permite então "rever": o Brasil em Portugal; Portugal e, sobretudo, o Brasil em terras africanas e asiáticas. Nesse sentido, ela subverte a experiência da alteridade que as viagens engendram: o "outro" é englobado pelo mesmo. Se, portanto, o modelo da viagem evocado pelo autor no relato é o da aventura de Ulisses, seu resultado aproxima-a fundamentalmente da experiência de Apolônio viajante, que, ao encontrar a Grécia em toda parte, faz prevalecer a impressão de familiaridade sobre a estranheza[67].

A etapa realizada no Ultramar, ainda que não se oponha ao sentido de reconhecimento que orienta todos os trajetos, adquire feições e ênfases distintas. A partir de outubro, Freyre separa-se da família e lança-se em territórios que verá por primeira vez, com o auxílio de guias locais. Nessa fase, percorre países, cruza fronteiras e amplas distâncias, o que o obriga a se valer do transporte aéreo, do barco e do automóvel. Ainda que Portugal se faça sempre presente como matriz da cultura luso-brasileira, é o Brasil que se apresenta de modo mais evidente nessa etapa da viagem; Brasil reencontrado em suas diversas regiões, faces e temporalidades.

A Guiné portuguesa é o destino primeiro, quando ele tem a impressão de recuar no tempo, vendo "os próprios começos africanos no Brasil" e topando com figuras que conhecera nos quadros de Debret, Rugendas e outros[68]. Mas, de novo, o passado aqui não se confunde com berço ou origem, como na pátria-mãe, mas corresponde à infância do Brasil, aos tempos primordiais de uma civilização já madura. "Continuo a ver estes negros da Guiné", diz ele, "ainda quase parados no mesmo estado dos de 1500 e de 1600: como que parados no tempo"[69].

Se os roteiros guineenses conduzem-no ao Brasil do passado, Cabo Verde lhe permite observar os primeiros ensaios de miscigenação empreendidos pela colonização portuguesa e depois transportados ao Brasil em escala ampliada. Ao recuo mais profundo no tempo, somam-se afinidades geográficas identificáveis ao longo dos trajetos cabo-verdianos: o clima árido do Ceará, as águas quase pernambucanas em seus verdes e azuis...[70]. Aí é possível notar como as marcas brasileiras – mais do que portuguesas – se fazem presentes na língua e na cultura. O arquipélago de Cabo Verde leva-o a rever o Brasil do presente, modelo e influência para a vida na região.

---

64 *Ibidem*, pp. 15-20.
65 *Ibidem*, p. 186.
66 *Ibidem*, p. 189.
67 Nos termos de François Hartog: *"Apollonios corrige, infirme, confirme ou complète, mais il ne se trouve pratiquement jamais en face de l'absolument inédit, jamais en tout cas, il n'est pris de court"* (François Hartog, *Mémoire d'Ulysse. Récits sur la frontière en Grèce ancienne*, Paris: Gallimard, 1996, p. 216 – tradução livre: "Apolônio corrige, invalida, confirma ou completa, mas quase nunca se encontra diante do absolutamente inédito, jamais é surpreendido").
68 Gilberto Freyre, *Um brasileiro em terras portuguesas, op. cit.*, p. 263.
69 *Ibidem*, p. 268.
70 *Ibidem*, pp. 287-300.

A viagem ao oriente português se desenrola em ritmo semelhante, a busca das marcas luso-brasileiras na paisagem material, cultural e social. Mais uma vez o exotismo se dissolve: "É nitidamente minha primeira reação de brasileiro às sugestões de presença lusitana com que me recebe a Índia portuguesa: a de que não estou em terra exótica mas no Brasil"[71]. O reencontro emocionado com o próprio país na paisagem natural e social dá o tom dessa etapa da viagem. Uma vez mais, as teses anteriores se confirmam: aquelas esboçadas em 1933 e 1936, que indicam "serem numerosos os orientalismos dissolvidos no complexo brasileiro de cultura"[72].

São Tomé, "ilha quase baiana" no golfo da Guiné, é o destino seguinte, alcançado por viagem de barco[73]. Se o arquipélago tem pouco destaque no relato, visitado rapidamente, Angola é percorrida de uma ponta a outra, permitindo-lhe entrever nova face de seu país de origem: desta vez, o Brasil contemporâneo. "Angola já não é a Guiné: é outra no tempo, além de ser outra no espaço [...]. Em Angola é como se estivéssemos num Brasil já amadurecido em sociedade híbrida, com uma população mestiça já considerável ao lado da branca [...]."[74]

Moçambique é o último ponto da rota ultramarina, para onde Gilberto Freyre segue em janeiro de 1952. E no extremo sul do continente africano ele se vê no sul do Brasil; população mais sóbria, mais "arianizada" e "anglicizada" do que em Luanda ou Benguela, diz ele, sobretudo nas camadas mais burguesas da sociedade, o que pode ser observado de diversos modos: na maneira europeizada como os negros se vestem; no gosto pelos desportes e banhos; no feitio das relações entre rapazes e moças, de uma "liberdade quase inglesa"[75]. Vislumbra também aí perigos na proximidade com a África do Sul e com o racismo. Mas a forte presença de marcas orientais na cultura tranquiliza o intérprete, reconduzindo-o à rota interpretativa traçada de antemão.

## GEOGRAFIA SENTIMENTAL

Todo o relato encontra-se ritmado pela "aventura" e pela "rotina", termos escolhidos, não por acaso, para figurar no título do livro que se refere, de saída, ao estilo adotado, equilibrado entre os excessos da literatura de viagens e o sabor rotineiro do diário e das memórias[76]. A oposição permite que ele retome a "metodologia dos contrários", tão cara ao feitio de sua reflexão. Só que, uma vez mais, as noções, longe de se definirem como antagonismos excludentes, sinalizam a complemen-

---

71 *Ibidem*, p. 319.
72 *Ibidem*, p. 326.
73 A viagem a bordo do *Pátria* tem lugar destacado nesse momento do relato; barco que figura como espaço de conversas, encontros, despedidas e reflexões (cf. Ricardo B. de Araújo, *Guerra e paz, op. cit.*, pp. 407-10); o que não poderia ser de outro modo, ensina Graciela Silvestri, "O caminho para a cidade: viagem e condição estrangeira em relação ao transcurso espacial", *in*: Ana Lúcia D. Lanna *et al.* (org.), *São Paulo: os estrangeiros e a construção das cidades*, São Paulo, Alameda, 2011. O barco é lugar que encerra experiências de diversos tipos, experimentado como casa, pátria e lugar, e, no limite, como "espaço outro".
74 Gilberto Freyre, *Um brasileiro em terras portuguesas, op. cit.*, p. 397.
75 *Ibidem*, pp. 483-8.
76 A presença do poeta Manuel Bandeira na dedicatória fala da amizade entre eles, sugerindo também as afinidades de Freyre com o tom coloquial da poesia bandeiriana, mais um elemento convocado a dosar a dicção grandiloquente de certa narrativa de viagens, rebaixando-a.

taridade entre opostos, que a conjunção "e" enfatiza[77]. A viagem equilibra assim os dois movimentos: o da aventura, de quem se lança ao risco e à sorte (como Ulisses), e o da rotina, que segue o compasso da ordem conhecida e da repetição (como na experiência de Apolônio). Afinal, desde o subtítulo, o autor indica que a viagem – na qual ele refaz o percurso do "aventureiro português" pelas colônias ultramarinas – se organiza em torno de um problema preciso: a busca de "constantes portuguesas de caráter e ação". A epígrafe de J. Conrad, *"He who loves the sea also loves the ship's routine"* ("quem ama o mar, gosta também da rotina de bordo do navio"), traduz sinteticamente a relação inextricável entre os termos[78].

A "aventura da colonização" e o "aventureiro português" são expressões recorrentes nos ensaios de interpretação do Brasil dos anos 1920 e 1930 – lembremos de *Retrato do Brasil* (1928), de Paulo Prado, e *Raízes do Brasil* (1936), de Sérgio Buarque de Holanda. Neste último, especificamente, a ideia da aventura da colonização portuguesa no Brasil refere-se a valores, éticas e condutas, que se definem pela "falta": de planejamento e previsão, de cálculo racional, meticuloso e abstrato. A aventura privilegia os fins, não os meios, indica-nos, por exemplo, o desenho das cidades coloniais "semeadas" pelos portugueses no Brasil, oposto ao das cidades "ladrilhadas" pelos espanhóis na América, tema desenvolvido no célebre capítulo segundo do livro.

Gilberto Freyre reedita a ideia do gênio aventureiro português em sentido diverso. A aventura liga-se de imediato à audácia das viagens marítimas portuguesas associando-se, em seguida, à plasticidade do português mestiço nos trópicos e ao seu caráter indefinido, equilibrado entre antagonismos de diversas ordens. A relação simultânea dos portugueses com o mar e com a terra traduz tal duplicidade de caráter: no perfil lusitano, a convivência do desbravador – que se expõe ao risco atravessando mares – e do camponês, homem "que vive franciscanamente, liricamente, ligado à terra, às parreiras, às oliveiras, às hortas, às lavouras"[79]. Ou daquele que tem "o sentido, o pensamento, o coração dividido entre a aldeia transmontana e o Oriente português"[80].

O emprego de uma lupa mais aproximada permite notar ainda que o antagonismo "aventura e rotina" recoloca-se em cada uma das faces do homem português, a marítima e a camponesa: um espírito de aventura comercial cerca a agricultura; uma relação rotineira também se estabelece com o mar, pela pesca, por exemplo. Assim, o português "anfíbio" entre terra e mar, equilibrado entre aventura e rotina, reforça a complementaridade entre os opostos: a rotina, como a aventura, tampouco obedece a um planejamento, como se costuma pensar; ela se impõe pela força do hábito, de tal forma incorporado, que parece natureza.

Considerando-se um herdeiro assumido do modelo e da experiência portuguesa da viagem, Gilberto Freyre filia-se à tradição desses "extraordinários aventureiros", donde a qualidade de saída rotineira de seu périplo: ele percorre um caminho já trilhado, refaz uma rota. Mas a rotina se inscreve, antes de tudo, no

---

77 Ricardo B. de Araújo, em "Castelos no ar", já lembrara, com propriedade, que não se trata aqui de pensar a rotina como antítese da aventura, nos termos colocados por Simmel, mas de vê-las como faces complementares.

78 A menção permanente a autores e referências inglesas em *Aventura e rotina*, fortes no período de formação, é outro ponto de conexão entre as duas fases da obra do autor. Cf. Maria Lúcia G. Pallares-Burke, *Gilberto Freyre: um vitoriano nos trópicos*, São Paulo: Unesp, 2005, p. 427.

79 Gilberto Freyre, *Um brasileiro em terras portuguesas*, op. cit., p. 149.

80 *Ibidem*, p. 165.

próprio plano da viagem: ele atravessa terras e continentes, em um espaço desenhado por uma mesma língua e cultura. O mapa que o percurso por terras tão distintas desenha tem seus limites fixados pelas constantes culturais portuguesas, familiares ao brasileiro que ele é. Não por acaso, a cada etapa do trajeto ele topa com o Brasil: na paisagem física; na presença negra e mestiça; na culinária, músicas, festas, "tudo remete ao Brasil", diz ele.

A ideia de uma civilização lusotropical desenha um mapa que subverte fronteiras nacionais e convenções cartográficas: seus limites definem-se pela colonização portuguesa nos trópicos. Nesse desenho, Portugal apresenta-se como nação pouco europeia, o lusotropicalismo aprofundando as teses anteriormente lançadas sobre o maior afastamento de Portugal em relação ao concerto das nações europeias, latinas e católicas, aproximando-o dos trópicos, onde ele se aclimata e se modifica[81]. O Brasil, por sua vez, exemplo contundente da aventura portuguesa nos trópicos e de uma cultura híbrida que se rotiniza, é alçado à posição de "principal líder das civilizações lusotropicais"[82]. A tese se evidencia na segunda etapa da viagem: em terras asiáticas e, sobretudo, africanas, a presença de Portugal, embora sempre referida como origem, empalidece, tornando-se o Brasil a verdadeira presença nas colônias. A África é "quase um outro Brasil cheio de promessas e possibilidades"[83]. A simbiose luso-brasileira, investigada na obra dos anos 1930, desdobra-se em complexo sociológico lusotropical ampliado, que tem origem na ação assimiladora e no caráter plástico português, sem dúvida, mas que se realiza exclusivamente nos trópicos mestiços.

O deslocamento espacial em *Aventura e rotina* é impulsionado pela retomada "quase física" do passado, a viagem funcionando fundamentalmente como recuo no tempo:

> Em contato com indivíduos desses vários grupos, diferentes nas formas do corpo, na cor da pele e sobretudo nas formas de cultura, que dentro dos meus limites de tempo, venho visitando nas suas próprias aldeias, tenho a impressão de que vejo os próprios começos africanos no Brasil. Domina-me às vezes a sensação – sensação física – de que estou dentro duma máquina inventada por um novo Wells, ao contrário do inglês – todo empenhado em ver o futuro –, proustianamente decidido a capturar o tempo perdido. O passado. Máquina que me teria trazido até uma Guiné não só pouco europeizada no espaço como no tempo: um tempo que seria, ainda, em certas áreas, socialmente quase o mesmo dos dias decisivos da colonização portuguesa no Brasil[84].

O presente que a observação das realidades coloniais na África e na Ásia traz à tona encontra-se, ele mesmo, prenhe de memória – memória da experiência

---

81 O esboço dessa interpretação de Portugal, e do português, encontra-se já delineado em *Casa-grande & senzala*. Aí, ao tratar do Brasil colônia e da formação da família brasileira, o autor defende ser o português híbrido e mestiço, formado a partir de influências muito variadas: árabes, romanas, gaulesas, judaicas, entre outras. A posição fronteiriça de Portugal entre África e Europa faria do país um campo de intercâmbios étnicos e culturais, responsável pela plasticidade do colonizador português e pelo seu grande potencial de adaptação aos trópicos, que tem na mestiçagem sua maior evidência empírica.
82 Gilberto Freyre, *Um brasileiro em terras portuguesas, op. cit.*, p. 288.
83 *Ibidem*, p. 365.
84 *Ibidem*, p. 263.

brasileira, tingida pela miscigenação. Mas a recuperação do passado engendrada pela viagem impulsiona a imaginação na direção de uma civilização tropical em gestação. Nesse sentido, não parece difícil ler *Aventura e rotina* como uma "meditação sobre o futuro" (a expressão é de Lucien Febvre, em 1952), projeção de outro formato civilizacional, distante da norma europeia moderna, já recusada em *Sobrados e mocambos* (1936)[85]. Esta modernidade diferencial, ou "outro ocidente", como queiramos, tem matrizes portuguesas (pouco europeias, portanto), mas o que efetivamente a define e estrutura é o fato da mestiçagem.

O reencontro com o Brasil em terras de ultramar suprime completamente o tempo histórico que se insinua na etapa portuguesa da viagem, embora sejam os laços afetivos que orientem aí a busca de origens e o traçado genealógico. A aventura no além-mar afasta de modo mais radical o eixo histórico, acercando-se do tempo circular do mito e dos tempos superpostos que compõem a memória. O Brasil, encontrado em formas passadas e presentes nas terras visitadas, apresenta-se, simultaneamente, como depósito de experiências pretéritas, presente promissor e modelo para novas criações. Assim, se a rotina organiza o tempo pela repetição e reposição do mesmo, ela não o aprisiona em um eterno presente como tende a ocorrer; ao contrário, a rotina contém aí os germes da aventura, apelando para novos tempos e para outra geografia, eminentemente subjetiva[86]. A geografia sentimental desenhada pela viagem associa-se, dessa maneira, ao trajeto temporal da memória que combina, no instante presente, passado e futuro.

Na deriva interpretativa freyriana ecoam arielismos que rondam a imaginação social latino-americana e que remetem aos nomes de Rubén Darío, Rodó, José Martí, Mariátegui, entre muitos outros, todos eles interessados, cada qual ao seu modo, em pensar uma "outra América", um "outro espaço" ao sul dos Estados Unidos, terreno ibérico e/ou latino-americano[87]. Essa reflexão de longa duração conhece refrações nos anos 1950 e 1960 nas propostas latino-americanas de releituras do barroco desenvolvidas por Alejo Carpentier, Lezama Lima e, posteriormente, por Severo Sarduy, que apostam em um projeto moderno, alternativo e crítico aos modelos europeus e norte-americanos, que teria na identidade cultural mestiça sua pedra de toque.

Afinidades à parte, a fabulação trans-histórica e transgeográfica de Gilberto Freyre afasta-se dessa tradição americanista ao desenhar um mapa que tende a apartar o Brasil da América Latina, aproximando-o da África e de um mundo "criado pelo português". Contraria também uma forte e renitente tendência da imaginação social brasileira que frisa o caráter sempre incompleto e lacunar de nossa formação, incapaz de preencher os requisitos básicos para a entrada na

---

85  O caráter uniformizador e excludente desse modelo de inspiração europeia (leia-se não português), incapaz de lidar com a variedade e com os excessos que caracterizaram a experiência colonial brasileira, será duramente criticado por Freyre em *Sobrados e mocambos*. Assim, não parece coincidência, indica Ricardo B. de Araújo ("Castelos no ar"), estar ele reescrevendo o livro de 1936 ao mesmo tempo em que esboça sua reflexão lusotropical, voltada para as possibilidades de constituição de um modelo civilizacional alternativo, ancorado no hibridismo. As bases desse modelo "outro" vão ser procuradas justamente nesse Portugal mesclado e, no limite, muito pouco europeu.

86  Nesse sentido, o "drama do tempo" – entre aventura e rotina – é encenado de forma diversa daquele observado na Fortaleza Bastiani, em *O deserto dos tártaros*, de Dino Buzatti, de acordo com a análise iluminadora de Antonio Candido ("Terceira: na fortaleza", in: *O discurso e a cidade*, São Paulo: Duas Cidades, 1993). No romance de Buzatti, a rotina aprisiona o tempo no presente da disciplina militar e no vazio da espera (os tártaros não chegam). Presente, ele mesmo, um prolongamento do passado, o que dá lugar a uma ânsia de futuro: a aventura da guerra (que não se concretiza jamais).

87  Pedro M. Monteiro, "As raízes do Brasil no espelho de Próspero", *Novos Estudos*, São Paulo, Cebrap: 2009, n. 83, pp. 152-82.

maturidade moderna. Gilberto Freyre, ao contrário, positiva os nossos "males de origem", vendo a experiência brasileira como matriz de realizações utópicas. É nesse sentido que Bastide o saúda no final de *Brésil, terre des contrastes*, lendo *aventura e rotina* como "o manifesto de um sonho"[88].

Não parece estranho ter sido o poeta Oswald de Andrade um dos poucos a ver com bons olhos, e no calor da hora, a notícia da viagem de Gilberto Freyre pelo continente africano[89]. Oswald, artífice de utopias, que mira as fantasias modernas (importadas) com escárnio e que aposta, como o antropólogo pernambucano, nas potências do "atraso" para a projeção de novos mundos possíveis.

---

88 Roger Bastide, *op. cit.*
89 "É evidente", diz ele, "que essa viagem ao continente negro [de Gilberto Freyre] pode completar e enriquecer o amálgama de fatos e observações que juntou até agora em seus livros clássicos. E um dos mais eficientes triunfos de nossa autenticidade é ter o autor de *Sobrados e mocambos* restituído, sem um falso pudor dólico-loiro, a realidade de mitivistas – o português, o índio, o negro" (Oswald de Andrade, "Descoberta da África", *in: A utopia antropofágica*, Rio de Janeiro: Globo; Secretaria do Estado da Cultura, 1990, p. 231).

# VII

# TRAUMAS DO VIVER

# LIMA BARRETO, CRÔNICA DE UMA LOUCURA ANUNCIADA: *DIÁRIO DO HOSPÍCIO* E *O CEMITÉRIO DOS VIVOS*
LILIA MORITZ SCHWARCZ

## INTRODUÇÃO

O gênero da memorialística, essa forma literária e de registro, é conhecido por seu trânsito entre objetividade e subjetividade; pelo emprego de um tom passional, sensível e muitas vezes reverberatório, dado que referido à experiência pessoal. Mais ainda, a memória é com frequência acionada no sentido de redimir o passado, vislumbrar o futuro ou promover o exemplo de seu autor a traço de geração.

Se tais características valem de maneira geral, no caso do escritor Lima Barreto (1881-1922) parecem muito apropriadas. Toda sua obra pode ser considerada autobiográfica e pautada na memória de si. Seus personagens funcionam como *alter egos* e projeções pessoais; suas passagens históricas e geográficas são citações; as situações que enredam a narrativa ficcional correspondem a experiências particulares, alicerçadas no contexto mais geral e político. Por isso, o trabalho de Lima foi, já em seu próprio momento, considerado "realista", pois demais amarrado ao período em que viveu. Mas em duas obras, ambas inacabadas, tal perfil é ainda mais acentuado. Em primeiro lugar, em seus diários (os *Diários* íntimos e o *Diário do hospício*); na verdade, notas esparsas, postumamente organizadas sob forma de livro. Em segundo, no romance que o autor começou a escrever na ocasião de sua segunda internação no Hospício Nacional do Rio de Janeiro, em 1919, chamado *O cemitério dos vivos*, o qual não chegou a ser concluído. Os diários de Lima foram coletados por sua irmã Evangelina e por seu biógrafo mais conhecido, Francisco de Assis Barbosa. Foram divididos em duas partes: as cadernetas, agendas, tiras de papel, notas e esboços de ficção que vão de 1900 a 1921 foram reunidos e chamados de *Diário* íntimo. Aí estão comentários, trechos de obras, planos, notícias, listas de nomes, notícias esparsas. Sem organização maior, eles apenas guardam uma ordem temporal, enquanto aglutinam textos e pensamentos muitas vezes desconexos[1]. Já o segundo conjunto é mais orgânico, pois corresponde aos escritos de 1920; resultado imediato da segunda internação entre dezembro de 1919 e fevereiro de 1920. Chamados postumamente de *Diário do hospício*, os registros foram feitos a lápis e em 79 tiras de papel, com anotações

---

[1] Analisamos esse material com mais cuidado no artigo que escrevemos sobre a primeira internação, de 1914. Cf. Lilia M. Schwarcz, "O homem da ficha antropométrica e do uniforme pandemônio: Lima Barreto e a internação de 1914", *Sociologia & Antropologia*, Rio de Janeiro, v. 1, pp. 119-50, jul. 2011.

na parte da frente e no verso do papel. As condições que Lima Barreto encontrou no hospital eram muito adversas, mas o autor fez questão de salientar como pretendia observar tudo, tal qual etnógrafo em pesquisa de campo, para redigir um romance sobre o tema. Publicados pela primeira vez em 1953, os *Diários* denotam a vida atormentada do escritor em seus últimos anos de vida[2].

Já o romance *O cemitério dos vivos* é resultado, por vezes idêntico, das anotações encontradas no *Diário do hospício*. O nome do personagem, Vicente Mascarenhas, deve representar uma pequena homenagem ao nome da rua Major Mascarenhas, onde o autor morou[3]. Conforme mostra Assis Barbosa, o escritor impressionou-se, também, com o relato de viagem do diplomata Henrique C. R. Lisboa, *A China e os Chins*, de 1888, e com o cemitério dos vivos de Cantão lá mencionado. Lima cita explicitamente o livro de Lisboa no *Diário*: "Nas imediações dessa cidade, um lugar apropriado de domínio público era reservado aos indigentes que se sentiam morrer. Dava-se-lhes comida, roupa e o caixão fúnebre em que se deviam enterrar. Esperavam a morte"[4]. A referência à sua situação, enterrado em seu escritório – depois de definitivamente aposentado – é frequente. Além do mais, não poucas vezes o escritor introduz a palavra cemitério em seu *Diário*: "Aqui no Hospício eu só vejo um cemitério: uns estão de carneiro e outros de cova rasa"[5]. No título da obra está discriminada a própria psicogênese do autor: a expressão de como sentia-se excluído; isso numa República convulsionada por revoltas populares[6]. Esse é cada vez mais o Rio das multidões, mas paradoxalmente, nesse contexto, Lima, outrora uma voz crítica, retira-se desse espetáculo, para se enterrar em seu cemitério interno.

É a confluência entre essa obra, os escritos de memória do escritor e ainda cartas e entrevistas da época que pretendemos analisar. Como se verá, nesse caso, é difícil estabelecer os limites entre ficção e não ficção, com o próprio autor alterando nomes, passagens e referências. Como diz o antropólogo Marshall Sahlins, muitas vezes "a história vira metáfora e o mito (ou a novela) realidade"[7]. No exemplo de nosso escritor, as aproximações entre realidade e imaginação são tantas que o literato chega a trocar nomes e misturá-los, por vezes grafando Lima Barreto na obra de ficção e Vicente Mascarenhas no texto de não ficção. Por outro lado, vários trechos dos *Diários* apresentam-se, idênticos, nas páginas do romance; assim como o oposto também sucede. A memória surge aqui, portanto, como exercício subjetivado e marcado pela experiência da doença que passa a representar o papel de catalisador da dor e da autoexclusão que Lima Barreto atribuía a si próprio e ao momento político em que viveu. O escritor é até hoje considerado um dos grandes testemunhos do período conhecido como Primeira República (1889-1930), período que, a despeito do regime de exclusivismos so-

---

2 Ver, nesse sentido, a excelente edição organizada por Augusto Massi e Murilo Marcondes de Moura, de Lima Barreto, *Diário do hospício & O cemitério dos vivos* (São Paulo: Cosac Naify, 2010), que usaremos nas citações que faremos daqui para a frente.
3 Tal observação aparece também na edição organizada por Augusto Massi e Murilo Marcondes de Moura.
4 Lima Barreto, *Diário do hospício & O cemitério dos vivos*, op. cit., p. 212.
5 *Ibidem*, p. 90.
6 Seu amigo e editor Francisco Schetino, em janeiro de 1920, enviou carta ao escritor, mencionando o futuro livro então chamado de *Sepulcro dos vivos*. Já em fevereiro, refere-se a uma obra que teria o título *O cemitério dos vivos*.
7 Marshall Sahlins, *Historical Metaphors and Mithical Realities*, Michigan: University of Michigan Press, 1986.

ciais, se converteu em palco para toda sorte de experimento político[8]. Estranho pensar que, nesse momento de ebulição, o escritor tenha aos poucos se retirado da cena pública. Como veremos, se a princípio tomou parte ativa nesse cenário, nos anos aqui selecionados sua opção foi pelo recolhimento. Autocomiseração e consciência de exclusão são alvos dessa memória de vida toda, mas que culminam nesses últimos anos de vida do escritor.

## DOIS DIÁRIOS IMPROVISADOS E UM ROMANCE INACABADO

"O espetáculo da loucura, não só no indivíduo, mas, e sobretudo, numa população de manicômio, é dos mais dolorosos e tristes espetáculos que se pode oferecer." É dessa maneira que Lima começa o terceiro capítulo de seu romance *O cemitério dos vivos*. Foi justamente após uma "noitada em que havia descido do whisky à genebra, ao *gin* e, daí até a cachaça"[9] que o escritor concebeu a ideia de escrever um livro, em que transformaria a experiência pessoal numa peça de ficção. Doentes internados por conta do álcool eram os mais habituais e também aqueles que mais rápido recebiam alta: um mês para casos passageiros; dois para renitentes. Nosso escritor ficou quase dois e registrou a experiência como se ela representasse uma traição do seu corpo. Crítico contumaz das teorias raciais, muito em voga no país, Lima negou possuir dados hereditários "problemáticos" num primeiro momento (a tuberculose da mãe, a "alienação" do pai e suas propensões ao anarquismo, todos sinais de "degeneração racial"), para depois "confessar".

Difícil não lembrar das máximas do médico da escola de medicina tropical da Bahia, Nina Rodrigues, que a essa altura pontificava sobre a correlação entre mestiçagem, degeneração e loucura[10]. Difícil, também, esquecer de Henrique Roxo, médico do hospital que, em pronunciamento no 2º Congresso Médico Latino-americano (de 1904), asseverava que negros e pardos seriam "tipos" retardatários. Roxo incluía ainda argumentos sociais, culpando a "abolição repentina" e a urbanização recente. É certo que Lima contava, também, com médicos como Juliano Moreira, diretor do hospital desde 1903, que, por conta de seu longo estágio em asilos da França, Itália e Alemanha, contestava as teses que estabeleciam correlações entre mestiçagem e loucura[11]. Mas o escritor parecia descrer de qualquer "medicamentalização".

Lima sairia do hospício para permanecer o resto do mês de outubro em casa. Obteria nova licença de 1º de novembro de 1914 a 31 de janeiro de 1915, quando começou longa colaboração com a revista ilustrada *Careta*, só interrompida com sua morte em 1922. Em 1916, apareceria em livro o romance mais famoso do escritor, *Triste fim de Policarpo Quaresma*, já publicado sob forma de folhetim, no *Jornal do Comércio*, no ano de 1911. A publicação dava sequência ao relativo sucesso que

---

[8] Ângela de C. Gomes; Martha Abreu, "A nova 'velha' República: um pouco de história e historiografia", *Tempo*, Rio de Janeiro: 2009, n. 26, v. 13, pp. 11-24.
[9] Lima Barreto, *Diário do hospício & O cemitério dos vivos*, op. cit., p. 200.
[10] No livro *O espetáculo das raças: cientistas, instituições e questão racial no Brasil, 1870-1930* (São Paulo: Companhia das Letras, 1993), tive oportunidade de desenvolver com mais cuidado a importância da escola Nina Rodrigues. Conferir também o excelente livro de Mariza Correa, *As ilusões da liberdade: a Escola Nina Rodrigues e a antropologia no Brasil*, Campinas: Unicamp, 2002.
[11] Moreira ficou conhecido como o introdutor da psiquiatria no Brasil, assim como reivindicou tratamentos especiais e locais separados para alcoólatras, epilépticos, tuberculosos e portadores de doenças contagiosas e crianças.

lograra com *Recordações do escrivão Isaías Caminha* (1909), livro de cunho autobiográfico que pretendia irritar a imprensa da época. Na obra o escritor tratava, sob o pseudônimo de *Globo,* dos bastidores do jornal *Correio da Manhã,* e sem ingenuidade afirmara:"Eu não tenho inimigos, mas meu livro os terá". O fato é que Lima estava longe de ser um desconhecido. Dirigia jornal próprio, *Floreal,* que apesar de ter durado apenas quatro números (de 1907 a de 1908) alçara o escritor à posição de destaque na nova geração boêmia. Por sinal, Lima escrevia em vários periódicos como *Fon-Fon!, Correio da Noite, Lanterna, ABC, Brás Cubas, Hoje, Souza Cruz,* assim como tomara parte na campanha civilista para presidente em 1909, apoiando a candidatura fracassada de Rui Barbosa, em oposição a Hermes da Fonseca.

Morador do subúrbio carioca e proveniente de família de classe média pobre, descendente de ex-escravos, Lima pretendia escrever uma história da escravidão, uma novela que seria um *Germinal* negro, além de, em seus romances e contos, denunciar práticas de preconceito. No *Diário* íntimo desabafou:"É triste não ser branco"[12]. No entanto, se Lima Barreto assumia um lado de paladino e de crítico do racismo, autoimolava-se a partir da exposição pública da doença. O mesmo ocorria no ambiente literário. No seu ensaio de abertura da revista *Floreal* via a si e a seus parceiros de publicação como novos avatares das letras. No entanto, diante da Academia Brasileira de Letras manifestava uma posição igualmente ambígua: a instituição representava, como veremos, lugar de aspiração e de derrota. A doença passa, portanto, a viabilizar sua memorialística, assim como dá visibilidade sensível a ela. É possível dizer, pois, que a loucura de Lima representava uma espécie de"fantasma de seu pai", mas também uma forma de autoflagelação premeditada, de desclassificação e de dissenso social. Obra e ficção estarão definitivamente contaminadas.

## VIDA DE HOSPÍCIO

Em seu prontuário, o funcionário anotou"cor branca", prontamente desdita pela foto que apresenta um Lima negro e com olhar ressabiado. Ele não se esquiva diante da máquina fotográfica, mas parece fatigado pelo efeito da bebida que o deixava agitado. Os *Diários* tratariam de confirmar o estado do escritor, que em 5 de setembro confessa:"De há muito sabia que não podia beber cachaça. Ela me abala, combale, abate todo o organismo desde os intestinos até a enervação [...] Andei porco, imundo [...] Se não deixar de beber cachaça, não tenho vergonha. Queira Deus que deixe"[13]. Seu diário era de fato peça íntima, e nele percebe-se o julgamento negativo e certa fatalidade na observação do fracasso frente à bebida, que o devolvia, cada vez mais, ao lar no subúrbio de Todos os Santos. Por sinal, sua literatura deve muito a essa vizinhança, que também recebe tratamento dos mais ambivalentes. Em romances, crônicas e artigos, Lima, não poucas vezes, elevou a "gente" de lá, encontrando nelas uma "naturalidade" diferente das da "capital". Essa era a época da reforma do prefeito Pereira Passos, quando a modernização culminou num processo de melhoria na infraestrutura básica da cidade, mas jogou a população pobre para a periferia que

---

12  Lima Barreto,"Diário íntimo", *in: Um longo sonho do futuro,* Rio de Janeiro: Graphia, 1998, p. 85.
13  *Ibidem,* p. 135.

rodeava a capital carioca e seguia os trilhos da Central do Brasil[14]. Talvez por isso, os trilhos da Central virariam referência para Lima, que tomava o trem todo dia.

> A tarde se aproximava e as *toilettes* domingueiras já apareciam nas janelas. Pretos com roupas claras e grandes charutos, grupos de caixeiros com flores estardalhantes; meninas em cassas bem engomadas; cartolas antediluvianas ao lado de vestidos pesados de cetim negro, envergados em corpos fartos de matronas sedentárias; e o pobre domingo aparecia assim decorado com a simplicidade dos humildes, com a riqueza dos pobres e a ostentação dos tolos[15].

Mas, se ele manifestava simpatias pelos subúrbios, não deixava de desdenhar dos costumes "atrasados", da arquitetura desfigurada e, sobretudo, de sua própria casa, à rua Major Mascarenhas. Foi por lá que viveu desde 1913, quando, após a constatação da loucura paterna, passou a sustentar a família, abandonando os estudos de engenharia para atuar como amanuense na Secretaria da Guerra; emprego que sempre menosprezou. Amanuense era uma profissão comum às classes médias cariocas, própria ao largo número de funcionários públicos que rodeava a capital federal. Ela permitia, ademais, vida decente, assim como eram "decentes" os subúrbios, que só ganhariam conotação negativa no futuro. Já Lima fazia questão de "pertencer" e de "se excluir" do local.

De toda maneira, o trajeto da Central dava a Lima Barreto uma outra geografia simbólica. Era a partir da janela do trem que podia colecionar tipos locais: a menina que ganhava ares de moça, o rapaz que se pretendia diferente dos colegas suburbanos, a mãe dadivosa e traída, o pai que acordava cedo para trabalhar, as mulheres da vida, os malandros espertos, os velhos de andar vagaroso, os pastores protestantes com Bíblia na mão, os comerciantes da prestação. Para além deles, o escritor dedicou-se a anotar cores: o subúrbio parecia concentrar um mar de colorações, uma complexa classificação racial, lida a partir de uma hierarquia social que privilegiava os mais brancos. Num determinado momento de *Clara dos Anjos* – outro romance inacabado e que traz uma mulata traída como *alter ego* do escritor –, o narrador onisciente diz: "Uma diferença acidental de cor é causa para que se possa julgar superior à vizinha"[16].

Mas o subúrbio de Lima Barreto era mais do que mistura de cores, gentes, religiões e arquiteturas. Talvez por isso a primeira frase a definir o romance *Clara dos Anjos* seja a mais definitiva: "O subúrbio é o refúgio dos infelizes". Clara era moça romântica, vivia de esperar por seu príncipe encantado, que chegaria sob a forma de um modinheiro, apenas "superior" por conta da cor mais clara. "A residência dos pais de Cassi ficava num subúrbio tido como elegante, porque lá também há estas distinções. Certas estações [de trem] gozam, às vezes, dessa consideração [...] Essa estranha gente."[17] O subúrbio o afastava do mundo boêmio literário da capital – das

---

14 Francisco Pereira Passos assumiria em 1903 a prefeitura do distrito federal, realizando grande remodelação urbanística na cidade, que ficaria conhecida como "bota-abaixo", quando habitações foram demolidas para a abertura de amplas avenidas.
15 Lima Barreto, *Triste fim de Policarpo Quaresma*, Madrid; Paris: AALLCA XX; Unesco, 1997.
16 *Idem*, *Clara dos Anjos*, São Paulo: Penguin/Companhia das Letras, 2012, p. 185.
17 *Ibidem*, p. 98.

rodas de Emílio de Menezes, Bastos Tigre e Noronha Santos –, assim como assemelhava Lima a seus personagens e a seu pai, que passava dias inteiros mudo[18].

Mas, após a passagem de Lima Barreto pelo hospício, o delírio do pai faria parte da rotina do próprio filho, fichado no Hospital Nacional de Alienados como "neurastênico". O conceito havia sido introduzido em 1867 e definia "estado de exaustão nervosa", com sintomas de "fraqueza física e mental, nervosismo generalizado e perturbação grave de humor que gerava fobias". E a loucura ou a memória da loucura não o largariam mais. Em 16 de junho é novamente licenciado para tratamento de saúde, afastando-se do trabalho por um mês. Nesse meio-tempo entrega novo original – *Os bruzundangas* – que seria publicado como livro apenas em 1922, postumamente. Assolado por novas crises, o escritor requereria, em 29 de julho de 1918, aposentadoria da Secretaria da Guerra. De 1º de setembro a 27 de dezembro tem nova licença, sendo recolhido no dia 4 de novembro ao Hospital Central do Exército, com uma clavícula fraturada; local em que permaneceria até janeiro de 1919. Nesse meio-tempo trabalha em novo original – *Vida e morte de M. J. Gonzaga de Sá*. Submete-se a novo exame médico em novembro de 1918 e em dezembro é finalmente aposentado, após ter trabalhado, segundo consta em seus *Diários*, "exatos 14 anos, 3 meses e 12 dias". O subúrbio, todo ele resumido, então, na rua Major Mascarenhas, passa a ser sua morada, escritório e condição.

Mesmo assim, Lima Barreto se concentraria na sua carreira de escritor, assim como apresentar-se-ia como candidato à Academia Brasileira de Letras (ABL) em 1919, na vaga de seu colega Emílio de Menezes. Perde, porém, o pleito e, em dezembro desse ano, é novamente internado no hospício – com delírios – para dessa vez só sair em fevereiro de 1920. Foi nessa segunda passagem que teve tempo de anotar o cotidiano local. Aí começava seu *Diário do hospício*, quando descreveu "colegas internos"; os quartos apertados; enfermeiros pouco atenciosos; médicos cheios de certezas prévias; a biblioteca vazia; a linda vista que dava para a baía de Botafogo, a serra dos Órgãos, as montanhas de Niterói, o Pão de Açúcar e a Urca[19]; e sobretudo a humilhação de se sentir anônimo, "um *va-nu-pieds*"[20]. A beleza natural fazia com que o local fosse motivo de visitação: "A impressão que se tem é que não se pode mais sonhar felicidade diante das belas paisagens e das belas coisas"[21].

"Eu tive muito pudor", escreve Lima em seu diário, ao referir-se a seu primeiro banho coletivo. Ou então: "Eu me lembrei do banho de vapor de Dostoiévski, na *Casa dos mortos*. Quando baldeei, chorei; mas lembrei de Cervantes, do próprio Dostoiévski, que pior deviam ter sofrido em Argel e na Sibéria"[22]. Pelo quilate da comparação já se mede a autoprojeção de Lima. Mas é a sensação de fracasso que parece se abater sobre o autor. A segunda internação o retiraria de vez do convívio social, mas parece não o ter afastado do trabalho de escritor, tornando ainda mais agudo o ar de ressentimento. Publica em 1920 uma coletânea de contos – *Histórias e sonhos* –, e nesse mesmo ano seu *Gonzaga de Sá* ganha menção honrosa pela ABL.

---

18 Conferir a obra de grande biógrafo de Lima Barreto, Francisco de A. Barbosa, *A vida de Lima Barreto: 1881-1922*, Rio de Janeiro: José Olympio, 2002, p. 227.
19 É o próprio Lima Barreto que descreve a vista que tinha lá dentro do hospital e afirma: "Olho a baía de Botafogo, cheio de tristeza [...]. Tudo é triste" (Lima Barreto, *Diário do hospício & O cemitério dos vivos, op. cit.*, p. 92).
20 *Ibidem*, p. 223.
21 *Ibidem*, p. 215.
22 Lima Barreto, "Diário íntimo", *op. cit.*

Paradoxal em sua carreira como escritor, Lima oscilava entre desfazer da Academia e buscar aceitação. Tanto que em 1921 tenta novamente entrar na instituição, dessa vez na vaga de Paulo Barreto: o famoso João do Rio, seu inimigo confesso. Retira, porém, sua candidatura, alegando motivos íntimos.

E sua literatura ficava cada vez mais pessimista à medida que também a vida profissional e pessoal definhava. O escritor faleceria em 1º de novembro de 1922, de "gripe toráxica e colapso cardíaco". Morreria dois dias antes do pai e antes de conhecer as repercussões da Semana de Arte Moderna. "Os garotos", como ele os chamava, andavam de "namoro" com Lima Barreto e sua obra seria recuperada, por conta, justamente, de seu ar confessional e memorialístico. Afinal, Policarpo Quaresma – um Dom Quixote tropical[23] – se parece com o escritor em seu patriotismo avesso a estrangeirismos. Isaías Caminha, como Lima, vem à cidade grande para conhecer o racismo e o relaxamento moral do jornalismo. Mas há dois momentos em que a obra de Lima Barreto é literalmente biográfica: em seus diários e no romance incompleto *O cemitério dos vivos*[24].

### "ESPETÁCULO DA LOUCURA"

"Estive no Pavilhão de Observação, que é a pior etapa de quem, como eu, entra para aqui pelas mãos da polícia. Tiram-nos a roupa que trazemos, dão-nos uma outra, só capaz de cobrir a nudez [...]."[25] É assim que se inicia o *Diário do hospício*, texto em que Lima sublinha a vergonha que sentiu ao tomar parte dos rituais de humilhação da instituição. Já na novela, depois de um primeiro capítulo em que descreve como Vicente Mascarenhas se casou por imposição, Lima inesperadamente abre o capítulo dois:

> Passei as tradicionais festas de ano entre as quatro paredes de um manicômio. O Pavilhão de Observação é uma espécie de dependência do Hospício a que vão ter os doentes enviados pela polícia; isto é, os tidos e havidos por miseráveis e indigentes, antes de serem definitivamente internados [...] A polícia e não sei como e por que suspeita de todo o sujeito estrangeiro com nome arrevesado, assim os russos, polacos, romaicos [sic] são para ela forçosamente caftens; todo cidadão de cor há de ser por força um malandro e todos os loucos hão de ser por força furiosos e só transportáveis em carros blindados[26].

E lamenta os banhos: "Ferira-me o meu amor próprio"[27]. Também à semelhança de Lima, seu personagem fora internado no Natal e "despido à vista de todos". No Pavilhão de Observação tiraram-lhe mais uma vez a foto. Sua imagem é, porém, distinta daquela de 1914. Resignado, ou buscando dessa vez permanecer anônimo (conforme declarou em entrevista concedida ainda no hospício), Lima Barreto parece outro na ficha. Dessa vez, o funcionário que anotou seus dados antropométricos o definiu como pardo (e não branco, como da primeira vez), o que comprova como no

---

23 A definição é de Oliveira Lima, na resenha que fez quando o livro foi pela primeira vez publicado.
24 Os originais dos dois diários e de *O cemitério dos vivos* podem ser encontrados na seção de manuscritos da Biblioteca Nacional, no Rio de Janeiro.
25 Lima Barreto, "Diário íntimo", *op. cit.*, p. 43.
26 Idem, *Diário do hospício & O cemitério dos vivos*, *op. cit.*, pp. 177-8.
27 Idem, "Diário íntimo", *op. cit.*, p. 45; e *Diário do hospício & O cemitério dos vivos*, *op. cit.*, p. 179.

país a determinação da cor é sujeita a variações. O escrivão deve ter alterado a definição, anotando essa coloração mais escura, indefinida como são os pardos. Quem sabe, nessa versão brasileira do racismo, que depende da situação social, Lima tenha ficado "evidentemente pardo" após ter entrado no carro-forte, no meio da noite, junto com outros "suspeitos"; todos compartilhando o vexante anonimato. Sua fisionomia é conturbada e triste: cabeça deitada para o lado, parece mais vencido. No *Diário*, dias depois, anotaria: "Ah! A literatura ou me mata ou me dá o que peço dela" [28].

O tema lhe era caro, mas só no romance, e já fora da prisão, prepararia nova artilharia, desafiando as conclusões da época. É Vicente Mascarenhas quem ironiza a sentença do juiz: "O réu, meus senhores, é um irresponsável. O peso da tara paterna dominou todos os seus atos, durante toda a sua vida dos quais o crime de que é acusado não é mais que o resultado fatal. Seu pai era um alcoólico, rixento" [29]. Encontro previsto entre imaginação e realidade, em *O cemitério dos vivos* Lima joga para seu personagem suas próprias certezas, que não o preveniram de ter que enfrentar o hospício.

Lima Barreto encontrava-se agora, no início de 1920, na Seção Calmeil do Hospital, e na anamnese o relator anota: "O inspetor dessa seção conheceu seu pai, que era administrador das colônias de alienados. Informa que este senhor fazia uso excessivo de bebidas alcoólicas, apresentando humor irascível. Consta-nos ainda que o progenitor do observado se acha agora em avançado estado de demência". O escrevente não se restringiu, pois, às informações dadas pelo escritor e faz alusões acerca da carga de hereditariedade negativa do interno. Mas a anamnese é paradoxal, pois, num segundo parágrafo, o atendente atesta a fama do paciente: "O observado goza nos meios literários da reputação de um escritor talentoso e forte, cheio de mordacidade". É só respaldado pelo terreno seguro da ficção que Lima critica a política de "antecedentes e da herança de taras ancestrais", assim como nega a autoridade do médico que "exerce sua profissão nesse vago e nebuloso céu da loucura". Porém, até mesmo na novela, e num crescente, o personagem admite-se um "náufrago da sociedade", um "rebotalho", "um doente indigente", "pária social" [30].

Na entrevista que concedeu para o jornal *A Folha*, de 31 de janeiro de 1920, quando ainda estava internado no hospício, procura racionalizar sua reação resignada, botando tudo na conta do livro que estava por escrever. Disse que evitou ser reconhecido, pois não queria "pistolões": queria "passar desapercebido, para observar melhor". Difícil dizer quem observava quem. Afinal, no *Diário* de 4 de janeiro de 1920, Lima admitia: "Estou seguro que não voltarei a ele [ao hospício] pela terceira vez: senão saio dele para o São João Batista que é próximo" [31]. O escritor referia-se ao cemitério situado no bairro de Botafogo, onde seria de fato enterrado em 2 de novembro de 1922. Mas, nesse caso, a ironia revelava a insegurança de quem perdera o controle da situação.

O fato é que, só respaldado pela ficção, Lima excedia-se. O romance é mal-acabado e se ressente da falta de cuidado na construção da trama. Pior; de tão referenciada a novela se torna caricatura fácil. Mascarenhas, como Lima, é preto, pobre, abandona a escola superior para trabalhar em emprego do Estado; escreve numa revista de gênero humo-

---

28  Idem, *Diário do hospício & O cemitério dos vivos*, op. cit., p. 24.
29  *Ibidem*, p. 151.
30  *Ibidem*, pp. 243-5.
31  *Ibidem*, p. 44.

rístico; possui uma biblioteca; pede empréstimos para publicar seus livros e bebe para aguentar tanto peso. O personagem também reclama da mania dos "estudos superiores" – de "obter o pergaminho, o lacre, o canudo, o grau, o retrato de tabuleta numa casa de modas da rua do Ouvidor" – e de como essa pressão o "assustava e revoltava"[32]. E o regime de paralelos não para por aí. Mascarenhas lia autores nacionais – Alencar, Macedo, Aluísio, Machado de Assis, Manuel Antônio de Almeida, Gonçalves Dias, Varella, Castro Alves e Gonzaga – e estrangeiros – *D. Quixote*, o *Robinson*, o *Paulo e Virgínia*, Descartes, Condorcet, Zola, Dante, Molière, Shakespeare –, além de relatar breve passagem pelo positivismo. Tal qual *roman à clef*, Lima listava na novela suas próprias leituras.

Não obstante, Mascarenhas diverge um pouco de Lima: casa por constrangimento, tem um filho que não cria e perde a esposa. Diferentemente do escritor, a personagem, antes de casar com Efigênia, mora na cidade e toma o trem para os subúrbios apenas de vez em quando: "A observação mais demorada que fiz, foi a da grotesca e imprópria edificação dos subúrbios, com as suas casas pretensiosas e palermas [...] Totalmente lhes fazia falta de gracilidade e de frescor de meia roça"[33]. Igual à vida de Lima, a linha do trem desenha para Vicente uma fronteira social, política e simbólica que permite afastar o centro da periferia, a aspiração da realidade. Do outro lado da linha do trem, começa o romance, num trajeto espelhado entre criador e criatura. Lima dizia que caíra na bebida por conta dos desgostos com a família – um "inferno", dizia ele no *Diário*; uma "catástrofe doméstica"[34], escrevia na novela.

Entretanto, se no início da novela realidade e imaginação tomam rumos apenas alusivos, mas não convergentes, quando entramos no hospício os relatos são basicamente idênticos. No conto "Como o homem chegou"[35], Lima narra como teria chegado no camburão: "A polícia da República, como toda a gente sabe, é nada paternal e compassiva no tratamento das pessoas humildes que dela necessitam". Mascarenhas toma o mesmo "carro-forte" – uma "carriola, pesadona, arfa que nem uma nau antiga". O dia a dia seria igualmente anotado: na realidade e na ficção. Mascarenhas menciona três companheiros: um velho, um português e um preto, epiléptico. Já Lima, em seu *Diário do hospício*, divide os alienados em mudos ou barulhentos e conclui: "Não há espécies; há loucos e só"[36]. Mas o pior parecia ser a constatação de que por lá era apenas "mais um". Outra vez, apenas no espaço da ficção, Lima confessa: "O Destino me nivelara. Sofri com resignação [...] Esqueci-me de minha instrução, da minha educação, para não demonstrar com uma inútil insubordinação"[37]. Impressiona a comparação com determinado trecho retirado do *Diário*, no qual diz o oposto: "Sou instruído, sou educado, sou honesto"[38].

A experiência passada no hospício parecia representar, pois, um banho de realidade; aos poucos a doença catalisa a memória e passa a ser personagem único. Se *Diário do hospício* testemunha uma experiência absolutamente convulsionada, já

---

32 *Ibidem*, p. 154-6.
33 *Ibidem*.
34 *Ibidem*, p. 241.
35 Datado de 18 de outubro 1914. Foi publicado originalmente na primeira edição de *Triste fim de Policarpo Quaresma* (Rio de Janeiro: Tip. Revista dos Tribunais, 1915, pp. 333-52). Na Divisão de Manuscritos da FBN (BN/Mss i-6,35,912) há o original manuscrito intitulado "Como o 'homem' chegou de Manaus".
36 Lima Barreto, "Diário íntimo", *op. cit.*, p. 67.
37 Idem, *Diário do hospício & O cemitério dos vivos*, *op. cit.*, p. 184.
38 *Ibidem*, p. 82.

na novela a loucura vira personagem absoluto: "O espetáculo da loucura é dos mais dolorosos e tristes espetáculos que se pode oferecer"[39]. "Horror" é o termo que usa para falar do desatino dos loucos, ou para descrever a "pigmentação negra" de parte sensível dos doentes: "Negro é a cor mais cortante, mais impressionante; e contemplando uma porção de corpos negros nus, faz ela que as outras se ofusquem no nosso pensamento"[40]. Aqui, a consciência da cor não vem acompanhada de orgulho. O movimento das duas obras lembra o contexto do final do Império e início da República, quando famílias negras lograram obter novos projetos de ascensão por meio do mérito[41] e do desenvolvimento pessoal. A abolição parece ter empurrado, porém, o grosso dessa população para o mesmo patamar, e o depoimento de Lima é expressivo nesse sentido. Na pele de Vicente Mascarenhas, desabafa: "O que me roía era silêncio, era calar, esconder o que eu tinha de mais eu mesmo na vida"[42]. Não há como olvidar como, nesse momento, os novos discursos raciais tentavam solapar a ideia de igualdade e os princípios universais do jusnaturalismo, criando uma subcidadania, medida pelas teses deterministas dessa ciência que transformava as diferentes raças em espécies essencialmente diversas.

Lima Barreto faz parte integral desse contexto descrito por Leo Spitzer, que, em *Vidas de entremeio*, mostra como, após o Novecentos, conhecido como o século da assimilação e da mobilidade, seguiu-se um momento condicionado pelas teorias raciais, que vinham na contramão dos modelos igualitários e de inclusão. Já no Brasil, passado o ato da abolição, populações inteiras experimentaram não só o medo de novas escravizações, como o receio de caírem no anonimato de sua situação de libertos. Grupos distanciados passavam a ser nivelados pela régua da cor e das teorias raciais. É esse medo que sentia Lima Barreto, que até então agia como se a cultura tivesse o poder seguro de emancipá-lo. Mas o contexto prometia agora a diferença naturalizada pela biologia, e o escritor experimentaria tal "embaraço" a partir da experiência de internação. O manicômio não só resumia a todos numa mesma categoria de alienados, como conferia à cor preta o colorido padrão.

Mas não se quer fazer dessa história um apanhado de atitudes previsíveis. Podem-se mensurar os sentimentos convulsionados de Lima Barreto na época de confecção dessas obras. Nas páginas finais de *O cemitério dos vivos*, como num crescendo, ele chama aos loucos, e a ele próprio, de "rebotalhos da sociedade", "náufragos", e se pergunta, com ironia: "A Constituição é lá para vocês?" Evidentemente não se pode olvidar mais uma vez de Nina Rodrigues, que, em seu livro *A responsabilidade penal*, propunha a criação de uma subcidadania composta, agora nos termos de Lima, por "doentes indigentes e párias sociais"[43].

Essas são, assim, obras que nasceram irmanadas e jamais perderam sua carteira de identidade. Quem sabe por serem ambas inacabadas, guardam falhas de construção. Não só no *Diário* o autor comete confusões de nomes, fatos e episódios, como também não poucas vezes no romance Lima troca o nome dos personagens ou inclui passagens

---

39 *Ibidem*, p. 203.
40 *Ibidem*, p. 211.
41 Ver, nesse sentido, o ensaio de Maria A. R. de Carvalho, "Intelectuales negros en el Brasil del siglo XIX", *in:* Carlos Altamirano (org.), *Historia de los intelectuales en América Latina*, Buenos Aires: Katz, 2008, pp. 312-33.
42 Lima Barreto, *Diário do hospício & O cemitério dos vivos, op. cit.*, p. 229.
43 *Ibidem*, p. 245.

literais de sua vida. Nas páginas do *Diário*, por exemplo, anota: "Não amei nunca, nem mesmo minha mulher que é morta e pela qual não tenho amor, mas remorso de não tê-la compreendido"[44]. Ou então: "Minha mulher faz-me falta e nessas horas tenho remorsos"[45]. Seria essa uma tentativa premeditada de ficcionalizar sua vida (já que Lima nunca se casou), ou de fato o escritor misturou identidades? Por outro lado, no romance não poucas vezes o escritor cita passagens do *Diário*. Nesse ele diz: "Andei porco, andei burro"[46]. Em *Cemitério*: "Andei sujo e imundo"[47].

É certo que o escritor não pensava publicar seus diários, assim como não deu por acabada tal obra de ficção. Mais vale refletir sobre o universo memorialístico, parte integrante e fundamental na obra de Lima. Misto de confissão com documento de época, as duas obras se confundem, revelando um escritor consumido por uma profunda dor e reiterada ambivalência. Ele, que lutara tanto para construir sua *persona* literária, que denunciara as mazelas do clube da literatura, do jornalismo e do discurso racial, era "capturado" justamente pela ciência que condenara. Enquanto o Lima Barreto dos idos de 1904 de maneira onipotente afirmava que "a capacidade mental dos negros é discutida *a priori* e a dos brancos *a posteriori*"[48], o escritor de *Diário do hospício* confessa sua desilusão: "Dormi em capinzais, fiquei sem chapéu, roubaram-me mais de uma vez"[49]. O escritor morreria de enfarte, depois de viver num isolamento de um lado forçoso, de outro autoimposto pela tomada de consciência, mote da memória, de sua condição de preto, pobre, suburbano e louco. Lima Barreto terminou confinado à imagem que ele próprio criou, entre o sacrifício e a redenção. A memorialística é mesmo um gênero ambivalente, uma vez que mistura objetividade com subjetividade, realidade com ficção. Nesse caso, não só a loucura e a doença se intercalam, como o literato propositadamente rasura os limites do gênero. Não se sabe mais o que é conto, romance, diário, entrevista ou ato premeditado. Memória representa aqui uma espécie de chancela desse ego aflitivo, um registro da subjetividade de um jogo complicado que mistura pobreza, cor, ambição, loucura. Deslocada, a frase que encerra a obra de ficção não poderia ser mais significativa: "Fiquei eu só no vão da janela"[50].

---

44 *Ibidem*, p. 84.
45 *Ibidem*, p. 94.
46 *Ibidem*, p. 58.
47 *Ibidem*, p. 208.
48 *Ibidem*.
49 *Ibidem*.
50 *Ibidem*.

# MEMÓRIAS DO CÁRCERE: GRACILIANO RAMOS NO MEIO DO CAMINHO
MARCELO RIDENTI

## A TRAJETÓRIA DE GRACILIANO RAMOS E SUA PRISÃO

*Memórias do cárcere*, livro póstumo de Graciliano Ramos (1892-1953), tornou-se um clássico logo após sua edição, em 1953. A intenção expressa de registrar as arbitrariedades testemunhadas na cadeia também levou à distinção do autor, guindando-o ao pleno reconhecimento público como escritor e exemplo de intelectual vitimado pelo autoritarismo[51].

Quando Graciliano Ramos faleceu, a obra já estava quase completa, só faltava a tarefa sempre postergada de redigir o capítulo final sobre o reencontro com a liberdade que se dera em 1937, após mais de dez meses de prisão. Como o título ainda estava indefinido, os herdeiros e o editor decidiram-se por uma das possibilidades aventadas: *Memórias do cárcere*. Foram publicadas em quatro volumes pela editora José Olympio, a mais importante da época[52]. Graciliano Ramos foi incentivado a escrever o texto pelo próprio Olympio, seu amigo, dono de célebre livraria que Graciliano frequentava com regularidade no centro do Rio de Janeiro, local de encontro de escritores, intelectuais e políticos. O editor pagava antecipadamente pelos direitos autorais, mediante a entrega de trechos dos originais. A necessidade de escrever às pressas para ganhar dinheiro, contudo, incomodava o autor perfeccionista, pois podia influenciar na qualidade de seus escritos[53]. Apesar dos atrasos frequentes, ele cumpriu o tratado com Olympio[54].

Foi o primeiro sucesso de vendas do "velho Graça", como ficou conhecido o escritor já renomado, mas até então pouco lido por um público mais amplo. Dez mil

---

51 Busca-se aqui dialogar implicitamente com uma proposta metodológica de Gustavo Sorá, para quem um dos aspectos indispensáveis na análise de memórias envolve compreender as inter-relações entre a obra em si, a edição do livro, o autor e seu público, destacando também a importância da questão do passado visto do presente, bem como a circulação nacional e internacional do escritor e da obra. Ainda que de modo sintético, esses aspectos foram abordados a seguir. As observações de Sorá foram feitas no seminário internacional "A memorialística latino-americana nas humanidades", realizado na Universidade de São Paulo em 21 e 22 de outubro de 2010. Uma versão anterior deste texto foi publicada com o título "Graciliano Ramos e suas *Memórias do cárcere*: cicatrizes", *Sociologia & Antropologia*, Rio de Janeiro: out. 2014, v. 4, n. 2, pp. 475-93.
52 A edição atual (2008) reúne os quatro volumes num só. Ela foi confrontada com os originais datilografados, incluindo as últimas correções do autor. Todas as próximas citações da obra referem-se a essa edição.
53 Graciliano Ramos, *Memórias do cárcere*, Rio de Janeiro: Record, 2008, pp. 97 e 260-1.
54 A trajetória de José Olympio foi esmiuçada em José Mário Pereira, *José Olympio: o editor e sua casa*, Rio de Janeiro: Sextante, 2008, e Gustavo Sorá, *Brasilianas: José Olympio e a gênese do mercado editorial brasileiro*, São Paulo: Edusp; Com--Arte, 2010.

exemplares esgotaram-se em 45 dias, segundo Dênis de Moraes[55]. Vários fatores colaboraram para o êxito da edição, tais como as lembranças das masmorras do primeiro governo Vargas, que se encontrava agora em seu segundo governo e sofria forte oposição[56]; a receptividade de setores antivarguistas da imprensa, da intelectualidade e também daqueles predispostos a exorcizar os fantasmas de colaboração com o Estado Novo; a perseguição a um artista célebre e injustiçado; o fato de ser um livro póstumo com as memórias polêmicas de autor recentemente falecido; os rumores em torno das críticas à obra no interior do Partido Comunista; além da notória qualidade literária do texto. O editor José Olympio soube usar esses fatores para o sucesso da obra no mercado, que serviu também para estimular as vendas de novas edições dos livros anteriores do autor.

Graciliano Ramos já escrevera parte de suas memórias em *Infância* (1945). Tratava de sua meninice subjetivamente sofrida no interior do estado de Alagoas, onde se sentia oprimido pelos adultos, apesar de descender de uma família privilegiada. Seu avô foi senhor de engenho, depois arruinado. O pai era comerciante, dono da loja de tecidos Sincera, em Palmeira dos Índios. Graciliano viveu no Rio de Janeiro, então capital federal, por um breve período na juventude, de agosto de 1914 a agosto de 1915, trabalhando em jornais, sobretudo como revisor. Ainda não lograra a pretendida colocação de destaque no meio jornalístico quando a tragédia familiar da morte de três irmãos pela peste bubônica o levou a retornar a Palmeira dos Índios. Logo se casaria e ficaria com a loja do pai, antes de assumir postos públicos.

Apesar da fama de sujeito difícil, sem papas na língua, sabia cativar as pessoas, cultivar amizades e inserir-se em redes literárias, sociais e políticas, como sua trajetória atestaria. Por exemplo, ocupou vários cargos públicos por indicação de amigos, em Palmeira dos Índios, em Maceió e no Rio de Janeiro. Foi nomeado presidente da Junta Escolar de Palmeira dos Índios em 1926, indicado pela família Cavalcanti, aliada do governador Costa Rego. Logo se tornou prefeito da cidade (1928-30), após eleição em que foi candidato único pelo Partido Democrata, com a bênção dos coronéis locais. Acabou chamado pelo governo para servir em Maceió. Na capital alagoana, entre 1930 e 1936, foi diretor da Imprensa Oficial, professor e diretor da Instrução Pública, responsável pela educação no estado. Lá conviveu com um seleto grupo de intelectuais e escritores nordestinos, entre os quais Rachel de Queiroz, José Lins do Rego, Aurélio Buarque de Holanda, Jorge de Lima, Manoel Diegues Jr. e Alberto Passos Guimarães.

Graciliano Ramos estava no meio da vida adulta quando foi vítima da onda repressiva após o levante comunista de novembro de 1935, embora sem qualquer envolvimento com ele. Permaneceu no cárcere de 3 de março de 1936 a 13 de janeiro de 1937. Completou, na cadeia, 44 anos de idade. Viúvo do primeiro matrimônio, era casado pela segunda vez com Heloísa, com quem teve quatro filhos, além de outros quatro do enlace anterior.

---

55 Dênis de Moraes, *O velho Graça: uma biografia de Graciliano Ramos*, Rio de Janeiro: José Olympio, 1996, p. 310. Estas e outras informações sobre a vida do autor baseiam-se nessa biografia e ainda em Valentim Facioli, "Um homem bruto da terra (biografia intelectual)", *in*: Alfredo Bosi *et al. Graciliano Ramos*, São Paulo: Ática, 1987, pp. 23-106, e Ricardo Ramos, *Graciliano: retrato fragmentado*, São Paulo: Siciliano, 1992.

56 Vargas era presidente da República em 1953, ano do lançamento do livro. Fora eleito democraticamente, assumindo o posto em 1951, após afastamento da política desde o fim do Estado Novo em 1945. Viria a suicidar-se em 1954 para não ser derrubado, como se sabe. Carlos Lacerda, principal inimigo de Vargas, rasgou elogios a *Memórias do cárcere* em seu jornal, *Tribuna da Imprensa* (Ricardo Ramos, *op. cit.*, p. 197).

Usufruía da vida de ilustre intelectual e funcionário público em Maceió. Em suas próprias palavras, era um "pai de família, meio funcionário, meio literato"; um "rabiscador provinciano detestado na província, ignorado na metrópole"[57]. Naquela altura, dificilmente teria disposição para a aventura de estabelecer-se sem emprego na capital federal, não tivesse sido levado pelas circunstâncias, no caso, sua inesperada prisão.

Nunca soube ao certo o motivo do encarceramento, não chegou a ser oficialmente processado, sequer interrogado. Talvez sua atuação invulgar no comando da educação pública alagoana tenha contribuído para gerar desafetos e denúncias anônimas que o levaram à prisão. Por exemplo, ele implantou concursos públicos e recusava-se a fazer nomeações e transferências de professores e funcionários por indicação política. Referiu-se nas *Memórias* à "sensaboria da rotina" em seu cargo público. Junto com sujeitos que considerava decentes, entrara numa "engrenagem" que "nos sujava", de um ensino que envolvia o "emburramento" das crianças para aceitar o domínio de "políticos safados e generais analfabetos". Era contra o ensino de "hinos idiotas", como o do estado natal, que em sua administração não era tocado nas escolas[58].

Embora não fosse militante de esquerda na época de sua prisão, desejava "a morte do capitalismo e o fim da exploração", e seus dois filhos mais velhos integravam a Juventude Comunista, com a aprovação do pai. Considerava-se "uma espécie de revolucionário, teórico e chinfrim", que encontrava no cárcere os "revolucionários de verdade"[59].

Apesar de suas ideias anticapitalistas, ainda não pertencia ao Partido Comunista do Brasil (PCB) e não teve ligação com o levante de 1935, nem com a Aliança Nacional Libertadora (ANL). Ao contrário, fora servidor público de governos comprometidos com a República Velha e continuou a servir após o movimento de 1930, apesar de ter-se oposto a ele, o que lhe valera breve prisão por envolvimento numa escaramuça de resistência. Graciliano contou nas *Memórias* que Agildo Barata, de quem ficaria amigo, ria ao ouvi-lo narrar no Pavilhão dos Primários uma "proeza besta" ocorrida logo após o movimento de 1930: "Um piquete das forças revolucionárias de Agildo Barata agarrou-me no interior de Alagoas e fingiu querer fuzilar-me. [...] Alguns dias de reclusão, vários aborrecimentos"[60].

Ao ser aprisionado em 1936, Graciliano já era um escritor reconhecido no meio literário. Publicara dois romances importantes quando ainda morava em Alagoas: *Caetés* e o clássico *São Bernardo*, além de ter concluído a redação de *Angústia*, que foi lançado enquanto estava no cárcere. Seus livros estavam disponíveis até mesmo nas bibliotecas da cadeia, onde eram pouco lidos, ao contrário das obras de autores como Jorge Amado, segundo o próprio Graciliano[61].

A experiência da prisão foi um corte em sua vida: ele não se animaria a voltar, sequer de visita, ao estado natal de Alagoas, onde residira praticamente a vida toda: "Nunca mais poria os pés naquela terra"[62]. Estabeleceu-se no Rio de Janeiro e ali permaneceu até morrer em 20 de março de 1953, vítima da doença dos fumantes inveterados como ele, câncer no pulmão.

---

57 Graciliano Ramos, *op. cit.*, pp. 29 e 77, respectivamente.
58 *Ibidem*, pp. 20-1.
59 *Ibidem*, pp. 99 e 51, respectivamente.
60 *Ibidem*, p. 474.
61 *Ibidem*, p. 470.
62 *Ibidem*, p. 116.

Seus dias no cárcere foram traumáticos; ainda preso tratou de fazer anotações detalhadas e extensas do que testemunhava, pensando numa obra futura. Mas desfez-se delas por razões de segurança, de modo que suas vivências ficaram apenas na memória. Depois de solto, jamais deixou de ruminar o assunto e de fazer apontamentos a respeito. Por exemplo, em 1938, chegou a escrever uma carta irônica de protesto – jamais enviada – ao ditador Vargas[63]. Só em 1946, com a democratização da sociedade brasileira, começou a escrever o livro de memórias. Então, ele já militava no PCB, ao qual aderira em 1945, mantendo-se membro até o fim da vida. Não se tratava de imposição partidária, ao contrário, havia restrições da direção sobre a obra, o que talvez ajude a explicar por que só foi publicada postumamente. Graciliano parecia não querer concluí-la, considerava que "provavelmente isto será produção póstuma, como convém a um livro de memórias"[64].

Após sair da prisão, em 1937, foi nomeado inspetor-geral de ensino secundário do Rio de Janeiro, por indicação do poeta e amigo Carlos Drummond de Andrade, que era chefe de gabinete do ministro da Educação do governo Vargas. O cargo de inspetor de ensino era mal remunerado e de importância secundária, mas aqui já se revelava a ambiguidade da situação, que se expressava também no emprego de Graciliano na revista *Cultura Política*, órgão intelectual vinculado ao Departamento de Imprensa e Propaganda do Estado Novo varguista. O velho Graça atuava como revisor de textos e não tratava de assuntos diretamente políticos em suas crônicas na seção "Quadros e costumes do Nordeste"[65], cujo tema se afinava com o projeto nacionalista então em curso, comum ao governo e a uma parcela expressiva da intelectualidade, empenhada em intervir na gestão da cultura e da educação nacional, embora às vezes crítica do autoritarismo, que por certo também tinha seus intelectuais orgânicos.

O regime, se não o próprio Vargas, reconheceu a injustiça da prisão, e não apenas ao oferecer emprego público a Graciliano. No aniversário de 50 anos do romancista, em 1942, houve uma célebre homenagem no restaurante Lido, em Copacabana. Compareceram os principais escritores e intelectuais da época, a começar por Gustavo Capanema. O poderoso ministro da Educação e Saúde liderava um projeto de formação educativa do qual participaram vários artistas e intelectuais; havia uma "tênue linha divisória" a separar a ação educativa e cultural da "mobilização político-social e de propaganda" do regime[66]. "Em suma, o pacto entre os intelectuais e o poder compromete a ambos, sem que se possa decidir qual deles tirou maior proveito", nos termos de Adriana Coelho Florent[67].

A intrincada relação entre literatura e política na trajetória de Graciliano estava presente já na sua "descoberta" como escritor. Do Rio de Janeiro, o editor e literato Augusto Frederico Schmidt incentivou Graciliano Ramos a escrever e publicar, depois de ter lido seus criativos relatórios administrativos como prefeito de Palmeira dos Índios, reunidos postumamente no livro *Viventes das Alagoas* (1962).

---

63 Carta de Graciliano Ramos a Getúlio Vargas, 29 de agosto de 1938 (*Folha de S.Paulo*, 12 set. 2010, p. A14).
64 Graciliano Ramos, *op. cit.*, p. 13.
65 As crônicas eram publicadas simultaneamente na revista portuguesa *Atlântico*, ligada à ditadura de Salazar. Mais tarde foram reproduzidas no livro *Viventes da Alagoas* (São Paulo: Martins, 1962).
66 Cf. Helena Bomeny; Vanda Costa; Simon Schwarzmann, *Tempos de Capanema*, São Paulo: Paz e Terra, 2000, p. 104.
67 Adriana Coelho Florent, *Graciliano Ramos em seu tempo: o meio literário na era Vargas*, São Paulo: Terceira Margem, 2011, p. 112.

A convivência de Graciliano Ramos com o regime varguista foi menos intensa que a de outros artistas e intelectuais que ocuparam postos mais importantes, mas não deixava de ser contraditória. O juízo negativo que sempre fez de Vargas, ao menos desde a revolução de 1930, não foi impedimento para assumir postos públicos, assim como antes ocupara cargos por indicação da oligarquia alagoana, da qual também era crítico. Na época, a condição de intelectual em geral – e de escritor em particular – era carente de autonomia e geralmente vinculada ao aparelho de Estado, como já apontaram vários estudiosos do tema[68].

## MEMÓRIAS DO CÁRCERE

O livro divide-se em quatro partes, cada qual compunha um volume na edição original. "Viagens", a primeira parte, narra a prisão em Maceió, as cadeias por onde Graciliano passou no Nordeste e sua terrível jornada no porão do navio *Manaus* rumo ao Rio de Janeiro na companhia de outros presos, como os militares revoltosos da insurreição de novembro de 1935 em Natal. Havia também passageiros comuns a bordo, até mesmo os que viajavam de primeira classe e olhavam entre indiferentes, curiosos e enojados aqueles que seguiam apinhados no porão. O ambiente era de fedor, calor e sujeira. O autor encontrava refúgio no cigarro e nas notas que escrevia sobre a experiência em curso. Praticamente não se alimentou no navio, recusava com nojo a comida, mesmo à custa da saúde.

Na segunda parte, "Pavilhão dos Primários", Graciliano Ramos relatou sua estada em uma ala da Casa de Detenção no Rio de Janeiro. Lá conviveu com dezenas de presos políticos, em geral acusados de envolvimento com a ANL ou com o levante de 1935, entre os quais muitos militares e dirigentes comunistas. Ali funcionava um coletivo que organizava o cotidiano dos presos políticos. Destacavam-se lideranças como a do comunista argentino Rodolfo Ghioldi e do oficial Agildo Barata. O maior incômodo nessa prisão eram os percevejos, combatidos com afinco mas sem êxito pelo coletivo, segundo o autor. Realizavam-se de jogos de xadrez a sessões espíritas, de cursos educativos a rodas de samba nas celas e no espaço coletivo nomeado "Praça Vermelha". Os presos preparavam até um noticiário noturno diário na "rádio libertadora": um locutor de voz possante transmitia também notícias internacionais, como o andamento da guerra civil espanhola.

A rotatividade dos presos, que circulavam de cadeia em cadeia, também era expressiva. No Pavilhão dos Primários corriam histórias de quem passara por presídios bem mais duros, como a temível colônia correcional Dois Rios na Ilha Grande, para onde Graciliano acabaria sendo transferido. A terceira parte do livro, "Colônia correcional", trata de sua passagem pela Ilha Grande, onde novamente passava dias praticamente sem comer. Lá os presos políticos conviviam com toda sorte de presidiários comuns, em condições precárias e promíscuas. Graciliano relatou, por exemplo, sua amizade com meliantes como um certo Gaúcho, orgulhoso de seu profissionalismo

---

68 Por exemplo, sobre a relação entre intelectuais, classes dirigentes e Estado no período, ver o livro de Sergio Miceli, *Intelectuais e classe dirigente no Brasil (1920-1945)* (São Paulo: Difel, 1979) e a polêmica sobre o tema no prefácio de Antonio Candido. Em estudo clássico sobre o conjunto da obra de Graciliano Ramos, Candido tratou de *Memórias do cárcere*, que se destacaria sobretudo como "documento humano" (cf. Antonio Candido, *Ficção e confissão: ensaios sobre Graciliano Ramos*, Rio de Janeiro: Ouro sobre Azul, 2006, p. 14).

como ladrão. Contou também de companheiros de saúde mais abalada que acabaram morrendo quase como indigentes. Caminho que provavelmente seria o dele, não fosse transferido após cerca de um mês preso ali, graças à mobilização de amigos e parentes no Rio de Janeiro, notadamente do já célebre romancista José Lins do Rego. Talvez seja o trecho mais angustiante do livro, em que o autor narrou a sensação de aproximar-se da morte nas condições mais degradantes.

Na parte final, "Casa de Correção", o escritor comenta sua volta ao Rio de Janeiro, onde ficaria preso em novo local, reencontrando companheiros com quem convivera em outras prisões. Relata episódios como a deportação de Olga Benário e Elisa Berger para a Alemanha nazista.

Individual e coletivo, recolhimento e solidariedade, estranhamento e identificação com os outros presos são aspectos que se entrelaçam indissoluvelmente nas *Memórias do cárcere*.

## A ESCRITA COMO EXPRESSÃO DE DIGNIDADE E DISTINÇÃO

Escrever na cadeia foi não só um recurso para manter a dignidade do autor preso, registrando as arbitrariedades sofridas, mas também um meio de distinção social, pois o fato de escrever dava-lhe prestígio, distinguindo-o entre os encarcerados, sendo tratado com alguma deferência e privilégio em meio a um ambiente despersonalizado.

As *Memórias do cárcere* podem ser interpretadas como um testamento literário. O autor registrou seu intento de ser lembrado como uma pedra no caminho dos poderosos, uma voz dissonante do coro dos contentes, que incomodava não propriamente pela militância política, mas por afirmar sua autonomia de escritor, livre para criticar e expor as cicatrizes sociais. Graciliano Ramos relatava seu mal-estar não só em relação à experiência na cadeia, mas também com sua própria vida em meio à modernização da sociedade brasileira. Seu ato de escrever denunciava uma sociedade marcada por desigualdades enormes, a colocar ainda obstáculos à profissionalização e autonomia dos escritores como ele, mas que paradoxalmente ofereceria relativos privilégios a seus artistas e intelectuais.

Ao entrar na Casa de Detenção do Rio de Janeiro em 1936, chegando de longa e penosa viagem de navio na condição de preso político, Graciliano Ramos submeteu-se a um interrogatório de rotina para preenchimento de dados cadastrais. Já começou embirrando: insistiu em declarar que não tinha nenhuma religião, apesar do conselho reiterado do policial-burocrata de plantão, para quem seria mais "conveniente" expressar alguma crença no quesito "religião" do questionário[69]. Afirmava desde logo suas convicções, seu deslocamento social, a disposição de assumir-se como "*gauche* na vida", a exemplo de muitos intelectuais de sua geração, geralmente oriundos de oligarquias rurais decadentes, no contexto de modernização da sociedade brasileira[70].

---

69 Graciliano Ramos, *op. cit.*, pp. 175-6.
70 Carlos Drummond de Andrade abriu sua primeira obra, *Alguma poesia*, de 1930, com os célebres versos: "Quando nasci, um anjo torto/ desses que vivem na sombra/ disse: Vai, Carlos! Ser *gauche* na vida" (Carlos D. de Andrade, *Reunião: 10 livros de poesia*, Rio de Janeiro: José Olympio, 1974, p. 3).

O autor não queria se "acanalhar" afirmando possuir um Deus, mesmo que isso fosse conveniente. Um verbo frequente nas *Memórias* é "acanalhar-se", no sentido de perder a honra, um risco especialmente para os presos[71]. Ele buscava sempre "conservar a dignidade"[72]. Sobreviver sem perder a honradez, eis um dilema em todo o livro para um homem portador de valores cavalheirescos, cioso de sua dignidade, que via ameaçada a cada instante na cadeia.

Em várias passagens, Graciliano compara a situação dos presos à de animais vivendo em conjunto, como gado, formigas, cupins ou ratos. Ele nunca se conformou com a situação de viver em "curral como bichos", nem com a coisificação dos presos: "Formávamos juntos um acervo de trastes, valíamos tanto como as bagagens trazidas lá de baixo e as mercadorias a que nos misturávamos"[73]. Como manter a dignidade numa situação dessas, sem se acanalhar? Como preservar a personalidade e distinguir-se da manada? A resposta de Graciliano foi a escrita, as notas infindáveis que tomava e das quais mais tarde viria a livrar-se, ainda quando preso. Ele as escrevia com intensidade proporcional à degradação a que era submetido. Mecanismo de defesa da própria dignidade num ambiente de despersonalização, animalização e coisificação das pessoas. Mas ao mesmo tempo revelava-se a consciência de que o ato de escrever traria relativos privilégios sociais, de distinção, o que atormentava o autor. É o que se depreende, por exemplo, de um episódio das *Memórias*.

Preso no porão do navio *Manaus*, que conduzia Graciliano ao Rio de Janeiro, o padeiro ofereceu-lhe lugar em seu camarote, ao reparar que o escritor tomava "notas difíceis, sentado no caixão, enxergando mal na sombra densa, o nariz junto à folha, a valise sobre os joelhos servindo-me de escrivaninha"[74]. Por escrever, parecia pessoa distinta da massa de gente aglomerada no porão. Ao conseguir conforto maior que o de seus companheiros que viajavam em condições abjetas, o autor sentiu-se envergonhado e confessou usar a vergonha como pretexto para parar de escrever, podia "dispensar aquele recurso".

Se a escrita foi um refúgio para a sobrevivência no porão do navio, recurso para manter a dignidade e registrar as arbitrariedades sofridas, não deixou de ser também uma forma de distinção social. Em várias passagens do livro, Graciliano notou que escrever gerava prestígio, distinguindo-o entre os presos, os guardas e os dirigentes de presídio, que por isso o tratavam com alguma deferência num ambiente desumanizado. A cadeia não deixava de ser um microcosmo da inserção contraditória do escritor numa sociedade como a brasileira.

O episódio e o conjunto do livro expressam bem o que Marshall Berman chamou em outro contexto de "cisão fáustica" do intelectual, inspirando-se em *Fausto*, o herói romântico alemão criado por Goethe no século XIX[75]. O personagem – como tantos, por exemplo, na literatura russa e outras de países de desenvolvimento capitalista tardio e autoritário – seria existencialmente dilacerado pela consciência de ser portador de privilégios de uma cultura avançada numa sociedade atrasada, cindido pela tensão entre modernidade e o subdesenvolvimento. Graciliano, originário das oligarquias agrárias nordestinas, revelava mal-estar semelhante nas *Memórias*.

---

71 Ver o uso desse verbo nas pp. 12, 176, 408, 476, 499, entre outras.
72 Graciliano Ramos, *op. cit.*, p. 338.
73 *Ibidem*, p. 157.
74 *Ibidem*, p. 151.
75 Marshall Berman, *Tudo que é sólido desmancha no ar*, São Paulo: Companhia das Letras, 1986.

A distinção como estratégia de diferenciação que estaria no cerne da vida social[76] ganha contornos inesperados na obra de um escritor comunista como Graciliano Ramos. A arte burguesa de se distinguir "naturalmente" pelo gosto, diferenciado da ostentação dos emergentes e da suposta vulgaridade das classes dominadas, não combinaria com as ideias e os ideais dos comunistas. Mas isso não impede que o problema da distinção esteja presente em suas vidas e obras, como as *Memórias do cárcere*.

Os comunistas, baseados na obra-prima de Marx, *O capital* (1867), apontam a coisificação das pessoas no capitalismo, o embrutecimento gerado pelo fetichismo da mercadoria, que tende a fazer *tabula rasa* das diferenças entre os indivíduos. Algo que se exacerbaria numa situação-limite de prisão como a vivida por Graciliano, que comparou a condição dos presos à de animais, explicitando sua coisificação em passagens já mencionadas. Assim, para os comunistas, não seria um problema a distinção, entendida num sentido amplo como a plena expressão diferenciada de cada indivíduo, a caminho de uma sociedade futura na qual "o livre desenvolvimento de cada um é condição para o livre desenvolvimento de todos"[77]. Mas a situação ganha contornos contraditórios quando se pensa a distinção em sentido estrito, que envolve poder e privilégios, por exemplo, aos escritores, como no caso do tratamento diferenciado que Graciliano obteve no navio quando se percebeu que ele escrevia, ou nas homenagens que lhe prestaram depois de ter deixado a cadeia, sem contar os vários cargos públicos de confiança que ocupou ao longo da vida, inclusive durante o Estado Novo. O episódio da cicatriz no braço de um preso, tratado a seguir, também ajuda a pensar o tema da distinção do escritor.

## A TATUAGEM-CICATRIZ DO ESQUELETO: PASSADO E PRESENTE NAS MEMÓRIAS DO CÁRCERE

Um aspecto a considerar em qualquer reconstituição da memória é como o autor retoma o passado no presente em que escreve. Já se sabe que Graciliano Ramos se livrou das notas que tomava compulsivamente no cárcere. Ele poderia ter buscado algum mecanismo de fazê-las chegar fora da prisão, mas preferiu destruí-las, com receio de que lhe fossem confiscadas ou pudessem comprometê-lo, se apanhadas pela polícia. Chegou a escrever que talvez tenha sido melhor assim, para não ficar preso às notas no momento bem posterior de redação das memórias. Afirmou que o julgamento sedimentado em seu presente não poderia ficar prisioneiro do passado, consciente de que estava elaborando o tema da ótica do tempo em que escreveu, não dos fatos vividos, ainda que pretendesse ser fiel a eles[78].

É certo que toda escrita memorialística seleciona aspectos do passado com base na vivência do presente. O autor admitia que as lembranças seriam subjetivas e, portanto, diversas para cada pessoa em diferentes momentos, mesmo dando a "impressão de realidade". Assim, ficava livre para andar para a esquerda e para a direita, saltar passagens desprovidas de interesse, passear, correr, voltar a lugares conhecidos. "Omitirei acontecimentos essenciais ou mencioná-los-ei de

---

76 Cf. Pierre Bourdieu, *A distinção: crítica social do julgamento*, São Paulo; Porto Alegre: Edusp; Zouk, 2008.
77 Karl Marx, Friedrich Engels, *Manifesto do Partido Comunista*, Petrópolis: Vozes, 1996, p. 87.
78 Graciliano Ramos, *op. cit.*, p. 14.

relance, como se os enxergasse pelos vidros pequenos de um binóculo, ampliarei insignificâncias, repeti-las-ei até cansar, se isso me parecer conveniente."[79]

Mesmo consciente de que o tempo pregresso é reconstituído a partir do momento corrente, Graciliano fez um esforço significativo para narrar com objetividade cada detalhe da prisão, como se ainda estivesse lá. Por mais que revelasse memória prodigiosa, contudo, decorridos tantos anos, não teria como evitar até mesmo algum anacronismo. Por exemplo, ao recordar-se da agitação na cadeia por ocasião da entrega à Gestapo de Olga Benário Prestes e Elisa Berger, Graciliano afirmava: "Sentado na cama, pensei com horror em campos de concentração, fornos crematórios, câmaras de gases. Iriam a semelhante miséria?"[80]. Provavelmente, o autor de fato tenha temido pelo destino das duas nas mãos dos alemães, mas não tinha como pensar em câmara de gás e fornos crematórios em 1936, pois só em 1939 foi criado um programa de extermínio pelos nazistas[81].

Talvez um episódio do livro ajude a compreender a retomada pelo autor, no seu presente, da experiência passada no cárcere. Depois de responder ao questionário na Casa de Detenção do Rio de Janeiro, no qual fizera questão de declarar-se sem religião, Graciliano dirigiu-se à rouparia. Lá estava um preso comum, ajudante de serviço. Um detalhe no antebraço do prisioneiro chamou a atenção:

Aí se percebia, tatuado, um esqueleto, ruína de esqueleto: crânio, costela, braços, espinha; medonha cicatriz, no pulso, havia comido a parte inferior da carcaça. Desejando livrar-se do estigma, o pobre causticara inutilmente a pele; sofrera dores horríveis e apenas eliminara pedaços da lúgubre figura. Não conseguiria iludir-se, voltar a ser pessoa comum. Os restos da infame tatuagem, a marca da ferida, iriam persegui-lo sempre; a fatiota desbotada conservava o sinal da tinta. Era-me impossível desviar os olhos da representação fúnebre. Em vão queria distrair-me. Tinha pena do infeliz e zangava-me[82].

Eis um aspecto fundamental do estilo literário de Graciliano Ramos: o gosto pelos detalhes, o desagrado com aqueles que liam seus livros "apreendendo a essência e largando o pormenor". Afinal, segundo ele, "são as minúcias que me prendem, fixo-me nelas, utilizo insignificâncias na construção das minhas histórias"[83]. A aparente minúcia do episódio da tatuagem perdida num livro imenso seria plena de significado[84]. A experiência do cárcere viria a cravar-se na memória e na vida de Graciliano Ramos como a tatuagem deformada no braço do detido, indestrutível, da qual o olhar não se despregava. Inútil tentar eliminar a

---

79  *Ibidem*, p. 14.
80  *Ibidem*, p. 635.
81  Este e outros casos de anacronismo foram apontados, por exemplo, por Jacob Gorender, "Graciliano Ramos: lembranças tangenciais", *Estudos Avançados*: jan.-abr. 1995, v. 9, n. 23, pp. 323-31. E Boris Schnaiderman, "Duas vozes diferentes em *Memórias do cárcere?*", *Estudos Avançados*: jan.-abr. 1995, v. 9, n. 23, pp. 332-7.
82  Graciliano Ramos, *op. cit.*, p. 177.
83  *Ibidem*, p. 212.
84  Tanto que o mesmo trecho, embora visto de outros ângulos, foi destacado por intérpretes como Wander Miranda, em sua reflexão sobre a "função política do corpo" em *Memórias do cárcere*, e na ficção de Silviano Santiago inspirada nessa obra de Graciliano Ramos. Cf. Wander M. Miranda, *Corpos escritos: Graciliano Ramos e Silviano Santiago*, São Paulo; Belo Horizonte: Edusp; UFMG, 1992, p. 148; e Silviano Santiago, *Em liberdade*, Rio de Janeiro: Paz e Terra, 1981.

cicatriz subjetiva, a marca da ferida iria persegui-lo para sempre. O cárcere seria um divisor de águas em sua vida. Levaria dez anos para começar a escrever a respeito, morreria sete anos depois de iniciar o trabalho, com a obra ainda inconclusa, sem a ilusão de que poderia "voltar a ser pessoa comum".

Quatro meses depois do primeiro encontro, Graciliano topou de novo com o preso de tatuagem no antebraço. Espantou-se ao ser saudado pelo rapaz, que o vira só uma vez. Como seria possível reconhecê-lo, distingui-lo, em meio a um grupo numeroso? Lembrou-se da conversa dos dois, de como o preso também era um homem que reparava em detalhes, o único que o percebeu inquieto apesar dos esforços para demonstrar calma. Afinal, ele notara que o autor mexera na valise que carregava "mais de vinte vezes, não achava lugar para colocá-la. Surpreendera-me ver alguém reparar em tais minúcias e tirar consequências justas"[85].

Graciliano recordava-se da aflição do rapaz, prestes a ser solto, que não sabia para onde ir e o que fazer depois de libertar-se. Identificava-se com o preso, concluindo que o cárcere mudava o rumo de sua vida: "Para onde? Essas palavras tinham-me impressionado e não me cansava de repeti-las. Ao deixar a sala fazia a mim mesmo a pergunta do rapaz do esqueleto: – Para onde?"[86]. Ele se lembraria da pergunta ao ser removido para a temível colônia correcional da Ilha Grande, sentindo-se o próprio esqueleto, como outros presos que vira regressar da ilha, "farrapos"[87].

O episódio expressa um jogo complexo de espelhamento entre o eu e o outro, o indivíduo e a sociedade, o passado e o presente. Cada personagem surpreendendo-se por encontrar no outro a marca da própria miséria, que ganhava também um sentido coletivo na situação adversa. A minúcia do caso permitiria pensá-lo metaforicamente ao menos por duas vias entrelaçadas: primeiro, a experiência passada no cárcere cravava-se subjetivamente no presente de Graciliano, indelével como a tatuagem-cicatriz no braço do rapaz, por mais que a quisesse apagar, deformando-a com soda cáustica. Segundo, o próprio autor poderia ser representado pela caveira tatuada, um farrapo humano, como outros presos. Uma carcaça que não deixava de ser marca de distinção, impossível de apagar, cujos traços ficariam expostos também para os outros que os veriam de fora, para uma sociedade que não se livraria no presente da mancha de tinta da morte no passado.

Em outros termos, é evidente que a experiência carcerária foi algo traumático, deixando cicatrizes no autor, num sentido metafórico. Mas há aspectos adicionais: a cicatriz do preso resultava de tentativa de apagar uma tatuagem; a metáfora iria além das marcas da prisão em Graciliano e seus companheiros de infortúnio. Eles mesmos se tornavam marcas incômodas no corpo social, que não podia livrar-se delas. Isso leva ao aspecto da distinção moral daqueles que foram vítimas da repressão posterior ao levante comunista de 1935, bem como dos intelectuais perseguidos, tendo Graciliano se tornado sua encarnação por excelência, embora não fosse militante na época e, depois de solto, tenha ocupado cargos ligados ao governo federal.

Outro possível elemento de distinção pode ser encontrado na busca do autor para a difusão nacional e internacional de sua obra, em contatos com seus editores no Brasil e na Argentina, que são mencionados de passagem ao longo das *Memórias*.

---

85 Graciliano Ramos, *op. cit.*, pp. 366-7.
86 *Ibidem*, p. 367.
87 *Ibidem*, p. 378.

## MAIS "MINÚCIAS" E ELOS PERDIDOS

Um aspecto pouco destacado em *Memórias do cárcere*, mas notável para quem buscar analisar o tema da circulação internacional de artistas e intelectuais, é a referência aos estrangeiros, como o editor argentino Benjamin de Garay. Ele traduziu alguns textos de Graciliano Ramos para o espanhol, o que rendia alguns poucos cobres, mas essenciais para o alagoano, sempre apertado de dinheiro. Garay trabalhara como jornalista no Brasil e mantinha contato com escritores. Em junho de 1936, o conto "A testemunha", prometido por carta a Garay, saiu na revista *El Hogar*, de Buenos Aires. Ainda preso, Graciliano escreveu os contos "O relógio no hospital" e "Dois dedos", ambos logo enviados para tradução na Argentina, aos cuidados de Garay, que prometia articular na América Latina um movimento pela libertação de Graciliano. Logo depois de sair da cadeia, o autor enviou a Garay o conto "Baleia", embrião do romance *Vidas secas*. Seguiu em correspondência com o portenho por anos a fio, como relatou Dênis de Moraes[88].

Graciliano Ramos manteve relação com vários estrangeiros que estavam no cárcere, acusados de envolvimento com o levante de 1935. Era o caso do líder comunista argentino Rodolfo Ghioldi, de quem se tornou muito amigo e que lhe deu respaldo por ocasião da ida desesperada a Buenos Aires no fim da vida, para submeter-se a uma operação de câncer. O tratamento foi financiado pelo PCB, que já enviara o velho Graça – então presidente da Associação Brasileira de Escritores, controlada pelos comunistas – em viagem à União Soviética, junto com outros artistas e intelectuais, em 1952. Os escritos a respeito foram publicados, logo depois de sua morte, no livro *Viagem* (1954). As atribulações dessa viagem aparecem também nas obras biográficas já referidas. Havia desentendimentos tópicos de Graciliano Ramos com a direção do PCB. Como se sabe, ele era crítico do realismo socialista zdanovista e de aspectos da vida na União Soviética, mas foi um stalinista convicto. Ricardo Ramos contou que uma das raras vezes em que viu o pai chorar foi por ocasião da morte de Stálin[89].

A proximidade dos stalinistas não impediu a boa relação no cárcere com não comunistas, até mesmo o russo Rafael Kamprad, conhecido como Serge, acusado de ser trotskista. Graciliano declarava-se internacionalista no livro, tratava com certo desdém os nacionalistas, especialmente a esquerda militar. Entretanto, o autor quase não teve obras traduzidas em vida, ao contrário de outros camaradas mais afinados com as diretrizes culturais oficiais do realismo socialista, como Jorge Amado[90].

As *Memórias do cárcere* viraram um clássico, mas nem por isso se tornaram referência decisiva para dezenas de autores que relataram em livro – a partir do fim dos anos 1970 – sua experiência nas masmorras da ditadura estabelecida com o golpe de 1964[91]. Por sua vez, Graciliano Ramos parecia desconhecer as memórias de presos políticos em momentos históricos anteriores, como aquelas de comba-

---

88 Dênis de Moraes, *op. cit.*, pp. 100, 130, 140-1, 222.
89 Cf. Ricardo Ramos, *op. cit.*
90 Cf. Marcelo Ridenti, "Jorge Amado e seus camaradas no círculo comunista internacional", *Sociologia & Antropologia*, Rio de Janeiro: nov. 2011, v. 1, n. 2, pp. 165-94.
91 Uma bibliografia ampla sobre o tema consta em Marcelo Ridenti, *O fantasma da revolução brasileira*, São Paulo: Unesp, 2010, e Dainis Karepovs, "Biografias de esquerda: memórias sobre a ditadura", *Perseu: história, memória e política*, São Paulo: jun. 2012, v. 6, n. 8, pp. 317-57.

tentes contra o governo de Arthur Bernardes, especialmente as de Everardo Dias e de Maurício de Lacerda, ambas de 1927. Atestava-se a dificuldade de transmitir experiências entre gerações, especialmente nos meios de esquerda.

Há, contudo, indicadores de maior continuidade no âmbito estético, por exemplo, no cinema. Nelson Pereira dos Santos – que em 1963 já havia transposto para a tela o romance *Vidas secas* – filmou *Memórias do cárcere* em 1983[92]. Na ficção literária, Silviano Santiago escreveu *Em liberdade* (1981), como se fosse um diário do próprio Graciliano logo após sair da cadeia em 1937. Assim, a obra do velho Graça servia como referencial para refletir sobre a transição democrática vivida na década de 1980.

## CONCLUSÃO

Nas *Memórias do cárcere*, Graciliano Ramos esforçava-se para não usar a primeira pessoa do singular e não ultrapassar seu suposto "tamanho ordinário", atribuindo-se importância indevida, embora admitisse que "bons propósitos" não o livravam de se revelar "com frequência egoísta e mesquinho"[93]. Tentava escapar do que pareciam ser defeitos nas memórias de Trotsky, que lhe causaram impressão lastimosa: "Pimponice, egocentrismo, desonestidade"[94], tudo o que pretendia evitar. Paradoxalmente, contudo, a intenção expressa de modéstia guindava o velho Graça à grandeza do reconhecimento público. Os cuidados do escritor e a qualidade da obra não a deixaram a salvo da "ilusão biográfica", para usar o termo de Bourdieu[95] (1998), pois foram as *Memórias do cárcere* que colocaram seu autor no panteão não só dos escritores mas também da intelectualidade brasileira, particularmente a de esquerda, como vítima exemplar das arbitrariedades do primeiro governo Vargas, em que pesem as ambiguidades já registradas em relação a ele.

O saldo regenerador da experiência trágica de Graciliano pode ser encontrado no relato de seu filho Ricardo Ramos[96]: longos trechos das *Memórias*, ainda inconclusas, eram lidos em voz alta por amigos e familiares nas habituais celebrações aos domingos na residência do mestre, que assim era homenageado em público. Ele escreveu no seu presente sobre o passado, mas indicava para o futuro. Fazia uma espécie de testamento literário, ao deixar para a História um legado de denúncia do cárcere e defesa da dignidade humana, que ao mesmo tempo lhe trouxe a distinção da consagração pública.

---

92 Cf. Tânia Nunes Davi, *Subterrâneos do autoritarismo em* Memórias do cárcere – *de Graciliano Ramos a Nelson Pereira dos Santos*, Uberlândia: Edufu, 2007.
93 Graciliano Ramos, *op. cit.*, pp. 15-6.
94 *Ibidem*, p. 590.
95 Pierre Bourdieu, "A ilusão biográfica", *in*: Marieta de Moraes Ferreira; Janaína Amado (org.), *Usos e abusos da história oral*, Rio de Janeiro: FGV, 1998, pp. 183-91.
96 Ricardo Ramos, *op. cit.*, pp. 159 ss.

## LÚCIO CARDOSO: *CRÔNICA DA CASA ASSASSINADA* E OS LIMITES DA MEMORIALÍSTICA
MARIA ARMINDA DO NASCIMENTO ARRUDA

O poema "A casa do solteiro"[97], de Lúcio Cardoso (1912-68), condensa, como exemplarmente analisou Ésio Macedo Ribeiro, o universo sombrio da literatura do escritor mineiro. O autor chama a atenção para a relação entre o poema – sobre o qual não há registro do ano em que foi escrito – e *Crônica da casa assassinada*, publicado em 1959[98], o romance mais notável da literatura cardosiana. Se para o crítico da literatura importa sublinhar a relação entre "o inferno existencial do poeta" e o "diálogo indireto com obras clássicas como a *Odisseia* de Homero, a *Eneida*, de Virgílio, e o "Inferno", em *A divina comédia*, de Dante Alighieri, obras que apresentam a prevalência do escuro, tema constante na obra poética cardosiana"[99], para o sociólogo interessa, mais diretamente, buscar as formas em que a experiência social impregna o universo imagético do autor – a condição de filho caçula de um clã de Minas Gerais em franco processo de descenso (ainda que fosse irmão de Adauto Lúcio Cardoso, figura notável da política brasileira na época), sua homossexualidade explícita e suas dificuldades de inserção no meio literário no Rio de Janeiro, dominado pelo prestígio dos romancistas do Nordeste. Nesse universo pessoal e familiar complexo, aparece *Crônica da casa assassinada*, livro desconcertante, por enfrentar o mesmo problema da decadência das camadas tradicionais brasileiras no trânsito do moderno, questão também central do chamado romance social nordestino; em Lúcio, porém, o grau de ciframento do contexto social assume expressões inusitadas, presente numa obra subjetivista, construída através de relatos memorialísticos, sem nenhuma sequência temporal.

*Crônica da casa assassinada* é um livro que se distingue da tendência dominante dos chamados romances de matiz sociológico produzidos pela geração de 1930, sobretudo pelos escritores originários do Nordeste, e que darão o tom da literatura brasileira desde o terceiro decênio do século XX. Sua publicação já acontece em um momento de franca diferenciação da cultura moderna no país, conforme se pode perceber no conjunto e na radicalidade das transformações em curso na sociedade brasileira. A obra narra a história de uma família agrária nobilitada, os Menezes,

---
97 Lúcio Cardoso, *Poesia completa*, São Paulo: Edusp, 2011. Trata-se de uma edição crítica densa, erudita e, possivelmente, definitiva.
98 *Ibidem*, pp. 51-2.
99 *Ibidem*, p. 35.

de uma pequena cidade do interior de Minas Gerais – Vila Velha –, que habita as terras herdadas dos seus ancestrais, fundadores da localidade e figuras de referência e reverenciadas pelos habitantes da região. A casa senhorial, a chácara dos Menezes, encontra-se em franco processo de degradação, permanecendo apenas como o símbolo do antigo fausto. Nela moram os três irmãos da família Menezes: Demétrio, casado com Ana, Valdo e Timóteo.

A trama do romance é urdida a partir do casamento de Valdo com Nina, moça jovem, bonita, elegante, apurada nos trajes, residente na capital, onde morava com o pai recém-falecido e que era amparada por um coronel, homem mais velho, porém de posses e frequentador da casa paterna. Não há informações seguras a respeito da sua decisão em casar-se com um moço da província e rejeitar as intenções amorosas do amigo de seu pai. Tudo indica que ficara seduzida com a possível riqueza e com o nome prestigioso da família provinciana. A sua chegada à chácara é traumática, pois não foi recebida com acolhimento por parte do cunhado e sua mulher, apesar da franca impressão que causou no irmão do seu marido. Já na primeira refeição em família, toma conhecimento do empobrecimento do clã, por intermédio da informação de Demétrio, recebida de chofre durante o jantar de boas-vindas. O cunhado desejava, no fundo, agredi-la e enterrar as suas possíveis ilusões de fortuna e prestígio. A cunhada Ana apenas observa e se mantém em posição de franca reserva, numa atitude de hostilidade silenciosa, cheia de ressentimentos acrescidos pelas diferenças de aparência entre ambas.

O desencontro caracteriza o relacionamento de Nina e Valdo; há entre eles afeto permeado por um misto de amor e de ódio, como, de resto, é a característica das expressões de sentimento no livro. É significativo que os cônjuges tenham em comum o fato de receberem nomes contraídos, que poderiam se originar de um elenco variado de designações, numa espécie de alusão à debilidade das suas identidades. Timóteo, o outro irmão, vive confinado no seu quarto em isolamento completo, inclusive sem direito a privar da companhia até dos serviçais, enclausurado pelas ordens de Demétrio. Homossexual que se traveste usando as roupas e adereços deixados pela mãe, Timóteo é o epíteto da violência das relações. André é o filho de Nina e Valdo, e Betty é a governanta inglesa. Dentre a criadagem, apenas outra personagem tem lugar na construção da dinâmica da vida no solar: o jardineiro Alberto, moço jovem e português de origem. Nina é a pessoa que centraliza o desenrolar da narrativa; a partir da sua chegada, os problemas são desencadeados, engolfados numa voragem de grandes e de pequenas paixões, a confundir todas as virtudes e todos os vícios, que se aprofundam quando do seu retorno à chácara, após quinze anos de permanência na capital. A trama romanesca gira, então, em torno dos dois períodos em que Nina habita a chácara dos Menezes, para onde regressa acometida do câncer que a mataria.

Considera-se *Crônica da casa assassinada* a obra de coroamento da trajetória literária de Lúcio Cardoso. Seu livro de estreia, *Maleita*, de 1933, pode ser identificado à chamada literatura de cunho social, marca característica da sua geração, embora já apresentasse particularidades do estilo cardosiano. Com a edição de *Crônica* acentuaram-se e radicalizaram-se as suas distinções em relação às correntes dominantes desde os anos 1930[100]. Visto por inúmeros críticos como um romance introspectivo, subjetivista, trágico, mesmo expressionista e marginal, por vezes surrealista[101], o livro causou perplexidade na época. Combinando situações interditas e extraordinárias, como o adultério, a presumida relação incestuosa entre Nina e André só desvendada no final do romance, de cujo delito o filho permanece convencido, a mescla de sexo e morte, a homossexualidade, a coexistência de vício e religiosidade, a presença das formas mais degradantes de manifestação da doença e de atitudes de agressão ao corpo morto, conferem tom de tragédia à obra. A decadência física das personagens é expressão da ruína material e moral, de mundo morto, uma vez que os mecanismos de reprodução social estão truncados. Com a edição dessa obra, o escritor mineiro aprofundou os traços já manifestos em *A luz no subsolo*, seu terceiro romance, publicado pela José Olympio em 1936. Nas palavras de Mario Carelli, com "*Luz no subsolo*, que Mário de Andrade considera 'estranho e assombrado', Lúcio marcou sua ruptura definitiva com o neorrealismo ambiente para dar forma ao seu mundo visionário"[102].

Nesses termos, desde os anos 1930, o autor já se distanciara do "naturalismo" do romance social, para recuperar a classificação polêmica de Flora Süssekind, bem como do engajamento característico dessa literatura, para seguir as análises de João Lafetá[103]. Em "Confissões de um homem fora do tempo", afirmou: "É verdade que não creio no romance sociológico, mas também não creio em Virginia Woolf. Há muitas coisas que podem ser levadas em conta da minha aversão natural por certas coisas – os romances de Eça de Queiroz por exemplo. Também não gosto de Lima Barreto, é verdade"[104]. Não por casualidade, José Lins do Rego, legítimo representante do chamado romance social, escreveu a respeito da literatura de Lúcio Cardoso. "O mundo exterior só existe para ele como cenário. O que realmente existe para ele é uma angústia que se propaga nos personagens como as suas marcas indeléveis"[105]. Acrescentaria: nas personagens de Lúcio Cardoso a angústia permanente é alimentada por personalidades transgressivas, que forcejam para atingir o limite da existência, numa espécie de exploração das possibilidades de convivência entre o bem e o mal, a vida e a morte, o amor e o ódio, a virtude e o pecado, a sanidade e a demência. Parece-me ser esta a particularidade de o escritor tratar do fenecimento do seu mundo de origem.

E, de fato, na esteira da superação do domínio agrário nas esferas social, econômica e política, mudanças de vulto ganhavam expressão no âmbito das linguagens da cultura: nas artes plásticas, no teatro, no cinema, no pensamento intelectual e científico; junto com elas emergiam as mensagens oriundas dos veículos de comunicação, ao lado daquelas provenientes do dinamismo industrial, como o design e a publicidade[106]. Na literatura, especialmente, os anos 1950 poderiam ser

---

100 Cf. Mario Carelli, "*Crônica da casa assassinada*: a consumação romanesca", *in:* Lúcio Cardoso, *Crônica da casa assassinada*, Madrid: CSIC; CNPq, 1991, p. XXV.
101 *Ibidem*.
102 *Idem*, "O resgate de um escritor maldito", *in:* Lúcio Cardoso, *Crônica da casa assassinada, op. cit.*, p. 628.
103 Cf. João L. Lafetá, *1930: a crítica e o modernismo*, São Paulo: Duas Cidades, 1974.
104 Lúcio Cardoso apud Mário Carelli, "*Crônica da casa assassinada*: a consumação romanesca", *op. cit.*, p. 763.
105 José L. do Rego, "O enfeitiçado", *in:* Lúcio Cardoso, *Crônica da casa assassinada, op. cit.*, p. 767.
106 Maria A. do N. Arruda, *Metrópole e cultura: São Paulo no meio século XX*, Bauru: Edusc, 2001.

caracterizados como um tempo de diversificação da linguagem com a publicação, em 1956, de *Grande sertão: veredas,* do mineiro Guimarães Rosa; na poesia, com o aparecimento do concretismo paulista já em 1953, bem como da sua posterior difusão. Desde o pós-guerra, a criação de instituições nos mais diversos domínios da cultura mudou, em substância, o ambiente intelectual e artístico no país[107]. Por isso, talvez não fosse exagero admitir a presença de tendências literárias a nublar a hegemonia, tanto editorial quanto de público do chamado romance social, especialmente nordestino.

A *Crônica* destaca-se nesse momento decisivo dos anos cinquenta, que registrou *Grande sertão: veredas* e *Corpo de baile,* de Guimarães Rosa (1956), com toda a sua magia verbal. Ambos os autores estarão às voltas com as possibilidades da linguagem e a percepção da humanidade e seus limites, impregnando-os de mitos e metáforas[108].

De acordo com a reflexão acima, os anos 1950 assistem ao retorno da experimentação da linguagem, deslocada pelo "projeto ideológico", para retornar às análises de João Luiz Lafetá, do qual a obra rosiana é exemplo notável.

É possível admitir que em Lúcio Cardoso a invenção romanesca, representada por *Crônica da casa assassinada,* se expressa, sobretudo, no modo em que se estrutura a narrativa e não na invenção de uma língua, como em Guimarães Rosa. A narrativa dramática também deriva da construção de personagens equivalentes, dotados de mesma voz autoral e que se expressam da mesma maneira, à exceção de padre Justino, por encarnar a consciência social daquela comunidade. A elisão das hierarquias nitidamente elaboradas é sintoma da vida decadente dos Menezes, impossibilitados de herdar a posição social familiar, imersos numa realidade de exclusão de todos do legado originário. Por essa razão, o romance distingue-se pelo caráter ousado e inovador, especialmente do ponto de vista da forma narrativa que se sincroniza tanto com o modo de apresentação das personagens, quanto com o quadro social em tela.

Guimarães Rosa e Lúcio Cardoso representam, a meu ver, certo deslocamento do centro regional da literatura brasileira na época, pois a novidade já não se exprime na literatura dos romancistas nordestinos; são, sobretudo, os mineiros, juntamente com o gaúcho Érico Verissimo, os principais fautores das mudanças. As razões subjacentes às alterações de posições no campo literário são múltiplas e merecem exame mais apurado. Apenas a título de exemplificação, saliento a presença de motivos internos e externos ao mundo exclusivo das letras: a complexificação e a diversificação da produção literária em meados de século, manifestas no crescimento quantitativo e qualitativo dos agentes e instituições como autores, críticos, público, editores e veículos especializados; o aprofundamento da modernização do país que se concentra em São Paulo, mas cujo raio de ação atinge os estados adjacentes e a região Sul, aprofundando a crise do Nordeste e

---

107 *Ibidem.*
108 Sonia Brayner, "A construção narrativa: uma gigantesca espiral colorida", *in:* Lúcio Cardoso, *Crônica da casa assassinada, op. cit.,* p. 718.

o deslocamento das elites regionais, enfraquecendo a sua energia expressiva; a centralização do poder do Estado promovida pelo governo Getúlio Vargas, que minimizou as forças das oligarquias regionais vigentes na Primeira República, ao lado da formação de um pacto político cujos partícipes mais importantes eram os estados do Rio Grande do Sul, origem de Getúlio, e Minas Gerais, avalizado pela pujança econômica de São Paulo, garantida pelas medidas industrializantes desenvolvidas. Além disso, a relação entre a intensificação da modernização do país e o aparecimento de um tecido social diverso alterando as formas da sociabilidade, das quais o crescimento das cidades, em consequência de um modo de vida metropolitano, é manifestação inequívoca, e, com ele, a emergência de um tecido cultural muito mais variado e permeável à dinâmica das novas relações, bem como de um público consumidor em notável expansão; a construção de uma indústria da cultura (teatro, cinema, televisão, publicidade, artes visuais) que terá papel importante na modificação da esfera cultural, de modo a permitir o estabelecimento de apropriações entre as linguagens, caso típico da absorção da literatura pelo teatro, pelo cinema, pelas novelas radiofônicas e televisivas, e da relação das artes com a visualidade dos gêneros midiáticos. Ainda a tendência à bifurcação da cultura no Brasil com os defensores da chamada "cultura de participação" e do engajamento, na esteira do que estava acontecendo nos países do então "terceiro mundo", especialmente patrocinada pelo Partido Comunista[109], ao lado daqueles que afirmavam uma expressão mais afinada com os movimentos mais abstratos no plano das linguagens, mesmo que a temática fosse endógena, da qual a arte e poesia concretas são paradigmáticas e exemplos extremos. É no bojo de tais acontecimentos que me parece se situar o surgimento desses escritores que ganharam espaço e prestígio crescentes no período, transformados em inventores da nova literatura. Talvez não seja por acaso que os romances do baiano Jorge Amado passem por um processo de tipificação acentuada e que o poeta nordestino mais celebrado, João Cabral de Melo Neto, seja cultor do verso despojado e reconhecido na sua concretude.

    *Crônica da casa assassinada* é uma obra realizada nesse momento de transformações marcantes. A composição do romance acompanha o caráter inusitado dos problemas conjuminados na narrativa, mas que não se desprendem dessas questões mais gerais, ainda que não se restrinjam exclusivamente a elas. A trama é oferecida ao leitor por meio de diários, cartas, confissões, narrativas, depoimentos, memórias, organizados sem respeitar a sequência temporal, passando a impressão de material carente de acabamento. Na verdade, o inacabamento é aparente, revelando escolha intencional, pois a obra começou a ser escrita no início dos anos 1950, tendo sido inúmeras vezes revista e refeita pelo autor[110]. Já na abertura, o livro começa com uma data incompleta: 18 de ... de 19...; trata-se do "Diário de André (conclusão)". Dessa maneira, o livro abre com o desenlace conclusivo, quando da morte de Nina, caso não fosse arrematado por uma parte final com o título de "Pós-escrito numa carta de padre Justino". Assim, a

---

109 Marcelo Ridenti, *Em busca do povo brasileiro: artistas da revolução, do CPC à era da TV*, Rio de Janeiro: Record, 2000; e *Brasilidade revolucionária: um século de cultura e política*, São Paulo: Unesp, 2010.
110 Mario Carelli, "*Crônica da casa assassinada*: a consumação romanesca", *op. cit.*, pp. 739-55.

única informação fornecida ao leitor é a de que a história transcorre em algum momento do século XX, quase certamente nos três primeiros decênios, pois cenários e objetos deixam pistas para corroborar tal afirmação. Não se sabe, no entanto, quando os vários escritos foram compostos, certamente não o foram na época do acontecimento relatado, dadas a utilização do tempo verbal no passado e a impressão de que as narrativas foram urdidas em momentos diversos, seguindo ritmos exclusivos e após um tempo já transcorrido. Isto é, excetuando-se o "Pós-escrito", que, certamente, foi concebido bem depois, os relatos das personagens também não seguem qualquer cronologia; tampouco são contemporâneos aos fatos. Há ainda outra questão de fundo: se o "Pós-escrito" é uma carta, qual era o seu destinatário, uma vez que as personagens haviam morrido ou desaparecido? Quem era o interlocutor de padre Justino? A quem ele remeteu a sua carta?

O romance não se filia, no entanto, ao modelo dos textos de suspense, tampouco aqueles pertencentes à família dos folhetins. Contrariamente, apresenta urdidura peculiar, na qual a sensação de falta de apuro é componente da própria forma, como se não fosse possível atingir uma construção integrada. Não deixa de ser sugestiva a homologia entre uma história dilacerada e trágica, impossível de ser recomposta, e a dimensão formal, como já se salientou. Não se trata, não obstante, de obra de memória, no sentido do memorialismo ficcional, cuja realização apurada é da lavra de Pedro Nava, significativamente outro escritor nascido em Minas Gerais. O livro de Lúcio Cardoso parece escapar às classificações mais assentes, sendo, antes, obra que incorpora vários gêneros. Apesar disso, não lhe escapa a dimensão de livro tributário da literatura identificada aos contextos regionais. Ainda aqui, o romance não é típico. Não pertence à família dos romancistas do Nordeste, apesar de, mesmo eles, serem distintos entre si; não está inspirado em obras clássicas que trataram da decadência de famílias de relevo, como em os *Buddenbrooks* de Thomas Mann; não possui a pujança narrativa e imaginativa de *Grande sertão: veredas*, tecido na reconstrução da memória do jagunço Riobaldo.

Em *Crônica* não é fácil identificar um narrador central, uma vez que todos convivem em papéis equivalentes, não sendo simples configurar a presença de personagens em condição de primazia nas diversas situações narrativas. As personagens, porém, utilizam-se de recursos expressivos constantes: o diário é o veículo próprio de André, o filho de Nina e Valdo, e da governanta Betty; Nina e Valdo escrevem cartas, embora este também faça depoimentos, ocasiões em que, paulatinamente, adquire consciência da manipulação de seu irmão Demétrio para afastar a esposa da chácara da família Menezes; o coronel, protetor de Nina, utiliza-se do mesmo recurso de Valdo; Ana, esposa de Demétrio, faz confissões, apesar de não ser propriamente religiosa; padre Justino, o médico e o farmacêutico constroem narrativas, excluindo-se a carta pós-escrita do clérigo que encerra o romance; Timóteo, o outro irmão, exprime-se a partir das páginas do seu livro de memórias; apenas Demétrio, o chefe do clã, não tem voz própria, sendo tratado por intermédio das manifestações dos outros. Como as personagens não comparecem de forma hierarquizada, nenhuma delas tem palavra mais autorizada, deixando entrever quanto a situação de ruína questiona as classificações assentadas e as posições sociais estabelecidas. Desse modo, não há um narrador fixo, deixando revelar o fenecimento das hierarquias assentadas e, ao mesmo tempo, a impotência de todos em um contexto onde a reprodução social está coartada. Não há mais, em suma, herança, nem tampouco herdeiros. O fato de Demétrio não se autoapresentar – nome cheio de sugestões, por originar-se de Deméter, a deusa da colheita e representante do ciclo morte e renascimento – já sugere a sua condição de impotência e de perda de autoridade, cuja vocalização não é mais possível, da figura que perdeu o lugar e que nada tem a oferecer e nenhuma herança a transmitir, restando-lhe destilar o seu próprio fel, pois não há grãos a serem colhidos como garantia de futuro previsível. As personagens equalizam-se na vivência da mesma rendição aos acontecimentos que as ultrapassam, na impossibilidade de enfrentar a vida, na debilidade das suas existências.

*Crônica da casa assassinada* destaca-se em meio à literatura brasileira em função da originalidade da sua construção; sobretudo, dada a qualidade de ser obra bastante distinta das correntes mais em voga e de público leitor assegurado, dimensões que explicam a fraca receptividade da obra, a despeito do seu caráter inovador. O romance rompe com o cânone estabelecido. Para o sociólogo, o livro é particularmente desafiador, na medida em que a aparente facilidade de acesso à teia social subjacente à escrita romanesca escamoteia as dimensões mais recônditas do texto. Em outros termos, a obra produz inquietação incomum, manifesta tanto na impressão de ser facilmente permeável às inferências sociológicas, quanto na dificuldade de superar análises redutoras. Isto porque, à primeira vista, o romance esgota-se no tratamento da decadência social de uma família de Minas Gerais e, como consequência, da corrosão de todas as formas tradicionais de sociabilidade, dos valores fixados e da moralidade estabelecida. E, de fato, o é. Apesar disso, a multiplicidade dos problemas envolvidos e o emaranhado da subjetividade das personagens nublam e tornam complexa a construção de âncoras analíticas exclusivas, sendo muito permeáveis a outros registros, como os de cunho psicanalítico:

> O texto se apresenta como um mosaico ou um *puzzle*, tal como uma história clínica ou relato de uma psicoterapia. Do mesmo modo, conforme assinalou Freud, em psicanálise ou em psicoterapia o sentido geral da história patológica do sujeito só se revela ao final das sessões. Esta composição particular do texto se deve sem dúvida ao funcionamento mental de Cardoso, habituado ao questionamento cotidiano em seu diário[111].

E ainda em outra passagem: "Cardoso está inteiramente convencido de que pinta um universo patológico. Os relatos do médico pontuam o texto, constituindo balanços e diagnósticos; ou então, ultrapassando o âmbito do cliente examinado, ele avalia o estado de cada um dos membros da família"[112]. Nessa perspectiva, o escritor estaria ocupando o lugar do analista e a figura do clínico é a de ser seu porta-voz.

---

111 Guy Besançon, "Notas clínicas e psicopatológicas", *in*: Lúcio Cardoso, *Crônica da casa assassinada, op. cit.*, p. 690.
112 *Ibidem*, p. 691.

O próprio título do livro – *Crônica da casa assassinada* –, se parece explícito, inquire, imediatamente, o leitor, levado a se perguntar sobre quais personagens foram responsáveis por tal morte e quem é o autor da crônica. De outro lado, apesar da crueza e impiedade das situações narradas, ao assassinato é inescapável a condição de ato violento e desumano. Assim, o próprio título é portador de ambiguidade, pois, ao mesmo tempo em que denuncia uma morte, quem sabe pretendida, configura ação devastadora na sua impiedade, pois se trata de um assassinato, mesmo que seja de uma casa, local de abrigo da família. Assim, já no título, estão contidas questões ponderáveis à reflexão. Concomitantemente, a inexistência de um narrador distinguido desautoriza apontar mentores e autores do crime. A pergunta não é trivial, na medida em que a sua resposta não se esgota na admissão evidente de que não existem agentes diretamente responsáveis, pois a dissolução de todo um modo de vida é fruto de processos que ultrapassam o controle dos sujeitos, cujas ações produzem efeitos inesperados. A questão de substância parece-me, em suma, trazer à tona o modo com que o escritor compõe o cenário, a arquitetura da obra, as suas escolhas, sobretudo as injunções subjacentes à própria narrativa.

Arriscaria dizer que o assassinato tem um autor: Lúcio Cardoso, ele mesmo. O escritor é a voz que todos emitem; mas é a voz, igualmente, daquela experiência social expressa a seu modo. Embora a afirmação tangencie a platitude, não é simples a aproximação ao universo cardosiano. O autor, ao cometer o delito, não apenas está vocalizando o curso da história brasileira no período, mas o está tratando a partir da vida de personagens levadas ao paroxismo, que é o seu modo de enfrentar a ruptura do seu mundo primevo e em agonia. Até por isso, não pode haver um narrador em posição de primazia; sequer pode haver uma forma que ofereça a impressão de acabamento, alternativa ao caráter fragmentário da obra. A composição ordenada e temporalmente organizada destruiria a vida na qual o escritor se formou, cinzelou a sua personalidade e construiu a sua maneira de estar no mundo e de encarar a existência. A estrutura temporal, contrariamente, ao combinar dois registros diferentes – cadência lenta e ritmo acelerado –, elucida a tensão subterrânea a percorrer a narrativa, segmentando os tempos: o da formação sedimentada que cristaliza as orientações fundamentais das crenças e dos valores essenciais recebidos; o dos desencontros entre essa herança e as imposições do novo tempo, resultando em descompassos e tragédias. A existência turbulenta e a ebulição prestes a explodir só pode ser o desaguadouro previsível à trama, coerente com a estrutura formal fragmentada e polifônica. Para além disso, a forma aberta preserva alguns respiradouros, deixa poros destapados. Possivelmente por isso, a carta pós-escrita de padre Justino não traga destinatário revelado.

No *Diário completo* referente à *Crônica da casa assassinada*, produzido entre 1952 e 1959, o escritor explicita as suas disposições existenciais:

> Eu espero morrer, não da morte que me foi dada, pois esta conheci longa e intimamente ao longo dos meus dias, mas da minha vida, que me foi dada como uma máscara contra tudo o que me revelava a nupcial presença da morte [...] Sonho com o meu romance como se tivesse morrido.

Em outras passagens:

> Tudo é por vir – e esta é a fatalidade. Num certo sentido, não há *futuro* para mim [...] e eu caminho no terreno dilatado onde sou ao mesmo tempo minha vítima e meu algoz, meu ser reconhecido e meu ser sem fronteiras, portanto meu ser sem tempo [...] E o único modo de inaugurar a época do terror[113].

E nas entrevistas:

> O punhal que levanto, com a aprovação ou não de quem quer que seja, é contra Minas Gerais. Que me entendam bem: contra a família mineira. Contra o jesuitismo mineiro. Contra a religião mineira. Contra a concepção de vida mineira. Contra a fábula mineira. Contra o espírito judaico e bancário que assola Minas Gerais. Enfim, contra Minas, na sua carne e no seu espírito[114].

Apesar disso, no mesmo *Diário* escreveu, em 1953: "Não ir à fazenda equivale para mim a uma catástrofe. O que vago, o que sofro por estas ruas de Deus. Que foi que se acabou em mim que não se reconstitui mais, que poder perdi de me interessar pelo enredo dos outros?"[115]. A despeito do caráter profuso da linguagem, tendente ao excesso e a certo barroquismo, coerente, aliás, tanto com a religiosidade barroca de Minas Gerais quanto com a tragédia do enredo, apesar mesmo dos limites da narrativa, quando um autor se mescla e se confunde com a sua obra, o resultado frequentemente surpreende e comumente se destaca por sua grandeza.

Salta à vista a ambiguidade presente nas manifestações de Lúcio Cardoso. O escritor transita entre a identificação e a recusa da sua herança, entre a tradição de Minas e a solidão da cidade, enfim, o romancista parece lidar com dilemas e dilaceramentos tão profundos que acabam por anular a possibilidade de escolher alternativas presentes, mesmo porque a decadência familiar e a expropriação dos bens de raiz inviabilizam herdar a posição social representada na figura paterna. A representação extremada da homossexualidade de Timóteo, tão chocante àquele mundo social, é alegoria da condição de vácuo no processo de construção da identidade, no qual o próprio Lúcio Cardoso foi representante, por isso, a sua voz autoral se confunde com a das suas personagens, embora não se possam anular as particularidades a elas inerentes. Desses descompassos, nasce a sua literatura, e os seus estrangulamentos aparecem como linguagem, como forma transfigurada de uma experiência social, no curso da constituição do Brasil moderno. Enganam-se aqueles que interpretam o drama cardosiano como fruto do contraste entre o campo e a cidade, para retomar o livro erudito de Williams[116].

---

113 Lucio Cardoso *apud* Mario Carelli, "*Crônica da casa assassinada*: a consumação romanesca", *op. cit.*, pp. 743-4.
114 *Ibidem*, p. 763.
115 *Ibidem*, p. 740.
116 Raymond Williams, *O campo e a cidade na história e na literatura*, São Paulo: Companhia das Letras, 1989.

O que está em questão na *Crônica* é a impossibilidade de pensar a existência de mundos exclusivos, pois a vida na chácara é totalmente alterada com a chegada de Nina, representação do agente da dissolução final, por ser portadora de gosto e de modos provenientes da cidade grande e moderna, estranhos ao ambiente provinciano; ela é mulher sedutora a exercer fascínio sobre todos da casa: do marido ao cunhado Demétrio, apaixonado por ela; ao jardineiro com quem vive um relacionamento amoroso, cujo desfecho é o suicídio do serviçal; à governanta Betty, tendo em vista seu refinamento; a André com quem vive um amor, por ele visto como incestuoso; a Timóteo que vê na sua presença um sopro de vida e a possibilidade de vingar a violência que sofrera; à própria Ana, cujo voyeurismo expunha a atração homossexual pela cunhada. Subjazem aos impasses existenciais dos Menezes dimensões impalpáveis da modernização do país, mas que se imiscuem de maneira sutil na construção das personagens. Imersas em denso nevoeiro a obscurecer a percepção do entorno, estão evidentes na pseudorrelação incestuosa entre Nina e André, pois, segundo o testemunho de padre Justino no fim do romance, é Ana a verdadeira mãe, e o pai é o jardineiro Alberto em lugar de Demétrio, verdade que é conhecida por Nina, mas não pelo filho."Nesta *Crônica da casa assassinada* são os fantasmas da transgressão que assediam as personagens de um drama montado a partir da paixão subjetivamente incestuosa (que é que moralmente conta); e em torno da violação fundamental se consumam o adultério e a perversão"[117].

A tensão, que percorre cada parágrafo do romance, não se elucida no estabelecimento de conexões diretas entre decadência familiar e crise de um mundo com os comportamentos das personagens, à moda do romance social. Segundo análise de Hélio Pelegrino:

> No Nordeste, surgiu o romance da decadência agrária e da composição do ciclo da cana de açúcar. O *herói fracassado*, sem qualquer perspectiva criadora, esmagado e rancoroso frente ao mundo de escombros que ele não conseguia transformar é bem o símbolo, em termos de naturalismo literário, do impasse a que chegara a consciência nacional. O mesmo impasse sociológico, existencial e político encontrou no romance introspectivo uma outra forma de expressão [...] Otávio de Faria, Lúcio Cardoso, Cornélio Pena – fixava o homem emurado em sua excepcionalidade individual, em seu *pecado* de ser só, sem que a esse envenenamento pela solidão fosse atribuída uma dimensão social[118].

Acrescentaria: sem que o caráter coletivo fosse imediatamente percebido, dada a condição de seres imersos na sua própria subjetividade, portadores dos problemas mais comuns à individualidade moderna. Apesar disso, a correspondência entre os dilaceramentos dos moradores da chácara e os tormentos do próprio escritor frente às questões gerais e pessoais não pode ser elidida, revelada na

---

117 Alfredo Bosi,"Um grande folhetim tumultuosamente filosófico", *in*: Lúcio Cardoso, *Crônica da casa assassinada*, *op. cit.*, p. XXII.
118 Hélio Pelegrino,"Um indomável coração de poeta", *in*: Lúcio Cardoso, *Crônica da casa assassinada*, *op. cit.*, p. 784.

forma como o escritor filtrou os dilemas do contexto que ressoam internamente nos indivíduos, a exemplo da convivência com a doença e a manifestação extremada e caricata da homossexualidade de Timóteo.

O câncer terminal de Nina produz os sintomas mais dolorosos e degradantes, a ponto de exalar um odor insuportável, obrigando todos a respirar a atmosfera da morte mais violenta, construindo uma espécie de alegoria da ruína; e, no entanto, a doença conviveu também com o impulso de vida, presente nas situações amorosas agônicas vividas, até o desenlace, entre ela e André. Foi durante o velório que Timóteo se expôs publicamente diante de personalidades gradas, travestido com as roupas gastas e as joias da mãe, surgindo das trevas, carregado como um sultão por serviçais, gesto que acentuava o caráter grotesco da sua figura obesa e portadora de uma brancura extrema que adquiriu nos muitos anos de confinamento. No seu ato transgressor, a personagem pode alcançar, enfim, a sua redenção, ao revelar a casa familiar carcomida desde dentro. A cena é descrita em linguagem teatral, semelhante aos quadros das peças de Nelson Rodrigues, deixando perceber o trânsito entre os gêneros e a presença de Lúcio Cardoso dramaturgo[119]. Em outros livros, há cenas de nítida inspiração cinematográfica:"Após o crime – a morte de Lucas Trindade por Inácio, Rogério Palma [...] apreende aspectos iluminados da metrópole na noite, de forma cinematográfica, as tomadas ou os planos sucedendo-se uns aos outros"[120]. A fatura da obra literária de Lúcio Cardoso incorporou a linguagem dos gêneros que praticou além da prosa romanesca, como da poesia, da dramaturgia, do roteiro cinematográfico, das artes plásticas, do jornalismo, do ensaísmo, revelações da importância crescente da sociabilidade cultural metropolitana[121]. Nesse cenário de superação do padrão cultural que emergiu nos anos 1930, os escritores mineiros tornaram-se autores celebrados e suas obras tiveram grande êxito, revelando o aparecimento de um público leitor ampliado e de gosto apurado.

Naturalmente, o entendimento desse processo em perspectiva analítica não se reduz, como já se assinalou, à eleição de fatores circunscritos, uma vez que pressupõe localizar as modalidades particulares em cada caso e no conjunto do movimento que produziu a convergência. No caso da literatura de Lúcio Cardoso, representante do chamado romance introspectivo, a marca da sociabilidade das famílias patriarcais mineiras é fundamental à elucidação do livro. A cultura cristalizada em Minas Gerais tem sua origem no século XVIII, mas sedimentou-se no solo das fazendas mistas aparecidas ao longo do Oitocentos, tendente à autossuficiência e ao isolamento, como fruto da crise mineradora[122]. Daí resultou uma sociedade"defensiva e fechada, com valores próprios, conservadores e reacionários cujos traços principais são a desconfiança, o isolamento e o zelo na manutenção dos costumes, num tradicionalismo extemporâneo e paradoxal"[123]. A tais singularidades soma-se o catolicismo de cunho conservador como o selo

---

119 Sábato Magaldi,"Pluralidade de tendências", in: Panorama do teatro brasileiro, São Paulo: Global, 2008, pp. 248-9.
120 Teresa de Almeida, Lúcio Cardoso e Julien Green: transgressão e culpa, São Paulo: Edusp, 2009, p. 201.
121 Cf. Heloisa Pontes, Intérpretes da metrópole: história social e relações de gênero no teatro e no campo intelectual, 1940-1968, São Paulo: Edusp, 2010; Maria Arminda do N. Arruda, op. cit.
122 Maria. A. do N. Arruda, in: Mario Carelli, 1991, cap. 3, op. cit.
123 Consuelo Albergaria,"Espaço e transgressão", in: Lúcio Cardoso, Crônica da casa assassinada, op. cit., p. 685.

da religiosidade mineira, à qual a família Cardoso era aderida e na qual o escritor foi formado.

Em situação de descenso social, quando não há herança (material e moral) a ser transmitida, as construções identitárias tendem à debilidade e as personalidades são impelidas ao descentramento. Nesse contexto de crise familiar, as mulheres são figuras centrais à manutenção do núcleo parental, reforçando o caráter de domesticidade da convivência, assumindo papéis de relevo no âmbito da formação dos filhos e da tradição do clã. No romance, Ana é lídima representante do legado familiar simbolizado no seu comportamento seco, austero e na imagem despojada de sentimentos grandiosos, interditados às pessoas que são compungidas à vida regrada e medida. A sua tragédia pessoal brotou da supremacia dos valores da tradição sobre as responsabilidades da maternidade, levando-a ao limite de não reconhecer o próprio filho, pecado sem perdão em um meio no qual as mulheres são depositárias da tradição e da temperança e que deve ser punido com a ausência do "sinal de paz que é tão peculiar aos mortos"[124]; em contrapartida, aos homens são sancionados comportamentos dissolventes. A família mineira emascula sutilmente as figuras masculinas ao se lhes retirar um lugar de destaque no mundo da casa, ocupado por mulheres silenciosas e onipresentes. A preservação dos bens de raiz exige o trabalho perseverante e metódico das mulheres, cuja efetividade obriga o desenvolvimento da racionalidade.

As condições de possibilidade de êxito dos expedientes postos em ação para garantir a sobrevivência da família estavam dadas no caráter quase autônomo da fazenda mineira, que se diferenciava da grande propriedade açucareira do Nordeste e da vastidão do pampa gaúcho. A literatura proveniente dessas regiões é marcada por essas experiências particulares, produzindo impasses diversos diante da crise do modo de vida constituído. A decadência do complexo do açúcar tende a forjar sentimentos de mundo perdido, dissolvendo a autonomia daquela sociedade de traços aristocratizantes e que se pensava como independente da nação; no Rio Grande do Sul são outros os problemas, uma vez que o estado esteve separado do Brasil, e nessa medida o romance histórico prende-se à nostalgia de um mundo que chegou a se efetivar, mas foi derrotado; em Minas Gerais a vida arruinada não era tão grandiosa, tampouco era notável na sua qualidade enobrecida, seja pela valorização dos traços estamentais, seja pelo caráter excepcional do heroísmo gaúcho. Em condições dessa natureza, os mineiros praticaram a temperança como virtude e a introjeção da personalidade como defesa. Talvez resida aí uma condição importante, combinada a outras, para o surgimento do romance introspectivo, ancorado na exploração da subjetividade das personagens, realizando uma representação da crise da família patriarcal mineira permeada por camadas expressivas que parecem nublar o caráter social da trama romanesca. No que diz respeito à *Crônica da casa assassinada*, subsistem, ainda, as dificuldades do próprio escritor, ampliadas pela homossexualidade num contexto familiar conservador e em uma época de fortes preconceitos, interditando a expressão diversa da norma vigente, tornada indizível nesse mundo social.

---

124 Lúcio Cardoso, *Crônica da casa assassinada, op. cit.*, p. 534.

O mineiro Lúcio Cardoso escreveu uma obra singular em meio às representações da crise do Brasil tradicional no andamento de emergência do país moderno. A nenhum dos escritores envolvidos com a problemática escapou, no entanto, a existência de compromissos políticos com as elites dirigentes dos seus estados. Não por casualidade, as respectivas obras, se brotaram do solo das realidades originárias, fertilizaram as construções culturais das suas regiões. Entre os nordestinos, a expressão de todos os dilemas está presa à necessidade de chamar a atenção para a região e a urgência de absorvê-la no pacto do poder; a saga gaúcha operou também como manifestação da força do Rio Grande do Sul, no concerto da federação; aos mineiros restou tecer uma malha narrativa intrincada, presa à conformação de personagens ensimesmadas na sua condição de seres cinzelados pelo drama da existência humana, contendo um tipo de afirmação do princípio da universalidade da dimensão subjetiva. Os impasses dessas personagens, encapsuladas na tragédia de existências sem saídas previsíveis, harmonizam-se às dificuldades de uma elite sem condições de manejar uma história de fausto ou de feitos heroicos, pois a própria Conjuração Mineira foi um movimento de nítido recorte conservantista, a despeito das suas apropriações posteriores.

A propalada contenção como traço da personalidade básica dos mineiros de estirpe exprime, sobretudo, uma condição social exigente quanto à necessária temperança na modelagem do estilo de vida. Quando as condições de existência são cortadas, a ebulição subjetiva representa o mecanismo de vivência possível. Uma vez que não se vislumbra nenhuma saída, não há mais como preservar os princípios coerentes com o passado, resultando numa explosão da interioridade por via do descontrole das paixões. As personagens cardosianas são representativas desse cenário. Provavelmente por isso, a obra do escritor não pôde ser justamente apreciada à época, motivo a explicar a recuperação do seu legado nos tempos atuais. Tempos dominados por uma determinada concepção de crítica literária, pelo domínio editorial e de público do denominado romance social.

A releitura e revalorização da obra de Lúcio Cardoso, nos dias que correm, também diz sobre a literatura atual, sobre as compreensões de crítica e sobre mudanças no universo da cultura, dominada por mecanismos de consagração muito diversificados, evidentes, por exemplo, na presença da indústria cultural, da qual o escritor foi praticante em todos os campos. Nas palavras de Silviano Santiago:

> os modelos de análise, inspirados respectivamente pelas décadas de 1920 e de 1930, têm em comum uma nítida postura universalista, mas se distanciam um do outro no modo como se fundamentam disciplinarmente [...] e no modo como concebem o processo histórico [...] Esses dois modelos [...] foram prevalecentes na segunda metade do século passado [...] No entanto, ambos os modelos, e os respectivos cânones que eles representam, estão sendo questionados pelas novíssimas gerações[125].

---

125 Silviano Santiago, *O cosmopolitismo do pobre: crítica literária e crítica cultural*, Belo Horizonte: UFMG, 2004, p. 37.

Dito de outra forma, o primado do nacional perde substância, o que "supõe o fim do paradigma moderno que atrelava o novo ao nacional, considerados fatores prioritários na definição do cânone literário do país"[126]. Talvez seja exatamente este problema maior a responder pelo grande interesse que hoje desperta a obra de Lúcio Cardoso.

---

[126] Wander M. Miranda, "Ficção brasileira 2.0", *in:* André Botelho; Lilia Moritz Schwarcz (org.), *Agenda brasileira: temas de uma sociedade em mudança*, São Paulo: Companhia das Letras, 2011, p. 204.

# VIII

## A AUTOBIOGRAFIA COMO OBJETO DO DISCURSO INTELECTUAL

# RADIOGRAFIA DO MEMORIALISMO NA ARGENTINA[1]
## ALEJANDRO BLANCO E LUIZ CARLOS JACKSON

Reconhecido como livro inaugural e obrigatório para o estudo da autobiografia na Argentina, a originalidade e o alcance interpretativo de *La literatura autobiográfica argentina*, de Adolfo Prieto, fazem dele um clássico[2]. Publicado em 1962 pela Universidade Nacional do Litoral (Rosário), o trabalho destaca a importância, até então não reconhecida, do gênero autobiográfico no conjunto dessa literatura nacional durante o século XIX e oferece ao leitor uma perspectiva inusitada para compreender as lógicas sociais que estruturavam a vida intelectual no país depois da independência (1810). Como outros ensaios editados na mesma época – *Literatura argentina y realidad política*, de David Viñas, *Sexo y traición en Roberto Arlt*, de Oscar Masotta, e *Martínez Estrada: una rebelión inútil*, de Juan José Sebreli – o de Prieto não pode ser compreendido fora do contexto político e intelectual que se constituiu perto do fim do primeiro peronismo (1955). Em todos esses livros há, de fato, uma série de interrogações e inquietudes derivadas das transformações sociais provocadas pelo governo de Perón na vida política argentina.

Não se pode, tampouco, separá-lo do espírito que animou a publicação das revistas *Centro* (1951-9) e *Contorno* (1953-9). Ainda que a segunda tenha atraído maior atenção da parte dos intérpretes e ficado marcada no imaginário intelectual como o núcleo de uma geração inovadora, a primeira foi igualmente importante naquele momento, tendo reunido, como órgão oficial do Centro de Estudantes da Faculdade de Filosofia e Letras da Universidade de Buenos Aires (CEFyL), um contingente mais amplo de participantes e de orientações intelectuais. Idealizada pelos irmãos Ismael e David Viñas, *Contorno* foi, a rigor, uma derivação de *Cen-*

---

[1] Agradecemos a Adolfo Prieto pelas entrevistas que nos concedeu e por sua generosa hospitalidade, assim como aos organizadores desta obra coletiva, Sergio Miceli e Jorge Myers.
[2] Posteriormente, suas principais publicações foram *Literatura y subdesarrollo* (Rosario: Editorial Biblioteca, 1968), *Estudios de literatura argentina* (Buenos Aires: Galerna, 1969), *El discurso criollista en la formación de la Argentina moderna* (Buenos Aires: Sudamericana, 1988) e *Los viajeros ingleses y la emergencia de la literatura argentina* (Buenos Aires: Sudamericana, 1996). Além desses títulos, Prieto dirigiu uma obra coletiva de enorme importância, *Capítulo: historia de la literatura argentina* (1967-8), publicada pelo Centro Editor de América Latina em 59 fascículos semanais, cada um deles acompanhado por um livro de bolso (quase sempre uma seleção de textos), sendo o último destes o *Diccionario básico de la literatura argentina* (1968), redigido pelo próprio Prieto. Pensada para um público amplo de leitores não especializados, *Capítulo* acabou convertendo-se em ponto de referência obrigatório e fonte de muitas hipóteses que orientaram a crítica e a história da literatura subsequentes. Uma segunda edição, ampliada e com algumas modificações, foi publicada pela mesma editora, em cinco volumes, no início da década de 1980, sob a direção de Susana Zanetti.

*tro*. Integrada por um grupo mais restrito de colaboradores[3], a primeira acentuou algumas tendências já presentes na segunda, discutindo o significado da literatura na formação da nação, propondo um novo cânon e questionando os critérios prevalecentes até então na crítica literária.

Durante a segunda metade da década de 1940, quase todo o grupo de *Contorno* estudou na Faculdade de Filosofia e Letras (FFyL), então sob intervenção peronista, quando muitos professores foram obrigados a renunciar ou foram simplesmente demitidos. Tal fato implicou um deslocamento da vida intelectual da universidade para instituições privadas, como o Colégio Livre de Estudos Superiores e, em consequência, uma queda na qualidade do ensino universitário. Na carreira de letras, especificamente, tal momento marcou a marginalização da estilística, perspectiva predominante desde fins dos anos 1920, quando o espanhol Amado Alonso assumiu a direção do Instituto de Filologia na Universidade de Buenos Aires. Essa experiência havia renovado a crítica literária na Argentina, substituindo, em certa medida, o impressionismo que prevalecia, sobretudo, em diários e revistas literárias. Segundo o testemunho de vários dos membros de *Contorno*, o mais atrativo de sua experiência universitária não estava na aula, mas na sociabilidade efervescente dos cafés e das livrarias situados no entorno da faculdade, na rua Viamonte e arredores[4].

Adolfo Prieto chegou a Buenos Aires no momento preciso dessa mudança, no ano de 1946. Tinha então 18 anos e quase nenhum capital cultural. Seu pai, imigrante espanhol, havia chegado à Argentina em 1913 e, depois de trabalhar alguns anos na colheita de trigo em Córdoba, conseguiu montar uma pequena fábrica de doces na cidade de San Juan, onde se casou com uma filha de imigrantes, também espanhóis. A decisão de estudar letras não foi bem recebida pelo pai, que, convencido pela esposa, decidiu finalmente sustentar financeiramente a formação universitária de Adolfo. Sua origem provinciana explica, provavelmente, sua inserção marginal no grupo de *Contorno*[5] e a opção posterior pela carreira acadêmica, à qual dedicaria toda sua vida.

A relativa unidade programática da revista tinha como referência, em primeiro lugar, o fato de que todos tinham mais ou menos a mesma idade (nasceram por volta do fim dos anos 1920). Em segundo lugar, conheceram-se e conviveram na faculdade, sobretudo, por meio da militância acadêmica e política no CEFyL, que então assumia uma posição claramente antiperonista. A maioria deles começou a escrever e ganhou alguma experiência editorial na *Centro*, revista oficial do CEFyL. Tais traços e experiências comuns, entretanto, recobriam diferenças sociais importantes entre os membros do grupo de *Contorno*, certamente relacionadas com as

---

3  Ramón Alcalde, León Rozitchner, Juan José Sebreli, Adelaida Gigli, Adolfo Prieto, Noé Jitrik, Regina Gibaja, Oscar Masotta, Francisco J. Solero e Rodolfo Kusch.
4  Cf. Juan J. Sebreli, *Las señales de la memoria*, Buenos Aires: Sudamericana, 1987.
5  Adolfo Prieto participou mais ativamente em *Centro* (integrou o conselho de redação da revista desde 1953) que em *Contorno*. Sua participação nesta última se restringiu à publicação da resenha "A propósito de *Los ídolos*", no nº 1 de 1953, e ao artigo "Peronismo y neutralidad", no nº 7-8 de 1956. Integrou o comitê de direção de *Contorno* somente nos anos de 1957 e 1958, quando foram editados os *Cuadernos de Contorno*, e no último número (9-10) da revista, em 1959.

subdivisões do grupo[6]. Os irmãos Viñas eram os socialmente mais dotados. Essa condição inscreveu neles disposições mais ousadas, relacionadas à militância política e às aspirações intelectuais do pai, advogado oriundo de uma família tradicional e estreitamente ligado ao governo de Hipólito Irigoyen nos anos 1920. A morte precoce da mãe e outras circunstâncias adversas possivelmente os predispuseram a seguir caminhos menos convencionais. Esse quadro vale, sobretudo, para David, que se arriscou de maneira exitosa nos domínios do ensaio crítico, da ficção e do cinema entre as décadas de 1950 e 1960. Da mesma forma, *Literatura argentina y realidad política* foi, apesar do êxito que alcançou no âmbito da crítica literária, somente uma das direções que seguiu como artista e intelectual.

Esse contraponto indica uma característica do grupo de *Contorno*, sua heterogeneidade social e o fato de ter propiciado destinos muito distintos a seus criadores depois do fim da aposta coletiva. Juan José Sebreli e Oscar Masotta, por exemplo, pertenciam a famílias de imigrantes de classe média baixa, radicadas em Buenos Aires, que nunca conseguiram alcançar alguma prosperidade econômica. Ambos deixaram inconclusa a carreira de letras e orientaram sua atividade intelectual posterior como autodidatas e ensaístas, em direções alternativas, abandonando a crítica literária, que haviam cultivado até então e que resultou, respectivamente, nos livros *Martínez Estrada: una rebelión inútil* (1960) e *Sexo y traición en Roberto Arlt* (1965). De algum modo, nesses dois casos, as privações econômicas e sociais enfrentadas na infância estiveram relacionadas não somente com as iniciativas intelectuais inovadoras que empreenderam na década de 1960[7], como também com a atitude transgressora que assumiram como estilo de vida.

Como dissemos acima, a opção pela carreira acadêmica propriamente dita foi abraçada no grupo por Adolfo Prieto. Esse foi o caso, também, de Noé Jitrik (1928), que assumiu a cátedra de literatura argentina na Universidade Nacional de Córdoba em 1960, onde permaneceu até 1966. Prieto se graduou em letras em 1951, iniciando imediatamente sua tese de doutorado, sob a orientação de Raúl Cortina, em um momento em que realizar uma carreira de pós-graduação era infrequente. Obteve o título de doutor em 1953 com o trabalho *El sentimiento de la muerte a través de la literatura española (siglos XIV y XV)*. As razões possíveis dessa eleição temática, para além da origem espanhola de sua família, remetem à pouca impor-

---

6 Tais subdivisões refletiam, muito provavelmente, a expansão do ingresso universitário durante os anos do governo peronista (1946-55) e uma mudança significativa no recrutamento social dos estudantes da Universidade de Buenos Aires e da Faculdade de Filosofia e Letras, em particular. Entre 1947 e 1955, o ingresso universitário quase triplicou, de 51.272 a 143.542 matriculados (cf. Carlos Mangone; Jorge Warley, *Universidad y peronismo (1946-1955)*, Buenos Aires: Centro Editor de América Latina, 1984, p. 28). Em relação ao recrutamento social, Gino Germani registrou para 1956 uma abertura significativa no sistema de ensino superior para os setores "médios inferiores" e "populares". Na Faculdade de Filosofia e Letras, um terço dos estudantes provinha destes últimos. Devemos notar também que a proporção de mulheres nessa faculdade era de aproximadamente 75% (cf. Gino Germani, "Informe preliminar del Instituto de Sociología sobre las encuestas entre estudiantes universitarios", *Centro*, n. 12, 1956, pp. 34-46).

7 Juan J. Sebreli cultivou o ensaio sociológico com enorme êxito de público. *Buenos Aires, vida cotidiana y alienación* (1964) vendeu 30 mil exemplares em um ano, e em 1965 a obra havia esgotado sua oitava edição. Publicou mais tarde *Mar del Plata; el ocio represivo* (1970) e *Fútbol y masas* (1981), entre outros. Oscar Masotta, que se converteria em um dos intelectuais mais influentes na década de 1960, seguiu uma trajetória muito diversificada. Começou pela literatura, passou pela filosofia, pela análise da *pop art*, pela semiologia, pela estética e finalmente pela psicanálise. "Herói modernizador" (cf. Silvia Sigal, *Intelectuales y poder en la década del sesenta*, Buenos Aires: Puntosur, 1991), foi um inovador ao sugerir novos objetos e linguagens. Publicou *Técnicas de la historieta* (1966), *El pop-art* (1967), *Happenings* (1967), *Conciencia y estructura* (1969), *La historieta en el mundo moderno* (1970) e *Introducción a la lectura de Jacques Lacan* (1974).

tância acadêmica que se atribuía então à literatura argentina, como à familiaridade do autor com a literatura espanhola, devida ao prestígio dessa literatura no interior da faculdade. Ainda que sua obra posterior esteja inteiramente dedicada à literatura argentina, em sua tese Prieto assumiu uma mesma atitude, diríamos sociológica, frente aos textos literários, que aprofundaria posteriormente[8].

Em 1954 publicou o primeiro livro, o polêmico *Borges y la nueva generación*, que traçava uma análise extremamente dura (e negativa) sobre o escritor, que já nesse momento era a figura central e mais consagrada da literatura argentina. Essa atitude ousada e temerária o colocou de maneira abrupta na cena literária argentina, provavelmente o tendo prejudicado mais que favorecido. De todo modo, o livro se constituiu em uma das "marcas" de sua geração, ao romper a aura sagrada que revestia fortemente o mundo literário naquele momento, reivindicando para a crítica (e para si mesmo) uma posição mais autônoma e determinante em relação à que apresentava até então. Isso se depreende daquela parte do livro, anteriormente publicada na revista *Centro*, intitulada "Borges: el ensayo crítico", na qual o autor acusa Borges de praticar uma "crítica impressionista", arbitrária e "hedonista", centrada nos aspectos laterais das obras e não em sua totalidade, como deveria fazer uma "crítica objetiva"[9]. O texto analisado seria para aquela somente um pretexto, um meio, e não um fim, como para a última. Dessa forma, Prieto defendia o papel de árbitro do campo literário para os críticos e não para os próprios literatos. Essa disputa deve ser compreendida em função dos padrões de relação entre críticos e escritores estabelecidos na Argentina desde o começo do século XX. Apesar de sua complexidade e variedade segundo os momentos e os casos, deve-se notar que nesse país a maioria dos que se dedicaram à crítica literária provinha da Faculdade de Filosofia e Letras da Universidade de Buenos Aires (UBA), que proporcionou desde seu surgimento um importante canal de ascensão social e de ingresso nas atividades intelectuais aos imigrantes e filhos de imigrantes. Com este fato se relaciona a forte tensão que desde então polarizou os escritores oriundos das classes altas e os críticos recrutados nos grupos emergentes[10]. Seu próximo livro, *Sociología del público argentino* (1956), revela de maneira inequívoca a afinidade do crítico com a sociologia, disciplina que vinha ganhando legitimidade no campo acadêmico, sobretudo em função das iniciativas capitaneadas por Gino Germani. A obra apresentou uma abordagem inovadora sobre o público leitor, documentado por uma investigação empírica (quase desconhecida) realizada pelo sociólogo ítalo-argentino no Instituto de Sociologia em meados dos anos 1940, referida ao consumo cultural da classe média portenha.

---

8 Essa continuidade foi notada por Rodolfo Borello: "Mais que a pura compreensão estética e literária, fincada nas formas, no estilo ou na língua, o crítico estava interessado em descobrir que tipo de homem havia escrito essas páginas, que motivações sócio-históricas e psicológicas o explicavam. Por trás de versos à primeira vista circunstanciais, de crônicas esquecidas, de relatos cheios de recursos retóricos, Prieto perseguia as ideias, os sentimentos nacionais, o horizonte de valores que lhes davam sentido" (Rodolfo Borello, "Adolfo Prieto: literatura y sociedad en la Argentina", *Cuadernos Hispanoamericanos*, 1967, n. 214, p. 133).
9 Adolfo Prieto, "Borges, el ensayo crítico", *Centro*, Buenos Aires: 1953, v. 3, n. 7, pp. 9-19.
10 Para uma comparação com o caso brasileiro, ver Alejandro Blanco e Luiz C. Jackson, "Intersecciones: crítica literaria y sociología en Argentina y el Brasil", *Prismas*, Centro de Historia Intelectual, Universidad Nacional de Quilmes: 2011, n. 15, pp. 31-51.

Depois da publicação desses livros e de ensinar literatura por alguns anos no sistema de ensino médio (o que conseguiu por intermediação de Raúl Castagnino, que havia sido seu professor na faculdade), Prieto foi convidado em 1956 a ensinar literatura espanhola na Universidade Nacional do Litoral, em Rosário. Derrotado no concurso realizado no final desse mesmo ano, regressou a Buenos Aires e, no ano seguinte (1957), quando se casou, atendendo a um novo convite, assumiu pela primeira vez uma cátedra de literatura argentina, desta vez na Universidade Nacional de Córdoba. Em 1958 transferiu-se para a Universidade Nacional de Cuyo, em Mendoza, onde estava seu antigo colega de graduação e amigo íntimo, Rodolfo Borello. Seu périplo nas universidades do interior do país culminou com seu estabelecimento prolongado, novamente em Rosário, de 1959 a 1966. Já no primeiro ano de sua atuação na Faculdade de Filosofia e Letras da Universidade Nacional do Litoral, adverte-se a intenção de formar um grupo de investigadores, a partir da realização de um seminário consagrado à análise do impacto do rosismo na literatura argentina. Dessa experiência resultou um livro coletivo, *Proyección del rosismo en la literatura argentina* (1959), cujos capítulos foram redigidos pelos estudantes[11] sob a orientação cuidadosa de Prieto, que escreveu a introdução à obra. Os autores escrutaram no interior dos diversos registros literários da época – romance, conto, poesia, jornalismo, teatro e literatura autobiográfica – as formas de inscrição social dos conflitos derivados da experiência do governo de Rosas, bem como de sua dissolução. De outro seminário (1962), que buscava traçar um quadro da crítica literária nacional e do qual participaram alunos e ex-alunos da faculdade, originou-se o livro *Encuesta: la crítica literaria en la Argentina* (1963). A obra reuniu as respostas dadas por 19 críticos literários do país a um mesmo conjunto de questões, que buscavam esclarecer as condições concretas que orientavam essa atividade como profissão principal ou secundária, as relações estabelecidas com os escritores e o público, as linguagens teóricas predominantes e os meios de difusão existentes.

As duas iniciativas podem ser avaliadas como etapas de um projeto acadêmico de longa duração que Adolfo Prieto pretendia concretizar, inspirado por uma visão sintonizada com o processo de modernização universitária que também afetava outras disciplinas. O itinerário descrito é revelador, também, de um aspecto (ecológico) curioso do processo de inovação das disciplinas humanísticas (e sociais) no contexto da reforma universitária do pós-peronismo. Enquanto o polo moderno da sociologia, liderado por Germani, se assentou em Buenos Aires, centro do sistema acadêmico, na crítica literária ocorreu o contrário: sua modernização teve lugar na periferia do sistema. Como se sabe, entretanto, tais empreendimentos seriam abortados pelo golpe militar de 1966[12].

---

11  Oscar Grandov, Hebe Monges, Gladys Marcón, Noemí Ulla, Laura V. Milano, Gladys L. Ramat, Ada M. Cresta, Ana M. Deforel, Nélida M. Lanteri, Elena C. Carrero, Lucrecia Castagnino, Gladys S. Onega, Clotilde Gaña, e Ada R. M. Donato.
12  Em entrevista concedida à revista *Punto de Vista*, Adolfo Prieto avaliou essa experiência nos seguintes termos: "Ao cabo de cinco anos era possível já visualizar um grupo de estudiosos verdadeiramente interessantes; por acaso uma dezena de jovens profissionais que podiam se integrar aos níveis docentes e de investigação da universidade com pleno direito. A maioria daqueles jovens profissionais de então, sem dúvida, está hoje dispersa nos quatro pontos cardeais do país e do mundo. O golpe militar e os sucessivos desencontros e calamidades sofridos pela universidade argentina oferecem a descarnada lição moral do relato. Nenhuma política cultural ditada e implementada pela universidade desde seu próprio âmbito, ou ainda mais longe, nenhuma universidade pode sobreviver às ansiedades e à insegurança radical da sociedade a que ela própria pertence"(Adolfo Prieto,"Literatura/crítica/enseñanza de la literatura: reportaje a Adolfo Prieto", *Punto de Vista*, Buenos Aires: 1982, n. 16, p. 8).

Foi durante esses anos *rosarinos* que Adolfo Prieto redigiu *La literatura autobiográfica*, que foi publicada em 1962 pela Universidade Nacional do Litoral, cuja editora publicou também os dois últimos títulos mencionados. Com algumas modificações, a segunda edição saiu pela Editora Jorge Álvarez, que publicou também livros de Viñas, Masotta e Jitrik. A terceira e quarta edições, que reproduzem a segunda, apareceram no Centro Editor de América Latina – Ceal (1982) e na Eudeba (2003), respectivamente. A recepção imediata do trabalho, é importante destacar, foi muito favorável. O crítico argentino Alfredo Roggiano, que nessa época ensinava na Universidade de Pittsburgh (EUA), escreveu uma resenha muito elogiosa na *Hispanic American Historical Review*, qualificando o livro como "o primeiro estudo orgânico da literatura autobiográfica argentina"[13]. Jaime Rest, então professor-adjunto de Jorge Luis Borges na cátedra de literatura inglesa e norte-americana na Faculdade de Filosofia e Letras da UBA, também resenhou o livro positivamente, em um texto longo e detalhado, destacando o notável achado de Prieto, ao perceber a importância "dessa espécie narrativa no interior da literatura argentina". Mais ainda, o resenhista sublinhou a mudança de atitude que o livro revelava, deslocando o impressionismo que prevalecia na crítica argentina de então[14]. Finalmente, o crítico uruguaio Ángel Rama comentou o livro em *Marcha*, inscrevendo Prieto na geração renovadora da crítica literária argentina e destacando-o como sua figura mais expressiva:

> Desses críticos [Jitrik, Sebreli, Portantiero, Viñas] há um que consolidou uma vocação e a sistematizou aplicando-a às letras de seu país, enriquecendo-a com uma paciente investigação. Adolfo Prieto vem trabalhando há anos na Universidade do Litoral com uma tenacidade e uma eficácia que devem ser sublinhadas no panorama bastante franciscano dos estudos literários universitários[15].

Por ocasião da segunda edição do livro, Rodolfo Borello escreveu um artigo extenso que revisava sistematicamente toda a obra de Prieto e o definia como o principal crítico de sua geração[16]. A respeito desse último texto, não se pode passar

---

13 O autor concluiu a resenha com um elogio explícito do trabalho, afirmando seu caráter compreensivo: "Livro de extraordinária lucidez, verdadeira radiografia do homem argentino, das classes dirigentes do país e dos desdobramentos mais profundos da história política, econômica, social e cultural da Argentina" (Alfredo Roggiano, "La literatura autobiográfica argentina", *Hispanic American Historical Review*, n. 4, out. 1964, p. 662).

14 Cabe citar: "O trabalho de Prieto merece a mais cálida aprovação como uma das principais contribuições recentes à compreensão da literatura argentina. E isso por acaso pode-se explicar destacando que é uma tentativa de análise séria, em que se observa um esforço por superar nossas habituais improvisações de crítica impressionista, a fim de substituí-las mediante critérios mais objetivos e disciplinados" (Jaime Rest, "Adolfo Prieto: la literatura autobiográfica argentina", *Revista de la Universidad de Buenos Aires*, Buenos Aires: 1963, v. 8, n. 2, p. 336).

15 Depois de resumir o argumento do livro e de expressar algumas reservas a respeito do método sociológico mobilizado por Prieto, Ángel Rama concluiu sua resenha nos seguintes termos: "Apesar de sua brevidade, que não lhe concede tempo para um exame a fundo das épocas sociais e de cada uma das personalidades encaradas pela obra, este livro de Prieto revela uma condição questionadora, uma frescura interpretativa, uma agilidade polêmica que explicam o lugar destacado, não usual que ocupa na bibliografia crítica argentina" (Ángel Rama, "La renovada crítica literaria aplicada a la cultura argentina", *Marcha*, Montevideo: ago. 1963, n. 1167, p. 30).

16 Cabe citar: "Esta relação entre literatura e realidade, entre literatura e sociedade, entre literatura e personalidade, entre literatura e história tipificará para sempre suas obras e o converterá no mais brilhante crítico de sua geração" (Rodolfo Borello, *op. cit.*).

por alto a amizade e o projeto comum que vinculava os dois críticos desde que se conheceram como estudantes na UBA, o que conferia ao mesmo certo tom programático e deixava entrever a consciência que tinham a respeito do empreendimento que estavam realizando, sobretudo Prieto em Rosário, mas também, secundariamente, Borello na Universidade de Cuyo, em Mendoza[17]. Finalmente, o importante crítico e ensaísta uruguaio Carlos Real de Azúa elogiou enfaticamente o livro de Prieto, em um artigo sobre a literatura autobiográfica uruguaia, publicado na versão uruguaia de *Capítulo*, lamentando que "faltava no Uruguai um estudo similar ao esplêndido, de Adolfo Prieto, sobre *La literatura autobiográfica argentina*"[18].

O livro é, ao mesmo tempo, uma história de um gênero aparentemente secundário da literatura argentina e uma genealogia de suas elites políticas e intelectuais. Trata-se da obra mais importante desse período da produção intelectual de Prieto. Sua origem se relaciona com a investigação anterior sobre o impacto do rosismo na literatura argentina, durante o qual, provavelmente, deu-se conta da relevância desse material e do rendimento analítico que propiciava, uma vez que seu interesse teórico residia, sobretudo, no estudo da literatura como fenômeno social. Essa intenção é explicitada na epígrafe do trabalho, uma passagem de *Freedom, Power and Democratic Planning*, de Karl Mannheim, que enfatiza a importância dos registros autobiográficos como meio de acesso às lógicas sociais estruturantes das personalidades e das funções desempenhadas por esse tipo de literatura nas conjunturas históricas mais gerais.

A menção a Mannheim, como outras tantas citações – Erich Fromm, Ralph Linton, Abraham Kardiner, Karen Horney, Mikel Dufreene, Wright Mills, Gilberto Freyre – que figuram, sobretudo, na introdução teórica do livro, revela a importância que teve no campo intelectual argentino o movimento editorial promovido, desde meados da década de 1940, por novas editoras especializadas em ciências sociais, como a mexicana Fondo de Cultura Económica e a argentina Paidós. O espanhol José Medina Echavarría, no México, e Gino Germani, na Argentina, estiveram à frente dessas iniciativas, que tiveram enorme impacto no processo de institucionalização da sociologia, especialmente no caso que estamos examinando. De fato, a relativa marginalidade dessa disciplina no interior do sistema acadêmico até a segunda metade dos anos 1950, foi compensada por tais empreendimentos, o que permite compreender a incorporação por Prieto de um ponto de vista sociológico nesse trabalho específico, mas também no restante de sua obra. Cabe dizer que essa tomada de posição por parte do autor veio a cumprir uma dupla função: contra a crítica estilística, conectava a literatura com o mundo social e político; contra o ensaísmo e a crítica impressionista, reivindicava a cientificidade do estudo da literatura.

---

17 Como Prieto, Borello era de origem provinciana. Nasceu em Catamarca em 1930, ingressou na carreira de letras da FFyL na segunda metade da década de 1940 e, em 1963, doutorou-se pela Universidade Complutense de Madri. Conheceu Prieto na FFyL. Prontamente se tornaram amigos e, em vários momentos, companheiros de distintas empresas intelectuais, começando pela participação de ambos em *Centro*. Entre 1956 e 1976, Borello foi professor de literatura espanhola e argentina na Faculdade de Filosofia e Letras da Universidade Nacional de Cuyo. Dirigiu a *Revista Argentina e Iberoamericana*, na qual publicou uma versão reduzida da tese de doutorado de Adolfo Prieto. Até fins dos anos 1950, Prieto ensinou em Mendoza, convidado por Borello. Como "supervisor" de *Capítulo*, Prieto encomendou a Borello a redação de três fascículos da coleção, um deles dedicado ao ensaio e outro à crítica moderna.

18 Carlos Real de Azúa, "Prosa del mirar y del vivir", *Capítulo Oriental: Historia de la literatura uruguaya*, n. 9, Montevideo: Cedal, 1968, p. 132.

Nessa última direção, o primeiro passo do argumento é descartar as "opiniões" então vigentes, que afirmavam a escassez de autobiografias na Argentina, em função da vigência de uma concepção católica da vida e do recato espanhol que lhe correspondia. Tal era a posição defendida, sobretudo, por Ortega y Gasset e assimilada, com diferentes matizes, por críticos como Juan Carlos Ghiano e Ángel Battistessa. Prieto indica, ao contrário, a existência de um conjunto expressivo de escritos desse gênero, produzidos desde a independência com o motivo de justificar para a opinião pública as atitudes de seus autores na esfera política. Dado que eles integravam os "grupos dirigentes", tal material representaria uma via de acesso privilegiada para uma reconstrução de sua história.

Além da introdução, o livro se divide em três partes, referidas a momentos típicos da história social e política argentina do século XIX, aos quais corresponderiam fases do processo de diferenciação social da elite e modalidades distintas de execução do gênero autobiográfico. Nessa passagem é possível vislumbrar o lento processo de autonomização da vida literária no país. O autor demonstra, também, que os hábitos da vida colonial se infiltravam nos bastidores da sociabilidade da elite constituída com a independência, apesar da pouca importância relativa da colonização na região do rio da Prata e do caráter de ruptura atribuído à Revolução de Maio[19]. Como um historiador das mentalidades, Prieto sugere a coexistência de temporalidades aparentemente incompatíveis, derivada da inscrição de ritmos diferentes de mudança nas séries da política e da sociedade; acelerada na primeira, morosa na segunda.

Prestações de contas à opinião pública seriam recorrentes em testemunhos autobiográficos dos próceres das guerras de independência, como Saavedra, Belgrano e Agrelo (entre outros). A centralidade alcançada pela atividade política nesse período os constrangeria a justificar-se, sobretudo, frente às maledicências, infâmias, acusações de fracasso a que se viam, frequentemente, submetidos. Pouco tempo depois, atenuada a pressão revolucionária, outro componente se faria visível. Recuperações do passado, reivindicações de linhagens familiares, de supostos troncos nobiliários, algumas vezes explícitas e frequentes (La Madrid, Pueyrredón), outras involuntárias e raras (Alberdi), faziam-se presentes. Essa intersecção de planos da experiência, passada (colônia) e presente (nação), ganharia um tom dramático, segundo a interpretação de Prieto, na experiência subjetiva de Sarmiento.

A centralidade conservada por essa personagem no esquema analítico do livro deriva tanto de sua proeminência na vida política e literária argentina, durante o século XIX, como do fato de haver escrito autobiografias reveladoras de "uma aguda consciência de si mesmo", parâmetro central atribuído pelo autor, a partir da definição proposta por Misch, para a avaliação crítica do gênero. *Mi defensa* (1843) e *Recuerdos de provincia* (1850) são entendidas, desse modo, como as expresões mais altas (e prolíficas) da autobiografia nacional durante o período estudado. Tal avaliação não implica, entretanto, uma atitude condescendente por parte do crítico, que ensaia uma interpretação arriscada, mais convincente (ainda quando algumas

---

19 "O passado, a colônia, põe imagens na pena dos poetas, frases na boca dos oradores, ideias nas mentes dos funcionários; imagens, frases e ideias que se contrapõem ou desvirtuam os mais enfáticos princípios declamados pela revolução" (Adolfo Prieto, *La literatura autobiográfica argentina*, Buenos Aires: Ceal, 1982, p. 32).

inferências soem ingênuas), sobre as possíveis condicionantes psicossociais visíveis nessas obras. Recusando explicações como a de Lugones, orientadas pela suposta genialidade de Sarmiento, Prieto relacionou a evolução da vida íntima do escritor são-joanense aos processos históricos e sociais mais amplos que lhe infundiriam sentido e dramatismo.

Sua vida e obra seriam resultantes da transformação abrupta da estrutura social provocada pela Revolução de Maio. Nascido em San Juan poucos meses depois da independência, no seio de uma família com algum *status*, mas empobrecida, teria sido "contagiado" pelo pai com as ideias liberais vigentes, também reforçadas em uma das escolas abertas depois da independência. Essa interferência positiva do pai teria como contrapartida, entretanto, a incapacidade de prover a família da segurança material e social ambicionada. De tais condicionantes, origem relativamente baixa, ausência do pai, ambiente revolucionário proviria sua ambição e capacidade intelectual e política, assim como os temores permanentes de não obter o reconhecimento merecido e, acima de tudo, desejado. Nessa mesma direção, o medo do rebaixamento social estaria por trás da atitude preconceituosa de Sarmiento em relação aos estratos populares da sociedade, afinada com sua campanha civilizadora. Mas, enquanto tradicionalmente essa atitude havia sido explicada em função do significado regressivo que o próprio escritor atribuía a tais segmentos sociais, Prieto a justificou em termos sociológicos.

Eventualmente válida, uma aproximação com a trajetória do próprio Adolfo Prieto pode ser postulada. Recordemos que nasceu também em San Juan, ainda que esta seja uma pista frágil. Uma projeção possível na figura de Sarmiento se verifica nos pesos diferenciados atribuídos às figuras paternas e maternas, sendo mais fortes e decisivas as segundas, como estimuladoras da vida arrojada que, guardadas as proporções, ambos perseguiram em tempos e contextos distintos. Um sinal significativo, entretanto, estaria na passagem em que o autor atribui a Sarmiento uma insegurança derivada da posse de uma cultura rudimentar e provinciana que implicaria um persistente complexo de inferioridade cultural[20]. Como não pensar nas possíveis dificuldades de adaptação enfrentadas por Prieto para ingressar no campo intelectual portenho desde sua chegada a Buenos Aires?

O contexto examinado na segunda parte do livro tem como referência o clima intelectual e político que segue a batalha de Caseros (1852) e a queda de Rosas. Em tais circunstâncias se constituiu uma retórica oficial obviamente contrária ao governo deposto, que condicionaria o tom geral da produção autobiográfica, inclusive até as últimas décadas do século XIX. Esse seria o caso de *Las beldades de mi tiempo* (1891), de Santiago Calzadilla, *bon vivant* descendente de uma família ligada ao poder durante a colônia. Posteriormente, permaneceria alijado da política, mas não dos círculos de sociabilidade da elite portenha. A narrativa seria, então, permeada de ambiguidades, com alusões favoráveis ao tempo de Rosas, "época de felicidade e de bonança para todos", e condenações aos crimes cometidos durante

---

20 Cabe citar: "Esse sentimento de *minus valia* assinalado pela pobreza do lar e pelo rudimentar de sua educação, sentimento que estala no constante temor de atuar mal nos salões, e no complexo de inferioridade cultural que o empurra tanto à produção de uma obra gigantesca e diversificada, como à obsessiva opinião de que seus contemporâneos subestimavam sua inteligência e seu saber" (*Ibidem*, p. 69).

a "tirania", termo típico da retórica oficial. Recorria, inclusive, como última jogada de sua vida, a uma reivindicação do *status* social, uma vez que os outros dois signos de distinção, dinheiro e poder, haviam escapado de suas mãos. Seu único recurso em uma sociedade já diferenciada e afetada pelo crescimento econômico, pela estabilização do sistema político e pela imigração massiva demarcava uma posição declinante e melancólica.

Tanto *Carta confidencial* (1879), de Carlos Guido y Spano, como *Mis memorias* (1904), de Lucio V. Mansilla, movem-se em outra direção. Seus autores pertenciam às famílias dos heróis da independência – o segundo era, inclusive, como se sabe, filho da irmã predileta de Rosas. Guido era filho de um ministro de Rosas, que exercia funções diplomáticas na corte brasileira. Depois da queda desse regime, a vinculação familiar direta com o governo de Rosas bloqueou a carreira política para a qual haviam sido preparados desde o começo. Dessa maneira, permaneceriam sempre condenados a ocupar posições marginais do sistema político. Nesse sentido, a atividade literária e autobiográfica seria para eles uma forma de evasão e de oposição contida aos governos estabelecidos. Nenhum deles pôde assumir retrospectivamente a defesa de Rosas, nem condená-la totalmente, vacilando entre uma posição e outra. O ressentimento derivado dessa situação os levaria também à valorização das linhagens familiares das quais descendiam, sobretudo, ao confrontar-se com a ascensão econômica e social de famílias imigrantes.

O último período examinado, na terceira parte do livro, refere-se às duas últimas décadas do século XIX, momento em que se faziam sentir os efeitos do notável crescimento econômico e da urbanização relacionados com a exportação de grãos e de carne. Ao mesmo tempo, a profissão de escritor se afirmava, em conexão com alguma expansão do mercado cultural, e da estabilização e diferenciação da esfera política. Nesse contexto, duas orientações típicas para as autobiografias são caracterizadas. A primeira, representada por autores da chamada geração *dos oitenta*, como Miguel Cané e Eduardo Wilde. Essa literatura de evocação, irônica, cética e humorística, não poderia ser interpretada, segundo Prieto, como forma de evasão derivada das frustrações políticas ou pessoais, como nos casos anteriores, uma vez que seu sentido já derivaria de motivações mais especificamente literárias, modismos estrangeiros, por exemplo, as quais esses escritores haviam encarnado. Tal produção estava dirigida a um público formado, sobretudo, pelos frequentadores dos salões. A segunda orientação – de Joaquín V. González, Ramón J. Cárcano e Carlos Ibarguren – seria a última expressão autobiográfica da classe dirigente novecentista, que faria da exaltação da terra, economicamente valorizada, e da vida campestre um modo de confirmação do prestígio social ameaçado por imigrantes em ascensão.

Assim concluída, *La literatura autobiográfica argentina* representou uma importante inflexão no interior da tradição da crítica literária da Argentina, articulando a análise textual com o exame das condicionantes sociais e políticas da vida literária. Especificamente, vinculou as diversas variantes de autobiografia às transformações sociais e políticas que se seguiram à Revolução de Maio. Demonstrou que o gênero encarnava a subjetividade fraturada da elite que se constituiu depois da independência e das formas de legitimação de um sistema de dominação republicano, contraditoriamente associado a um estilo de vida aristocrático, herança ainda viva do passado colonial. Por meio dessa forma argumentativa, o trabalho sintetizou um programa de investigação em sociologia da literatura que recobre toda sua produção intelectual e que teria importante continuidade na principal vertente da crítica literária argentina das últimas décadas.

## ÍNDICE ONOMÁSTICO

Abraão (patriarca bíblico), 21
Abramo, Lelia, 292
Abreu, Martha, 437
Acevedo, Jesús, 229, 230, 233
Acevedo-Muñoz, Ernesto, 327
Achard, Marcel, 289
Afonso Celso (de Assis Figueiredo Júnior), 197
Agostinho, Santo, 10, 14, 19, 21, 22, 409, 413
Agramonte, Ignacio, 115
Agrelo, Pedro José, 480
Aguiar, Joaquim A. de, 259
Aguiar, Rosa Freire de (D'Aguiar Furtado), 383, 391
Aguilar, Enrique, 211
Aguilar, Gonzalo, 234, 269
Alatorre, Antonio, 168
Alberdi, Juan Bautista, 133, 407, 480
Albergaria, Consuelo, 468
Alberti, León Battista, 23
Albizúrez Palma, Francisco, 72
Alcalde, Ramón, 474
Alcântara Machado d'Oliveira, José de, 6, 41, 43, 348, 350, 351, 352, 353, 354, 355, 362
Alcântara Machado, Antônio de, 350, 352
Aldama, Pablo, 124
Aleijadinho (Antônio Francisco Lisboa), 207
Alexandre y Merlo, Vicente, 185
Alekhine, Alexander, 122
Alencar, José de, 84, 443
Alencar, Mário de, 197
Alessio Robles, Ricardo, 210
Alessio Robles, Vito, 67, 68, 69
Alfaro Delgado, José Eloy, 401
Alighieri, Dante, 22, 247, 249, 443, 458
Aliturius (ator do teatro romano), 22
Almada, Izaías, 288
Almeida Prado, Décio de, 285, 291
Almeida, Alfredo W. B. de, 83, 84, 85, 86
Almeida, Francisca, 105
Almeida, Heloísa, 105
Almeida, Lucília, 105
Almeida, Manuel Antônio de, 443
Almeida, Maria Teresa, 104, 105
Almeida, Renato de, 196, 198
Almeida, Tomaz Coelho e, 104

Almeyda, Clodomiro, 36
Alonso, Amado, 162, 370, 474
Alonso, Angela, 6, 188, 192, 195, 380
Alonso, Dámaso, 162, 163
Altamira, Rafael, 233
Altamirano, Carlos, 7, 269, 271, 272, 315, 342, 364, 444
Álvarez, Enrique Zuleta, 222
Amadeo, Mario, 376
Amado Nervo (Juan Crisóstomo Ruiz de Nervo), 51, 318
Amado, Gilberto, 42, 86, 191
Amado, Gilson, 106
Amado, Janaína, 188, 457
Amado, Jorge, 5, 41, 42, 82, 83, 84, 85, 86, 87, 88, 89, 90, 143, 448, 456, 462
Amaral, Flávia do, 192, 194
Amaral, Tarsila do, 196, 197, 198, 206, 301
Amézaga, Juan José, 420
Amoroso Lima, Alceu, 105, 106, 107, 108, 110, 111, 112
Anatole France (Jacques Anatole François Thibault), 305, 342
Anderson, Benedict, 206
Andrade, Jorge, 41, 44, 282, 283, 284, 285, 286, 287, 288, 293
Andrade, Mário de, 6, 41, 43, 113, 114, 196, 197, 200, 201, 205, 206, 207, 259, 267, 301, 302, 306, 309, 350, 352, 460
Andrade, Oswald de, 196, 197, 207, 267, 301, 352, 433
Andreu, Olga, 123
Angenot, Marc, 127, 134, 135
Anjos, Ciro dos, 265, 266
Antonioni, Michelangelo, 118
Araizoz, Antonio, 161
Arango, Eliseo, 185
Arantes, Luis H. M., 284
Araújo, Iaiá, 190
Araújo, José Bento de, 190
Araújo, Ricardo Benzaquen de, 6, 301, 354, 355
Arce, Manuel Maples, 35, 78
Arciniega, Germán, 5, 35, 172, 175, 180, 181, 182, 183, 184, 185, 186, 187
Arciniega, Víctor Díaz, 5, 49, 56, 60, 67
Arcos, Gustavo, 124
Arellano, Juan de Dios, 229
Arenas, Reynaldo, 36, 118, 122
Arévalo, Juan José, 36, 93

Arfuch, Leonor, 328, 329, 330, 334
Arismendi, Elena, 63
Arlt, Roberto, 272, 276, 279, 340, 367, 473, 475
Armendáriz, Pedro, 335
Armstrong, Andrew Joseph, 356
Arraes, Miguel, 383, 392, 396
Arrigucci Jr., Davi, 199, 200, 201, 202, 259
Arruda, Maria Arminda do Nascimento, 7, 257, 262, 284, 285, 287, 458, 468
Asturias, Miguel Ángel, 36, 77, 80
Auerbach, Erich, 21, 168
Avellaneda, Gertrudis Gómez de, 28
Ávila Camacho, Manuel, 317
Ávila, Leopoldo, 238
Ayala, Francisco, 372
Azevedo, Aluísio Gonçalves de, 443
Azevedo, Maria Helena C., 190, 191, 192, 193, 195, 196, 197, 198
Azúa, Carlos Real de, 92, 417, 479
Azuela, Mariano, 5, 36, 49, 50, 51, 52, 53, 54, 55, 56, 57, 58, 59, 60, 67

Babur (rei timúrida), 23
Bacardí, Emilio, 115
Bach, Johann Sebastian, 226
Bachelard, Gastón, 159
Bachiller y Morales, Antonio, 115
Baker, Josephine, 344
Balandier, Georges, 426
Balbín, Ricardo, 134
Balbino, Antonio, 106
Balzac, Honoré de, 52, 55
Banchs, Enrique, 343
Bandeira, Manuel, 6, 41, 43, 44, 199, 201, 202, 203, 204, 206, 207, 259, 306, 307, 308, 349, 350, 352, 359, 429
Barata, Agildo, 48, 450
Barba Jacob, Porfirio, 210
Barbosa, Francisco de Assis, 203, 435, 436
Barbosa, Rui, 192, 262, 438
Barnet, Miguel, 117
Barrán, José Pedro, 416
Barreda, Gabino, 313
Barrenechea, Raúl Porras, 100, 101
Barrera, Carlos, 320
Barreto, João Paulo (João do Rio), 87, 441
Barreto, Tobias, 189, 194
Barrios, Eduardo, 412

Barthes, Roland, 78, 159, 160, 278, 426
Bartra, Roger, 335
Bassols, Narciso, 314, 318, 321, 325
Bastide, Roger, 425, 426, 433
Bastos Tigre, Manuel, 440
Bastos, Cristiana, 424
Bastos, Elide Rugai, 5, 104, 114
Batista, Fulgencio, 118, 119
Battistessa, Ángel, 480
Baudelaire, Charles, 215, 251, 410
Baz Prada, Gustavo, 316
Beaujour, Michel, 266
Becher, Emilio, 343
Beethoven, Ludwig van, 226
Belgrano, Manuel, 480
Belkin, Alejandro, 138
Belli, Gioconda, 36
Bello, Andrés, 413
Benário Prestes, Olga, 451, 454
Benavides, Óscar Raymundo, 91
Benedetti, Mario, 238
Benítez, José María, 51
Benjamin, Walter, 303, 310
Bérard, Victor, 166
Bergel, Martín, 5, 91, 97
Berger, Elisa, 451, 454
Bergson, Henri, 111, 118, 247, 313, 321
Berman, Marshall, 452
Bernardes, Arthur da Silva, 457
Bernardes, Artur, 351
Bernardes, Izabel, 105
Bernhardt, Sara, 228
Besançon, Guy, 464
Betancourt, Rómulo, 184, 407
Bianchi Ross, Ciro, 159
Bianchi, Alfredo, 337, 343, 344
Bianco, José, 184
Biderman, Ciro, 380, 382, 384
Biedma, Jaime Gil de, 211
Bilac, Olavo, 349, 350, 351, 359
Bioy Casares, Adolfo, 6, 16, 36, 245, 295, 296, 297, 298, 299, 300
Bioy, Marta, 296
Bittencourt, André, 257
Blaj, Ilana, 349
Blake, William, 112
Blanco, Alejandro, 7, 473, 476
Blanco Fombona, Rufino, 30, 31, 32, 37, 47, 239, 414
Blanco, José Joaquín, 69
Blank, Carlos, 203
Blank, Frederique, 203
Blasco Ibáñez, Vicente, 342
Bloy, Léon, 110, 111, 112

Boal, Augusto, 288, 289
Boas, Franz, 356, 426
Boccaccio, Giovanni, 22
Bocchino, Adriana, 254
Bodet, Jaime Torres, 36, 320, 332
Boécio (filósofo italiano), 22
Bolívar, Simón, 30, 180, 213, 413
Bomeny, Helena M. B., 262, 449
Bonnardot, Jean-Claude, 296
Bopp, Raul, 41
Borba de Moraes, Rubens, 352
Borello, Rodolfo, 476, 477, 478, 479
Borges, Jorge Luis, 16, 184, 245, 295, 296, 297, 298, 299, 300, 337, 346, 378, 476, 478
Borges, Vavy P., 353
Borlenghi, Ángel, 138
Borrego, Maria Aparecida M., 349
Bosi, Alfredo, 447, 467
Boswell, James, 16, 23, 300
Botelho, André, 6, 107, 114, 257, 258, 260, 263, 264, 266, 471
Botto, António, 209, 210, 215, 216, 220
Bourbon, dinastia, 129
Bourdieu, Pierre, 177, 188, 203, 317, 380, 385, 389, 453, 457
Brañas, César, 72
Brandão, Tânia, 285
Brandes, Georg, 173, 175, 178, 179
Branly, Roberto, 123
Brantôme, Pierre de (historiador francês), 22
Braudel, Fernand, 97, 348, 362, 373, 374, 426
Brayner, Sonia, 461
Brecheret, Victor, 196
Brecht, Bertold, 159, 160
Breton, André, 73
Brito Broca, José, 83
Brooker, Peter, 228
Brum, Blanca Luz, 35
Buarque de Holanda, Aurélio, 447
Buarque de Holanda, Sérgio, 201, 204, 235, 348, 352, 384, 430
Buchbinder, Pablo, 369
Bueno, Andrés Piedra, 116
Bukharin, Nikolai, 14
Bulhões, Otávio Gouveia de, 386, 388
Buñuel, Luis, 6, 326, 327, 328, 329, 330, 331, 332, 333, 334, 335
Burke, Elena, 123
Buzatti, Dino, 432

Byé, Maurice, 382, 385
Byron, Lord (George Gordon), 16, 105

Cabré, Marco, 226
Cabrera Infante, Guillermo, 5, 10, 36, 115, 116, 117, 118, 119, 120, 121, 122, 123, 124, 125
Cabrera y Bosch, Raymundo, 115
Cabrera, Lydia, 122
Cabrera, Rafael, 320
Cacua Prada, Antonio, 181, 186
Caetano, Gerardo, 417
Cairo, Ana, 161
Caldas Viana, João, 193
Calderón, Francisco, 324
Calle, Urbano González de la, 186
Calles, Plutarco Elías, 62
Calvo, Lino Novás, 117, 122
Calzadilla, Santiago, 481
Câmara, dom Helder, 393
Cambaceres, Eugenio, 341
Cambrensis, Giraldus, 11
Camilo (Camilo Cienfuegos Gorriarán), 116
Camões, Luís de, 197, 356
Campodónico, Luisa, 134
Campos Sales, Manuel Ferraz de, 349
Campos, Alberto, 261
Campos, Álvaro de (Fernando Pessoa), 215
Campos, Humberto de, 42
Campos, Milton, 261
Campos, Regina Salgado, 305
Campos, Roberto, 384, 392
Cançado, José Maria, 259
Candido, Antonio, 86, 109, 110, 114, 259, 266, 432, 450
Cané, Miguel, 346, 482
Canedo, Letícia, 380
Cano, Gabriela, 63
Capablanca, José Raúl, 122
Capanema, Gustavo, 207, 449
Capdequí, José María Ots, 184
Capello, Francesco, 370
Carballo, Emanuel, 63
Carbonell, José Manuel, 161
Carbonell, Miguel Ángel, 161
Cárcano, Ramón J., 365, 482
Cardano, Girolamo, 23
Cardenal, Ernesto, 36
Cárdenas del Río, Lázaro, 322
Cardoso, Adauto Lúcio, 458
Cardoso, Fernando Henrique, 396

486

Cardoso, Lúcio, 7, 41, 42, 44, 458, 459, 460, 461, 462, 463, 464, 466, 467, 468, 469, 470, 471
Cardoza y Aragón, Luis, 5, 35, 71, 72, 73, 74, 76, 77, 78, 79, 80, 81, 185
Carelli, Mario, 460, 462, 466, 468
Carrillo, Ana Lorena, 76
Carlyle, Thomas, 115
Carneiro, Édson, 87
Caro, Miguel Antonio, 172
Carpentier, Alejo, 35, 117, 122, 123, 432
Carranza, Vetustiano, 318
Carrero, Elena C., 477
Carriego, Evaristo, 343
Carrière, Jean-Claude, 326, 329
Carroll, Lewis, 363
Carvalho, Maria Alice Rezende de, 5, 82, 85, 87, 444
Carvalho, Ronald de, 196, 197, 198, 204
Casal, Julián del, 115, 118, 161
Casanova, Giacomo Girolamo, 23, 30, 295
Casanova, Pablo González, 322, 324
Casey, Clavert, 122
Caso, Alfonso, 318
Caso, Antonio, 222, 229, 230, 231, 313, 318, 319, 320
Castagnino, Lucrecia, 477
Castagnino, Raúl, 477
Castañón, Adolfo, 5, 155
Castellanos, Jesús, 115
Castellanos, Rosario, 35
Castello, José, 113
Castelnuovo, Elías, 126
Castro Alves, Antônio Frederico de, 443
Castro Leal, Antonio, 67, 321
Castro, Almir, 106, 108
Castro, Américo, 162, 370
Castro, Cipriano, 32
Castro, Fidel (Fidel Alejandro Castro Ruz), 124, 395
Catão, Marco Pórcio (cônsul romano), 22
Catelli, Nora, 6, 12, 295
Cellini, Benvenuto, 23
Cendrars, Blaise, 207, 303
Cervantes, Miguel de, 160, 296, 440
César Augusto ver Otaviano
Céspedes, Carlos Manuel de, 115, 116, 121
Chacón y Calvo, José Maria, 161
Chacón, Lázaro, 73

Chano Pozo (Luciano Pozo González), 121
Charle, Christophe, 283
Chartier, Roger, 301
Chase, Stuart, 213
Chateaubriand, Francisco de Assis, 290
Chateaubriand, François-René de, 157
Chávez, Agustín Loera, 320
Chávez, Carlos, 216
Che Guevara, Ernesto 99, 116
Chermont de Miranda, Vicente Constantino, 160
Chertkoff, Adela, 132
Chertkoff, Fenia, 132
Chertkoff, Mariana, 132
Chocano, José Santos, 35, 417
Chumacero, Alí, 49
Cisneros, Eleonora de, 225
Cisneros, Francisco García, 225
Clemens, Anita Saboia, 384
Cobo Borda, Juan Gustavo, 175, 183, 187
Cocteau, Jean, 202, 332
Coelho Neto, Henrique Maximiano, 197
Columba, Ramón, 367
Conde d'Eu (Gastão de Orléans), 41
Condé, Elysio, 202
Condé, João, 202, 205
Condé, José, 202
Condorcet, marquês de (Marie Jean Antoine Nicolas de Caritat), 443
Confúcio (pensador chinês), 24
Conn, Robert, 230
Conrad, Joseph, 356, 358, 430
Contreras, Fernando, 75
Copérnico, Nicolau, 130
Coquelin, Théodore Charles Ange, 226
Corazzini, Sérgio, 203
Córdova, Federico, 181
Cornejo Polar, Antonio, 417
Corrêa, Marcos Sá, 140, 142
Correa, Mariza, 437
Correas, Carlos, 36, 39, 276, 277, 278, 279, 280, 281
Correia de Andrade, Manuel, 381
Cortés, Hernán, 216
Cortina, Néstor Carbonell, 115
Cosío Villegas, Emma Salinas, 320, 321, 324

Cosío Villegas, Manuel, 6, 36, 167, 168, 313, 314, 315, 316, 317, 319, 320, 322, 323, 324, 325
Costa Rego, Pedro da, 447
Costa, Vanda, 449
Cozac, Luis, 380, 382, 384
Cranwell, Cristina Castro, 296
Crespo, Regina Aída, 5, 61
Cresta, Ada M., 477
Croce, Benedetto, 118
Cross, Esther, 296
Cruz, Manuel de la, 115
Cruz, Sor Juana Inés de la, 28
Cué, Arsenio, 119
Cuello, Juan, 345
Cuervo, Rufino J., 177
Cuesta, Jorge, 67, 210, 213, 221
Cunha, Euclides da, 350, 355
Curtius, Ernst Robert, 162, 164, 168

D'Amico, Alicia, 242
D'Annunzio, Gabriele, 410
D'Ors, Eugenio, 162
Dalí, Salvador, 330
Dantas, Santiago (San Tiago Dantas), 106
Daudet, Alphonse, 155, 158
Dávalos, Marcelino, 229
Davi, Tânia Nunes, 457
De Gaulle, Charles, 385
Dean, James, 118
Debret, Jean-Baptiste, 428
Deforel, Ana M., 477
Degiovanni, Fernando, 6, 222
Deleuze, Gilles, 326
Delgado, José María, 420
Delgado, Rafael, 50
Delhumeau, Enrique, 320
Descartes, René, 443
Desnoes, Edmundo, 117
Desnos, Robert, 10
Dezalay, Yves, 384, 396
Di Cavalcanti (Emiliano Augusto Cavalcanti de Albuquerque e Melo), 196
Di Tella, Guido, 371
Di Tella, Torcuato, 371
Dias da Costa, Osvaldo, 87
Dias, Everardo, 457
Díaz Ordaz, Gustavo, 316, 317
Díaz, Carlos, 365
Díaz, Guillermo, 73
Díaz, Jesús, 117
Díaz, Manuel Millor, 161
Díaz, Porfirio, 50, 156, 222, 231, 232, 313

Dibbs, Eugene, 127
Dickmann, Emilio, 134
Dickmann, Enrique, 5, 126, 127, 128, 129, 130, 131, 132, 133, 134, 135, 136, 137, 138, 139
Dickmann, Margarita, 134
Diego, Eliseo, 117
Diegues Jr., Manoel, 447
Díez Canedo, Enrique, 184, 322, 325
Dilthey, Wilhelm, 167
Dimas, A., 426
Discépolo, Enrique Santos, 365
Domínguez, Carlos E., 161, 168
Donato, Ada R. M., 477
Donghi de Halperín, Renata, 338, 346, 368, 369
Donizetti, Gaetano, 226
Donoso, José, 240
Dostoiévski, Fiódor, 112, 175, 410, 440
Doyle, Conan, 105
Doyle, Plinio, 106, 266
Drieu La Rochelle, Pierre, 254
Drummond de Andrade, Carlos, 6, 41, 44, 185, 196, 205, 207, 257, 258, 259, 261, 262, 266, 267, 268, 301, 302, 303, 304, 305, 306, 307, 309, 310, 449, 451
Duarte, Paulo, 42
Dufreene, Mikel, 479
Dumas, Alexandre (pai), 105, 340
Dumiense, Ariovaldo Miranda, 104, 106, 107, 112
Dumont, Louis, 307
Duque Estrada, Osório, 197
Duse, Eleonora, 336, 341
Duval-Gozlan, Léon, 226

Eames, Emma, 226
Eça de Queiroz, José Maria, 333, 353, 460
Echandía, Darío, 185
Echavarría, José Medina, 479
Echeverría, Esteban, 317, 392
Eckermann, Johann Peter, 16
Edelman, Fanny, 126
Edwards, Jorge, 16
Ehrlich, Laura, 126
El Corso (Antonio Ruiz), 221
Elizondo, Salvador, 39
Elliot, Maxime, 226
Ellis Jr., Alfredo, 349
Ellis, Miss Kate, 249
Éluard, Paul, 10, 204
Embil, Luis Rodríguez, 116

Emerson, Ralph Waldo, 115
Engels, Friedrich, 453
Escliar, Myriam, 127
Escobar, Enrique, 230
Ésquilo (dramaturgo grego), 129
Estrada Cabrera, Manuel, 72, 73
Estrada, Genaro, 320
Estuardo, María, 244
Ette, Otmar, 116
Ezeiza, Gabino, 345

Facio, Sara, 242, 243
Facioli, Valentim, 447
Faria, Alberto, 104
Faria, Maria Teresa de Almeida, 104, 105
Faria, Otávio de, 5, 41, 44, 104, 105, 106, 107, 108, 109, 110, 111, 112, 113, 114, 467
Fausto, Boris, 353
Febvre, Lucien, 426, 432
Feliú Cruz, Guillermo, 411, 412
Fell, Claude, 67
Fellini, Federico, 118
Fénelon, François, 403
Fernandes, Florestan, 264
Fernández de Lizardi, José Joaquín, 50
Fernández Retamar, Roberto, 238
Fernández, Celia, 77
Fernández, Emilio "el Indio", 51, 334, 335
Fernández, Jesse, 117
Fernández, Juanita, 417
Fernández, Pablo Armando, 117
Ferraris, Maurizio, 116
Ferreira, Carlos Vaz, 417
Ferreira, Gabriela Nunes, 114
Ferreira, Jorge, 85
Ferrero, Guillermo, 342
Ferri, Enrico, 342
Feydeau, Georges, 289
Figueiredo, Jackson de, 107
Figueroa, Gabriel, 334
Fiorillo, Marília Pacheco, 141
Fischer, Diego, 420
Fitzgerald, Ella, 123
Flávio Josefo (historiador hebreu), 22
Flechas, Javier Loaiza, 183
Flier, Patricia, 127
Florent, Adriana Coelho, 449
Fonseca, Hermes Rodrigues da, 438
Foster, Edward Morgan, 210
Fraginals, Manuel Moreno, 116

Francisco, São, 94, 409
Franco, José Luciano, 116
Frank, Waldo, 96, 244, 246, 254
Frazer, James G., 168
Freidenberg, Judith, 127
Freitas, Marcos Cezar de, 354
Frenk, Margit, 168
Freud, Sigmund, 118, 216, 299, 356, 464
Freyre, Alfredo de Mello, 354
Freyre, Gilberto de Mello, 6, 41, 43, 194, 206, 271, 324, 348, 349, 350, 354, 355, 356, 357, 358, 359, 360, 361, 362, 423, 424, 425, 426, 427, 428, 429, 430, 431, 432, 433, 479
Freyre, Ulisses de Mello, 356, 361, 427
Frobenius, Leo, 164
Fromm, Eric, 479
Frondizi, Arturo, 93, 274
Frota, Lélia Coelho, 301, 302, 303, 305, 306, 307, 309
Frugoni, Emilio, 36, 417
Fu, Shen, 24
Fuentes, Carlos, 240
Fuentes, Norberto, 117, 236, 237, 238
Fukuzawa, Yukichi, 26
Furtado, Celso, 7, 41, 42, 380, 381, 382, 383, 384, 385, 386, 387, 388, 389, 390, 391, 392, 393, 394, 395, 396, 397
Furtado, Mario Tosi, 386

Gabaglia, Marisa Raja, 105
Gabeira, Fernando Nagle, 5, 41, 43, 140, 141, 142, 143, 144, 153
Gagini, Carlos, 72
Gaitán Durán, Jorge, 184
Galán, Natalio, 119
Galileu Galilei, 130
Galindo, Alberto Flores, 92, 98
Galle, Helmut, 153
Gallegos, Rómulo, 93
Gallo, Ezequiel, 371
Gallotti, Antonio, 106
Galván, Fernando, 232
Galvão, Walnice N., 84
Gálvez, Manuel, 338, 341, 342, 344
Gálvez, Nelson M., 101
Gamboa, Federico, 30, 50
Gaña, Clotilde, 477
Gandhi, Mahatma, 245, 251
Gaos, José, 167, 168, 322
Garay, Benjamin de, 456
García Herreros, Manuel, 185

Garcia Jr., Afrânio, 7, 380
García Lorca, Federico, 78, 122
García Márquez, Gabriel, 180, 240
García, Alan, 101
García, Calixto, 121
García, Lino, 213
Garciadiego, Javier, 156
Garcilaso de la Vega, Sebastián, 162, 163
Garth, Bryan, 384, 396
Gattai, Zélia, 89, 90
Gaul, Alfred, 226
Gengis Khan, 252
Gerchunoff, Alberto, 126, 173
Germani, Gino, 475, 476, 477, 479
Gertel, Vera, 290
Ghiano, Juan Carlos, 480
Ghioldi, Rodolfo, 450, 456
Ghiraldo, Alberto, 344
Gibaja, Regina, 474
Gide, André, 239
Gigli, Adelaida, 474
Gil, Gilberto, 152
Giordano, Alberto, 239
Girardot, Rafael Gutiérrez, 175, 180, 184, 185
Girri, Alberto, 298
Gissing, George, 357
Giusti, Roberto Fernando, 36, 184, 336, 337, 338, 339, 340, 341, 342, 343, 344, 345, 346, 347, 371, 372
Gluck, Mary, 233
Glusberg, Samuel, 96, 97
Godard, Jean-Luc, 118
Goelkel, Hernando Valencia, 176, 177, 184
Goethe, Johann Wolfgang von, 16, 223, 253, 452
Gógol, Nicolai, 175
Goldin, Nan, 45
Gomes, Ângela de Castro, 437
Gómez de la Serna, Ramón, 73
Gómez Morín, Manuel, 314, 318, 320, 321, 325
Gómez, Juan C. R., 180
Gómez, Juan Vicente, 30, 399, 414
Gonçalves Dias, Antônio, 443
Gonçalves, José Reginaldo S., 303
Góngora, Luis de, 162, 163
Gonzaga, Tomás Antonio, 443
González Obregón, Luis, 51
González Rodríguez, Sergio, 72
González Tuñón, Enrique, 276
González, Eugenio, 411, 412
González, Joaquín V., 482
González, Luis, 324

González, Natalicio, 93
Goodwin, Nat, 226
Gorelik, Adrián, 6, 269, 272
Gorender, Jacob, 454
Gorostiza, José, 320
Gossman, Lionel, 116
Goulart, João (Jango), 395
Gourmont, Remy de, 179
Graça Aranha, Almira, 193
Graça Aranha, José Pereira da, 41, 42, 83, 188, 189, 190, 191, 192, 193, 194, 195, 196, 197, 198, 204
Graça, Heráclito, 190
Grammatica, Emma, 336
Gramsci, Antonio, 373
Gramuglio, María Teresa, 253
Granados García, Aimer, 5, 180, 186
Granados, Carlos, 75
Grandov, Oscar, 477
Gray, Alasdair, 13
Greiff, León de, 185
Guarnieri, Edoardo, 289
Guarnieri, Elsa Martinengui, 289
Guarnieri, Gianfrancesco, 41, 45, 282, 283, 288, 289, 290, 291, 292, 293
Gudin, Eugênio, 384, 388
Guerra, Ramiro, 121
Guerrero, María, 341
Guglielminetti, Marziano, 22
Guillén, Nicolás, 117, 122
Guimaraens Filho, Alphonsus de, 266, 267
Guimarães Rosa, João, 461
Guimarães, Raquel, 261
Gusdorf, Georges, 12
Gutiérrez Alea, Tomás, 123
Gutiérrez Nájera, Manuel, 51
Gutiérrez, Eduardo, 346
Gutiérrez-Albilla, Julián Daniel, 326
Guzmán, Martín Luis, 36, 51, 318, 319

Habermas, Jürgen, 317
Habsburgo, dinastía, 129
Haendel, Georg Friedrich, 225
Halbwachs, Maurice, 16, 17, 206, 207
Hall, Calvin L., 328
Hall, Máximo Soto, 72
Halperín Donghi, Tulio, 36, 364, 365, 366, 367, 368, 369, 371, 372, 373, 374, 375, 376, 377, 378

Halperín, Gregorio, 369, 370, 371, 374
Hamid, Abdul, 401
Harned, Virginia, 226
Hartog, François, 428
Hatuey (cacique taíno), 121
Hauser, Claude, 315
Haya de la Torre, Víctor Raúl, 92, 97, 98, 99, 100, 101, 102, 103
Haydn, Joseph, 226
Hegel, Georg Wilhelm Friedrich, 271
Hemingway, Ernest, 118
Henestrosa, Andrés, 317
Henríquez Ureña, Pedro, 6, 37, 174, 177, 221, 222, 223, 224, 225, 226, 227, 228, 229, 230, 231, 232, 233, 313, 318, 319, 320, 371
Henríquez y Carvajal, Francisco, 223
Heredia, José María, 115
Hernández Catá, Sara, 237, 238
Heródoto (historiador grego), 122
Herrera y Reissig, Julio, 29, 35
Herrera, Carlos, 73
Hertz, Constança, 107
Herzog, Jesús Silva, 184
Heureaux, Ulises, 231
Hidalgo, Alberto, 39
Highet, Gilbert, 168
Hirzsman, Leon, 292
Hitchcock, Alfred, 118
Hohenzollern, dinastia, 129
Horney, Karen, 479
Housman, Alfred Edward, 210
Hübner, Manuel Eduardo, 411
Huddart, David, 328
Huerta, Victoriano, 53, 156, 313
Hugo, Victor, 105
Huizinga, Johan, 164

Ibarbourou, Juana de, 7, 35, 337, 415, 416, 417, 418, 419, 420, 421, 422
Ibarguren, Carlos, 365, 482
Ibsen, Henrik Johan, 108
Iduarte, Andrés, 36
Iglesia, Cristina, 245, 246
Ímaz, Eugenio, 167, 322
Inca Garcilaso de la Vega (filho do conquistador espanhol), 163, 217
Inclán, Luis G., 51
Infante, Duanel D., 162
Ingenieros, José, 336, 338, 343
Irazusta, Julio, 365, 367
Iriarte, Tomás de, 28

Irigoyen, Hipólito, 475
Isaac (filho do patriarca Abraão), 21
Isaacs, Jorge, 174
Isaías (profeta), 129
Isé, Dama, 25
Isócrates (orador grego), 13
Ituarte, Florentina, 242

Jackson, Luiz Carlos, 7, 473, 476
Jacobbi, Ruggero, 290
Jacoby, Russel, 85
Jaeger, Werner, 166, 167, 168
James, William, 34
Jelin, Elizabeth, 126
Jesus de Nazaré, 129, 139, 228, 231, 419
Jiang, Yang, 25
Jimenes, Juan Isidro, 231
Jimenez, Gustavo, 100
Jiménez, Juan Ramón, 184
Jitrik, Noé, 474, 475, 478
Jó (personagem bíblico), 21
João do Rio (João Paulo Barreto), 87, 441
Johnson, Samuel, 16, 23
José Renato (Pécora), 290, 291, 291
Josefo ver Flávio Josefo
Joseph, Gilberto, 353
Joya, Mario García, 117
Juárez, Benito, 29
Juliano (imperador romano), 22
Julião, Francisco, 393
Júlio César, Caio (ditador romano), 20
Jung, Carl Gustav, 164
Jurado, Alicia, 367
Justo, Agustín P., 94, 137, 374, 377
Justo, Juan B., 129, 130, 132, 134, 135, 137
Justo, Liborio, 126

Kafka, Franz, 80, 296
Kaldor, Nicholas, 389, 390
Kamprad, Rafael (Serge), 456
Kardiner, Abraham, 479
Karepovs, Dainis, 456
Kaváfis, Konstantinos, 124
Kazan, Elia, 118
Keller, Hellen, 127
Kelly, Debra, 328
Kennedy, John, 394
Kennedy, Robert (Bob), 394
Keynes, John Maynard, 322, 385, 390, 392, 396
Keyserling, conde de (Eduard von Keyserling), 249, 251, 252, 253

Kiddle, Lawrence Bayard, 57
King, John, 273
Kinsey, Alfred Charles, 271, 272
Kirkegaard, Søren, 112
Klein, Eva, 171, 174
Kleist, Heinrich von, 252
Klimt, Gustav, 179
Kordon, Bernardo, 276
Korn, Alejandro, 338
Korn, Francis, 367
Kraus, Karl, 118, 210
Kubitscheck, Juscelino (jk), 85, 292, 381, 389, 392, 393, 395
Kusch, Rodolfo, 474
Kusnet, Eugenio, 292

La Gardie, condessa de (Maria Eufrosina de Zweibrücken-Kleeburg), 228
La Madrid Hurtado, Miguel de, 480
Labrador Ruiz, Enrique, 117, 122, 237, 238
Lacan, Jacques, 278, 332, 475
Lacerda, Carlos, 447
Lacerda, Maurício de, 457
Lacombe, Américo Jacobina, 106
Laera, Alejandra, 6, 338
Lafetá, João Luiz, 109, 110, 114, 460, 461
Lafforgue, Jorge, 276, 365
Lang, Fritz, 330
Lanna, Ana Lúcia D., 429
Lanteri, Nélida M., 477
Lara, Isidore de (Isidore Cohen), 226
Las Casas, Bartolomeu de, 120
Lastarria, José Victorino, 28
Latcham, Ricardo, 412
Latorre, Mariano, 412
Lazo, Agustín, 213
Leal, Antonio Castro, 67, 321
Leal, Orlando Jiménez, 117
Leal, Rine, 119
Leenhardt, Jacques, 426
Lefebvre, Henri, 271
Leguía, Augusto Bernardino, 101
Leite, Cleantho, 388
Lejeune, Philippe, 12, 26, 254, 328
León, Roberto Pérez, 168
Lessa, Renato, 349, 351, 353, 362
Leuchsenring, Emilio Roig, 116
Levine, Robert, 381
Lévi-Strauss, Claude, 279, 424
Lewin, Linda, 381
Lezama Lima, José, 5, 35, 78, 117, 122, 159, 160, 161, 162, 163, 164,

165, 166, 167, 168, 237, 432
Liano, Dante, 72
Libânio (filósofo grego), 22
Libânio, Samuel, 264
Lida, María Rosa, 371
Lida, Raimundo, 371, 372
Lima Barreto, Afonso Henriques de, 7, 41, 42, 87, 435, 436, 437, 438, 439, 440, 441, 442, 443, 444, 445, 460
Lima Barreto, Evangelina, 435
Lima, Jorge de, 447
Lins do Rego, José, 360, 361, 447, 451, 460
Linton, Ralph, 479
Lira, Enrique López, 324
Lira, Heitor, 41
Lisboa, Henrique Carlos Ribeiro, 436
Lizaso, Félix, 116
Llausás, Antonio Lopez, 184
Lleras Camargo, Alberto, 185
Lleras, Carlos, 185
Lleras, Felipe, 185
Loaiza, Gilberto, 185
London, Jack, 128
Lopes, Lucas, 392
López Mateos, Adolfo, 317
López Portillo y Rojas, José, 50
López Pumarejo, Alfonso, 185
López Velarde, Ramón, 217
Lorenzo, Raúl, 116
Loureiro, Maria Rita, 380, 382, 384, 389
Love, Joseph, 388, 390
Loyola Brandão, Ignácio de, 143
Lozada, Gonzalo, 184
Lozano, Manuel Rodríguez, 221
Lugones, Leopoldo, 173, 175, 344, 483
Lugo-Ortiz, Agnes, 115
Luna Chávez, Marisol, 60
Luna, Félix, 365
Lynch, Benito, 336

Macedo Soares, José Carlos de, 351, 353
Macedo, Joaquim Manuel de, 443
Maceo, Antonio, 116, 121
Machado d'Oliveira, José Joaquim, 350
Machado de Assis, Joaquim Maria, 83, 192, 193, 194, 195, 197, 443
Machado, Aníbal, 261
Machado, Brasílio, 350
Maciel, Diógenes V., 284

Madero, Francisco I., 53, 63, 64, 156, 213
Madero, Gustavo, 53
Magaldi, Sábato Antonio, 283, 287, 288, 292, 468
Magalhães de Azeredo, Carlos, 193, 195
Magalhães Júnior, Raimundo, 84
Maillefert, Alfredo, 51
Mallarmé, Stéphane, 410
Mallea, Eduardo, 372
Malta Campos, Paulo, 350, 352
Man, Paul de, 12
Mañach, Jorge, 116, 161, 162, 163
Mangone, Carlos, 277, 475
Mann, Thomas, 296, 300, 463
Mannheim, Karl, 479
Mansilla, Lucio V., 41, 482
Manzano, Juan Francisco, 28
Manzoni, Celina, 116
Mar, José, 185
Marco Aurélio (imperador romano), 21, 22
Marcón, Gladys, 477
Marcondes de Moura, Murilo, 436
Mariátegui, José Carlos, 432
Marquard, Odo, 309
Marques, Ivan, 262
Marrero, Leví, 121
Marson, Izabel Andrade, 353
Martí, José, 29, 47, 72, 115, 116, 118, 119, 121, 161, 432
Martín-Barbero, Jesús, 185
Martínez Cuitiño, Vicente, 342, 345
Martínez Estrada, Ezequiel, 269, 271, 272, 273, 297, 473, 475
Martínez, Julián, 247, 254
Martino, Daniel, 297, 299
Martins Moreira, Thiers, 106
Martins Pena, Luís Carlos, 289
Martins, Wilson, 83
Marx, Karl, 128, 129, 271, 413, 453
Masiello, Francine, 246, 253
Masotta, Oscar, 39, 276, 277, 278, 279, 280, 281, 473, 474, 475, 478
Massi, Augusto, 436
Mastronardi, Carlos, 298
Matamoro, Blas, 299
Mateo, Margarita, 166
Mattos, Davi J. L., 285
Mauá, barão de (Irineu Evangelista de Sousa), 105, 110
Maurois, André, 12, 52
Mauss, Marcel, 310
Maximiano (imperador romano), 22

Maximiliano (imperador do México), 29
Maya, Rafael, 185
Mazo, Gabriel del, 92, 93, 95
Mazzola, Ricardo Martínez, 5, 126, 136, 138
Medina, Julián, 54
Mehler, Miriam, 292
Mejía, Marco Vinicio, 72, 73, 78
Melfi, Domingo, 412
Mella, Julio Antonio, 116
Mello e Souza, Gilda de, 260
Mello e Souza, Laura de, 6, 348
Mello, Claudio, 106
Mello, Mário Vieira de, 106
Melo Franco, Afonso Arinos de, 40, 42, 83, 266
Melo Franco, família, 265
Melo Neto, João Cabral de, 462
Menchu, Ling, 24
Mêncio (filósofo chinês), 24
Mendelssohn Bartholdy, Félix, 226
Mendes Campos, Paulo, 205
Mendes de Almeida, João, 353
Mendes, Murilo, 44, 266
Méndez, Manuel Isidro, 116
Menéndez Pidal, Ramón, 162, 368
Menéndez y Pelayo, Marcelino, 160, 162, 163
Menéndez, Oscar, 229
Menezes, Emílio de, 440
Menezes, Raimundo de, 353
Menglong, Feng, 24
Menotti del Picchia, Paulo, 44
Mercader, Marta, 377
Mercado, Alberto Vázquez del, 314, 318, 325
Mercado, Antonieta Rivas, 35, 69, 221
Merquior, José Guilherme, 201
Meyer, Augusto, 44
Meyer, Eugenia, 334
Meyn, Heinrich, 225
Miceli, Sergio, 4, 5, 6, 10, 140, 180, 182, 188, 263, 265, 282, 305, 380, 450, 473
Michelangelo (Buonarroti), 11
Michelet, Jules, 352
Micrós (Ángel del Campo Valle), 51
Mier, Servando Teresa de, 27
Milano, Laura V., 477
Milliet, Sérgio, 83
Mirabal, Elizabeth, 117
Miranda, Rachel R. de, 424
Miranda, Wander Mello, 258, 454, 471

Mirbeau, Octave, 289
Misch, Georg, 480
Mistral, Gabriela, 35, 184, 246, 415
Mitre, Luis, 134
Moisés (personagem bíblico), 129, 130
Molière (Jean-Baptiste Poquelin), 289, 443
Molloy, Sylvia, 246, 247, 248, 249, 251, 253, 406
Momigliano, Arnaldo, 19, 20
Mónaco de Estrada, Luis Bernardo, 247
Mondragón, Carmen (Nahui Olin), 38
Monges, Hebe, 477
Monner Sans, José María, 338
Monroy, Guadalupe, 324
Monsiváis, Carlos, 209, 211, 221
Montaigne, Michel de, 348
Montalva, Eduardo Frei, 36
Monteiro, Pedro M., 432
Montenegro, Carlos, 122
Montenegro, Fernanda, 286, 287, 292
Montenegro, Nivia, 119
Monteros, Antonio Espinosa de los, 321
Moore, George, 357
Mora, Alberto, 119
Mora, Luis María, 176
Moraes, Dênis de, 447, 456
Moraes, Marcos Antônio de, 301, 306, 308
Moraes, Vinicius de, 106, 109, 113
Morais, Prudente de, 191
Morais Neto, Prudente de, 266
Morales y Morales, Vidal, 115
Moreira, José Artur Frota, 106
Moreira, Juan, 345
Moreira, Juliano, 437
Moreno, Baldomero Fernández, 367
Moreno, Pedro, 49, 55
Morris, William, 128
Morse, Richard, 283
Morstern, Kenneth, 328
Mota, Lourenço D., 350
Mota, Manuela, 157
Motta Filho, Cândido, 44
Moura, Emilio, 259, 261
Mozart, Wolfgang Amadeus, 122, 226
Muller, Lauro, 196
Müller, Max, 163
Muñíz, Ramón, 138

Muñoz, José L., 73
Murdoch, Iris, 16
Murena, Héctor A., 273, 274
Murillo, Bartolomé Esteban, 228, 229, 231
Murillo, Gerardo (Dr. Alt), 38
Murnau, Friedrich W., 330
Mussolini, Benito, 136
Myers, Jorge, 4, 5, 7, 10, 11, 180, 182, 188, 231, 313, 399,

Nabuco, Carolina, 193, 194, 195
Nabuco, Joaquim, 16, 40, 41, 192, 193, 194, 195, 196, 197, 198, 384, 427
Nadeau, Maurice, 78
Naian, Shi, 24
Nandino, Elías, 211, 212, 213, 216, 217, 218, 219, 220
Napolitano, Marcos, 288
Naranjo, Nemesio García, 67
Nava, Pedro, 6, 41, 42, 257, 258, 259, 260, 261, 262, 263, 264, 265, 266, 267, 268, 463
Navarro, Moisés González, 324
Naves, Santuza Cambraia, 307
Naxara, Márcia Regina Capelari, 353
Neemias (personagem bíblico), 21
Neiburg, Federico, 270, 370
Nero (imperador romano), 22
Neruda, Pablo, 16, 36, 76, 89
Nervo, Luis Padilla, 51, 318
Neve, Carlos, 213
Newton, Isaac, 130
Nicolazzi, Fernando, 350, 355, 424
Nietzsche, Friedrich, 241, 313
Nijô, Dama de, 25
Nina Rodrigues, Raimundo, 437, 444
Noé, Julio, 344
Norma, José, 318
Noronha Santos, Francisco Agenor de, 440
Novo, Francisco, 213, 218, 220
Novo, Salvador, 6, 39, 209, 210, 211, 212, 213, 214, 215, 216, 217, 218, 219, 220, 221

O'Casey, Seán, 289
O'Leary, Daniel, 28
Oberti, Alejandra, 126
Obregón, Álvaro, 62, 66, 317
Ocampo López, Javier, 187
Ocampo, Silvina, 297, 299
Ocampo, Victoria, 6, 36, 39, 96, 97, 184, 242, 243, 244, 245, 246, 247, 248, 249, 250, 251, 252, 253, 254, 255, 256, 273, 274, 298, 338, 346
Odilon, Helena, 226
Odría, Manuel, 93, 99, 102
Olaya Herrera, Enrique, 185
Olea y Leyva, Teófilo, 318
Oliva, Hernán Pérez de, 233
Oliveira Lima, Manuel de, 41, 195, 426, 441
Oliveira, Francisco de, 391
Oliver, María Rosa, 36, 298, 367
Olney, James, 12
Onega, Gladys S., 377, 477
Onganía, Juan Carlos, 279, 297
Onís, Federico de, 94, 162, 184
Orfila Reynal, Arnaldo, 313, 317, 319, 322
Orfilia, Arnaldo, 184
Oribe, Emilio, 417
Orozco, José Clemente, 35, 319
Ortega y Gasset, José, 164, 167, 221, 480
Ortega, Antonio, 122
Ortega, Luis, 161
Ortiz Rubio, Pascual, 62
Ortiz, Fernando, 184
Otaviano (nomeado Augusto, imperador romano), 20
Otero, Lisandro, 117
Oyarzún, Luis, 36, 37

Pacheco, José Emilio, 39, 72
Paderewski, Ignacy Jan, 226
Padilla Nervo, Luis, 318
Padilla, Herberto, 119, 235, 236, 237, 238, 240
Páez, José Antonio, 28
Pagni, Carlos, 377
Pagni, Leticia, 377
Palacios Macedo, Miguel, 314, 318, 321, 325
Palacios, Alfredo L., 184
Pallares-Burke, Maria Lúcia Garcia, 354, 355, 357, 360, 430
Pancho Villa (Francisco Villa | José Doroteo Arango Arámbula), 54, 220
Pani, Alberto J., 36, 67, 68, 69
Paolera, Félix dela, 296
Paranhos Ferreira, Pedro, 360, 361
Paranhos, Laura Wanderley, 361
Parra, Gonzalo de la, 67
Parra, Teresa de la, 414
Pascal, Blaise, 24, 110, 111, 112, 114
Passos Guimarães, Alberto, 447

Pater, Walter, 357, 360
Paulo, São, 111, 128
Pavese, Cesare, 297
Payró, Roberto, 336, 341, 342, 343
Paz, José María, 28
Paz, Octavio, 122, 185, 216, 333
Pedroso, Bráulio, 85
Peixoto, Afrânio, 105
Peixoto, Fernanda Arêas, 7, 423
Pelegrino, Hélio, 467
Pellicer, Carlos, 183, 184, 218, 318
Peña, Alcira de la, 126
Peña, Carlos González, 231
Pena, Cornélio, 467
Peña, David, 336
Penafiel, Álvaro, 106
Penteado, Olívia Guedes, 307
Pepe Antonio (Gómez y Bullones), 121
Peralva, Osvaldo, 85
Pereira de Souza, Washington Luiz, 198, 350, 353
Pereira dos Santos, Nelson, 457
Pereira Filho, José Olympio, 446, 447
Pereira Passos, Francisco, 438, 439
Pereira, Armando, 78
Pereira, José Mário, 446
Pérez Gollán, José, 313
Pérez Jiménez, Marcos, 406
Pérez, Andrés, 345
Pérez, Hugo L. P., 180
Pergolesi, Giovanni Battista, 226
Perla, Víctor, 119
Perón, Eva, 271, 278, 344
Perón, Juan Domingo, 138, 297, 370, 374, 375, 376, 387, 379, 473
Perrone-Moisés, Leyla, 305
Pesavento, Sandra Jatahy, 426
Pessoa, Epitácio, 393
Pessoa, Fernando, 215, 296
Petorutti, Emilio, 36
Petrarca, Francesco (humanista italiano), 22, 23
Petrone, Maria Thereza Schoerer, 348
Peyrou, Rosario, 236, 239
Picasso, Pablo, 78
Piccolomini, Enea Silvio (papa Pio ii), 23
Pichardo, Hortensia, 120
Pichon Riviére, Marcelo, 296
Picón Salas, Mariano, 7, 28, 39, 183, 184, 399, 400, 401, 403, 404, 405, 408, 411, 412, 414
Picón, Pío Nono, 404

Pietri, Arturo Uslar, 184
Pigeaud, Jackie, 305
Pineda, Rafael, 404
Piñera, Virgilio, 117, 122
Piñeyro, Enrique, 115
Pinheiro, Fernando, 6, 199, 495
Pinheiro Viegas, João Amado, 87
Pinto, Álvaro Vieira, 108
Pirandello, Luigi, 108, 279
Pitol, Sergio, 40
Pittaluga, Roberto, 126
Pizarnik, Alejandra, 36, 39
Plotkin, Mariano, 270, 365
Plutarco (filósofo grego), 122
Pocaterra, José Rafael, 414
Podlubne, Judith, 6, 242
Políbio (historiador grego), 413
Polidori, John William, 16
Polizio, Hercilia, 403, 404
Pongetti, Henrique, 83
Ponson du Terrail, visconde de (Pierre Alexis), 340
Pontes, Heloisa, 6, 282, 283, 285, 287, 468
Pope, Alexander, 250
Popeia (esposa do imperador Nero), 22
Portal, Magda, 67
Portantiero, Juan Carlos, 478
Portuondo, Fernando, 120, 121
Portuondo, José Antonio, 238
Pouillon, Jean, 426
Pound, Erza, 165
Prada, Alfredo González, 100
Prado, Antônio, 196, 198
Prado, Antônio da Silva (barão de Iguape), 348
Prado, Eduardo, 192
Prado, Mariano Ignacio, 91, 100
Prado, Nazareth, 196, 197, 198
Prado, Paulo, 192, 348, 349, 430
Prebisch, Raúl, 381, 386, 387, 388, 389, 390
Prestes, Júlio, 353
Prieto, Adolfo, 473, 474, 475, 476, 477, 478, 479, 480, 481, 482
Prieto, Celia F., 77
Prieto, Guillermo, 28, 51
Prieto, Plinio, 119
Proust, Marcel, 15, 55, 108, 189, 247, 261, 308, 356, 360
Puccini, Giacomo, 341
Pueyrredón, Juan Marín de, 480
Puga, Manuel, 232
Puget, Claude-André, 289

Qian, Sima (Ssu-ma Ch'ien), 24
Quadros, Jânio, 395
Queiroz, Rachel de, 198, 447
Quesada, Vicente, 365
Quinet, Edgar, 407
Quiñones, Arcadio D., 227, 231
Quintana, Sergio Ugalde, 5, 159
Quintanilla, Susana, 230
Quintas, Fátima, 426
Quiroz, Claudia Arroyo, 6, 326, 495

Rabasa, José Emilio, 50
Raicho, Hiratsuka, 26
Rama, Ángel, 6, 30, 31, 32, 36, 37, 234, 235, 236, 237, 238, 239, 240, 241, 414, 478
Ramat, Gladys L., 477
Ramos de Oliveira, Graciliano (o velho Graça), 7, 41, 43, 446, 447, 448, 449, 450, 451, 452, 453, 454, 455, 456, 457
Ramos, Heloísa, 447
Ramos, Ricardo, 447, 456, 457
Ramos, Samuel, 333
Ratto, Gianni, 286, 287
Raulino, Berenice, 290
Ravignani, Emilio, 341
Ravines, Eudocio, 102
Regules, Dardo, 417
Reis, Daniel A., 85
Reissig, Luis, 370
Remus y Rubio, Juan José, 161
Renault, Abgar, 259
Repetto, Nicolás, 94, 127, 130, 132, 137
Rest, Jaime, 478
Restrepo, Félix, 186
Reyes, Alfonso, 5, 35, 36, 37, 39, 155, 156, 157, 158, 162, 165, 166, 168, 174, 183, 184, 185, 230, 231, 232, 313, 318, 320, 322, 417, 420
Reyes, Bernardo, 156, 157, 231
Reyes, Rodolfo, 155, 156, 232
Ribeiro Couto, Rui, 200
Ribeiro, Ésio Macedo, 458
Ricoeur, Paul, 116, 355
Ridenti, Marcelo, 7, 83, 446, 456, 462
Rimbaud, Arthur, 46
Rio Branco, barão do (José Maria da Silva Paranhos Júnior), 192, 195
Riva-Agüero, José de la, 98
Rivera, Agustín (padre), 55
Rivera, Diego, 35, 78, 319, 335
Rivet, Paul, 186
Rivière, Jacques, 112

Robinson, Joan, 390
Robledo, Ángela, 185
Roces, Wenceslao, 168
Rocha, Augusto de Rezende, 106
Rocha, Clóvis Paula da, 106
Roche, Fabio L. de la, 185
Rodman, Selden, 165
Rodó, José Enrique, 72, 226, 227, 432
Rodrigues, Nelson, 283, 468
Rodríguez, Estrella, 119
Rodríguez, José Ignacio, 115
Rodríguez, Simón, 413
Rodríguez-Cascante, Francisco, 5, 71
Roggiano, Alfredo, 478
Rojas, Rafael, 5, 115, 160, 165
Rojas, Ricardo, 336, 343
Rojo, Antonio Benítez, 120
Romains, Jules, 336
Romero, Francisco, 184, 336, 371, 372
Romero, José Luis, 184, 338, 346, 365, 368, 372, 376
Roosevelt, Franklin Delano, 382
Rosales, Vicente Pérez, 28
Rosas, Juan Manuel de, 345, 477, 481, 482
Rossi, Luiz Gustavo F., 84, 86, 87
Rossini, Gioachino, 226
Rostand, Edmond, 226
Rousseau, Jean-Jacques, 14, 16, 21, 22, 23, 26, 34
Roveri, Sergio, 288
Rovira, Juan Carlos, 346
Roxo, Henrique, 437
Rozitchner, León, 474
Rubén Darío (Félix Rubén García Sarmiento), 30, 35, 410, 432
Rubenstein, Anne, 333
Rugendas, Johann Moritz, 428
Russell, Bertrand, 173, 179

Saavedra, Cornelio, 480
Sabino, Fernando, 90, 205
Saboya, dinastia, 129
Sacconi, José Manuel Rivas, 186
Saco, José Antonio, 116
Sadek, Maria Tereza Aina, 107, 108, 109, 112
Sáenz Peña, Roque, 133, 136
Sagarra, Josep María, 215
Sahlins, Marshall, 436
Saint-Pierre, Jacques Henri Bernardin de, 16

Saint-Simon, duque de (Louis de Rouvroy), 23
Saítta, Sylvia, 270, 272, 273, 278, 279
Sakae, Osugi, 26
Salazar y Roig, Salvador, 161
Salazar, António de Oliveira, 43, 423, 426, 427, 449
Salgado, César A., 166
Salinas, Emma, 320, 321
Salinas, Jorge P., 165
Salles Gomes, Paulo Emilio, 385
Samper, José María, 28
Samuel (profeta), 129
San Martín, Juan Zorrilla de, 277, 417
Sánchez Cerro, Luis Miguel, 98, 100
Sánchez, Florencio, 336, 341, 344
Sánchez, José M. L., 162
Sánchez, Luis Alberto, 5, 36, 91, 92, 93, 94, 95, 96, 97, 98, 99, 100, 101, 102, 103, 183, 184, 412
Sánchez-Albornoz, Claudio, 373
Sanguily, Manuel, 115
Sanín Cano, Baldomero, 5, 35, 169, 170, 171, 175, 176
Sant'anna, Catarina, 284
Santander, Francisco de Paula, 28
Santí, Enrico Mario, 119
Santiago, Silviano, 350, 454, 457, 470
Santos Dumont, Alberto, 401
Santos, Eduardo, 185, 186
Santovenia, Emeterio, 121
Sapiro, Gisèle, 315
Sarashina, Dama, 25
Sarduy, Severo, 432
Sarlo, Beatriz, 126, 251, 252, 253, 254, 274, 278, 279
Sarmento Rodrigues, Manuel Maria, 423
Sarmiento, Domingo Faustino, 28, 29, 41, 47, 92, 400, 480, 481
Sarney, José Ribamar, 83
Sartre, Jean-Paul, 203, 271, 279, 379
Scheler, Max, 164
Schetino, Francisco, 436
Schmidt, Arthur, 333
Schmidt, Augusto Frederico, 108, 109, 449
Schmidt, Rainer, 153
Schmidt-Nowara, Christopher, 120
Schmucler, Héctor, 236
Schnaiderman, Boris, 454
Schnake, Óscar, 411

Schopenhauer, Arthur, 212
Schorske, Carl, 288
Schwarcz, Lilia Moritz, 7, 264, 435, 471
Schwarz, Roberto, 265, 288, 420
Schwarzmann, Simon, 449
Sebald, Winfrid Georg, 188
Sebreli, Juan José, 6, 36, 39, 269, 270, 271, 272, 273, 274, 275, 276, 277, 278, 279, 280, 281, 473, 474, 475, 478
Segundo, José Pedro, 417
Selva, Salomón de la, 319
Sembrich, Marcella, 226
Sen, Amartya, 390
Senna, Homero, 267
Sennett, Richard, 239
Seoane, Elsa Arbutti de, 102
Seoane, Manuel, 102
Sepich, Juan, 370
Sévigné, Madame de, 156
Shakespeare, William, 105, 122, 251, 443
Shelley, Percy Bysshe, 16
Sheng, Lanling Xiaoxiao, 24
Sheridan, Guillermo, 210
Shikibu, Murasaki, 25
Shonagon, Sei, 25
Sierra, José María, 228
Sierra, Justo, 233, 313
Sigal, Silvia, 297, 475
Silva Ramos, José Júlio da, 353
Silva, José Asunción, 172, 173, 176
Silva, Luiz Inácio Lula da, 383
Silva, Renán, 186
Silveira Sampaio, José, 289
Silveira, Tasso da, 111
Silvestri, Graciela, 269, 429
Simonsen, Mário Henrique, 384
Siqueiros, David Alfaro, 35, 333
Snow, Edgar, 25
Solalinde, Antonio G., 162
Solano, Armando, 175
Solero, Francisco J., 476
Sorá, Gustavo, 6, 313, 315, 317, 322, 426, 446, 496
Sorondo, Marcelo Sánchez, 367
Sothern, Edward Hugh, 226
Sousa Melo, João de (Joca), 359
Souza, Eneida M. de, 258
Souza, Marcio de, 143
Spano, Guido, 41, 482
Spengler, Oswald, 162, 164
Spinoza, Baruch, 128, 129, 130, 409
Spitzer, Leo, 163, 444
Sraffa, Piero, 390

Stálin, Josef, 85, 456
Starobinski, Jean, 12, 328
Steinbeck, John, 118, 289
Sterling, Carlos Márquez, 116
Storni, Alfonsina, 415
Stuart Mill, John, 128
Suárez, Arturo, 180
Süssekind, Flora, 460
Sussekind Rocha, Plinio, 106, 108

Tablada, José Juan, 35
Tagore, Rabindranath, 247, 249, 250, 251, 252, 254
Tamagno, Francesco, 344
Tamayo Fernández, Martalúcia, 181, 182
Tamayo, Luis Pavón, 238
Tamerlão (Timur de Samarcanda), 410
Taracena, Alfonso, 67, 68, 69
Tarcus, Horacio, 126, 269, 280
Táti, Miécio, 83
Taunay, Alfredo d'Escragnolle, 40, 41, 43
Távora, Juarez, 393
Tchernychevski, Nicolai, 131
Teitelboim, Volodia, 36
Tellado, Corín, 119
Tennessee Williams (Thomas Lanier Williams), 289
Tenorio-Trillo, Mauricio, 6, 211, 496
Terán, Oscar, 274, 297
Ternina, Milka, 226
Thomaz, Omar R., 424
Tinoco, Eduardo Marques, 108
Toledano, Vicente Lombardo, 314, 318, 325
Tolstói, Live, 175, 286
Tomás, Tomás Navarro, 162
Tomaso, Antonio de, 136
Tomizaki, Kimi, 380
Toro, David, 95
Torres, João Camilo de Oliveira, 111
Torres, María Inés de, 7, 415
Torri, Julio, 319, 320
Torriente, Cosme de la, 116
Tosi, Lucia Pieva, 386
Toussaint, Manuel, 320
Toynbee, Arnold, 163
Traba, Marta, 239, 240
Trelawny, Edward John, 16
Trilling, Lionel, 303
Tristão de Ataíde (Athayde) ver Amoroso Lima, Alceu de, 83, 105, 107, 108, 110, 111

Trotsky, Leon, 457
Truffaut, François, 118
Trujillo, Ricardo Arias, 5, 169
Tse-tung, Mao, 25
Tucídides (historiador grego), 412
Turguêniev, Ivan, 173, 410

Ubico, Jorge, 73, 74
Ulla, Noemí, 477
Unamuno, Miguel de, 58, 59, 235, 417
Ureña, Max, 224, 225
Ureña, Salomé, 223
Uriburu, José Félix, 137, 367
Urondo, Francisco, 377
Urquizo, Electo, 33
Urtecho, José Coronel, 35

Valdelomar, Abraham, 35, 91
Valderrama, Pedro Gómez, 185
Valencia, Guillermo, 173
Valenti, Rubén, 228, 229
Valenzuela, Jesús, 229
Van Hoose, Ellison, 225
Vandervelde, Émile, 128, 129
Varela, Félix, 115
Varella, Fagundes, 443
Vargas Vila, José María, 180
Vargas, Getúlio, 86, 198, 204, 385, 387, 388, 389, 392, 393, 447, 449, 450, 457, 462
Varona, Enrique José, 115
Vasconcelos, José, 5, 28, 36, 51, 61, 62, 63, 64, 65, 66, 67, 68, 69, 70, 184, 219, 313, 317, 318, 319, 320, 321
Vaughan, Sarah, 123
Vázquez, María Celia, 253
Vázquez, Octavio Véjar, 57
Velasco Alvarado, Juan Francisco, 103
Velazco, Carlos, 117
Velázquez, Diego, 82
Vera (Vera Silvia Magalhães), 147
Vera Izquierdo, Santiago, 93
Verissimo, Érico, 461
Veríssimo, José, 192, 193, 194, 195
Verne, Júlio, 105
Verón, Eliseo, 278, 279
Vezzetti, Hugo, 126, 269, 280
Viamonte, Carlos Sánchez, 36
Viana Filho, Alberto, 191
Vianna Filho, Oduvaldo, 289, 290, 293
Vianna, Deocélia, 290
Vianna, Hélio, 106
Vianna, Mariuza, 290

Vianna, Oduvaldo, 290
Vico, Giambattista, 13
Vidales, Luis, 185
Vigny, Alfred, 52, 53
Vilá, Herminio Portell, 121
Vilariño, Idea, 35, 37, 39
Villa, Francisco ver Pancho Villa
Villa-Lobos, Heitor, 204
Villaseñor, Eduardo, 321
Villaurrutia, Xavier, 213, 320
Villegas, Daniel Cosío, 6, 36, 167, 168, 184, 313, 314, 315, 316, 317, 318, 319, 320, 321, 322, 323, 324, 325
Villena, Rúben Martínez, 116
Villon, François, 410
Viñas, David, 274, 276, 278, 473, 475, 478
Viñas, Ismael, 274, 473, 475
Vinhas, Maurício, 86
Vitier, Cintio, 35, 159, 161, 166
Vossler, Karl, 162, 163, 164

Wagner, Richard, 226
Waizbort, Leopoldo, 5, 140
Wanderley, Manuel da Rocha, 360
Warley, Jorge A., 253, 277, 475
Weber, Max, 167
Wegner, Robert, 309
Weil, Félix, 378
Weisbach, Werner, 162
Welles, Orson, 118
Wells, H. G. (Herbert George), 127, 431
Westbrook, Joe, 118, 119
Weston, Edward, 38
White, Hayden V., 116, 120
White, Harry Dexter, 322
Whitman, Walt, 210
Wilde, Eduardo, 482
Wilde, Oscar, 215, 219, 280
Williams, Raymond, 207, 466woolf
Wilson, Edmund, 295
Wilson, Patricia, 251
Wölflin, Heinrich, 162
Woolf, Virginia, 251, 296, 460
Worringer, Wilhelm, 164
Woss (Woz) y Gil, Alejandro, 225, 231
Wright Mills, Charles, 272, 479

Xi, Zhu, 24
Xiong, Yang, 24
Xirau, Joaquín, 167, 168
Xun, Lu, 25

Yáñez, Agustín, 51
Yango Ricardo, Salanga, 421
Yates, Frances Amelia, 89, 266, 282
Yat-Sen, Sun , 25
Yrigoyen, Hipólito, 137, 374
Yubi, Wu, 24

Zaid, Gabriel, 317
Zalamea, Jorge, 185
Zambrano, María, 12, 249
Zanetti, Susana, 473
Zavala, Silvio, 184
Zea, Leopoldo, 184, 322
Zhongshu, Qian, 25
Zola, Émile, 52, 55, 443
Zolov, Eric, 333
Zweig, Stefan, 336

## SOBRE OS ORGANIZADORES

**Jorge Myers** é especialista em história intelectual e das ideias nos séculos XIX e XX. Doutor em história, formou-se nas universidades de Cambridge (Reino Unido) e Stanford (Estados Unidos). É professor na Universidade Nacional de Quilmes e pesquisador do Conicet. Autor, entre outros, de *Orden y virtud: el discurso republicano en el régimen rosista* (1995) e *Una revolución en las costumbres, las nuevas formas de sociabilidad de la elite porteña, 1800-1860* (2002).

**Sergio Miceli** é doutor em sociologia pela École des Hautes Etudes en Sciences Sociales e pela USP e professor titular dessa mesma instituição. Membro da Academia Brasileira de Ciências. Autor de diversos livros, entre os quais *Intelectuais à brasileira* (2001) e *Sonhos da periferia* (2018).

## SOBRE OS AUTORES

**Adolfo Castañón** é poeta, ensaísta, editor, crítico literário e bibliófilo. Membro da Academia Mexicana de la Lengua e autor de diversos livros, entre os quais *Visión de México* (2017) e *Alfonso Reyes: caballero de la voz errante* (2018). Em 2008 recebeu o Prêmio Xavier Villaurrutia pelo livro *Viaje a México* e em 2018 o Prêmio Internacional Alfonso Reyes.

**Adrián Gorelik** é arquiteto e doutor em história pela Universidade de Buenos Aires. Investigador independente do Conicet e professor titular da Universidade Nacional de Quilmes. Entre outros livros, publicou *La grilla y el parque. Espacio público y cultura urbana en Buenos Aires* (1998) e *Miradas sobre Buenos Aires* (2004).

**Afrânio Garcia Jr.**, graduado em estudos econômicos gerais pela Universidade Paris X – Nanterre e em economia pela PUC-RS, mestre e doutor em antropologia social pela UFRJ. Atualmente é pesquisador associado do Instituto de Estudos Sociais e Políticos da Uerj.

**Aimer Granados** é graduado em história e mestre em história andina pela Universidade del Valle, Cali-Colômbia. Mestre e doutor pelo Colégio do México e pós-doutor pela Universidade Andina Simón Bolívar. Atualmente, é professor-pesquisador do Departamento de Humanidades da Universidade Metropolitana Autônoma, Cuajimalpa.

**Alejandra Laera** é doutora em letras pela Universidade de Buenos Aires e professora titular de literatura argentina na mesma universidade. Investigadora independente do Conicet, autora de *El tiempo vacío de la ficción. Las novelas argentinas de Eduardo Gutiérrez y Eugenio Cambaceres* (2004) e *Ficciones del dinero. Argentina, 1890-2001* (2014), além de coletâneas.

**Alejandro Blanco** é graduado em sociologia pela Universidade de Buenos Aires, mestre em sociologia da cultura pela Universidade Nacional de General San Martín e doutor em história pela Universidade de Buenos Aires. Atualmente é professor da Universidade Nacional de Quilmes. Autor de *Razón y modernidad: Gino Germani y la sociología en la Argentina* (2006) e *Gino Germani: la renovación intelectual de la sociología* (2006), além de artigos em revistas científicas.

**André Botelho** é professor do Departamento de Sociologia da UFRJ e pesquisador do CNPq. Autor, entre outros, de *O retorno da sociedade. Política e interpretações do Brasil* (2019). Organizou a edição das *Memórias de Pedro Nava* na editora Companhia das Letras.

**Angela Alonso** é professora de sociologia da Universidade de São Paulo, pesquisadora do Cebrap e do CNPq. Autora de *Ideias em movimento: a geração 1870 na crise do Brasil-Império* (prêmio CNPq/Anpocs, 2001), *Joaquim Nabuco: os salões e as rua* (2007) e *Flores, votos e balas: o movimento abolicionista brasileiro (1868-1888)* (Prêmios Jabuti e Academia Brasileira, 2015).

**Carlos Altamirano** é professor emérito da Universidade Nacional de Quilmes e foi diretor do Programa de História Intelectual. Membro fundador da revista *Punto de Vista*, integra o conselho de redação do anuário *Prismas*. Publicou, entre outros, *Peronismo y cultura de izquierda*. Em 2014 ganhou o Prêmio Konex de Platina.

**Claudia Arroyo Quiroz** é doutora em estudos latino-americanos pela Birkbeck College da Universidade de Londres e licenciada em língua e alfabetização hispânica pela Universidade Nacional Autônoma do México. Foi residente de pós-doutorado na Faculdade de Filosofia e Letras da Unam, onde investigou a recepção crítica do cinema dos anos 1940 em publicações periódicas da época.

**Elide Rugai Bastos** é professora titular de sociologia do Instituto de Filosofia e Ciências Humanas da Unicamp e pesquisadora do Centro de Estudos de Cultura Contemporânea. Pesquisa apoiada pelo CNPq, por bolsa PQ. Autora, entre outros, de *Intelectuais e política: a moralidade do compromisso* (1999) e *As criaturas de Prometeu: Gilberto Freyre e a formação da sociedade brasileira* (2006).

**Fernanda Arêas Peixoto** é professora titular do departamento de antropologia da USP, pesquisadora do CNPq e coordenadora do grupo de pesquisa Artes, Saberes, Antropologia (ASA). Autora, entre outros, de *Diálogos brasileiros: uma análise da obra de Roger Bastide* (2000), *A viagem como vocação: itinerários, parcerias e formas de conhecimento* (2015); e organizadora, com Adrián Gorelik, de *Cidades sul-americanas como arenas culturais* (2019).

**Fernando Pinheiro** é professor do Departamento de Sociologia da USP. Seus trabalhos concentram-se na área de teoria sociológica e sociologia da cultura. Autor do livro *Lasar Segall: arte em sociedade* (2008), além de artigos e capítulos de livros.

**Fernando Degiovanni** é professor do programa de doutorado em culturas latino-americanas, ibéricas e latinas no Centro de Pós-Graduação Cuny. Autor de *Los textos da pátria: nacionalismo, políticas culturais e cânones na Argentina* (2007) e *Vernacular Latin Americanisms: War, the Market, and the Making of a Discipline* (2018), além de artigos publicados em várias revistas.

**Franciso Rodríguez Cascante**, catedrático da Universidade da Costa Rica, é licenciado em filologia espanhola e mestre em literatura latino-americana pela mesma instituição e doutor em literatura pela Universidade de Montreal. Entre suas publicações, estão *La identidad cultural en Luis Cardoza y Aragón* (2011) e *Obras completas de Lisímaco Chavarría* (2013).

**Gonzalo Aguilar** é professor de literatura brasileira e portuguesa na Universidade de Buenos Aires, pesquisador do Conicet e tradutor. Publicou diversos livros, entre eles *Poesía concreta brasileña. Las vanguardias en la encrucijada modernista* (2003), *Otros mundos. Un ensayo sobre el nuevo cine argentino* (2006) e *Hélio Oiticica, a asa branca do êxtase (Arte brasileira em tempos difíceis, 1964-1980)* (2015).

**Gustavo Sorá** é doutor em antropologia social pelo Museu Nacional da UFRJ. Atualmente é professor titular do Departamento de Antropologia da Faculdade de Filosofia e Humanidades da Universidade Nacional de Córdoba e correspondente estrangeiro do Centre de Sociologie Européenne (EHESS). Autor, entre outros, de *Brasilianas. José Olympio e a gênese do mercado editorial brasileiro* (2010) e *Editar desde la izquierda en América Latina. La agitada historia del Fondo de Cultura Económica y de Siglo XXI* (2017), além de coletâneas e artigos.

**Heloisa Pontes** é professora titular do Departamento de Antropologia da Unicamp e bolsista de produtividade em pesquisa do CNPq. Autora, entre outros, de *Intérpretes da metrópole* (2010, prêmio Anpocs "melhor obra científica") e organizadora de *Cultura e sociedade: Brasil e Argentina* (em conjunto com Sergio Miceli, 2014).

**Inés de Torres** é doutora em literatura e cultura latino-americanas e mestre em estudos culturais pela Universidade de Pittsburgh. Publicou *¿La nación tiene cara de mujer? Mujeres y nación en el imaginario letrado del siglo XIX* (2013) e *La guerra de las palabras: escritura y política en el Río de la Plata* (2008). Organizou *Territorios en disputa. Prensa literatura y política en la modernidad rio-platense* (2017).

**Judith Podlubne**, professora titular de análise do texto na Universidade Nacional de Rosário, doutora em letras pela Universidade de Buenos Aires, mestre em letras hispânicas pela Universidade Nacional de Mar da Prata. Autora, entre outros, de "La lectora moderna. Apuntes for a biografía intelectual" (ensaio do livro *Estúdio preliminar de Nacionalismo e Cosmopolismo na Literatura Argentina*, 2013).

**Laura de Mello e Souza** é doutora em história social pela Universidade de São Paulo (1986) e livre-docente em história moderna pela mesma instituição. Atualmente ocupa a cátedra de história do brasil na Universidade Paris IV - Sorbonne. Membro da Academia Brasileira de Ciências, autora de diversos livros, entre eles *Desclassificados do ouro* (2004), e organizadora do primeiro volume da *História da vida privada no Brasil* (2018).

**Leopoldo Waizbort** é bacharel em ciências sociais, mestre e doutor em sociologia. Atualmente é professor titular de sociologia na USP e pesquisador do CNPq. Autor de *As aventuras de Georg Simmel* (2000) e *A passagem do três ao um: sociologia-crítica literária-filologia* (2007).

**Lilia Moritz Schwarcz** possui graduação em história pela USP, mestrado em antropologia social pela Unicamp e doutorado em antropologia social pela USP. Atualmente é professora titular do Departamento de Antropologia da USP, *global scholar* e professora visitante em Princeton e editora da Companhia das Letras. É autora premiada, entre outros, de *Sobre o autoritarismo brasileiro* (2019) e *Lima Barreto triste visionário* (2017).

**Luiz Carlos Jackson**, professor do Departamento de Sociologia da FFLCH-USP, na qual obteve os títulos de mestre, doutor e livre-docente em sociologia. Autor do livro *A tradição esquecida: Os parceiros do Rio Bonito e a sociologia de Antonio Candido* (2002) e de artigos em revistas especializadas.

**Marcelo Ridenti** é professor titular de sociologia no Instituto de Filosofia e Ciências Humanas da Unicamp. Pesquisador do CNPq. Autor de vários livros e artigos, entre os quais *Brasilidade revolucionária* (2010) e *Em busca do povo brasileiro – artistas da revolução, do CPC à era da TV* (2ª ed. 2014).

**Maria Alice Rezende de Carvalho** é doutora em sociologia pelo Instituto Universitário de Pesquisas do Rio de Janeiro. Atualmente é professora associada do Departamento de Ciências Sociais da PUC-Rio, onde também coordena o Núcleo de Estudos e Projetos da Cidade. Autora, entre outros, de *Irineu Marinho – imprensa e cidade* (2012) e *Para pensar o exército brasileiro no século XXI* (2018).

**Maria Arminda do Nascimento Arruda** é bacharel em ciências sociais pela USP, mesma instituição onde obteve o título de mestre e doutora em sociologia e se tornou professora titular. Publicou diversos trabalhos na área de sociologia da cultura. Autora de *A embalagem do sistema: a publicidade no capitalismo brasileiro* (reeditado em 2004).

**Martín Bergel**, professor da Universidade de San Martín e pesquisador do Conicet e do Centro de História Intelectual da Universidade de Quilmes. Publicou *El Oriente desplazado. Los intelectuales y los orígenes del tercermundismo en Argentina* (2015) e *La desmesura revolucionaria. Cultura y política en los orígenes del Apra* (2019).

**Mauricio Tenorio Trillo** é professor de história da University of Chicago e professor associado do Centro de Investigación y Docencia Económicas, Cidade do México. Autor de *Mexico at the World's Fairs: Crafting a Modern Nation* (1996), *El urbanista* (2005) e *El porfiriato* (2006).

**Nora Catelli**, professora emérita de teoria da literatura e literatura comparada na Universidade de Barcelona. Doutora pela Universidade de Barcelona e autora de diversos trabalhos sobre teoria e pensamento literários, especialmente nos campos autobiografia e teoria da tradução, história e teoria da leitura e história intelectual.

**Rafael Rojas** é graduado em filosofia pela Universidade de Havana e doutor em história pelo Colégio do México. Professor e pesquisador da divisão de história do Centro de Pesquisa e Ensino Econômico. Escreveu vários livros sobre a história intelectual e política de México, Cuba e América Latina e recebeu os prêmios Matías Romero de história diplomática (1999), Anagrama de ensayo (2006) e Isabel de Polanco de ensayo (2009).

**Regina Aída Crespo** possui graduação em ciências sociais e mestrado em letras (teoria literária) pela Unicamp e doutorado em história social pela USP. Atualmente é pesquisadora do Centro de Investigaciones sobre América Latina y el Caribe e professora de pós-graduação em estudos latino-americanos da Universidade Nacional Autônoma do México. Autora de *A arte de enumerar* (2017), além de artigos e ensaios acadêmicos.

**Ricardo Arias Trujillo** é doutor em história pela Universidade de Provence e professor do Departamento de História da Universidade dos Andes (Colômbia). Autor de diversos artigos acadêmicos e dos livros *"Los leopardos": una historia intelectual de los años 1920* (2007) e *Historia de Colombia contemporánea (1920-2010)* (2011).

**Ricardo Benzaquen de Araújo**, graduado em história pela PUC-Rio, mestre e doutor em antropologia social pela UFRJ. Foi professor associado da PUC-Rio e pesquisador CNPq. Autor de *Totalitarismo e revolução: o integralismo de Plínio Salgado* (1988) e *Guerra e paz: Casa-Grande & Senzala e a obra de Gilberto Freyre nos anos 30* (1994).

**Ricardo Martínez Mazzola**, doutor em história pela Universidade de Buenos Aires, pesquisador do Conicet, professor e membro do Centro de História Intelectual da Universidade Nacional de Quilmes. Atua na área de história do socialismo na Argentina.

**Sergio Ugalde Quintana** é graduado em estudos latino-americanos na Universidade Nacional Autônoma do México, mestre e doutor em literatura hispânica no The College of Mexico, em cooperação com a Universidade de Potsdam, Alemanha. Foi professor--pesquisador da Universidade Autônoma da Cidade do México e professor associado da Faculdade de Filosofia e Letras da Universidade Nacional Autônoma do México. Colabora com artigos e revisão de publicações acadêmicas.

**Víctor Díaz Arciniega** é pós-graduado em literatura hispânica no Colégio do México e história do México na Universidade Nacional Autônoma do México. Leciona na Universidade Metropolitana Autônoma e na Faculdade de Filosofia e Letras da Unam. Autor, entre outros, de *Mariano Azuela, retrato de viva voz* (2005) e *La memoria crítica: Azuela en el Colegio Nacional* (2012).

| | |
|---:|:---|
| *Fonte* | Palatino e Akzidenz-Grotesk |
| *Papel* | Supremo duo design 300g/m² (capa) |
| | Pólen soft 80g/m² (miolo) |
| *Impressão* | Pancrom Indústria Gráfica |
| *Data* | novembro de 2019 |